"十五"国家科技攻关计划重点项目　　　中华文明探源工程成果
"十一五"国家科技支撑计划重点项目　　甲种三

中华文明探源工程文集

环境卷（Ⅰ）

科技部社会发展科技司　　编
国家文物局博物馆与社会文物司

科学出版社
北京

内 容 简 介

本书收录了自"中华文明探源工程"开始以来,全新世环境演变及其与文明形成、早期发展关系方面的研究文章33篇。内容涉及我国黄河流域、长江流域和西辽河流域全新世中晚期气候演变、植被面貌、自然灾害特征、重要遗址和重点地区的古环境重建、环境特征对古文化发展和中华文明起源的影响等方面。

本书适合考古学、环境演变和历史地理等方向的研究人员以及高校相关专业师生参考、阅读。

图书在版编目(CIP)数据

中华文明探源工程文集. 环境卷. 1 / 科技部社会发展科技司,国家文物局博物馆与社会文物司编. —北京:科学出版社,2009

ISBN 978-7-03-025621-8

Ⅰ. 中⋯ Ⅱ. ①国⋯②国⋯ Ⅲ. ①文化史 – 中国 – 文集②环境地学:考古学 – 中国 – 文集Ⅳ.

K203-53　K870.4-53　X14-53

中国版本图书馆 CIP 数据核字(2009)第 168134 号

责任编辑:宋小军　曹明明　杨明远 / 责任校对:李奕萱
责任印制:赵德静 / 封面设计:黄华斌

科学出版社 出版
北京东黄城根北街 16 号
邮政编码:100717
http://www.sciencep.com

中国科学院印刷厂 印刷
科学出版社发行　各地新华书店经销
*

2009 年 9 月第 一 版　开本:787×1092　1/16
2009 年 9 月第一次印刷　印张:28 1/4　插页:4
印数:1—2 000　字数:658 000

定价:138.00 元
(如有印装质量问题,我社负责调换〈科印〉)

中华文明探源工程文集编辑委员会

(以姓氏笔画为序)

马燕合　王　巍　仇士华　田保国
闫　金　孙淑云　李伯谦　李学勤
吴小红　宋新潮　张　弛　张雪莲
陈星灿　罗　静　周力平　赵　辉
赵志军　袁　靖　莫多闻　夏正楷
梅建军

序　言

中华民族的形成经历了漫长而又波澜壮阔的历史过程，中华文明在这一历史过程中孕育、诞生，并成为世界上几个最重要的历史悠久而又独具特色的原生文明之一。她汇聚各民族的优秀文化，逐渐成长、壮大，至今仍然生机勃勃，吐故纳新，是中华民族生生不息的精神源泉，也是中华民族实现伟大复兴的宝贵财富。

自1899年发现甲骨文以来，追寻中华文明起源的脚步就没有停止过。探寻中华文明的源头不但是中外学术界历久弥新的课题，更是每个中华儿女热切关注的焦点；不仅具有重大学术意义，对于弘扬中华民族优秀传统文化、振奋民族精神，维护民族团结和国家统一、构建和谐社会、促进社会可持续发展、实现中华民族的伟大复兴同样具有十分重要的意义。

中华文明起源于远古的史前时代，依托多种自然科学技术支撑的考古学自然成为探源的主要手段。经过历代考古学家，及其他人文科学家和自然科学家的努力，至20世纪末，中华文明探源工作取得了许多重要成果，但仍然存在大量有待解决的问题。长期以来，学术界对于中华文明何时形成、如何形成、早期中华文明的特点等一系列重要问题都远没有得出一致的认识。

因此，自2001年起，在党中央、国务院的关怀和领导下，在科技部和国家文物局等有关部委的组织实施下，开始了多学科联合攻关的"中华文明探源工程"，目的即是充分揭示早期中华文明的丰富内涵和辉煌成就，回答中华文明形成的时间、地域、过程、原因和机制等基本问题。在此基础上，扩展视野，探讨中华文明与周边地区文明化进程的互动关系，进而通过与世界其他古代文明的比较研究，总结早期中华文明的特点及其在人类文明发展史上的地位。至2008年底，已经实施了"中华文明探源工程预研究"、"中华文明探源工程（一）"和"中华文明探源工程（二）"三个阶段的研究，并将继续进行深入的研究。

本文集将就中华文明探源工程各个阶段部分成果进行汇编。它汇集了工程下设的年代、环境、技术与经济、精神与文化等各个课题的主要收获。

文集将按照论文、专著、报告、译著等不同体裁分设甲、乙、丙、丁种出版发行。这些成果汇编既是向所有关心中华文明起源的社会各界的汇报，也充分展示了整合自然科学和人文科学，解决中华文明起源这一重大学术问题的广阔前景。

中华文明探源是需要长期开展的重大学术课题，它本质上是一个学术问题，不应该也没有任何条框限制，相信只要坚持多学科结合，走实事求是、百花齐放、百家争鸣的学术道路，就一定会取得更多优秀成果，从而使得我们对于中华文明起源的认识更加接近历史的真实。

值此，向创造了不朽文明的中华民族先辈，向为了探求真理而奉献的科学工作者，致以崇高的敬意。

编　者

目 录

序 言 ·· (i)

中华文明探源工程环境课题主要进展 ··
······················ 莫多闻　赵志军　夏正楷　朱　诚　吕厚远　安成邦（1）

黄河流域史前经济形态对4kaBP气候事件的响应 ···
································· 张小虎　夏正楷　杨晓燕　吉笃学（28）

甘肃省洮砚遗址晚全新世文化演变的环境背景研究 ···
································· 马敏敏　贾　鑫　董广辉　陈发虎　安成邦（40）

青海喇家遗址废弃原因再探讨——与《古代中国的环境研究》一文作者商榷 ···
································· 张小虎　夏正楷　杨晓燕（49）

青海省长宁遗址沉积物元素对晚全新世人类活动和气候变化的响应 ··················
······················ 董广辉　贾　鑫　安成邦　汪海斌　刘　姣　马敏敏（57）

跨度为2332年的考古树轮年表的建立与夏塔图墓葬定年 ·····································
································· 王树芝　邵雪梅　许新国　肖永明（65）

中全新世关中陕北陇东地区文化演变及环境驱动力 ···
································· 贾　鑫　王　琳　董广辉　陈发虎　安成邦（76）

关中地区的新石器古文化发展与古环境变化的关系 ·············· 吕厚远　张健平（87）

山西省新石器时代中晚期文化演化及驱动因素分析 ···
································· 马敏敏　王　琳　董广辉　陈发虎　安成邦（102）

二里头遗址出土木炭碎块的研究 ······················ 王树芝　王增林　许　宏（112）

河南洛阳寺河南剖面沉积物的磁化率及其与粒度参数的关系 ··· 吉云平　夏正楷（122）

河南孟津寺河南中全新世湖泊沉积物的易溶盐测定及其古水文意义 ···················
································· 曹　雯　夏正楷（128）

基于小流域人类生态系统的洛阳瀍河环境考古 ······················ 夏正楷（136）

登封王城岗遗址出土木炭碎块的研究 ······················ 王树芝　王增林　方燕明（142）

双洎河中上游地区新石器时代的聚落分布变化与自然环境关系初探 ······ 王　辉（156）

利用木炭碎块分析研究古人类的生存环境、木材利用 ······················ 王树芝（171）

山东沭河上游史前自然环境变化对文化演进的影响 ……………………………………
………… 齐乌云　梁中合　高立兵　贾笑冰　王树芝　王金霞　赵志军　（179）
中国境内考古所见早期麦类作物 ……………………………………… 李水城（191）
粟（Setaria italica）、黍（Panicum miliaceum）植硅体形态鉴定 ………………
………………… 吕厚远　张健平　吴乃琴　廖淦标　徐德克　李　泉（214）
不同类型沉积物磁化率的比较研究和初步解释 ……………… 吉云平　夏正楷（234）
我国黄河流域距今4000年的史前大洪水 ……………………………… 夏正楷（245）
中国东部山地泥炭高分辨率腐殖化度记录的晚冰期以来气候变化 ………………
………………………… 马春梅　朱　诚　郑朝贵　尹　茜　赵志平（265）
重庆忠县中坝遗址出土的动物骨骼与2372BC～200BC气候生态环境研究 ………
朱　诚　马春梅　李中轩　尹　茜　孙智彬　黄蕴平　R. K. Flad　李　兰　李玉梅（284）
湖北辽瓦店遗址地层记录的环境变迁与人类活动的关系研究 ……………………
………………………………… 李中轩　朱　诚　张广胜　欧阳杰　王　然（302）
湖北辽瓦店遗址地层中多元素指标对古人类活动的记录 …………………………
………………………………… 李中轩　朱　诚　王　然　欧阳杰　张广胜　马春梅（323）
湖北屈家岭遗址孢粉、炭屑记录与古文明发展 ………… 李宜垠　侯树芳　莫多闻（333）
长江下游巢湖9870cal aBP以来孢粉记录的环境演变 ………………………………
………………………… 王心源　莫多闻　吴　立　张广胜　肖霞云　韩伟光（344）
巢湖流域新石器至汉代古聚落变更与环境变迁 ……………………………………
………… 吴　立　王心源　周昆叔　莫多闻　高　超　刘　丽　韩伟光（357）
安徽蚌埠禹会村遗址4.5ka～4kaBP龙山文化的环境考古 …………………………
………… 张广胜　朱　诚　王吉怀　朱光耀　马春梅　李中轩　朱　青　金爱春（367）
江苏宜兴骆驼墩遗址地层7400BC～5400BC的海侵事件记录 ………………………
………………………… 李　兰　朱　诚　林留根　赵泉鸿　史恭乐　朱寒冰（381）
连云港藤花落遗址消亡成因研究 ………… 李　兰　朱　诚　赵泉鸿　林留根（392）
沉积物光释光测年在环境考古中的应用 ……………………………………………
………… 张家富　莫多闻　夏正楷　齐乌云　王　辉　王心源　周力平（412）
浙江田螺山遗址古盐度及其环境背景同河姆渡文化演化的关系 …………………
………………………… 李明霖　莫多闻　孙国平　周昆叔　毛龙江（431）
后　记 …………………………………………………………………………（443）

中华文明探源工程环境课题主要进展

莫多闻[1]　赵志军[2]　夏正楷[1]　朱　诚[3]　吕厚远[4]　安成邦[5]

(1. 北京大学城市与环境学院，北京，100871；2. 中国社会科学院考古研究所，北京，100710；3. 南京大学地理与海洋科学学院，南京，210093；4. 中国科学院地质与地球物理研究所，北京，100029；5. 兰州大学资源与环境学院，兰州，730000)

摘要：中华文明探源工程开展以来，课题组同各相关单位的考古学家紧密合作，在前人工作基础上，围绕研究目标，对中原地区、海岱地区、甘青地区、西辽河地区和长江流域等广大地区大批重要考古遗址和研究区域开展了多次大规模的野外调查，对许多重要遗址文化层剖面和自然沉积剖面进行了野外研究，对许多地点进行了钻孔取样。通过野外工作采集了大量文化层样品、自然沉积样品及动植物遗存样品，进行了大量的年代测定和多种古环境指标分析。在野外研究资料和实验室分析资料基础上，重建了全新世中晚期各遗址和各区域地貌、气候、水文、植被等环境特征、演变历史及其区域共性与差异，对某些影响了文化发展的洪水、干旱、沙漠进退、地震等灾害事件的研究也有所涉及。在这些工作基础上，初步揭示了环境特征及其演变对古代人类文化发展演化的影响以及与中华文明起源与发展过程的关系。对中华文明特质的形成、中原地区核心地位的形成、多元一体的发展模式、中华文明的持续性等重要问题同环境的关系方面也做了初步讨论。

关键词：环境演变　区域异同　文明起源　人地关系

国内外关于各地区古代环境特征及其演变对于人类文化发展演变影响的重要性逐步取得了共识，关于环境特征及其演变与古代人类文化发展演变之间的关系研究越来越受到重视。中华文明探源工程从预研究开始到第一阶段和第二阶段，都将古代生态环境特征及其演变与中华文明形成和早期发展的关系的研究列为项目研究的重要内容。探源工程预研究期间（2001～2003 年）选择了在中华文明起源和早期发展过程中最为重要，且研究基础最充分的豫西和晋南地区作为研究的重点地区。第一阶段（2004～2005 年）的研究仍以豫西晋南地区为重点，并有所扩大，包括了颍河流域和双洎河流域的部分地区和一些重要的遗址（如登封王城岗遗址、新密新寨遗址、禹州瓦店遗址等）。预研究和第一阶段，环境课题也同样以豫西晋南地区为研究重点，兼及了颍河和双洎河流域的部分地区和一些重要遗址。其间，环境课题取得的有关研究成果，证明了这些地区的气候变化及其他一些环境要素如洪水等自然灾害确实影响了该地区古代人类的文化发展，对古代文明形成和早期发展产生了重要影响。第二阶段（2006～

2008年），中华文明探源工程在预研究和第一阶段研究的基础上，将研究区域扩大到了包括中原地区在内的整个黄河中下游流域、长江中下游流域和西辽河流域。环境课题也同样围绕探源工程的整体目标，通过对上述广大地区的一些重要遗址及其重点区域的古环境重建，探讨了这些地区环境特征及其演变同中华文明形成与早期发展的关系。由于时间不长，不同地区的研究深度还很不平衡，很多研究还需要后续研究的深化，但通过对上述广大地区环境特征及其同人类文化和文明形成与发展的对比分析，已经取得了许多初步的重要认识，其中最为重要的是对于中华文明起源与发展的"多元一体"模式，已经能够从环境特征及其演变的角度给予初步的解释。

近几十年来，国内许多学者就环境特征及其演变同中华文明起源与发展的关系进行了较多的研究，发表了许多很有见地的论著。国外一些学者对此也有所涉及。这些研究是本课题得以顺利实施和取得预期成果的重要基础。但由于时间和篇幅所限，本文暂不能就上述相关研究成果作全面说明，而只对探源工程开展以来本课题取得的主要进展和初步认识做一简单介绍，同时可能提及与论文中某些具体论据或结论相关的少量研究成果。

1 文明探源工程环境课题的主要收获

参与该课题的相关单位和有关学者，在前人研究基础上，经历前后8年的努力工作，取得了许多有意义的成果。许多成果已经在相关国内外刊物上发表。其中王巍教授在《中华文明起源研究的新动向与新进展》（王巍，2007）一文中对第一阶段该课题方面的成果做了总结性介绍。本文拟就该课题自预研究以来所取得的部分成果按地区作一简单介绍。由于第二阶段的研究规模、参与人员和覆盖地域都超过了预研究和第一阶段，所以本文所介绍的成果也大部分体现了第二阶段的研究成果。

1.1 中原地区中全新世环境特征及其演变同文化发展的关系

本文所指的中原地区包括了以伊洛河流域为中心的豫西地区、晋南地区、郑州及其邻近地区、关中地区外，还包括了文明起源时期受中原文化影响很深的陕北地区。

1.1.1 以伊洛河流域为中心的豫西地区

夏正楷等（梁克，夏正楷，刘德成，2003；古云平，夏正楷，2007，2008；曹雯，夏正楷，2008；夏正楷，2006）通过对洛河、伊河、涧河、瀍河和伊洛河等流域进行了系统的野外考察，对河南孟津瀍河流域的寺河南中全新世湖泊沉积剖面和伊河吕店中全新世湖泊沉积剖面进行了系统的古环境分析（包括年代测定、粒度、磁化率、易溶盐、黏土矿物、无机与有机元素、软体动物鉴定、孢粉和植硅石等古环境指标分析），对二里头遗址进行了古生态环境重建。初步结果揭示：

（1）瀍河流域在5660～3750aBP气候总体比较温暖湿润，期间发生过较大时间尺度的气候波动：5660～4610aBP相对温干，4610～4040aBP比较暖湿，4040～3750aBP相对干冷。其间在5660aBP和4040aBP出现过气候突变事件，5150aBP出现过气候转型事件。

（2）5660～3750aBP，随着气候的变化，寺河南古湖经历了萎缩—扩张—消亡阶段，湖泊演变过程和气候变化在时间上基本同步。湖水的盐度也相应出现咸化—较淡—咸化的变化过程。

（3）受气候变化和湖泊演变的影响，区域植被和水生生物组成也同步发生变化：在暖湿的湖泊形成和发展时期，植被比较繁茂，出现较多的落叶阔叶树种，喜暖湿的软体动物，尤其是水生软体动物大量繁衍；反之，在气候相对偏冷干的湖泊萎缩和消亡时期，植被比较稀疏，多为温带蒿属草原，基本上不见落叶阔叶树种生长，喜暖湿的软体动物，尤其是水生软体动物锐减，仅出现少数喜冷的陆生软体动物。王树芝等通过对二里头遗址Ⅴ区内发掘出土的木炭碎块的分析研究后认为：3800～3500aBP的二里头遗址周围仍分布有较多的阔叶树栎林、杂木林和少量的松柏针叶林（王树芝，王增林，许宏，2007）。

（4）史前文化的演变与气候环境变化存在较好的对应关系。全新世大暖期气候适宜，是史前文化大发展的时期，期间的气候波动对文化演进存在极大的影响，其中：7020～5660aBP，最为暖湿的气候环境对应于仰韶文化的鼎盛时期；5660～4610aBP，气候变冷变干，对应于仰韶文化的逐渐衰落；4610～4040aBP，气候再次转为温湿，龙山文化兴起；4040aBP之后气候整体向冷干方向发展，龙山文化衰落，二里头文化兴起。

（5）古人类文化的演替与中全新世气候的演变呈现的良好对应关系，可能指示了气候环境对人类活动产生的影响；从另一个角度看，人类活动又会对其生存环境产生一定的改造作用。人类农业活动的发展会使农作物类型产生变化，并且对原始植被造成破坏；人类活动还会加剧对地表的侵蚀，加速水土流失，因而导致地表土壤的物理结构和化学成分的改变，使得沉积物中的化学元素含量和粒度特征产生异常变化。

1.1.2 晋南地区

齐乌云等通过晋南曲沃太子滩全新世河湖相沉积剖面和陶寺遗址附近沟谷淤土沉积样品的孢粉分析，初步揭示了该地区全新世中期植被和气候的演变历史。通过陶寺遗址区域一些冲沟的沉积特征观察，对遗址区地貌的全新世演化也获得了初步的认识：

（1）通过晋南地区曲沃太子滩剖面45个样品孢粉分析、5个^{14}C年代测定和7个光释光年代测定，初步恢复了6950～2760aBP的古植被、古气候状况。根据孢粉组合特征，自老到新可分五个孢粉带：

第Ⅰ孢粉带：6950～4820aBP，乔木植物含量高，灌木及草本植物含量低，表现出中全新世的温暖湿润特征，发育含亚热带成分的以阔叶树为主的针阔混交林植被，但5300aBP左右气候有短暂的恶化现象，亚热带植物成分消失。

第Ⅱ孢粉带：4820~4600aBP，气候温干，乔木含量有下降趋势，针叶林面积扩大，阔叶林面积缩小。

第Ⅲ孢粉带：4600~4000aBP，气候温和偏湿，阔叶树多，发育以阔叶树为主的针阔混交林植被。

第Ⅳ孢粉带：4000~3300aBP，4000aBP前后是气候转型时期，乔木呈下降趋势，灌木和蕨类呈上升趋势，蒿少，藜科多，气候波动明显，以温凉偏干为主。该时期的开始阶段亚热带植物成分消失，指示气候变冷。

第Ⅴ孢粉带：3328~2760aBP，木本植物花粉几乎消失，草本植物花粉中蒿属、禾本科花粉占孢粉的比例迅速增大，除指示气候变化的影响外，可能还指示人类活动的影响。

（2）陶寺遗址附近沟谷淤土中，采集了两个剖面，对19个样品进行了孢粉分析。初步分析结果表明，陶寺文化中期阶段，气候温暖湿润，乔木多，灌木草本少，阔叶树多，针叶树少，发育含亚热带植物成分的针阔混交林。但陶寺中期结束时期气候似乎已开始恶化。陶寺晚期阶段，气候不稳定，波动明显，偏干气候持续时间较长，木本植物逐渐减少。虽然在陶寺中期的宫殿建设中，虽然由于砍伐而一定程度上减少了木本植物含量，但它也有可能代表了自然环境的变化。

（3）陶寺遗址的农作物以粟为主，以黍为辅，含数量很小的稻谷。人骨的同位素分析结果表明陶寺人几乎吃了100%的C4植物，说明当时人们对稻谷的摄入量极少。表明当时陶寺遗址所处的临汾-侯马盆地地貌和气候条件可能不太利于水稻的种植。

（4）晋南地区在中全新世较为温暖湿润的气候条件下，古代人类文化经仰韶、庙底沟二期至龙山文化时期，获得了波动性发展。龙山晚期陶寺文化的衰落可能同气候恶化和植被衰退有一定的关系。

（5）陶寺遗址位于塔儿山山前的冲积扇前缘和汾河四级阶地的后缘部位，但其冲积扇早已停止发育。陶寺遗址内部发现的为数不多的砾石透镜体的地层叠压关系表明，砾石层的形成年代都比陶寺文化要早，表明只在陶寺文化之前或更早的时期存在冲积扇过程。从陶寺遗址区的一些冲沟中的地貌特征及其中的阶地发育情况看，这些冲沟在陶寺文化之后都有较大规模的侵蚀下切。

1.1.3 郑州及邻近地区

王辉等根据郑州大河村遗址附近钻孔沉积剖面和新郑市辛店镇人和沉积剖面样品的粒度、磁化率和孢粉的分析结果，可以进一步确认中国全新世的气候有3个较大的变化阶段：全新世早期，气候暖湿程度波动性上升；全新世中期，气候暖湿程度虽有波动，但整体维持在较高水平；全新世中晚期暖湿程度波动性下降，距今3000年前后存在较为明显的干凉化趋势。李宜垠等对禹州瓦店遗址的孢粉研究表明，亚热带常绿树花粉和水生植物花粉的存在，指示当时气候比较暖湿，而遗址区域样品中木本花粉的含量并不很高反映出当时人类活动对植被的强烈影响。瓦店遗址多个灰坑中出现了高含量的禾本科花粉，表明当时先民有广泛的农业种植活动。

农业生产的持续发展及其在生产经济中地位的不断提高是郑州及颖河地区古文化发展过程中的一个鲜明特点。这一点与该地区所处的地理环境有密切关系。该地区已经接近于中国暖温带分布的南部边界，尤其嵩山东南的颖河、双洎河等流域，在仰韶时代一度成为稻、粟混作农业区。郑州大河村遗址即曾发现稻作遗存（张居中，王象坤，许文会，1998）。如果将黄土高原视为旱作农业分布区，那么中原地区就处于旱作农业区的东南边缘，全新世气候的干湿冷暖波动并不会对该地区农业生产造成太大的影响。而且，无论是在山前的丘陵地带，还是在平原地区，均有丰富的土地资源来满足农业生产不断扩大的需要。正因如此，农业生产技术可以获得持续而稳定的进步。全新世早中期，农业在经济生活中的比重逐渐增加；从仰韶晚期开始到夏商时期，农业在整个生业形态中一直居于主导地位。

郑州及邻近地区的聚落分布具有以下特点：旧石器晚期－新石器时期－夏商时期，人类活动范围有由山前、丘陵（包括山地丘陵间谷地）向台地、河流阶地和平原逐渐扩展的趋势；许多遗址表现为长时期的连续使用（尤其台地和河流阶地区表现明显），聚落呈现相对稳定的发展过程（王辉，2007）。

夏正楷（2009）通过河南新密新寨遗址附近地貌和沉积特征的研究，证明该遗址及其附近在新寨文化时期，有两次由于双洎河泛滥而形成的较大规模洪水堆积。由于该地区属于嵩山以东的黄土台地区域，地形上有一定起伏，故两次洪水只淹没了遗址附近部分区域，没有对文化的发展造成特别大的负面影响。孢粉研究表明这一时期同之前的龙山文化时期和之后的二里头文化时期相比，是相对较为湿润的时期，也是稻作农业比例较高的时期。

夏正楷等通过对河南焦作西金城遗址记录的古洪水过程进行了研究。西金城遗址中出土有较丰富的龙山文化遗存，包括大量生产劳作工具的残断石器和部分生活器具如陶器以及丰富的采捞田螺壳和少量猪、狗、鹿等哺乳动物遗骸。考古发掘表明西金城在龙山中晚期已经存在。由于黄河及其支流的逐渐淤积，水位逐渐升高，至龙山后期，河水泛滥日益严重。人们为了避免洪水的侵扰，构建了城墙和护坡来防御洪水。后来由于地震的破坏，城墙破裂，洪水入城，给人类的生活和生产造成一定的损失。但由于当时人类选择了高土岗居住，因此损失的程度比较有限。

夏正楷等（2009）对河南荥阳薛村遗址所记录的古地震遗迹进行了研究。遗址一带的古地震造成了地面破裂、断陷和水井错位，二里冈下层的人类居住面遭到严重破坏，地震给人类的生活和生产造成巨大的损失。但地震的影响毕竟有限，在地震之后，二里冈上层的先民再次回到这里，他们重建家园，开始了新的生活。

1.1.4 关中地区

吕厚远等（2008）通过对陕西渭南全新世自然黄土剖面高分辨率的粒度、磁化率、孢粉、植硅石和软体动物的分析，揭示出该地区 9000～7300aBP、6800～5500aBP、4500～4300aBP 是 3 次气候最温暖、湿润的时期，与该地区老官台、仰韶、客省庄文化的繁盛期在时间上是大致对应的。而 7300～6800aBP、5500～5000aBP 和 4000aBP 前后是 3 次气候暖湿程度明显降低的时期，在时间上也与老官台—仰韶、仰韶—庙底沟二期、客省庄—夏商文化的演替时间大致对应。

通过华北地区现代 27 种栽培和野生粟—黍类植物植硅体形态的研究，建立了鉴定粟—黍植硅体形态的五个标志（H Y Lu, J P Zhang, N Q Wu et al., 2009）。根据这些标志对关中地区多个遗址样品的植硅石进行了研究，初步了解了关中地区主要农作物的时空变化特征。研究结果表明，水稻出现的最西部在案板遗址，时间可以上推到 5690aBP。这是迄今为止中国西北地区最早的有比较精确年代控制的水稻遗存证据。整个研究区面积小于 30000km^2，而且从泉护到水沟遗址的直线距离仅有 230km 左右，在这样比较小的一个区域里，从东向西水稻的传播和扩散没有发现明显的滞后过程，可能在 5000 年前后很快扩展到整个区域；但是该地区 6 个遗址点的水稻植硅体丰度有所不同。在泉护遗址剖面中，水稻的分布在时间上是基本连续的，而且含量较高。然而在杨官寨剖面中，没有发现时间上比较连续的水稻植硅体分布，尤其是在剖面的上部；而且三种水稻植硅体（哑铃型，扇型，水稻壳型）的含量都比泉护剖面的要少，在其他遗址灰坑样品中也是同样的情况。这一事实暗示了在关中地区，尤其是关中地区西部，水稻的种植可能不是普遍的现象。水稻的栽培依赖大量水资源，因此局部地区的水环境对水稻栽培有十分重要的影响。我们发现存在水稻植硅体的样品均出现在靠近河流以及海拔相对较低的地区。这种得天独厚的条件使得水稻的栽培成为可能。

研究中国北方地区的水稻传播，寻找和确认黄河流域的稻作遗存是十分重要的工作。如果不考虑考古发现的偶然性，那么至少在 5930～3380aBP，水稻可能还没有传播到关中地区最西部。但关中地区西部的西山坪遗址的水稻（5070aBP）（Li X, Zhou X, Zhou J, Dodson J et al., 2007）是否由汉水流域绕过秦岭西端直接向北传播过来还需要更多的证据支持。根据目前的初步结果，我们可以得出一条可能的水稻西传路线即：稻作农业沿着黄河下游顺流而上，进入关中地区，再沿着渭河流域继续向西扩展。

前已述及关中地区自 5500aBP 以来的气候有干凉化趋势，而泉护遗址此时期的水稻植硅石含量是增加的，接近水稻、黍、粟三类农作物含量总数的一半以上。表明该地区的气候条件和地表水文状况仍适于水稻的种植。泉护遗址 4500aBP 以后，黍的含量并没有明显的变化，但粟的相对含量明显减少，从早期的 20% 下降到晚期的 10% 以下。现代粟的生长环境相对黍需要更多的水分和热量，粟的减少是否与气候变得干旱有关，还需要更多的证据。此外，在过去的文献资料（国家文物局主编，1998）中多认为粟是关中地区新石器以来，特别是仰韶文化时期以来的主要农作物，但泉护剖面的植硅体研究揭示出这一时期黍的含量始终大于粟的含量。

1.1.5 陕北地区

王辉等通过对陕北地区多个剖面和多种古环境代用指标的分析，初步证明陕北地区的气候在全新世以来发生了显著的变化。大致可以分为3个阶段：①全新世早中期（12000~6000aBP），河谷中延续了晚更新世以来的加积状态，沉积了一套河湖相地层，而在其它地区则是不同程度地土壤化过程，气候由干冷向暖湿转化，并在该阶段后期的全新世大暖期鼎盛期，达到了暖湿的极致。但在这一时段的前期，存在明显的干冷气候，如考考乌素沟阶地剖面中湖沼相地层中的冻融褶皱。②中全新世后半段（6000~3800aBP），尽管气候存在较多的波动，整体上延续了全新世大暖期暖湿的气候特点，并普遍发育有这一阶段的古土壤。其中，5800aBP前后和5000~4800aBP两个阶段的气候相对干冷。③晚全新世（3800aBP以后），伴随着新冰期的来临，气候明显恶化，冰缘现象再次出现，而在黄土丘陵区，普遍开始了大规模的砂黄土沉积，在毛乌素沙区，沙丘活化，沙地范围扩大。

陕北地处农业发展的边缘地带。在气候相对暖湿的阶段，有利于农业生产的进行，这也是该地区仰韶文化出现、龙山至夏初文化繁荣的最重要基础。龙山时期出现了数以百计的聚落。但在气候略微趋于干凉之后，农业生产所需的自然条件得不到保障，朱开沟文化由农业转向畜牧业的发展过程可能就是人类生业经济形态对气候变化的响应。相对崎岖的黄土丘陵沟壑地貌、气候的不稳定性和毛乌素沙漠间断性的向东南扩展，限制了聚落持续而稳定的发展，不利于人类社会向更高阶段发展。

1.2 中原以外的北方其他地区中全新世环境特征及其演变同文化发展的关系

1.2.1 海岱地区

靳桂云等通过对两城镇遗址木材和木炭的鉴定分析表明，遗址周围可能有麻栎林分布，数量多，并见有中亚热带植物刚竹属。现代麻栎林只分布在海拔500m以上的山区，表明当时气候比现在温暖湿润，约相当于现代的江淮流域。齐乌云等（齐乌云，梁中合，高立兵等，2006）等对沭河上游多个遗址的孢粉分析结果同样表明：龙山中期以前海岱地区的植被乔木比例高，喜暖湿成分多，气候应相当于北亚热带。这种适宜的环境正是龙山文化前期繁荣发展的背景。龙山晚期与岳石文化时期海岱地区的植被中木本成分明显降低，既可能反映气候的干凉化趋势，也可能与规模扩大的人类活动及其所积累的影响有关。

靳桂云等对赵家庄遗址进行了65个样品的植硅体采样分析，确认了该聚落龙山文化早、中期水田的范围和基本布局。分析表明，除了水稻植硅体，还发现了稻田杂草稗属和湿生的芦苇、莎草科、竹亚科、芒属等植物的植硅体，这些也可作为水田耕作的有利证据。这一发现为东亚稻作农业的传播路线的研究提供了重要资料。稻作沿着海边和沂、沭河北上，龙山文化时期扩散到了整个海岱地区。沭河上游大汶口晚期文化层鉴定出的水稻植硅体及前人在王因遗址鉴定出的水稻花粉，进一步证实了稻作北传的路线。

山东地区，包括辽东半岛南端，北辛文化和大汶口文化时期农作物以粟和黍为主，而且辽东半岛和胶东半岛地区粟作农业不很发达。龙山文化时期，农业获得了迅速发展，主要表现为几乎所有的遗址中都发现数量不等的农作物植硅体。农作物类型具有明显的区域特点，其中鲁东南地区稻作农业是农业的主体，粟作农业占的比例仅与稻作农业持平或者稍微逊色；胶东半岛和辽东半岛则稻作农业明显少于粟作农业；而鲁西地区则以粟作农业占绝对优势。龙山时期农业迅速发展的原因可能有：相对充足的区域水热条件；大暖期气候背景下人类文化的持续发展；地貌、水文与土地资源条件的有利变化和水稻种植技术的传入。

齐乌云等（齐乌云，梁中合，高立兵等，2006）对山东沭河上游史前文化遗址的聚落考古调查分析表明，聚落选址与地貌、水文等自然环境密切相关。坡度越大，遗址存在的概率越小；遗址距离大河流越远，受到洪水灾害的威胁越小，遗址存在的概率越大；遗址距离中等河流的垂直距离、小河流的水平垂直距离越大，人类不便于利用水资源，遗址存在的概率就越小。对遗址出土人骨的食性分析结果表明，大汶口晚期的食物结构存在贫富差异，富有者的饮食以大米等C3植物为主，普通老百姓的饮食以小米等C4植物为主。

夏正楷研究了鲁西南—皖北的古洪水遗迹（夏正楷，2009）。鲁西南—皖北平原上分布有一个个低矮的土丘，这些土丘高于平原面一般为2~10m，面积大小不等，一般为1000~8000m²，当地群众称堌堆，其上保留有大汶口、龙山和岳石时期的文化遗址。在鲁西南的菏泽地区，堌堆的数目在112个以上（郅田夫，1987）。在菏泽定陶官堌堆遗址，堌堆高8m，在堌堆之下为灰黄色的细砂（未见底），厚1m许，细砂质地纯洁，分选良好，应为古黄河的冲积层，其上为灰黑色淤泥层，厚度在1m左右，为漫滩堆积。由于堌堆包含有龙山时期的文化层，说明堌堆以下的泛滥平原堆积形成于龙山时代之前。菏泽袁堌堆遗址、城历山庙遗址、东明庄寨堌堆遗址等地，龙山时期的堌堆深埋于地下1~3m，其上覆盖有厚度不等的淤泥层，反映龙山后期发生过洪水泛滥。泗水的尹家城遗址，为一个高于平原面20m的堌堆，我们发现堌堆上的龙山文化层被一层厚约1m的河流相细砂层所覆盖，砂层高于平原面约10m，其年代在3700±95 aBP，也说明在龙山后期，洪水曾一度漫上高于平原的堌堆，淹没了龙山遗址，估计当时洪水上涨的高度在10m左右。根据以上材料，推测在大汶口晚期—龙山早期，黄河下游黄河曾泛滥成灾，人类只能选择地势较高的河间地（高河漫滩）生活，为防止洪水的侵袭，龙山时期的先民不断加高地面，逐步形成堌堆。而在龙山晚期，该地区出现过异常洪水事件，洪水不仅掩埋了地势较低的堌堆，而且在高水位时甚至淹没了地势较高的堌堆。

1.2.2 甘青地区

安成邦、董广辉等（董广辉，贾鑫，安成邦，2008）对多个重点遗址和自然沉积剖面（青海长宁遗址、喇家遗址、清泉旱台遗址，甘肃庄浪朝那湫湖泊、张家川剖面、西台村剖面）样品的粒度、磁化率、孢粉、化学元素等多指标古环境分析，初步揭示这些地区5500~3500aBP气候表现为相对稳定，存在5次大的洪水事件和两次干旱事件，洪水分别发生在5800aBP、5540aBP、5160aBP、4950aBP、4780aBP。而干旱事件主要发生在4600aBP和2800aBP左右，主要表现在沉积类型发生变化，由湖相纹层沉积转换为类似黄土沉积层，平均粒度增加，磁化率也略有下降，孢粉分析也显示在4600BP出现干旱事件。

甘青地区中全新世环境特征及其古代人类文化发展历史研究表明，5500~4800aBP是甘青地区湿润的时期，降水量较大，可能伴随有洪水事件的发生，这为甘青地区新石器时代文化的发展提供了良好的环境背景。4600aBP前后甘青地区可能有一次较明显的干旱事件发生，可能导致甘青地区文化规模的衰退和文化面貌的转型。4000~3600aBP甘青地区内的一些区域出现严重的干旱事件，时间上可能有差异。很可能是齐家文化衰落的重要因素，导致在中原地区文明起源之时甘青地区文化发生明显倒退，出现文化断层（长宁遗址、清泉旱台遗址）。另外，仰韶晚期至齐家文化期间石灰的生产和使用也与气候的干湿变化有关。

喇家遗址史前灾难现场的初步研究表明（夏正楷，2009；杨晓燕等，2005），位于黄河上游的青海官亭盆地，在3600~2800aBP前后的齐家文化晚期——辛店文化早中期，曾经发生过一起包括洪水、山洪和地震在内的大规模群发性灾害事件，这场灾害导致喇家遗址的毁灭，给当时的人类文明带来了极大的破坏。当时发生的地震、异常洪水和山洪毁灭了喇家遗址，面对严重的自然灾害，人类无法抗拒，在遗址中发现的史前灾难现场，说明当时群发性的灾害事件给人类带来了灭顶之灾，造成喇家遗址人类的非正常死亡和遗址的彻底毁灭。而由于黄河洪水从第三纪地层中带来了大量的红黏土，它们覆盖在阶地黄土之上，由于红土黏性大，保水性差，易板结，不适宜于农作。因此，该地区洪水的泛滥危害也是导致农业开始衰落、畜牧业比重明显增加的原因之一。

1.2.3 西辽河地区

刘鸿雁等依据古环境指标对西辽河地区的全新世降水变化进行了重建。研究表明，该地区降水量的波动与文化形态的更替有非常好的对应关系，>350mm降水量的时期，农业文化繁盛。<350mm降水量的时期，农业文化明显衰落，取而代之的是以牧业文化为主。即350mm以上的降水量大致能保证持续的农业。研究区全新世大部分时期的降水量都比目前降水量偏高。长期稳定的降水量保证了农业活动的正常进行。早期的人类文化对自然条件的依赖性强，特别是红山文化时期常见的荞麦、黍、粟等作物迄今仍然依靠天然降水，据此可以说明干湿过渡带农业演化对降水的敏感性。研究同样

表明农业文化的演化与植被演化的对应关系不明显。赵宝沟文化和红山文化繁盛期间，植被带出现了多次推移，而农业文化获得了较为稳定的发展。小河沿文化和夏家店下层文化阶段，本区域仍然地处森林带，但文化面貌差别甚大。在夏家店下层农业文明繁盛期间，植被主要是森林为主。辽金时期的植被虽然以草甸草原（森林—草原交错带）和典型草原为主，但研究区内仍然出现了发达的农业，这同当时政府鼓励垦殖和大量农业人口的迁入相关。虽然农业的发展与林、草植被的类型没有必然的联系，但农业文化的发展却必然导致了森林植被的破坏。

通过对牛河梁遗址样品和附近大凌河阶地沉积剖面样品的粒度、黏土矿物、孢粉及动植物遗存等进行的初步研究（莫多闻等，2002，2003）表明，该地区气候在9000aBP之后出现逐渐向温暖湿润气候发展的趋势。8000aBP左右，牛河梁遗址所在的辽西地区已进入全新世大暖期气候。因此而出现了比较发达的原始农业文化，查海—兴隆洼文化。之后，随着全新世大暖期的延续，辽西地区新石器文化经历了由查海—兴隆洼、赵宝沟和红山文化早中期的连续发展。为红山晚期文化的发达提供了长期发展的历史基础。所以红山晚期文化在有利的气候条件和前期发展的基础上得到进一步发展，社会发展开始了向文明时代演进的过程。辽西地区位于东北地区渔猎经济比重较高、内蒙古高原牧业经济比重较高、中原地区以农耕为主的三大新石器文化分布区的交汇地带（郭大顺，1995，2004）。这种地理区位特征有利于该地区的新石器文化吸收周边不同文化的先进因素而获得更快的发展。中全新世大暖期，为以农业为主要生产方式的仰韶文化北上提供了气候条件。而山陕间的黄河谷地、汾河谷地和太行山东麓都曾是仰韶文化多次北上的通道。大致距今五六千年间，仰韶文化中以玫瑰花图案为主要特征的庙底沟类型北上，与以龙形图案的彩陶和之字压印纹筒形罐为主要特征的红山文化，在晋冀北部的桑干河流域相遇，在辽西大凌河流域重合，产生了以牛河梁遗址坛庙冢为象征的文明火花（苏秉琦，1988，1994）。可见，红山文化与仰韶文化的碰撞、交流与融合的过程，也与当时的地形、地理位置和气候等环境条件密切相关。5000aBP之后，多种古环境指标均表明当时气候出现了明显的干凉化，红山文化晚期之后的小河沿文化，虽然某些文化特征方面相对红山文化而言又有某些进步，但小河沿文化的分布范围、聚落规模和密度等代表古代人口规模和社会繁荣程度的标志均较红山文化有显著退步。宋豫秦注意到了科尔沁沙地收缩与扩展同西辽河地区史前和历史时期人类文化发展的关系（2002）。认为全新世早中期至约5000aBP之前，科尔沁沙地范围较小，沙地由于稀疏的植被覆盖而趋于固定，有利于该地区新石器文化的发展。约5000aBP之后，科尔沁沙地范围有所扩大，沙地有所活化，气候的旱化和红山文化时期大规模的人类活动都可能是沙地活化和扩展的原因，而沙地的活化和扩展又对人类活动产生了不利影响。

通过对牛河梁遗址区域地貌和遗址布局及其建筑选址、积石冢和祭坛的建筑设计以及对石料的精心选择等的初步研究（莫多闻等，2002）表明，红山文化晚期先民对地理位置、地貌和岩性的认识和科学利用已达到较高的水平，也从一个侧面体现了红山文化晚期的社会组织水平。

1.3　长江流域中全新世环境特征及其演变同文化发展的关系

长江流域也是中华文明起源的重要地区。尤其长江中下游地区，新石器文化自10000多年前起步，经历了几千年的发展和繁荣，大致6000aBP之后，新石器文化开始呈现加速发展的趋势，早期文明化进程、社会发展水平和所取得的文化成就曾处于全国前列。但至4000aBP之前，长江中下游地区的新石器文化先后迅速衰落，经济社会水平出现了明显的退步。这一文明兴衰的演化历史同环境之间的关系如何？多年来一直是学术界十分感兴趣的重大问题。

1.3.1　长江中游地区

马春梅等（2008）对湖北神农架大九湖山地泥炭剖面进行了腐殖化度、孢粉记录、有机质含量和Rb/Sr等指标的分析，结果表明，在约4200aBP前后，季风降水明显下降。前人对湖北神农架山宝洞石笋和贵州董哥洞石笋的同位素记录研究（Wang Y J et al.，2008；邵晓华等，2006；Dykoski C A et al.，2005），也反映这一时期前后是季风降水显著降低的时期，而且5000aBP以来就已开始出现季风降水降低的趋势。

李中轩等通过对湖北郧县辽瓦店遗址粒度、重矿、地球化学等环境指标的分析（李中轩，朱诚，张广胜等，2008），初步恢复了该地区夏代和东周时期的生态环境，研究表明，东周时期气候的温暖湿润程度明显低于夏代时期。

李宜垠等通过对湖北屈家岭遗址附近的河湖相沉积剖面及文化层的孢粉和炭屑分析表明（2009），5400~4200a BP，遗址周边地区分布有常绿阔叶和落叶阔叶林，大量的禾本科和松属花粉及炭屑表明这一时期有强烈的人类活动，暖湿的气候条件和良好的植被为屈家岭文化、石家河文化发展奠定了基础。4200aBP之后，植被面貌出现明显衰退。植被衰退的原因可能反映气候的明显变干，也可能与人类活动对植被的破坏有关。

顾海滨等通过对澧县岩板垱剖面的孢粉研究表明，屈家岭—石家河文化时期，澧阳平原木本植物与禾本科植物的孢粉百分比曲线成此消彼长的关系，或许反映农业发展对森林植被的负面影响。屈家岭文化早期气候总体湿热，适宜水稻的种植。屈家岭文化晚期喜温凉及耐干的植物增多，反映气候偏干凉，木本植物孢粉百分比迅速降低，而禾本植物百分比却显著上升，可以推测此时的森林植被遭到大量砍伐。到了石家河时期，总体继承屈家岭文化早期的气候特征，但有小的波动。

邓辉等（2009）运用地理信息系统对长江中游地区新石器时期和历史时期的古人类遗址进行了统计和区域分布研究。研究表明，根据已有资料统计，长江中游大溪文化以前各新石器文化的遗址不超过 30 个，大溪文化遗址迅速增加到 114 个，如果加上同时期的边畈和油子岭类型遗址，则数量更多。屈家岭文化遗址进一步增加到 192 个。石家河文化遗址更是猛增到 678 个，这一数量甚至超过历史时期的魏晋南北朝、隋唐、宋元和明清等时期的遗址数。大溪文化开始的遗址数量迅速增加的事实，表明长江中游地区新石器文化出现了加速发展的势头。不仅遗址数量增加，从遗址区域分布上也出现从江汉—洞庭盆地的周边台地地区向长江两岸低地扩展的趋势。

江汉—洞庭盆地是四面环山的盆地。盆地中地貌以平原为主体，长江以南有黄山头和墨山两座孤立且比较高大的山地，还有几座孤立的残丘。平原地区大致可以划分为两大单元，即环盆地分布的台地平原区，海拔一般在 35m 以上，这些地区史前与历史时期主要遭受长江两岸支流洪水的危害。长江中游大部分新石器和历史时期的遗址均分布于该区域。江南的洞庭湖平原区和江北的洪湖—监利平原区，是江汉—洞庭平原中的深凹陷区，地面海拔一般在 30m 以下（如洪湖市地面海拔只有 20 余米），已低于目前长江大洪水时期的水位（可达 35m 左右），如果没有大堤保护则处于长江洪水淹没区。施工中发现的监利柳湾福田遗址，遗址文化层之上已覆盖有 4m 左右的河湖相沉积。这一区域可能还有一些遗址由于深埋地下而尚未被发现。

该区域由于地势很低，长江口外海面的升降可以间接影响该区域的江河水位。全新世早期海面迅速升高，到 6000aBP 左右达到高海面，之后有小幅波动。升高的海面导致该区域河湖水域及低平原地区的持续淤积，淤积过程又引起水位的进一步升高。这一过程一直延续到现在。该地区还因为构造下沉以及松散沉积地层的压实作用的共同影响，平原区地面有逐渐下沉的趋势。由于水位逐渐抬升和地面逐渐下沉的共同影响，整体而言，该地区的洪水频率和规模自全新世早期以来有逐渐加重的趋势。如果由于海面的小幅波动而处于较低位置，并遇上长江干支流来水较少的时期，则是区域洪水频率和规模较小的时期，这样的时期一般是该区域人类社会较为繁荣的时期。该地区新石器晚期以来至历史时期的社会发展具有较为明显的波动性特点，上述水文过程和洪水频率与规模的变化是重要原因之一。

根据以上研究和分析，结合前人研究成果，初步认为，4000aBP 前后的气候干凉化，海面影响、泥沙淤积、地面下沉引起的洪患频率和规模的增加，以及聚落大规模增加并向长江两岸低地的扩展等引发的洪水灾害加重等，都可能是引起石家河晚期文化衰落的环境原因。中原地区人群南下侵伐可能加速了文化的衰落。

1.3.2 安徽巢湖地区

安徽巢湖地区位于长江中下游之间的区域，一般也将其划归长江下游地区。巢湖附近的含山凌家滩遗址发现了 5000aBP 前的大型聚落遗址、大型贵族墓葬及有关的祭祀建筑遗迹。贵族墓葬出土丰富的精美玉器。因此这一地区也被认为是研究文明起源的重要地区。

王心源等（王心源，莫多闻，吴立等，2008）根据对巢湖490cm厚的湖泊沉积物柱样 AMS^{14}C 年龄的测定以及98个孢粉样品的分析结果揭示，该地区在10000～6000aBP为温和略干的气候向暖湿气候逐渐过渡的时期，6000～4800aBP为温暖湿润气候，水热配置条件最佳，4800～2000aBP植被衰退明显，反映气候暖湿程度的明显降低，人类活动对植被的破坏可能也是原因之一。

吴立等（吴立，王心源，周昆叔等，2009）对巢湖一带地貌特征及其古人类遗址分布的变化进行了研究，表明5500～3500aBP，巢湖流域60处古文化遗址呈现出西多东少的分布格局，多沿河流分布且在某些区域呈聚集状态，地貌部位则主要分布于低台地，即分布的地貌部位高于历史时期。由于巢湖流域东部东临长江，地势低洼，水网密布，在中全新世温暖湿润期，极易受长江河道摆动和洪涝灾害的影响，故流域东部遗址数量远较西部为少；中全新世适宜期气候温暖湿润，降雨量丰富，巢湖湖泊处于高湖面期，人类需要选择既靠近水源、又便于抵御洪水的生存地点。本区早期经济以渔猎和农业为主，但山区地形限制了早期耕作业发展，而临近湖泊、河流的低台地地势高亢而平坦、土地肥沃、鱼类资源丰富，有更多适于古人生存的空间，因而成为古人较为理想的耕作和渔猎场所。巢湖湖泊高湖面期最大水位高度与今天地形等高线10m相合，当时的古巢湖面积约2000km^2，比现今巢湖面积大一倍多。古人活动居址的分布同湖泊张缩有很好的对应关系，反映了古人对生存环境的适应。

1.3.3 长江下游地区

马春梅等（2008）对浙江天目山千亩田泥炭剖面进行了腐殖化度、孢粉记录、有机质含量和 Rb/Sr 等指标的分析，这些结果同湖北神农架大九湖泥炭剖面的研究结果具有类似的规律，表明在约4200aBP前后，季风降水明显下降。

李兰等通过对江苏连云港藤花落遗址沉积样品的^{14}C测年、有孔虫和轮藻等微体古生物鉴定以及 Rb、Sr 含量测定、磁化率、粒度沉积相等分析，探讨了藤花落遗址衰亡的原因（李兰，朱诚，赵泉鸿等，2008）。藤花落遗址末期地层中未发现任何有孔虫等与海相环境有关的证据，这说明藤花落遗址的消亡与海侵无关。在藤花落遗址07LTT1探方第3层龙山文化晚期地层上下发现25颗反映淡水环境的轮藻（其中，龙山晚期文化层之下的第4层有3颗轮藻；龙山文化晚期地层之上的第2层有22颗）；这说明藤花落遗址在龙山文化时期之后出现过长期的水生环境，即藤花落遗址龙山文化时期周围有河流或者淡水湖泊发育。在藤花落遗址两处探方中还发现大量喜湿植物种子、以及植物种子的外壳和植物的根茎，它们分布的层位不仅能与考古发掘发现的古水稻田地层对应，而且在龙山晚期文化消失时的地层（两处探方的第2层）中依然能见到喜湿植物种子和种子壳的存在，从另一侧面证实藤花落遗址龙山文化后期呈现陆相过湿的水域环境。藤花落遗址末期地层和其上方的文化间歇层沉积物粒度概率累积曲线呈明显的河流沉积三段式曲线，可进一步证明藤花落遗址龙山文化后期出现了河流相水生环境。从藤花落遗址07LTT1探方龙山文化末期之上出现较高的Rb、Sr含量推测,在龙山文化晚期藤花落遗址地区出现了较大规模的降水事件。藤花落遗址消亡之时该处两个探方地层Rb/Sr值均较高,表明当时该区的环境均处于一种过湿的积水或湿地环境,不适合人类居住。所以认为藤花落遗址的消亡可能与河流泛滥有关。

李兰等对江苏省宜兴市新街镇塘南村的骆驼墩遗址进行了古环境研究(李兰,朱诚,林留根等,2008),在遗址形成之前(9500~7400aBP)的泥炭层中发现底栖有孔虫,表明该地区在7000aBP之前曾发生过海侵事件。该遗址具有7000aBP以来的马家浜、崧泽、良渚、广富林、春秋和唐宋时期的文化层,以及文化层之间的贝壳层、埋藏古树和自然淤积层等。遗址早期文化层中含有较多的植物种子,反映良好的生态环境。后期由于气候或人类活动原因,植被有衰退的趋势。

朱诚等对长江三角洲地区已发现的马家浜至良渚文化时期的新石器遗址分布进行了统计研究(朱诚,郑朝贵,马春梅等,2003),研究表明,在205个新石器时代主要遗址中,马家浜文化遗址34个、崧泽文化遗址47个、良渚文化遗址124个。这些遗址大多数位于海拔5m以下的低海拔平原地区。其中马家浜文化的34个遗址中有11个主要位于太湖东部和西部海拔0~2m的低洼湖荡平原和滨湖平原区。崧泽文化的47个遗址中有12个遗址主要位于太湖东部和南部海拔0~2m低洼湖荡平原和滨湖平原区。良渚文化的124个遗址中有30个位于0~2m海拔低洼平原地区。良渚文化遗址数量相对于马家浜和崧泽文化时期的遗址有显著增加,反映当时社会人口规模的显著增加。良渚文化时期位于2m以下低海拔平原区的遗址数量增加了2倍。由于新构造运动和地层压实等因素影响,长江三角洲地区的地面在全新世期间存在缓慢下沉的趋势,即马家浜和崧泽文化时期遗址的实际海拔高度要高于目前的位置。如果考虑到这一点,良渚文化时期古代人类向低湿平原地区的扩张趋势更为明显。

李明霖等(李明霖,莫多闻,孙国平等,2009)对浙江田螺山遗址剖面及其文化层和自然沉积中的黏土矿物、地球化学元素及古盐度等古环境指标进行了分析研究,表明该地区的气候以6000aBP之前的一段时期最为暖湿,之后的气候暖湿程度略有逐渐下降的趋势。田螺山遗址和河姆渡遗址地区在遗址形成之前都曾经被水体淹没,并且明显受到过海相咸水的影响。田螺山遗址和河姆渡遗址的底部目前都处在海拔0m以下,当时的人类聚落不可能建在海拔0m以下的位置,说明遗址区的海拔高程相对海面而言曾经有所降低(或者海面有所上升)。遗址区河姆渡文化中期和晚期之后都沉积了一层淤泥层,古盐度分析表明也曾受到海相咸水的影响。这一现象说明河姆渡文化中期和晚期之后该区域也都出现过水位较高的时期,以至于遗址区曾被水体淹没。由于长江三角洲地区相对宁绍平原而言,地域更广大,且同黄河流域和长江中游地区有更方便的联系,所以自崧泽文化开始,长江三角洲地区的文化发展势头开始优于宁绍平原地区,尤其良渚文化时期获得了更加迅速的发展,进而向南扩张,统一了宁绍平原地区。

莫多闻、李春海等对良渚遗址地区进行了大范围的野外调查，对钻孔剖面和开挖剖面样品进行了多种古环境指标分析。初步的调查研究表明，良渚遗址区地面海拔高程一般3m左右，目前这一地区的洪水威胁仍然十分严重，所以沿河都筑有很高的大堤。一些遗址底部文化层的海拔接近0m，古代人类的聚落也不能建在海拔0m的地区，所以良渚时期平原地面的海拔高程也必然由于构造运动而有所降低（或海面有所升高）。尽管如此，仍然可以肯定良渚时期的平原地面不高，同样存在洪水的威胁。平原区良渚晚期文化层之上普遍有1~2m左右战国之前的淤土层，也证明了该地区平原区曾经出现过洪水淹没的时期。良渚遗址区三个剖面的孢粉分析结果显示，5300aBP以来，研究区域的植被以亚热带常绿阔叶林为主，>38μm禾本科花粉在3个剖面从上到下都出现，其中在良渚文化时期表现为高值，反映稻作农业的繁盛。孢粉结果还表明，良渚文化末期的气候暖湿程度有几次降低的波动。良渚文化之后，有一个较大的气候暖湿度降低事件。

1.3.4 长江上游地区

文明探源工程从预研究到第二阶段都没有包括长江上游地区，但本课题组研究人员对该区域也有所涉及。

朱诚等（2008）对重庆忠县中坝遗址T0202探方出土的代表4400~2200aBP各文化层的动物遗存所代表的生态环境进行了分析，分析表明这一时期整体上生态环境较好，具有生活在良好的森林和草地上的丰富的多种动物。其中水牛（未定种）和牛（未定种）以及水獭主要出现在3750aBP以前的早期，暗示该时期水分条件可能更优。犀牛科（Rhinoceotidae）的骨骼主要发现于4000~3750aBP和3000~2500aBP的地层中，根据现生犀牛所处的气候与生态环境分析，可初步推测这两个时期中坝年平均气温和降水量可能比现今要高。3100~2850aBP虽然处于竺可桢先生提出的五千年来的第一个低温期，但大九湖泥炭地层揭示的该时期仍存在有大量桑属、榆、水青树、栎、栗等孢粉，应表明至少在大九湖和中坝遗址地区气候仍然较为适宜。猴和棕熊只在3750aBP以后出现，可能表明该时间之后森林条件更为优越，有利于林栖动物生长。2310~2200aBP出土了白唇鹿骨骼，根据现生白唇鹿所处的气候与生态环境分析，可初步推测这一时期中坝地区年平均气温和降水量比现今要低。高华中等（2005）对中坝遗址地层有机碳含量的研究证实了这一点。

李俊、莫多闻、王辉（2005）对成都平原地貌、中全新世环境演变及其对古文化演化的关系做过初步研究。成都平原西部龙门山山前地带，主要为以绵远河、石亭江、湔江、岷江等河流形成的冲积扇。冲积扇的地面坡度较大，约为1‰。其中以岷江冲积扇最大。成都平原远离山前的地区是广阔的冲积平原，以2‰~3‰的坡降向平原下游倾斜。平原区河流分属岷江、沱江两大水系。各大河流沿河分布有二级阶地，阶地面一般高出河床6~10m，往下游有所降低。河流之间的平原地区分布有一些垄岗状低缓台地。全新世期间成都平原是洪水泛滥较为频繁的地区。根据金沙遗址孢粉分析结果及艾南山（2002）的研究可知，该地区 5000aBP 之前的中全新世为温暖湿润气候，5000aBP 之后气候开始明显变干变凉。成都平原已经发现有新津宝墩、温江鱼凫城、郫县古城、都江堰芒城、崇州双河、紫竹等史前古城。这些城址大都选择与河流平行的垄岗状台地，以利于防御洪水。初步研究表明，成都平原自宝墩文化及史前古城的兴起，直至古蜀王国的建立，其平原区的水文条件演变历史对人类文化兴盛与演化历史的影响值得重视。

2 关于自然环境及其演变同中国文明产生和早期发展关系的一些初步认识

2.1 中华文明早期起源地区全新世中晚期环境特征及其演变

中国大陆的气候大致可以划分为东中部季风气候区、西北干旱区和青藏高原区三大区域。中国的西北地区由于深处内陆而气候干旱，沙漠化严重。青藏高原地区由于海拔高，气候寒冷干旱。东北中北部地区由于高纬而气候寒冷。这些地区的新石器文化都起源较晚。中国的华南地区炎热多雨，植被茂盛，野生动植物资源丰富，古代人类发展农业的需求不十分迫切，所以该地区虽然新石器文化起源早，但一直发展缓慢。因此，上述地区由于气候和环境条件的影响，新石器文化的发展水平和发展速度均受到限制，文明起源也相对较晚，而中国的亚热带和温带季风气候区的中东部地区遂成为中国新石器文化兴起与繁荣和文明兴起与发展的主要地区。即中国的长江中下游地区（亚热带）、黄河流域和东北南部的西辽河流域（温带）是中国新石器文化和文明起源较早和影响较大的主要地区。近几十年来，许多从事环境演变研究的学者就这些区域的全新世环境演变做了大量工作，取得了很多成果。本课题开展以来，在前人工作的基础上，又做了许多研究，取得了进一步的认识。

由于这些地区大部位于我国中东部季风气候区，全新世气候变化具有明显的相似性。全新世时期的气温和降水具有明显的三段式特点，即全新世初期为气温和降水逐渐波动性升高的时期，全新世早中期为气温和降水明显偏高的大暖期气候时期，全新世中晚期气温和降水呈现波动性下降的趋势。9000~8000aBP 各地区的气温或降水已达到同目前大致相似的水平。7000~5500aBP 为比较稳定的暖湿时期，气温和降水都高于目前的水平。约 5500aBP 东亚季风开始出现衰退趋势，各地区气温和降水开始波动性下降。约 5000aBP 前后各地区都出现了干凉化事件，但黄河中下游地区和长江中下游地区不是很明显。5000~4000aBP 又是一段比较暖湿的时期，气温和降水高于现代。约 4000aBP 前后有一次显著的干凉化过程，这次干凉化事件在中国北方的广大地区和长江中下游地区都有显著的显示，但也有少数地点的记录不十分明显。4000~3000aBP 是气候较为干凉的时期，但暖湿程度也同现代气候条件相近，后期可能高于现代。

全新世早中期各地区的植被状况都好于现代，全新世中晚期，随着气候的波动，各地区的植被也有明显波动。有些地区有些时段的植被波动可能不如气候波动明显。有的地区植被变化可能比气候波动更明显，如甘青地区、晋南地区、海岱地区的龙山文化末期，这种情况可能反映气候变化基础之上还叠加了人类活动对植被的影响。

除了相似性之外，由于各地区所处地理位置和地貌景观等特征的差异，气候和植被变化也存在许多差异。进一步准确重建各地区气候（气温和降水）和植被的变化历史，包括变化的量值、幅度、起讫时间等，还需要今后更深入的研究，也只有在这样的基础上，才能更准确把握各地区的差异。

全新世期间，各地区的地貌演化也具有不同特点。甘青地区的河西走廊有大面积的戈壁沙漠分布，内蒙古中南部和西辽河地区也分别有毛乌素和科尔沁沙地分布。这些沙漠或沙地全新世期间曾发生多次进退，对这些地区的人类文化产生了明显的影响。黄土高原是中原地区人类活动的主要分布区域。青海东部和甘肃东部、西辽河地区和海岱地区都有黄土丘陵分布，也都是古代人类活动的主要区域。全新世时期黄土丘陵区中的河流逐渐下切，形成了一至二级河流阶地，这些广泛分布的河流阶地是新石器至历史时期人类活动的重要地貌单元，而一些低阶地区域可能发生洪水的危害。长江中下游两岸平原低地，黄河下游黄泛平原区，新石器时期以来有洪水泛滥，平原不断发生淤积，既是古代人类农业开发的重要区域，泛滥的洪水又构成对人类社会的危害。所以这些区域的人类社会和聚落演化历史都呈现出断续的特点。

2.2 中国的新石器文化和文明具有多样性和统一性结合的特点，这种特点的形成同中国的自然环境特征密切相关

统一性与多样性是中国史前文化与文明的重要特点，严文明对此早有论述（严文明，1987）。并对其同环境的关系也做过说明（严文明，2006a）。本课题在研究过程中对此又有进一步的认识。

（1）中华文明统一性的形成，既有环境的基础，也有历史的渊源，而历史渊源的形成也同环境存在某种联系。这一点可以从如下几方面加以说明。

第一，中华文明起源的主体地区具有气候环境的相似性。中华文明起源与发展的主体地区，黄河流域、长江流域和西辽河流域，都处于温带或亚热带东亚季风区，夏季高温多雨，冬季低温干旱。暖湿同期的气候特征十分有利于种植农业的发展。这一广大地区的古代人类，夏季都适宜农业耕种，冬季都需要储存食物和抵御寒冷。因此可能形成某些文化上的相似性。

第二，相似的气候条件和土地资源条件，形成了中华文明相似的经济基础，即以种植农业为主要的经济基础。黄河流域和西辽河流域所在的北方地区，丘陵、台地和河流阶地等地貌部位都分布有厚层的黄土，河流谷地和冲积平原上也分布有厚层的次

生黄土，这样的沉积物是十分优良的成土母质，与上述气候特征配合，形成中国良好的旱作农业种植地区。长江流域许多广阔的冲积平原和一些河流谷地冲积淤泥层，在充足的水热资源条件下，是发展稻作农业的理想地区。因此，中国新石器文化早期就形成了北方以旱作农业为主、南方以稻作农业为主的种植农业。这种种植农业体系是中华文明的主要经济基础。

第三，中国的环境特点具有内聚性。中国东部面临太平洋；南面和西南面同南亚地区有高山分隔；西部和西北边境有帕米尔高原、天山、阿尔泰山等山地，且多戈壁沙漠；北面为高寒地区。总体而言，中国同世界其他具有发达新石器文化和古代文明起源较早的地区不仅距离遥远，而且存在地理环境上的天然屏障。所以，在中国在这块土地上兴起的新石器文化和文明自成体系，与世界其他地区明显不同，具有自己鲜明的特色。严文明先生多年前就注意到了这一点（严文明，2006a，2006b）。

第四，中华文化圈内部、尤其早期文明起源各主要区域之间在地理位置上相互邻近，且具有交通便利的地貌条件。在这样的条件基础上，中国新石器早期各区域文化之间就存在或多或少的联系，随着新石器文化的发展，这种联系虽然在随时间的发展过程中有波动和反复，但总的趋势是这种联系日益增多，为日后统一文明的形成奠定了文化基础。新石器晚期各区域之间文化的大规模交流、碰撞与融合，最终形成了统一的中华文明。

第五，中原地区在文化随时间发展过程中的持续性环境条件、大区域内部文化整合的环境条件和同周边区域联系的环境条件均优于其他各区域。所以，中原地区在新石器文化起源与发展、文明起源与发展的各历史阶段，这种优势逐渐显示出来。中原地区的文化与文明作为中华文化与文明的核心地位也逐渐显示出来（赵辉，2000，2006）。这种核心地位的形成源于中原地区独特的环境条件，而这种核心作用在中华文明统一性的形成与发展过程中发挥了重要作用。

（2）中华文明同时具有丰富的多样性，这种多样性的形成同样同环境之间存在密切的关系。中华文明起源的主体地区是世界上文明起源的最广大地区，东西南北跨度均在2000km以上。这一广大区域内的气候、地貌景观和土地资源条件等环境要素都存在很大的不同。如气候上，长江流域的年均气温高出北方西辽河地区10℃左右。年降水最多的长江下游地区高达1000～1500mm，而甘青地区年降水最多的地区也只有500mm左右，而最少的地区只有30多毫米。不同地区的环境条件的差异，不仅形成了不同的文化特征，而且所经历的文化发展和文明起源的道路和模式也有所不同。

如长江流域中下游地区，气候上高温多雨而水热条件充分，流域许多地区地势低平而冲积湖积平原广布，河湖密布，新石器时期即成为重要的稻作农业区。而丘陵坡地地区由于植被繁茂、土质密实，因此新石器时期的旱作农业不发达。由于野生动植物资源丰富，渔猎一直在经济生活中占较大比重，而家畜饲养业的比重始终不是很高。

属于北方地区的黄河流域和西辽河流域，由于降水较少，因而新石器文化以旱作农业为主，家畜饲养业也相对较为发达。而少雨的西部和北方的一些地区，畜牧业的比重更高，尤其新石器文化末期至青铜文化时期，畜牧业上升为主要的经济类型。

不同环境地区的人类文化对环境变化的适应和对自然灾害的抵御能力也不同。如西北甘青地区由于本来就少雨干旱，全新世晚期气候变干对该地区的文化影响就更显著。长江中下游和黄河下游的低平地区，受洪水灾害的影响就大于其他地区。

2.3 中国各主要新石器文化区全新世时期有利的环境条件，孕育了各地区新石器文化的长期发展和繁荣，为中华文明的多元起源奠定了悠久的历史和文化基础

中国长江流域、黄河流域这一广大的地区范围内，末次冰期时仍有人类活动，末次冰期之后随着气候开始向全新世暖湿气候过渡，一些条件有利的地区开始出现新石器文化的萌芽，如长江中下游地区、中原地区等都已发现可能早到距今10000年前后的新石器初期文化。9000aBP前后，全新世大暖期气候来临。至8000aBP前后，与日后中华文明起源关系较大的中原、海岱、甘青、西辽河、长江中游、长江下游等6大新石器文化区初步形成。8000~6000aBP期间，中国气候处于大暖期较为稳定的暖湿时期，6大文化区的新石器文化基本上都获得了持续的发展。随着新石器文化的发展，人类活动的主要范围大都有由山间谷地和山前台地逐步向河流阶地、河谷平原或冲积平原扩展的过程，所以具有这些地貌类型组合的区域是新石器文化发展最有利的区域。各地区新石器文化经历了数千年的发展，到距今约6000之后，新石器文化的发展开始加速，一些文明因素开始萌芽。到约5500年之后，各文化区都先后开始了文明化进程。所以，正是各文化区有利的气候和景观条件，导致了新石器文化的起源和发展，进而为中华文明的多元起源奠定了基础。

2.4 中华文明起源与发展过程中，环境特征及其演变促成了多元一体文明的形成

约5500aBP前后开始，各文化区先后开始了文明化进程。有些地区发展到了文明社会的门槛，有些地区甚至已经进入了文明社会的初级阶段。到4000aBP前后，各地区受环境特征及其演变的影响，经历了文化大调整之后，只有中原地区在初级文明的基础上进一步发展，进入了中华文明的早期发展阶段，中原地区在中华文明发展历史中的核心地位得以确立。其他地区文明化进程的势头发生停滞或逆转，文化出现明显的衰落，各地区各自发展的地位丧失，被纳入以中原地区为核心的发展轨道，开启了中华文明以统一发展为主线的新时代。所以，约4000aBP之前的文化大调整是中华文明起源与发展历史上的重大事件，之前各区域之间虽有或多或少的联系，但以各区域分别发展为主，区域内也有逐步整合的过程；之后虽然也有多次的分化，不同地区文化上也有差异，但是以统一发展为主线。这次文化大调整和中华文明发展历史的转型，同样同环境特征及其演

变具有十分密切的关系。对此前人已做过一些探讨（俞伟超，2002；王巍，2004）。随着探源工程环境课题的大范围展开，对这一问题又有了进一步的认识。

进一步的研究表明，对比中原地区同其他周边地区环境特征及其演变历史的差异发现，在时间维度上影响区域内人类文化的持续性发展、在空间维度上影响区域文化整合规模和区域内同周边区域的文化联系等三方面环境条件，中原地区都明显优于其他地区。

2.4.1 中原地区

（1）中原地区在时间维度上有利于文化持续发展方面具有气候、景观和区域规模三大优势。第一，中原地区的气候暖湿程度在北方旱作农业区中，同海岱地区接近，明显高于甘青地区和西辽河地区，在全新世中晚期开始的气候波动性干凉化趋势背景下，中原地区的气候暖湿程度始终能保持旱作农业的持续发展。第二，中原地区从海拔数十米的华北平原西部，到海拔1000多m的黄土高原，分布有平原和河谷平原、河流阶地、台地、丘陵坡地、黄土梁塬、山地等地貌类型，除一些较高的基岩山地地貌单元外，其他各种地貌类型的地表都分布有厚层的黄土或次生黄土，这样的景观特点和土地资源条件使得中原地区发展了以黍和粟为主、兼有其他多种作物的旱作农业，并有较为发达的家畜饲养业作为补充。这样的经济形态最具抵御气候波动的潜力。不同高度的景观单元都是人类活动和新石器文化发展的有利地区，这样的景观特征也最具抵御洪水灾害的潜力，因为洪水灾害只可能影响低地平原和河谷低地部分，不足以影响整个区域的文化发展进程，为抵御洪水灾害而进行的社会组织行为还可能加速一些文明因素的形成。第三，区域规模广大有利于文化的区域回旋发展，虽然不同小区域也有此起彼伏的发展过程，但作为一个整体的中原地区，从新石器文化到文明起源与发展过程中，呈现出整体的持续发展趋势。

（2）中原地区区域广大，环境相似，区内通达条件便利，有利于大区域的文化整合。这种大区域整合的优势从裴李岗时期、庙底沟时期到三代文明时期，多次显现而且显示出逐渐增加的优势。

（3）中原地区居天下之中，与周边地区具有四面八方的全方位联系条件。这种优越的联系条件，第一有利于吸收周边地区的先进文化因素而丰富自己的文化内涵，增强自己的文化活力；第二可以增强对周边地区的文化辐射，提高中华文化圈文化的统一性，有利于统一的中华文明的形成；第三可以为中原地区的文化发展获取更广阔的回旋空间而有利于文化的持续发展。

正是这三方面的有利条件，在全新世晚期，尤其距今4000年前后的全国文化大调整过程中，中原地区不仅没有出现文化的显著衰退，反而进一步持续发展，进入了夏商周三代文明时代。

2.4.2 周边其他文化区

其他周边各文化区在上述3方面环境条件均不如中原地区，所以在距今4000年前后的文化大调整过程中先后出现衰落趋势，纳入中华文明多元一体发展的轨道。

（1）海岱地区

海岱地区的新石器文化获得了持续的发展，到大汶口晚期呈现加速发展的趋势，产生了一些文明因素，文化的影响也波及到中原地区和长江中下游地区。之后的龙山文化进一步发展，社会分层明显，多处城邦出现，聚落出现明显的等级结构，被认为已经进入邦国时代，但龙山文化末期至岳石文化时期，遗址数量明显减少，社会发展水平和地位明显低于中原地区。形成这种趋势的原因主要有：第一，本区东南部的稻作农业到龙山中期，发展到接近旱作农业（黍和粟）的规模，稻作农业对于波动性干凉化的气候难以适应，这方面可能是鲁东南地区遗址规模和数量出现明显衰落的原因之一。第二，全新世中期由于海面升高引起黄河及其他河流发生淤积，河流淤积的逐渐发展，到龙山晚期引起了平原区洪患的明显加重。大汶口晚期至龙山中期，由于人口的增加，平原区的的聚落增加，因而也增加了社会的灾害风险。所以龙山晚期至岳石文化时期平原地区频繁的洪患灾害，应是危害海岱地区社会发展的重要原因之一。第三，大汶口晚期开始，随着区域新石器文化的拓展和社会分层的加剧，社会内部、邦国之间的冲突、以及海岱地区同中原地区和长江下游地区的冲突愈演愈烈。这些冲突一方面可能加速社会的文明化进程，但同时也严重消耗社会经济资源而影响社会的发展和繁荣，所以也可能是导致海岱地区龙山晚期开始的衰落趋势的原因之一。

（2）甘青地区

甘青地区地处中国内陆的东亚季风尾闾地区，降水少，气候整体偏干。所以只有全新世大暖期早中期气候最暖湿的阶段，新石器文化从大地湾一期到仰韶晚期的发展基本同中原地区同步。由于约5000aBP前后的气候干凉化，仰韶晚期开始的社会复杂化进程停滞下来。之后的新石器文化发展滞后，马家窑至齐家文化历时一千余年，虽然出现了较为发达的青铜冶炼技术，但社会复杂化水平没有显著提高。约4000aBP之后，由于气候的进一步干凉化，文化面貌进一步衰落，各区域文化演变为各自不同的以牧业为主的小区域文化类型。另一方面，甘青地区东部和黄湟地区地貌为丘陵沟壑，河西走廊各绿洲之间又有戈壁沙漠等的分割。这种区域内部十分不利的通达条件，也不利于区域文化整合，而难以向具有更高层次和更复杂社会结构的文明社会演进。

（3）西辽河地区

西辽河地区在全新世大暖期气候背景下，新石器文化经过兴隆洼、赵宝沟、红山早期等时代的连续发展，到约距今5500年前后之后，红山文化晚期发展出以牛河梁遗址为代表的大型祭祀遗址（包括一座女神庙、多处积石冢和祭坛），红山文化遗址出土多种玉器（玉龟，玉雕龙，勾云形佩），被誉为照亮中华大地的第一道文明曙光（苏秉琦, 1988, 1994)。而5000aBP之后，气候的干凉化和科尔沁沙地的沙化加剧和扩展，显著影响了该地区新石器文化的发展。之后的小河沿文化（4850~4350aBP）同红山文化相比显示出明显的衰落趋势。遗址数量锐减，分布地域缩小。红山时期普遍使用的先进翻土工具——石耜和石犁几乎绝迹，表明农业生产力水平的明显退步。红山文化晚期开始的文明进程出现了倒退。导致这种文化衰退的原因是多方面的。气候干凉化和科尔沁沙地的扩展，引起该地区农业经济的衰退是主要原因。该地区区域规模相对比较小，难以形成强势的区域文化，在新石器晚期各区域文化大冲突大整合的调整过程中处于劣势可能也是原因之一。

（4）长江中游地区

长江中游地区的新石器文化自10000多年前起步，经历了几千年的发展和繁荣，到6000aBP前后的大溪文化时期，开始了向文明时代演进的进程，到5000~4000aBP的屈家岭—石家河文化时期，进入了初级文明社会阶段，经济社会发展达到了十分发达的水平。但到4000aBP前后，这一曾经辉煌一时的长江中游文明显著衰落了！石家河文化晚期快速走向衰落的原因尚待进一步的研究。第一，气候的干凉化可能是引起文化衰落的原因之一。第二，洪患灾害的加重可能是重要原因。对此问题需要从两方面理解，其一，从大溪文化时期起，随着人口的不断增加，人们从江汉—洞庭盆地周边地区逐渐向长江两岸的低海拔地区扩展，到石家河晚期，这种扩展达到最大规模，势必大大增加洪水灾害的风险；其二，全新世中期，海面达到与现在大致相当的高度并维持小幅的波动。升高的海面势必引起长江干支流的水位升高，水位升高又引起河道淤积，河道淤积又加重水位升高。这一过程相对海面达到高位的时间而言，势必滞后一段时间，即到约4000aBP前后，长江干支流已显著发生淤积，导致水位升高而引起洪患的频率和规模增加，在长江两岸一些低海拔地区，已发现有大溪—石家河时期的遗址被埋于厚数米的洪患淤泥之下就证明了这一过程。抬升的水位和加重的洪患，压缩了人类生存空间，引起社会冲突和动荡。这一过程可能是长江中游文明衰落的重要原因之一。第三，继续发展的中原文明对该地区的征伐可能加速了长江中游文明的衰落。

（5）长江下游地区

长江下游的新石器文化，经过上山、跨湖桥、河姆渡（马家浜—崧泽）等发展阶段，到良渚文化时期达到顶峰。但约4200aBP前后的良渚文化晚期，整个地区的新石器文化迅速衰落。这一发展历史同长江中游地区十分类似，只是衰落的时间可能略早。第一，4000aBP前后的气候干凉化事件也可能对良渚文化的衰落产生了一定影响。第二，也与中游地区类似，即区域地貌和水文特点与人类社会发展的矛盾。约7000aBP前新石器文化的人类才进入平原地区发展。7000~5000aBP时期人口规模不大，当时的人类主要在平原中的一些低丘周围和台地上活动，同时经营农业和渔猎采集。良渚文化时期在前期发展的基础上，人口迅速膨胀，因而在平原低地上大规模开垦农田和营建聚落，到良渚中晚期可能已达到近乎饱和的密度。另一方面，海面在约6000aBP之前达到现今的高度后略有升降，河湖水系在高海面顶托下发生淤积，导致水位逐渐抬升和排水不畅。另外平原区地面有的缓慢下沉和海面的波动等因素的叠加，可能导致洪水频率和规模增加，淹废平原低地区的农田和聚落，引发社会内部动荡，对良渚晚期社会构成严重危害。第三，也是随着5000aBP之后的人口膨胀，各区域的新石器人群都开始向外拓展，区域之间的冲突也随之升级。同黄河流域之间的冲突可能加速了良渚社会的崩溃。

综上所述，正是各文化区域环境条件及其演变历史的差异，使得不同地区的文明化进程表现出不同的趋势。中原地区正是由于其独特的环境优势，在4000aBP前后的文化大调整中获得了进一步的发展，作为中华文明的核心地位进一步凸显出来。而其他各地区都不同程度地先后表现出衰落趋势而被纳入中华文明统一发展的轨道。从此，中华文明多元一体的格局正式形成。

2.5 中国特殊有利的环境特征和演变特点，是中华文明能够持续发展的重要原因

中华文明不仅经历了由新石器文化到文明时代的长期的持续发展，而且是唯一持续发展到现代的上古文明（李学勤，2002）。中华文明为何具有如此顽强的生命力，与孕育这一文明的这块土地的环境条件密切相关。

（1）中华文明是在一个区域十分广大和景观类型特别多样的环境条件下形成和发展起来的，这种环境基础赋予了中华文明博大和文化内涵十分丰富多样的特点（包括可以适应不同环境条件的多样的生产方式和生活方式），这一特点本身即赋予了这一文明本身十分强大的生命力。

（2）中华文明是在一个具有多样性气候的广大地区发展起来的。在全新世晚期气候波动性干凉化的背景下，人类文化可以有两方面的应对方式：一种是人群和文化的空间迁徙，即在气候趋于暖湿的时期，人类可以向较为干凉的地区拓展，而在气候趋于干凉的时期，人群可以更多地向暖湿的区域发展；另一种是人类生产生活方式或人类文化的变化，即在气候趋于暖湿时，一些适应暖湿气候的文化或文化要素得到较好的发展，而气候趋于干凉时，一些适应干凉气候的文化或文化要素得到更多的发展。

（3）具有多样性景观的广大地区也是中华文明得以持续发展的有利条件之一。由于全新世中期形成的高海面，导致低地平原和河谷低地发生逐渐淤积而逐渐抬升洪水水位，使得全新世晚期我国许多地区有洪患加重的趋势，而中原地区的大部分地区处于海拔较高的阶地、台地、丘陵和黄土梁塬地区，不仅这些地区受洪患影响较小，社会发展的整体趋势不致于逆转，而且可以进一步发展出适应低湿地区应对洪患灾害的技术和社会治理模式。

(4) 中华文明起源和发展的主体地区为包括黄河流域在内的广大北方地区和长江流域，北方地区有大面积分布的厚层黄土，并且通过降尘而得到河流泥沙源源不断的补给，长江流域、黄河下游等主要河流冲积平原有厚层的冲积物沉积以及源源不断的补给（这些地区也有黄土降尘的补给），这些条件为我国新石器文化和文明的发展提供了丰富的土壤资源条件。这也是中华文明得以持续发展的原因之一。

(5) 中国同周边世界其他地区的古代文明区域从地理环境上处于遥远和相对隔离的状态，所以在新石器文化和文明的发展的早期，不存在其他地区文明对中华文明的冲击威胁，即具有相对安全的外部环境。

(6) 以中原为核心的统一的中华文明主体一旦形成，由于其本身的博大，其文明自身已经具有不可撼动和被中断的伟力。到历史时期，在文明内部政治治理比较纷乱的一些特殊时期，外围的一些民族可能取得政治上的统治权，但不仅没有改变中华文明的传统，而结果总是进一步融合到博大的中华文明体系之中，使得中华文明的地域更广大，文化内涵更丰富。

2.6　各地区不同时期的各种自然灾害，在各地区文明发展历程中发挥过促进或阻碍的作用

中国是一个自然灾害频发的国家。中华大地上的先民就是在同长期不断的自然灾害作斗争的历史中发展起来的。但由于中国地域广大和具有气候和景观的多样性，这些灾害虽然影响了一些局部地区文化和社会发展的持续性，但作为一个整体的中华文化和中华文明没有因为自然灾害而中断持续发展的脚步。

洪水灾害在我国广大地区的不同历史时期都存在，只是由于气候变化和地貌演化的结果，有些地区有些时期可能比较强烈。中原地区在4000aBP前后的局部洪水灾害，不仅没有影响文明的进一步发展，还可能促进了某些文明因素的出现和发展。而长江中下游地区，黄河下游地区，洪水灾害可能对当地文明的发展起到过阻碍、甚至使文明进程发生逆转的作用。

中国广大地区，包括长江流域的各历史时期都有干旱灾害发生，可能对区域文化社会的兴衰演变产生过一定影响。这种影响可能以甘青地区和陕北地区表现比较明显。

我国从东北西部到甘肃东部以西的广大区域中分布有许多沙漠（与气候和地面条件相关）。在波动性的气候干旱事件驱动下，这些沙漠或沙地可能发生扩展，研究表明，这些沙漠或沙地的扩展时期，也是这些地区周边人类文化衰退的时期。表明沙漠化灾害在中华文明发展历史上发生过负面影响。

2.7　环境同人类活动的互动作用可能影响了某些地区的文明化进程

环境条件深刻影响了人类活动和文化发展历史。而人类活动也不同程度地改变环境，这种改变也可能反过来影响文化和社会的发展。人类在同自然的斗争过程中，对

周围的环境和资源条件的认识水平不断提高，如何更好地认识自然、利用和开发环境与资源，中华先民取得了巨大的成功，积累了丰富的知识。但由于人类认识的局限性，可能在某些地区或某些时段，人类对资源和环境造成了负面的影响或破坏。如一些干旱的具有沙化潜在危险的地区，可能由于人类活动而导致沙化加剧，进而导致当地人类文化出现衰退，这样的事件在甘青地区、陕北地区、西辽河地区的新石器文化至文明发展历史上都曾发生过。人类活动可能破坏植被、引起水土流失加重，进而引起河流淤积和洪患加重，这种过程，在长江流域、黄河中下游流域的全新世中期以来有比较明显的表现。新石器晚期以来，由于人口膨胀，人类向一些生态脆弱地区扩展，最后导致比较严重的后果。这种现象在我国广大地区都有出现。如长江中下游地区新石器晚期向长江两岸低地的扩展，海岱地区新石器晚期向黄泛平原的扩展，西辽河地区和甘青地区新石器晚期向沙化地区的扩展，其结果都是不能持续发展，甚至成为导致区域文化严重衰退的原因之一。

参 考 文 献

艾南山. 2002. 成都平原全新世古环境变化与人类活动的关系. 长江上游早期文明的探索. 成都：巴蜀书社：24~29.

曹雯, 夏正楷. 2008. 河南孟津寺河南中全新世湖泊沉积物的易溶盐测定及其古水文意义. 北京大学学报（自然科学版）, 44（6）: 933~937.

邓辉, 陈义勇, 贾敬禹, 莫多闻, 周昆叔. 2009. 8500aBP 以来长江中游平原地区古文化遗址分布的演变. 地理学报, 64（9）: 1113~1125.

董广辉, 贾鑫, 安成邦. 2008. 青海省长宁遗址沉积物元素对晚全新世人类活动和气候变化的响应. 海洋地质与第四纪地质, 28（2）: 115~119.

高华中, 朱诚, 孙智彬. 2005. 三峡库区中坝遗址考古地层土壤有机碳的分布及其与人类活动的关系, 土壤学报, 42（3）: 518~522.

郭大顺. 1995. 辽宁史前考古与辽河文明探源. 辽海文物学刊,（1）: 14~20.

郭大顺. 2004. 关于辽西区文明起源道路与特点的思考."中国东方地区古代社会文明化进程"笔谈. 文史哲,（1）: 15~16.

国家文物局主编. 1998. 中国文物地图集·陕西分册（上下册）. 西安：西安地图出版社：1~1223.

吉云平, 夏正楷. 2007. 不同类型沉积物磁化率的比较研究和初步解释. 地球科学, 28（6）: 541~549.

吉云平, 夏正楷. 2008. 河南洛阳寺河南剖面沉积物的磁化率及其与粒度参数的关系. 南水北调与水利科技, 6（6）: 78~80.

李俊, 莫多闻, 王辉. 2005. 成都平原全新世环境与古文化发展关系初探. 水土保持研究, 12（4）: 39~42.

李兰, 朱诚, 林留根, 赵泉鸿, 史恭乐, 朱寒冰. 2008. 江苏宜兴骆驼墩遗址地层7400BC~5400BC 的海侵事件记录. 地理学报, 63（11）: 1189~1197.

李兰, 朱诚, 赵泉鸿, 林留根. 2008. 连云港藤花落遗址消亡成因研究. 科学通报, 53（增刊1）: 139~152.

李明霖, 莫多闻, 孙国平, 周昆叔, 毛龙江. 2009. 浙江田螺山遗址古盐度及其环境背景同河姆渡文化演化的关系. 地理学报, 64（7）: 807~816.

李学勤. 2002. 中国古代文明及其研究. 齐鲁学刊,（4）: 5~12.

李宜垠　侯树芳　莫多闻. 2009. 湖北屈家岭遗址孢粉、炭屑记录与古文明发展. 古地理学报, 11（6）.

李中轩, 朱诚, 张广胜, 欧阳杰, 王然. 2008. 湖北辽瓦店遗址地层记录的环境变迁与人类活动的关系研究. 第四纪研究, 28（6）: 1145~1159.

梁亮, 夏正楷, 刘德成. 2003. 中原地区距今5000~4000年间古环境重建的软体动物化石证据. 北京大学学报（自然科学版）, 39（4）: 532~537.

吕厚远, 张健平. 2008. 关中地区的新石器古文化发展与古环境变化的关系. 第四纪研究, 28（6）: 1050~1060.

马春梅, 朱诚, 郑朝贵, 尹茜, 赵志平. 2008. 中国东部山地泥炭高分辨率腐殖化度记录的晚冰期以来气候变化. 中国科学（D辑）, 38（9）: 1078~1091.

莫多闻, 王辉, 李水城. 2003. 华北不同地区全新世环境演变对古文化发展的影响. 第四纪研究, 23（2）: 200~210.

莫多闻, 杨晓燕, 王辉, 李水城, 郭大顺, 朱达. 2002. 红山文化牛河梁遗址形成的环境背景与人地关系研究. 第四纪研究, 22（2）: 174~181.

齐乌云, 梁中合, 高立兵, 等. 2006. 山东沭河上游史前自然环境变化对文化演进的影响.（12）.

邵晓华, 汪永进, 程海, 孔兴功, 吴江滢. 2006. 全新世季风气候演化与干旱事件的湖北神农架石笋记录. 51（1）: 80~86.

苏秉琦. 1988. 中华文明的曙光. 东南文化,（5）: 1~2.

苏秉琦. 1994. 文化与文明//苏秉琦著. 华人·龙的传人·中国人. 沈阳: 辽宁大学出版社: 94~99.

宋豫秦. 2002. 中国文明起源的人地关系简论. 北京: 科学出版社.

王辉. 2007. 双洎河中上游地区新石器时代的聚落分布变化与自然环境关系初探//中国社会科学院考古研究所考古科技中心编. 科技考古（第二辑）. 北京: 科学出版社: 141~154.

王巍. 2004. 公元前2000年前后我国大范围文化变化原因探讨. 考古,（1）: 67~77.

王巍. 2007. 中华文明起源研究的新动向与新进展. 社会科学管理与评论,（2）: 56~66.

王树芝, 王增林, 许宏. 2007. 二里头遗址出土木炭碎块的研究. 中原文物,（3）: 93~99.

王心源, 莫多闻, 吴立, 张广胜, 肖霞云, 韩伟光. 2008. 长江下游巢湖9870Cal aBP以来的孢粉记录和环境演变. 第四纪研究, 28（4）: 649~658.

吴立, 王心源, 周昆叔, 莫多闻, 等. 2009. 巢湖流域新石器中晚期至汉代古聚落变更对环境变迁的响应. 地理学报, 64（1）: 59~68.

夏正楷. 2006. 基于小流域人类生态系统的洛阳瀍河环境考古//山东大学东方考古研究中心编. 东方考古（第三集）. 北京: 科学出版社: 102~114.

夏正楷. 2009. 我国黄河流域距今4000年的史前大洪水//杨达源主编. 现代自然地理学研究（第二

章第一节). 北京: 科学出版社.

夏正楷, 张小虎, 楚小龙, 张俊娜. 2009. 河南荥阳薛村商代前期（公元前 1500～1260 年）埋藏古地震遗迹的发现及其意义. 科学通报, 54（12）: 1742～1748.

严文明. 1987. 中国史前文化的统一性和多样性. 文物, （3）: 13～16.

严文明. 2006a. 自然环境与文化发展//周昆叔, 莫多闻, 佟佩华, 袁靖, 张松林主编. 环境考古研究（第三辑）. 北京: 北京大学出版社: 7～11.

严文明. 2006b. 中华文明史（第一卷·绪论）. 北京: 北京大学出版社.

杨晓燕, 夏正楷, 崔之久. 2005. 黄河上游全新世特大洪水及其沉积特征. 第四纪研究, 25（1）: 80～85.

俞伟超. 2002. 龙山文化与良渚文化衰变的奥秘//古史的考古学探索。北京: 文物出版社: 114～116.

赵辉. 2000. 以中原为中心的历史趋势的形成. 文物, （1）: 41～47.

赵辉. 2006. 中国的史前基础——再论以中原为中心的历史趋势. 文物, （8）: 50～54.

张居中, 王象坤, 许文会. 1998. 仰韶时代文化与中国稻作农业——兼论栽培稻的东传路线//西安半坡博物馆编. 史前研究——西安半坡博物馆成立四十周年纪念文集. 西安: 三秦出版社: 510～518.

郅田夫. 1987. 菏泽地区的堌堆遗存. 考古, （11）1001～1008.

朱诚, 马春梅, 李中轩, 尹茜, 孙智彬, 黄蕴平, R. K. Flad, 李兰, 李玉梅. 2008. 重庆忠县中坝遗址出土的动物骨骼揭示的动物多样性及环境变化特征. 科学通报, 53（增刊1）: 66～76.

朱诚, 郑朝贵, 马春梅, 杨晓轩, 高锡珍, 王海明, 邵九华. 2003. 对长江三角洲和宁绍平原一万年来高海面问题的新认识. 科学通报, 48（23）: 2428～2438.

Dykoski C A, Edwards R L, Cheng H, et al. 2005. A high-resolution, absolute-dated Holocene and deglacial Asianmonsoon record from Dongge Cave, China. *Earth Plant Sci Lett*, 233: 71-86.

Houyuan Lu, Jianping Zhang, Naiqin Wu, Kam-biu Liu, Deke Xu, Quan Li. 2009. Phytoliths Analysis for the Discrimination of Foxtail Millet (Setaria italica) and Common Millet (Panicum miliaceum). *PLoS ONE* 4, （2）: e4448.

Li X, Zhou X, Zhou J, Dodson J, Zhang H, Shang X. 2007. *Science in China Series* D, 50: 1707-1714.

Wang Y J, Cheng H, Edwards R L, et al. 2008. Millennial-and orbital-scale changes in the East Asian monsoon over the past 224000 years. *Nature*, 451: 1090-1093.

（本文为首次发表）

黄河流域史前经济形态对 4kaBP 气候事件的响应

张小虎[1]　夏正楷[1]　杨晓燕[2]　吉笃学[3]

(1. 北京大学城市与环境学院，北京，100871；2. 中国科学院地理科学与资源研究所，北京，100101；3. 深圳市文物考古鉴定所，深圳，518052)

摘要：史前文化的经济形态与自然环境密切相关，不同地区史前经济形态的差异反映了人类对环境的不同响应方式。通过对黄河流域 4kaBP 前后不同文化中农作物、动物以及人骨同位素等有关资料的综合分析，作者发现黄河上游、中游、下游地区史前经济形态对 4kaBP 气候变化的响应存在三种不同的模式：甘青地区从农业为主向农牧并重、畜牧成分显著增加的混合经济形式转变；山东地区从稻粟混作向以粟为主的农业经济转变；而中原地区则是以粟为主的农业持续稳定发展。究其原因，作者认为除了史前人类的文化传统和适应能力等因素之外，主要与气候变化的区域差异以及人类对气候变化的不同响应有关。

关键词：4kaBP　气候事件　史前经济形态　响应模式　黄河流域

　　在人类历史上，采集狩猎经济和农业经济先后成为人类社会经济生活的主体。在采集狩猎经济时期，人类对环境的依存度非常高，气候条件直接决定着人类能否获取足够的食物。在农业经济时期，虽然通过作物种植减少了对自然的依赖，但是在灌溉等水利设施发明之前，人类依然还是"靠天吃饭"。因此，气候变化一定程度上决定和制约着人类的经济生活方式，有时甚至导致了文化的衰落或灭亡。

　　研究表明，全新世气候并不稳定，中间存在着许多短暂的气候事件，先后发现了 8.2kaBP、5.5kaBP、4kaBP 等气候事件[1~19]。由于 4kaBP 气候事件对人类文化的发展及人类文明的产生起着至关重要作用，因而备受国际和国内环境考古学研究的重视[6~8,20~25]。

　　在国外，4kaBP 左右长期的气候干旱导致了两河流域盛极一时的阿卡德王国的崩溃[6,7,20]以及印度河流域哈拉帕文化和尼罗河埃及古王国的衰亡[8]。在国内，有关 4kaBP 气候事件对古文化影响的研究逐步展开，有学者认为，这一降温事件直接造成了内蒙古岱海地区老虎山文化的突然中断[21]，甘青地区青铜时代文化从农业向畜牧业的转变[22]，以及中原周围地区新石器文化衰落和中华文明的诞生[23~25]。

　　然而，诸多讨论并未涉及 4kaBP 气候事件如何影响人类文化以及人类如何适应气候变化等重要问题。本文选择黄河流域作为研究区域，通过黄河流域不同区域 4kaBP 前后经济形态的分析,结合不同地区的气候环境资料分析,建立经济形态变化与气候事件的时间联系,进而归纳出黄河流域不同地区的人类因地制宜采取不同的适应策略来应对4kaBP前后环境变化的模式,并探讨了产生不同模式的自然、文化因素。

1 黄河流域不同区域4kaBP前后的经济特征

黄河流域自然条件复杂多样,历史文化悠久,在新石器时期形成了多个相对独立的文化区。本文根据黄河流域上、中、下游的自然地理条件,选择文化序列相对完整、谱系清楚的甘青地区、中原地区和山东地区作为重点研究区域,来考察4kaBP前后不同地区文化的经济形态特征。

1.1 甘青地区

在4.2ka~3.8kaBP,甘青大部分地区属于齐家文化的分布范围,文化面貌较为统一。之后,这一地区文化的区域分异特征显著[26],卡约文化(3.6ka~2.8kaBP)和辛店文化(3.6ka~2.6kaBP)雄踞西部地区,而寺洼文化(3.3ka~2.5kaBP)占据了东部的大部分地区。

通常认为,齐家文化经济以粟作农业为主,家畜饲养业比较发达,以猪、羊为主,存在一定的采集狩猎活动[26]。青海民和喇家遗址的植物遗存[27]、食物遗迹[28]以及人骨的食谱分析[29]也初步证实了齐家文化时期农业经济以粟作为主的特征。从齐家文化晚期开始,墓葬中随葬猪骨的情况大为减少,开始流行羊骨代替猪骨随葬,据此有学者认为从4kaBP起甘青地区诸考古学文化均不同程度地转向或引入了畜牧经济成分[22]。

卡约文化中农业和畜牧业的比例因自然条件而有差异[26]。赵志军[27,30]发现青海互助丰台卡约文化的经济形态很可能以粟类农业为主,新出现了大麦和小麦,而青海上孙家寨卡约文化人骨的$\delta^{13}C$分析[31]表明农业经济以C_4植物的粟类和C_3植物的麦类为主,$\delta^{15}N$说明代表畜牧业的肉类占有较高的比例。作者对青海官亭盆地数个辛店文化遗址的植物遗存的研究表明,辛店文化的农业以粟、黍为主,另有少量大麦(结果另文发表)。寺洼文化的陶器中经常发现有谷物痕迹也一定程度上说明了农业的存在[26]。上述文化中也普遍发现有随葬羊骨现象,说明上述文化中畜牧业占有一定的比重。总而言之,卡约、辛店及寺洼文化都是以农业与畜牧业并重为主要的经济形态。

以上情况说明,4kaBP前后甘青地区史前经济形态发生了明显变化:4kaBP之前的齐家文化,其农业经济以粟作农业为主,以猪、羊为主的家畜饲养比较发达;而4kaBP之后的卡约、辛店和寺洼文化,其经济形态则呈现出农业与以羊、牛为主的畜牧业并重的特征,且农作物种类也有所变化,除了传统的粟类作物外,新出现了大麦和小麦。

1.2 中原地区

4kaBP 前的龙山时期，中原地区文化的地域特征明显，豫西和晋南地区分别为王湾三期文化和陶寺文化[32]；4kaBP 后，晋南豫西地区出现了统一的代表中国早期国家文明的二里头文化[32]。

这里是传统的黄河流域旱地粟作农业中心区。在龙山时期，襄汾陶寺[33]、登封王城岗[34]和新密新砦[35]等遗址的农业考古研究表明，这一时期农业经济以旱作的粟、黍为主，水稻和大豆也有一定的数量。

在二里头文化时期，偃师二里头遗址[36]、新密新砦遗址[35,37]和洛阳皂角树遗址[38]的研究说明，这一时期农业经济依然以粟、黍为主，与龙山时代相比农作物种类新出现了小麦，因自然条件的不同，不同遗址之间水稻的比重存在一定的差异。

除了考古发现的植物遗存外，古人类的食谱则能更直接反映当时的农业经济状况。龙山时期的陶寺遗址[39]与二里头文化时期的偃师二里头[39]、伊川南寨[31]以及新密新砦遗址[40]的人骨食谱分析中 $\delta^{13}C$ 值差异明显（F=9.027；P=0.004，图1，a），这说明虽然龙山时期与二里头文化时期均以农业为主，但是二里头文化时期农作物中水稻与小麦的比重显著增加。同时，龙山时期的陶寺[39]与二里头文化时期的二里头[39]和新砦[40]遗址的 $\delta^{15}N$ 的分析表明，两者没有显著差异（F=0.883；P=0.360，图1，b），这表明两个时期人类对肉类摄取的情况基本相同，没有发生明显的变化。

以上情况说明，4kaBP 前后中原地区史前人类的经济形态变化较小：在 4kaBP 之前的龙山文化农业经济以粟和黍为主，有一定数量的水稻和大豆，而 4kaBP 之后的二里头文化农业经济与龙山文化基本一致，只是出现了新的农作物品种——小麦。

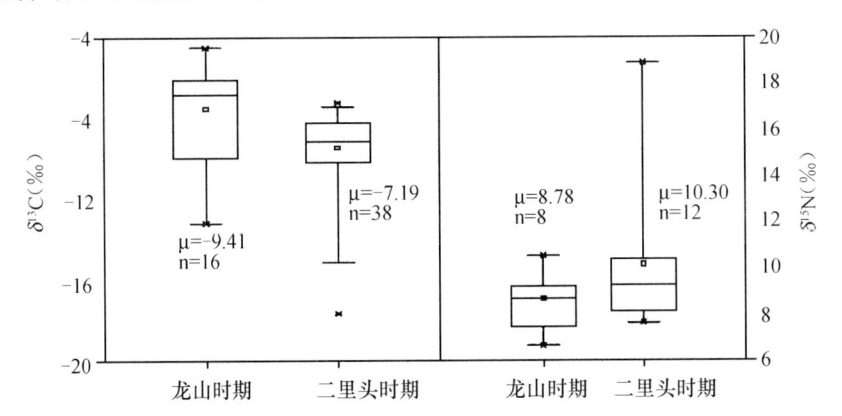

图 1 中原地区龙山与二里头时期人骨中 $\delta^{13}C$（a）和 $\delta^{15}N$（b）的比较

数据来源于文献 [31, 39 和 40]

1.3 山东地区

在 4kaBP 前,黄河下游地区为龙山文化（4.6ka～4kaBP）,目前发现有 1500 多处遗址；之后是岳石文化（4ka～3.5kaBP）,遗址明显减少,仅发现有 340 多处[41]。

龙山文化时期农业经济以水稻、粟为主,还有少量黍、大豆、小麦,以猪、狗为主的家畜饲养比较发达[41]。靳桂云等[42]在全面统计的基础上提出,这一时期海岱地区属于稻作和粟作农业的混合经济,在鲁东南部地区稻作农业占主导地位,并已扩散至鲁北和胶东半岛,例如,日照两城镇遗址（龙山文化早中期）,植物浮选和植硅石研究发现水稻占有明显优势,粟的比例较低[43,44]；而鲁西部地区则以粟和黍等旱作农业为主,例如教场铺遗址（龙山文化晚期）,其经济形态就属于粟和黍为主的旱地粟作农业[45],食谱分析也表明,人类食谱中的 C_4 植物比例达到了 90% 以上[29]。

关于岳石文化的经济形态目前资料较少,过去人们主要依据生产工具和出土的动物遗存认为岳石文化的经济形态以农业经济为主[41],还有一定的家畜饲养,包括猪、狗和少量的牛、羊等[46]。近年来,根据农作物的发现情况来看,鲁中地区的桐林遗址岳石文化时期经济形态仍以粟作农业为主,但稻作地位相对龙山时期有所下降①；鲁东南的沭河上游岳石文化遗址的植物遗存的研究表明[47],与龙山时期相比,该区岳石文化农作物依然以粟和黍为主,水稻的比重明显降低。

以上资料表明,4kaBP 前后山东地区史前人类的经济活动发生了明显变化：在 4kaBP 之前的龙山文化属于稻作和粟作的混合农业经济,而 4kaBP 之后的岳石文化则以粟作农业为主,稻作农业的地位明显下降。

2 黄河流域不同区域 4kaBP 前后农业经济形态变化的环境背景

上述以甘青、中原以及山东地区为代表的黄河流域在 4kaBP 前后均出现了经济形态的变化,其原因很难用社会、文化等单一的因素解释。在生产力水平低下的史前社会,人类的经济活动很大程度上依赖于自然环境,因此本文先考察这一时期黄河流域史前经济的环境背景。

2.1 4kaBP 气候事件

众所周知,在 4kaBP 前后全球气候出现了一个显著的降温、干旱事件,称 4kaBP 气候事件[3]或全新世事件 3[2]。这一事件在全球范围均有明确的记录,如北大西洋地区出现了 1℃～2℃ 的广域性降温[2,4,5]；西亚步入了与 Younger Dryas 相若的最冷干时

---

① 宋吉香. 山东桐林遗址出土植物遗存分析. 北京：中国社会科学院研究生院硕士学位论文,2007：25～42.

期[6,20]；欧洲阿尔卑斯山地冰川开始重新活动[3]等。在我国，敦德冰芯 $\delta^{18}O$ 曲线在 4kaBP 前后出现宽浅的冷谷[1]；泥炭[9,15]记录到 4.2 kaBP 前后存在一个显著低值。湖北神农架石笋 $\delta^{18}O$ 记录也显示在 4.3kaBP 前后为一个显著的干旱期[16]，南方的湛江湖光岩玛珥湖[17]与贵州董哥洞石笋 $\delta^{18}O$ 记录[18]均显示了 4.2kaBP 前后存在一个比较明显的冷事件。

受地区和代用指标对环境变化敏感程度差异等多方面因素影响，各个地区 4kaBP 气候事件的发生时间差异较大。在对年代和分辨率均较为可信的冰芯和石笋等环境记录梳理的基础上，本文依据 NGRIP 冰芯[19]、敦德冰芯[1]、董歌洞石笋 $\delta^{18}O$ 曲线[18]以及西亚海洋沉积[6]等高分辨率环境记录将这一事件初步确定在 4.2ka~3.8kaBP（图2），以期促进对这一事件的认识与讨论。

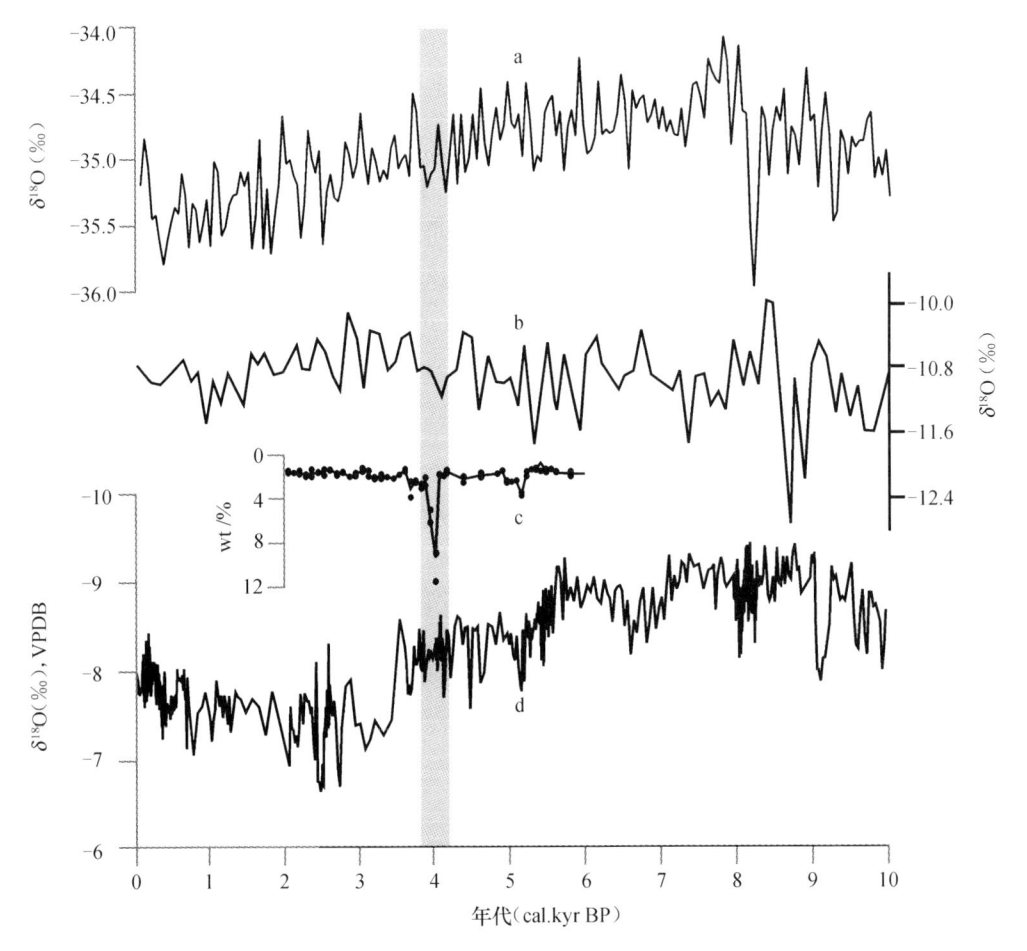

图2 4kaBP 气候事件记录

a. NGRIP $\delta^{18}O$ 曲线[19]　b. 敦德冰芯 $\delta^{18}O$ 曲线[1]　c. Gulf of Oman core M5-422 Dolomite 含量曲线[6]　d. 董哥洞石笋 DA$\delta^{18}O$ 曲线[18]

2.2 4kaBP气候事件在黄河流域的反映

由于地域差别,4kaBP气候事件在世界各地存在不同反映。就黄河流域来讲,虽然4kaBP气候事件主要表现为变冷和变干,但由于黄河流域地域辽阔,自然环境复杂多样,因此,这次气候事件在流域的不同区域的影响存在一定差别。

2.2.1 甘青地区

甘青地区地域辽阔,东西自然环境差异显著,因此,4kaBP气候事件对本区的影响也不尽相同。甘青东部以大地湾剖面为例[48],3.8kaBP(^{14}C)以前植被以森林草原为主,孢粉中乔灌木成分含量高,木本孢粉有针叶树和阔叶树,表明当时气候相对温暖湿润;而3.8kaBP(^{14}C)以来植被以疏林草原为主,孢粉中乔灌木成分含量显著降低,仅余针叶树孢粉,草本花粉显著上升,反映气候总体趋向干旱。甘青西部以青海湖区为代表[49]:4.5kaBP以前青海湖区植被以森林草原为主,有松、云杉、冷杉等乔木成分,草本以蒿属为主,还有一定的禾本科、藜科等花粉,气候温凉偏湿;4.5kaBP之后气候趋于干冷,特别是3.9kaBP以后,植被由森林草原转变为疏林草原,木本花粉中云杉、冷杉含量进一步降低,草本中蒿属进一步增加,地区气候从相对冷湿变为冷干。

总之,甘青地区4kaBP气候事件反映十分明显,受这次气候事件的影响,本区气候在4kaBP之后发生显著变化,出现明显的干旱化趋势,相对温暖(凉)湿润的森林草原被相对干燥寒冷的蒿属草原所取代。

2.2.2 中原地区

中原地区古环境研究历史比较悠久,但缺乏精确定年的高分辨率环境记录。近来全新世古土壤[50]和湖沼沉积[51]的孢粉研究表明,本区在全新世自然植被一直以草原植被为主。洛阳寺河南[51]湖泊记录表明,本区在4kaBP之前气候温暖湿润,孢粉组合以草本植物为主,有蒿属、藜属、禾本科等,同时还有一定量的阔叶树花粉,蕨类孢子含量较高,在4kaBP之后,孢粉组合中全部是蒿属、藜属、禾本科等草本植物花粉,乔木花粉消失,显示了比较寒冷干旱的气候环境。沉积物和湖泊软体动物分析[52]也表明,在4~5kaBP这里气候湿润,湖沼发育,在4kaBP之后随着气候变干,湖沼消亡。

总体来说,中原地区从4kaBP开始气候变冷、变干,但与甘青地区相比,其变化幅度较小,不仅4kaBP前后孢粉组合的变化不如甘青地区明显,而且区内古土壤在4kaBP之后仍持续发育,只是发育程度有所减弱[53]。

2.2.3 山东地区

本区高分辨率的全新世环境记录较少,需借助邻近的环境记录来说明。东海边缘的冲绳海沟钻孔的有孔虫记录表明,喜暖的 *Pulleniatina* 含量从4kaBP(^{14}C)开始降至全新世最低[54],而北京太师庄泥炭孢粉记录[10]显示这一时期喜暖的植物花粉基本消失,表明在4kaBP前后存在一个明显的冷事件。除了比较明显的降温外,这一时期也出现了明显的干旱。吉林金川泥炭记录[55]表明由于西太平洋副热带高压从4.2kaBP开始位置持续偏南，活动强度减弱，造成了本区降雨长期偏少，趋于干旱；孢粉记录[10]也显示4.2kaBP以来孢粉中乔木含量较前期有所减少，草本孢粉含量增加。

总体上，4kaBP气候事件对本区环境造成了较大影响，与气候事件之前较为温暖湿润的环境相比，4kaBP以来环境趋于干旱，植被中草本成分上升。

3 黄河流域不同区域史前经济形态变化的区域差异原因

以上分析来看，黄河流域不同区域的经济形态变化与4kaBP前后的气候变化在时间上具有较为明确的耦合关系，这说明气候变化可能是促成黄河流域不同地区经济形态变化的主要原因之一[22]。变化的模式不一，则可能与黄河流域不同区域之间文化、环境的差异性有关。结合区域自然环境、气候变化的区域差异以及人类的文化传统、适应能力等因素，我们分区域讨论形成不同模式的自然和文化原因。

3.1 甘青地区

甘青地区地处西北内陆，属于东亚季风的尾闾地带，对气候变化反映十分敏感，这里地势海拔高，干旱少雨，水热条件较差，生态环境十分脆弱，农业生产更易受气候波动的影响。

与比较干旱的自然环境相适应，本地区农业以比较耐旱的粟、黍为主。由于本区生态环境脆弱，4kaBP前后的气候变化对本区环境有显著影响[48,49]，显著的降温、干旱严重影响了本区的自然环境，恶化了农业生产的条件，农业生产的不稳定性大大增加，导致人类生存环境恶化。

受自然条件的限制，本地区在农业之外还有畜养羊、牛的文化传统。在农业生产不稳定的情况下，利用本区丰富的草地资源加大对羊、牛的畜养就成为解决生存危机的一种新选择，而原来依靠农业剩余养猪的传统随着农业生产的不稳定和牛、羊畜牧规模的扩大而逐渐被放弃。这样，甘青地区通过从粟作农业为主的经济形态向农牧并重、畜牧成分显著增加的经济形态转化的方式逐渐适应了逐渐干旱化的环境，在这一转变过程中伴随着畜牧成分显著上升，农业地位相对下降。值得注意的是，由于气候恶化，齐家文化在分布空间上向东、南退缩[56]，而当经济形态转变后，则出现了文化遗址空间分布上的向西、北方向的扩散[26]。

3.2 山东地区

本区气候温暖湿润，地势低平，平原广阔，河流众多，河谷宽浅，湖沼密布，自然环境优越，自然资源丰富，十分有利于史前人类文化的发展。

山东地区，尤其鲁东南地区，在龙山文化早中期比较暖湿的气候背景下[57]，经济以稻粟混作农业为主，稻作对水热条件要求较高，这种经济方式对环境依赖性较强，但生产效率高，能够维持较大的人口规模，这也正是龙山早中期文化繁荣的经济基础。

本区 4kaBP 之后干冷的气候环境不利于稻作农业的发展，为适应相对干冷的气候环境，山东地区的先民通过调整农业内部种植结构来逐步适应环境变化。继龙山文化之后出现的岳石文化以粟作农业为主，稻作地位相对于龙山时期有明显下降。值得一提的是，受 4kaBP 气候事件的影响，在龙山文化晚期和岳石文化遗址都比较密集的鲁西北地区[58,59]，龙山晚期出现了大范围的洪水泛滥[60~62]。由于这里地势低平、平原广阔，洪水容易泛滥成灾，淹没广大的平原，为求生存，先民们被迫迁往地势相对较高的岗丘上生活，或者垒土垫高造"丘"以避水患，形成今天平原上残留的"崮堆"[63]。洪水泛滥、土地丧失无疑给当时的农业生产和采集活动带来极大的破坏，造成整个社会生产的倒退。

从高产的稻粟混作农业转变为以粟为主的农业，降低了农业生产效率，而效率降低的农业生产则难以维持较大的人口规模。人口规模的下降势必意味着文化发展速度的放慢，这可能就是从龙山文化晚期文化开始衰退的经济原因[59]。

3.3 中原地区

中原地区地处我国暖温带与北亚热带过渡带、我国地貌二、三级阶梯的过渡地带、半湿润区与半干旱区的过渡带，自然条件优越，气候温暖湿润，地貌类型复杂多样，生物多样性丰富，气候变化对人类生存环境的影响相对比较有限。

与本区比较干旱的环境相适应，这里自 8kaBP 以来一直以旱地粟作农业为主[64]，具有较强的环境适应性。即使气候变化能引起一定程度的温度和降水的波动，但不会严重威胁到人类的生存，因此，在 4kaBP 事件影响有限的背景下，中原地区具有较强适应能力的旱地粟作农业，无须进行大的调整以适应环境变化，而是保持稳定连续发展。可以这样认为，正是由于中原地区适中的地理位置，环境变化对农业经济影响较小，从龙山时代到二里头文化农业经济的持续稳定发展为文化的稳步发展和文明的出现提供了基础的物质保障[25]。

4 结 论

综上所述，我们可以得出以下结论：

（1）黄河流域不同区域的经济形态在 4kaBP 前后存在 3 种变化模式：甘青地区从农业为主的经济形态向农牧并重、畜牧成分显著增加的经济形态过渡；中原地区则以粟作为主的农业经济持续稳定发展；黄河下游地区（山东）则出现从稻粟混作农业向粟作为主的农业经济结构的调整，稻作成分明显下降。

（2）受全球4kaBP气候事件的影响，黄河流域也发生了气候的明显变化，气候的变化与经济形态的变化几乎同时发生，可能是引起经济形态变化的主要原因。

（3）黄河流域不同区域史前经济形态对4kaBP气候变化的响应存在明显的区域差异，其原因除了史前人类的文化传统、适应能力等因素之外，主要与气候变化的区域差异以及人类对气候变化的不同响应有关。

参 考 文 献

[1] 姚檀栋，施雅风. 祁连山敦德冰芯记录的全新世气候变化//施雅风，孔昭宸主编. 中国全新世大暖期 气候与环境. 北京：海洋出版社，1992：206～211.

[2] Bond G, Showers W, Cheseby M, et al. A pervasive millennial-scale cycle in North Atlantic Holocene and Glacial climates. *Science*, 1997, 278：1257-1266.

[3] Perry C A, Hsu K J. Geophysical, archaeological, and historical evidence support a solar-output model for climate change. *Proceedings of National Academy of Science of United States of America*, 2000, 97 (23)：12433-12438.

[4] deMenocal P, Ortiz J, Guilderson T, et al. Coherent high-and low-latitude climate variability during the Holocene warm period. *Science*, 2000, 288：2198-2202.

[5] Bond G, Kromer B, Beer J et al. Persistent solar influence on North Atlantic climate during the Holocene. *Science*, 2001, 294：2130-2136.

[6] Cullen H M, deMenocal P B, Hemming S, et al. Climate change and the collapse of the Akkadian empire：Evidence from the deep sea. *Geology*, 2000, 28 (4)：379-382.

[7] deMenocal P B. Cultural responses to climate change during the Late Holocene. *Science*, 2001, 292：667-673.

[8] Weiss H, Bradley R S. What drives societal collapse? *Science*, 2001, 291：609-610.

[9] 洪业汤，姜洪波，陶发祥，等. 近5ka温度的金川泥炭$\delta^{18}O$记录. 中国科学（D辑），1997，27（6）：525～530.

[10] 靳桂云，刘东生. 华北北部中全新世降温气候事件与古文化变迁. 科学通报，2001，46（20）：1725～1730.

[11] 莫多闻，王辉，李水城. 华北不同地区全新世环境演变对古文化发展的影响. 第四纪研究，2003，23（2）：200～210.

[12] 许清海，孔昭宸，陈旭东，等. 鄂尔多斯东部4000余年来的环境与人地关系的初步探讨. 第四纪研究，2002，22（2）：105～112.

[13] 董进国，孔兴功，汪永进. 神农架全新世东亚季风演化及其热带辐合带控制. 第四纪研究，2006，26（5）：827～834.

[14] 申慧彦，李世杰，于守兵，等. 青藏高原兹格塘错沉积物粒度组成及其环境记录的研究. 第四纪研究，2007，27（4）：613～619.

[15] 徐海，洪业汤，林庆华，等. 红原泥炭氧同位素指示的距今6ka温度变化. 科学通报，2002，

[16] 邵晓华, 汪永进, 程海, 等. 全新世季风气候演化与干旱事件的湖北神农架石笋记录. 科学通报, 2006, 51 (1): 80~86.

[17] 刘嘉麒, 吕厚远, Negendank J, 等. 湖光岩玛珥湖全新世气候波动的周期性. 科学通报, 2000, 45 (11): 1190~1195.

[18] Wang Y J, Cheng H, Lawrence Edwards R, et al. The Holocene Asian Monsoon: Links to solar changes and North Atlantic climate. Science, 2005, 308: 854-857.

[19] North Greenland Ice Core Project Members. High-resolution record of Northern Hemisphere climate extending into the last interglacial period. Nature, 2004, 431: 147-151.

[20] Weiss H, Courty M-A, Wetterstrom W, et al. The genesis and collapse of third millennium North Mesopotamian civilization. science, 1993, 261: 995-1004.

[21] 方修琦, 孙宁. 降温事件: 4.3kaBP岱海老虎山文化中断的可能原因. 人文地理, 1998, 13 (1): 71~76.

[22] 水涛. 甘青地区青铜时代的文化结构和经济形态研究//水涛编. 中国西北地区青铜时代考古论集. 北京: 科学出版社, 2001. 289~292.

[23] 吴文祥, 刘东生. 4000aBP. 前后降温事件与中华文明的诞生. 第四纪研究, 2001, 21 (5): 443~451.

[24] 吴文祥, 刘东生. 4000aBP前后东亚季风变迁与中原周围地区新时期文化的衰落. 第四纪研究, 2004, 24 (3): 278~284.

[25] 王巍. 公元前2000年前后我国大范围文化变化原因探讨. 考古, 2004, (1): 67~77.

[26] 谢端琚. 甘青地区史前考古. 北京: 文物出版社, 2002: 111~200.

[27] 赵志军. 有关青海东部地区青铜时代文化经济形态的新认识//中国社会科学院考古研究所编. 科技考古 (第1辑). 北京: 科学出版社, 2005: 187~200.

[28] Lu H Y, Yang X Y, Ye M L, et al. Culinary archaeology Millet noodles in Late Neolithic China. Nature, 2005, 437: 967~968.

[29] 张雪莲. 碳十三和氮十五分析与古代人类食物结构研究及其新进展. 考古, 2006, (7): 50~56.

[30] 中国社会科学院考古研究所, 青海省文物考古研究所 (赵志军执笔). 青海互助丰台卡约文化遗址浮选结果分析报告. 考古与文物, 2004, (2): 85~91.

[31] 张雪莲, 王金霞, 冼自强, 等. 古人类食物结构研究. 考古, 2003, (2): 62~75.

[32] 中国社会科学院考古研究所编著. 中国考古学·夏商卷. 北京: 中国社会科学出版社, 2003: 21~139.

[33] 赵志军, 何驽. 陶寺城址2002年度浮选结果及分析. 考古, 2006, (5): 77~86.

[34] 赵志军, 方燕明. 登封王城岗遗址浮选结果及分析. 华夏考古, 2007: (2): 78~89.

[35] 赵春青. 夏代农业管窥——从新砦和皂角树遗址的发现谈起. 农业考古, 2005, (1): 215~217.

[36] 赵志军. 公元前2500~公元前1500年中原地区农业经济研究//中国社会科学院考古研究所编. 科技考古 (第2辑). 北京: 科学出版社, 2007: 1~11.

[37] 姚政权, 吴妍, 王昌燧, 等. 河南新密市新砦遗址的植硅石分析. 考古, 2007, (3): 90~96.

[38] 洛阳市文物工作队编著. 洛阳皂角树. 北京：科学出版社, 2002：123～135.

[39] 张雪莲, 仇士华, 薄官成, 等. 二里头遗址、陶寺遗址部分人骨碳十三、氮十五分析//中国社会科学院考古研究所. 科技考古 (第2辑), 北京：科学出版社, 2007：41～48.

[40] 吴小红, 肖怀德, 魏彩云, 等. 河南新砦遗址人、猪食物结构与农业形态和家猪驯养的稳定同位素证据//中国社会科学院考古研究所编. 科技考古 (第2辑). 北京：科学出版社, 2007：49～58.

[41] 山东省文物考古研究所编. 山东20世纪的考古发现和研究. 北京：科学出版社, 2005：208～324.

[42] 靳桂云, 栾丰实. 海岱地区龙山时代稻作农业研究的进展与问题. 农业考古, 2006, (1)：46～55.

[43] 凯利·克劳福德, 赵志军, 栾丰实, 等. 山东日照市两城镇遗址龙山文化植物遗存的初步分析. 考古, 2004, (9)：73～79.

[44] 靳桂云, 栾丰实, 蔡凤书, 等. 山东日照市两城镇遗址土壤样品植硅体研究. 考古, 2004, (9)：81～86.

[45] 赵志军. 两城镇与较场铺龙山时代农业生产特点的对比分析//山东大学东方考古研究中心编. 东方考古 (第1辑). 北京：科学出版社, 2004：210～215.

[46] 山东大学历史系考古专业教研室编著. 泗水尹家城. 北京：文物出版社, 1990：350～352.

[47] 齐乌云, 梁中合, 高立兵, 等. 山东沭河上游史前文化人地关系研究. 第四纪研究, 2006, 26 (4)：580～588.

[48] 安成邦, 冯兆东, 唐领余. 黄土高原西部全新世中期湿润气候的证据. 科学通报, 2000, 48 (21)：2280～2287.

[49] Shen J, Liu X Q, Wang S M, et al. Palaeoclimatic changes in the Qinghai Lake area during the last 18000 years. *Quaternary International*, 2005, 136：131-140.

[50] 李小强, 安芷生, 周杰, 等. 全新世黄土高原塬区植被特征. 海洋地质与第四纪地质, 2003, 23 (3)：109～114.

[51] 孙雄伟, 夏正楷. 河南洛阳寺河南剖面中全新世以来的孢粉分析及环境变化. 北京大学学报 (自然科学版), 2005, 41 (2)：289～294.

[52] 梁亮, 夏正楷, 刘德成. 中原地区距今5000～4000年古环境重建的软体动物化石证据, 北京大学学报 (自然科学版), 2003, 39 (4)：532-537.

[53] Huang Chunchang, Zhou Jie, Pang Jiangli, et al. A regional aridity phase and its possible cultural impact during the Holocene Megathermal in the Guanzhong Basin, China. *Holocene*, 2000, 10 (1)：135-142.

[54] 翦知湣, 李保华, Pflaumann U, 等. 西太平洋晚全新世变冷事件. 中国科学 (D辑), 1996, 26 (5)：461～466.

[55] 洪业汤, 洪冰, 林庆华, 等. 过去5000年西太平洋副热带高压活动的泥炭纤维素碳同位素记录. 第四纪研究, 2003, 23 (5)：486～492.

[56] 安成邦, 王琳, 吉笃学, 等. 甘青文化区新石器文化的时空变化和可能的环境动力. 第四纪研究, 2006, 26 (6)：923～927.

[57] 靳桂云, 于海广, 栾丰实, 等. 山东日照两城镇龙山文化 (4600～4000aBP) 遗址出土木材

| [58] | 栾丰实. 海岱地区考古研究. 济南：山东大学出版社，1997：265~267.
| [59] | 方辉. 岳石文化衰落原因蠡测. 文史哲，2003，(3)：139~143.
| [60] | 俞伟超. 龙山文化与良渚文化衰变的奥秘. 文物天地，1992，(3)：27~28.
| [61] | 夏正楷，杨晓燕. 我国北方4kaBP前后异常洪水事件的初步研究. 第四纪研究，2003，23 (6)：667~674.
| [62] | 杨晓燕，夏正楷，崔之久. 黄河上游全新世特大洪水及其沉积特征. 第四纪研究，2005，25 (1)：80~85.
| [63] | 郅田夫，张启龙. 菏泽地区的堌堆遗存. 考古，1987，(11)：1002~1008.
| [64] | Gyoung-Ah L, Gary W C, Liu L, *et al.* Plants and people from the Early Neolithic to Shang periods in North China. *Proceedings of National Academy of Science of the United States of America*, 2007, 97 (23):1087-1092.

（原载于《第四纪研究》，2008年28卷6期）

的古气候意义. 第四纪研究，2006，26 (4)：571~579.

甘肃省洮砚遗址晚全新世文化演变的环境背景研究

马敏敏 贾 鑫 董广辉 陈发虎 安成邦

(兰州大学西部环境教育部重点实验室，兰州，730000)

摘要：环境变化被认为是文化演变的重要驱动力。本文利用元素分析方法，选用 Rb/Sr、Zr/Rb、CIA 等指标，结合磁化率分析，研究了甘肃省临潭县洮砚遗址晚全新世的环境背景。结果表明，齐家文化之后，即 3800aBP 以来洮砚遗址的环境未发生急剧变化，该区域文化演变的主要驱动因素不是环境变化，可能受文化发展的内部因素驱动。

关键词：洮砚遗址 晚全新世 环境背景 元素

　　史前文化兴衰的原因是环境考古研究的热点。一些学者研究发现史前文化与环境变化关系密切，从而认为环境变化是驱动史前文化兴衰的主要因素[1~11]。也有学者认为是文化发展的内部因素驱动了史前文化的兴衰[12~18]。

　　中国史前考古学文化的区域研究表明，从新石器时代至青铜时代，甘青地区自成一个文化系统[19~20]，该区史前文化发达，遗址丰富，类型齐全。主要有大地湾一期文化（6200BC~5400BC）、师赵村一期文化（5300BC~4900BC）马家窑文化（3800BC~2000BC）、齐家文化（2100BC~1900BC）以及齐家文化之后的寺洼文化（1400BC~600BC）、辛店文化（1400BC~600BC）、卡约文化（1600BC~600BC）等几支并存的青铜时代文化。一些学者对甘青地区文化演变和全新世环境变化的关系进行了研究，认为史前文化的兴衰与环境变化和灾害事件密切相关[21~27]。安成邦等[26]研究了甘肃中部 4000aBP 左右的环境变化记录，对环境变化与古文化变迁之间的关系进行了探讨，认为齐家文化晚期时的气候干旱是导致齐家文化和辛店文化、寺洼文化等文化之间出现巨大差异的主要原因。水涛[21]有关齐家文化晚期及其后的经济形态转型原因的研究也得出类似结论。黄春长[23]在研究了大地湾遗址的环境状况后认为，大地湾文化的兴衰和气候变化有关。莫多闻等[10]对甘肃葫芦河流域的古文化和古环境进行了调查和研究后提出，气候变化及由此带来的植被变化是这一地区文化变迁的一个主要原因。夏正楷等[28]考查了喇家遗址及周边地区的地质现象后认为，青海官亭盆地，在 3650~2750aBP 前后的齐家文化晚期至辛店文化早期，曾发生过一起包括洪水、山洪和地震在内的大规模群发性灾害事件，这场灾害导致喇家遗址的毁灭，给当时的人类文明带来了极大的破坏。

尽管上述研究表明甘青地区的文化演变与环境有着密切的关系，但在不同区域的典型遗址的环境背景尚有不足，无法全面了解该文化区环境变化的一致性或差异性。本文试图通过对甘肃洮砚遗址沉积物的化学元素分析和磁化率分析，研究该遗址晚全新世的环境背景，分析该地区文化演变与环境变化之间的关系。

1 研究地点与研究方法

洮砚遗址（34°45′40″N，103°47′52″E）位于甘肃省卓尼县东部的洮河东岸的二级阶地上（图1）。卓尼县地处青藏高原东部，甘肃省南部，甘南藏族自治州的东南部，均气温4.6℃，年降水量584mm，以洮河为轴心的大小河流辐射全部县境。洮砚遗址先后发现仰韶晚期文化遗存、马家窑文化遗存、齐家文化遗存和寺洼文化遗存。

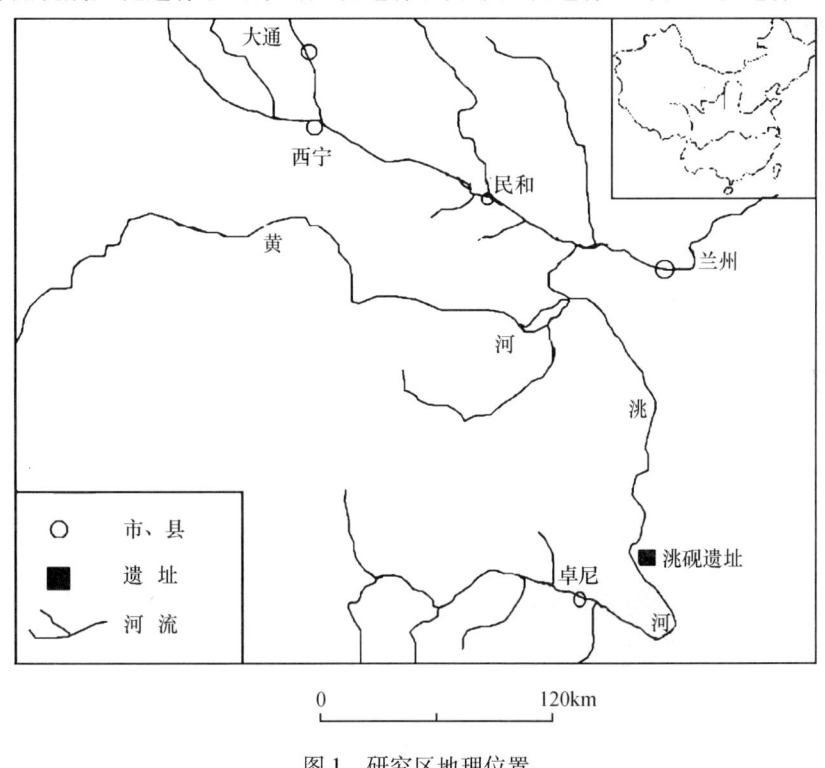

图1 研究区地理位置

在洮砚遗址选取一个剖面，命名为洮砚剖面，地层如图2所示。剖面底部为灰坑，从上至下，地层可依次分为：扰动层（0~100cm）、灰黄色粉沙质土层（100~165cm）、灰黑色粉沙质土层（165~235cm）、黄色粉沙质土层（235~255cm）和灰坑（未见底）。其中在灰黑色粉沙质土层（165~235cm）中发现少量陶片，从层位判断应为寺洼或汉代文化层，命名此层为文化层A。在洮砚遗址其他位置发现类似文化遗存，在该层位和其上层位选取两个炭屑进行 AMS 定年，结果分别为 2226±79aBP 和 1762±40aBP，由此判断，寺洼文化时期和汉代有人类在此遗址活动。而在 255cm 以下的灰坑发现有齐家时期的房址，为齐家文化层。

在洮砚剖面中，从灰黄色粉沙质土顶部以 5cm 间隔采取样品 35 个，在兰州大学西部环境教育部重点实验室进行磁化率和元素分析。并在采样剖面 23cm、61cm、160cm 各取炭屑进行 AMS 测年，结果分别为 143±108aBP、570±50aBP 和 3800±76aBP（图2）。

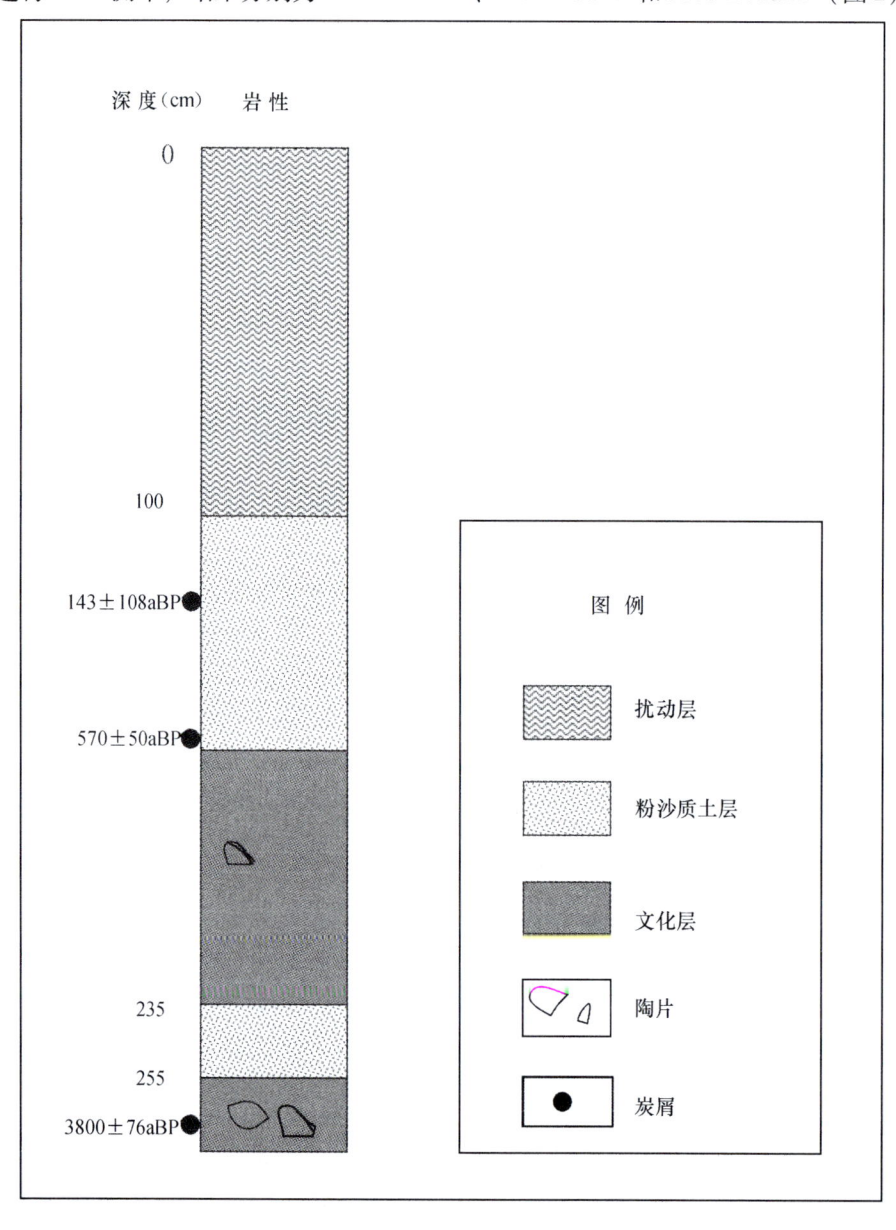

图 2　洮砚遗址地层剖面岩性

所有样品均进行了 X 荧光光谱分析（XRF），分析和测量过程如下：先将样品烘干，并研磨至 200 目（75μm）以下，然后使用 YYJ-40 型半自动油压仪将样品压制成直径 4cm，厚约 8mm 的外层裹硼酸的圆饼状标本。制备好的标本的元素含量的测试采用 Panalytical Magix PW2403 型 X 荧光分析仪。该仪器一次可以测量 40 种元素的含量，对同一样品的测量标准差为 2% 左右。磁化率测量用英国 Bartington 公司生产的 MS2B 型磁化率仪在室内测量。元素和磁化率样品的制备和测试在兰州大学西部环境教育部重点实验室完成。年代样品前处理和供加速器测试用的石墨靶由兰州大学西部环境教育部重点实验室完成，物理测量由北京大学完成。

2 结果与讨论

地球化学元素在表生环境下，受到气候变化的影响常常会发生不同程度的迁移和积聚，引起含量的变化，通过认识地层沉积物中地球化学元素含量及其比值的变化，可为认识区域气候变化过程提供可靠的信息。由于地球化学元素的分解、迁移、沉积规律一方面与元素固有的地球化学行为有关，另一方面又与沉积物化学组成复杂的多因素控制及人类活动有关，仅简单通过单个元素或某些元素的变化趋势，很难全面准确地分析本区的物质来源变化。为了克服或降低沉积环境以外因素对元素分布的影响，目前人们倾向于采用元素比值法[29]。通过元素含量的加和或比值去放大元素指标对气候变化的响应或者削弱各种扰动因素的影响[30]。沉积物中元素的特征比值可以反映元素之间的比例关系，并指示元素的相对富集程度。较之单个元素，某些特征比值可以更有效地提供沉积作用和沉积环境的演化信息[31]。

2.1 地球化学元素的指征意义

本文选取了几个较为成熟应用广泛的元素比值指标来分析齐家文化之后的气候环境变化特征。由于元素在表生环境中具有不同的地球化学行为，在暖湿的条件下，活泼性元素易被淋失、迁移，而某些稳定元素则迁移能力较弱。故该元素含量及元素比值可以对当时的环境作有效的反映，可以用来指示气候的干湿冷暖变化。另外为了减少文化层中人为因素的干扰，此处采用多指标元素对比分析，还选取了 P 元素和磁化率作对比研究（图 3）。

Zr 在风化过程非常稳定，且多数在粗颗粒富集；而 Rb 在风化过程中也较稳定，且主要在细颗粒富集。经研究发现在黄土—古土壤原始风尘中的 Zr、Rb 含量变化明显受风力分选作用的控制，但在沉积后的土壤作用中保持稳定，即可以不受沉积后化学风化作用影响，用来反映风力分选作用。故认为 Zr/Rb 能反映冬季风环流的变化，可以成为黄土高原季风变迁研究中的冬季风代用指标[32]。

化学蚀变指数CIA就是一个指示化学风化作用的重要指标。CIA = [Al$_2$O$_3$/(Al$_2$O$_3$ + CaO* + K$_2$O + Na$_2$O)] ×100 式中均为氧化物摩尔比,其中CaO*表示在硅酸盐矿物中的含量[33~35]。CIA值越高,表示风化作用越强,表征了温暖潮湿的气候条件;CIA值越低,表示风化程度越弱,表征了较为干冷的气候条件。

Rb/Sr[36,37],化学风化过程中Sr的活动性比Rb强,因此Rb/Sr可以作为地表岩石和沉积物风化成壤程度的指标。而剖面中Sr的淋失和Rb的富集都是受降雨量控制的,故Rb/Sr大小实际上指示了淋溶程度,即降雨量的大小。类似Rb/Sr的指标还有Ba/Sr,它们的比值越大表示气候越潮湿。

K$_2$O/Na$_2$O可以反映土壤的风化强度,也可以记录夏季风环流强度的大小,其值越大表明土壤风化强度越大,反之,则表示风化强度越小[38]。

元素P含量主要受人类活动的影响,是一个反映人类活动的元素。在有人类活动过的层位中,P含量会升高,而在自然沉积层中其值会降低[39~47]。

2.2 洮砚剖面中元素比值分布特征及其指示的环境变化

洮砚剖面元素比值及磁化率如图3所示,各层位指标的平均值如表1所示。在整个剖面中Zr/Rb、CIA、Rb/Sr、Ba/Sr、K$_2$O/Na$_2$O、P的范围分别为2.26~2.72、36.68~45.17、0.16~0.38、0.81~1.93、0.78~1.27、0.70~2.50g/kg;平均值分别为2.52、42.47、0.32、1.48、1.10、1.07g/kg。

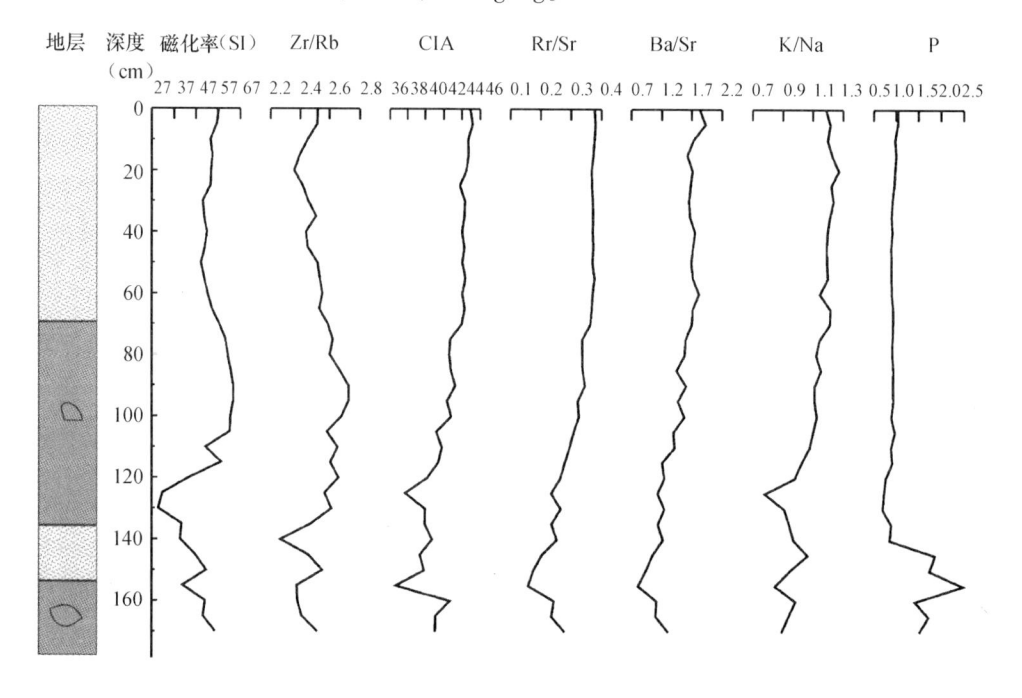

图3 洮砚剖面部分元素含量和磁化率值

表 1　洮砚剖面各层位指标均值

均值 指标 深度	磁化率（SI）	Zr/Rb	CIA	Rb/Sr	Ba/Sr	K₂O/Na₂O	P (g/kg)
0~65cm（灰黄色粉沙质土层）	52.73	2.47	44.40	0.37	1.73	1.21	0.95
65~135cm（文化层 A）	54.64	2.63	41.97	0.31	1.45	1.08	0.89
135~155cm（黄色粉沙质土层）	44.51	2.43	40.00	0.22	1.09	0.98	1.35
155~175cm（齐家文化层）	49.38	2.42	40.43	0.23	1.09	0.92	1.80

从图 3 及表 1 中可知，洮砚剖面上，在自然沉积层位中磁化率曲线起伏不大，有研究[48~51]表明人类活动的干扰会使得文化层的磁化率增强，故文化层 A 呈现较高值及波谷的出现可能是人为干扰的结果，并不代表气候信息。P 元素只在剖面底部出现大的波动，这应是受到史前人类活动影响所致，其后在整个剖面上基本未有变化，说明大约在 3800~500aBP 人类活动对该地层元素含量的影响小。

CIA、Rb/Sr、Ba/Sr、K₂O/Na₂O 四个指标的曲线趋势比较一致，齐家文化层以上的黄色粉沙质土层、文化层 A 及之后的灰黄色粉沙层中 CIA、Rb/Sr、Ba/Sr、K₂O/Na₂O 呈平缓上升的趋势。Zr/Rb 在黄色粉沙质土层（135~155cm）中变化较大，之后，在剖面上则呈现与其他元素比值相反的缓慢下降趋势。

元素分析结果显示，在齐家文化层中史前人类活动对沉积物化学性质的影响较大，而在齐家文化层之上的地层受人类活动的干扰较小，通过元素比值可以在一定程度上反映齐家文化以后的环境变化趋势。图 3 中 Zr/Rb、Rb/Sr、Ba/Sr、K₂O/Na₂O 没有发生剧烈的突变，Zr/Rb 逐渐减小，Rb/Sr、Ba/Sr、K₂O/Na₂O 则逐渐增加，反映大约在 3800~500aBP，洮砚地区降水有缓慢增强的趋势，气候未发生大的波动。尤其是文化层 A 及之后的黄色粉沙层中的元素比值变化趋势非常平缓，说明这一时期的气候非常稳定，未出现干旱事件及洪水等灾害事件。

洮砚剖面的环境记录与陇西黄土高原的一些全新世环境记录有所不同，例如，黄春长等[52,53]研究表明，3100aBP 渭河流域黄土高原全新世大暖期结束，气候逐步干旱化，土壤退化。安成邦等[54]的研究表明，陇西黄土高原在 9000~3800aBP 时气候湿润，3800aBP 之后气候总体趋向干旱。青海东北部的高分辨率气候研究[27]也表明研究区在 4000aBP 之前气候总体表现为暖湿，4000aBP 年之后表现为冷干，气候转型是在 4000~3700aBP 年完成的，而这一气候转型事件在中国北方具有普遍性[26,55,56]。洮砚遗址剖面的元素和磁化率记录则表明该地区在齐家文化之后气候状况稳定，未出现明显的气候转型。这可能是由于局地环境特征（如地形等）造成的差异。该遗址齐家文化时期之后，文化演变的主导因素很可能不是环境变化，这与许多学者的研究成果[21,26~28]并不一致，说明文化演变的驱动机制是复杂的，存在空间差异性。排除掉环境因素，洮砚遗址齐家文化之后的文化演变应该是文化发展的内部因素驱动的，可能受到了甘青文化区的整体文化发展趋势的强烈影响。

3 结 论

洮砚剖面的研究表明,齐家文化时期之后洮砚遗址的环境未发生急剧变化,洮砚遗址晚全新世的文化演变未受到环境变化的直接影响,是文化发展的内部因素驱动的。不同地区文化演变的主要驱动因素可能有所差异,不能用同种模式来解释。环境变化可能在区域尺度上对文化演变产生直接的影响,但在局部尺度的遗址环境存在差异,需要更深入的研究。

参 考 文 献

[1] Michael W B, Kolata L A, Brenner M, et al. Climate variation and the rise and fall of an Andean Civilization. *Quaternary Research*, 1997, 47 (2): 235-248.

[2] Hodell A D, Curtis H J, Brenner M. Possible role of climate in collapse of classic Maya Civilization. *Nature*, 1995, 375: 391-394.

[3] Weiss H, Courty M A, Wetteratrom W, et al. The genesis and collapse of third millennium North Mesopotamian civilization. *Science*, 1993, 261 (20): 995-1004.

[4] Cullen H M, Demenocal P B, Hemming S, et al. Climate change and the collapse of the Akkadian empire: Evidence from the deep sea. *Geology*, 2000, 28 (4): 379-382.

[5] Borrero L A. Human dispersal and climatic conditions during Late Pleistocene times in Fuego Patagonia. *Quaternary international*, 1999, (53-54): 93-99.

[6] Zhang Qiang, Zhu Cheng, Liu Chun-Ling, et al. Environmental change and its impacts on human settlement in the Yangtze Delta, P. R. China. *Catena*, 2005, 60 (3): 267-277.

[7] 杨志荣,索秀芬. 我国北方农牧局交错带人类活动与环境关系. 北京师范大学学报:自然科学版,1996,32 (3):415~490.

[8] 邓辉. 全新世大暖期燕北地区人地关系的演变. 地理学报,1997,52 (1):63~71.

[9] 陆巍,吴宝鲁. 中原新石器文化与古气候的关系. 地理科学,1999,19 (1):89~72.

[10] 莫多闻,李非,李水城,等. 甘肃葫芦河流域中全新世环境演化及其对人类活动的影响. 地理学报,1996,51 (1):59~69.

[11] 牟昀智,杨子庚. 北京猿人生活时期的地层与古气候演变. 兰州大学学报:自然科学版,1982,18 (3):105~115.

[12] Carneiro R L. A theory of the origin of the state State. *Science*, 1970, 169 (21): 733-738.

[13] Kirch P V. Circumscription theory and sociopolit-ical evolution in Polynesia. *American Behavioral Scientist*, 1988, 31 (4): 416-427.

[14] Wesber D. Warfare and the evolution of the state: a reconsideration. *American Antiquity*, 1975, 40 (3): 471-475.

[15] 方辉,崔大勇. 浅谈岳石文化的来源及族属问题//中国考古学会编. 中国考古学会第九次会论文集. 北京:文物出版社,1998:93~107.

[16] 张国硕. 岳石文化来源初探. 郑州大学学报: 哲学社会科学版, 1989, 1: 1~6.
[17] 赵慧群. 良渚文化解体蠡测及相关问题探析. 农业考古, 2004, 1: 24~26.
[18] 宋建. 良渚文化衰变研究//浙江省文物考古研究所编著. 浙江省文物考古研究所学刊（第八辑）: 纪忠良渚遗址发现七十周年学术研讨会会文集. 北京: 科学出版社, 2006: 227~237.
[19] 戴春阳. 从半山、马厂类型看马家窑文化的社会性质及其演化. 西北史地, 1989, (3): 42~52.
[20] 郎树德. 甘肃史前史研究与发展. 西北史地, 1992, (2): 1~8.
[21] 水涛. 中国西北地区青铜时代考古论集. 北京: 科学出版社, 2001: 99~327.
[22] 于学峰, 周卫健. 红原泥炭6000a以来元素异常及其可能反映甘青地区人类活动信息的初步研究. 第四纪研究, 2006, 26 (4): 597~603.
[23] 黄春长. 甘肃秦安大地湾遗址植被气候变迁. 地理科学, 1991, 11 (4): 328~335.
[24] 陈发虎, 张维信等著. 甘青地区的黄土地层学与第四纪冰川问题. 北京: 科学出版社, 1993: 260~275.
[25] 王建力, 陈发虎, 曹继秀. 陇西黄土高原新石器文化与环境演变的可能联系. 兰州大学学报（自然科学版）, 1993, 29 (4): 284~290.
[26] 安成邦, 冯兆东, 唐领余. 甘肃中部4000年前环境变化和古文化变迁. 地理学报, 2003, 58 (5): 743~748.
[27] 刘峰贵, 侯光良, 张镱锂, 等. 中全新世气候突变对青海东北部史前文化的影响. 地理学报, 2005, 60 (5): 733~741.
[28] 夏正楷, 杨晓燕, 叶茂林. 青海喇家遗址史前灾难事件. 科学通报, 2003, 48 (11): 1200~1204.
[29] 刘焕杰, 桑树勋, 施健. 成煤环境的比较沉积学研究. 北京: 中国矿业大学出版社, 1997: 78~79.
[30] 庞奖励, 黄春长, 张占平. 陕西岐山黄土剖面Rb、Sr组成与高分辨率气候变化. 沉积学报, 2001, 19 (4): 637~641.
[31] 韩得亮. 莱州湾孔中更新世末期以来的地球化学特征. 海洋学报, 2001, 23 (2): 79~85.
[32] 刘连文, 陈骏, 陈旸等. 最近130ka以来黄土中Zr/Rb值变化及其对冬季风的指示意义. 科学通报, 2002, 47 (9): 702~706.
[33] Nesbitt H W, Young G M. Early Proterozoic climates and plate motions inferred from major element chemistry of lutites. *Nature*, 1982, 299 (21): 715-717.
[34] Liu T S, Guo Z T, Liu J Q, *et al*. Variation of Eastern Asian Monsoon over the last 140000 years. *Bulletion de la Sociüété Geologique de France*, 1995, 166: 221-229.
[35] 陈旸, 陈骏, 刘连文. 甘肃西峰晚第三纪红黏土的化学组成及化学风化特征. 地质力学学报, 2001, 7 (2): 167~175.
[36] 陈骏, 王洪涛, 鹿化煜. 陕西洛川黄土沉积物中稀土元素及其他微量元素的化学淋滤研究. 地质学报, 1996, 70 (1): 61~72.
[37] 陈旸, 陈骏. 刘连文. 最近13万年来黄土高原Rb/Sr记录于夏季风时空变迁. 中国科学. 2003, 33 (6): 513~519.
[38] Nesbitt H W, Markovics G, Price R C. Chemical processes affecting alkalis and alkaline earths during continental weathering. *Geochimica et Cosmo chimica Acta*, 1980, 44: 1659-1666.
[39] Weston D. A magnetic susceptibility and phosphate analysis of a long house feature on Caer Cadwgan,

Near Cellan, Lampeter, Wales. *Archaeological Prospection*, 1995, 2: 19-29.

[40] Craddock P T, Gurney D, Pryor F and Hughs M. The application of phosphate analysis to the location and interpretation of archaeological sites. *Archaeological Journal*, 1986, 142: 361-376.

[41] Griffith M A. A pedological investigation of an archaeological site in Ontario, Canada: use of chemical data to discriminate features of the Benson site. *Geoderma*, 1981, 25: 27-34.

[42] Gurney D A. *Phosphate analysis of soils: a guide for the field archaeologist*. Technical Paper No. 3. Birmingham: Institute of Field Archaeologists. 1985.

[43] Hammond F W. Phosphate analysis of archaeological sediments. In: T. Reeves-Smyth & F. W. Hammond, eds. *Landscape archaeology in Ireland*. Oxford: British Archaeological Reports, No. 116, 1983, pp: 47-80.

[44] Lambert J D, Siemans A H and Arnason J T. *Ancient Maya drained field agriculture: its possible application today in the New River floodplain, Belize, C. A. Agriculture, Ecosystems, and Environment*. 1984, 11: 67-84.

[45] Proudfoot B. The analysis and interpretation of soil phosphorus in archaeological contexts. In: Davidson D A & Shakley M L, eds. *Geoarchaeology*. London: Duckworth, 1976, pp: 93-113.

[46] Sa'nchez A, Can˜abate M L & Lizcano R. Phosphorus analysis at archaeological sites: an optimization of the method and interpretation of the results. Archaeometry, 1996, 38: 151-164.

[47] Scudder S J, Foss J E and Collins M E. Soil science and archaeology. In (D. L. Sparks, Ed.) *Advances in agronomy*. San Diego: Academic Press, 1996: 1-76.

[48] Ben Marwick. Element concentrations and magnetic susceptibility of anthrosols: indicators of prehistoric human occupation in the inland Pilbara, Western Australia. *Journal of Archaeological Science*, 2005, 32: 1357-1368.

[49] 罗旺, 刘东生, 吕厚远. 污染土壤的磁化率特征. 科学通报, 2000, 45 (10): 1091~1094.

[50] 马春梅, 朱诚, 朱光耀, 等. 安徽蒙城尉迟寺遗址地层的磁化率与元素地球化学记录研究. 地层学杂志, 2006, 30 (2): 124~130.

[51] 史威, 朱诚, 徐伟峰, 等. 重庆中坝遗址剖面磁化率异常与人类活动的关系. 地理学报, 2007, 62 (3): 257~267.

[52] 黄春长. 渭河流域3100多年前资源退化与人地关系演变. 地理科学, 2001, 21 (1): 30~35.

[53] 黄春长, 庞奖励, 陈宝群, 等 渭河流域先周-西周时代环境和水土资源退化及其社会影响. 第四纪研究, 2003, 23 (4): 404~414.

[54] 安成邦, 冯兆东, 唐领余. 黄土高原西部全新世中期湿润气候的证据. 科学通报, 2003, 48 (21):2280~2287.

[55] 吴文祥, 刘东生. 4000aB.P. 前后降温事件与中华文明的诞生. 第四纪研究, 2001, 21 (5): 443~451.

[56] 吴文祥, 刘东生. 4000aBP前后东亚季风变迁与中原周围地区新石器文化的衰落. 第四纪研究. 2004, 24 (3): 278~284.

(本文为首次发表)

青海喇家遗址废弃原因再探讨

——与《古代中国的环境研究》一文作者商榷

张小虎[1]　夏正楷[1]　杨晓燕[2]

(1. 北京大学城市与环境学院，北京，100871；2. 中国科学院地理科学与资源研究所，北京，100101)

摘要：针对《古代中国的环境研究》一文提出的青海民和喇家遗址上覆的红黏土泥石流成因，本文从地貌学、沉积学的角度，结合野外考察和实验分析结果，对红黏土的分布特征、沉积特征等方面进行了分析，否定了红黏土为泥石流堆积的观点，并再次论证了其为黄河特大洪水沉积，而喇家遗址则最终毁于黄河特大洪水。

关键词：喇家遗址　古洪水　泥石流　环境考古

近几年青海民和喇家齐家文化遗址的发掘成为新石器时代考古的一个亮点[1]。凭借其罕见的史前灾难遗迹，喇家遗址入选2000年度全国十大考古新发现。围绕探讨灾难遗迹和遗址废弃原因等一系列问题，喇家遗址开展了一系列多学科合作研究。其中，在探讨灾难遗迹的成因和遗址废弃原因方面，环境考古运用地学方法取得了许多新的重大收获，其工作丰富了环境考古的理论和实践[2]。

根据已有的研究成果，喇家遗址在距今4000年前后先是遭受到了地震的破坏，然后被来自黄河的特大洪水彻底掩埋[3]。然而最近作者看到《古代中国的环境研究——关于解释和年代对应方面的问题》(以下简称《古》文)[4]一文，文章中关于喇家遗址灾害事件原因与我们的认识存在重大分歧。笔者认为有必要就这些分歧做进一步的讨论，以便加深我们对喇家遗址灾害事件的认识。鉴于该文作者对喇家遗址的古地震基本没有异议，因此本文这里就不讨论古地震对喇家遗址的影响，而只讨论古洪水事件。

1 喇家遗址的自然地理概况

从地形地貌来看，喇家遗址坐落在黄河上游的一个山间小盆地——官亭盆地内。官亭盆地西起积石峡，东至寺沟峡，东西长约12km，南北宽约5km，面积约60km^2。盆地周围为海拔2100m左右的山地所环绕，其岩性主要是白垩系紫红色、红色砂岩等，山前广泛发育有红土和黄土组成的台地。盆地内是海拔1800m左右的黄河冲积平原，黄河自西向东从盆地流过。

喇家遗址就坐落在盆地内黄河北岸的黄河二级阶地前缘，遗址高于现在黄河水面约25m，距离黄河水平距离约1km。喇家遗址东、北面紧邻吕家沟、岗沟两条冲沟。

2 喇家遗址的古洪水事件的发现

喇家遗址最引人关注的是房址内发现有大量被红黏土覆盖的非正常死亡、姿势奇特的人类遗骸。红黏土为纯净的、未经人类活动扰动的自然堆积，而且由于人类遗骸上没有砍杀、火烧等痕迹，已排除其死亡为人类有意为之[5]，夏正楷等认为这些人死于古地震造成的居室倒塌[3]。对于红黏土沉积环境的研究也成为喇家遗址环境考古研究的一项不可忽略的内容。

通过对探方剖面的观察，发现在棕红色黏土中夹有较多细小的波状砂质条带；同时，在红黏土层与齐家文化活动面的交界处，观察到喇家遗址所在的二级阶地顶面具有明显的起伏，发育有沙波、拖曳构造和冲刷槽等流水作用形成的层面构造[3]（照片见参考文献[6]文中25页）。沙波是河床中的堆积地貌，沙波的形成是河床泥沙颗粒不均匀与水流不稳定的综合作用的结果[7]。沙波和波状砂质条带都与流水作用有关，红黏土层中以及下伏面流水作用证据的发现，说明了红黏土的形成可能与流水有关。

为进一步证实红色黏土的沉积环境，我们对探方壁上的沙波和房址内的红黏土采样进行了粒度分析。分析结果表明，红黏土样品具有河流漫洪相堆积的特征[3]。这样通过野外观察和实验分析，初步确认房址中的红色黏土是河流堆积物。根据河流堆积物形成于古人类居住面之上，且遗址距离黄河只有1km，推测填充在房址里的红黏土可能与黄河洪水泛滥有关。

为了确定红黏土的分布范围，我们在官亭盆地及上游的循化盆地进行了野外考察。考察结果发现，盆地内整个二级阶地上普遍分布的棕红色黏土，与填充在喇家遗址有灾难现象的房址中的棕红色黏土堆积性状一致[8]。红黏土虽整体呈红色，但其实是红色黏土层夹杂多条水平灰色、黑色条带。在整个官亭盆地内黄河北岸的二级阶地上，西起盆地西部上游积石峡口附近的马家村、河沿村一带（图1），向下到盆地中部（盆地北岸东部二级阶地缺失）（图2），都有分布连续、层位稳定的红黏土层存在。与此同时，盆地内黄河南岸二级阶地上也发现有大面积连续分布的棕红色黏土层，韩陕家村一带有露头良好的剖面。黄河南北两岸的棕红色黏土堆积物的横向分布皆是从二级阶地前缘向后缘逐渐尖灭。除官亭盆地外，我们发现在官亭盆地上游的循化盆地内二级阶地上也分布有红黏土。由于红黏土广泛分布在黄河两岸而不是局部堆积，遂确定了红黏土为黄河特大洪水形成的堆积。

图1 官亭盆地内西部马家村洪水剖面

图2 官亭盆地内王石沟洪水沉积剖面

3 《古代中国的环境研究》一文的主要观点

该文与喇家遗址有关的内容大致有以下几点[4]：

（1）通过地形图判读和实地考察，该文作者提出由于红黏土与当地的黄土和黄河冲积物不同，红黏土是泥石流堆积不是洪水堆积，其来源于盆地北部的山地；

（2）遗址所在的冲积平原是一次或多次泥石流作用冲积而成的，这个泥石流曾经也影响了青铜时代的喇家聚落；

（3）来自官亭盆地北部红黏土山的灾难性的泥石流，仅仅覆盖并毁灭了喇家聚落的东部，并没有影响到聚落的西部；

（4）该文作者质疑遗址"高出现在主河道25米，距离黄河河道1000米"，黄河洪水能否漫上阶地；

（5）该文作者认为我们没有重视"红黏土上面叠压着沙波状堆积"的现象。

4 对《古代中国的环境研究》一文主要观点的意见

针对《古》文的观点，下面将分几个方面来阐述我们的看法，与作者商榷。

第一，关于红黏土的成因，该文认为红黏土成因是泥石流作用的结果。通过野外考察和实验分析，我们认为从红黏土的地貌分布、沉积特征和粒度特征来看，都与洪水平流沉积的特征吻合，因此其成因应是黄河特大洪水的泛滥沉积物，而不是泥石流[9]。因为：①地貌形态上，泥石流堆积地貌是扇状堆积体，其纵剖面呈上凸形，从扇顶到扇缘坡度降低、厚度减小，而黄河两岸的红黏土顶部平坦，分布面积广泛，厚度都是从阶地前缘向后缘逐渐尖灭，这与泥石流的特征不符；②从分布范围来看，官亭盆地（暂不包括循化盆地内的红黏土）黄河两岸二级阶地上的红黏土具有相同的沉积特征，沉积特征的一致性说明红黏土不是来自局部的沟谷洪水堆积，而应该是来自黄河主流的沉积物。而泥石流只是一种分布于局部地区的小地貌，用泥石流无法解释红黏土普遍分布于黄河两岸的这一现象；③在官亭盆地内也有泥石流沉积，但与红黏土差异十分显著。官亭盆地内泥石流表现为水石流，在黄河北岸二级阶地前缘的鲍家沟口就可以看到泥石流沟和泥石流堆积体（图3），其沉积特征与红黏土区别显著。另外，在距离遗址最近的岗沟和吕家沟两侧剖面也看不到泥石流的沉积特征，所见只是被侵蚀的二级阶地剖面；④红黏土粒度成分主要以黏土为主，悬移质含量达到90%左右，分选良好[3,8]。这也不符合泥石流大小混杂、颗粒分选差的沉积特征。值得一提的是，2007年8月，我们在喇家考察时，时逢大雨，官亭盆地北面山地爆发了泥石流，泥石流沿沟谷滚滚而下。泥石流过后，我们考察了岗沟中的泥石流沉积物，发现其中

图3 官亭盆地内鲍家沟口泥石流沉积剖面

夹杂有大量的大小不一的红色黏土球（块），粒径大小混杂、分选差。这已充分说明红黏土不是泥石流的产物；⑤红黏土层中夹杂了多层水平发育的灰黑色黏土条带的特点也不符合泥石流沉积的特点，它也不具备泥石流沉积常见的无层理、石线构造、载荷构造、泥球等沉积特征。至于红黏土的物质来源和红黏土层中夹杂多条水平灰色、黑色条带的原因则要从黄河洪水的发生过程来解释了。官亭盆地底部及周围山地主要为红色的第三纪地层。黄河洪水泛滥时，通过对河床和河床两侧地层的侵蚀，加上周围山地沟谷中携带红色黏土的水流汇入黄河，洪水中挟裹了大量红黏土物质。这些红黏土物质经过水流的改造，被洪水搬运，并堆积在二级阶地上，形成了红色黏土层。而富含有机质的黑色、灰色层，是洪水退后，泛滥平原上沼泽发育，植物生长相对繁盛，有机质增加而形成。周而复始，就形成了我们现在看到的红黏土层中夹杂有多条水平灰色、黑色条带的现象。以上几点已充分说明了红黏土不是泥石流作用的结果，而是黄河特大洪水的沉积物。

第二，原文作者质疑遗址"高出现在主河道25米，距离黄河河道1000米"，黄河洪水能否漫上阶地。在这里，作者犯了一个认识上的错误，我们考虑这个问题应该依据当时的地貌，而不是现在的地貌状况。

从全新世官亭盆地地貌演化过程来看，遗址现在所处的二级阶地，在齐家文化时期，还仅仅是一级阶地，现在的一级阶地当时尚未形成，当时的黄河河床就是现在的一级阶地，遗址与主河床的高差在20m左右，如果考虑当地黄河平水期水深，那么黄河河面与遗址的高差远没有20m。在一般情况下，黄河洪水不会淹没阶地，位于一级阶地上的喇家遗址是安全的，正常洪水是淹不着它的。但是当黄河出现特大洪水时，河水水位完全可能上涨10～20m，根据历史文献记载，明成化十八年（1482年）山西东南部黄河的支流沁河就出现过异常大洪水，九女台最高洪水位高出河床底23m，河头村洪水位高出河床底约27m[10]。支流尚且如此，更何况黄河干流。在这种情况下，上涨的洪水就能漫上阶地并冲毁遗址。更何况从地貌条件来看，喇家遗址处于黄河上游的一个山间小盆地内。官亭盆地下游为峡谷地带，河道狭窄。在这样的背景下，当爆发特大洪水时，由于下游排水不畅，无法及时泄洪，洪水位在盆地内会迅速上升，并淹没了河流两岸的阶地，对阶地面进行强烈的冲刷、改造，给喇家聚落造成严重的破坏，随之在整个二级阶地上堆积了厚层的漫洪相棕红色黏土。官亭盆地所处的特殊的地貌条件放大、加剧了洪水的规模，这样的地貌条件也为黄河特大洪水淹没二级阶地提供了有利的地貌条件。

第三，关于山洪的讨论，原文作者还认为"来自官亭盆地北部红黏土山的灾难性的泥石流，仅仅覆盖并毁灭了喇家聚落的东部，并没有影响到聚落的西部"。实际上，在喇家遗址的考古发掘中，除了在遗址内外都发现了大量洪水的证据之外，在遗址西部和南部还发现了真正的山洪（也就是水石流）堆积[11]。例如在遗址南部地势低洼的小广场上，堆积有厚达1m多的夹砾砂层。在遗址西部的房址F23中也发现有厚层的含砾砂层。这些夹砾砂层大小混杂，分选差，属于从北部沟谷来的山洪堆积，即水石流，根据遗址南部的房址F15所见，厚达1m的山洪沉积物压在红黏土之下，地层关系表明，山洪出现要早于洪水。由于山洪堆积主要分布在遗址西部，说明在洪水来临之前，山洪冲进了遗址西部。由于山洪在沟口形成的水石流扇地势较高，对黄河洪水起了一定的阻挡作用,因此,黄河洪水在遗址范围内主要影响的是东部地区,堆积了厚层的红黏土。而遗址西部地区则主要受山洪影响,为水石流扇发育区,堆积物以山洪堆积(水石流堆积物)为主,红黏土分布较少。相对于黄河洪水堆积来讲,山洪堆积的分布相当有限,它们只局限在盆地两侧山地沟谷的沟口附近,广大的盆地内部主要为洪水堆积物,即红黏土的分布区。

第四,该文作者认为我们没有重视"红黏土上面叠压着沙波状堆积"的现象的问题。在红色黏土与二级阶地顶面的交界处发现有沙波,还有在棕红色黏土中夹有较多细小的波状砂质条带的现象。沙波是河床中的堆积地貌,沙波和波状砂质条带都与流水作用有关,说明红黏土可能与流水有关。据此,结合对红黏土的实验分析,我们初步提出了红黏土的洪水成因。至于该文提到的"红黏土上面叠压着沙波状堆积"的现象我们没有见到。

第五,该文中提到"这个冲积平原是一次或多次泥石流作用冲积而成"。根据我们野外考察的认识,"这个冲积平原(即遗址所在的二级阶地)"的成因不是泥石流作用的结果,而是黄河的河流阶地。在这个"冲积平原"前缘的鲍家村—喇家村一带的断崖上可以清楚地看到典型的河流阶地的二元结构,上为河漫滩相的灰黄色粉砂沉积物,下为河床相砂砾石层,因此"这个冲积平原"是黄河的二级河流阶地,喇家遗址就位于黄河二级阶地上。当然在阶地的形成过程中也有洪积物(泥石流)的作用,如在二级阶地前缘的鲍家沟一带的自然露头上可以看到古洪积扇堆积体,在喇家到马家沟之间的阶地前缘可以看到多条沟谷堆积的透镜体,但形成阶地的主要物质来源是黄河的冲积物。因此,原文作者所述"这个冲积平原是一次或多次泥石流作用冲积而成"的结论也是不成立的。

5 结 论

根据以上对喇家遗址灾难现场红黏土成因的讨论,我们确认灾难现场的红黏土不是泥石流沉积,而是黄河特大洪水的沉积物。地震将遗址夷为平地,之后的特大洪水将喇家遗址彻底摧毁并掩埋了起来。我们关注喇家遗址的灾害事件,并不是如原文作者所述是试图去验证大禹治水的古老传说,而是力图认识自然灾害事件对人类历史进程的影响。喇家遗址灾害事件的发现,不仅使我们了解到黄河特大洪水事件对官亭盆地古文化的重要影响,而且也有助于我们了解灾害事件在人类发展中的巨大作用。

参 考 文 献

[1] 王国道,任晓燕,蔡林海,等. 青海喇家村齐家文化遗址最新揭示史前灾难现场摄人心魄黄河慈母佑子情动天地. 中国文物报,2000-7-5-第一版;叶茂林,王国道,蔡林海,等. 民和喇家遗址发现地震和洪灾新证据. 中国文物报,2002-3-15-第一版;叶茂林,蔡林海,张小

虎, 等. 青海喇家遗址又发现史前地震证据. 中国文物报, 2003-3-14-第一版; 叶茂林, 任晓燕, 蔡林海, 等. 青海喇家遗址继续发现史前灾难遗迹. 中国文物报, 2005-3-30-第一版; 中国社会科学院考古研究所, 青海省文物考古研究所. 青海民和喇家遗址 2000 年发掘简报. 考古, 2002, (12)。

[2] 夏正楷, 杨晓燕, 叶茂林. 青海喇家遗址史前灾难事件. 科学通报, 2003, 48 (11); 杨晓燕, 夏正楷, 崔之久. 第四纪科学与环境考古学. 地球科学进展, 2005, 20 (2).

[3] 夏正楷, 杨晓燕, 叶茂林. 青海喇家遗址史前灾难事件. 科学通报, 2003, 48 (11).

[4] 佟派, 王睦. 古代中国的环境研究——关于解释和年代对应方面的问题//山东大学东方考古中心编. 东方考古 (第 2 辑). 北京: 科学出版社, 2005.

[5] 中国社会科学院考古研究所, 青海省文物考古研究所. 青海民和喇家遗址 2000 年发掘简报. 考古, 2002 (12); 王明辉. 青海民和喇家遗址人骨及相关问题. 考古, 2002, (12).

[6] 国家文物局主编. 青海民和喇家村齐家文化遗址. 中国重要考古发现 (2000). 北京: 文物出版社, 2001: 25.

[7] 杨景春, 李有利. 地貌学原理 (修订版). 北京: 北京大学出版社, 2005: 34~37.

[8] 杨晓燕, 夏正楷, 崔之久. 黄河上游全新世特大洪水及其沉积特征. 第四纪研究, 2005, 25 (1): 80~85.

[9] 有关泥石流的情况可参见: 崔之久等. 泥石流沉积与环境. 北京: 海洋出版社, 1996: 1~192; 杨景春, 李有利. 地貌学原理 (修订版). 北京: 北京大学出版社, 2005: 34~37; 杜榕桓. 中国泥石流//中国科学院《中国自然地理》编辑委员会. 中国自然地理·地貌. 北京: 科学出版社, 1980: 301~312; 任明达, 王乃梁编. 现代沉积环境概论. 北京: 科学出版社, 1981: 89~95.

[10] 胡明思, 骆承政主编. 中国历史大洪水 (上卷). 北京: 中国书店, 1992: 307~314.

[11] 夏正楷, 杨晓燕. 叶茂林. 青海喇家遗址史前灾难事件. 科学通报, 2003, 48 (11); 叶茂林, 王国道, 蔡林海, 等. 民和喇家遗址发现地震和洪灾新证据. 中国文物报, 2002-3-15-第一版; 叶茂林, 任晓燕, 蔡林海等. 青海喇家遗址继续发现史前灾难遗迹. 中国文物报, 2005-3-30-第一版.

(原载于《考古与文物》, 2009 年 1 期)

青海省长宁遗址沉积物元素对晚全新世人类活动和气候变化的响应

董广辉　贾　鑫　安成邦　汪海斌　刘　姣　马敏敏

(兰州大学西部环境教育部重点实验室，兰州，730000)

摘要：通过对青海省长宁遗址晚全新世沉积剖面 OC、P、Ba、Mn、S、K_2O、Pb、As、Al_2O_3、Fe_2O_3 和 Cu 的化学成分分析和磁化率分析，研究了该时期沉积物元素含量对人类活动和气候变化的响应。结果表明，齐家文化时期（4300~3900aBP）至汉代（202BC~220AD）的气候恶化使沉积物上述元素含量显著下降，齐家文化时期和汉代的人类活动也对沉积物元素含量产生了影响，不同方式的人类活动对沉积物元素含量的影响存在差异。

关键词：长宁遗址　元素　晚全新世　人类活动　气候变化

1 引　言

随着元素分析技术的迅速发展，化学分析方法因其便捷的优点，越来越多地应用于环境变化研究和考古学研究中[1~11]。目前沉积物中元素分析在国内的考古研究中应用还未得到足够的重视。沉积物中化学元素含量不仅受控于搬运分选、风化作用、变质成岩作用等自然过程，还同人类活动密切相关。不同的土地利用方式也会对沉积物化学成分产生不同的影响[1]。本文试图通过对青海长宁遗址沉积物的化学成分分析和磁化率分析，研究和分辨该遗址晚全新世的人类活动和气候变化如何影响沉积物中的化学元素含量，探索沉积物元素分析在环境考古研究中的应用。

2 研究地点与研究方法

长宁遗址（36°48′N，101°44′E）位于青海省大通县北川河的一级阶地上，距西宁市 30km，距青海湖约 100km（图 1）。大通县地处黄土高原的西部与青藏高原相接的过渡地带，属半干旱、半湿润温凉性气候，年降水量 508.7mm，年均温 2.8℃，湟水的主要支流北川河流经全境。

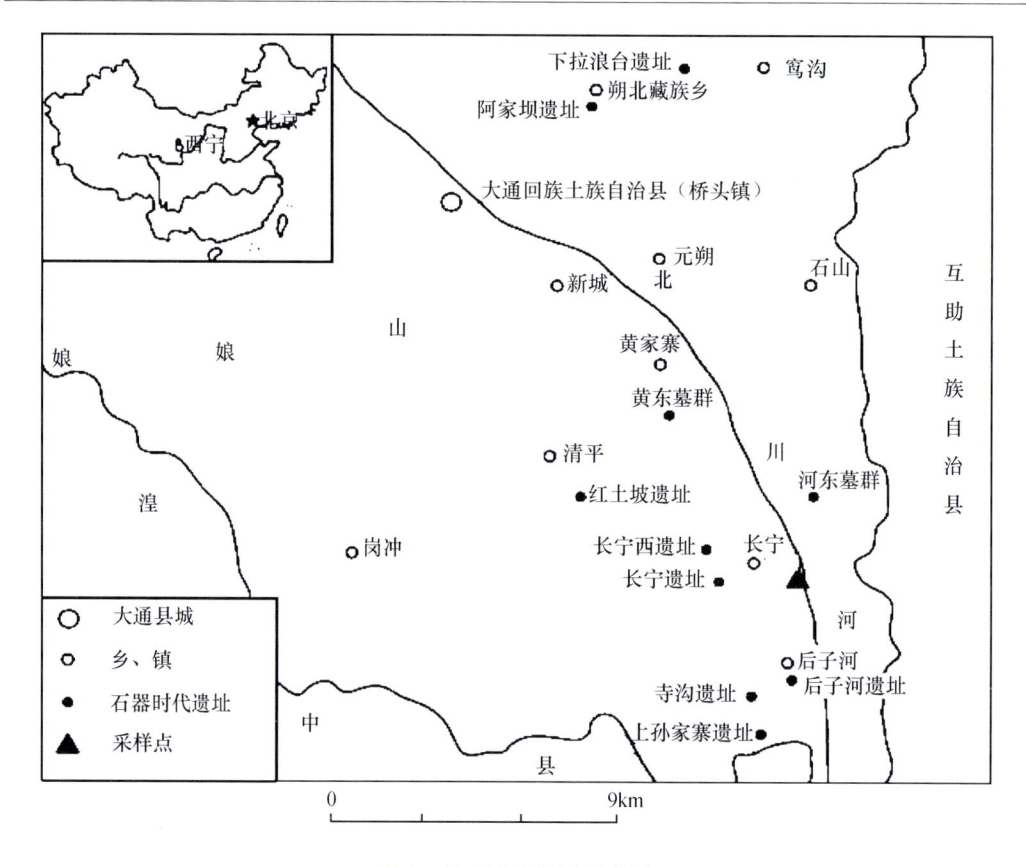

图 1 长宁遗址位置示意图

长宁遗址边缘地层如图 2 所示。剖面底部为河流相沉积，河流相沉积以上俱为风成沉积，但不同程度地受到人类活动的影响，从上至下，地层可依次分为：深褐色扰动层（0~120cm）、灰黑色粉沙质土层（120~156cm）、黄色细粉砂层（156~180cm）、黑色粉沙质土层（180~216cm）和河流相沉积黄褐色细粉砂层（未见底）。其中在黑色粉沙质土层中发现齐家文化时期（4300~3900aBP）的陶片，为齐家文化层。在灰黑色粉沙质土层中发现卡约文化（3500~2690aBP）时期和汉代（202BC~220AD）的陶片，由于汉代的人类活动可能会带入卡约时期的陶片，无法判断卡约文化时期是否曾有人类在此活动，该层位可以确定为汉代文化层。

齐家文化是中国西北地区重要的史前文化，是以农业生产和家畜饲养为特征的文化，4300~3900aBP 在黄河上游及其支流广泛分布，但在 3900aBP 突然衰弱，并出现了文化断层，其后的卡约文化、辛店文化、寺洼文化以及诺木洪文化遗址数量大幅度减少，生产方式也发生很大变化，牧业成分明显增加。

在长宁遗址边缘选取剖面，命名为长宁剖面，从距地表 110cm 的深褐色扰动层底部，以 2cm 间隔采样至黄褐色细砂层顶部，共采集样品 60 个，在兰州大学草地农业生态系统学重点开放实验室完成有机碳（OC）测试，在兰州大学西部环境教育部重点实验室完成 P、Ba、Mn、S、K$_2$O、Pb、As、Al$_2$O$_3$、Fe$_2$O$_3$ 和 Cu 含量测试。有机碳（OC）用重铬酸钾法测定[12]，在加热条件下，用一定容量的标准重铬酸钾—硫酸溶液，氧化土壤有机质，多余的重铬酸钾用硫酸亚铁溶液滴定，由消耗的重铬酸钾量计算出有机碳含量。沉积物的上述其他化学成分用 X 荧光光谱分析法测试，实验过程如下：先将样品烘干，并研磨至 200 目（75m）以下，然后使用 YYJ-40 型半自动油压仪将样品压制成直径 4cm，厚约 8mm 的外层裹硼酸的圆饼状标本。制备好的标本的元素含量的测试采用 Panalytical Magix PW2403 型 X 荧光分析仪。该仪器一次可以测量 40 种元素的含量，对同一样品的测量标准差为 2% 左右。磁化率测量用英国 Bartington 公司生产的 MS2B 型磁化率仪在室内测量。

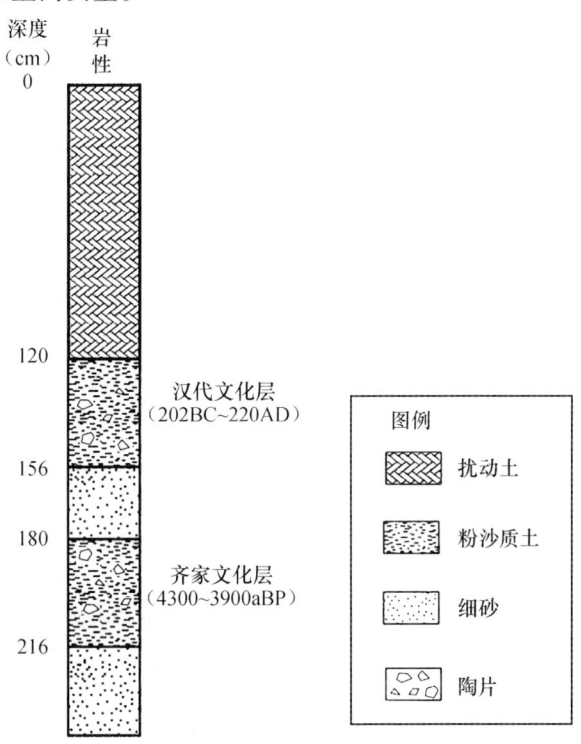

图 2　长宁遗址地层剖面岩性

3　结果与讨论

长宁剖面所测元素含量及磁化率如图 3 所示。在采样深度 118~90cm，OC、P、Ba、Mn、S、K$_2$O、Pb、As、Al$_2$O$_3$、Fe$_2$O$_3$ 和 Cu 含量平均值分别为 8.2g/kg、0.77g/kg、0.53g/kg、0.69g/kg、0.26g/kg、2.49%、28.39μg/g、18.01μg/g、12.36%、

5.22%和32.34μg/g，Mn在采样深度114~112cm出现高值，达0.80g/kg。元素含量在采样深度90~80cm（下阴影部分）出现明显波动，OC、P和S平均含量上升为8.7g/kg、0.79g/kg和0.32g/kg，分别上升6.1%、2.6%和23.1%，Ba、Mn、K$_2$O、Pb、As、Al$_2$O$_3$、Fe$_2$O$_3$和Cu平均含量降至0.51g/kg、0.65g/kg、2.45%、27.76μg/g、17.10μg/g、12.17%、5.00%和29.96μg/g，分别下降3.8%、5.8%、7.7%、2.2%、5.1%、1.5%、4.2%和7.4%。除OC外，其他元素均在采样深度88~86cm出现明显的低值。在采样深度80~70cm，S平均含量未变，仍为0.32g/kg，OC、P、Ba、Mn、K$_2$O、Pb、As、Al$_2$O$_3$、Fe$_2$O$_3$和Cu含量的平均含量分别为10.1g/kg、0.80g/kg、0.52g/kg、0.69g/kg、2.57%、28.67μg/g、18.28μg/g、12.56%、5.27%和33.30μg/g，分别上升16.1%、1.3%、2.0%、6.2%、4.9%、3.3%、6.9%、3.2%、5.4%和11.1%。

在齐家文化层和汉代文化层之间的黄色细粉沙层，采样深度70~46cm（上阴影部分），OC、P、Ba、Mn、S、K$_2$O、Pb、As、Al$_2$O$_3$、Fe$_2$O$_3$和Cu含量显著下降，处于剖面的谷值，平均含量分别为4.2g/kg、0.75g/kg、0.47g/kg、0.59g/kg、0.20g/kg、2.19%、25.03μg/g、14.49μg/g、11.28%、4.27%和23.65μg/g，分别下降58.4%、6.3%、9.6%、14.5%、37.5%、14.8%、12.7%、20.7%、10.2%、19.0%和16.5%。在汉代文化层，采样深度46~10cm，OC、P、Ba、Mn、S、K$_2$O、Pb、As、Al$_2$O$_3$、Fe$_2$O$_3$和Cu含量平均含量分别为6.5g/kg、0.81g/kg、0.51g/kg、0.65g/kg、0.28g/kg、2.38%、26.34μg/g、16.46μg/g、11.97%、4.67%和27.81μg/g，分别上升54.8%、8.0%、8.5%、10.2%、40%、8.7%、5.2%、13.6%、6.1%、9.4%和17.6%。此层位OC含量有较强波动，最高值为8.6 g/kg，最低值为4.7 g/kg，Pb含量和As含量也出现高值，分别为29.9μg/g和18.3μg/g。在扰动层底部，采样深度10~0cm，P和Ba平均含量为0.79g/kg和0.50g/kg，分别下降2.5%和2.0%，OC、Mn、S、K$_2$O、Pb、As、Al$_2$O$_3$、Fe$_2$O$_3$和Cu平均含量分别为6.7g/kg、0.67g/kg、0.33g/kg、2.46%、27.63μg/g、17.27μg/g、12.20%、4.78%和29.35μg/g，分别上升3.0%、3.1%、17.8%、3.4%、4.9%、4.9%、1.9%、2.4%和5.5%。

磁化率值在黄褐色细粉沙层和黑色粉沙质土层，采样深度118~70cm较高，均值为69.6SI，在采样深度90~80cm有一次波动，最低值降为44.2SI。磁化率在黄色细粉沙层，采样深度70~46cm处于谷值，均值为40.5SI，在灰黑色粉沙质土层和深褐色扰动层，采样深度70~46cm有所回升，均值为50.5SI。

除Mn外，其他元素在河流阶地堆积物黄褐色细粉砂层和齐家文化层下部含量较稳定，没有明显的人类活动影响迹象。Mn含量在黄褐色细粉砂层出现的高值可能是因为外源物质的搬运带来富含Mn的矿物导致的。

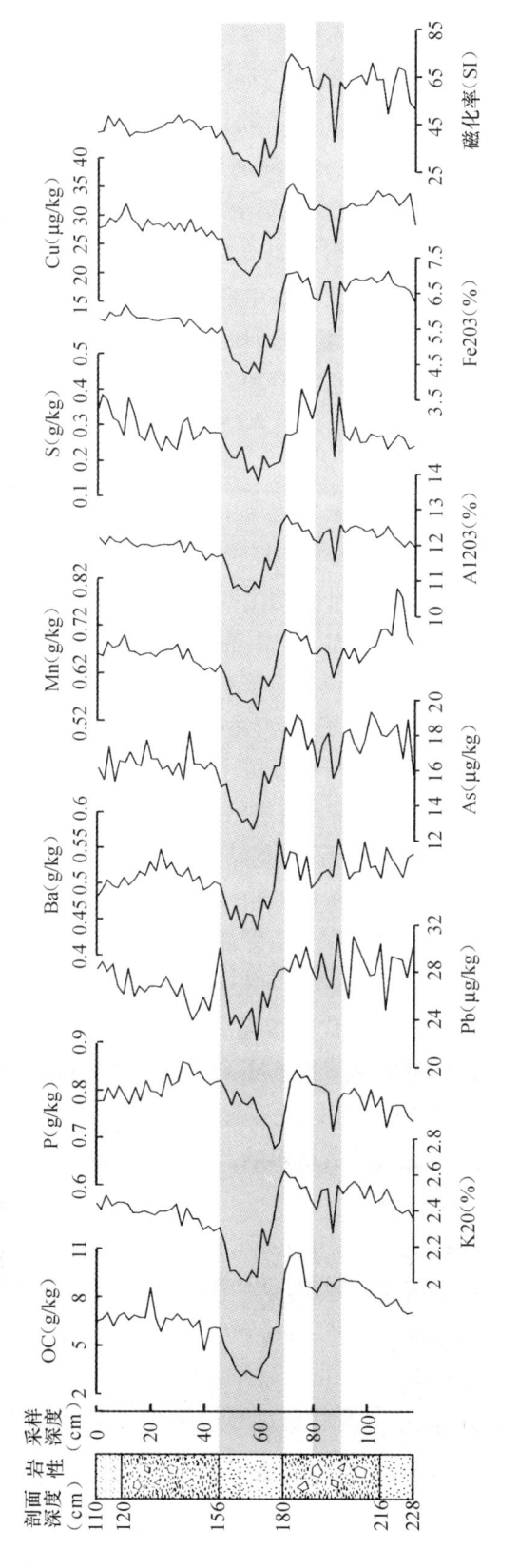

图3 长宁剖面部分元素含量和磁化率值

在齐家文化层中部，采样深度 90~80cm，如图 3 下阴影部分所示，除 OC 外，其他元素含量和磁化率都发生明显波动，并在采样深度 88~86cm 出现了明显的低值。随后在齐家文化层上部，采样深度 80~70cm 所测元素含量和磁化率都明显上升，呈现一个波峰，以 OC 和 S 含量最为明显。齐家文化层中部元素含量及磁化率的变化的原因可能有两种，即气候恶化带来的快速沉积事件如沙尘暴，或是人类活动影响的结果。从长宁剖面的元素含量变化来看，在齐家文化层中部元素含量波动降低后，在此层位上部较中下部元素含量又明显升高，在短时期内如此剧烈的变化是气候剧变引起的可能性很小，此位置又处于齐家文化层，元素含量和磁化率受人为活动的影响很大。植被破坏、梯田修筑以及农业开垦会导致土壤表层不稳定，从而产生新的沙尘源[13]。齐家文化是以农业生产和家畜饲养为特征的文化，一般耕地的位置位于遗址边缘，而长宁剖面也是位于遗址的边缘，很可能在齐家文化层中部古土壤沉积时期，长宁剖面所处位置周围的人类活动（如垦荒等）使扬尘增加，沉积物质发生变化，导致沉积元素含量发生快速波动。而农业的发展使得遗址内的生物残体增加，当外源生物残体被带入长宁剖面所处位置时，元素含量明显增加。由于垦荒等活动会使土壤中 OC、S 等元素含量迅速下降[14,15]，所以长宁剖面所处位置应该不是耕作区。土壤硫含量的输入主要是通过大气无机硫的干湿沉降和含硫矿物质及生物有机质的输入[16]，齐家文化时期人类活动引起大气无机硫沉降显著增加的可能性极小，由此推断，齐家文化层上部元素含量上升的原因很可能是人类活动带入富含有机物的物质。P 和 S 含量的波峰相对其他化学成分处于偏下位置，可能是受到淋溶影响的结果。

在齐家文化层和汉代文化层之间的黄色细粉沙层，所有元素的含量和磁化率值都显著降低，处于整个剖面的谷值，如图 3 上阴影部分所示。沉积物元素的含量与气候和植被状况有关，Pb、Cu、Zn、Mn 等元素含量相对高时指示古土壤层，相对低时指示黄土层[17]。磁化率是反映夏季风强度的代用指标，在此层位的低值说明长宁遗址齐家文化时期之后气候明显恶化，这可能是该遗址齐家文化衰落的重要原因。此前一些研究也表明齐家文化衰落的重要因素是气候恶化引起的[18~20]。在黄色细粉沙层中未发现陶片，也说明该层位沉积没有受到人类活动影响，气候的恶化是元素含量显著降低的原因。

在灰黑色粉沙质土层，即汉代文化层中下部，OC、Pb、As 等元素含量都有明显的波动，说明该层位受人类活动干扰较为强烈，P、Ba、Mn 在此位置也都呈现了一个小波峰，有研究表明生物垃圾的遗弃会使 P、Ba、Mn 含量增加[21]，S 含量在此阶段也有所增加，也说明有含硫物质的输入，Pb 和 As 含量的增加可能与生活生产工具的生产有关。在深褐色扰动层底部 S 和金属元素含量都有所增加，说明人类活动的强度有所加强。

4 结 论

青海长宁遗址沉积物元素和磁化率研究表明,齐家文化时期和汉代曾有人类在该遗址处活动,使得沉积物的化学性质发生变化,元素对齐家文化时期不同的土地利用方式的响应有所差异。长宁遗址齐家文化早期人类的农业生产活动导致沉积物化学性质发生变化,所测元素含量有所下降,而该遗址齐家文化晚期和汉代的人类活动方式有所改变,部分所测元素含量有所增加。齐家文化时期与汉代之间的气候恶化同样对沉积物中元素含量产生了重要影响,导致沉积物所测元素含量显著下降。

我们的研究工作表明,沉积物元素分析是环境考古分析的有效手段,应该在以后的工作中得到更为广泛的应用。

参 考 文 献

[1] Clare A W, Donald A D, Malcolm S C. Multi-element soil analysis: an assessment of its potential as an aid to archaeological interpretation. *Journal of Archaeological Science*, 2008, 35 (2): 412-424.

[2] J Borrego, N Lopez-Gonzalez, B Carro, *et al*. Geochemistry of rare-earth elements in Holocene sediments of an acidic estuary: Environmental markers (Tinto River Estuary, South-Western Spain). *Journal of Geochemical Exploration*, 2005, 86 (3): 119-129.

[3] Ramon Julia, Jose Antonio Luque. Climatic changes vs. catastrophic events in lacustrine systems: A geochemical approach. *Quaternary International*, 2006, 158 (1): 162-171.

[4] P Huntsman-Mapila, S Ringrose, A W. Mackay, *et al*. Use of the geochemical and biological sedimentary record in establishing palaeo-environments and climate change in the Lake Ngami basin, NW Botswana. *Quaternary International*, 2006, 148 (1): 51-64.

[5] Georg Schettler, Markus J Schwab, Martina Stebich. A 700-year record of climate change based on geochemical and palynological data from varved sediments (Lac Pavin, France). *Chemical Geology*, 2007, 240 (1-2): 11-35.

[6] Duncan E Cook, Brigitte Kovacevich, Timothy Beach, *et al*. Deciphering the inorganic chemical record of ancient human activity using ICP-MS: a reconnaissance study of late Classic soil floors at Cancuen, Guatemala. *Journal of Archaeological Science*, 2006, 33 (5): 628-640.

[7] Vance T Holliday, William G Gartner. Methods of soil P analysis in archaeology. *Journal of Archaeological Science*, 2007, 34 (2): 301-333.

[8] 刁桂仪,文启忠. 渭南黄土剖面中的稀土元素. 海洋地质与第四纪地质, 2000, 20 (4): 57~61.

[9] 张西营,马海州,谭红兵. 青藏高原东北部黄土沉积化学风化程度及古环境. 海洋地质与第四纪地质, 2004, 24 (2): 43~47.

[10] 贾耀锋,庞奖励. 关中盆地东部李湾剖面全新世高分辨率气候研究. 干旱区资源与环境, 2003, 17 (3): 39~43.

[11] 钟巍,熊黑钢. 塔里木盆地南缘4kaBP以来气候环境演化与古城镇废弃事件关系研究. 中国沙漠, 1999, 19 (4): 343~347.

[12] 牛永绮,陈兰生. 土壤有机质测定方法的进展. 1998, 12 (2): 97~128.

[13] Roberts H M, Wintle A G, Maher B A, et al. Holocene sediment-accumulation rates in the western Loess Plateau, China, and a 2500-year record of agricultural activity, revealed by OSL dating. *The Holocene*, 2001, 11 (4): 477-483.

[14] Eswaran H, Berg E V, Reich P. Organic carbon in soils of the world. *Soil Sci. Soc. Am. J.*, 1993, 57: 192-194.

[15] 李新华,刘景双,孙志高. 三江平原不同土地利用方式下土壤硫含量变化特征. 生态与农村环境学报, 2006, 22 (4): 80~82.

[16] 王凡,朱云集,路玲. 土壤中的硫素及其转化研究综述. 中国农学通报, 2007, 23 (5): 249~253.

[17] 庞奖励,黄春长,张占平. 陕西五里铺黄土微量元素组成与全新世气候不稳定性研究. 中国沙漠, 2001, 21 (2): 151~156.

[18] An Cheng-Bang, Tang Lingyu, Loukas Barton, et al. Climatic Change and Cultural Response around 4000cal. yrBP in the western part of the Chinese Loess Plateau. *Quaternary Research*, 2005, 63 (3): 347-352.

[19] 侯光良,刘峰贵. 青海东部史前文化对气候变化的响应. 地理学报, 2004, 59 (6): 841~846.

[20] 刘峰贵,侯光良,张镱锂,等. 中全新世气候突变对青海东北部史前文化的影响. 地理学报, 2005, 60 (5): 733~741.

[21] Parnell J J, Terry R E, Nelson Z. Soil chemical analysis applied as an interpretive tool for ancient human activities in Piedras Negras, Guatemala. *Journal of Archaeological Science*, 2002, 29 (4): 379-404.

(原载于《海洋地质与第四纪地质》, 2008 年 28 卷 2 期)

跨度为 2332 年的考古树轮年表的建立
与夏塔图墓葬定年

王树芝[1] 邵雪梅[2] 许新国[3] 肖永明[3]

(1. 中国社会科学院考古研究所，北京，100710；2. 中国科学院地理资源与环境研究所，北京，100101；
3. 青海省文物考古研究所，西宁；810007)

摘要：本文对青海省德令哈市郭里木乡夏塔图墓葬出土的祁连圆柏（*Sabina przewalskii* Kom）木材进行了树轮年代学研究。建立了跨度为 2332 年的考古木材树木年轮年表（公元前 1575～公元 756 年），此年表已经延伸到了夏末商初时期，是目前我国利用考古木材建立的最长的一个年表。而且，确定了墓葬群的建立年代，墓葬年代的确定为研究隋朝和南北朝时期吐谷浑的迁移、文化及吐蕃统治时期吐谷浑文化、吐蕃文明史、研究中西文化的交流等提供了精确的时间依据。长年表的建立为今后这一地区古气候的重建提供了高精度的树轮代用资料，为我们很好地理解气候在中国古代社会经济形态转化中所起的作用提供可靠的环境背景。

关键词：树轮考古学 吐蕃墓

利用树木年轮分析可以判定过去人类文化遗存的年代，对过去气候（包括温度、降水）和环境进行重建和研究，而且还能对 ^{14}C 年代进行校正。树轮年表越长，其利用潜力越大。因此我们必须尽可能建立能延伸到史前的树轮年表。

20 世纪 70 年代以来，许多学者利用青海省柴达木盆地东缘山区现在存活的树木建立了上千年的树轮年表[1]。1999 年中国社会科学院考古研究所科技实验中心与德国考古研究院欧亚所的树轮分析室利用都兰吐蕃墓出土的古代木材建立了跨度为 1315 年的浮动树轮年表[2]，此浮动年表与已经建立的青海都兰县鄂拉山地区海拔 3100m 以上的活树建立的跨度为 1835 年的年表进行交叉定年，使都兰 7 个墓葬提供了精确的年代[4]。2003 年张齐兵等利用都兰古墓里的木材和现代树轮年表建立了青藏高原东北都兰地区跨度为 2326 年的祁连圆柏树轮年表，并进行了气候重建[5]。虽然目前在都兰地区利用考古木材建立了两个年表，但是在德令哈地区还未用考古样本建立年表。

本文的研究目的是利用德令哈地区郭里木夏塔图墓葬出土的木材进行树轮年代学的研究，建立古代浮动树轮年表，然后把此年表与已经建立的活树树轮年表进行衔接，使浮动树轮年表转换为绝对树轮年表，然后，根据此年表对夏塔图墓葬出土的木材进行分析，确立墓葬群的年代，为考古学文化的研究提供精确的年代学标尺。

1　研究地区和研究材料

研究地区位于青海省柴达木盆地东北部德令哈地区的郭里木乡（图1）。柴达木盆地由高山环绕，盆地的东部海拔 2900~3000m，每年的平均温度为 2℃~4℃，每年的降雨约为 150~200mm，从东向西递减。这里分布有许多墓葬，有丰富的古代文化，同时也是气候变化的敏感区，其自然环境在全球占有特殊地位，与全球环境变化的研究息息相关。

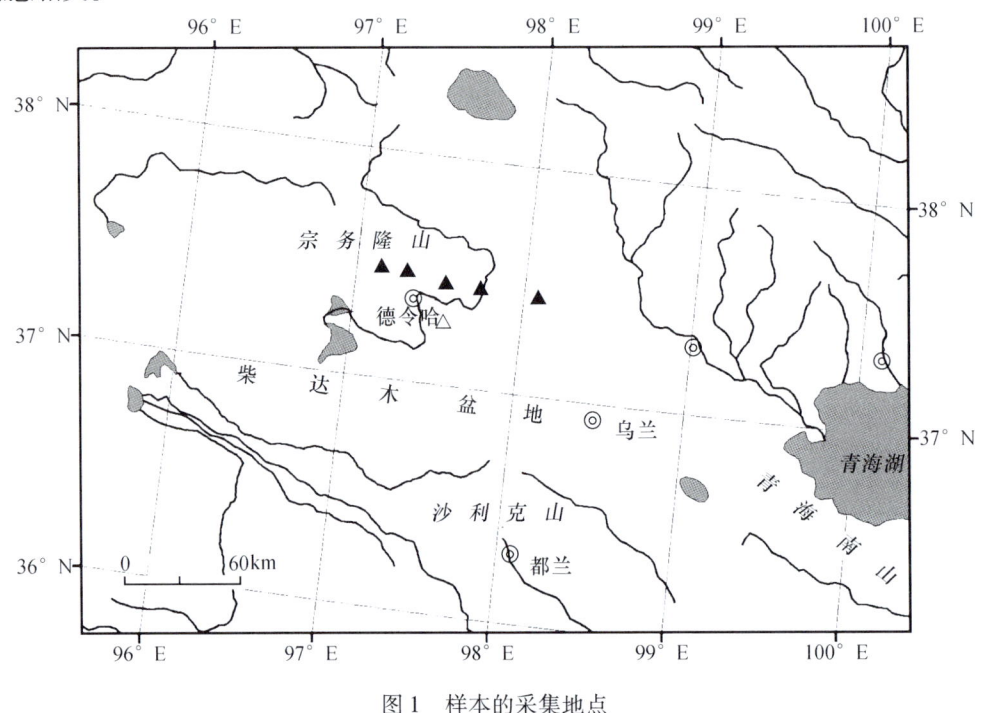

图 1　样本的采集地点
△ 出土的古代木材采集地点　▲ 与古代年表衔接的现代树木样本采集地点

2002 年 8 月，青海省文物考古研究所与海西蒙古族藏族自治州民族博物馆工作人员，对郭里木乡夏塔图墓葬群的 1 号墓、2 号墓进行了清理和发掘。墓葬群位于德令哈东 30km（37°20′N，97°39′E，海拔 3190m）处的巴音河南岸，属郭里木乡夏塔图草场山根。墓上方存有高约 1.5m 的封土，两座墓葬均为竖穴土坑形制，墓室为长方形单室，长 4m，宽 2.5m 左右，均有长方形斜坡式墓道。1 号墓为竖穴土坑木，用柏木封顶，是迁葬墓，其形制较为特别，是先将零散的骨架装于一小棺内，然后将小棺整个放置在大棺中。根据出土的漆失箙（箭囊）判断，该墓主人应系男性武士。2 号墓葬为木椁墓，男女合葬。两座墓葬中均见有殉牲习俗。迁葬墓中出土有丝绸残片、木鸟、木马鞍和漆失箙等，其中木马鞍上装饰有银质镀金饰片以及兽面、鹿等动物形象，较为少见。在合葬墓中出土有大量丝织品，种类有锦、绫、罗、印花绢等，另有木碗、木鸟、木马鞍等。尤为引人注目的是，两座墓3具木棺的四面均有彩绘。其中棺当头绘有四神、花鸟，棺侧板绘有狩猎图、商旅图以及赞普、赞蒙（王、王后）为中心的帐居迎宾图和职贡图[6]。3号墓为盗墓，有棺板画。4号墓没有发掘，但有盗洞，在盗洞处取到两根原木。

树轮分析的样本采自这4个墓葬。夏塔图1号墓葬和2号墓葬的原木保存在当地考古工作站，由于木材将来用以博物馆的陈列，不能破坏，所以全部采集的是树芯，采集了55个树芯。3号墓葬的原木和棺板散放在墓的旁边，采集了8个圆盘和5个棺板。4号墓葬没发掘，所以，只从盗洞处的两个原木上采集到了两个圆盘。

2 实 验 方 法

2.1 木材鉴定方法

不同树种的木材在其横向、径向、弦向三个切面上的构造特征不同，将未知木材的构造特征与有关书籍上的描述和照片资料进行对比，就可以确定木材的种属。具体的工作程序是：从采集的样本上取$1cm^3$木样进行软化，用徒手切片法，做横向、径向、弦向三个方向切面，然后在体视显微镜下观察、记载木材横向、径向、弦向三个切面上特有的构造特征，最后根据《中国木材志》[7]的描述和照片资料进行树种鉴定。然后将木材样本粘在铝质样品台上，样品表面镀金，在日立S-530扫描电子显微镜下进行拍照。

2.2 定年方法

在实验室将树芯有树皮或接近树皮的一边朝外，用乳胶粘在木槽里，然后用细绳将其按十字形式捆绑固定，待乳胶干后取下细绳。将粘牢的树芯依次用从较细到细不同粒度的干砂纸进行手工打磨，最细的砂纸粒度为600目，直到磨到年轮相当明显，细胞壁也非常清楚为止。树盘用打磨机打磨，然后用不同粒径（240目、280目和600目）的砂纸手工打摩样本的表面，先用粗砂纸打磨，最后用600目的细砂纸。

根据传统的树轮分析程序[8]和干旱区树轮定年经验[9]，样本进行交叉定年。定好年代后，用LINTAB树轮宽度测量仪测量年轮宽度，该系统测量精度为0.01mm。利用专门用来检查样本定年和轮宽量测值的COFECHA程序对定年和轮宽量测值进行检查。该程序利用相关分析中的相关系数作为检验指标，并基于样芯定年和轮宽量测准确时样芯间高频变化的相关系数应为最高这一假设，分段计算相关系数，实现检验。关于COFECHA程序的使用方法，请参看文献[10]。

3 研 究 结 果

3.1 古墓木材种属的鉴定

虽然同一气候区内不同树种在同一时期内年轮的宽窄变化规律有相似性，但是同一树种年轮的宽窄规律变化更趋向一致。因此，出土木材样本用于树轮年代学研究以前，最好先鉴定一下木材树种。将夏塔图墓葬中的木材三个方向的切面，在体式显微镜下进行观察，其结构特征如下：从木材横切面看，晚材带窄，早材带占全轮宽度的绝大部分，早材至晚材渐变。木射线细，没有树脂道（图2，a）。从木材径切面看，射线薄壁细胞与早材管胞间交叉场纹孔式为柏木型（图2，b）。从木材弦切面看，木射线单列，高度多数2~9个细胞（图2，c）。根据观察到的木材构造特征，将出土木材鉴定为柏科（Cupressaceae），圆柏亚科（Juniperoideae），圆柏属（Sabina），祁连圆柏（Sabina przewalskii Kom）。

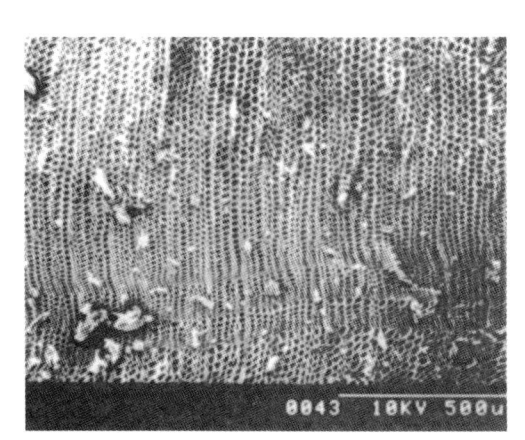

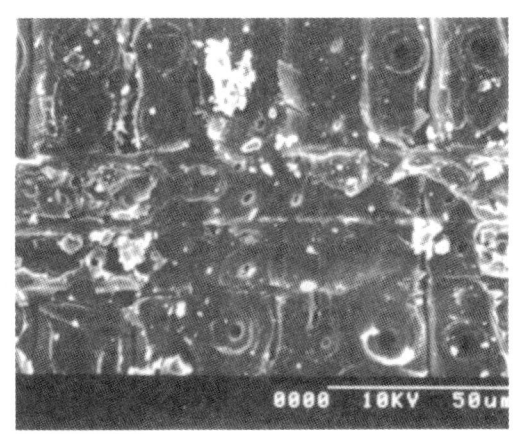

图2 扫描电镜下考古木材的显微结构
a. 横切面 b. 径切面 c. 弦切面

祁连圆柏是中国特有种，以它为建群种所形成的天然林集中分布在青藏高原东北部和黄土高原西部边缘。在青藏高原东北部分布地段全为山地，地形复杂，林地坡度多在25°以上，可在海拔1800~3800m的阳坡形成林分，海拔3800~4000m多为疏林或散生林。在柴达木盆地东部山地祁连圆柏林呈一大弧形间断分布[11]。宗务隆山是祁连圆柏分布的最西界[12]，由于在冷干气候下千年以上的高龄古树得以存活至今，因此，在这一区域内，用祁连圆柏活树树芯建立了千年以上的现代树轮年表。本研究用于与古代木材交叉定年的活树树轮年表也是由祁连圆柏活树树芯建立的。古代木材经过鉴定与现代木材是同一树种，这就为古代木材与现代木材能很好地交叉定年提供了可能。

3.2 长年表的建立

对从夏塔图墓葬群里采集的样本，利用严格的交叉定年工作程序，建立了跨度为2332年的考古木材浮动树轮年表，此浮动年表与邵雪梅等重建的柴达木盆地东北部公元404年以来的现代树轮年表[13]进行交叉定年，两者有353年的共同生长期，即重叠353年（公元404~756年），重叠部分序列间相关系数为0.7496，经显著性检验，达到了99.9%极显著水平（图3）。据此，我们建立的德令哈郭里木夏塔图古墓群的浮动树轮年表成为绝对树轮年表，年表长度2332年，即从公元前1575~公元756年（图4）。

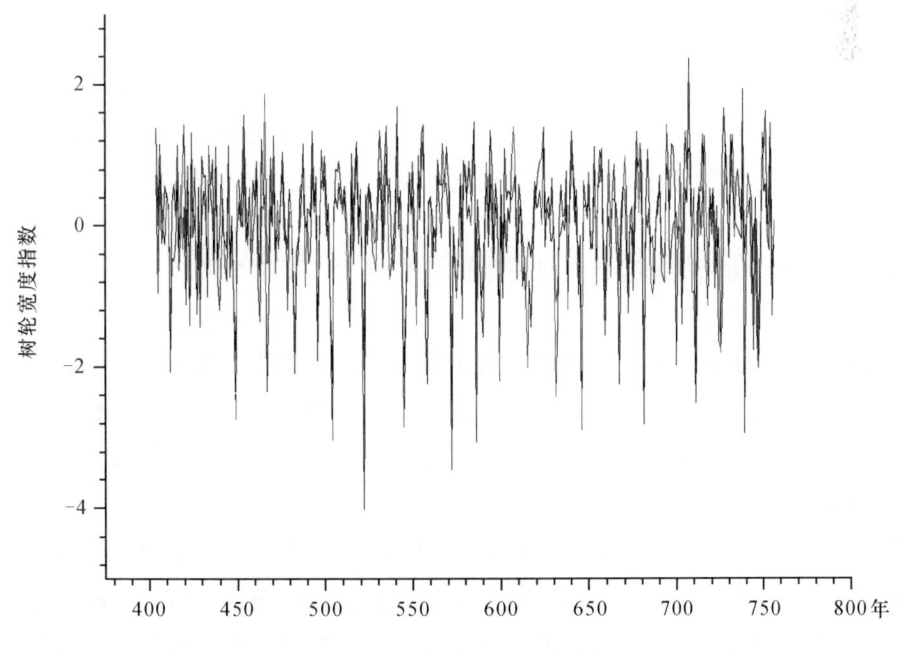

图3 考古树轮年表与现代树轮年表重叠部分（公元353年）

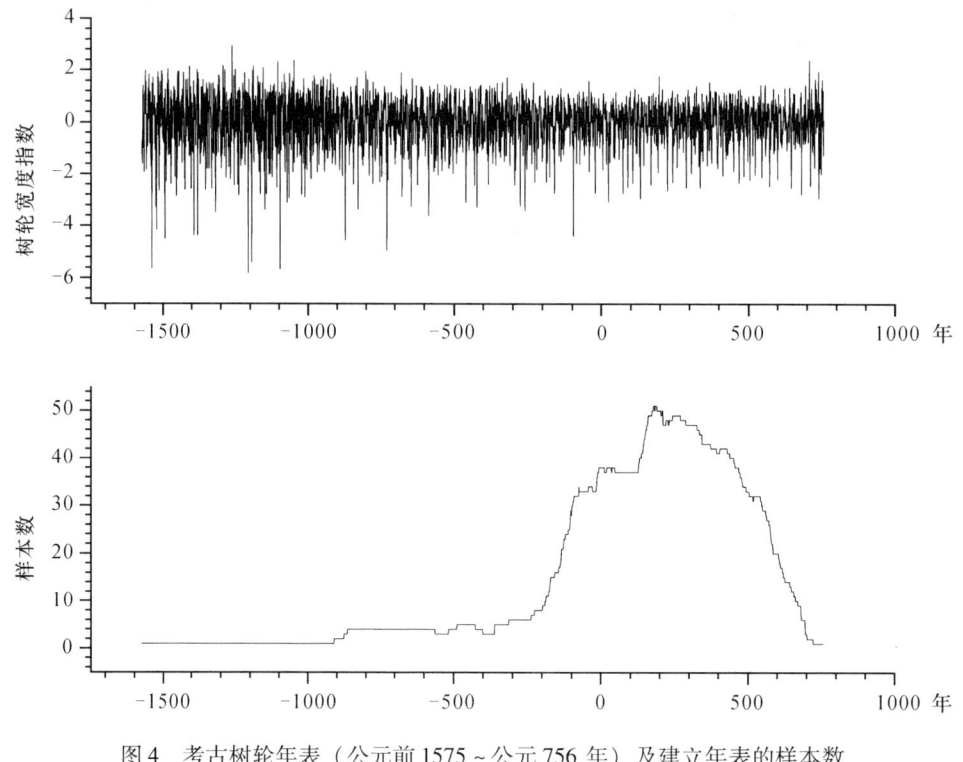

图4 考古树轮年表（公元前1575~公元756年）及建立年表的样本数

3.3 夏塔图墓葬群的年代

由于古代木材的年轮与现代树轮年表很好的交叉定年，所以就能确定古代出土的每块木材的最外面一个年轮的日历年代。然而，由于木材的腐烂和古代人们对木材的加工，这最外面一个年轮并不是树木的砍伐年代，也不是遗址的建立年代。

对考古遗址中出土的木材砍伐年代的确定通常有两种方法：一种是如果样本有树皮，那么，最外层树轮的年代要么是树木的砍伐年代，要么是砍伐年代的前一年；另一种是较多的样本最外层年轮的年代都是同一年。除了以上两种精确确定木材砍伐年代的方法外，还有下面一种情况可以估计砍伐年代，如果出土木材不存在树皮，但是有保存完好的边材，这种情况可以根据该树种通常有的边材年轮数量，估测木材损失了多少个年轮，然后将出土木材的最外面年轮的年代加上损失的年轮数，这样就可估计木材的砍伐年代。

知道了木材的砍伐年代还不足以确定墓葬的年代。确定墓葬的年代又有两种方法。一是如果用斧头加工的木材表面有清晰可见的木材结构形成的纹理，说明加工的是湿的、新鲜木头，换句话说，木材是现伐现用的；二是如果出土木材最外层树轮结束于同一年，很有可能墓葬的年代就是这一年。因此，为了确定砍伐年代和墓葬的年代，有必要对该树种通常有的边材年轮数进行估计。

许多树种的木材，在靠近树干外围部分的颜色比靠近树干中心部分的颜色浅，把靠近树干中心颜色深的部分叫心材，把靠近树干外围颜色浅的部分叫边材。心材的形成是一种生理现象，随树龄的增加，树干中心部分的细胞逐渐失去生活机能，不能再向树冠输送水分，其营养物质转化为其他物质。从生理上讲，任何树种都有心材，有的心材与边材的颜色有显著区别，有的则区别不显著。心材与边材颜色的不同，为确定木材的砍伐年代提供了帮助。

祁连圆柏心材为褐色，颜色较深，边材为浅黄色，颜色较浅，心材与边材界限明显，因此其边材年轮数是可以确定的。测定边材的宽度，最好数年轮数，因为他们受生长快慢的影响较小。在欧洲地区，用于建立年轮序列的树种是栎树，栎树心材与边材界限也很明显，他们常用边材的数量估测样本损失的年轮数。因此，我们也采用年轮数的方法估测边材的生长情况。随机选择100个平均树龄为622年具有髓心和树皮的现代祁连圆柏树芯调查其边材数，调查结果表明：平均边材年轮数为148±35，即边材年轮数的变动范围为113～183轮。

根据以上方法和原理，对夏塔图墓葬群进行了定年，结果如下。

(1) 夏塔图1号墓葬（XTT1）的年代

夏塔图1号墓葬的13个原木的26个树芯能很好地交叉定年。XTT109a样本有树皮，因此，XTT109a样本最外层年轮的年代应该为砍伐年代或砍伐年代的前一年。根据解剖结构，如果测量的最外层年轮外面有松散的、颜色浅的春材细胞存在，说明最外层年轮的年代应该是砍伐年代的前1年。由于XTT109a最外层年轮外面有松散的颜色浅的春材细胞存在，砍伐年代应该比测量的最外层年轮年代晚1年。测量的最外层年轮年代为公元756年，因此砍伐年代为公元757年。而且，从表1可以看出有12个样本有部分边材，根据现代样本边材数估测的砍伐年代，7个样本早于公元757年，3个样本约在公元757年，2个样本结束于公元757年，所以可以推测墓葬的建立年代应该在公元757年。

表1 夏塔图1号墓葬木材确定的砍伐年代

样本号	结束年	部分边材数	边材丢失年轮数的范围	砍伐年
XTT101a	697	107	6～76	703～773
XTT101b	696	122	0～61	696～757
XTT102a	589	76	37～107	626～696
XTT102b	602	102	11～81	613～683
XTT106b	679	142	0～41	679～720
XTT109a	756	156	0	756（有树皮）
XTT110b	585	45	68～138	653～723
XTT111a	700	140	0～43	700～743
XTT111b	711	151	0～32	711～743
XTT112a	640	35	78～148	718～788
XTT115a	588	55	58～128	646～716
XTT115b	650	40	73～143	723～793

(2) 夏塔图 2 号墓葬（XTT2）的年代

采集的夏塔图 2 号墓葬木材样本中，有 14 个原木的 28 个树芯能很好地交叉定年。XTT207a 样本有树皮，而且最外层年轮外面没有松散的颜色浅的春材细胞存在，砍伐年代应该为最外层年轮的年代。由于最外层年代为公元 756，因此砍伐年代为公元 756 年。从表 2 可以看出 12 个样本有部分边材，加上估计丢失的边材年轮数后，5 个样本早于公元 756 年，5 个样本约在公元 756 年，1 个样本结束于公元 756 年，1 个样本晚于公元 756 年。对这个晚于公元 756 年的异常样本进一步检查，发现这个样本有几段颜色较深处与几段颜色较浅处相间，所以影响了对心材和边材界限的判断，这个样本不应考虑，所以可推测墓葬的建立年代在公元 756 年。

表 2　夏塔图 2 号墓葬木材确定的砍伐年代

样本号	结束年	部分边材数	边材丢失年轮数的范围	砍伐年
XTT201a	696	135	0～48	696～744
XTT201b	735	139	0～44	735～779
XTT203b	610	62	51～121	661～731
XTT206a	710	220	0	710
XTT206b	750	163	0～20	699～770
XTT207a	756	180	0	756（有树皮）
XTT209a	710	132	0～51	710～761
XTT209b	700	145	0～38	700～738
XTT210a	672	70	43～113	715～785
XTT211a	610	6	107～177	717～787
XTT211b	623	57	56～126	679～749
XTT212a	722	30	83～153	805～875

(3) 夏塔图 3 号墓葬（XTT3）的年代

从 3 号墓葬取到的样本中有一些是棺板，其中 1 号样本为盖板，是年轮数最多的一个样本，有 1623 个年轮（表 3）。XTT314 样本有明显的树皮，最外层年轮外面没有松散的颜色浅的春材细胞存在，砍伐年代应该为最外层年轮的年代。由于 XTT314 样本最外层年轮的年代为公元 790 年，因此砍伐年代为公元 790 年。值得注意的是，从取到的原木和棺板上面可以看到用斧头加工的木材表面有清晰可见的木材结构形成的纹理（图 5），说明加工的是湿的、新鲜木头，即木材是现伐现用的。由此，可以确定墓葬的年代为公元 790 年。

从表 3 可以看出 4 个样本有边材，加上丢失的边材数后，1 个样本早于公元 790 年，2 个样本约在公元 790 年，1 个样本为公元 790 年。所以可推测墓葬的建立年代为公元 790 年。

表3 夏塔图3号墓木材确定的砍伐年代

样本号	结束年	部分边材数	边材丢失年轮数的范围	砍伐年
XTT302	784	107	6~76	790~860
XTT311	648	28	85~155	733~803
XTT313	626	166	0~17	626~643
XTT314	790	150	0	790（有树皮）

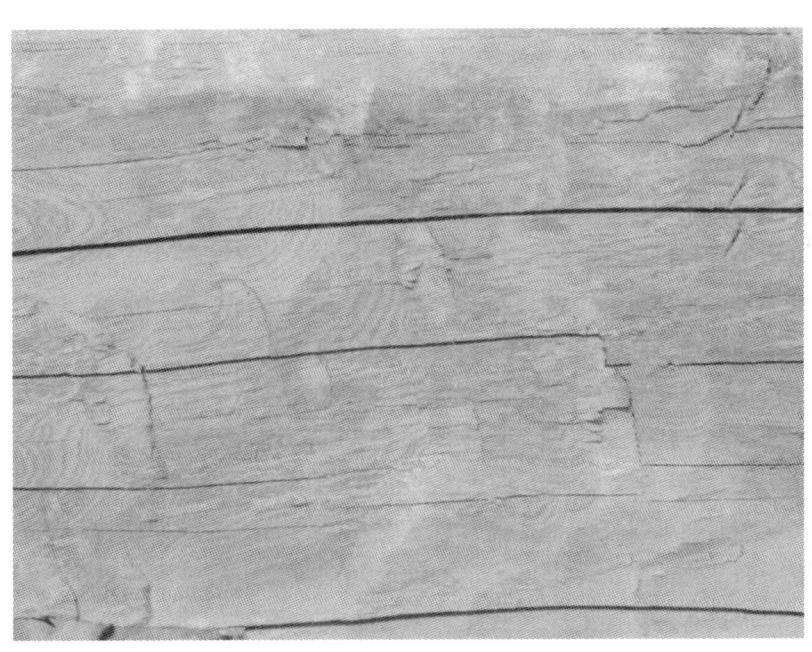

图5 木材纹理

（4）夏塔图4号墓葬（XTT4）的年代

从表4可以看出，XTT401样本有部分边材，但没有树皮。根据现代样本边材数推测的砍伐年代落到公元785年和公元843年之间（表4），因此，墓葬的年代应为公元785年或晚于公元785年。

表4 夏塔图4号墓葬木材确定的砍伐年代

样本号	结束年	部分边材数	边材丢失年轮数的范围	砍伐年
XTT401	785	125	0~58	785~843

4 讨 论

考古学家根据夏塔图1号墓和2号墓墓葬的形制、墓葬中出土的器物以及对墓葬棺板画的分析和研究,断定这两座墓属于吐蕃时期墓葬[6]。从文献记载看,吐谷浑在公元313年来到青海,在公元663年被吐蕃所灭[14],既然考古学家断定夏塔图1号墓和2号墓属于吐蕃时期墓葬,说明这两座墓葬应晚于公元663年。树轮研究结果夏塔图1号墓和2号墓建立年代分别为公元757年和公元756年,晚于公元663年,研究结果与考古和文献记载相符。另外,考古学家还认为,夏塔图1号墓为迁葬墓应该与2号墓同时或稍晚,树轮定年也证明了这一点。

5 结 语

本研究采用大复本量,严格按照交叉定年的工作程序,对青海省德令哈地区夏塔图墓葬里出土的祁连圆柏木材进行了树轮年代学研究,为今后中国干旱区开展考古木材的树轮分析工作提供了经验。同时,建立了跨度为2332年的考古树轮年表,此年表已经延伸到了夏末商初时期,是目前我国利用考古木材建立的最长的一个年表,这一长年表的建立为青海地区古文化的研究树立了精确的年代标尺,也为今后建立^{14}C树轮校正曲线提供了精确定年的树轮样本;此外,本研究确定了墓葬群的建立年代,夏塔图1号墓葬的建立年代为公元757年,2号墓葬建立年代为公元756年,3号墓葬的建立年代为公元790年,4号墓葬建立年代为公元785年或晚于公元785年,墓葬年代的确定为研究隋朝和南北朝时期吐谷浑的迁移、文化及吐蕃统治时期吐谷浑文化、吐蕃文明史、研究中西文化的交流等提供了精确的时间依据。长年表的建立为今后这一地区古气候的重建提供了高精度的树轮代用资料,为我们很好地理解气候在中国古代社会经济形态转化中所起的作用提供可靠的环境背景。

参 考 文 献

[1] 卓正大,胡双熙,张先恭. 祁连山地区树木年轮与我国近千年(1059~1975年)的气候变化. 兰州大学学报,1978,(2); 康兴成,Graumlich L J, Sheppard P R. 青海都兰地区1835a来的气候变化—来自树轮资料. 第四纪研究,1997,17(1); Shao X M, Huang L, Liu H S, Liang E Y, Fang X Q, Wang L L. Reconstruction of prcipitation variation from tree rings in recent 1000 years in Delingha, Qinghai. *Science in China Ser. D Earth Sciences*, 2005, Vol. 48 (7).

[2] Wagner M, Heussner K U, Wang S Z. *Die neue dendrochronologische Standardkurve für Qinghai, NW China* (515 BC bis heute). Terra Nostra, 2002.

[3] Tarasov P, Heussner K U, Wagner M, Österle H, Wang S Z. Precipitation changes in Dulan 515 BC-800 AD inferred from tree-ring data related to the human occupation of NW China. *Eurasia Antiqua*, 2003, (9); Sheppard P R, Tarasov P E, Graumlich L J, Heussner K U, Wagner M, Österle H, Thompson L G. Annual precipitation since 515 BC reconstructed from living and fossil juniper growth of northeastern Qinghai Province, China. *Climate Dynamics*, 2004, 23 (7/8).

[4] 王树芝. 青海都兰地区公元前515年以来的树木树轮年表的建立及应用. 考古与文物, 2004, (6).

[5] Zhang Q B, Cheng G D, Yao T D, Kang X C, Huang J G. A 2326-year tree-ring record of climate variability on the northeastern Qinghai-Tibetan plateau. *Geophysical Research Letters*, 2003, 30 (14).

[6] 许新国. 郭里木吐蕃墓葬棺板画研究. 中国藏学. 2005, (1).

[7] 成俊卿, 杨家驹, 刘鹏著. 中国木材志. 北京: 中国林业出版社, 1992.

[8] Fritts H C. *Tree ring and climate*, London: Academic Press, 1976.

[9] 邵雪梅, 方修琦, 刘洪滨, 黄磊. 柴达木东缘山地千年祁连圆柏年轮定年分析. 地理学报, 2003, 58 (1).

[10] Holmes R L. Computer-assisted quality control in tree-ring dating and measurement. *Tree-Ring Bulletin*, 1983, (43).

[11] 中国森林编辑编辑委员会. 中国森林. 北京: 中国森林出版社, 1999.

[12] 青海森林编辑编辑委员会. 青海森林. 北京: 中国森林出版社, 1993.

[13] Shao X M, Liang E Y, Huang L, Wang L L. A 1437-year precipitation history from Qilian juniper in the Northeastern Qinghai-Tibetan plateau. *Pages News*, 2005, 13 (2).

[14] 许新国. 寻找遗失的"王国". 柴达木开发研究, 2001, (6).

(原载于《考古》, 2008年2期)

中全新世关中陕北陇东地区文化演变及环境驱动力

贾 鑫　王 琳　董广辉　陈发虎　安成邦

(兰州大学西部环境教育部重点实验室，兰州，730000)

摘要： 本文利用 Origin 软件对关中陕北陇东地区考古资料进行数据处理，分析该区域中全新世文化的演变过程，结果表明关中陕北陇东地区在 7ka～5.6kaBP 和 5ka～4kaBP 是文化发展和繁荣的时期，而 5.6ka～5kaBP 和 4ka～3.6kaBP 则发生过两次明显的文化衰退。通过与全新世环境研究成果的对比，适宜的气候促进了该地区文化的发展和繁荣，而气候恶化和灾害则是该地区文化衰退的主要环境因素。

关键词： 关中陕北陇东地区　中全新世　文化演变　环境驱动力

1 引　言

史前文明兴衰的原因是环境考古学研究的热点之一。一些学者认为社会因素是导致史前文明兴衰的重要原因[1~7]，但也有很多研究则表明史前文明的兴衰与环境有着密切关系，如 Tiwanaku 文明[8]、玛雅文化[9]、Mesopotomian 文化[10] 的衰落，Akkadian 帝国的灭亡[11]，Young Dryas 时期南美南部人类的文化变化[12]都受环境变化的影响和控制。国内也有相关的研究：长江三角洲相关文化[13]、北方农牧交错带人类活动[14]、燕北地区人地关系变化[15]、中原新石器文化[16]、葫芦河流域文化[17]、北京猿人[18]等[19~21]也都受环境变化的影响。另外，还有研究表明火山[22]、地震[23]、洪水[23,24]等突发性灾害事件直接导致了史前文明的衰落，环境变化是史前文明兴衰的重要驱动力。

关中陕北陇东地区作为中华文明的发祥地之一，在中华文明的发展史上占有重要地位。中全新世是新石器文化发展和衰落的时期，也是中华文明起源的时期，研究关中陕北陇东地区中全新世文化发展的历程，以及与环境变化的关系，对全面认识我国该时期的人地关系以及中华文明起源的背景有积极意义。本文试图通过对关中陕北陇东地区考古文化点数据的统计分析，研究该地区中全新世的文化演变状况，及其可能的环境驱动力。

2 关中陕北陇东地区概况及中全新世文化演变历程

2.1 地理位置

关中陕北陇东地区包括六盘山以东的陇东地区,秦岭以北的陕西关中大部及陕北地区(图1)。该区位于黄土高原的中心地带,水热条件相对适宜,土壤肥沃,孕育了繁荣的农业文明,其文化传统源远流长,是中华文明的发祥地之一。由于地势相对舒缓、交通便利,与中原地区诸文化交流频繁,仰韶时代及龙山时代均表现出繁荣的文化面貌,并且是周代祖先的发源地。

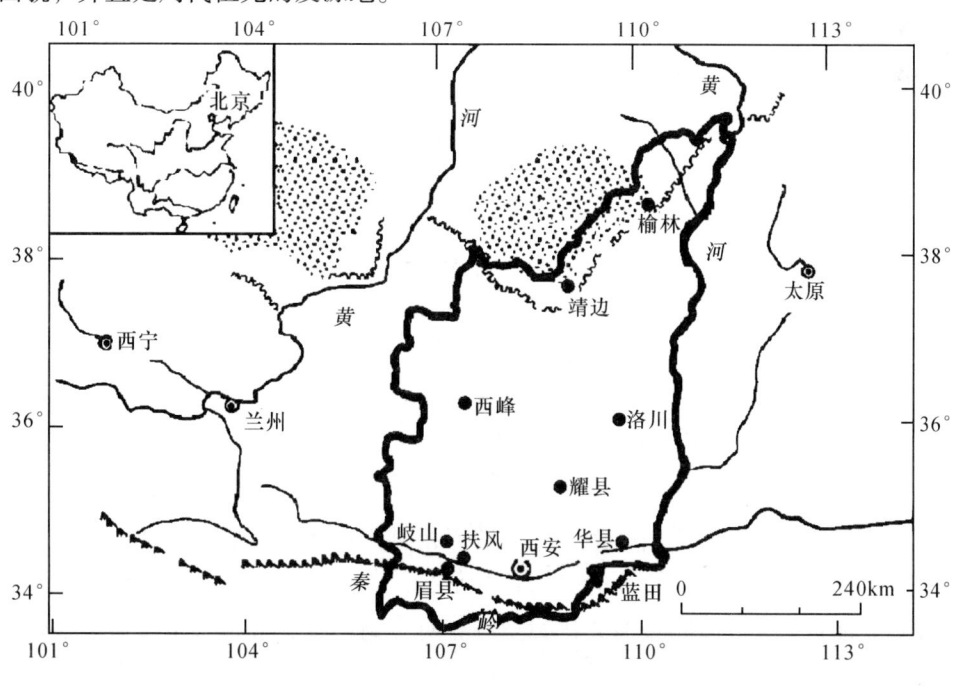

图 1　研究区地理位置

2.2 文化分期及考古文化点数量

经过半个世纪的考古发掘和材料积累,对该文化区的新石器时代和铜石并用时代文化遗存已有了基本认识。考古调查资料主要来源于《中国文物地图集陕西分册》[25]和出版中的《中国文物地图集甘肃分册》①。确知该区新石器文化以及文化点的数量如下表所示(表1)。

---

① 国家文物局. 中国文物地图集·甘肃分册. 北京:中国地图出版社,待出版.

表 1　关中陕北陇东地区文化分期年代及文化点数量

文化分期	起始年代（aBP）	文化点数量
老官台	7800~7000[26]	17
仰韶时代	7000~5000[27]	1298
半坡、史家	7000~6000[27]	179
庙底沟	6000~5600[27]	861
半坡、庙底沟	7000~5600[27]	28
西王村	5600~5000[27]	65
新石器晚期	5000~4000[28]	2147
齐家	4200~3800[28]	632
夏	4070~3600[29]	9
商（先周）	3600~3046[29]	210
寺洼	3300~2600[30]	6

本研究区新石器文化特征：有磨制、打制石器，如砍砸器、刮削器、斧、铲、刀等，以农业为主，也有狩猎。陶器以彩陶为主，有简单纹饰。中后期出现了定居的原始聚落。齐家文化遗址中已出现了少量的铜制工具。

2.3　中全新世文化规模的演变

为了正确反映某一时间段的文化规模，用某一文化类型的考古点数量除以其时间跨度，得到平均每年的文化点数量，这一指标相对比较客观地反映了某一时间段内的文化规模。不同的文化类型持续的时间长短不一，不能单纯用考古点的数量反映其文化规模。只能认为持续时间短的文化类型有相对更高的文化规模。本文通过在时间轴上叠加不同史前文明的文化规模，得出不同时期该区域总的文化规模，而非某一文明的文化规模，能够很好地反映该区域中全新世不同时期史前文明的发展状况。

对于该区的考古点分布在 Origin 中统计各个时期文化点的数量，并除以各自的时间跨度，得到相对文化规模，按照时间序列做成柱状图并作 500 点的滑动平均，结果如图所示（图 2）。

关中陕北陇东地区地处西北地区东部，该区新石器时代文化发达，遗址丰富，类型齐全，是一个自成体系的史前文化中心。文化规模演化图显示的各文化点数量在很大程度上反映了文化的繁荣程度。由图 2 可见，关中陕北陇东地区在 7ka~5.6kaBP 是文化开始发展和繁荣的时期，从老官台文化时期到仰韶文化的半坡、史家类型文化时期，是该地区文化快速发展的时期，文化规模有了较大提高，并在仰韶文化的庙底沟时期文化规模达到了第一个峰值，出现了空前的繁荣。从庙底沟时期到仰韶晚期的西

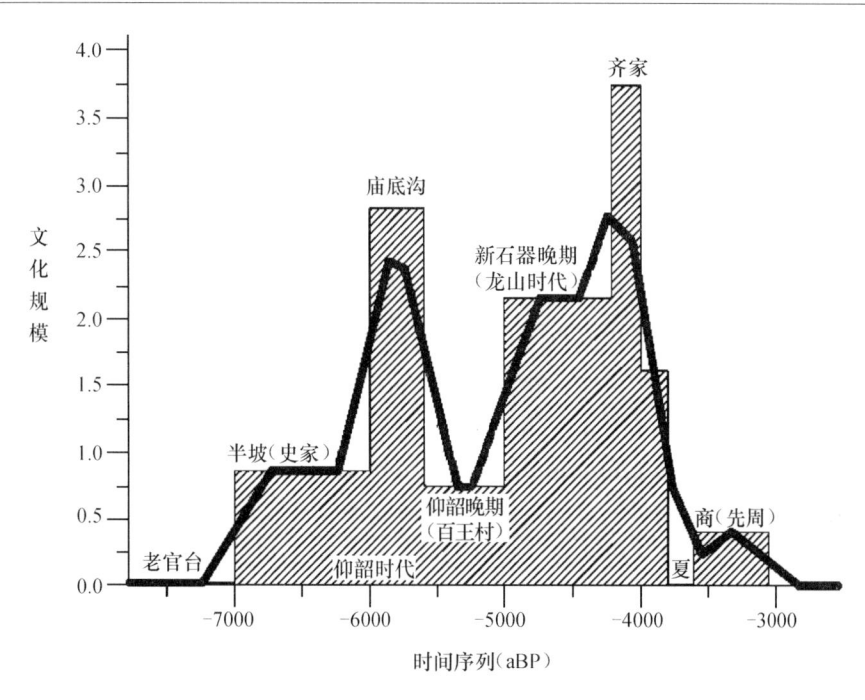

图2 关中陕北陇东地区文化规模演变趋势

王村类型，该地区文化规模有很明显的下降，在5.6ka~5kaBP遭遇文化上的"寒冬"。5ka~4kaBP研究区文化又进入了发展和繁荣的时期。在龙山文化时期，研究区文化规模明显扩大，并在其后的齐家文化时期出现了第二个峰值，达到文化规模的顶峰，是该地区中全新世文化最为繁荣的时期。到了新石器文化末期，该区文化规模急剧下降，在夏代（4ka~3.6kaBP）出现了文化的低谷。

3 关中陕北陇东地区中全新世的环境背景

研究显示，7ka~5.6kaBP为气候暖湿时期，并具有全球性的特点：挪威气候资料显示在6.2kaBP有一次大规模的冰退[31]，埃塞俄比亚的Abhe湖在显示了高湖面[32]，海地Miragoane湖[33]、秘鲁Huascaran冰帽[34]的$\delta^{18}O$值在6.4kaBP达到最高，即在6.4kaBP最为暖湿；美国佐治亚州Block湖的有机碳在6kaBP达到最高[35]。在我国，北京地区8ka~6kaBP为温暖潮湿的环境[36]；长江中下游地区的最高温出现在6.5ka~6kaBP，气温高于现在1.5℃[37]；腾格里沙漠南缘6.62ka~5.77kaBP为温暖而湿润的高温期[38]；云南洱海地区6.9ka~5.9kaBP，气候温干向暖湿转化，湖面上升[39]；杭州湾南岸平原地区在7ka~5.6kaBP，最冷月温度可能达到10℃~11℃，比现今高6℃~7℃，暖冬现象显著[40]；福建7.88ka~5.52kaBP属湿热气候[41]；青海湖7ka~5.3kaBP，元素质量分数相对较高，元素分布显示了水体教还原，气候较为温暖湿润[42]。关中陕北陇东地区在该时期同样呈现暖湿气候：陕西省华县的老官台、北刘村剖面和扶风县将杨村剖面在该时期均显示了高磁化率值、低$CaCO_3$值，并出现古土壤，显示该时期内为全新世气候最适宜期的最湿润阶段[43]；岐山县的五里铺和南关庄剖面、扶风县的新店村剖面以及眉县的清湫村剖面的$CaCO_3$值在6kaBP左右呈现低值，其中五里铺剖面的磁化率值较高，均指示暖湿环境[44]。7.5ka~5.5kaBP，靖边县剖面的总有机碳值逐渐上升并且中值粒径逐渐下降，表明该地从干冷环境逐渐想暖湿环境的转变[45]。甘肃省西峰剖面乔木花粉含量显示5.6kaBP之前为暖湿环境[46]。该区域在7ka~5.6kaBP与全球气候一致，属暖湿气候，并促进了该区域文明的繁荣。

5.5kaBP左右，全球气候记录均显示了一次突发性的环境恶化事件：GRIP冰芯记录显示在5.3kaBP甲烷浓度降至最低[47]；阿尔卑斯冰川在5.3kaBP第一次出现，并埋葬了Tirolian阿尔卑斯山的"雪中人"[48]；非洲5.7ka~5kaBP发生了严重的干旱事件[49]；埃塞俄比亚Abiyata湖浮游生物硅藻属的百分比在5.2kaBP降至最低[50]；秘鲁Paco Cocha湖的磁化率值在5.5kaBP左右降至最低[51]。国内相关气候记录也很类似：北京地区在5.6kaBP左右出现一个时间不长的冷期[36]；敦德冰芯的$\delta^{18}O$显示在5.3kaBP出现了冰峰[52]；大青山吊脚海子5.5ka~5kaBP发育了古冰楔[53]；长江中下游地区5.5ka~5kaBP是7.5ka~5kaBP期间气温最低的时期[37]；腾格里沙漠南缘红水河剖面显示5.88ka~5.36kaBP期间，气候不但有变干趋势，而且明显降温，并在5660、5560和5380aBP出现3次降温[38]；云南洱海湖泊记录显示5.3kaBP左右出现明显的偏冷干事件[54]。关中陕北陇东地区的气候记录也显示了相似的特征：陕西华县老官台剖面的磁化率值在5.5kaBP降至最低，而$CaCO_3$值较高，显示了冷干气候[43]；五里铺、南关庄、新店村、清湫村剖面的$CaCO_3$值在5.9ka~5.1kaBP都出现了最高值，而五里铺剖面的磁化率值也在6ka~5kaBP出现最低值[44]；洛川地区的气候资料显示中全新世中期的6ka~5kaBP为气候冷干和沙尘暴活动加强的环境恶化期[55]。榆林市赵家峁剖面显示5.4kaBP左右中值粒径教大，且磁化率值较低[56]。甘肃西峰剖面显示在5.3kaBP左右，整个乔木花粉浓度出现了一个低谷值[46]。黄春长等对关中盆地的研究认为5.8ka~5kaBP间以干旱为特征的气候恶化是造成关中仰韶文化衰落的主要原因[57]。另外，本区并未发现突发性灾害事件，因此，5.5kaBP左右的气候恶化是该时期文化衰退主要原因。

5kaBP开始，全球呈现温湿气候，到4kaBP左右，全球同步发生气候变冷，标志着气候最适期的结束[48]。非洲Masoko地区5kaBP以来较高的磁化率值在4.2kaBP达到新仙女木事件以来的最低值[58]；北大西洋地区5kaBP大规模的冰退在4kaBP左右转化为冰进[59]；埃塞俄比亚Abiyata湖由5kaBP的高湖面波动下降至4kaBP的最低湖面[60]；秘鲁Paco Cocha湖以及玻利维亚的Taypi Chaka Kkota地区和Potosi地区$\delta^{18}O$值在4.5kaBP左右出现高峰值，而在3.8kaBP左右均出现低值[61]；西亚地区也在4kaBP左右进入降温幅度甚至可以与本地区的 Younger Dryas 相比的最冷和最为干旱的时期[21]。我国干旱区的综合研究认为 5kaBP 以来的温湿气候在 4kaBP 发生最显著的干旱事件[62];敦德冰芯 5kaBP 来波动变化的 $\delta^{18}O$ 值在 4.2kaBP 左右出现了约 250 年的低值[52];西辽河平原东部 5.1ka～4.2kaBP 环境相对较冷干,但仍为暖湿环境,4.2kaBP 栎属花粉消失,蒿属花粉大发展,含量高达 27%,反映此阶段气候变干[63];湖北神农架石笋记录 5kaBP 来较高的 $\delta^{18}O$ 值在 4.2kaBP 前后突然降至全新世的最低点[64];广东玛珥湖中全新世晚期木本植物花粉含量较高,而从 4.2kaBP 开始,草本植物和山地针叶植物花粉明显增多,揭示出晚全新世湖光岩地区温度、湿度明显下降[65];云南洱海湖泊沉积记录 4.7ka～4kaBP 气候偏暖干湖面较低,4ka～3.5kaBP 气候偏冷湿湖面较高[39]。

在关中盆地耀县剖面研究显示中全新世发育的古土壤在 3.7kaBP 左右终止,并开始出现黄土层,显示该地较为干燥的环境[66]。但是该区域其他地区的多数气候资料显示该区域 5ka～3.6kaBP 为温湿气候:陕西省老官台、将杨村剖面的磁化率值在 5ka～3kaBP 期间轻微波动,但都较高,反应较为温湿的气候[43];陕西五里铺、南官庄、新店村、清湫村剖面在 5.1ka～2.1kaBP 发育古土壤,且其 $CaCO_3$ 均呈现低值,同样显示该时段内的温湿气候[44]。靖边县柳树湾剖面显示 5kaBP 之后的有机碳含量呈现相对高值,反应了该地的暖湿环境[67]。甘肃西峰剖面 5ka～3.1kaBP 的乔木花粉含量显示该地气候温暖湿润,夏季风活动达到最大强度,降水增加,植被生长繁茂,植被类型以冷温性的松林和温凉性的落叶阔叶林为主[46]。该区域气候与全球气候的差异可能是由于南部秦岭山脉以及东部的豫西山地和晋西吕梁山脉的阻挡,因而产生的局部小气候。5ka～3.6kaBP 间并未发生明显的干冷事件。

美国[68]、黑海[69~71]和阿根廷[72]的研究,以及国内学者[23,73~76]的相关研究发现 4kaBP 左右突发性自然灾害对人类文明的衰落有着不可忽视的作用。史前异常洪水事件的初步调查表明,4kaBP 左右是我国北方异常洪水多发期,黄河流域、淮河流域和海河流域在这一时期普遍出现不同形式的史前异常洪水事件[73]。青海省官亭盆地喇家村的齐家文化衰落被认为是大洪水彻底摧毁了整个遗址[23]。而崔建新等认为关中陕北陇东地区的洪水概率大于山西和河南地区,虽然低于沿海地区,但在北方地区相对较高[74]。3620~3520aBP,黄河中游地区也存在相关的洪水记录[77]。经过分析,区域突发性的灾害事件(洪水)可能是导致 4ka～3.6kaBP 期间关中陇东地区史前文明衰落的主要原因。

中全新世的人类文明已经进入新石器时代,人类对自然环境的适应和改造能力较之旧石器时代有着较大进步。农业已经成为人们获取食物资源的首要选择,不必再频繁的迁徙了[78]。但环境状况仍是制约该地区中全新世的文化演变的重要因素。

4 讨论与结论

综上所述,全新世关中陕北陇东地区文化发展呈现双峰型特征,在7ka～5.6kaBP和5ka～4kaBP是文化发展和繁荣的时期,而5.6ka～5kaBP和4ka～3.6kaBP则发生过两次明显的文化衰退。对比关中陕北陇东地区中全新世的气候发现:7ka～5.6kaBP为气候温暖湿润的时期,5.6ka～5kaBP气候出现波动,转为冷干。该地区5ka～3.6kaBP气候温湿,在4kaBP左右进入洪水等灾害事件的多发期。将研究区中全新世文化发展历程和气候背景进行对比,可以得出以下结论:

(1) 7ka～5.6kaBP和5ka～4kaBP的温湿气候促进了关中陕北陇东地区史前文化的大发展,前者促使该区仰韶文化的半坡、史家、庙底沟类型的大发展,后者促进了该区龙山文化以及齐家文化的繁荣。

(2) 5.6ka～5kaBP,关中陕北陇东地区经历了冷干时期,气候恶化促使文化出现衰退,仰韶文化由庙底沟型迅速衰退为西王村型,文化规模明显变小。

(3) 4ka～3.6kaBP,该区域可能受南部秦岭山脉以及东部的豫西山地和晋西吕梁山脉的阻挡,小气候较为温湿,该时期的而该区域的洪水分布概率较高[74],并且有相关的洪水记录[77]。灾害事件可能是促使关中陇东地区该时期文化衰退重要的环境因素。

参 考 文 献

[1] CARNEIRO R L. A theory of the origin of the state State. *Science*, 1970, 169 (21): 733-738.

[2] KIRCH P V. Circumscription theory and sociopolitical evolution in Polynesia. *American Behavioral Scientist*, 1988, 31 (4): 416-427.

[3] WESBER D. Warfare and the evolution of the state: a reconsideration. *American Antiquity*, 1975, 40 (3): 471-475.

[4] 方辉,崔大勇. 浅谈岳石文化的来源及族属问题//中国考古学会编. 中国考古学会第九次年会论文集. 北京:文物出版社,1998:93～107.

[5] 张国硕. 岳石文化来源初探. 郑州大学学报(哲学社会科学版),1989,(1):1～6.

[6] 赵慧群. 良渚文化解体蠡测及相关问题探析. 农业考古,2004,1:24～26.

[7] 宋建. 良渚文化衰变研究//浙江省文物考古研究所编著. 浙江省文物考古研究所学刊(第八辑):纪念良渚遗址发现七十周年学术研讨会会文集. 北京:科学出版社,2006:227～237.

[8] MICHAEL W B, KOLATA L A, BRENNER M, *et al*. Climate variation and the rise and fall of an Andean Civilization. *Quaternary Research*, 1997, 47 (2): 235-248.

[9] HODELL A D, CURTIS H J, BRENNER M. Possible role of climate in collapse of classic Maya Civilization. *Nature*, 1995, 375: 391-394.

[10] WEISS H, COURTY M A, WETTERATROM W, *et al*. The genesis and collapse of third millennium North Mesopotamian civilization. *Science*, 1993, 261 (20): 995-1004.

[11] CULLEN H M, DEMENOCAL P B, HEMMING S, et al. Climate change and the collapse of the Akkadian empire: Evidence from the deep sea. *Geology*, 2000, 28 (4): 379-382.

[12] BORRERO L A. Human dispersal and climatic conditions during Late Pleistocene times in Fuego Patagonia. *Quaternary international*, 1999, (53-54): 93-99.

[13] ZHANG Qiang, ZHU Cheng, liu Chun-Ling, et al. Environmental change and its impacts on human settlement in the Yangtze Delta, P. R. China. *Catena*, 2005, 60 (3): 267-277.

[14] 杨志荣,索秀芬. 我国北方农牧交错带人类活动与环境关系. 北京师范大学学报（自然版）, 1996, 32 (3): 415~490.

[15] 邓辉. 全新世大暖期燕北地区人地关系的演变. 地理学报, 1997, 52 (1): 63~71.

[16] 陆巍,吴宝鲁. 中原新石器文化与古气候的关系. 地理科学, 1999, 19 (1): 89~72.

[17] 莫多闻,李非,李水城,等. 甘肃葫芦河流域中全新世环境演化及其对人类活动的影响. 地理学报, 1996, 51 (1): 59~69.

[18] 牟昀智,杨子赓. 北京猿人生活时期的地层与古气候演变. 兰州大学学报（自然科学版）, 1982, 18 (3): 105~115.

[19] 安成邦,冯兆东,唐领余,等. 甘肃中部4000年前环境变化与古文化变迁. 地理学报, 2003, 58 (5): 743~748.

[20] 吴文祥,刘东生. 4000aBP前后降温事件与中华文明的诞生. 第四纪研究, 2001, 21 (5): 443~451.

[21] 吴文祥,刘东生. 4000aBP前后东亚季风变迁与中原周围地区新时期文化的衰落. 第四纪研究, 2004, 24 (3): 278~284.

[22] PATRICIA P, GABRIELA U. Social and cultural consequences of a late Holocene eruption of Popocatepetl in central Mexico. *Quaternary International*, 2006, 151 (1): 19-28.

[23] 夏正楷,杨晓燕,叶茂林. 青海喇家遗址史前灾难事件. 科学通报, 2003, 48 (11): 1200~1204.

[24] 朱诚,于世永,卢春成. 长江三峡及江汉平原地区全新世环境考古与异常洪涝灾害研究. 地理学报, 1997, 52 (3): 268~278.

[25] 陕西省文物事业管理局. 中国文物地图集陕西分册. 西安：西安地图出版社, 1998.

[26] 郭小宁. 渭河流域老官台文化的分期研究. 长春：吉林大学文学院, 2007.

[27] 王仁湘. 仰韶文化绝对年代研究检视//王仁湘著. 中国史前考古论集. 北京：科学出版社, 2003：84~99.

[28] 张之恒. 中国新石器时代考古（第二版）南京：南京大学出版社, 2004：27~29.

[29] 张之恒. 中国考古学通论（第一版）. 南京：南京大学出版社, 1991：179~188.

[30] 周赟. 寺洼文化研究. 长春：吉林大学文学院, 2006.

[31] NESJE A, MATTEWS J A, DAHL S O, et al. Holocene glacier fluctuations of Flatbreen and winter-precipitation changes in the Jostedalsbreen region, western Norway, based on glaciolacustrine sediment records. *The Holocene*, 2001, 11 (3): 267-280.

[32] GASSE F. Evolution of lake abhe. *Nature*, 1977, 256: 42-45.

[33] HODELL D A, CURTIS J H, JONES G A, et al. Reconstruction of Caribbean climate change over

the past 10 500 years. *Nature*, 1991, 352 (6338): 790-793.

[34] THOMPSON L G, MOSLEY-THOMPSON E, DAVIS M E, et al. Late glacial stage and Holocene tropical ice core records from Huascaran Peru. *Science*, 1995, 269 (5220): 46-50.

[35] GUNHILD C R, PERNILLA S. Millennial-scale climate changes on South Georgia, Southern Ocean. *Quaternary Research*, 2003, 59 (3): 470-475.

[36] 孔昭宸, 杜乃秋, 张子斌. 北京地区 10000 年以来的植物群发展和气候变化. 植物学报, 1982, 24 (2): 172~181.

[37] 唐领余, 沈才明, 薛滨, 等. 长江中下游地区 7500~5000aBP 气候变化序列的初步研究. 海洋地质与第四纪地质, 1991, 11 (4): 73~85.

[38] 张虎才, 马玉贞, 李吉均, 等. 腾格里沙漠南缘全新世古气候变化初步研究. 科学通报, 1998, 43 (12): 1252~1258.

[39] 张振克, 吴瑞金, 王苏民, 等. 近 8kaBP 来云南洱海地区气候演化的有机碳稳定同位素记录. 海洋地质与第四纪地质, 1998, 18 (3): 23~28.

[40] 周子康, 刘为纶. 杭州湾南岸全新世温暖期气候的基本特征. 浙江大学学报 (理学版), 1996, 23 (1): 80~86.

[41] 朱金芳, 张璞, 陈健强, 等. 福建省漳州地区第四纪以来植被气候演化的孢粉研究. 兰州大学学报 (自然科学版), 2006, 42 (5): 11~17.

[42] 郭雪莲, 王金鹏, 史基安, 等. 青海湖沉积物中微量元素纵向分布反映的古环境意义. 兰州大学学报 (自然科学版), 2005, 41 (1): 19~24.

[43] HUANG Chun-Chang, JIA Yao-feng, PANG Jiang-li, et al. Holocene colluviation and its implications for tracing human-induced soil erosion and redeposition on the piedmont loess lands of the Qinling Mountains, northern China. *Geoderma*, 2006, 136 (3-4): 838-851.

[44] HUANG Chun-Chang, PANG Jiang-li, CHEN Shu-E, et al. Holocene dust accumulation and the formation of polycyclic cinnamon soils (luvisols) in the China loess plateau. *Earth Surface Processes and Landforms*, 2003, 28 (12): 1259-1270.

[45] Xiao Ju-Le, Nakamura Toshio, Lu Hua-Yu, et al. Holocene climate changes over the desert/loess transition of north-central China. *Earth and Planetary Science Letters*, 2002, 197 (1-2): 11-18.

[46] 徐娟. 西峰地区全新世黄土孢粉分析及其植被演化. 北京: 首都师范大学资源环境与旅游学院, 2006.

[47] BLUNIER T, CHAPPELLAZ J, SCHWANDER J, et al. Variations in atmospheric methane concentration during the Holocene epoch. *Nature*, 1995, 374 (2): 47-50.

[48] 许靖华. 太阳、气候、饥荒与民族大迁徙. 中国科学 (D 辑), 1998, 28 (4): 386~384.

[49] DEMENOCAL P, ORTIZ J, Adkins J, et al. Abrupt onset and termination of the African Humid Period: rapid climate responses to gradual insolation forcing. *Quaternary Science Reviews*, 2000, 19 (1-5): 347-361.

[50] CHALIE F, GASSE F. Late Glacial-Holocene diatom record of water chemistry and lake level change from the tropical East African Rift Lake Abiyata (Ethiopia). *Palaeogeography, Palaeoclimatology, Palaeoecology*, 2002, 187 (3-4): 259-283.

[51] MARK B A, BRENT B W, ALEXANDER P W, et al. Holocene paleohydrology and glacial history of the central Andes using multiproxy lake sediment studies. *Palaeogeography, Palaeoclimatology, Palaeoecology*, 2003, 194 (1-3): 123-138.

[52] 姚檀栋, 施雅风, THOMPSON L G, 等. 祁连山敦德冰芯记录的全新世气候变化//施雅风主编. 中国全新世大暖期气候与环境. 北京: 海洋出版社, 1992: 206~211.

[53] 杨志荣, 索秀芬. 我国北方农牧交错带人类活动与环境的关系. 北京师范大学学报（自然科学版）, 1996, 32 (3): 415~420.

[54] 张振克, 吴瑞金, 王苏民, 等. 全新世大暖期云南洱海环境演化的湖泊沉积记录. 海洋与湖沼, 2000, 31 (2): 210~214.

[55] 赵景波, 郝玉芬, 岳应利. 陕西洛川地区全新世中期土壤与气候变. 第四纪研究, 2006, 26 (6): 969~975.

[56] 曹红霞, 张云翔, 岳乐平, 等. 毛乌素沙地全新世地层粒度组成特征及古气候意义. 沉积学报, 2003, 21 (3): 482~486.

[57] 庞奖励, 黄春长. 关中地区新石器文化发展与环境演变耦合关系研究. 地理科学, 2003, 23 (4): 448~453.

[58] YANNICK G, ANNIE V, DAVID W, et al. Abrupt resumption of the African Monsoon at the Younger Dryas-Holocene climatic transition. *Quaternary Science Reviews*, 2007, 26 (5-6): 690-704.

[59] BOND G, SHOWERS W, CHESEBY M, et al. A Pervasive Millennial-Scale Cycle in North Atlantic Holocene and Glacial climates. *Science*, 1997, 278 (14): 1257-1266.

[60] CHALIE F, GASSE F. Late Glacial-Holocene diatom record of water chemistry and lake level change from the tropical East African Rift Lake Abiyata (Ethiopia). *Palaeogeography, Palaeoclimatology, Palaeoecology*, 2002, 187 (3-4): 259-283.

[61] MARK B A, BRENT B W, ALEXANDER P W, et al. Holocene paleohydrology and glacial history of the central Andes using multiproxy lake sediment studies. *Palaeogeography, Palaeoclimatology, Palaeoecology*, 2003, 194 (1-3): 123-138.

[62] 郭正堂, Maire P N, 刘东生. 全新世期间亚洲和非洲干旱区环境的短尺度变化. 古地理学报, 1999, 1 (1): 68~74.

[63] 杨永兴, 黄锡畴, 王世岩, 等. 西辽河平原东部沼泽发育与中全新世早期以来古环境演变. 地理科学, 2001, 21 (3): 242~249.

[64] 邵晓华, 汪永进, 程海, 等. 全新世季风气候演化与干旱事件的湖北神农架石笋记录. 科学通报, 2006, 51 (1): 80~86.

[65] 王淑云, 吕厚远, 刘嘉麒. 湖光岩玛珥湖高分辨率孢粉记录揭示的早全新世适宜期环境特征. 科学通报, 2007, 52 (12): 1285~1291.

[66] ZHAO Hui, CHEN Fa-Hu, LI Sheng-Hua, et al. A record of Holocene climate change in the Guanzhong Basin, China, based on optical dating of a loess-palaeosol sequence. *The Holocene*, 2007, 17 (7): 1015-1022.

[67] 李小强, 周卫建, 安芷生, 等. 沙漠/黄土过渡带 13kaBP 以来季风演化的古植被记录. 植物学报, 2000, 42 (8): 868~872.

[68] ELY L L, ENZEL Y, BAKER V R, et al. A 5000 year record of extreme floods and climate change in the southwestern United States. *Science*, 1993, 262 (5132): 410-412.

[69] KERR R A. Black Sea deluge may have helped spread forming. *Science*, 1998, 279 (5354): 1132.

[70] KERR R A. A victim of the Black Sea flood found. *Science*, 2000, 289 (5487): 2021-2022.

[71] VALENTINA Y H, ALLAN S G, PAVEL D. Controversy over the great flood hypotheses in the Black Sea in light of geological, paleontological, and archaeological evidence. *Quaternary International*, 2007, 167-168 (7): 91-113.

[72] WILLIAM J W. The Alemania rockfall dam: A record of a mid-holocene earthquake and catastrophic flood in northwestern Argentina. *Geomorphology*, 1999, 27 (3): 295-306.

[73] 夏正楷, 杨晓燕. 我国北方4kaBP前后异常洪水事件的初步研究. 第四纪研究, 2003, 23 (6): 668~674.

[74] 崔建新, 周尚哲. 4000a前中国洪水与文化的探讨. 兰州大学学报（自然科学版）, 2003, 39 (3): 94~97.

[75] 吴文祥, 葛全胜. 夏朝前夕洪水发生的可能性及大禹治水真相. 第四纪研究, 2005, 25 (6): 741~749.

[76] 朱诚, 宋健, 尤坤元, 等. 上海马桥遗址文化断层成因研究. 科学通报, 1996, 41 (2): 148~151.

[77] HUANG Chun-Chang, PANG Jiang-li, ZHA Xiao-chun, et al. Impact of monsoonal climatic change on Holocene overbank flooding along Sushui River, middle reach of the Yellow River, China. *Quaternary Science Reviews*, 2007, 26 (17-18): 2247-2264.

[78] 靳润成, 李友东, 马振兴. 从关中地区看中华文明起源的历史地理背景. 天津师范大学学报（社会科学版）, 2002, 2 (2): 35~42.

（原载于《兰州大学学报》（自然科学版），2008年44卷6期）

关中地区的新石器古文化发展与古环境变化的关系

吕厚远　张健平

(中国科学院地质与地球物理研究所新生代地质与环境重点实验室,北京,100029)

摘要: 气候环境变化作为影响或制约古文化发展、演化的重要因素,虽然经常受到置疑,但依然被越来越多的考古工作者,包括一些古气候学者所接受。关中地区是我国古代文明重要的发源地之一,为探讨气候环境变化与古文化演化之间可能存在的联系提供了条件。本文对已有很好研究基础的渭南全新世黄土剖面的孢粉、植硅体、蜗牛化石及磁化率和粒度记录进行综合分析,研究得出该区全新世以来有 3 次突出的气候温暖湿润期 (9000～7300aBP, 6800～5500aBP 和 4500～4300aBP) 和 3 次明显而短暂的寒冷干旱期 (7300～6800aBP, 5500～5000aBP, 约 4000aBP)。温暖湿润气候期与关中地区的老官台 (8000～7000aBP)、仰韶 (7000～5000aBP)、龙山 (5000～4000aBP) 等文化繁盛期几乎是同步的,而发生在 7300～6800aBP, 5500～5000aBP 及 4000aBP 前后的寒冷干旱气候环境,不是简单的气候冷暖变化,而是影响了生物、水、大气等表生地球系统的气候变化事件,改变了该区的植被类型和生物群落的变迁,这 3 次气候变化事件时间上大致对应了老官台—仰韶—龙山—夏商文化交替的时间。然而,根据目前的气候记录及时间分辨率还难以判断更次一级的气候环境变化与各文化期不同文化类型变化之间的关系。对关中地区泉护遗址植硅体的分析显示,4500aBP 以来水稻含量的增加与气候变干的趋势并不一致,推测可能与古人利用渭河水资源种植水稻有关。研究认为关中地区气候环境变化与文化发展之间的关系,有一定的规律可循,但是由于目前对古气候 - 古环境变化的幅度、详细的考古文化性质的认识不足,以及时间分辨率和年代学的限制,还无法确切说明什么程度的气候环境变化对哪些文化类型通过什么机制产生了何种程度的影响。

关键词: 关中地区　新石器　古文化　古气候

1　引　言

认识人类文明起源、演化与环境变迁的关系,是理解和把握人类社会生存、发展过程和规律的重要途径,是长期以来考古学和古环境研究领域共同关注的课题[1~12]。随着过去全球变化和考古学研究的深入,人们认识到帝王将相争城掠地、逼宫禅让可能影响了短暂的朝代更替兴衰史,但在长期的人类历史发展进程中,越来越多的证据显示,文化和文明发展与环境变迁之间可能存在的因果关系[1,2]。然而,对不同时期、不同区域、特定文化区、系、类型的兴盛和衰亡过程等,环境变化的影响具体起到多大作用,古人类活动如何响应或影响了当时的生态环境,相关的研究依然处于资料和证据的积累阶段。由于环境变化的区域性差异和古文化类型演替的地区性特点,要从宏观上把握文化发展与环境变化的规律,需要开展具体的区域性考古文化和环境变化的时、空过程研究。

位于黄土高原中部的关中地区,是我国古代文明的重要发源地之一。在该区开展环境考古工作,其优势是文化遗址众多,从新石器早期的老官台文化到夏、商、周等历史时期的文化遗址、文化类型保存连续、变化明显。前人已经开展了许多环境考古的研究工作[7~18],但该区由于长期的人类活动和黄土沉积分辨率的限制,寻找具有高分辨率的有准确年代控制的自然沉积记录并不容易,另外由于黄土沉积记录中不同环境指标对环境变化的敏感性差异,需要综合研究不同环境指标的变化特征,详细分析区域性环境变化历史,在全球变化研究的背景下,深入分析关中地区全新世以来的环境变化与区域性古人类活动的关系。本文在对关中盆地已有很好年代地层学研究基础的渭南全新世剖面[19~21],作进一步的古生物分析和研究的基础上,结合泉护遗址植硅体分析结果,并综合新近的古文化研究成果,探讨关中地区全新世以来的环境变化与古文化发展过程之间的关系。

2 关中地区的新石器古文化类型

在中国考古学文化六大区系划分中[22],历来以关中、晋南、豫西为中心的中原文化区,被认为是中国文化发展的核心地区。在中原文化圈内部有几个自成格局的地区:陇山以西,虽然是中原文化圈的一部分,其文化与西陲地方文化有相当关系;郑州以东的地方文化,则与山东地区的文化有密切交换,以致呈现过渡现象;中心地带是宝鸡到郑州一线。然而,在中心地带的仰韶文化,仍有东西两个系列:宝鸡与陕县之间为西支,洛阳与郑州之间为东支,关中地区处在中原文化区中心地带的西支。

根据地域和时代不同及文化面貌的差异,考古学界对关中地区新石器以来的历史文化发展进行了分期和类型的探讨[23~29]:

老官台文化,因首先在陕西华县老官台遗址发现而得名[23],是主要分布于渭水流域的新石器时代早期文化,距今8000~7000年。有些文献认为以渔猎采集经济为主,粟农业开始出现[24],聚落内流行半地穴房屋,面积较小,打制或磨制石器,手制陶器火候低、硬度较小,多为红褐色夹砂陶;纹饰以绳纹最常见,主要器型有三足罐、三足钵、圈足碗等。可以细分为早期大地湾一期和晚期北首岭一期,是关中仰韶文化的前身。

仰韶文化,距今7000~5000年。有些研究[24]认为是母系社会的繁荣阶段,在关中地区仰韶文化遗址众多,几乎与现今的村庄一样密集。经济以农业为主,作物主要有粟、黍,兼饲养家畜。工具以磨制石器居多,陶器以细泥红陶的尖底瓶、圜底或平底钵、盆等及各种纹样的彩陶具代表性。

迄今为止,关于关中地区仰韶文化时期不同文化的类型划分尚不一致,例如在国家文物局1998出版的中国文物地图集《陕西分册》中[24],把仰韶文化划分为早(半坡与史家)、中(庙底沟)、晚(半坡晚期和西王村型)3个文化类型(表1,方案2)。但在关中盆地东部地区一些遗址的文化类型分期中,陕西考古研究所的专家经常把仰韶时期划分为4个类型:自早到晚分别是半坡、庙底沟、半坡四期和泉护二期(表1,方案1,马明志先生提供)。在漫长的中原仰韶文化的发展过程中,位于中心地带的仰韶文化西支的关中地区,有两个文化系统平行发展,从北首岭一期文化裂变为两系:一个是半坡类型,一个是庙底沟类型,都是关中的地方文化,两者纠缠交错,同时存在,最后庙底沟类型发展的力量较大,向东延伸,远达郑州,而半坡类型却是株守渭河流域,庙底沟类型占据了仰韶文化类型的主流,对周边文化产生了较大的影响[18]。

表1 关中地区文化发展序列

文化期	方案1		方案2[24]	
	类型	时代 kaBP	类型	时代 kaBP
夏商	二里冈(商)	3.5~	二里冈(商)	3.5~
	二里头(夏)	3.9~3.6?	二里头(夏)	3.9~3.6?
龙山	客省庄二期	4.5~3.9	客省庄二期	4.4~4.0
	庙底沟二期	5.0~4.5	庙底沟二期	5.0~4.5
仰韶	泉护二期(早,晚)	5.3~5.0	晚期(半坡晚期和西王村型)	5.5~5.0
	半坡四期(早,晚)	5.6~5.3	中期(庙底沟)	6.0~5.5
	庙底沟(早,中,晚)	6.4~5.6	早期(半坡与史家)	7.0~6.0
	半坡(早,晚)	6.9~6.4		
老官台	老官台	8.0~7.0	老官台	8.0~7.0

龙山文化,距今5000~4000年,有些研究认为是由原始社会向阶级社会、母系社会向父系社会过渡的时期[24]。在关中地区,遗址分布区域与仰韶文化的大致相同。农业生产进一步扩大,磨制石器增多,农作物不仅有粟、黍,还有稻、豆等。聚落规模进一步扩大,出现排房和双室房,屋内普遍有白灰居住面。陶器以灰陶为主,多绳纹、篮纹,其中尖底器、圜底器消失,新出现鼎、鬲等器种。根据文化发展过程,大致分为前后两个类型:前期为庙底沟二期文化,是从仰韶文化到龙山文化过渡阶段的遗存,以夹砂灰陶为主,与仰韶文化多泥质红陶不同,属于中原地区龙山文化的早期;后期发展为客省庄文化,在以后的发展过程中,有人认为演变为典型的齐家文化,也有人认为可能与先周文化有一定的关系[24]。

夏、商时期是中国历史文化发展的重要阶段,文字出现、青铜器开始使用、城市兴起、国家建立,进入文明发展时期。夏文化鼎盛时期的代表是二里头文化,从豫西扩大到陕西的东部。商文化鼎盛时期的代表是二里冈文化。

对关中地区考古学文化发展的轨迹，不同学者从不同方面给出了不同的论述[22~30]。从生业方式、社会组织结构、文化类型等方面来审视关中地区数千年人类文化的发展演变历史。食物来源：发生了从渔猎为主到农业为主的演化，农作物从粟、黍类驯化到水稻和豆类等多种农作物的栽培；使用工具：打制石器与磨制石器的消长，不同类型的陶器演化发展到青铜器的繁盛；居住条件：从简单的半地穴房屋到大型聚落的形成，城郭的出现；社会文化结构：从原始部落、酋邦、到国家的形成，从原始社会向阶级社会、母系社会向父系社会的改变，以及从生殖崇拜到原始"宗教"的发展等。在这个变迁期间，关中地区的全新世古气候、古环境发生了一系列变化，文化发展与自然环境演变化之间是否存在对应关系以及内在的联系，一直是考古学和古环境研究所关注的问题[6~10,30,31]。

3 关中地区渭南剖面全新世古气候与古文化变迁

研究剖面位于黄土高原南部陕西省渭南县阳郭镇（34°12′N，103°31′E），位于渭河南岸的二级阶地上，是一个具有较高分辨率的黄土自然剖面。该剖面已经在年代地层、古土壤、物理、化学、生物等方面作了大量的研究工作[19~21,32~46]。已往的工作主要集中在约15万年以来的冰期、间冰期长时间序列环境变化研究上，有关全新世详细的气候环境演变过程的研究很少。

渭南剖面上部32cm为耕作层，缺少全新世顶部的自然记录。本文对自末次冰期黄土（L_1）上部（深205cm）到全新世（S_0）上部（深度32cm）的173cm厚的地层开展研究，时间跨度约14ka~2.8kaBP，定量分析统计了蜗牛化石组合，结合已经发表的孢粉[42]、植硅体[45,46]、磁化率和粒度记录以及年代序列[21]，分析关中地区全新世的气候环境变化过程。

野外共采集45个蜗牛化石样品，每个样品重15kg，所有样品在野外用0.5mm筛网进行冲洗，室内在实体生物显微镜下挑出所有的蜗牛壳体，并统计出所有能鉴定的蜗牛化石碎片，采用Puissegur（1976）的方法计入个体总数[47]。

根据我国北方现代蜗牛种类生态分布的研究[38~40,48]，渭南全新世剖面中的蜗牛化石种类可以划分为两个主要生态类型：①寒冷—干旱型，包括 *Vallonia tenera*，*Pupilla aeoli*，*Cathica pulveraticula*，*C. pulveratrix*，*Cathica* sp.；②温暖—湿润型，包括 *Macrochalamys angigyra*，*Punctum orphana*，*Opeas striatissimum*，*Metodontia* sp.，*M. hauiensis*，*M. yataiensis*。它们在地层中的数量变化代表了不同的气候环境条件，温暖—湿润型与寒冷—干旱型蜗牛的比值变化反映了气候环境的变化过程，低的比值代表了相对寒冷、干旱的气候环境，高的比值代表了相对温暖、湿润的气候条件。图1-c显示了渭南黄土剖面末次冰消期以来蜗牛化石种类温暖—湿润型/寒冷—干旱型的比值变化。Sun等（1997）对渭南剖面做了详细的孢粉分析工作[42]，图 1-a 为利用 Sun 等孢粉鉴定结果计算的渭南剖面 14kaBP 以来阔叶木本花粉/典型草本花粉比值变化曲线，阔叶木本植物包括 Castanea, Quercus, Corylus, Juglans, Ulmus, Salix, Carpinus, Thymelaeceae；典型草本植物包括 Artemisia, Compositae, Chenopodiaceae, Ephedra, Gramineae。图 1-b 为渭南剖面 14kaBP 以来暖湿植硅体类型/冷干植硅体类型的比值变化曲线，暖湿植硅体类型包括哑铃型、长鞍型、短鞍型等，冷干植硅体类型包括宽齿型、弱齿型和帽型等[46]。

综合分析渭南剖面 14kaBP 以来的孢粉[42]（图 1，a）、植硅体[45,46]（图 1，b）、蜗牛（图 1，c）、磁化率[21]（图 1，d）、粒度[21]（图 1，e）等的变化，可以看出这个时期环境变化有两个显著的特点：

（1）不同环境指标的总体变化趋势基本上是同步的，但在变化细节上并不完全一致。具体来说生物指标的变化相对磁化率和粒度变化有更大的波动性，可能表明生物对气候环境的变化更加敏感；另外，生物指标中的动物指标（蜗牛）相对植物指标（孢粉和植硅体）来说反映更敏感。如图 1-c 所示，蜗牛暖/冷种类的比值变化揭示出关中地区末次冰消期的气候在 13000aBP 左右已经开始转暖；阔叶树/草本孢粉和暖湿/冷干植硅体类型的比值曲线则显示在 11000aBP 前后气候才明显转暖；粒度和磁化率指标揭示的气候转暖信号的时间更晚，分别在 10500aBP 和 9500aBP 前后。这种根据不同环境指标揭示的冰消期气候转暖时间上的差异表明在进行古环境研究时要注重指标的选择，要尽量选择对气候环境变化敏感的指标来作古环境恢复工作。此外，由于不同环境指标的采样间距不同（孢粉为 10cm，植硅体和蜗牛分别为 4~5cm，粒度和磁化率为 2cm），可能造成不同环境指标记录变化的细微差别。

（2）尽管不同环境指标在反映气候环境变化的敏感性和分辨率方面存在一些差异，但不同指标指示的气候环境变化趋势和气候变化的主要事件仍然是可以相互印证的。综合分析不同指标的研究结果，可以看出关中地区约 10000aBP 以来存在着 3 次主要的气候温暖湿润期和 3 次短暂的气候寒冷干旱期。

图 1 清楚地显示出该区的全新世气候有两个最温暖、湿润的时期，分别发生在 9000~7300aBP 和 6800~5500aBP，表现为暖湿的蜗牛种类、植硅体类型和阔叶木本植物是整个全新世期间相对丰富的时期。全新世晚期又一次出现相对温暖、湿润的时期，发生在 4500~4300aBP 孢粉、蜗牛、植硅体、粒度等记录都有明确的显示。这 3 次温暖期从时间上分别对应了老官台、仰韶、龙山文化的发展时期。

在 8000aBP 前后，粒度变化显示出一次短暂的气候干冷事件，但生物指标并没有显示。然而在 7300~6800aBP 和 5500~5000aBP，所有环境指标都揭示出，为两次相对寒冷干旱的时期。表现为暖湿的蜗牛种类、植硅体类型和阔叶木本植物明显减少，表明气候变化的幅度已经驱动了生物种类的演替和生态群落的变化。发生在 7300~6800aBP 的这次寒冷期，在时间上对应了老官台文化和仰韶文化的转换时期。而发生在 5500~

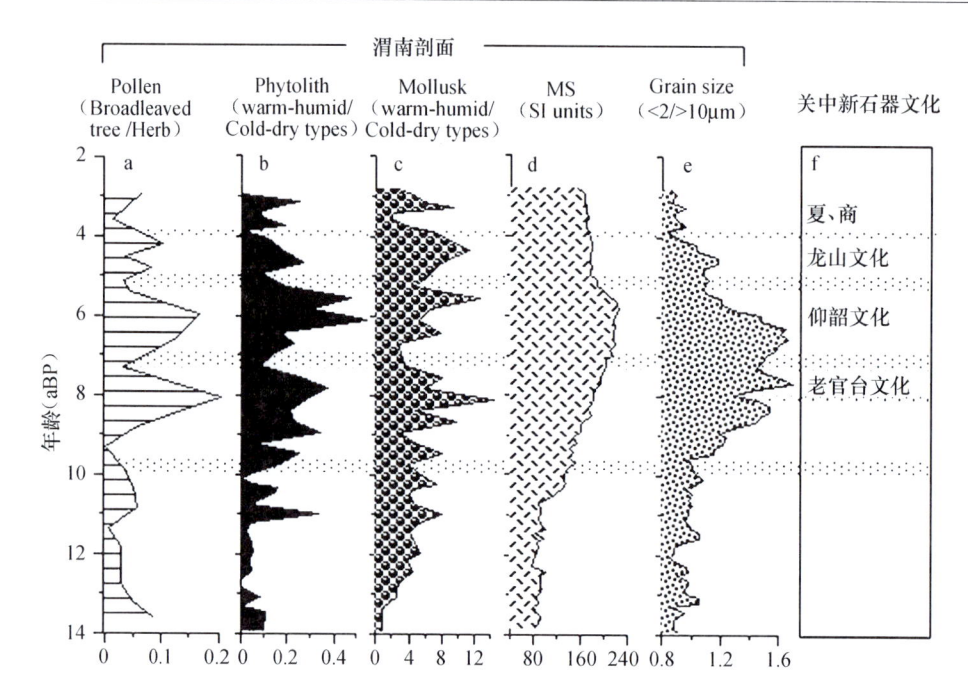

图 1 关中地区渭南剖面冰消期以来不同环境指标[21、42、45、46]指示的气候变化与古文化期的对比

5000aBP 的气候变冷过程，是在全新世晚期全球气候总体变冷趋势的背景下发生的，这次气候变冷过程中，繁盛了两千多年的仰韶文化被后期的龙山文化所取代，从时间上，泉护二期是在气候变冷过程中一度繁盛后又迅速被庙底沟二期文化所取代的（图2）。

5000aBP 以后气候开始回暖，在 4500~4300aBP 气候变得相对温暖湿润，但除了蜗牛温暖种类有较高的含量外，其他环境指标都显示这段温暖期远没有达到仰韶文化时期的温暖湿润程度。随着气候的改善，龙山文化在该区广泛传播并持续近千年，直到 4000aBP 左右又发生一次快速明显的气候变冷，对应了关中地区龙山文化向夏—商文化的转变时期。4000aBP 以后气候虽然有所回暖，但从不同环境指标的记录看，总的暖湿状况比龙山文化时期要差得多，应该说关中地区的夏、商文化的发展是在温度和降水逐步下降的过程中演化的（参见图2）。

图 2 显示了渭南剖面 10000a 来沉积物粒度和根据磁化率估算的温度—降水变化[49]。磁化率对快速的气候变化并不敏感，所估算的温度—降水变化仅仅反映了全新世气候变化的总体趋势，无法反映出生物群落变化的过程（参见图1），也没有显示出粒度变化的细节。因此对不同环境指标的综合分析是必要的。结合图1中生物化石记录的变化特点，可以看出在 7300~6800aBP，5500~5000aBP 和 4000aBP，气候变化已经显著影响到该区植被类型和生物群落的变迁，这几次的气候变化已经不是简单的气候冷暖变化，而是深刻地影响了生物、水、大气等表生地球系统的气候变化。上述这3次短暂的寒冷期在时间上是与老官台、仰韶、龙山、夏商文化的演替大致是对应的，但根据目

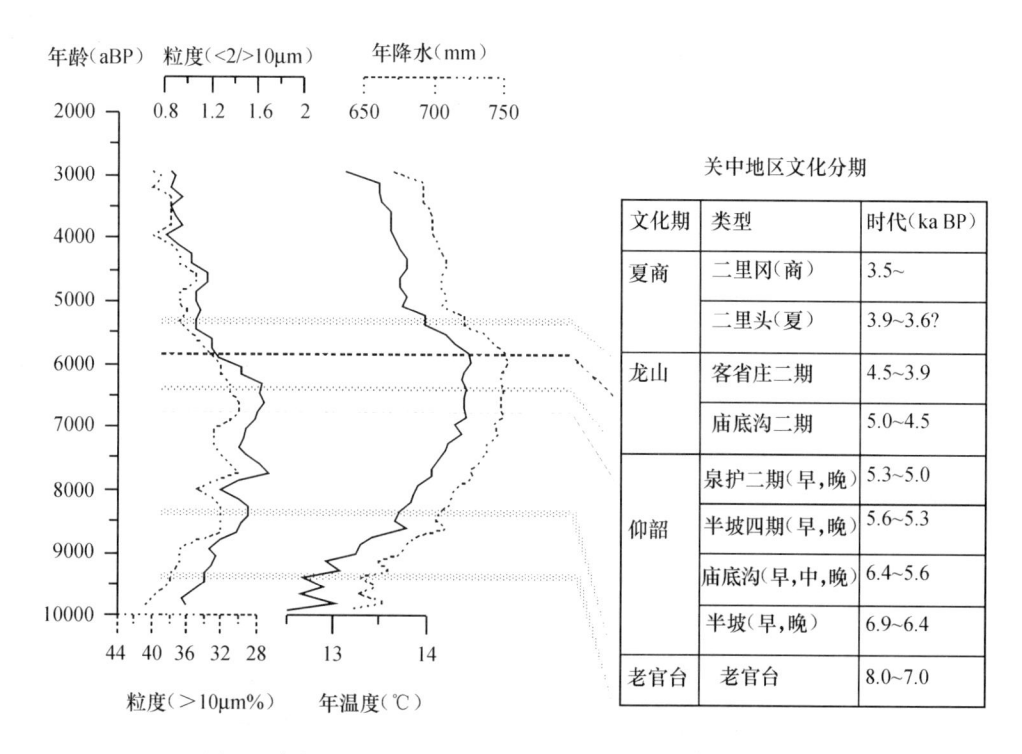

图 2 关中地区渭南剖面全新世气候变化与古文化类型的对比

前已有的气候记录及时间分辨率还难以确定更次一级的气候环境变化与各文化期内部不同文化类型的变化之间有怎样的对应关系。

气候环境变化与文化的演化在时间上的对应，并不意味着它们之间存在必然联系，目前由于缺乏气候与文化之间桥梁性的连接资料，特别是对于新石器时代晚期人类社会生产力得到一定发展的情况下，需要深入分析生计方式、如农业和采集、人口变迁等组成古文化面貌的每一个单元的变化过程和规律。

4 泉护遗址农作物类型变化与古气候变迁

泉护遗址剖面厚约1.8m，位于渭南剖面以东约40km，柳枝镇西泉护村。野外对暴露剖面外层约10cm厚的沉积物进行了清理，在明确沉积地层、考古地层的空间分布关系基础上，对沉积物颜色、岩性发生明显变化的层位进行取样后，其他层位按照10cm间距取样，共采集了18个植硅体分析样品，同步采集了6个 ^{14}C 年代样品[①]所有年龄转换为日历年，其中下部有2个样品年龄偏老与考古地层年代不相对应，暂时选择2155±

[①] 张健平，吕厚远. 陕西省华县泉护遗址植硅体分析报告. 泉护遗址考古发掘报告，待发表.

101aBP（0.2~0.3m）、2593±205aBP（0.5~0.6m）、4593±119aBP（0.7~0.8m）、5571±65aBP（1.3~1.4m）4个年代数据作为剖面的年龄框架。

根据泉护剖面沉积物性质和测年数据自下而上可以划分出3个沉积（堆积）层段（图3）：180~120cm，灰黄色含炭屑粉沙质黄土层，见水生螺类壳体。120~60cm，灰色—暗灰色含粉砂灰烬层，堆积疏松、均匀，见陶片及水生螺类壳体，螺壳完整。60~0cm，浅黄色粉沙质黄土层，可以细分为3个层段：60~30cm，浅黄色—黄色粉沙质黄土层，见陶片、炭屑；30~10cm，黄色—土黄色粉沙质土，疏松，见陶片；10~0cm，现代耕作层。

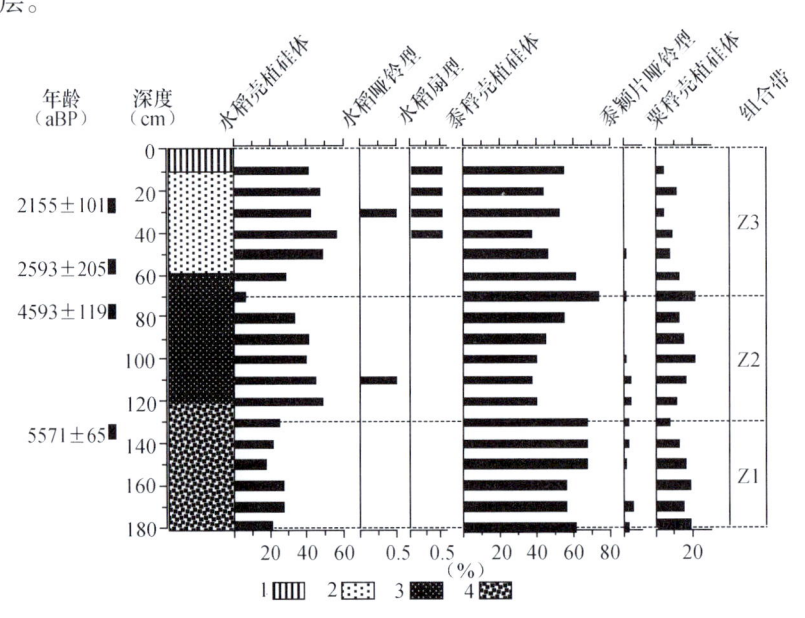

图3　泉护剖面主要农作物植硅体百分比图示（根据张健平、吕厚远修改[①]）
1. 耕作层　2. 黄土层　3. 灰烬层　4. 含炭屑黄土层

泉护遗址灰坑中沉积物的堆积过程决定了它的沉积系列与自然剖面有很大的差异，既不可以按照自然沉积剖面的方法对不同样品层位的年龄进行插值，也无法根据植硅体组合，讨论当时的植被和环境特点。但我们可以通过特征农作物的植硅体形态的出现或消失，在可以接受的时间框架内，来追踪当时原始农业的特点。

图3给出了水稻、黍、粟3种农作物植硅体形态的含量变化（单个类型数与3种农作物类型总的统计数的比值×100%）和地层年龄的对应关系。结果显示出以下3个特点：①在剖面的底部，水稻、黍、粟3种农作物都已经出现，年龄至少不小于5570aBP；②在整个剖面记录中黍的植硅体含量，始终大于粟的含量；③5570aBP以后水稻植硅体含量明显增加，2500aBP左右，水稻扇型的出现和增加，说明上部地层保存

---

① 张健平，吕厚远. 陕西省华县泉护遗址植硅体分析报告. 泉护遗址考古发掘报告，待发表.

了更多的水稻茎叶物质。

一般情况下水稻的栽培需要相对湿润的气候环境。然而，如前所述，该区自 5000aBP 以来相对于早—中全新世温暖期的气候环境总体上是变冷变干的，而泉护遗址此时期的水稻含量反而是增加的，5500aBP 以来水稻的含量几乎达到水稻、黍、粟三类农作物含量总数的一半以上。水稻的出现和增加似乎与气候变化没有必然的联系。另外，根据泉护剖面的测年数据和沉积物的性质，剖面深度 0.6m 上下是一个沉积间断面，我们暂且以深度 0.6m 为界，上下分为 2 个时间段，可以看出至少 4500aBP 以后，黍的含量并没有明显的变化，但粟的相对含量明显减少，从早期的 20% 下降到晚期的 10% 以下。现代粟的生长环境相对黍需要更多的水分和热量，粟的减少是否与气候变得干旱有关，还需要更多的证据。此外，在过去的文献资料[24]中多认为粟是关中地区新石器以来，特别是仰韶文化时期以来的主要农作物，但泉护剖面的植硅体研究揭示出这一时期黍的含量始终大于粟的含量。

5 有关古文化发展演化与环境关系研究的几点思考

在分析古文化发展演化与环境关系时，有以下几个方面的内容值得作深入的思考和进一步的讨论：

（1）在讨论文化变迁与气候变化的文献中，有许多古气候记录直接来自对遗址剖面沉积物的分析，由于遗址剖面的沉积物受人类活动影响，不仅其生物、物理、化学指标变化不能代表自然变化过程，而且沉积速率常有大的突变，虽然有可能分析出遗址周围微环境的变化特点，但用以反映区域性的古气候变化状况多是不充分的。本文选择的渭南全新世黄土自然剖面，位于关中盆地中部，通过多种环境指标的相互对比和验证，可以较客观地反映出区域性气候环境的变化过程和规律。然而，由于关中地区黄土剖面沉积分辨率的限制，而且考古地层、地质记录测年精度还有待提高，目前的结果只能够在可以接受的时间框架内对比气候环境变化与文化演化的关系。

（2）近些年来，较高精确测年的古气候记录表明，我国全新世大暖期发生的时间在不同地区有很大差别，而且在温度和降水的配置上，在不同地区也有明显的不同。在百年或千年的时间尺度上，由于季风系统的变化、气候带的迁移，相对干旱和相对多雨的环境在不同地区是可以同步发生的[50]。利用中国全新世大暖期模式来理解具体的区域性文化变迁，需要充分考虑到区域性环境变化在空间和时间方面的差异。另外，全新世以来全球的气候和环境并不稳定，存在着百年–千年尺度的变化[51~53]，在我国中纬度部分地区也同样存在这种千年尺度的波动特点[54~58]。渭南剖面的气候指标虽然并没有全部反映出这些千年尺度的变化，但是全新世以来全球性的几次大的降温事件，如 8200aBP，5500aBP 和 4000aBP 前后的降温事件[5,9,59,60]，在该剖面的孢粉、植硅体与陆生蜗牛记录中得到充分体现（参见图1）。该地区7300～6800aBP前后的寒冷干旱事件，在我国东部季风区并没有明显的反映，但在蒙古和我国西部一些高分辨率的湖泊记录中多有显示[61]。总之，该地区全新世的气候变化在大趋势上与全球的变化趋势是基本一致的，但在个别事件上，在气候变化的幅度、温度与降水的配置关系上有区域性特点。

（3）有关气候环境变化与文化发展相互影响的机制问题，这是一个需要长期探索的工作和需要不同学科相互密切合作的课题[3]。环境变化是否会造成文化的兴衰或演替，或某个文化的兴衰是否一定是环境变化的结果，需要对具体的环境与文化变化在特定的时间和空间上做具体的分析。在时间上，对于像冰期—间冰期这样大幅度的环境变化，在关中地区对动植物优势种类和群落的演替或迁移的影响是巨大的。在冰期时，由于地球多个圈层不同气候环境系统的变化，古人类面临生活环境的恶化和赖以生存的动植物资源的枯竭，环境变化的压力对于人类社会的生存和文化发展将会是决定性的。即使在人类文明高度发展的今天，如果有类似于末次冰盛期的气候来临，半个北美大陆将被冰河覆盖，区域性文明发展进程的终结是不可避免的。但对于全新世或新石器时期短期的剧烈的气候变化事件，有些气候事件与某些区域的文化变化关系可能是明显的，而对另外区域的文化影响可能并不明显，取决于生物圈、水圈、大气圈任何一个系统的变化幅度是否能足够影响人类的生存基础。在空间上，气候变化对于特定生态脆弱区动植物的演替是显著的。比如，位于新疆塔克拉玛干沙漠南缘的策略县城，因为绿洲衰退，发生3次长距离的迁移，而这仅仅是在现代气候环境很小幅度的变化下、在很短时间内发生的，这个过程是迅速而直接的，原因只是因为缺水，没有更特别的其他影响机制，而周边生态稳定的地区社会经济仍然稳步发展。

在气候变化剧烈的5000～4000aBP，在中原地区仰韶文化向龙山文化的转化过程中，原来文化高度发展的山东龙山文化、良渚文化、石家河文化，在这个气候转变时期，都逐渐衰落了，唯独中原文化日益繁盛，孕育了夏文明[30]。这似乎无法单独用气候变化来进行解释，可能与中原地区特别的地理位置或与人类社会自身的能动性有关[62]。

（4）食物是人类生存或人类文化赖以持续的基础，9000～7300aBP的温暖阶段，孕育了我国北方旱作农业文化的基础，无论是刘磁山、裴李岗、后李、大地湾、还是老官台文化中粟、黍C_4农作物的起源或驯化，都是在东亚季风区特有的水、热同期的季风气候环境下发生的，而地中海气候的水、热不同期的气候环境则对驯化小麦等C_3农作物更为有利。气候变化对文化的发展或消亡的影响，最直接的是通过影响人类的食物资源开始的，不同的气候环境下孕育出不同的农业类型，气候变化的幅度不同也将会对农业文明造成不同程度的影响。泉护遗址中粟的相对含量在全新世晚期减少，不能够排除是气候变旱的结果。但泉护遗址靠近渭河的河漫滩，只要气候变化还没有导致河流断流，古人就会利用可用的水资源增加水稻的生产，因此，仅从遗址水稻的出现和发展来看，不能简单地得出这个时期气候变化朝向暖湿方向变化的结论，因为这实际上与区域气候变干的趋势是向背的。

（5）对于环境变化与文化变迁关系的研究，或许古环境研究工作者有意或无意地强调了环境因素的影响，由于不了解考古学本身的严谨性和缺少可靠的资料，始终无法给出定量的、准确的、可以让考古学界接受的机制方面的解释。的确，需要重复的是，气候环境变化与文化的演化在时间上的对应，并不意味着它们之间存在着必然的联系，但如果气候环境变化与文化演化对应的符合概率远大于自然概率，这本身就是值得分析的重要证据。自然规律的探索并不全是靠物理模型来解决的，具有一定置信区间的统计检验，同样是探索自然科学和社会科学规律的必须的研究方法。在关中地区，对于每次千年尺度上的大幅度的气候环境变迁，总是对应了文化期的变化，不会是偶然的，气候变化足以影响到的生物、水、大气等不同圈层变化的系统变化事件，会对早期人类文化兴衰或演替造成重要的影响。中国地域广阔，区域性气候环境变化与古文化演替不同，目前只能是积累更多的环境变化和考古文化的证据，这需要自然科学和社会科学的共同努力，发现它们之间在时间和空间上的演化过程和规律，寻找它们之间可能存在的演化机制。

6 小　　结

黄土高原中南部的关中地区，作为中原文化区的中心地带，是我国古代文明的重要发源地之一。对渭南自然黄土剖面全新世剖面、孢粉、植硅体、蜗牛、粒度等多种环境指标的分析，揭示了该区 3 次气候最温暖、湿润的时期，分别发生在 9000～7300aBP 和 6800～5500aBP 之间和 4500aBP 前后，与该区老官台、仰韶、龙山文化的繁盛期在时间上是对应的；发生在 7300～6800aBP，5500～5000aBP 和 4000aBP 前后的气候寒冷干旱事件，影响了该区植被类型和生物群落的变迁，已经不是简单的气候冷暖变化，是足可以影响生物、水、大气不同系统的气候系统变化事件，在时间上与老官台—仰韶—龙山—夏商文化的演替时间大致对应，有一定的规律可循。但根据目前已有的气候记录及时间分辨率还难以确定更次一级的气候环境变化与各文化期内部不同文化类型的变化之间有怎样的对应关系。

对泉护遗址植硅体的分析显示：①在剖面的底部，水稻、黍、粟 3 种农作物都已经出现，年龄至少不小于 5570aBP；②在整个剖面记录中黍的植硅体含量始终大于粟的含量；③4500aBP 以后，粟相对含量明显减少，从早期的 20% 下降到 10% 以下，可能是受气候变干旱的结果。4500aBP 以来水稻含量的增加与气候变干的趋势并不一致，推测可能与古人利用渭河水资源种植水稻有关。

由于气候环境变化的区域性差异，人们对不同区域气候环境变化的幅度、不同区域详细的考古文化性质的认识不足，以及时间分辨率和年代学的限制，目前还无法确切说明什么程度的气候环境变化对哪些文化类型通过什么机制产生了何种程度的影响。

致谢：感谢吴乃琴、李丰江、杨晓燕、张小虎、马明志等参加野外工作，感谢王炜林先生为泉护遗址野外采样提供的帮助，感谢吴乃琴、郭正堂、秦小光提供渭南剖面的相关资料，感谢靳桂云、杨晓燕对本文提出建设性意见。

参 考 文 献

[1] Kuper R, Kröpelin S. Climate-controlled Holocene occupation in the Sahara: Motor of Africa's evolution. *Science*, 2006, 313: 803-807.

[2] Gupta A K. Origin of agriculture and domestication of plants and animals linked to Early Holocene climate amelioration. *Current Science*, 2004, 87 (1): 54-50.

[3] Madella M, Fuller D Q. Palaeoecology and the Harappan Civilisation of South Asia: A reconsideration. *Quaternary Science Reviews*, 2006, 25: 1283-1301.

[4] Ho P T. The loess and the origin of Chinese agriculture. *The American Historical Review*, 1969, 75 (1): 1-36.

[5] 吕厚远. 新石器以来的北温带草原文化与气候变迁. 文物保护与考古科学, 1991, 3 (2): 41~50.

[6] 莫多闻, 李非, 李水城, 等. 甘肃葫芦河流域中全新世环境演化及其对人类活动的影响. 地理学报, 1996, 51 (1): 59~69.

[7] 庞奖励, 黄春长. 关中地区新石器文化发展与环境演变耦合关系研究. 地理科学, 2003, 23 (4): 448~453.

[8] 周昆叔. 周原黄土及其与文化层的关系. 第四纪研究, 1995, (2): 174~181.

[9] 吴文祥, 刘东生. 4000aBP前后东亚季风变迁与中原周围地区新石器文化的衰落. 第四纪研究, 2004, 24 (3): 278~284.

[10] 李学芝, 申洪源, 田建. 中国北方地区环境演变对新石器文化发展的影响. 河北师范大学学报（自然科学版）, 2007, 31 (5): 680~700.

[11] 靳桂云, 刘东生. 华北北部中全新世降温气候事件与古文化变迁. 科学通报, 2001, 46 (20): 1725~1730.

[12] 杨晓燕, 夏正楷, 刘东生. 黄土研究与旧石器考古. 第四纪研究, 2005, 25 (4): 461~466.

[13] 莫多闻, 王辉, 李水城. 华北不同地区全新世环境演变对古文化发展的影响. 第四纪研究, 2003, 23 (2): 200~210.

[14] 周昆叔, 张松林, 莫多闻, 等. 嵩山中更新世末至晚更新世早期的环境与文化. 第四纪研究, 2006, 26 (4): 543~547.

[15] 吴文祥, 刘东生. 4000aBP前后降温事件与中华文明的诞生. 第四纪研究, 2001, 21 (5): 443~451.

[16] 黄春长, 庞奖励, 陈宝群, 等. 渭河流域先周－西周时代环境和水土资源退化及其社会影响. 第四纪研究, 2003, 23 (4): 404~414.

[17] 安成邦, 王琳, 吉笃学, 等. 甘青文化区新石器文化的时空变化和可能的环境动力. 第四纪研究, 2006, 26 (6): 923~926.

[18] 许倬云. 万古江河：中国历史文化的转折与开展. 上海：上海文艺出版社, 2006：1~356.

[19] 刘嘉麒, 陈铁梅, 聂高众, 等. 渭南黄土剖面的年龄测定及十五万年来高分辨时间序列的建立. 第四纪研究, 1994, (3): 193~202.

[20] 聂高众, 刘嘉麒, 郭正堂, 等. 渭南黄土剖面十五万年以来的主要地层界限和气候事件——年代学方面的证据. 第四纪研究, 1996, (3): 221~231.

[21] Guo Zhengtang, Liu Tungsheng, Guiot J, et al. High frequency pulses of East Asian monsoon climate in the last two glaciations: Link with the North Atlantic. *Climate Dynamics*, 1996, 12: 701-709.

[22] 苏秉琦, 孙晓林著. 中国文明起源新探. 北京: 生活·读书·新知三联书店, 1999: 1~189.

[23] 张宏彦. 渭水流域老官台文化分期与类型研究. 考古学报, 2007, 2: 153~178.

[24] 国家文物局主编. 中国文物地图集, 陕西分册 (上下册). 西安地图出版社, 1998: 1~1223.

[25] 李友谋. 关中仰韶文化一些问题的浅见. 郑州大学学报 (哲学社会科学版), 1979, (4): 97~105.

[26] 郑杰祥. 中原地区仰韶文化的发掘与研究. 中原文物, 1996, (2): 11~23.

[27] 罗新, 田建文. 庙底沟二期文化研究. 文物世界, 1994, (2): 67~77.

[28] 魏世刚, 何周德. 再论仰韶文化半坡类型与庙底沟类型. 文博, 1999, (3): 5~9.

[29] 巴家云. 略论仰韶文化半坡类型的社会经济生活. 中原文物, 1996, (1): 49~55.

[30] 宋豫秦. 中国文明起源的人地关系简论. 北京: 科学出版社, 2002: 1~227.

[31] 朱艳, 陈发虎, 张家武, 等. 距今五千年左右环境恶化事件对我国新石器文化的影响及其原因的初步探讨. 地理科学进展, 2001, 20 (2): 111~121.

[32] 郭正堂, 刘东生, 安芷生. 渭南黄土沉积中十五万年来的古土壤及其形成时的古环境. 第四纪研究, 1994, (3): 256~269.

[33] Guo Zhengtang, Liu Tungsheng, Fedoroff N, et al. Climate extremes in lloess of China coupled with the strength of deep-water formation in the North Atlantic. *Global and Planetary Change*, 1998, 18: 113-128.

[34] Zhu Rixiang, Laj C, Mazaud A. The Matuyama-Brunhes and upper Jaramillo transitions recorded in a loess section at Weinan, North-Central China. *Earth and Planetary Science Letters*, 1994, 125: 143-158.

[35] Ding Zhongli, Liu Tungsheng, Rutter N W, et al. Ice-volume forcing of East Asian winter monsoon variation in the past 800 000 years. *Quaternary Research*, 1995, 44: 149-159.

[36] Liu Tungsheng, Guo Zhengtang, Liu Jiaqi, et al. Variations of eastern Asian monsoon over the last 140 000 years. *Bulletin de la Societe Geologique de France*, 1995, 166: 221-229.

[37] 吴乃琴, 吕厚远, 陈德牛, 等. 陕西渭南晚冰期时的环境与气候——蜗牛化石的证据. 第四纪研究, 1995, (2): 147~153.

[38] Wu Naiqin, Lu Houyuan, Sun Xiangjun, et al. Climatic factor transfer function from opal phytolith and its application in paleoclimate reconstruction of China loess-paleosol sequence. *Scientia Geologica Sinica*, 1995, (Suppl. 1): 105-114.

[39] Wu Naiqin, Rousseau D D, Liu Tungsheng. Climatic instability recorded by the mollusk assemblages from the Late Glacial loess deposits in China. *Chinese Science Bulletin*, 1999, 44: 1238-1242.

[40] Wu Naiqin, Liu Tungsheng, Liu Xiuping, et al. Mollusk record of millennial climate variability in the Loess Plateau during the Last Glacial Maximum. *Boreas*, 2002, 31: 20-27.

[41] Gu Zhaoyan, Lal D, Liu Tungsheng, et al. Five million year ^{10}Be record in Chinese Loess and red

clay: Climate and weathering relationships. *Earth and Planetary Science Letters*, 1996, 144: 273-287.

[42] Sun Xiangjun, Song Changqing, Wang Fengyu, *et al*. Vegetation history of the Loess Plateau of China during the last 1000 00 years based on pollen data. *Quaternary International*, 1997, 37: 25-36

[43] Liu Tungsheng, Ding Zhongli. Chinese loess and the paleomonsoon. *Annual Review of Earth and Planetary Sciences*, 1998, 26: 111-145.

[44] Diao Guiyi, Wen Qizhong. Mobility sequence of chemical elements during Loess weathering-pedogenesis, Weinan, Shanxi Province, China. *Chinese Journal of Geochemistry*, 1999, 18: 327-332.

[45] 吕厚远, 刘东生, 吴乃琴, 等. 末次间冰期以来黄土高原南部植被演替的植物硅酸体记录. 第四纪研究, 1999, (4): 336~349.

[46] Lu Houyuan, Wu Naiqin, Liu K B, *et al*. Phytoliths as quantitative indicators for the reconstruction of past environmental conditions in China Ⅱ: Palaeo-environmental reconstruction in the Loess Plateau. *Quaternary Science Reviews*, 2007, 26: 759-772.

[47] Puisségur J J. Mollusques continentau x quaternaire s de Bourgogne: Signi. cations stratigraphique s et climatiqus. Rapports avec d'autres faunes boréales de France. 241. In: *Centre de Palégégraphie et de Palébiologie Evolutives*, Université de Dijon, 1976.

[48] Rousseau D D, Wu Naiqin. A new molluscan record of the monsoon variability over the past 130 000 yr in the Luochuan loess sequence, China. *Geology*, 1997, 25: 275-278.

[49] 吕厚远, 韩家懋, 吴乃琴, 等. 中国现代土壤磁化率分析及其古气候意义, 中国科学 (B), 1994, 24 (12): 1290~1297.

[50] Chen Fahu, Yu Zicheng, Yang Meilin, *et al*. Holocene moisture evolution in arid central Asia and its out-of-phase relationship with Asian monsoon history. *Quaternary Science Reviews*, 2008, 27: 351-364.

[51] O'Brien S R, Mayewski P A, Meeker L D, *et al*. Complexity of Holocene climate as reconstructed from a Greenland Ice Core. *Science*, 1995, 270: 1962-1964.

[52] Dansgaard W, Johnsen S J, Clausen H B, *et al*. Evidence for general instability of past climate from a 250-kyr ice-core record. *Nature*, 1993, 364: 218-220.

[53] deMenocal P, Ortiz J, Guilderson T, *et al*. Abrupt onset and termination of the African Humid Period: Rapid climate responses to gradual insolation forcing. *Quaternary Science Reviews*, 2000, 19: 347-361.

[54] 施雅风, 孔昭宸, 王苏民, 等. 中国全新世大暖期气候与环境的基本特征//施雅风主编. 中国全新世大暖期气候与环境. 北京: 海洋出版社, 1992: 1~18.

[55] 周卫建, 卢雪峰, 武振抻, 等. 若尔盖高原全新世气候变化的泥炭记录与加速器放射性碳测年. 科学通报, 2001, 46 (12): 1040~1044.

[56] 陈发虎, 朱艳, 李吉均, 等. 民勤盆地湖泊沉积记录的全新世千百年尺度夏季风快速变化. 科学通报, 2001, 46 (17): 1414~1419.

[57] Jian Zhimin, Wang Pinxian, Saito Y, *et al*. Holocene variability of the Kuroshio Current in the Okinawa Trough, Northwestern Pacific Ocean. *Earth and Planetary Science Letters*, 2000, 184: 305-319.

[58] Hong Y T, Hong B, Lin Q H, et al. Correlation between Indian Ocean summer monsoon and North Atlantic climate during the Holocene. *Earth and Planetary Science Letters*, 2003, 211: 371-380.

[59] Guo Z T, Petit-Maire N, Kropelin S. Holocene non-orbital climatic events in present-day arid areas of Northern Africa and China. *Global and Planetary Change*, 2000, 26: 97-103.

[60] Bond G, Showers W, Cheseby M, et al. A pervasive millennial-scale cycle in North Atlantic Holocene and glacial climates. *Science*, 1997, 278 (14): 1257-1266.

[61] 汪卫国, 冯兆东, 李心清, 等. 蒙古北部 Gun Nuur 湖记录的全新世气候突发事件. 科学通报, 2004, 49 (1): 27~33.

[62] 严文明. 炎黄传说与炎黄文化. 协商论坛, 2006, (3): 13~19.

(原载于《第四纪研究》, 2008 年 28 卷 6 期)

山西省新石器时代中晚期文化演化及驱动因素分析

马敏敏　王　琳　董广辉　陈发虎　安成邦

(兰州大学西部环境教育部重点实验室，兰州，730000)

摘要： 本文对山西省新石器时期考古资料进行了数据统计分析，研究了该地区新石器中晚期文化的演变历程，发现7ka～5.6kaBP和4.9ka～4kaBP是文化发展和繁荣的时期，在5kaBP左右文化发展出现低谷，4kaBP之后文化规模呈现下降趋势。对比全新世环境演变研究成果表明：适宜的气候促进了该地区文化的出现，发展和繁荣，5kaBP左右气候恶化是该地区文化衰退的主要环境因素，而4kaBP文化转型事件的因素复杂，环境变化只是一个重要因素，另外还涉及文化发展的内部因素，是多方因素共同作用的结果。

关键词： 山西　新石器文化　文化演变　驱动因素

史前文化兴衰的驱动因素是环境考古研究的焦点问题之一。越来越多的研究表明，史前文化兴衰与环境演变有着很好的耦合关系，如Tiwanaku文明[1]、玛雅文明[2]、Mesopotomian文化的衰落[3]、阿卡德帝国的灭亡[4]，新仙女木时期南美南部人类的文化变化[5]都受环境变化的影响和控制。国内也有相关研究：中原新石器文化[6]、良渚文化的衰落[7]、北京猿人等[8~11]也都受环境变化的影响。另外，有研究表明火山[12]、地震[13]、洪水[13,14]等突发性灾害事件也会直接导致史前文明的衰落。但这些并不意味着所有地区的文化兴衰都是由环境变化决定的，还要考虑文化发展的内部因素[15]，如战争[16,17]、水利灌溉[18]等可促进文明社会的产生。文化兴衰的驱动因素复杂多样，不同时期的主导因素有所差异，其中人类与自然之间存在显著的相互作用关系[19]。

山西省新石器文化大部分隶属于中原文化系统，是中原文化的重要组成部分，包含了仰韶文化和龙山文化的很多类型，进入文明社会以后，山西省也是夏、商、周文明系统的重要组成部分，故研究该区的新石器文化具有重要意义。研究山西省新石器中晚期文化发展的驱动力，对全面认识我国该时期的人地关系以及中华文明起源的背景具有重要意义。本文试图通过对山西省考古文化点数据的统计分析，研究该区新石器中晚期的文化演变状况，及其可能驱动力。

1　山西省新石器中晚期文化演变历程

1.1　文化分期及考古点数量

由于山西省隶属中原文化系统，故其文化分期沿用中原新石器文化的分期[6]，即仰韶文化（公元前5000~前3000年），龙山文化（公元前3000~前2000年），其具体文化分期和各文化时期及夏商周时代遗址数量见表1。本文统计分析所用的文化数据资料主要来自《中国文物地图集·山西分册》[20]。

表1 山西省新石器至周代文化分期及文化点数量

文化分期	起始年代（aBP）	文化点数量（个）
前仰韶文化时期	9000~7000[21]	9
仰韶早期	7000~6500[20]	19
仰韶文化后岗	6390~6180[22]	8
仰韶文化庙底沟	6000~5600[23]	396
仰韶文化大司空	5600~5000[24]	15
仰韶文化义井	5600~5000[24]	131
仰韶文化西王村	5600~5000[25]	71
仰韶晚期	5600~5000[26]	62
庙底沟二期	4900~4400[27]	367
龙山时代	4600~4000[28]	100
龙山文化陶寺	4500~3900[28]	257
龙山文化白燕	4400~4000[29]	492
龙山文化小神	4400~4000[29]	102
龙山文化三里桥	4600~4000[29]	183
夏	4070~3600[30]	513
商	3600~3046[30]	359
西周	3046~2770[30]	156

1.2 新石器中晚期文化规模的演变

为了正确反映某一时间段的文化规模，用某一文化类型的考古点数量除以其时间跨度，得到平均每年的文化点数量。这一指标相对比较客观地反映了某一时间段内的文化规模。不同的文化类型持续的时间长短不一，不能单纯用考古点的数量反应其文化规模。只能认为持续时间短的文化类型有相对较高的文化规模。本文通过在时间轴上叠加不同史前文明的文化规模，得出不同时期该区域总的文化规模，而非某一文明的文化规模，这样才能很好地反映该区域中全新世不同时期史前文明的发展状况。

本文采用的方法是：根据山西省的考古点分布，在Origin中统计新石器各个时期文化点的数量，并除以各自的时间跨度，得到相对文化规模，然后按照时间序列做成柱状图并做500点的滑动平均，结果如图1所示。

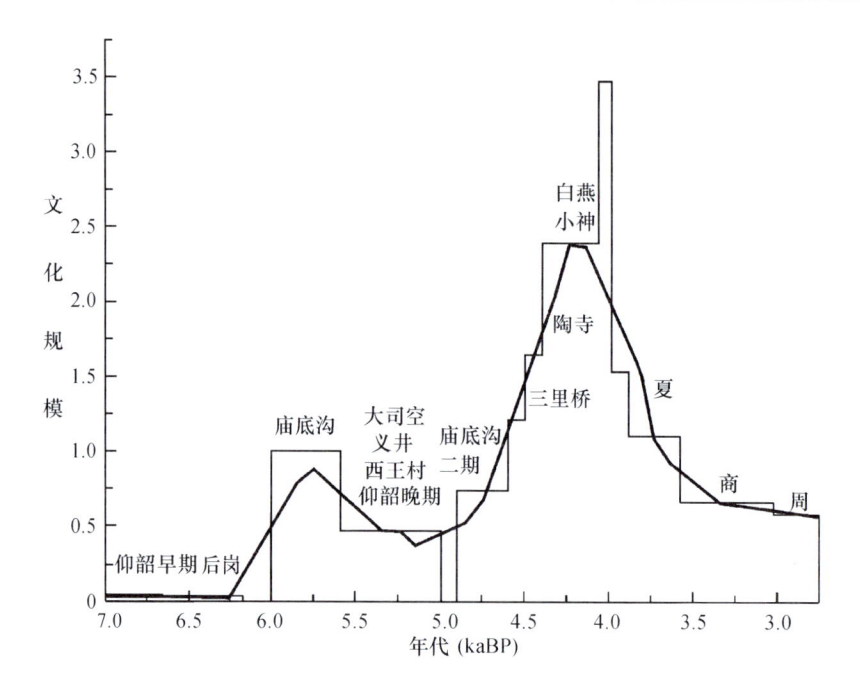

图1 山西省文化规模演变趋势

图1中纵坐标表示文化规模大小，横坐标是时间序列。一个地区出现新石器文化类型的更替或文化缺环，可以称作"文化事件"[31]。文化规模较小则表示新石器文化处于低潮或转型期，空白区则表示可能出现了文化缺环。文化缺环的出现与考古文化时代的分期有关，文化缺环时期考古年代的缺失反映出文化发展出现低谷，并非表示文化出现断层。本文主要分析的时期为7ka～4kaBP，即新石器文化的中晚期。

从图1中可以看出，在7ka～6kaBP，文化规模尚小，并在6.18ka～6kaBP出现了文化低谷；6ka～5.6kaBP是山西省新石器文化发展繁荣的时期，仰韶文化庙底沟类型文化规模大幅增加，并在5.7kaBP左右文化规模达到了第一个高峰；随后5.6ka～5kaBP文化规模明显减小，处于低潮期。在新石器文化后期，4.9ka～4kaBP山西省的文化规模又有显著的增加，在4.3ka～4.2kaBP达到第二个高峰，文化空前繁荣，也是山西省新石器文化规模最大的时期。4kaBP左右进入夏代，新石器文化时期结束，此后，山西省文化规模呈现下降趋势，文化发生质变，进入文明时代。

通过对表1和图1的分析可以得出，山西省新石器时期文化规模在发展过程中呈现双峰型的特征，7ka～6kaBP两个时间段的遗存并不多见，6ka～5.6kaBP和4.9ka～4kaBP是该地区新石器文化规模的两个峰值，亦是该区新石器文化发展和繁荣的时期，5.6ka～4.9kaBP山西省新石器文化规模下降，呈现衰退趋势，4kaBP左右新石器时期结束时文化规模又呈现下降趋势。

2 结果与讨论

2.1 山西省新石器时代中晚期环境背景

在时间上，山西省新石器中晚期与全新世中期对应。施雅风[32,33]等的相关研究表明，8.5ka~3kaBP为中国的全新世大暖期或气候最适宜期，从当时植被和现代植被相比来看，当时年平均温度要高出现在2℃~3℃。在这种适宜环境下，植被茂盛，为古人类提供了较为丰富的食物，促使史前文化在这一阶段的繁荣发展。但是，大暖期并不是一直温暖湿润，也存在干湿、冷暖波动。至少存在5kaBP和4kaBP左右两次明显而短暂的干冷期。并且山西运城盆地的湖泊沉积物研究也显示：在7.88ka~5.15kaBP时段研究区湿润度最高，5kaBP后，气候逐渐变干[34]。

2.2 山西省新石器时代中晚期文化演化的驱动因素分析

7ka~6kaBP为仰韶文化早期，气候稳定温热，是中国大暖期中稳定的暖湿阶段，即大暖期的暖湿阶段（鼎盛阶段）[35]。此时仰韶文化刚出现，发展时间尚短，故文化规模较小。但是这一时期的稳定暖湿环境对史前文化的发展意义重大，正是在这一时期优越的环境背景下，原始农业得以迅速发展，从而使得仰韶早期文化可以稳定发展、扩散，为后来仰韶文化的繁荣奠定了坚实的物质基础，该时段稳定暖湿环境是促使仰韶早期文化发展的主要驱动力。此时段，仰韶文化社会内部调节机制处在初级阶段，原始农业出现不久，物质基础不够雄厚，文化正处于积累期，文化脆弱，极易受到外界因素干扰，比如气候突变等。据研究[6]，在陕西案扶风案板遗址的傍龙寺剖面记录了5.7kaBP一次冰进事件，天山乌鲁木齐河源也在此时记录了一次冰进事件。故6.18ka~6kaBP的文化低谷的出现可能与6kaBP左右的降温事件[35,36]有关。

6ka~5kaBP为仰韶文化中晚期，气候波动激烈，环境较差[35]阶段。大约在6ka~5.6kaBP是仰韶文化中期，文化规模较前期大，该时段研究区文化空前繁荣。考古研究也表明，从公元前5000年起，仰韶文化在文化面貌上表现出来的内部统一性不断增强，到庙底沟期（仰韶文化中期）达到顶峰[37]。仰韶文化中期气候环境依旧良好，原始农业繁荣，人口大增，不仅黄河中下游地区出现了许多大型的农业聚落，农业区还向周边拓展。仰韶中期文化是在前期文化发展积累的基础上继续发展，凭借雄厚的经济物质基础，终至其巅峰状态，庙底沟文化影响到半个中国。该时段，环境较前期差，但文化出现突飞猛进的发展，这很可能是因为初期气候恶化状况不甚严重，当时的人们还能通过改进生产工具、转变生产方式等途径来调节环境变化对生产生活的影响，以弥补气候变化所造成的食物减少，保证人类的生存和发展。故仰韶中期文化不仅在环境变差的情况下没有没落，相反，适度的环境变幅还促进了文化的繁荣。从此处可知,仰韶中期文化的繁荣一方面与环境有关,另一方面文化发展的内部因素也初显作用。

5.5ka~5kaBP是仰韶文化晚期,文化规模缩小且类型较复杂,并且在5kaBP左右出现文化低谷,该时段文化衰退可能与5.5ka~5kaBP的环境干凉化有关。相关气候变迁研究表明,5.5ka~5kaBP的气候极不稳定,尤其是在5kaBP左右世界范围内均发现环境恶化纪录[38,39]:GRIP冰芯记录显示在5.3kaBP甲烷浓度降至最低[40];阿尔卑斯冰川在5.3kaBP第一次出现,并埋葬了Tirolian阿尔卑斯山的"雪中人"[41];埃塞俄比亚Abiyata湖浮游生物硅藻属的百分比在5.2kaBP降至最低[42]。此次环境恶化事件不仅影响范围广,而且发生突然且猛烈。有研究显示亚洲大陆5kaBP左右降温事件表现最明显[38],我国冰川前进幅度、孢粉浓度和$\delta^{18}O$记录也证实这次环境恶化事件的环境变化幅度可能是全新世最大的,多处记录显示温度降至全新世温度的最低点。5kaBP左右,北方以栎为代表的阔叶树花粉从峰值下降,干旱气候显露[21];祁连山敦德冰芯5.4kaBP温度降至8kaBP以来的最低点[43];贵州茂兰石笋氧同位素记录了4.75kaBP左右发生了一次降温事件[44];内蒙古察素齐5.39ka~5.16kaBP,地层中缺失花粉,代表一段对植物生长极为不利的干旱而又偏冷的气候[45];北京地区五个剖面孢粉分析结果显示,5kaBP左右有一个冷期,其高峰期在5.3kaBP[46];中原文化区的扶风案板遗址中的旱生草本植物蒿、菊、黎花粉增多,商县紫荆遗址鼢鼠出现,草地增多[37];山西运城盆地的湖泊沉积物显示:5kaBP后,该区气候由湿润趋于变干[34]。

这次环境恶化事件对我国北方新石器文化影响深远[47]。据黄河中游新石器时代遗址的^{14}C测年数据频数表明:7ka~6kaBP、4.5ka~4kaBP是两个高值区,5.5ka~5kaBP是一个明显的低值时代[43],本区种植的粟在6.5ka~6kaBP、4.5ka~4kaBP出现频数非常高,中间的5.5ka~5kaBP为一个低值区[48]。另外,我国其他地区的新石器时代文化在此时段亦出现不同程度的衰落或转型。如在东北地区,5.3kaBP前后西辽河流域北部的乌力吉沐沦河流域出现以狩猎采集为主兼营农业的富河文化。胡金明等[49]的研究认为,主要是由于气候的变冷变干使得西辽河流域北部不再适宜于农业文化的发展,因此,富河文化群体才可能进入到这一地区,并与农业文化并存。在长江流域,于世永等[50]的研究表明,5365aBP~5160aBP之间发生了一次气候快速变冷、转湿事件使得太湖东岸平原的文明中断了200年左右。山西省在5kaBP左右出现文化低谷,可能是由于当时的环境变化剧烈,变幅超出了当时人类社会的承受能力,从而使得史前人类无法通过调节生产生活方式来适应环境的变化,迁移很可能是当时人类适应环境变化的方式,故导致该地区5kaBP左右文化规模出现低谷。

总的说来,7ka~5kaBP这一阶段的气候虽然有波动,有过短暂的降温事件,但总体上较为稳定暖湿,环境适宜,有利于史前文化的发展和扩张。此时期中原地区出现了仰韶文化,山西省是该文化重点分布区之一。据考古发掘资料显示该区居民过着稳定的定居生活,以农业为主,饲养家畜,兼营采集和渔猎。该文化类型以彩陶为主要标志[51],它的制陶业十分先进,陶器多制作精美,彩陶纹饰丰富多样,表明仰韶文化时期陶器技术已达到相当成熟的水平。

4.9ka~4kaBP为龙山文化时代,气候波动和缓的亚稳定阶段。此时段气候波动较为和缓,植被繁荣,自然环境良好,适宜史前人类活动,新石器文化快速发展,并在4.3ka~4.2kaBP达到该区史前文化规模的第二个高峰期,文化空前繁荣。

王世和等[52]对案板遗址的研究显示,仰韶文化时期恰值气候适宜期,表现为木本花粉显著增加,甚至在蕨类中出现了亚热带的凤尾蕨。到龙山时期,木本花粉量开始减少,然而栎等阔叶树种划分仍占相当数量,但以蒿、菊、藜等旱生草本花粉增加。说明龙山文化时期仍处于气候适宜期,但龙山文化时期人类生活环境不如仰韶时期。植被既有落叶阔叶树为主的森林,又有森林草原和草原。虽然龙山时代气候不比从前,但该时代研究区文化规模达到第二个高峰期,文化空前繁荣。适宜的环境背景是研究区龙山文化发展繁荣的重要原因之一,但并不是唯一决定性的因素,前期文化的积累,社会发展的内部驱动力的作用此时得以显现。考古分析显示,5kaBP前,各地区文化主要是在以发展个性为主的前提下频繁交汇,之后,随着文化交汇规模的进一步扩大,使各大区文化具有更多的共同时代特征,进入了最初的文化共同体的形成时期[37]。5kaBP前文化的频繁交流是导致龙山时代文化格局的主要原因之一[37]。故该时段研究区文化的繁荣是环境和文化发展的内部因素共同作用的结果。

在4kaBP左右,世界范围内的古文明面貌发生转变,尼罗河文明衰落[53,54],两河文明经历了阿卡德帝国解体和古巴比伦建立[3],印度河文明突然衰落[53,54],中国各个地区新石器文化面貌也都有不同程度的改变[10,15,49,50,55],或衰落、或转型,还有中原地区文明的诞生。此阶段,研究区的文化规模开始下降,但总体发展尚属平稳,并未出现幅度明显的衰退。更为重要的是,研究区的史前文化发生质的飞跃,即夏王朝建立,进入文明时代。此阶段在中国史前文化研究中意义重大。已有的考古发掘资料表明,此时中原周围地区的文化纷纷衰落或终结,独有中原文化迅速崛起,率先进入文明社会。对此,学者们从不同角度解释过这一现象[11],争议颇多。一些学者倾向于认同文化内部因素是促使中原文明崛起的主要因素,而另一些学者则倾向于认为环境变迁是中华文明起源的主导因素[11]。

4kaBP左右,全新世气候进入一个不稳定的多灾期,并具有全球性特点[11,56~58]。此时段,我国许多地区的环境记录中也都出现一次降温事件[15,37,59,60],主要表现为南涝北旱,长江、黄河下游地区洪涝严重,北方普遍干旱[48,51],在位于研究区的陶寺遗址也发现了洪水的痕迹[15]和干冷气候现象[61]。吴文祥等通过研究认为,正是由于此次降温事件导致了中原周围地区五大新石器文化的衰落或终结,但却加速和促使了中原以夏王朝建立为标志的中华文明的诞生。而王巍[15]通过分析却认为,环境因素只是夏王朝在中原地区建立的重要原因之一,但并不是唯一或决定性的因素,应该是多种因素共同作用的结果。但降温事件还是对研究区此时段的史前文化产生了一定影响,其文化规模呈下降趋势。

环境变化影响史前文化的发展,但它对人类文化的影响程度不仅在不同地区有所不同[61],在同一地区的不同时间段也可能有所不同。当环境变化幅度在史前人类的承受范围之内时,人类社会可能的响应方式是改进生产工具、转变生产生活方式或社会组织结构,促进史前文化的发展,如4kaBP左右的文化事件;一旦环境变化幅度超出了史前人类社会所能调控的能力,他们的生存基础就会受到毁灭性打击,进而对人类文化系统产生深远影响[47,55],如5kaBP左右的文化事件。

3 结 论

山西省新石器中晚期文化的发展受到环境变化和周边文化的双重影响。该区7ka～5.6kaBP和4.9ka～4kaBP是文化发展和繁荣的时期,适宜的环境条件是其主要驱动力。5.6ka～5kaBP文化规模明显减小,处于低潮期,气候的恶化和不稳定是导致此阶段文化衰退的重要驱动力,而文化低谷则很可能是由于气候变化幅度过于剧烈,超出当时人类社会的调控能力导致的。4kaBP左右,研究区文化规模降低,但文化却发生质的飞跃。此次文化转型事件的原因复杂,环境变迁只是一个重要因素,还涉及文化发展的内部因素,是多方因素共同作用的结果。

参 考 文 献

[1] Michael W B, Kolata L A, Brenner M, et al. Climate variation and the rise and fall of an Andean Civilization. *Quaternary Research*, 1997, 47 (2): 235-248.

[2] Hodell A D, Curtis H J, Brenner M. Possible role of climate in collapse of classic Maya Civilization. *Nature*, 1995, 375 (6530): 391-394.

[3] Weiss H, Courty M A, Wetteratrom W, et al. The genesis and collapse of third millennium North Mesopotamian civilization. *Science*, 1993, 261 (20): 995-1004.

[4] Cullen H M, Demenocal P B, Hemming S, et al. Climate change and the collapse of the Akkadian empire: Evidence from the deep sea. *Geology*, 2000, 28 (4): 379-382.

[5] Borrero L A. Human dispersal and climatic conditions during Late Pleistocene times in Fuego Patagonia. *Quaternary international*, 1999 (53-54): 93-99.

[6] 陆巍,吴宝鲁. 中原新石器文化与古气候的关系. 地理科学,1999,19 (1): 89～72.

[7] 张玉兰. 从微体古生物研究探讨良渚文化突然消亡原因. 地理科学,2007,27 (3): 376～379.

[8] 牟昀智,杨子赓. 北京猿人生活时期的地层与古气候演变. 兰州大学学报(自然科学版), 1982,18 (3): 105～115.

[9] 安成邦,冯兆东,唐领余,等. 甘肃中部4000年前环境变化与古文化变迁. 地理学报, 2003, 58 (5): 743~748.

[10] 吴文祥,刘东生. 4000aBP前后降温事件与中华文明的诞生. 第四纪研究, 2001, 21 (5): 443~451.

[11] 吴文祥,刘东生. 4000aBP前后东亚季风变迁与中原周围地区新时期文化的衰落. 第四纪研究, 2004, 24 (3): 278~284.

[12] Patricia P, Gabriela U. Social and cultural consequences of a late Holocene eruption of Popocatepetl in central Mexico. *Quaternary International*, 2006, 151 (1): 19-28.

[13] 夏正楷,杨晓燕,叶茂林. 青海喇家遗址史前灾难事件. 科学通报, 2003, 48 (11): 1200~1204.

[14] 朱诚,于世永,卢春成. 长江三峡及江汉平原地区全新世环境考古与异常洪涝灾害研究. 地理学报, 1997, 52 (3): 268~278.

[15] 王巍. 公元前2000年前后我国大范围文化变迁原因探讨. 考古, 2004 (1): 67~77.

[16] Carneiro R L. A theory of the origin of the state State. *Science*, 1970. 169 (21): 733-738.

[17] Kirch P V. Circumscription theory and sociopolitical evolution in Polynesia, *American Behavioral Scientist*, 1988, 31 (4): 416-427.

[18] Oppenheim A L. *Ancient Mesopotamia: Portrait of a Dead civilization*. University of Chicago Press, Chicago, 1964.

[19] Messerli B, Grosjean M, Hofer T, Nunez L, Pster C. From nature-dominated to human-dominated environmental changes. *Quaternary Science Review*, 2000, 19: 459-479.

[20] 山西省文物局. 中国文物地图集·山西分册. 北京: 中国地图出版社, 2007.

[21] 周昆叔. 环境考古. 北京: 文物出版社, 2007.

[22] 曹艳宏,周伟. 仰韶文化后岗类型与大司空村类型略论. 中原文物, 2001, 5: 53~58.

[23] 张之恒. 中国新石器时代考古 (第二版). 南京: 南京大学出版社, 2004: 40.

[24] 许永杰. 黄土高原仰韶晚期依存的谱系. 长春: 吉林大学文学院, 2004.

[25] 崔建新,周尚哲. 中国新石器时代文化演变动力分析. 中国历史地理论丛, 2008, 23 (2): 33~45.

[26] 张强禄. 马家窑文化与仰韶文化的关系. 考古, 2002, 1: 47~60.

[27] 罗新,田建文. 庙底沟二期文化研究. 文物季刊, 1994, 2: 67~77.

[28] 王仁湘,贾笑冰. 中国史前文化. 北京: 商务印书馆, 1998, 165~203.

[29] 宋建忠. 陕西龙山时代考古依存的类型与分期. 文物季刊, 1993, 2: 44~63.

[30] 杨育彬. 夏商周断代工程与夏商考古. 中原文物, 2001, 2: 38~39.

[31] 李学芝,申洪源,田建. 中国北方地区环境演变对新石器文化发展的影响. 河北师范大学学报, 2007, 31 (5): 680~700.

[32] 施雅风,孔昭宸,王苏民,等. 中国全新世大暖期气候与环境的基本特征//施雅风主编. 中国全新世大暖期气候与环境. 北京: 海洋出版社: 1992: 1~18.

[33] 孟宪刚,朱大岗,邵兆刚,等. 山西宁武地区全新世以来气候与环境变化. 地质学报, 2007, 81 (3): 316~323.

[34] 吴艳宏,吴瑞金,王强,等. 运城盆地11kaBP以来气候环境变迁与湖面波动. 海洋地质与第

四纪地质, 2001, 21 (2): 83~86.
[35] 施雅风, 孔昭宸, 王苏民, 等. 中国全新世大暖期的气候波动与重要事件. 中国科学 (B辑), 1992, (12): 1300~1307.
[36] 王绍武, 黄建斌. 全新世中期的旱涝变化与中华古文明的进程. 自然科学进展, 2006, 16 (10): 1238~1244.
[37] 赵辉. 以中原为中心的历史趋势的形成. 文物, 2000, 1: 41~47.
[38] 王开发. 全新世温暖期中低温事件的初步研究. 第四纪研究, 1990 (2): 168~174.
[39] Michael Staubwasser, Harvey Weiss. Holocene climate and cultural evolution in late prehistoric – early historic West Asia. *Quaternary Research*, 2006, 66: 372-387.
[40] Biunier T, Chappellaz J, Schwander J, *et al.* Variations in atmospheric methane concentration during the Holocene epoch. *Nature*, 1995, 374 (6517): 47-50.
[41] 许靖华. 太阳、气候、饥荒与民族大迁徙. 中国科学 (D辑), 1998, 28 (4): 386~384.
[42] Chalie F, Gasse F. Late Glacial-Holocene diatom record of water chemistry and lake level change from the tropical East African Rift Lake Abiyata (Ethiopia). *Palaeogeography, Palaeoclimatology, Palaeoecology*, 2002, 187 (3-4): 259-283.
[43] 施雅风主编. 中国全新世大暖期气候与环境. 北京: 海洋出版社, 1992.
[44] 覃嘉铭, 袁道先, 程海, 等. 新仙女木及全新世早中期气候突变事件: 贵州茂兰石笋氧同位素记录. 中国科学 (D辑) 地球科学, 2004, 34 (1): 69~74.
[45] 王瑜, 宋长青, 程全国, 等. 利用花粉—气候响应面恢复查素齐泥炭剖面全新世古气候的尝试. 植物学报, 1998, 40 (11): 1067~1074.
[46] 孔昭宸, 杜乃秋. 北京地区10000年以来的植物群发展和气候变化. 植物学报, 1982, 24 (2): 172~181.
[47] 朱艳, 陈发虎, 张家武, 等. 距今五千年左右环境恶化事件对我国新石器文化的影响及其原因的初步探讨. 地理科学进展, 2001, 20 (2): 111~121.
[48] 吴梓林. 古粟考. 史前研究, 1983 (1): 151~155.
[49] 胡金明, 崔海亭, 李宜垠. 西辽河流域全新世以来人地系统演变历史的重建. 地理科学, 2002, 22 (5): 535~542.
[50] 于世永, 朱诚, 曲维正. 太湖东岸平原中全新世气候转型事件与新石器文化中断. 地理科学, 1999, 19 (6): 549~554.
[51] 宋豫秦. 中国文明起源的人地关系简论. 北京: 科学出版社, 2002: 15~18.
[52] 西北大学文博学院考古专业. 扶风案板遗址报告. 北京: 科学出版社, 2000.
[53] Weiss H. Late third millennium abrupt climate change and social collapse in Wes Asia and Egypt. In: Dalfes H N, G Kukla and H Weiss, eds. *Third Millennium BC Climate Change and Old World Collapse*. Berlin Heidelberg: Springer-Verlag, 1997: 711-723.
[54] Weiss H; Bradley R S. What drives societal collapse? *Science*, 2001, 261 (26): 609-610.
[55] 吴文祥, 葛全胜. 全新世气候事件及其对古文化发展的影响. 华夏考古, 2005, 3: 60~67.
[56] 庞奖励, 黄春长. 关中地区新石器文化发展与环境演变耦合关系研究. 地理科学, 2003, 23 (4): 448~453.

[57] Yannick G, Annie V, David W, *et al*. Abrupt resumption of the African Monsoon at the Younger Dryas-Holocene climatic transition. *Quaternary Science Reviews*, 2007, 26 (5-6): 690-704.

[58] 杨志荣,索秀芬. 我国北方农牧交错带人类活动与环境关系. 北京师范大学学报(自然版), 1996, 32 (3): 415~490.

[59] 姚檀栋,施雅风. 祁连山敦德冰芯记录的全新世气候变化//施雅风主编. 中国全新世大暖期气候与环境. 北京:海洋出版社,1992:206~211.

[60] 王宁练,姚檀栋,Thompson L G,等. 全新世早期强降温事件的古里雅冰芯记录证据. 科学通报, 2002, 47 (11): 818~823.

[61] 齐乌云. 山东沭河上游史前自然环境变化对文化演进的影响. 考古, 2006, 12: 78~84.

(本文为首次发表)

二里头遗址出土木炭碎块的研究

王树芝　王增林　许宏

(中国社会科学院考古研究所，北京市，100710)

摘要：结合考古发掘，在二里头文化一、二期之交和四期采集一些炭化碎块，对这些炭化碎块的结构在体式显微镜下鉴定和分析，在扫描电子显微镜下拍照，这些炭化碎块分别属于7个树种，即槲栎、麻栎、麻栎属的一个种、侧柏、油松、朴树和另一种阔叶树。通过对地层中分散的木炭分析，初步认为二里头遗址周围分布有大量的阔叶树栎林、杂木林和少量的松柏针叶林；当时的气候是温暖湿润的，但具体到不同的文化时期可能也存在着温湿度差异，二里头文化四期与一、二期之交气候相比较，前期的生态气候好于后期；通过对灰坑里的木炭分析，认为不论在二里头文化一、二期之交，还是在二里头文化四期，古人都喜欢把栎木作为薪炭材。

关键词：二里头遗址　二里头文化　木炭碎块　环境　木材利用

　　二里头遗址位于洛阳平原东部，西距汉魏洛阳故城遗址约5km，距隋唐洛阳城约17km，其东北6km处是偃师商城。北依邙山，南望中岳，东有成皋轘辕之险，西有崤谷崤函之固，前临伊洛，后据黄河，依山傍水，水足土厚，具有理想的建都环境。二里头遗址得名于河南省偃师市翟镇二里头村，遗址的中心在该村村南。二里头的地势，其东南和南面有断崖，崖下即是洛河故道，东、北两面呈缓坡状，高度逐渐减小，西边连接高地。遗址的海拔一般为119～121m[1]。二里头遗址是著名的青铜时代都城遗址，遗址的主要文化遗存属二里头文化，时代为3800～3500aBP。结合考古发掘，于2001、2002年和2003年采集了出土的木炭样本。目的是利用炭化碎块的构造做关于植物种属的鉴定，恢复遗址周围的古植被；利用其中植物生态习性重建当时的生态气候；推测当时人类对木材的利用，有助于对不同文化时期人地关系的理解。

　　遗址所在地区属于暖温带落叶阔叶林地带的暖温带北部落叶栎林亚地带。气候具有暖温带的特点，本区域内的地带性土壤是褐色土和棕色森林土，组成本区域植被的建群种颇为丰富，森林植被的建群种以松科的松属和壳斗科的栎属的种类为主。组成针叶林的另一树种为侧柏属的侧柏，在某些情况下可以成为建群种，并广泛地分布于各处。落叶阔叶林最主要的建群种为几种栎属植物，它们存在于不同的地方[2]。

1 炭化碎块的显微结构观察

1.1 样本的制备和鉴定

将采集的木炭样本经室内加工，做横向、径向、弦向三个方向切片，先在体式显微镜下观察、记载木材特征，进行树种的鉴定，根据《中国木材志》专著得出结论[3]，然后将木炭样本粘在铝质样品台上，样品表面镀金，在日立 S-530 扫描电子显微镜下进行拍照。

1.2 样本的鉴定结果

对 23 份样本中木炭碎块进行分析和鉴定，这些木炭分别属于 7 种树种，有槲栎、麻栎、麻栎属的一个种、侧柏、油松、朴树和另一种阔叶树（表1）。

表1 不同样本中木本植物统计表

出土地点	时代	植物种或属	科
2002YLVT12G10③	二里头文化一、二期之交	槲栎（Quercus aliena）	壳斗科
2002YLVT12G10③	二里头文化一、二期之交	槲栎（Quercus aliena）	壳斗科
2002YLVT12G10③	二里头文化一、二期之交	朴树（Celtis sinensis）	榆科
2002YLVT12G10③	二里头文化一、二期之交	朴树（Celtis sinensis）	榆科
2002YLVT12G10③	二里头文化一、二期之交	槲栎（Quercus aliena）	壳斗科
2002YLVT12G10③	二里头文化一、二期之交	槲栎（Quercus aliena）	壳斗科
2002LVT12G10④	二里头文化一、二期之交	麻栎（Quercus acutissima）	壳斗科
2002LVT12G10④	二里头文化一、二期之交	麻栎（Quercus acutissima）	壳斗科
		麻栎属（Quercus）	壳斗科
2002LVT12G10④	二里头文化一、二期之交	麻栎（Quercus acutissima）	壳斗科
2002LVT12G10④	二里头文化一、二期之交	麻栎（Quercus acutissima）	壳斗科
2002YLVT12H84	二里头文化第二期	麻栎（Quercus acutissima）	壳斗科
2002YLVT12H84	二里头文化第二期	麻栎（Quercus acutissima）	壳斗科
		麻栎属（Quercus）	壳斗科
2001 YLVH79 距坑口 3.8 米	二里头文化第四期	麻栎属（Quercus）	壳斗科
2001 YLVH79 距坑口 3.8 米	二里头文化第四期	麻栎属（Quercus）	壳斗科
2001 YLVH79 距坑口 4.2 米	二里头文化第四期	麻栎属（Quercus）	壳斗科
2001 YLVH79 距坑口 4.6 米	二里头文化第四期	麻栎属（Quercus）	壳斗科
2003 YLVT35G14②	二里头文化第四期	松属（Pinus）	松科
2003 YLVT35G14③	二里头文化第四期	阔叶（未鉴定）	
2003 YLVT35G14④	二里头文化第四期	侧柏（Platycladus orientalis）	柏科
2003 YLVT35G14④	二里头文化第四期	侧柏（Platycladus orientalis）	柏科
		松属（Pinus）	松科
2003 YLVT35G14	二里头文化第四期	朴树（Celtis sinensis）	榆科
		麻栎（Quercus acutissima）	壳斗科
2003 YLVT35G14	二里头文化第四期	麻栎属（Quercus）	壳斗科
2003 YLVT35G14	二里头文化第四期	麻栎属（Quercus）	壳斗科

1.2.1 槲栎（*Quercus aliena*）

图1为木炭的横切面，生长轮甚明显，环孔材，早材管孔略大至甚大，在肉眼下明显，连续排列成早材带，早材带通常宽1列管孔，早材至晚材急变，晚材管孔甚小至略小，火焰状径列，宽多列管孔。图2为木炭的径切面，单穿孔，射线—导管间纹孔式为刻痕状，少数类似管间纹孔式。图3为木炭的弦切面，木射线非叠生，窄木射线通常单列，宽木射线（全为复合射线）最宽处宽至许多细胞，被许多窄木射线分割，射线组织为同形单列及多列。

1.2.2 麻栎（*Quercus acutissima*）

图4为木炭的横切面，生长轮明显，环孔材，早材管孔略大，在肉眼下明显，连续排列成早材带，早材带1列管孔，早材至晚材急变，晚材管孔在显微镜下才能看见，轴向薄壁组织量多，离管带状。图5为木炭的径切面，单穿孔，射线—导管间纹孔式为刻痕状。图6为木炭的弦切面，木射线非叠生，窄木射线通常单列，宽木射线最宽处宽至许多细胞。

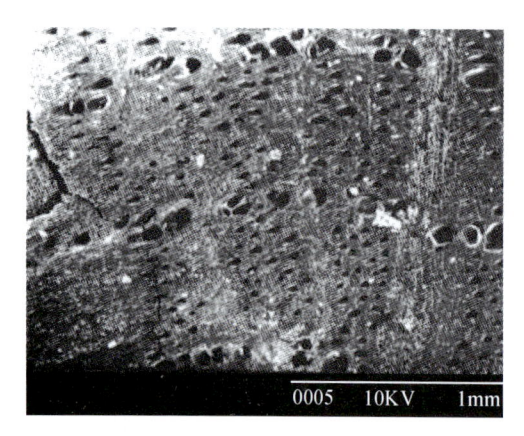

图1　槲栎横切面（50倍）

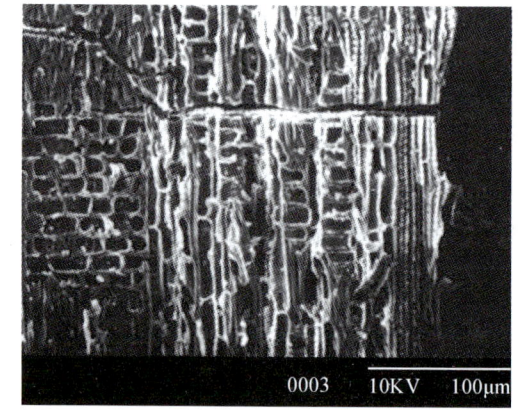

图2　槲栎径切面（300倍）

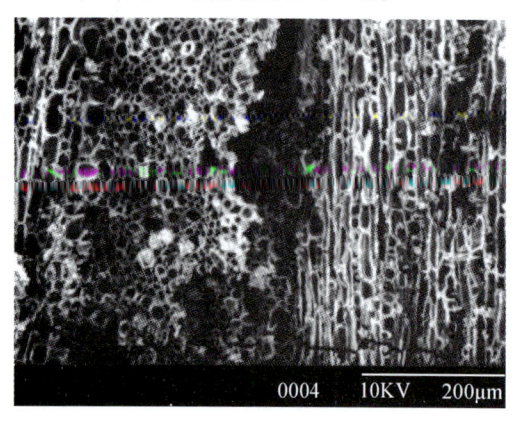

图3　槲栎弦切面（150倍）

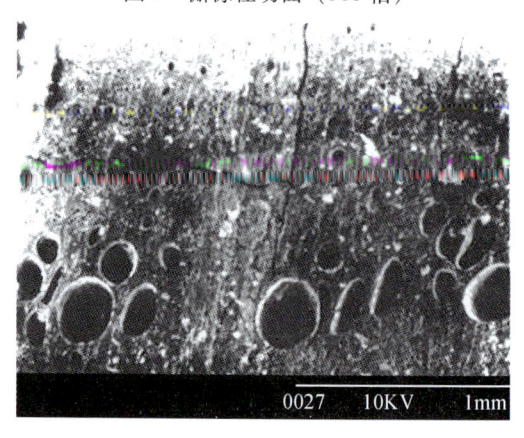

图4　麻栎横切面（50倍）

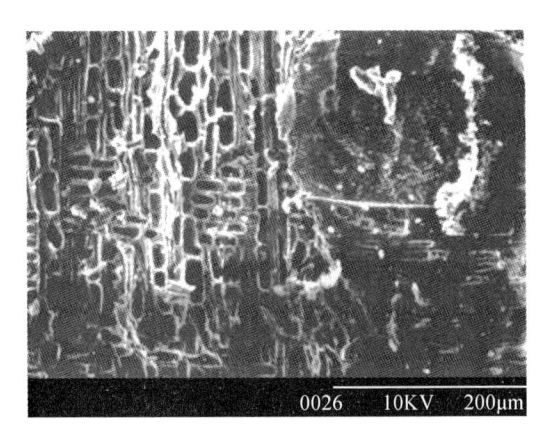

图5　麻栎径切面（200倍）　　　　　　图6　麻栎弦切面（300倍）

1.2.3　侧柏（*Platycladus orientalis*）

图7为木炭的横切面，生长轮明显，早材带占全生长轮宽度的绝大部分，晚材带极窄，早材至晚材渐变，木射线细，没有树脂道。图8为木炭的径切面，射线薄壁细胞与早材管胞间交叉场纹孔式为柏木型。图9为木炭的弦切面，木射线单列，高多数1~28个细胞，多数2~15个细胞。

1.2.4　朴树（*Celtis sinensis*）

图10为木炭的横切面，环孔材，生长轮明显，早材管孔略大，在肉眼下明显，连续排列成早材带，宽2~5（宽通常2~3）管孔，侵填体可见，早材至晚材略急变。图11为木炭的径切面，螺纹加厚出现在小导管上，单穿孔，射线导管间纹孔式类似管间纹孔式，射线组织异形Ⅱ型。图12为木炭的弦切面，有单列射线和多列射线，部分射线具有鞘细胞。

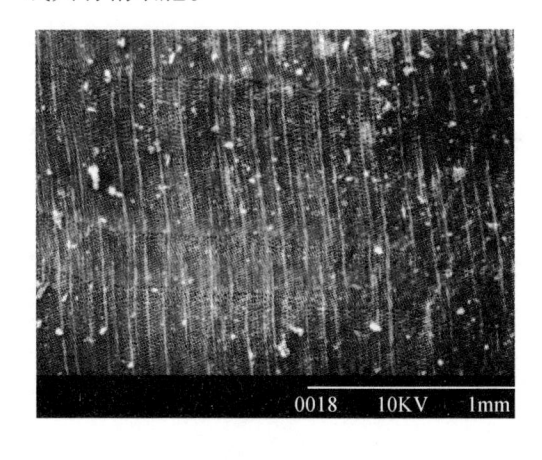

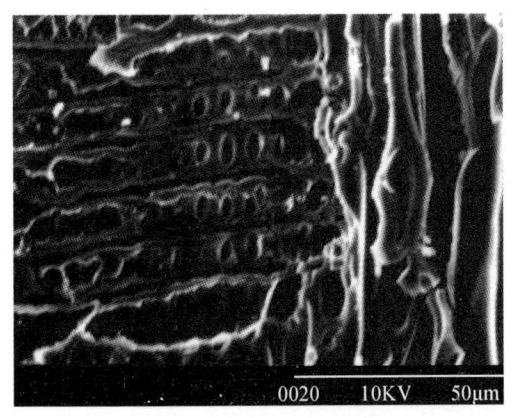

图7　侧柏横切面（50倍）　　　　　　图8　侧柏径切面（1000倍）

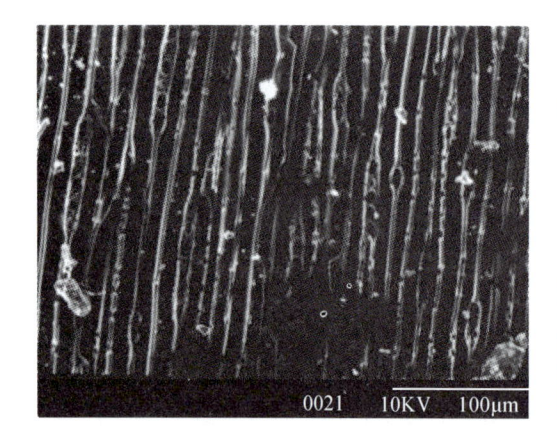

图9　侧柏弦切面（300倍）　　　　　图10　朴树横切面（40倍）

图11　朴树径切面（800倍）　　　　　图12　朴树弦切面（150倍）

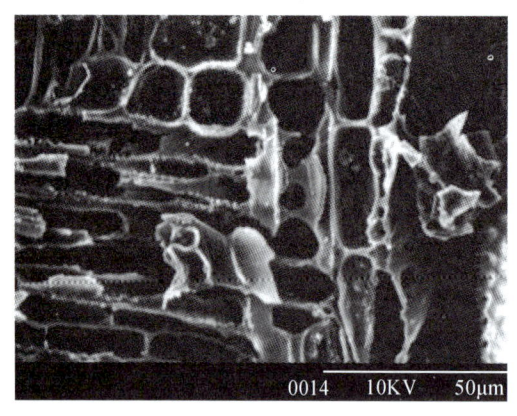

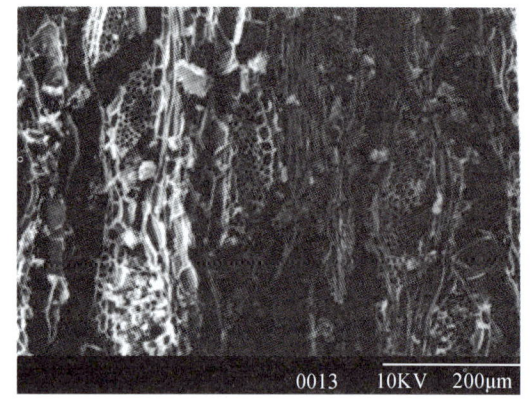

1.2.5　麻栎属一个种（*Quercus*）

图13为木炭的横切面，生长轮明显，环孔材，早材管孔略大，在肉眼下明显，连续排列成早材带，早材至晚材急变，晚材单管孔。图14为木炭的径切面，单穿孔，同形射线。图15为木炭的弦切面，木射线非叠生，窄木射线通常单列，宽木射线最宽处宽至许多细胞。

1.2.6　油松（*Pinus tabulaeformis*）

图16为木炭碎块的横切面，生长轮明显，有树脂道。图17为木炭碎块的径切面，射线薄壁细胞与早材管胞间交叉场纹孔式为窗格型，射线管胞内壁具齿状加厚。图18为木炭碎块的弦切面，有单列射线和纺锤射线。

1.2.7　阔叶树

图19为木炭的横切面，散孔材，生长轮不明显。图20为木炭的径切面，梯形穿孔，射线组织异形。图21为木炭的弦切面，多列射线宽多个细胞。

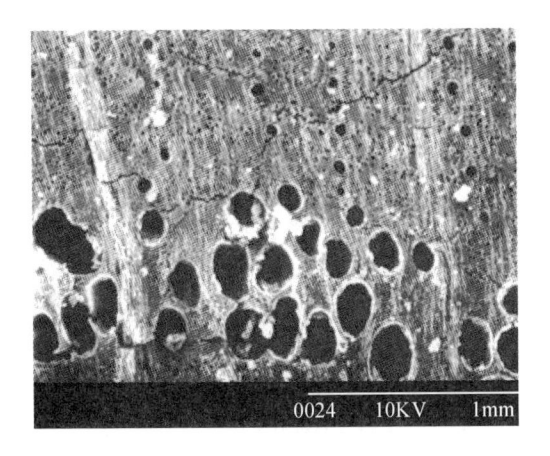

图13　麻栎属一个种横切面（50倍）

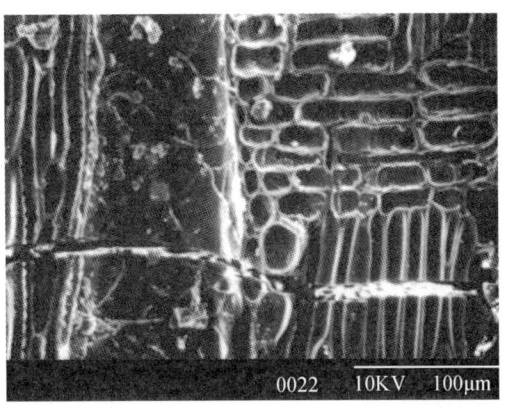

图14　麻栎属一个种径切面（400倍）

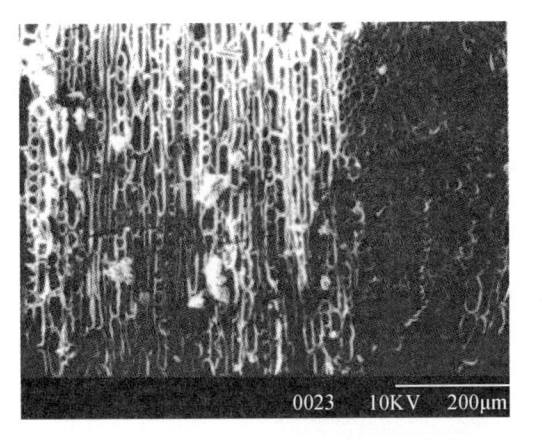

图15　麻栎属一个种弦切面（150倍）

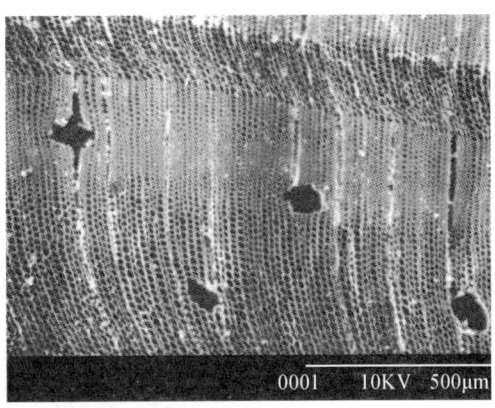

图16　油松横切面（80倍）

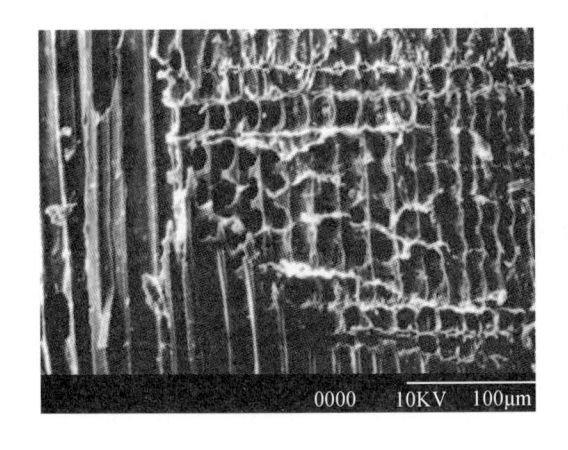

图17　油松径切面（400倍）

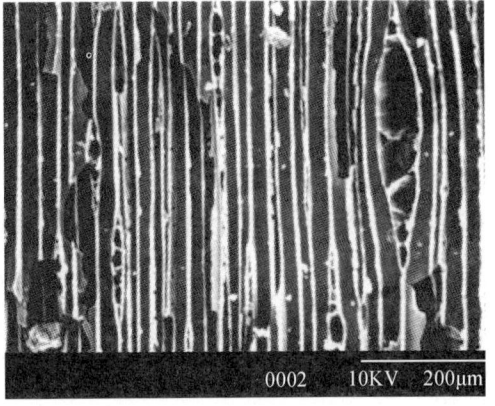

图18　油松弦切面（200倍）

图 19　阔叶树横切面（50 倍）

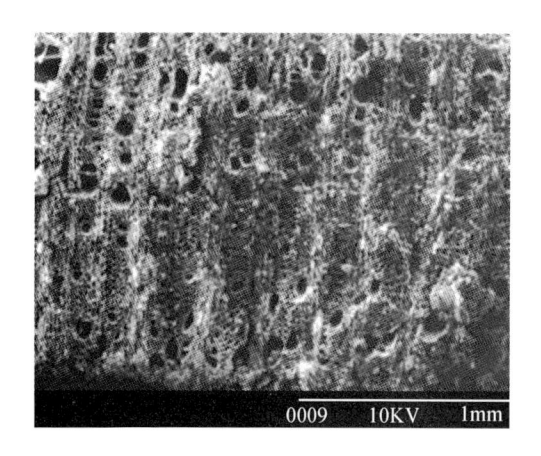

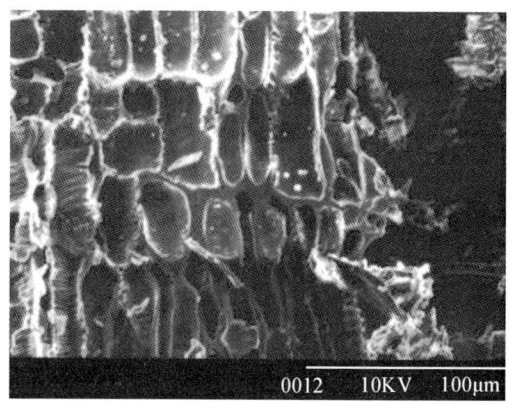

图 20　阔叶树径切面（80 倍）

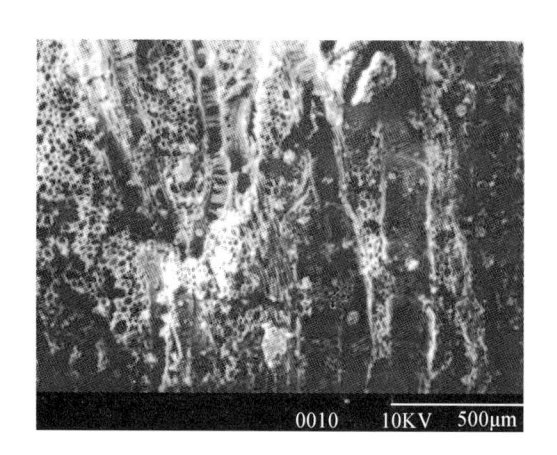

图 21　阔叶树弦切面（400 倍）

2　木本植物组成分析和气候分析

一般认为分散的木炭是人类长期活动的结果，用于地域性古生态重建[4]。根据不同木本植物在不同位置（分散的地层中）出现的次数（不包括灰坑），统计其出现的概率（表2），从而反映遗址周围植被的分布状况。其中栎木出现的概率最大为60%，包括槲栎、麻栎和麻栎属；其次是榆科的朴树为15%；再次是针叶树的侧柏和油松，分别为10%；概率最小的是未鉴定的阔叶树为5%。因此可以得出3800~3500aBP的二里头文化时期的二里头遗址周围分布有大量的阔叶树栎林、杂木林和少量的松柏针叶林。

表2 不同木本植物在18份样本中出现的次数和百分比

种属	出现的次数（总次数20次）	百分比（%）
侧柏（*Platycladus orientalis*）	2	10
麻栎属（包括麻栎、槲栎）（*Quercus*）	12	60
朴树（*Celtis sinensis*）	3	15
油松（*Pinus tabulaeformis*）	2	10
阔叶树（未鉴定）	1	5

较大比例的栎林和较少针叶树的存在，说明气候还是温暖湿润的。朴树为热带气候起源树种，分布于较湿润的条件下[5]。麻栎是喜光树种，在湿润、肥沃、深厚、排水良好的中性至微酸性沙壤土上生长迅速。麻栎在年平均气温10℃~16℃，年降水量500~1500mm的气候条件下都能生长[6]。

虽然泛泛地说当时气候温暖湿润，但是具体到遗址中不同的文化时期可能也存在着温湿度的差异。因为从鉴定的结果看到，不同的文化时期阔叶树种与针叶树种比例有明显的不同。在二里头文化一、二期之交，出现了槲栎、麻栎、麻栎属、朴树4种阔叶树，未发现针叶树种，而且栎木概率占到了81.8%（表3）。而在二里头文化四期，虽然也发现了麻栎、麻栎属、另一种阔叶树和朴树4种阔叶树，但阔叶树种和针叶树种出现的比例为5:4（表4）。因此二里头文化时期，前期的生态气候好于后期。这一结论与二里头遗址孢粉分析和考古发掘的结果相吻合[7,8]。

表3 二里头文化一、二期之交10份样本中木本植物出现的次数和百分比

种属	出现的次数（总次数11次）	百分比（%）
麻栎属（包括槲栎）（*Quercus*）	9	81.8
朴树（*Celtis sinensis*）	2	18.2

表4 二里头文化四期7份样本中木本植物出现的次数和百分比

种属	出现的次数（总次数9次）	百分比（%）
侧柏（*Platycladus orientalis*）	2	22.2
油松（*Pinus tabulaeformis*）	2	22.2
朴树（*Celtis sinensis*）	1	11.1
麻栎属（*Quercus*）	3	33.3
阔叶树（未鉴定）	1	11.1

我们再分析出现的两种针叶树种。侧柏林属温性针叶林，也是暖温带典型森林类型，侧柏是一种适应性极强的阳性树种，具有强度耐旱、耐贫瘠的特点，在其他植物生长困难的立地条件下，侧柏仍能坚强地生活下来[9]。而且，侧柏在水热条件相对较

好的地段，无法竞争过其他优势树种。天然侧柏林除在极端恶劣的生境条件如岩石裸露的丘脊梁顶、土壤贫瘠的石质坡面及黄土立崖陡坡等上能形成较为稳定的群落[10]。油松是喜光树种，耐干旱和土壤瘠薄的立地条件。油松的天然分布与气候条件有密切关系。湿润状况可能比温度对油松的分布范围起着更大的限制作用[10]。两个树种所占比例相同，所以不好确定干湿程度。

值得一提的是，我们的取样量还不够多，还需要有沉积物的孢粉（孢子、花粉的简称）、粒度、微体古生物、化学元素、同位素分析、磁性参数、海平面的升降波动、湖泊的扩张与退缩、土壤类型的变化以及动植物群的迁移与变化等多方面的验证和完善。

3 古人类对树种的利用

针对性取样取到的木炭，如灶坑、灰坑里的木炭是人类短期的活动结果，反映了古代人类对植被的利用[4]。在二里头文化二期灰坑 H84 内，所有的木炭为麻栎属和麻栎。在二里头文化四期灰坑 H79 内，距坑口 3.8m，距坑口 4.2m 和距坑口 4.6m 处取到的木炭都是麻栎属。栎木材发热量高，很适合作燃料，因此，可以推断，当时人们采集栎木作为燃料。

4 结 论

通过对二里头遗址 V 区内发掘出土的木炭碎块的分析和研究，得出如下结论：3800～3500aBP 的二里头遗址周围分布有大量的阔叶树栎林、杂木林和少量的松柏针叶林；当时的气候是温暖湿润的，但具体到不同的文化时期可能前期的生态气候好于后期；不论在二里头文化一、二期之交，还是在二里头文化四期，古人喜欢把栎木作为薪炭材。

参 考 文 献

[1] 许宏，陈国梁，赵海涛. 二里头遗址聚落形态的初步研究. 考古，2004，(11).
[2] 中国植被编辑委员会编著. 中国植被. 北京：科学出版社，1995.
[3] 成俊卿，杨家驹，刘鹏. 中国木材志. 北京：中国林业出版社，1992.
[4] Figueriral I, osbrugger V. A review of charcoal analysis as a tool for assessing Quaternary and Tertiary environments: achievements and limits. *Palaeogeography, palaeoclimatology, Palaeoecology*, 2000, (164).

[5] 陕西省农业厅. 陕西农业自然环境变迁史. 陕西：陕西科学技术出版社，1986.
[6] 中国树木志编委会主编. 中国主要树种造林技术（上册）. 北京：农业出版社，1978.
[7] 许宏. 二里头遗址发掘和研究的回顾与思考. 考古，2004，(11).
[8] 宋豫秦，郑光，韩玉玲，吴玉新. 河南偃师市二里头遗址的环境信息. 考古，2002，(12).
[9] 《山西森林》编辑委员会. 山西森林. 北京：中国林业出版社，1992.
[10] 中国森林编辑委员会编著. 中国森林. 第2卷. 北京：中国林业出版社，2000.

（原载于《中原文物》，2007年3期）

河南洛阳寺河南剖面沉积物的磁化率及其与粒度参数的关系

吉云平[1] 夏正楷[2]

(1. 中国地质科学院水文地质环境地质研究所,石家庄,050061;2. 北京大学城市与环境学院,北京,100871)

摘要：对河南洛阳寺河南剖面的一套全新世湖沼相沉积进行了磁化率测试,并将其与剖面的粒度变化进行了对比分析,分析结果显示沉积物磁化率的变化与不同粒级的百分含量具有一定的相关关系,频率磁化率与细粉砂和黏土的百分含量呈正相关关系。受湖泊状况和沉积条件的影响,沉积物磁化率与粒度参数的关系需依据不同的沉积环境进行分析。

关键词：湖沼相沉积 磁化率 粒度

磁性测量具有用样量少、快捷、简便和没有破坏性等优点,目前已经成为环境演变研究的重要测试手段之一[1~3]。湖泊沉积物研究中磁性测量方法的应用已经越来越普遍,涉及不同类型和尺度的湖泊环境。目前对国内外湖泊的研究都显示出湖泊沉积物的磁化率记录可以反映气候的变化[4~6]。湖泊沉积物的磁化率变化与沉积物的粒度之间存在着一定的相互关系,目前已有学者在这方面进行了相关的研究[7~12]。本文对河南洛阳邙山黄土丘陵上的一套湖沼相沉积[13]进行了磁化率和粒度参数的测试分析,分析了磁化率的变化及其与粒度参数变化的关系。

1 沉积剖面特征

寺河南剖面位于洛河一级支流瀍河上游的二级阶地上（34°48′20″N,112°24′06″E）,全剖面厚约6m。根据寺河南剖面沉积特征的野外观察,可将剖面由上而下分为6层。

第1层：灰黄色粉砂质黏土,土质少孔、紧实,其中含二里头时期（3900～3500a BP）的陶片。0～20cm。

第2层：褐色黏土。土质多孔,稍紧实,有假菌丝体新生体及虫洞,具铁锈色斑块。20～100cm。

第3层：深褐色黏土。土质多孔,稍疏松,有假菌丝新生体和虫洞,含有少量的泥球和炭屑,富含螺壳和蜗牛壳。为湖沼相沉积。100～220cm。

第4层：褐色粉砂质黏土。土质多孔,稍疏松,有假菌丝体新生体和虫洞。220～

340cm。

第5层：灰褐色黏土。土质多孔，稍紧实，具铁锈色斑块和炭屑等，含蜗牛壳、螺壳和植物残体。为湖沼相沉积。340~520cm。

第6层：灰褐色黏土夹砂砾石。为河漫滩相沉积。520~584cm。

2 磁化率测试与结果分析

寺河南剖面在野外以2cm间隔进行样品采取，共取样292个。样品的前处理和测试以及测试结果分析如下：

2.1 样品的前处理及测试

寺河南样品采用了对样品磁参数的稳定性影响很小的自然风干方法进行干燥处理[14]。经过干燥处理的样品在以不损伤颗粒结构的前提下进行研磨，然后置于长宽高均为2cm的无磁性立方体盒中压实称重，以便计算样品的密度。装满压实样品的无磁性立方体盒均标明内装样品的编号，最后放入仪器内进行测试。

样品的磁化率测试是在北京大学地表过程分析与模拟教育部重点实验室完成的。测试仪器为英国Bartington仪器公司生产的MS2型磁化率仪。为保证测试精度，高、低频磁化率均重复测试6次，并求出其算术平均值，再用各样品所测的磁化率数据除以其密度，分别求得低频质量磁化率（low frequency mass magnetic susceptibility，χ_{lf}）和高频质量磁化率（high frequency mass magnetic susceptibility，χ_{hf}）（单位 $10^{-8} m^3/kg$）。由于所测剖面的低频质量磁化率和高频质量磁化率两个参量的变化趋势是一致的，因此在本文中选择低频质量磁化率（χ_{lf}）进行分析讨论和对比。质量磁化率常用作亚铁磁性矿物含量的粗略度量。

频率磁化率（frequency dependent susceptibility，χ_{fd}）是由样品在低频（0.47kHz）磁场和高频（4.7kHz）磁场中测试后求得的低频质量磁化率和高频质量磁化率经过计算得到的。计算公式为：$\chi_{fd} = [(\chi_{lf} - \chi_{hf})/\chi_{lf}] \times 100\%$。频率磁化率可以反映样品中超顺磁颗粒的存在与否及其含量的大小[15]。

2.2 寺河南剖面磁化率分析

寺河南剖面沉积物的磁化率测试结果如图1所示，从图中可以看出磁化率值随沉积物岩性的变化而具有明显的变化，由上而下其具体变化如下：

第一层（0~20cm），低频质量磁化率的变化范围为（23.56~49.39）$\times 10^{-8} m^3/kg$，平均值为$30.54 \times 10^{-8} m^3/kg$。频率磁化率的变化范围为（7.28~9.69）%，平均值为8.19%。该层低频质量磁化率的变化比较明显。

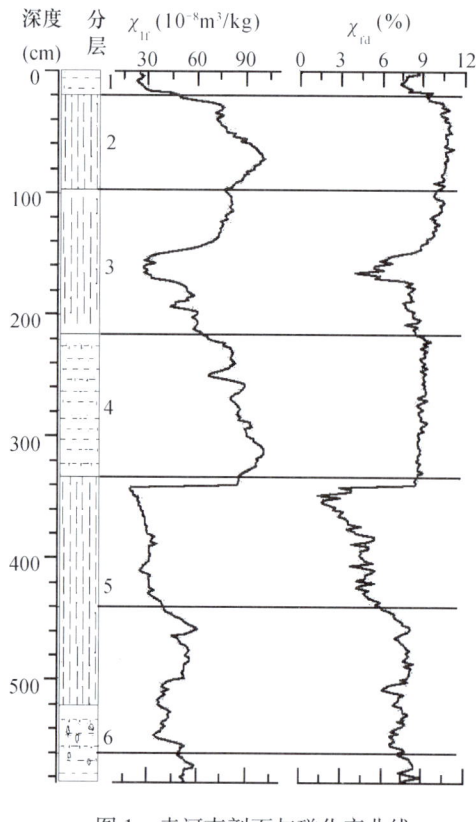

图 1 寺河南剖面与磁化率曲线

第二层（20~100cm），低频质量磁化率的变化范围为（49.93~101.64）×10^{-8}m^3/kg，平均值为83.67×10^{-8}m^3/kg。频率磁化率的变化范围为（9.42~11.18）%，平均值为10.54%。该段低频质量磁化率值呈上升之势，频率磁化率值变化则基本平缓。

第三层（100~220cm），低频质量磁化率的变化范围为（27.34~82.18）×10^{-8}m^3/kg，平均值为58.44×10^{-8}m^3/kg。频率磁化率的变化范围为（4.09~10.54）%，平均值为8.43%。该段低频质量磁化率值和频率磁化率值变化非常明显，均呈一波谷状态。

第四层（220~340cm），低频质量磁化率的变化范围为（67.93~100.96）×10^{-8}m^3/kg，平均值为87.0×10^{-8}m^3/kg。频率磁化率的变化范围为（8.41~9.60）%，平均值为8.96%。该层低频质量磁化率为缓慢上升状态，频率磁化率则基本没有变化。

第五层（340~520cm），低频质量磁化率的变化范围为（19.03~61.12）×10^{-8}m^3/kg，平均值为38.02×10^{-8}m^3/kg。频率磁化率的变化范围为（1.37~8.43）%，平均值为5.66%。低频质量磁化率和频率磁化率均呈上升趋势。

第六层（520~584cm），低频质量磁化率的变化范围为（34.52~58.91）×10^{-8}m^3/kg，平均值为46.63×10^{-8}m^3/kg。频率磁化率的变化范围为（6.64~8.96）%，平均值为7.6%。低频质量磁化率和频率磁化率均比上一层值高。

可以看出340cm以下的地层中低频质量磁化率和频率磁化率变化总体比较平缓，由下往上呈缓慢波动减小的趋势。340cm以上地层中的低频质量磁化率和频率磁化率变化都很明显，先是波动减小，在第三层上湖相层中部大到最低值，然后又波动上升并在第二层下部时达到最大值。最后低频质量磁化率和频率磁化率值又迅速减小，在第一层时降至低谷后又略有增大。

3 磁化率与粒度的比较分析

寺河南剖面沉积物的粒度以 <63μm 的粉砂和黏土为主，其含量占90%左右。剖面340cm以下 >125μm 的颗粒含量有所增加。寺河南剖面低频质量磁化率、频率磁化率及粒度各参数变化曲线见图2，磁化率与不同粒级组分含量的相关系数见表1。从图2和表1中可以看出，寺河南剖面磁化率与粒度各参数变化具有以下特征：

0~40cm，沉积物的低频质量磁化率和频率磁化率均与<16μm粒级的含量呈高度的正相关关系。沉积物的磁化率值随粗粉砂和细砂含量的减少而降低，显示沉积物中该粒级组分富含磁性颗粒。

40~120cm，沉积物的低频质量磁化率与不同粒级含量的相关性不是很明显，而沉积物的频率磁化率则明显的与<16μm粒级的含量呈正相关关系。反映出频率磁化率所指示的超顺磁颗粒在<16μm的细粉砂和黏土粒级中含量较高。

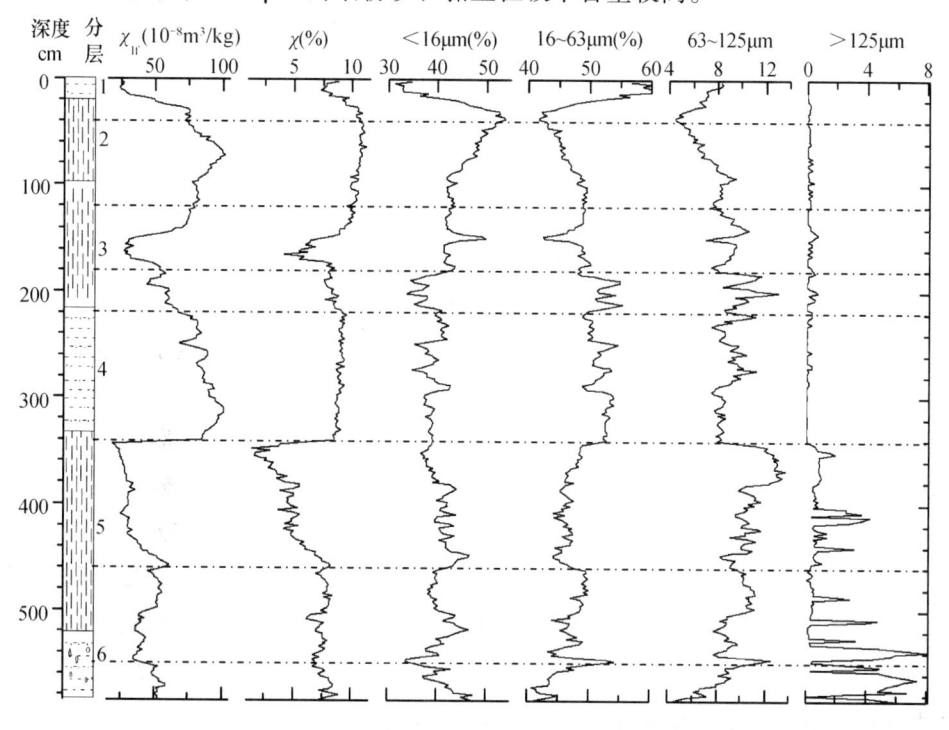

图2 寺河南剖面低频质量磁化率、频率磁化率及粒度各参数变化曲线

表1 沉积物磁化率与沉积物粒度间的相关系数（R）

低频质量磁化率 χ_{lf}				深度（cm）	频率磁化率 χ_{hf}			
<16μm	16~63μm	63~125μm	>125μm		<16μm	16~63μm	63~125μm	>125μm
0.98	-0.98	-0.91	0.55	0~40	0.95	-0.96	-0.83	0.51
0.06	-0.13	0.08	-0.11	40~120	0.69	-0.71	-0.62	-0.16
-0.12	0.10	0.09	-0.10	120~180	0.04	-0.04	0.00	-0.03
0.41	-0.48	0.06	0.40	180~220	0.35	-0.29	-0.14	0.17
0.03	0.25	-0.45	-0.33	220~340	0.36	-0.55	0.22	0.27
0.69	-0.41	-0.64	-0.22	340~460	0.82	-0.59	-0.80	-0.10
-0.24	0.37	0.58	-0.31	460~550	-0.14	0.24	0.39	-0.23
0.18	-0.46	-0.27	0.15	550~580	0.44	-0.35	-0.22	-0.26

120~180cm，该段沉积物的磁化率与所选粒级组合含量的相关关系均不是很明显；180~220cm，沉积物的低频质量磁化率和频率磁化率均与<16μm粒级的组分含量有一定的正相关关系；220~340cm，该段沉积物为上下两次湖沼相间的褐色粉砂质黏土沉积，其低频质量磁化率与<63μm粒级的含量呈弱正相关关系，频率磁化率与<16μm粒级的组分含量有一定的正相关关系；340~460cm，该段沉积物的质量磁化率和频率磁化率均与<16μm粒级的组分含量呈高度的正相关关系；460~550cm，该段沉积物的低频质量磁化率和频率磁化率与16~125μm粒级的组分含量具有一定的正相关性；550~580cm，该段沉积物的低频质量磁化率和频率磁化率均与<16μm粒级的组分含量呈一定的正相关关系。

寺河南剖面沉积物磁化率与不同粒级组分含量相关关系的对比分析结果可以看出，沉积物的低频质量磁化率和频率磁化率在120~180cm处与粒度基本不相关，在460~550cm处，与16~125μm粒级的组分含量成正的相关关系，在其他沉积阶段均与<16μm粒级的组分含量成正的相关关系，且频率磁化率与<16μm粒级的组分含量的相关关系要比低频质量磁化率的更明显一些。由于剖面沉积环境复杂，沉积物会受到搬运营力、搬运距离和沉积环境的水动力等多种因素的控制，而湖泊水位的高低、有机质及盐分含量的变化等都会对磁性矿物的含量产生影响，进而改变磁化率的强度。因而磁化率与沉积物粒度之间的关系要依据不同的沉积环境来进行分析。

4 结 论

寺河南沉积剖面低频质量磁化率的变化趋势与频率磁化率的变化趋势基本一致。湖沼相沉积物的频率磁化率与黏土和细粉砂含量具有一定的正相关关系，而与粗粉砂及以上粒级的百分含量呈负相关关系。由于受湖泊状况和沉积条件的影响，沉积物磁化率与粒度参数的关系需依据不同的沉积环境进行分析。此外，除选择粒级的百分含量与磁化率进行对比外，寺河南剖面不同粒级组分含量与磁化率的相关关系有待进一步研究。

参 考 文 献

[1] 吴瑞金. 湖泊沉积物的磁化率、频率磁化率及其古气候意义——以青海湖、岱海近代沉积为例. 湖泊科学，1993，5 (2)：128~135.

[2] Oldfield F. Environmental Magnetism——a personal perspective. *Quaternary Science Reviews*，1991，1073~1085.

[3] 刘秀铭，刘东生，F Heller，等. 黄土频率磁化率与古气候冷暖变换. 第四纪研究. 1990，(1)：42~49.

[4] 胡守云，王苏民，E Appel，等. 呼伦湖湖泊沉积物磁化率变化的环境磁学机制. 中国科学

(D 辑),1998,28(4):334~339.

[5] 张振克,吴瑞金,王苏民. 近 2600 年来内蒙古居延海湖泊沉积记录的环境变化. 湖泊科学,1998,10(2):44~51.

[6] 张振克,吴瑞金,王苏民. 岱海湖泊沉积物频率磁化率对历史时期环境变化的反映. 地理研究,1998,17(3):297~302.

[7] 王建,刘泽春,姜文英,等. 磁化率与粒度、矿物的关系及其古环境意义. 地理学报,1996,51(2):155~163.

[8] 迟振卿,闵隆瑞,王志明,等. 河北省阳原盆地井儿洼钻孔磁化率粒度反映的环境意义. 地质力学学报,2003,8(1):87~96.

[9] 杨晓强,李华梅. 泥河湾盆地沉积物磁化率及粒度参数对沉积环境的响应. 沉积学报,1999,17(增刊):763~768.

[10] 杨晓强,李华梅. 泥河湾盆地沉积物粒度组分与磁化率变化相关性研究. 沉积学报,2002,20(4):765~769.

[11] 舒强,李吉均,赵志军,等. 苏北盆地 XH-1 钻孔沉积物磁化率与粒度组分相关性变化特征及其意义研究. 沉积学报,2006,24(2):276~281.

[12] 钟巍,王立国,李蔡. 塔里木盆地南缘沉积物磁化率、$\delta^{13}C$ 与粒度及其气候环境意义. 地理研究,2005,24(1):98~104.

[13] 梁亮,夏正楷,刘德成. 中原地区距今 5000~4000 年间古环境重建的软体动物化石证据. 北京大学学报(自然科学版),2003,39(4):532~537.

[14] 陈满荣,俞立中,韩晓非. 环境磁学样品干燥过程中的磁性效应. 沉积学报,2001,19(4):630~636.

[15] 强小科,安芷生,常宏. 佳县红黏土堆积序列频率磁化率的古气候意义. 海洋地质与第四纪地质,2003,23(3):91~96.

(原载于《南水北调与水利科技》,2008 年 6 卷 6 期)

河南孟津寺河南中全新世湖泊沉积物的易溶盐测定及其古水文意义

曹 雯 夏正楷

(北京大学城市与环境学院，北京，100871)

摘要：全新世中期（8.5ka~3kaBP），是全新世气候最为温暖湿润的时期，称全新世大暖期[1]。2000年，我们在河南孟津发现了寺河南古湖沉积，其年代为 7ka~4kaBP。前人对沉积物中的孢粉、软体动物等进行了研究，并恢复了古湖演变历史，发现该湖相沉积很好地记录了中原地区全新世大暖期时的气候状况。为了进一步研究湖泊的水文变化状况，我们在 2006 年又对该湖泊沉积剖面进行了系统采样和易溶盐测定，测试项目包括 HCO_3^-、Cl^-、SO_4^{2-}、Ca^{2+}、Mg^{2+} 等五项离子。测试结果表明，在湖泊存在期间，该湖属于重碳酸盐型的淡水湖类型，湖水盐度总体呈增加趋势，并于约 5660aBP 和 4040aBP 开始分别出现两次较明显的咸化过程。对比前人根据孢粉和软体动物分析所得的研究结果，发现易溶盐变化所反映的两次湖水咸化过程不仅与根据孢粉和软体动物的研究结果一致，也与该地区气候变化背景下的古湖泊演变过程基本吻合。

关键词：寺河南 中全新世 湖积层 易溶盐 古水文

内陆湖泊沉积物的易溶盐含量可反映湖水的化学特征[2]，因此，通过研究湖相沉积中的易溶盐可以得知湖泊古盐度的变化，并重建湖泊古水文演化过程。同时，湖泊的水化学特征受气候条件的控制，因此，易溶盐亦可作为有效手段在一定程度上指示古气候条件的变化。关于内陆湖泊水化学演化的研究国内外都有涉及[3~5]，并逐步开始尝试将其应用于对古气候的研究中来。

寺河南剖面中包含一个出现于中全新世的古湖的沉积层，本文欲通过对该湖相沉积中的 HCO_3^-、Cl^-、SO_4^{2-}、Ca^{2+}、Mg^{2+} 等五项易溶盐离子的测定和分析，来揭示古湖盐度的变化趋势，并重建古湖的水文演化过程。同时对比前人对孢粉和软体动物的研究成果，来进一步研究易溶盐与古气候条件之间的关系。

1 研究剖面位置及沉积特征

研究剖面位于河南省洛阳市孟津县城西南约 5km 的邙山黄土台塬上，海拔 281m，在这里瀍河深切于邙山黄土台塬之中，形成宽阔的河谷。在瀍河两岸的二级阶地上，分布有中全新世的湖积地层，位于瀍河北岸的寺河南剖面是其中出露最好的剖面。

寺河南剖面主要由深褐色黏土和褐色粉砂质黏土组成，厚约6m，根据岩性特征，可以将剖面从上至下分为6层：

（1）灰黄色粉砂质黏土，土质紧实，其中发现有二里头时期的灰坑，据此确定本层属于二里头时期的堆积。　　　　　　　　　　　　　　　　　　　0～20cm

（2）褐色黏土，土质紧实，含有大量铁锈色斑块，为湖积平原。　　20～100cm

（3）深褐色黏土，土质紧实，含有少量泥球和炭屑，富含水生和两栖类软体动物化石，为湖泊相沉积。　　　　　　　　　　　　　　　　　　　　　100～220cm

（4）褐色粉砂质黏土，土质紧实，含有少量螺类和蜗牛化石，为湖沼沉积。
　　　　　　　　　　　　　　　　　　　　　　　　　　　　　　　220～340cm

（5）灰褐色黏土，土质稍紧实，含铁锈色斑块和炭屑等，富含水生类软体动物化石和植物残体，为湖泊相沉积。　　　　　　　　　　　　　　　　　340～530cm

（6）灰褐色黏土夹砂砾石，含马牙化石，为河漫滩相沉积。　　　530～580cm

在剖面上采集样品进行^{14}C年龄测定，在剖面40cm处获取年龄数据为3230±40aBP（经树轮校正，下同）；在340cm处为5660±115aBP；在496cm处为6330±80aBP，在516cm处为6920±150aBP（表1）。

表1　剖面样品^{14}C年龄数据对比表

样品号	层位	采样深度（cm）	^{14}C年龄数据（经树轮校正）
20	2（20～100cm）	40	3230±40aBP
170	4（220～340cm）	340	5660±115aBP
248	5（340～530cm）	496	6330±80aBP
258	6（530～580cm）	516	6920±150aBP

根据第2层和第4层沉积性质类似、第3层和第5层沉积性质类似的原则，通过以上年龄数据和测年样品的深度，可推断剖面的平均沉积速率：第2层和第4层沉积速率约为1.14mm/a，第3层和第5层沉积速率约为1.40mm/a[6]，由此可以推算出剖面各层的大致年代：第1～6层间的年代界线分别是3055、3755、4610、5660、7020aBP，第6层底界的年代为7380aBP。

2　样品采集与测试

我们在剖面上以样长2cm为单位，系统采集了沉积物样品290个，其中第1层10个，第2层40个，第3层60个，第4层60个，第5层95个，第6层25个。我们的主要研究对象是第3～5层的湖积物。

湖水的优势离子可以指示湖泊类型及湖水的盐度变化,根据各离子对湖泊水文的指示意义[7],我们选取 HCO_3^-、Cl^-、SO_4^{2-}、Ca^{2+}、Mg^{2+} 等五项离子作为反映古湖水盐度变化状况的主要指标,其中:当湖泊处于淡水湖发育阶段时,其水化学类型均为重碳酸盐型,阴离子以 HCO_3^- 为主[8],而随湖水咸化,Cl^- 会逐渐占优势,且 Cl^- 的含量变化是反映湖水盐度变化的最直观敏感的指标[9];另外,淡水湖中的阳离子以 Ca^{2+} 为主,而高 Mg^{2+} 环境又是湖泊咸化的标志,因此可通过 Ca^{2+} 和 Mg^{2+} 的变化状况来推断湖水盐度的变化[10,11]。

各项指标的测试均采用滴定法:每个沉积物样品中分别称取10g样品,加入50g蒸馏水,并提取上层清液待测。测试方法[12~14]如下:HCO_3^- 的测试采用双指示剂中和法,Cl^- 的测试采用 $AgNO_3$ 滴定法,SO_4^{2-}、Ca^{2+}、Mg^{2+} 的测试均采用EDTA络合滴定法。所得数据单位采用mmol/L(毫摩尔每升)。

尽管测试结果是沉积样品水溶液中的离子浓度,其数值并不完全代表古湖水中离子的原始浓度,但是它仍然可以作为湖水盐度的代用指标,其大小可较好地反映湖水盐度随时间的变化状况。

3 测试结果分析

3.1 主要离子浓度

3.1.1 阴离子

HCO_3^- 浓度整体较高,其浓度变化范围为 0.723~1.372mmol/L,平均浓度为 1.022mmol/L,是所测五项离子中平均浓度最高的,反映了重碳酸盐型淡水湖泊的水化学特征。整个剖面中 HCO_3^- 浓度变化不大。

Cl^- 浓度变化范围为 0.190~2.345mmol/L,平均浓度为 0.542mmol/L。整个剖面中 Cl^- 浓度变化较大,最高值达到最低值的10倍以上。以340cm为界,界线以下(第5~6层)Cl^- 浓度较低,平均浓度仅 0.308mmol/L,波动不大;界线以上(第1~4层),Cl^- 浓度出现整体增高趋势,值域波动较大,并于10cm和110cm附近出现两个高峰值。再以 Cl^- 浓度开始出现第一个峰值的140cm处为界线,100~140cm处(第3层上部)的 Cl^- 的平均浓度高达 1.257mmol/L。

SO_4^{2-} 浓度变化范围为 0.004~0.538mmol/L,是阴离子中浓度最低的,平均浓度仅有 0.134mmol/L。SO_4^{2-} 浓度低值域出现在第4层(平均浓度 0.068mmol/L),高值域出现在第5层(平均浓度 0.182mmol/L)。

3.1.2 阳离子

Ca^{2+} 浓度的变化范围为 0.200~1.750mmol/L,平均浓度为 0.459mmol/L。剖面由

下至上 Ca^{2+} 浓度整体呈现不断升高的趋势。以 340cm 为界，界线以上层位的平均浓度（0.536mmol/L）高于界线以下层位的平均浓度（0.349mmol/L）。在 10cm 处出现突增峰值，峰值处浓度约为最低处的 10 倍，该峰值与 Cl^- 浓度曲线中的一个峰值同步出现。

Mg^{2+} 浓度的变化范围为 0.0125 ~ 0.350mmol/L，平均浓度为 0.137mmol/L。Mg^{2+} 浓度的整体含量很低，其浓度远低于 Ca^{2+}。剖面由下至上 Mg^{2+} 浓度呈现整体升高趋势，340cm 以上层位的平均浓度（0.158mmol/L）高于界线以下层位的平均浓度（0.109mmol/L）；高值域出现在第 4 层（平均浓度 0.170mmol/L），低值域出现在第 5 层（平均浓度 0.107mmol/L）。

3.2 离子比值

离子比值的相对变化情况可比单项离子浓度更好地指示湖泊水体的咸化程度。我们选取了 SO_4^{2-}/Cl^-、$(Cl^- + SO_4^{2-})/HCO_3^-$ 和 Ca^{2+}/Mg^{2+} 等三项离子比值作为主要盐度指标，以进一步了解古湖盐度的变化状况（图1）[15,16]。

3.2.1 SO_4^{2-}/Cl^- 比值

该比值反映湖水中 SO_4^{2-} 与 Cl^- 的相对变化趋势。随湖水盐度的增高，相对于 SO_4^{2-}，Cl^- 浓度会呈现较大幅度的增高，即该指标值的降低可反映湖水的咸化。剖面中该值变化范围为 0.006 ~ 2.544。以 340cm 为界，界线以下层位的平均值（0.621）高于界线以上层位的平均值（0.164）的三倍。其中高值区域和峰值均出现于第 5 层。

3.2.2 $(Cl^- + SO_4^{2-})/HCO_3^-$ 比值

该比值反映湖水中的优势阴离子的相对变化趋势。淡水湖中阴离子以 HCO_3^- 为主，随湖水盐度的增高，Cl^- 和 SO_4^{2-} 会逐渐成为优势阴离子，即该指标值的增高可反映湖水的咸化。剖面中 $(Cl^- + SO_4^{2-})/HCO_3^-$ 比值的变化范围为 0.203 ~ 3.148，以 340cm 为界，界线以上层位的平均值（0.865）高于界线以下层位的平均值（0.449）近一倍，其中第 3 层上部（100 ~ 140cm）平均值最高（1.287），第 4 层中较高（0.631），第 5 层中最低（0.453）。

3.2.3 Ca^{2+}/Mg^{2+} 比值

该比值反映湖水中的优势阳离子的相对变化。淡水湖中阳离子以 Ca^{2+} 为主，随湖水盐度的增高，Mg^{2+} 的比例会逐渐升高，即湖水的高盐度通常对应于 Ca^{2+}/Mg^{2+} 低值。剖面中该值的变化范围为 1.214 ~ 11.576，值域变化范围较大。以 340cm 为界，界线以下层位的比值显著高于界线以上层位。高值区域（平均值 3.987）出现于第 5 层。低值区域（平均值 2.856）出现于第 4 层。

· 132 · 中华文明探源工程文集

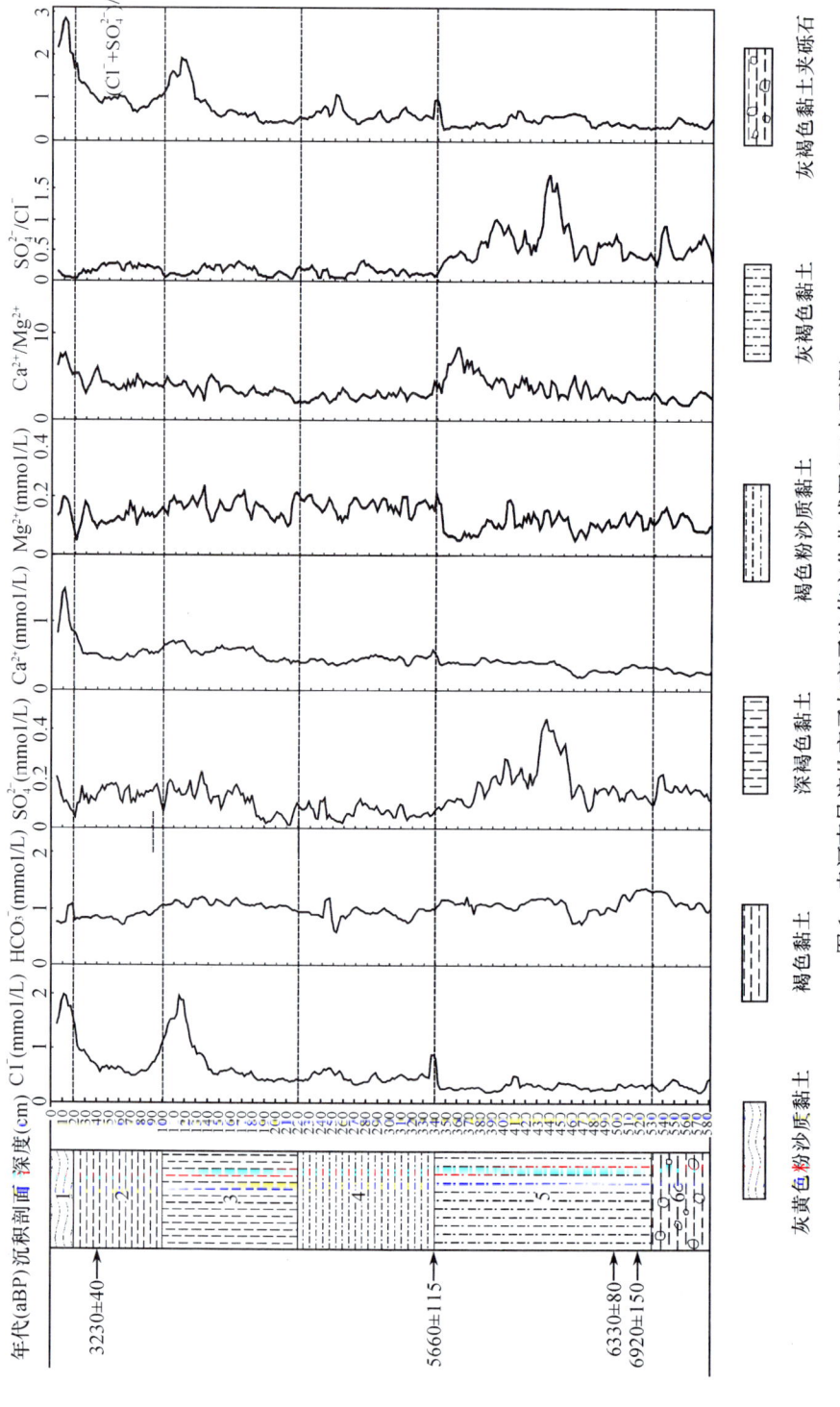

图 1 寺河南易溶盐离子与离子比值变化曲线图（三点平滑）

4 讨 论

寺河南古湖泊沉积的易溶盐测试结果表明,在所有的样品中,阴离子以 HCO_3^- 的平均浓度最高、Cl^- 次之、SO_4^{2-} 最低为特征,阳离子以 Ca^{2+} 浓度远高于 Mg^{2+} 为特征,说明寺河南古湖属于重碳酸盐型淡水湖类型[9,17,18]。

通过对曲线的三点平滑处理,对于我们所主要研究的第 3~5 层湖泊沉积物的易溶盐总体变化趋势如下:剖面由下至上,Cl^- 浓度不断升高,于第 3 层上部(100~140cm)出现一个峰值;SO_4^{2-} 浓度于第 5 层中最高、第 4 层最低、至第 3 层又略有回升;Ca^{2+} 浓度逐步升高;($Cl^- + SO_4^{2-}$)/HCO_3^- 比值不断升高,于第 3 层上部(100~140cm)出现一个峰值;Ca^{2+}/Mg^{2+} 和 SO_4^{2-}/Cl^- 比值均表现出第 5 层较高、第 3~4 层较低的特征。以上特征表明在湖泊的演变过程中,湖水的盐度在不断增加。

在 340~530cm(第 5 层)中,Cl^- 浓度处于低值域,波动不大;SO_4^{2-} 浓度处于高值域,并出现峰值;Ca^{2+} 浓度变化不大,略有上升趋势;Mg^{2+} 浓度处于低值域;($Cl^- + SO_4^{2-}$)/HCO_3^- 比值处于低值域;Ca^{2+}/Mg^{2+} 和 SO_4^{2-}/Cl^- 比值均处于高值域,以上特征表明湖水此时盐度较低。

大致在 340cm 处(第 4、5 层间的界线),由下至上,各离子浓度出现第一次转折,其中 Cl^- 浓度升高一个台阶;SO_4^{2-} 浓度由高值域进入低值域;Mg^{2+} 浓度整体增高;($Cl^- + SO_4^{2-}$)/HCO_3^- 比值上升,进入波动频繁阶段;而 Ca^{2+}/Mg^{2+} 和 SO_4^{2-}/Cl^- 比值则显著下降。这些变化说明在 5660aBP 前后,湖水开始出现一次咸化过程。

在 220~340cm(第 4 层)中,Cl^- 浓度较高,且波动频率增高;SO_4^{2-} 浓度处于低值域;Ca^{2+} 浓度较第 5 层有所升高;Mg^{2+} 浓度处于高值域;($Cl^- + SO_4^{2-}$)/HCO_3^- 比值较高,波动频繁;Ca^{2+}/Mg^{2+} 和 SO_4^{2-}/Cl^- 均处于低值域,表明此阶段湖水盐度整体有所提高。

在 140~220cm(第 3 层下部)中,各指标和第 4 层相比变化不显著,其中 Mg^{2+} 浓度和($Cl^- + SO_4^{2-}$)/HCO_3^- 比值有所降低。

大致在 140cm 处(Cl^- 浓度开始出现第一个峰值处),由下至上,各离子浓度出现第二次转折。其中以 Cl^- 浓度的变化最为显著,其值迅速增高并在第 3 层上部(100~140cm)出现峰值;SO_4^{2-} 浓度有所升高;Mg^{2+} 浓度有所升高;($Cl^- + SO_4^{2-}$)/HCO_3^- 比值也开始大幅度升高并在第 3 层上部(100~140cm)出现峰值;SO_4^{2-}/Cl^- 比值略有降低。这些变化表明湖水在 4040aBP 前后再次出现咸化过程,且此次咸化程度远高于上次。

以上结果表明,在古湖的演变过程中,湖水不断咸化,期间存在两次湖水由淡变咸的过程:根据年龄测试结果,第一个过程大致发生于 7020~4610aBP,包括第 5 层和第4层，其中：7020~5660aBP（第5层）湖水最淡，至5660~4610aBP（第4层）湖水整体有所咸化；第二个过程大致发生于4610~3755aBP，即第3层，以140cm为界线将第3层划分为上部（100~140cm）和下部（140~220cm），其中：4610~4040aBP（第3层下部）湖水较淡，至4040~3755aBP（第3层上部）湖水再次发生咸化。

梁亮于2003年[19]根据该湖相沉积中的软体动物化石的丰度和种属变化对该湖泊的演变过程做过分析，认为古湖存在两次水生种属繁盛的时期，其中：第一次繁盛期的水生种属丰度高于第二次，且两次繁盛期之间以及第二次繁盛期之后，各存在一次喜冷干环境的陆生蜗牛占优势的时期；孙雄伟于2005年[6]根据孢粉变化对湖泊所处的气候环境也做过分析，认为古湖发育时期内该区域存在两次乔木占优势的时期，其中：乔木的种类和含量在第一次优势期后，经历了一次低值期，又进入第二次优势期，而第二次优势期阔叶树种丰度不如第一次优势期，且此后乔木逐渐减少，阔叶树种消失。此次我们根据易溶盐分析得到的有关湖泊水文变化的上述结论与他们的研究结果基本一致，可以相互验证（表2）。

表2 寺河南剖面易溶盐、孢粉和软体动物化石对比

过程	层位	深度（cm）	年龄（aBP）	盐度	孢粉组合	软体动物
2	3层上部	100~140	4040~3755	咸化	蕨类含量很低，乔木含量不高，阔叶树种消失	水生类较少，几乎无两栖类，以陆生蜗牛为主
2	3层下部	140~220	4610~4040	较淡	蕨类和乔木含量较高、种类较多，含少量阔叶树种	以水生和两栖类为主，富含喜暖螺类
1	4层	220~340	5660~4610	咸化	蕨类极少，乔木很少	水生类稀少，陆生蜗牛占优势
1	5层	340~530	7020~5660	最淡	乔木含量和种类最丰富，富含喜暖阔叶树种花粉	水生类丰度为剖面中最高

5 结 论

通过对寺河南剖面古湖沉积物易溶盐各离子（HCO_3^-、Cl^-、SO_4^{2-}、Ca^{2+}、Mg^{2+}）的浓度变化的分析，可以得出如下结论：

（1）中全新世期间出现在该地区的古湖泊是一个重碳酸盐型淡水湖。

（2）寺河南古湖在发育过程中盐度总体呈增加趋势，并出现过两次较为明显的湖水咸化过程：第一次发生在7020~4610aBP，以5660aBP为该过程的前后期界线，前期湖水盐度最淡，后期发生整体性咸化；第二次发生4610~3755aBP，以4040aBP为该过程的前后期界线，前期湖水较淡，后期发生再次咸化，且该次咸化程度远高于第一次咸化，湖泊自此开始趋于消亡。

（3）比照前人的工作成果，发现易溶盐变化所反映的湖水盐度的变化过程不仅与古湖的孢粉和软体动物的丰度及种属的变化一致，也与该地区的气候变化背景下的古湖演变过程基本符合。

参 考 文 献

[1] 施雅风，孙昭宸，王苏民，等．中国全新世大暖期的气候波动与重要事件．中国科学（B辑），1992，22（12）：1300～1308．

[2] Hakanson L, Jansson M. *Principles of lake sedimentology*. Berlin: Springer-Verlag. 1983: 5-174.

[3] Bjorck S, Olsson S, Evans C E, *et al.* Late Holocene palaeoclimatic records from lake sediments on James Ross Island , Antarctica. *Palaeogeography*, *Palaeoclimatology*, *Palaeoecology*, 1996, 121: 195-220.

[4] 李涛．艾比湖水化学演化的初步研究．湖泊科学，1993，5（3）：234～243．

[5] 李容全，乔建国，邱维理，等．泥河湾内易溶盐沉积及其环境意义．中国科学（D辑），2000，30（2）：148～158．

[6] 孙雄伟，夏正楷．河南洛阳寺河南剖面中全新世以来的孢粉分析及环境变化．北京大学学报（自然科学版），2005，41（2）：289～294．

[7] 张洪，靳鹤龄，肖洪浪，等．东居延海易溶盐沉积与古气候环境变化．中国沙漠，2004，24（4）：409～415．

[8] 金相灿等．湖泊环境（第一册）．北京：海洋出版社，1995：1～386．

[9] 奚晓霞，穆德芬，方小敏，等．早更新世东山古湖氯离子含量变化与季风演化．冰川冻土，1996，8（2）：125～133．

[10] 沈照理．水文地球化学基础．北京：地质出版社，1986：1～185．

[11] 郑绵平．盐湖资源环境与全球变化．北京：地质出版社，1996：1～183．

[12] 李学垣．土壤化学．北京：高等教育出版社，2001：1～406．

[13] 于天仁，王振权．土壤分析化学．北京：科学出版社，1988：1～531．

[14] 中国土壤学会农业化学专业委员会．土壤农业化学常规分析方法．北京：科学出版社，1983：1～457．

[15] 翟秋敏．全新世安固里淖易溶盐沉积与环境．古地理学报，2001，3（1）：91～96．

[16] 周廷儒，李华章，李容全．泥河湾盆地新生代古地理研究．北京：科学出版社，1991：1～157．

[17] O. A. 阿列金著．张卓元，陈明，彭一民，等译．水文化学原理．北京：地质出版社，1960：1～303．

[18] Б. Д. 扎依科夫著，秦忠夏译．湖泊学概论．北京：商务印书馆，1981：1～318．

[19] 梁亮，夏正楷，刘德成．中原地区距今5000～4000年间古环境重建的软体动物化石证据．北京大学学报（自然科学版），2003，39（4）：532～537．

（原载于《北京大学学报》（自然科学版），2008年44卷6期）

基于小流域人类生态系统的洛阳瀍河环境考古

夏正楷

（北京大学城市与环境学院，北京，100871）

摘要：中原地区是华夏文明的发祥地，是世界上古代文明唯一得到延续和发展的地方，在人类文明史上占有其他地区无可比拟的特殊地位。位于河南洛阳的瀍河上游地区，文化遗址众多，湖沼堆积和黄土—古土壤发育。利用流域内全新世中期人类活动频繁、古环境信息丰富、人类与环境之间关系密切的区域优势，在瀍河上游构建了一个史前小流域人类生态系统，并以此为研究对象，在地球系统科学的指导下，通过地貌学、第四纪环境学和考古学的结合，在剖析系统内自然环境与人类活动之间的相互作用，探讨环境演变对史前人类文化演进的影响、人类对环境演变的适应以及史前人类活动对自然环境的影响等方面取得了新的认识，为探索中原地区华夏文明发生发展的环境背景提供了重要的资料。实践证明，史前小流域人类生态系统的研究，不仅有助于重建古代人类生存环境的全貌，而且有助于揭示该地区史前人地关系的基本模式和演变机制，是近年来环境考古研究在基础理论和研究方法上的重要发展。

关键词：全新世中期　瀍河上游地区　史前小流域人类生态系统　环境考古

　　人类和周围的自然环境，包括地貌、气候、水文、土壤以及动植物等地理环境要素共同组成了一个以人类为中心的生态系统，在这个系统内，人类与自然环境之间通过物质和能量交换，建立了十分密切的关系，人类生活在地理环境之中，地理环境及其变化直接影响人类的生产方式和生活方式，而且作为高级动物，人类还能够通过生物生态适应和文化生态适应来适应环境的变化，用文化能动地利用和改造环境[1]。

　　人类生态系统的概念是近几年来围绕生态学研究建立起来的，它把当代人地关系的研究提高到地球系统科学的高度，全面以人为中心，全面考查人类与地球系统各要素之间的相互作用，这对于揭示当代人地关系的特征和机制具有重大的意义[2]。

　　人类生态系统的概念不仅适用于今天，而且也适用于古代。近年来我国的环境考古学家在重建古代人地关系方面已经做了大量的工作，但大量的工作还局限于遗址本身的古环境恢复，缺乏立足于人类生态系统的深入研究。在环境考古中引入人类生态系统的概念，建立不同时代、不同级别的史前人类生态系统，可以最大限度地再造当时人类的生存环境，深入地了解不同时代人类与环境之间的相互作用，并以人类活动为核心，揭示系统内部人类与自然环境之间相互作用的过程和机制。环境考古研究中人类生态系统的引入，标志着环境考古研究已经进入一个新的历史阶段。

古代人类生态系统的空间尺度可大可小，大者可以涵盖整个地球，小者仅涉及聚落或遗址的周边地区。其中小流域人类生态系统是组成人类生态系统的基本单元，其规模与聚落考古的规模相符。由于在史前小流域人类生态系统中，人类与环境之间的关系十分直观，两者之间相互作用的证据也比较容易获取，环境考古与聚落考古能有机地结合在一起，因此史前小流域人类生态系统应该是目前开展环境考古工作的重点，是进一步提高环境考古研究水平的重要途径。

1 史前小流域人类生态系统的选择

建立用于环境考古的古代小流域人类生态系统，必须符合以下几方面的要求：

（1）我们研究的是古代小流域人类生态系统，而古今小流域的格局可能发生过巨大的变化，因此在圈定古代小流域人类生态系统的范围之前，首先要了解古代地貌和水文网的基本格局。

（2）人类生态系统是以人为中心的生态系统，因此，在圈定的古代小流域人类生态系统内，应该有较多的人类遗址和人类活动的遗存，文化底蕴比较深厚，从中可以获取有关古代人类文化及其演变的丰富信息。

（3）在圈定的古代小流域人类生态系统内，应该存在有不同类型的自然沉积剖面，诸如湖沼堆积、河流堆积、黄土堆积等，以便多方面获取古代自然环境（包括地貌、气候、水文、土壤和生物等）及其变化的信息。

（4）在圈定的古代小流域人类生态系统中，应该保留有丰富的古代人类活动与自然环境相互作用的记录，例如人类文化中应包含有环境影响人类和人类适应环境等方面的信息，自然剖面，尤其是土壤剖面中应包含有人类影响环境的大量信息等。

根据这一标准，我们尝试在河南伊洛河流域选择瀍河上游重建一个全新世中期的小流域人类生态系统，在这个系统内，史前人类遗址、古湖沼堆积和黄土古土壤三者共存，史前文化记录和古环境信息都十分丰富，适宜于开展基于小流域人类生态系统的环境考古研究。

2 瀍河史前小流域人类生态系统研究

2.1 史前人类文化遗存

据调查，系统内有新石器时代文化遗址多处，规模较大者有马屯遗址、班沟遗址、寺河南遗址、大阳河遗址、沟遗址、后李遗址等，其中如寺河南遗址面积220000m^2，文化堆积厚，包含物丰富，时代为庙底沟二期—二里头时期；大阳河遗址面积 350000m²，文化堆积厚约2m，遗物丰富，横跨王湾三期—二里头时期。这些遗址为我们提供了该地区新石器时期不同阶段的文化面貌和演化序列[3]。

2.2 来自湖沼堆积和黄土的古环境记录

2.2.1 来自湖沼堆积的古环境记录

在我们选择的全新世中期小流域人类生态系统内，古湖沼堆积有广泛的分布，其中以寺河南剖面最具代表性。该剖面中湖沼堆积层总厚约4.3m，可以分为上中下三部分，上湖沼层厚1.2m，中湖沼层厚1.2m，下湖沼层厚1.9m。测年数据表明，下湖沼层的时代为7020～5660aBP（相当于仰韶中期），中湖沼层5660～4900aBP（相当于仰韶晚期），上湖沼层的年龄为4900～4100aBP（相当于龙山时期）。湖沼层之上覆盖有二里头时期的堆积。

在湖沼层中发现有丰富的软体动物化石和孢粉。

软体动物包括水生软体动物、两栖类软体动物和陆生软体动物等，统计结果表明，它们在剖面上呈现有一定的分布规律[4]（表1），其中：

下湖沼层中水生软体动物化石及两栖软体动物化石富集。其中水生软体动物以湖球蚬为主，白旋螺少数。两栖类仅琥珀螺一种，数目不多。陆生软体动物比较丰富，有显口多点螺和美丽瓦娄蜗牛等，说明仰韶中期气候温暖湿润，湖沼发育。

中湖沼层中陆生软体动物丰富，有喜暖的显口多点螺、美丽瓦娄蜗牛、多齿砂螺、巨盾蛞蝓未定种等，水生和两栖软体动物化石比较罕见，仅出现一些湖球蚬，表明仰韶晚期气候恶化，湖沼萎缩。

上湖沼层水生软体动物化石及两栖软体动物化石富集，其中水生软体动物以白旋螺为主，湖球蚬少数，两栖类软体动物以琥珀螺未定种为主，陆生软体动物在这一层中也很丰富，出现大量喜暖湿的多齿砂螺、显口多点螺、巨盾蛞蝓未定种和烟台间齿螺等，反映龙山时期气候温暖湿润，湖泊发育。

湖沼层的上覆地层中基本上没有发现水生软体动物化石及两栖软体动物化石，仅有少数陆生软体动物化石。表明在4100～3500a，气候变干，湖泊消亡。

表1 寺河南剖面不同生态类型的软体动物化石分布

层位	时代	水生软体动物	两栖软体动物	陆生软体动物
上覆地层	二里头时期	没有		少数
上湖沼层	龙山时期	白旋螺	琥珀螺未定种	多齿砂螺、显口多点螺、巨盾蛞蝓未定种和烟台间齿螺
中湖沼层	仰韶晚期	少数湖球蚬		显口多点螺、美丽瓦娄蜗牛、多齿砂螺、巨盾蛞蝓未定种
下湖沼层	仰韶中期	湖球蚬	琥珀螺未定种	显口多点螺和美丽瓦娄蜗牛

孢粉分析结果也表明在湖沼堆积时期，区域植被组合发生了明显的变化[5]，其中：

下湖沼层孢粉组合以蒿属为主，禾本科和藜科次之，有一定量的菊科、豆科、毛茛科。乔木以松属为主，中上部出现桦属、桤木属、鹅耳枥属、榆属、胡桃属、枫杨属、栎属、柳属、漆树属、桑科等阔叶树种。蕨类孢子很少。属温暖温暖湿润的疏树草原环境。

中湖沼层孢粉组合以蒿属为主，禾本科和藜科次之，还有一定量的菊科、豆科、毛茛科、唐松草属。乔木仅出现在下部，以松属为主，还有鹅耳枥属、栎属、柳属、桑科等阔叶树种。蕨类罕见。说明当时气候温暖干燥，属蒿属草原环境。

上湖沼层孢粉组合以蒿属和禾本科粉为主，藜科极少，有一定量的菊科、豆科、毛茛科、唐松草属。乔木以松属为主，中、下部出现桤木属、鹅耳枥属、榆属、栎属、柳属、漆树属、桑科等阔叶树种，蕨类也集中在中下部，属温暖湿润的疏树草原环境。上部缺乏阔叶树种和蕨类，说明后期气候向干冷方向发展，出现蒿属草原环境。

上述植被组合所反映的陆地生态系统与软体动物化石反映的湖泊生态系统具有相同的变化过程。

2.2.2 来自黄土的古环境记录

流域内在湖泊堆积物分布区的外围为黄土分布区，我们选择了其中具有一定代表性的大阳河剖面。该剖面距湖泊堆积边缘约1km，厚3.8m，由上而下可以划分为四层，即上黄土—上古土壤—下黄土—下古土壤。其中上黄土层中出二里头时期的陶片，上古土壤层上部夹有龙山晚期的陶片，中部有光释光测年数据为3.7±0.3kaBP，下古土壤层目前缺乏年龄数据。根据已有的年代资料和区域地层对比，我们初步确定大阳河剖面的上黄土层属于二里头时期，上古土壤层对应于龙山时期，下古土壤层相当于仰韶时期，而下黄土堆积则属于仰韶与龙山的过渡时期。根据黄土研究的成果，古土壤层代表比较湿热的气候环境，黄土代表比较干旱的气候环境，大阳河剖面的黄土—古土壤序列表明，仰韶与龙山阶段是古土壤形成时期，气候比较湿润温暖，而它们之间和龙山阶段之后是黄土堆积时期，气候恶化。

湖沼剖面和黄土—古土壤剖面的分析表明，在全新世中期（7020~4900a），我国中原地区气候以温暖湿润为特征，是古土壤发育时期，也是古湖沼发育时期，其中，距今7020~5660aBP时期，当时气候温暖湿润，湖沼发育，湖泊中水生（湖球蚬）、两栖和喜暖湿陆生软体动物繁衍，陆地上植被繁茂，为生长有阔叶落叶树的暖温带草原，古土壤发育，良好的生态环境为人类生活提供了适宜的生存空间，仰韶文化得到蓬勃发展；5660~4900aBP属仰韶—龙山过渡时期，气候明显变干变冷，出现蒿属草原，湖沼萎缩，是黄土堆积时期，生态环境的变化可能是促使仰韶文化衰退，龙山文化兴起的重要原因；4900~4100aBP时期，气候温暖湿润，当时流域内湖沼发育，植被繁茂，古土壤发育，草原上再次出现阔叶落叶树，而水域中水生（白旋螺）、两栖和喜暖湿陆生软体动物繁衍，为龙山文化的发展提供了一个适宜的自然生态环境；在4100aBP之后，气候明显变干，湖沼萎缩消亡，黄土堆积加剧，生态环境再次恶化，龙山文化衰退，二里头文化兴起。

3 人类对环境施加影响的记录

人类与湖沼及土壤共存在一个生态系统内，人类活动必然会在湖沼堆积和古土壤中保留下自己的痕迹，尤其是农业活动的痕迹。

3.1 来自湖沼堆积的人类活动记录

古代人类的农业活动极大地改变了地表的植物组成，从而影响到湖沼堆积中孢粉组合的变化。寺河南剖面湖沼层的孢粉分析结果表明，该剖面的下—中湖沼层中，禾本科的平均含量仅为11.3%，而上湖沼层禾本科的平均含量急剧上升到23.4%，最高含量可达50%。禾本科花粉的这种急剧变化，可能与人类的农业活动有关，仰韶中期农业规模较小，来源于农业活动的禾本科花粉含量较低，而到龙山和二里头时期，人类活动明显加剧，农业活动达到了空前的规模，从而造成上湖沼层中禾本科花粉含量的急剧增多。

农业活动对湖沼堆积的元素组成也有明显的影响。在寺河南剖面上，可以清楚地看到，湖积物中K_2O、Fe_2O_3、MgO、Na_2O、MnO等易溶氧化物和TiO_2、Al_2O_3等难溶氧化物的比值，在龙山时期（上湖积层）要比仰韶时期（中—下湖沼层）明显增高[6]。这一变化表明龙山时期要比仰韶时期土壤侵蚀有所加剧，随着侵蚀的加剧，大量的易溶氧化物从土壤层被迁移到湖沼中，造成湖沼堆积中K_2O、Fe_2O_3、MgO、Na_2O、MnO等易溶氧化物的增加，而侵蚀作用的加剧显然与人类农业活动造成的地表结构破坏有密切关系。

3.2 来自古土壤堆积的人类活动记录

大阳河剖面的上古土壤层中发现有龙山晚期的陶片，说明这一层古土壤层形成于龙山时期，是当时人类的活动面。上古土壤层的有机化学组分分析表明[6]，由下而上，有机碳（OC）和有机磷（OP）明显增高，土壤中这两种有机组分主要源于生物的富集作用，前者与植物残体有关，后者与植物根系发育有关，两者含量的增高，反映龙山时期农业活动有所加剧，受农业活动的影响，土壤层中植物（作物）的残体和根系增多。

4 结 论

新石器时期瀍河上游小流域人类生态系统的初步研究表明，在环境考古中引入人类生态系统的概念，对于全面构建史前人类生存环境，深入了解人类与环境之间的相互作用，深化史前人地关系研究，具有重要的意义。由于我们的工作刚刚开始，目前对史前人类生态系统的研究还不够深入，今后随着研究工作的深入，这一环境考古研究的新理念、新方法将会得到进一步的完善和提高，并有望成为今后开展环境考古研究的理论基础和指导思想。

参 考 文 献

[1] Butzer K W. *Archeology as Hunan Ecology*. Cambridge University Press. 1982.
[2] 周鸿. 人类生态学. 北京：高教出版社. 2001.
[3] 国家文物局. 中国文物地图集河南省分册. 北京：中国地图出版社. 1991.
[4] 梁亮. 中原地区距今5000~4000年间古环境重建的软体动物化石证据. 北京大学学报（自然科学版），2003，39（4）：532~537.
[5] 孙雄伟. 河南洛阳寺河南剖面中全新世以来的孢粉分析及环境变化. 北京大学学报（自然科学版），2005，41（2）：289~294.
[6] 董广辉. 河南孟津地区中全新世环境变化及其对人类活动的影响. 北京大学学报（自然科学版），2006，42（2）：238~243.

（原载于山东大学东方考古研究中心编：《东方考古》（第三集）。北京：科学出版社，2006年：102~114页）

登封王城岗遗址出土木炭碎块的研究

王树芝[1]　王增林[1]　方燕明[2]

(1. 中国社会科学院考古研究所，北京，100710；2. 河南省文物考古研究所，郑州，450000)

摘要：王城岗遗址位于河南省登封市告成镇西部，坐落在颍河与五渡河交汇的台地上，是一处著名的龙山文化时期的城址。本文利用显微镜和扫描电镜对王城岗遗址出土木炭进行了分析研究。结果表明，这些木炭分别属于21种木本植物，有麻栎、麻栎属的3个种、红锥、青㭎、朴树、苦楝、青檀、枣树、柳树、红叶、桦木、柿树、枫香、5种未鉴定的阔叶树和刚竹属，还发现了1种块根类植物，从而获得了当时的植被、生态气候信息以及古代人类利用木材的信息。

关键词：王城岗遗址　龙山文化　木炭　环境　木材利用

　　王城岗遗址（图1）位于河南省中西部的登封市告成镇西部。这里是颍河流经的登封中部的低平谷地，海拔350m左右。遗址在颍河与五渡河交汇的台地上，颍河发源于嵩山的太室山南麓，由西向东流，是淮河的主要支流之一。五渡河发源于太室山东侧，由北向南流，是颍河的支流之一。王城岗遗址的东部为五渡河，其南部为颍河，向南眺望伏牛山余脉箕山、大熊山和小熊山，西靠八方村，西望中岳嵩山之少室山，北依嵩山之太室山前的王岭尖，地理位置十分重要，盆地东西长约3km，南北宽约2km，比较平坦的地区面积为6km^2。王城岗遗址面积很大，通过网格法将遗址分成400m×400m见方的6个区，2004年9~12月，在W2区开6个探方，在W5区开22个探方。发掘的遗存主要是河南龙山文化、二里头文化、二里冈文化、春秋、汉代、唐宋元明时期的[1]。由项目负责人方燕明组织的王城岗遗址2004年的发掘中，在W2区和W5区采集了大量的龙山文化时期和少量的二里头文化时期、春秋文化时期的木炭样本。应方燕明先生之邀，我们对这些样本进行了研究，本研究的目的是利用木炭碎块鉴定植物种属，恢复古代的生态气候，分析和探讨古代人类对木本植物的利用。遗址所在地区属于暖温带落叶阔叶林地带的暖温带南部落叶栎林亚地带。气候具有暖温带的特点，本区域内的地带性土壤是褐色土和棕色森林土，组成本区域植被的建群种颇为丰富，森林植被的建群种以松科的松属和壳斗科的栎属的种类为主。落叶阔叶林最主要的建群种为几种栎属植物，它们存在于不同的地方[2]。

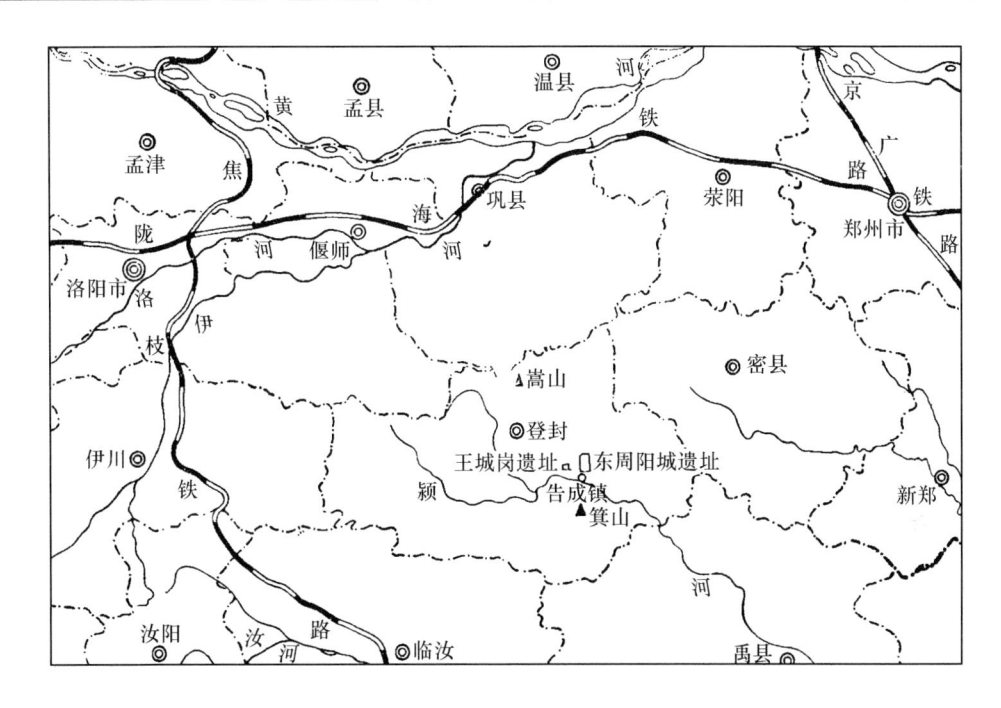

图 1　王城岗位置图

1　炭化碎块的显微结构观察

1.1　样本的制备和鉴定

将采集的木炭标本经室内加工，做横向、径向、弦向三个方向切片，先在体式显微镜下观察、记载木材特征，进行树种的鉴定，根据《中国木材志》专著得出结论[3]，然后将木炭样本粘在铝质样品台上，样品表面镀金，在日立 S-530 扫描电子显微镜下进行拍照。

1.2　样本的鉴定结果

对 67 份样本中木炭碎块进行分析和鉴定，这些木炭分别属于 21 种木本植物，有麻栎、麻栎属的 3 个种、红锥、青枫、朴树、苦楝、青檀、枣树、柳树、红叶、桦木、柿树、枫香、5 种未鉴定的阔叶树和刚竹属，还发现了 1 种块根类植物（表1）。

表1　王城岗不同样本中植物种类统计表

单位	种属	时代	备注
W2T6572HG1⑤	枫香（*Liguidambar formosana*） 阔叶树3 阔叶树5	龙山文化	龙山城壕内堆积
W5T0669H85	麻栎属第2种（*Quercus*） 麻栎属第1种（*Quercus*） 朴树（*Celtis sinensis*） 苦楝（*Melia azedarach*）	龙山文化	灰坑开口于龙山城墙下
W5T0670Q1①	麻栎属第3种	龙山文化	龙山城墙基础层
W5T0670 Q1②	麻栎（*Quercus acutissima*） 朴树（*Celtis sinensis*）	龙山文化	龙山城墙基础层
W5T0670⑧	青檀（*Pteroceltis tartarinowii*） 麻栎属第2种（*Quercus*） 麻栎属第3种（*Quercus*） 麻栎（*Quercus acutissima*）	龙山文化	龙山城墙下所压地层
W5T0670⑧	麻栎属第2种（*Quercus*） 阔叶树5	龙山文化	龙山城墙下所压地层
W5T0670H72⑤	麻栎（*Quercus acutissima*） 麻栎属第2种（*Quercus*） 枣树（*Ziziphus jujuba*） 桦木（*Betula*）	龙山文化	灰坑开口于W5T0670⑧层下
W5T0670H72⑤	枣树（*Ziziphus jujuba*） 麻栎（*Quercus acutissima*） 麻栎属第2种（*Quercus*）	龙山文化	灰坑开口于W5T0670⑧层下
W5T0670H72⑤	麻栎（*Quercus acutissima*） 麻栎属第2种（*Quercus*） 麻栎属第3种（*Quercus*） 枣树（*Ziziphus jujuba*）	龙山文化	灰坑开口于W5T0670⑧层下
W5T0670H72②	麻栎（*Quercus acutissima*） 麻栎属第2种（*Quercus*） 阔叶树1	龙山文化	灰坑开口于W5T0670⑧层下
W5T0670H72②	麻栎（*Quercus acutissima*）	龙山文化	灰坑开口于W5T0670⑧层下
W5T0670H72②	麻栎（*Quercus acutissima*） 麻栎属第2种（*Quercus*） 枣树（*Ziziphus jujuba*）	龙山文化	灰坑开口于W5T0670⑧层下

续表

单位	种属	时代	备注
W5T0670H72③	麻栎（Quercus acutissima） 麻栎属第2种（Quercus）	龙山文化	灰坑开口于W5T0670⑧层下
W5T0670H72⑥	麻栎属第1种（Quercus） 麻栎属第2种（Quercus） 麻栎属第3种（Quercus） 青枫（Cyclobalanopsis）	龙山文化	灰坑开口于W5T0670⑧层下
W5T0670H72④	麻栎（Quercus acutissima） 麻栎属第2种（Quercus） 枣树（Zizyphus jujuba）	龙山文化	灰坑开口于W5T0670⑧层下
W5T0670H72④	麻栎属第1种（Quercus） 麻栎属第2种（Quercus） 枣树（Zizyphus jujuba）	龙山文化	灰坑开口于W5T0670⑧层下
W5T0670H73①	麻栎属第2种（Quercus）	龙山文化	灰坑开口于W5T0670⑧层下
W5T0670H73②	麻栎（Quercus acutissima） 麻栎属第2种（Quercus） 朴树（Celtis sinensis）	龙山文化	灰坑开口于W5T0670⑧层下
W5T0670H73③	麻栎（Quercus acutissima）	龙山文化	灰坑开口于W5T0670⑧层下
W5T0670H74①	麻栎（Quercus acutissima） 麻栎属第2种（Quercus） 红叶（Cotinus coggygria） 苦楝（Melia azedarach）	龙山文化	灰坑开口于W5T0670⑧层下
W5T0670H74①	麻栎（Quercus acutissima） 麻栎属第2种（Quercus） 枣树（Zizyphus jujuba）	龙山文化	灰坑开口于W5T0670⑧层下
W5T0670H74②	麻栎（Quercus acutissima） 麻栎属第2种（Quercus）	龙山文化	灰坑开口于W5T0670⑧层下
W5T0671⑤	麻栎属第2种（Quercus） 麻栎（Quercus acutissima）	龙山文化	压在龙山城墙上的地层
W5T0671⑧	麻栎（Quercus acutissima）	龙山文化	龙山城墙下地层
W5T0671⑧	麻栎（Quercus acutissima） 麻栎属第3种（Quercus）	龙山文化	龙山城墙下地层
W5T0671⑨	麻栎属第3种（Quercus）	龙山文化	龙山城墙下地层
W5T0671H77	麻栎属第1种（Quercus）	龙山文化	灰坑开口于W5T0671⑧层下

续表

单位	种属	时代	备注
W5T0672HG1⑥	麻栎（*Quercus acutissima*） 麻栎属第1种（*Quercus*） 麻栎属第2种（*Quercus*）	龙山文化	龙山城壕内堆积
W5T0672HG1⑥	麻栎（*Quercus acutissima*）	龙山文化	龙山城壕内堆积
W5T0672HG1⑧	麻栎（*Quercus acutissima*）	龙山文化	龙山城壕内堆积
W5T0672HG1⑨	刚竹（*Phyllostachys*） 麻栎（*Quercus acutissima*） 枣树（*Zizyphus jujuba*） 块根类 柳树（*Salix*）	龙山文化	龙山城壕内堆积
W5T0672HG1⑩	麻栎（*Quercus acutissima*） 麻栎属第2种（*Quercus*） 柳树（*Salix*）	龙山文化	龙山城壕内堆积
W5T0672H76④	麻栎（*Quercus acutissima*） 麻栎属第2种（*Quercus*）	龙山文化	被龙山城壕打破的灰坑
W5T0672H76③	麻栎属第2种（*Quercus*） 麻栎（*Quercus acutissima*） 朴树（*Celtis sinensis*） 柿树（*Diospyros kaki*）	龙山文化	被龙山城壕打破的灰坑
W5T0672H76③	柿树（*Diospyros kaki*） 麻栎（*Quercus acutissima*） 麻栎属第1种（*Quercus*） 麻栎属第2种（*Quercus*） 麻栎属第3种（*Quercus*） 朴树（*Celtis sinensis*）	龙山文化	被龙山城壕打破的灰坑
W5T0672H76③	麻栎属第1种（*Quercus*） 麻栎属第3种（*Quercus*） 麻栎（*Quercus acutissima*）	龙山文化	被龙山城壕打破的灰坑
W5T0672H76③	麻栎（*Quercus acutissima*） 麻栎属第1种（*Quercus*） 麻栎属第2种（*Quercus*）	龙山文化	被龙山城壕打破的灰坑
W5T0672H76③	麻栎（*Quercus acutissima*） 麻栎属第1种（*Quercus*） 朴树（*Celtis sinensis*）	龙山文化	被龙山城壕打破的灰坑

续表

单位	种属	时代	备注
W5T0672H76②	麻栎（Quercus acutissima）	龙山文化	被龙山城壕打破的灰坑
W5T0672H76②	麻栎（Quercus acutissima） 麻栎属第 1 种（Quercus） 麻栎属第 2 种（Quercus） 红锥（Castanopsis hystrix） 阔叶树 2	龙山文化	被龙山城壕打破的灰坑
W5T0672H76①	麻栎（Quercus acutissima） 麻栎属 2 种（Quercus）	龙山文化	被龙山城壕打破的灰坑
W5T2372H64①	麻栎属 3 种（Quercus）	龙山文化	龙山祭祀坑
W5T2372H64①	麻栎属 2 种（Quercus）	龙山文化	龙山祭祀坑
W5T2372H64②	麻栎属 2 种（Quercus） 枫香（Liquidambar formosana）	龙山文化	龙山祭祀坑
W5T2372H64②	枫香（Liquidambar formosana）	龙山文化	龙山祭祀坑
W5T2372H64②	麻栎（Quercus acutissima） 麻栎属 2 种（Quercus） 麻栎属 4 种（Quercus）	龙山文化	龙山祭祀坑
W5T2372H64②	麻栎（Quercus acutissima）	龙山文化	龙山祭祀坑
W5T2373HG1③	朴树（Celtis sinensis）	龙山文化	龙山城壕内堆积
W5T2373HG1③	朴树（Celtis sinensis）	龙山文化	龙山城壕内堆积
W5T2373HG1③	朴树（Celtis sinensis）	龙山文化	龙山城壕内堆积
W5T2373HG1④	阔叶树 4 苦楝（Melia azedarach） 柳树（Salix）	龙山文化	龙山城壕内堆积
W5T2373HG1④	麻栎属 4 种（Quercus） 苦楝（Melia azedarach）	龙山文化	龙山城壕内堆积
W5T2372HG1③	朴树（Celtis sinensis）	龙山文化	龙山城壕内堆积
W5T2372HG1③	朴树（Celtis sinensis）	龙山文化	龙山城壕内堆积
W5T2372HG1③	朴树（Celtis sinensis）	龙山文化	龙山城壕内堆积
W5T2373HG1④	朴树（Celtis sinensis）	龙山文化	龙山城壕内堆积
W5T2373HG1④	朴树（Celtis sinensis） 麻栎（Quercus acutissima） 麻栎属 4 种（Quercus）	龙山文化	龙山城壕内堆积
W2T6571HG4⑦	麻栎属第 3 种（Quercus）	春秋时期	春秋壕沟内堆积

续表

单位	种属	时代	备注
W5T0672HG2①	麻栎属第3种（Quercus）	二里头文化	春秋壕沟内堆积
W5T2174HG2②	麻栎（Quercus acutissima）	二里头文化	春秋壕沟内堆积
	麻栎属2种（Quercus）		
W5T2174HG4③	麻栎（Quercus acutissima）	春秋时期	春秋壕沟内堆积
W5T2174HG4⑦	麻栎属3种（Quercus）	春秋时期	春秋壕沟内堆积
W5T2174HG4⑦	麻栎（Quercus acutissima）	春秋时期	春秋壕沟内堆积
W5T2174HG4⑦	麻栎（Quercus acutissima）	春秋时期	春秋壕沟内堆积
W5T0672HG4⑥	麻栎属第2种（Quercus）	春秋时期	春秋壕沟内堆积
W5T2374H58①	麻栎（Quercus acutissima）	春秋时期	春秋壕沟内堆积
	麻栎属第2种（Quercus）		
	麻栎属第4种（Quercus）		
W5T2374HG4⑨	麻栎（Quercus acutissima）	春秋时期	春秋壕沟内堆积

1.2.1 麻栎（Quercus acutissima）

木炭的横切面，生长轮明显，环孔材，早材管孔略大，在肉眼下明显，连续排列成早材带，早材带1列管孔，早材至晚材急变，晚材管孔在显微镜下才能看见，轴向薄壁组织量多，离管带状。木炭的径切面，单穿孔，射线—导管间纹孔式为刻痕状。木炭的弦切面，木射线非叠生，窄木射线通常单列，宽木射线最宽处宽至许多细胞。

1.2.2 麻栎属1种（Quercus）

木炭的横切面，生长轮明显，环孔材，早材管孔略大，在肉眼下明显，连续排列成早材带，早材带2~3列管孔，早材至晚材急变，晚材管孔在显微镜下才能看见，轴向薄壁组织量多，离管带状。木炭的径切面，单穿孔，射线组织同形。木炭的弦切面，木射线非叠生，窄木射线通常单列，宽木射线最宽处宽至许多细胞。

1.2.3 麻栎属2种（Quercus）

木炭的横切面，生长轮明显，环孔材，早材管孔略大，在肉眼下明显，连续排列成早材带，早材带2~3列管孔，早材至晚材急变，晚材管孔极小，在显微镜下才能看见。木炭的径切面，单穿孔，射线组织同形。木炭的弦切面，木射线非叠生，窄木射线通常单列，宽木射线最宽处宽至许多细胞。

1.2.4 麻栎属3种（Quercus）

木炭的横切面，生长轮明显，环孔材，早材管孔略大，在肉眼下明显，连续排列成早材带，早材带2~3列管孔，早材至晚材渐变，晚材管孔单管孔，径向排列。木炭的径切面，单穿孔，射线组织同形。木炭的弦切面，木射线非叠生，窄木射线通常单列，宽木射线最宽处宽至许多细胞。

1.2.5 红锥也叫刺栲（*Castanopsis hystrix*）

木炭的横切面，生长轮明显，环孔材，早材管孔略大，在肉眼下明显，连续排列成早材带，早材至晚材急变，晚材管孔在显微镜下才能看见。导管在早材带横切面为卵圆形，径列，具侵填体。导管在晚材带横切面为卵圆形，通常单管孔，径列。木炭的径切面，单穿孔，射线组织同形。木炭的弦切面，木射线单列。

1.2.6 青冈（*Cyclobalanopsis*）

木炭的横切面，散孔材，单管孔。木炭的径切面，单穿孔，射线组织同形。木炭的弦切面，木射线非叠生，木射线通常单列。

1.2.7 朴树（*Celtis sinensis*）

木炭的横切面，环孔材，生长轮明显，早材管孔略大，在肉眼下明显，连续排列成早材带，宽 2~5（宽通常 2~3）管孔，侵填体可见，早材至晚材略急变。木炭的径切面，螺纹加厚出现在小导管上，单穿孔，射线导管间纹孔式类似管间纹孔式，射线组织异形Ⅱ型。木炭的弦切面，有单列射线和多列射线，部分射线具有鞘细胞。

1.2.8 苦楝（*Melia azedarach*）

木炭的横切面，环孔材，生长轮明显，早材管孔略大，在肉眼下明显，连续排列成早材带，宽多数 2 列管孔，早材至晚材急变，晚材管孔略小。轴向薄壁组织在肉眼下可见，环管束状，在晚材带外部与管孔相连呈短弦线及波浪形。木炭的径切面，螺纹加厚仅存在于小导管管壁上，单穿孔，射线—导管间纹孔式类似管间纹孔式，射线组织异形Ⅲ型。木炭的弦切面，多列射线通常宽 2~6 列细胞。

1.2.9 青檀（*Pteroceltis tartarinowii*）

木炭的横切面，散孔材，导管在横切面上为卵圆形，单管孔及短径列复管孔。木炭的径切面，螺纹加厚未见，单穿孔，射线组织异形Ⅱ型。木炭的弦切面，多列射线通常宽 2~4 列细胞。

1.2.10 枫香（*Liquidambar formosana*）

木炭的横切面，生长轮略明显，散孔材，管孔多至甚多，散生，侵填体未见。木炭的径切面，复穿孔，梯状，射线组织异形Ⅱ型。木炭的弦切面，单列射线少，多列射线通常宽 2~3 细胞，高多数 10~30 细胞。

1.2.11 枣树（*Zizyphus jujuba*）

木炭的横切面，生长轮略明显，散孔材，管孔多，大小略一致，散生。木炭的径切面，单穿孔，射线—导管间纹孔式类似管间纹孔式。木炭的弦切面，木射线细至极细，射线组织异形单列。

1.2.12 柳树（*Salix*）

木炭的横切面，生长轮略明显，散孔材，导管横切面为圆形及卵圆形，多数为单管孔，少数呈短径列复管孔，通常 2~3 个，未见侵填体。木炭的径切面，单穿孔，穿孔板略倾斜,管间纹孔式互列,射线组织异形单列。木炭的弦切面,木射线非叠生,单列射线。

1.2.13 红叶(*Cotinus coggygria*)

木炭的横切面,生长轮明显,环孔材,早材管孔略小至中,晚材管孔甚小。木炭的径切面,螺纹加厚在小导管管壁上,单穿孔,射线—导管间纹孔式为单纹孔,大小同管间纹孔,射线组织异形Ⅱ型。木炭的弦切面,木射线非叠生,单列射线甚少,高1~2个细胞,多列射线宽2~4个细胞,高5~28个细胞。

1.2.14 桦木(*Betula*)

木炭的横切面,生长轮略明显,散孔材,单管孔及短径列复管孔(2~4个,间或5~6个),木炭的径切面,复穿孔,梯状。木炭的弦切面,木射线非叠生,多列射线宽2~3个细胞。

1.2.15 柿树(*Diospyros kaki*)

木炭的横切面,散孔材,导管在横切面上为圆形及卵圆形,管孔略少,中等大小,少数略大,单管孔及短径列复管孔,稀呈管孔团,轴向薄壁组织离管弦向排列,细而密,兼呈傍管状。木炭的径切面,单穿孔,射线组织异形Ⅱ型,稀Ⅲ型。木炭的弦切面,单列射线高1~11个细胞,多列射线通常宽2~3列细胞。

1.2.16 阔叶树1

木炭的横切面,环孔材,生长轮略明显,早材管孔略大,连续排列成早材带,宽多数1列管孔,晚材管孔略小。轴向薄壁组织未见。木炭的径切面,单穿孔,射线组织异形Ⅱ型。木炭的弦切面,多列射线通常宽3细胞。

1.2.17 阔叶树2

木炭的横切面,散孔材,导管在横切面上为圆形及椭圆形,管孔小、多。木炭的径切面,单穿孔。木炭的弦切面,多列射线通常宽3~5列细胞。

1.2.18 阔叶树3

木炭的横切面,环孔材,生长轮略明显,早材管孔略大,在肉眼下明显,连续排列成早材带,宽多数1列管孔,晚材管孔略小。轴向薄壁组织未见。木炭的径切面,单穿孔,射线组织同形。木炭的弦切面,多列射线通常宽2~3个细胞,同一射线内常出现2次多列部分。

1.2.19 阔叶树4

木炭的横切面,散孔材,导管在横切面上为圆形及卵圆形,管孔少,中等偏小,数少,单管孔及短径列复管孔,稀呈管孔团。木炭的径切面,单穿孔,射线组织异形Ⅱ型。木炭的弦切面单列射线高10个细胞,多列射线通常宽2~4列细胞。

1.2.20 阔叶树5

木炭的横切面,环孔材,生长轮明显,早材管孔略大,连续排列成早材带,宽多数 2 列管孔，晚材管孔略小。木炭的径切面，单穿孔，射线组织异形 II 型。木炭的弦切面，多列射线通常宽 2~3 列细胞。

1.2.21 刚竹属（*Phyllostachys*）

木炭的横切面，维管束为开放型维管束，维管束仅由一部分组成，即没有纤维股的中心维管束，支撑组织仅由硬质细胞鞘承担，细胞间隙中有侵填体，四个维管束鞘大小近相等，相互对称，属于散生竹种[4]。木炭径切面和弦切面，其薄壁细胞结构相似。

1.2.22 块根类植物

木炭的横切面，可以看到块根的木质部的导管，导管中有许多晶体。

2 木本植物组成分析和气候分析

一般认为分散的木炭是人类长期活动的结果，用于地域性古生态重建[5]。根据龙山时代不同木本植物在不同位置出现的次数（不包括灰坑），统计其出现的概率（表 2），反映出遗址周围植被的分布状况。栎木出现的概率最多为 51.1%，包括麻栎和麻栎属；其次是榆科的朴树为 19.1%；再次是柳树为 6.4%；苦楝和阔叶树 5 分别为 4.3%；最少的是枫香、枣树、青檀、阔叶树 3、阔叶树 4、刚竹属和块根类植物，分别为 2.1%。因此，龙山文化时期的王城岗遗址周围分布有大量的阔叶树栎林和朴树，还分布一些苦楝、阔叶树 5、柳树、枫香、枣树、阔叶树 3、阔叶树 4、青檀、刚竹属和块根类植物，植被为落叶阔叶树—常绿阔叶树混交林。

表 2 王城岗龙山文化不同植物在分散地层中出现次数和百分比

种属	出现的次数（47）	百分比（%）
麻栎属（*Quercus*）	24	51.1
朴树（*Celtis sinensis*）	9	19.1
柳树（*Salix*）	3	6.4
苦楝（*Melia azedarach*）	2	4.3
阔叶树 5	2	4.3
枫香（*Liguidambar formosana*）	1	2.1
枣树（*Zizyphus jujuba*）	1	2.1
阔叶树 3	1	2.1
青檀（*Pteroceltis tartarinowii*）	1	2.1
阔叶树 4	1	2.1
刚竹（*Phyllostachys*）	1	2.1
块根类	1	2.1

朴树、枣树为热带气候起源的树种，分布于较湿润的条件下[6]，现今多分布于淮河流域和秦岭以南。柳树多分布在河流两岸的滩地、低湿地[7]。

青檀又名翼朴，中国特有单种属植物。为落叶乔木，高达20m。零星分布于我国19个省区海拔800m以下低山丘陵，四川康定地区可达1700m。阳性树种，常生于山麓、林缘、沟谷、河滩、溪旁及峭壁石隙等处。适应性强，喜钙、较耐旱和瘠薄，根系发达，萌蘖性强，寿命长，位于亚热带向北暖温带过渡地带。是亚热带石灰岩上落叶阔叶树—常绿阔叶树混交林的主要成分[8]。

枫香为乔木，高可达40m，胸径1.5m，分布于中国长江流域及其以南地区，西至四川、贵州、南至广东，东到台湾，日本亦有分布。垂直分布一般在海拔1000～1500m以下之丘陵及平原。是中国北亚热带至热带平地丘陵和山地常见的落叶阔叶林之一[9]。

刚竹属是华中亚热带地区的植物区系成分，竹亚科则集中分布于热带多雨温湿的环境[10]。

麻栎是喜光树种，在湿润、肥沃、深厚、排水良好的中性至微酸性沙壤土上生长迅速。麻栎在年平均气温10℃～16℃，年降水量500～1500mm的气候条件下都能生长[11]。麻栎林是中国暖温带和亚热带地区有代表性的落叶阔叶林类型之一。亚热带麻栎林经常和青枫、枫香等形成落叶树与常绿阔叶树混交林[9]。在我们的研究中麻栎林中也存在青枫、枫香，因此，说明当时气候具有亚热带的特点。

另外，灰坑中还存在主要分布于热带及亚热带的柿树属、产福建西南部，广东分布广及海南岛，广西北部和南部山区及云南的常绿乔木红锥以及分布于秦岭及淮河以南各地的常绿阔叶青枫属。总之从出土的木本植物来看，龙山时代王城岗的生态气候温暖湿润，这一观点与许多研究结果是一致的。众多的孢粉分析结果证明，在7500～2500aBP的全新世中期，我国气候变化总的趋势是趋于温暖湿润[12]。竺可桢先生认为，在近5000年中的最初2000年，即从仰韶文化到安阳殷墟，大部分时间的年平均温度高于现在2℃左右[13]，王晓岚等研究了郑州西山7000年来磁化率所反映的气候变化，认为7000年来的气候变化以2800～2900aBP为界，前期的磁化率k偏高，气候以暖湿为主，后期的磁化率k偏低，气候以冷干为主[14]。他们又对这一遗址同期山麓洪积成因的自然沉积剖面样品的有机碳、炭屑含量、碳氮比值和孢粉进行了分析，根据其实验结果，并结合平原地貌与物质组成特点，分析了河南郑州西山遗址7000aBP古代人类生存的气候与环境特征，认为7300aBP以来气候变化大约以2900aBP为界，在此之前以暖湿为主，当时当地的气候大体与今日的江淮地区的气候相当，台地上宜旱作[15]，龙山文化期的郑州大河村遗址，房屋四周及屋顶涂有较厚的防雨草泥，农作物除粟之外还有莲子，并在遗址四周有大量的蚌刀、蚌铲和成堆的螺蛳壳等水生动物[16]，在伏牛山以北龙山文化期的郑州西山、汤阴白营遗址出现了獐[17]等。

依据萧延奎的观点,亚热带北界在河南伏牛山地段,与南坡 1000m 等高线大体一致,在伏牛山东麓—淮河干流北段与各小盆地南缘的低山丘陵的脊线大体一致[18],王城岗遗址所在地在伏牛山以北,应属于暖温带地区,但从我们对王城岗遗址木炭树种的鉴定结果以及孢粉、磁化率、有机碳、炭屑含量、碳氮比值、动物和物候期的分析可以推测,河南地区在龙山文化时期亚热带与暖温带的分界线很有可能北移。

另外,在二里头时期和春秋时期,分散的地层只出土了栎木,表明气候温暖湿润,但未发现其他的热带和亚热带地区的树种,因此这两个时期的气候可能不如龙山时代更温暖湿润。

3 古代人类对木本植物利用

针对性取样取到的木炭,如灶坑、灰坑里的木炭是人类短期的活动结果,反映了古代人类对植被的利用[5]。对龙山时代灰坑出土的木炭进行分析(表3),麻栎属出现的概率为72.4%,枣树为8%,朴树为5.7%,苦楝、柿树、枫香分别为2.3%和较少的其他树种。栎木材发热量高,很适合作燃料[3],另外,人们采用较少量的杂木林为燃料。因此,可以推断,当时人们主要采集栎木作为燃料。

表3 王城岗龙山文化不同木本植物在灰坑内出现次数和百分比

种属	出现的次数(87)	百分比(%)
麻栎属(Quercus)	63	72.4
枣树(Zizyphus jujuba)	7	8.0
朴树(Celtis sinensis)	5	5.7
苦楝(Melia azedarach)	2	2.3
柿树(Diospyros kaki)	2	2.3
枫香(Liguidambar formosana)	2	2.3
青冈(Cyclobalanopsis)	1	1.1
红叶(Cotinus coggygria)	1	1.1
桦木(Betula)	1	1.1
红锥(Castanopsis hystrix)	1	1.1
阔叶树1	1	1.1
阔叶树2	1	1.1

另外,在春秋时期的灰坑里,只出土了栎木,表明当时人们也采用栎木作为燃料。

值得一提的是在04W5T0672⑮探坑内集中出土了刚竹属、麻栎、枣树、柳树和块根类植物。首先,这些植物与食用有关。麻栎、枣树的果实和块根类的变态根可食用,竹笋、柳叶可食用,其次,刚竹属、枣树和柳树可以观赏,再次,柳树多分布于低洼有水的地方，由此推测，04W5T0672⑮探坑附近景色很美，有可能是古人类经常活动的地方。

4 结 论

通过对王城岗遗址发掘出土的木炭碎块的分析和研究，得出如下结论：龙山文化时期王城岗遗址周围分布有大量的阔叶树栎林、其他阔叶树种和刚竹属，龙山文化时期王城岗具有亚热带气候特点，龙山文化时期亚热带北界比现今偏北。二里头文化时期和春秋文化时期在分散的地层只出土了栎木，但未发现其他的热带和亚热带地区的树种，表明这两个时期的气候可能不如龙山时代更温暖湿润。此外，不论在龙山文化时期还是在春秋文化时期古人类喜欢把栎木作为薪炭材。

参 考 文 献

[1] 方燕明. 登封王城岗遗址考古新发现及其意义. 中国社会科学院古代文明研究中心通讯. 2005, (1).
[2] 中国植被编辑委员会编著. 中国植被. 北京：科学出版社, 1995.
[3] 成俊卿, 杨家驹, 刘鹏. 中国木材志. 北京：中国林业出版社, 1992.
[4] 腰希申, 宸铁梅, 马乃训, 王宇飞, 李旸. 中国竹材结构图谱. 北京：科学出版社, 2002.
[5] Figueriral I, Osbrugger V. A review of charcoal analysis as a tool for assessing Quaternary and Tertiary environments: achievements and limits. *Palaeogeography*, *palaeoclimatology*, *Palaeoecology*, 2000, 164.
[6] 陕西省农业厅. 陕西农业自然环境变迁史. 西安：陕西科学技术出版社, 1986.
[7] 中国树木志编委会主编. 中国主要树种造林技术（上册）. 北京：农业出版社, 1978.
[8] 中国科学院《中国自然地理》编辑委员会. 中国自然地理（植物地理）下册. 北京：科学出版社, 1988.
[9] 中国森林编辑委员会编著. 中国森林（第3卷）. 北京：中国林业出版社, 2000.
[10] 中国植被编辑委员会. 中国植被. 北京：科学出版社, 1980.
[11] 中国树木志编委会主编. 中国主要树种造林技术（上册）. 北京：农业出版社, 1978.
[12] 周昆叔. 中国北方全新统花粉分析与古环境. 第四纪孢粉分析与古环境. 北京：科学出版社, 1984.
[13] 竺可桢. 中国近五千年来气候变迁的初步研究. 考古学报, 1972, (1).
[14] 王晓岚, 何雨. 郑州西山7000年来磁化率所反映的气候变化. 北京师范大学学报（自然科学版）, 2004, 40 (1).
[15] 王晓岚, 何雨, 贾铁飞, 李容. 距今7000年来河南郑州西山遗址古代人类生存环境. 古地理学报, 2004, 2 (4).

[16] 施少华. 中国全新世高温期环境与新石器时代古文化的发展//施雅风主编、孔昭宸副主编. 中国全新世大暖期气候与环境. 北京：海洋出版社, 1992.

[17] 周锋. 全新世时期河南的地理环境与气候. 中原文物, 1995, (4).

[18] 萧延奎, 李景锟, 张金泉. 论河南省境内亚热带北界的划分. 河南大学学报（社会科学版）古地理学报, 1962, (2).

（原载于北京大学考古文博学院，河南省文物考古研究所编著：《登封王城岗考古发现与研究（2002~2005）》。郑州：大象出版社，2007年：555~567页。本文集收录时稍有改动）

双洎河中上游地区新石器时代的聚落分布变化与自然环境关系初探

王　辉

(中国社会科学院考古研究所，北京，100710)

摘要：河南双洎河中上游地区在新石器时代存在着两种聚落分布模式。在裴李岗文化时期，绝大多数聚落分布在西部的低山丘陵地区，而到了仰韶文化及其以后的阶段，聚落则主要分布在东部的河谷平原区，并表现出显著的重复利用。这种聚落分布模式的变化与资源利用模式的变化有关，并与区域环境中资源配置的空间分布密不可分。正是原来聚落周围的自然资源条件不能满足新的资源利用模式的需求，才导致区域聚落形态的变化。本文还以此为例提出了自然资源具有文化属性和自然属性的双重性质。文化选择决定了自然资源的文化属性，而区域地貌、气候的特点及其变化又影响着这些资源的自然属性，自然环境对人类活动的作用就是通过对这些资源的影响来体现的。

关键词：聚落分布模式　生业模式　自然资源　自然环境

聚落与自然环境的关系是聚落考古研究的一项重要内容[1]。随着考古学研究中区域系统调查方法得到越来越多的应用[2]，能够揭示出更多人类文化信息的聚落形态研究已经愈发引人注目。这样的研究架构也为自然环境信息保留了一个恰当的位置，而不至于产生以前的研究中器物与环境两不相干的尴尬局面，从而为在诸多层面上探讨文化与自然环境的关系提供了可能[3]。在区域聚落考古研究的层次上，一个明显的问题就是聚落分布的变化与自然环境之间存在着怎样的关系。具体说来，自然环境的变化是否必然导致聚落分布的变化？聚落分布的变化能否反映自然环境的真实变化？显然，这种关系因为复杂的地域差别不可一概而论，需要积累大量具体的实证研究来不断地检验和调整；但尤为迫切的是至今尚缺乏一个切实可行的框架来开展这方面的研究，以至于存在许多似是而非的结论。

聚落作为人类居住以及进行生产活动和社会活动的场所[4]，其分布与自然环境存在密切的关系毋庸置疑。支撑人类生存和发展的多种资源都取自于自然环境，而聚落就是人类获取这些资源的"根据地"，除了供人类居住之外，它的位置必须满足文化生计策略的需要。正因如此，聚落研究为探讨人类和自然环境之间的关系提供了一个焦点[5]。

我们认为，这个焦点的核心是自然资源，一切人地关系都首先从资源的获取和利用展开。但对于活动在不同时空框架中的人类文化而言，自然资源却有着不同的内涵。

从整体上来看,几乎自然环境中的一切都可用以满足人类在不同方面的需要,具有资源的意义。但若具体言之,对某一文化很重要的自然资源却可能对另一文化毫无价值。可见,赋存于自然环境之中的自然资源,其种类、丰度、分布等属性虽然受到各种自然规律的支配,但同时,它与人类文化也是不可分割的,观念的变化、技术的革新、认识水平的提高以至于社会组织结构的发展都可能影响到自然资源的含义。也就是说,自然资源具有自然和文化两方面的属性。文化在自然环境提供的多种选择面前具有决定性的影响,不同的生计模式必然有不同的资源利用模式。若千篇一律地套用将气候变化和文化发展进行对应的研究模式,当然是不可避免陷入到"两张皮"的困境中。

具体到聚落本身,首先需要的是土地资源以及满足人类生存所需的食物资源。如果从这个角度出发,聚落分布变化的原因其实就是人类获取食物资源方式的变化,或者是自然资源不再能够满足人口增加、安全考虑等方面的需要。获取食物资源的手段主要包括狩猎、捕捞、采集、种植业、畜牧业等生产方式。一方面,这些生产方式的出现有一个历史的发展过程;另一方面,它们对于自然条件的要求也各不相同。而同时,自然环境的空间差异性决定了不同地貌单元具有不同的"小环境",所能提供的资源配置也是不一样的。自然环境的变化又对这种资源配置的特点进行着调整。这样,通过自然资源的概念,就将人类活动与自然环境紧密地结合起来。也就是说,一个文化群体通过技术的应用从自然环境中获取他们认为对他们有用的东西,这些东西就是我们所说的资源,而这些资源受自然环境的支配,并受到自然环境变化的影响。当然,不同生产方式或其组合的确定并不是凭空产生的,而是在文化发展和对环境的适应过程中确定下来的。我们将在本文利用自然资源的研究框架讨论处于稳定状态中的"聚落分布—生计模式—资源利用—自然环境及其变化"的关系,在进一步的研究中,将把这些稳定状态下的人地关系排列成历史发展过程中的一个个横切面,进而探讨变化的过程和原因。

以下将以河南省双洎河中上游地区新石器时代聚落分布的变化为例,阐明我们对聚落分布变化和自然环境关系的粗浅认识。

1 研究区域概况

双洎河流域位于河南省中部郑州和许昌两地之间,主要由双洎河及其支流洧水、绥水、溱水、黄水河等组成。该流域地处中国大地形第二阶梯向第三阶梯过渡带的最东端,地势西北高而东南低,地貌与沉积的类型、组合复杂多样。双洎河干流源于嵩山东麓,蜿蜒东南,流经山麓丘陵地带,于新郑市东南进入黄淮冲积平原,最终注入淮河。根据流域地貌特征的变化,可以新密超化和新郑付庄为界,将双洎河流域分为上中下游三部分。本文的研究区域限定在中上游地区,研究区内除了河谷地带之外,基本不受全新世河流泛滥的影响。

研究区邻近暖温带的南部边缘，气候属于暖温带大陆性季风气候，四季分明，夏季炎热多雨，冬季寒冷干燥，年平均气温约14℃，年平均降水量近700mm。暖湿同期的气候条件同植物的生长需求十分吻合，发展农业的条件非常有利。区域植被类型为暖温带南部落叶栎林亚地带[6]，由于人类活动的长期破坏，残存的乔木树种有油松、侧柏、栓皮栎等，此外还有旱生性的禾本科草类、蒿类以及酸枣、荆条灌丛等。地带性的土壤为褐土，在一些低洼地区，分布有砂姜黑土和草甸土[7]。

2 新石器时代的聚落分布

2.1 新石器时代的文化演替

双洎河流域所在的中原地区是中国古代文化发展和文明形成的核心地区。进入新石器时代以后，除了早期文化还缺乏确切的线索之外，人类活动一直比较频繁，并且自成系统，形成了裴李岗文化—仰韶文化大河村类型—河南龙山文化的发展序列。

裴李岗文化（8000~7000aBP）是目前研究区内最早的新石器时代文化。双洎河流域不仅是最早发现和确定裴李岗文化的地区[8]，而且也是裴李岗文化分布的密集区。流域内属于该文化的裴李岗类型[9]，经过发掘的有新郑裴李岗[10]、新密莪沟[11]和马良沟[12]等遗址。

继裴李岗文化而起的是仰韶文化（7000~4800aBP）。研究区属于大河村类型，这是一个囊括了整个仰韶文化发展阶段的地域概念。它从本地的裴李岗文化发展而来，主要分布在以嵩山为中心的郑洛之间[13]。双洎河流域该时期的遗址大多属于仰韶文化的中晚期。

河南龙山文化（4800~3800aBP）是一个相当复杂的文化共同体，早期（相当于庙底沟二期阶段）的遗址在研究区比较少见，中晚期（4500~3800aBP）则是一个繁盛的阶段，研究区被划属于煤山类型[14]。

另外，随着近年来新砦遗址的大规模发掘[15]，新砦期遗存在当地的区域调查中很受重视，本文也将之单列出来。

2.2 新石器时代的两种聚落分布模式

我们对双洎河流域中上游地区大部分的新石器时代遗址进行了实地调查。调查遗址的数量共计28处，其中包含裴李岗文化遗存的有11处，包含仰韶文化遗存的有13处，包含龙山文化遗存的有12处。从图1中可以看出，裴李岗文化时期的聚落分布明显有别于仰韶、龙山文化时期，使该区域的新石器时代显现出两种不同的聚落分布模式。含有裴李岗文化遗存的遗址除了裴李岗遗址外，均分布在研究区的西部，并且绝大多数为单一型遗址；而含有仰韶、龙山文化遗存的遗址则主要分布在研究区的东部，还往往是复合型遗址。

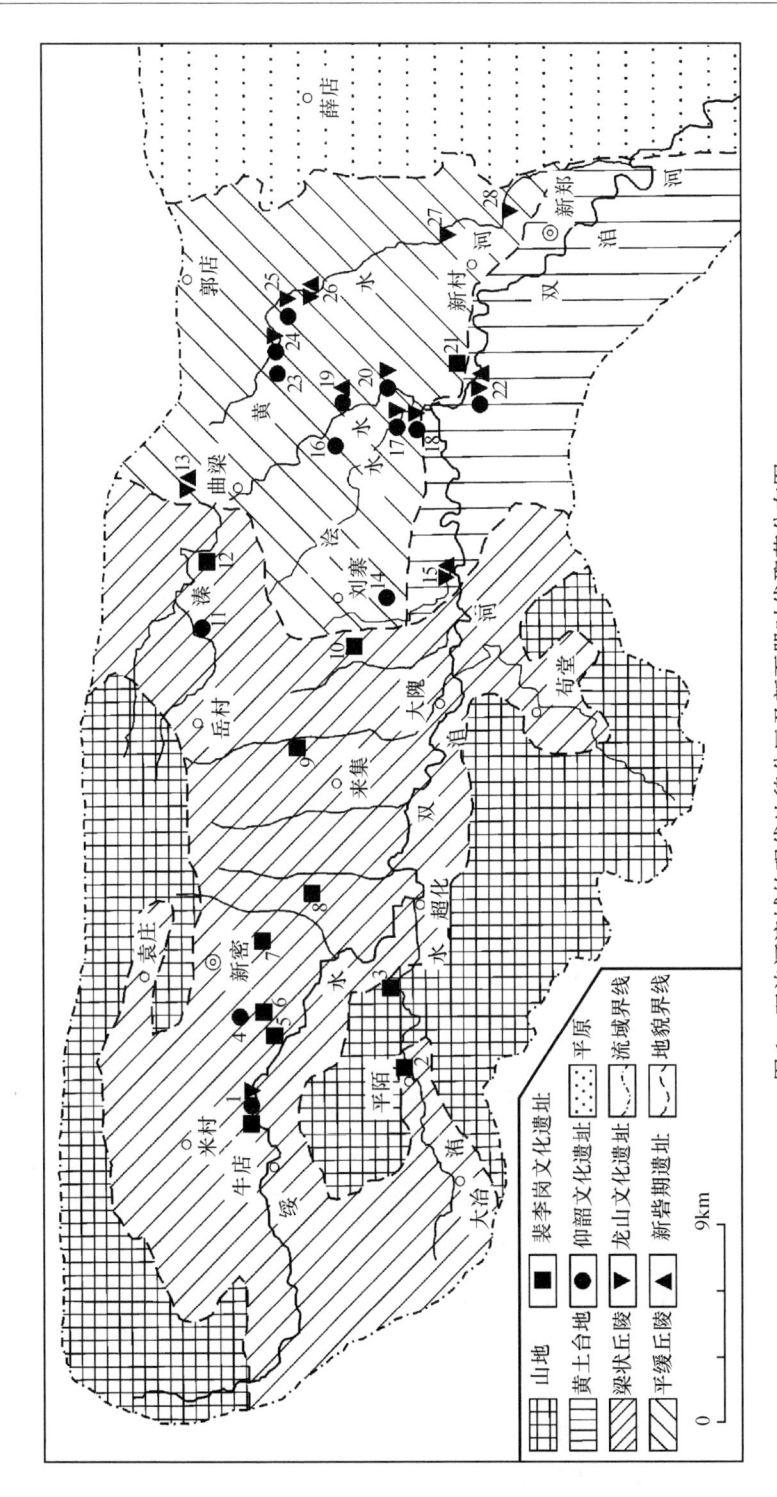

图 1 双洎河流域的现代地貌分区及新石器时代聚落分布图

1. 朴子庙 2. 平陌 3. 麦沟 4. 朱家沟 5. 穴道 6. 禹楼 7. 老城东关及东北角 8. 高沟 9. 马良沟 10. 杨家 mai(门外) 11. 沙石明 12. 张沟 13. 张湾 14. 金庄 15. 新砦 16. 柿园 17. 程庄 18. 交流寨 19. 杨庄 20. 古城寨 21. 裴李岗 22. 人和寨 23. 李庄 24. 蒋庄 25. 王垌 26. 金钟寨 27. 孟家沟 28. 高千庄

这样一种规律反映的是否是实际情况呢？我们对此有以下几方面的考虑。其一，裴李岗文化遗址所占的比重相对较大，并且流域的西部地区少见仰韶、龙山文化的遗址，并非是调查有失偏颇。在11处裴李岗文化时期的遗址中，有8处只见有石磨盘和石磨棒，而且大多是在挖地窖或修渠道的过程中发现的。由于裴李岗文化地层埋得较深，实际发现仰韶、龙山遗存的几率应该相对更大，但事实却非如此。可见，嵩山东麓的低山丘陵地带确实是裴李岗文化遗址分布的密集区，而从仰韶文化时期开始，人类活动开始向东部的河谷阶地转移。其二，新石器时代的聚落并未因后期河流的侵蚀而遭受大规模的破坏。双洎河干流及其主要支流最晚在中更新世的时候就已经形成，全新世的主要河流过程为河道的下切。根据现在河谷的宽度（干流宽一两百米，支流仅数十米）来看，河流的侧蚀作用并不强烈，因此，后期自然过程的破坏作用基本可以忽略。其三，研究区东部的遗址确实经历了长时期的利用。尽管包含多种文化遗存的复合型遗址的聚落划分问题[16]，还没有一致的意见，但由于我们的文化演替序列是一种粗线条的划分，而不是一个文化的不同发展阶段，文化性质的转变非常明显，因此，包含有仰韶、龙山（或新砦期）两种遗存的遗址就至少可以划分为两个聚落。如果考虑到夏商时期的遗存，东部遗址的聚落叠置状况更为明显。

总之，我们认为在新石器时代的双洎河流域中上游地区，毫无疑问地存在着两种聚落分布的模式。

3 生计模式变化与聚落分布变化的关系

聚落分布的空间都是与一定的自然环境联系在一起的。由于受到各种地带性和非地带性的制约，不同的自然环境中具有不同的地貌、地质、气候、土壤、生物、水文条件的组合，而这些自然条件的组合又影响着可供人类利用的自然资源的分布状况。一个存在于特定空间中的文化类型，其生计模式是必然与这个环境中的自然资源相适应的。其中，有些环境中能够提供多种资源配置，满足不同生产方式的需要；而另一些环境中的资源配置可能比较单一，可供人类选择的范围非常狭窄。当生计模式由于某种原因发生变化，如文化的发展、外来因素的影响等，而原有聚落周围的环境却不能满足新的生计模式时，聚落分布的调整是可以预期的。因此，在确定聚落分布变化的原因之前，我们首先将这两种聚落分布的模式视为两个稳定状态，分别分析两种情况下的生计模式。

早期的研究认为，裴李岗文化时期已经有了比较发达的农业，并且在经济活动中居于主导地位[17]。主要的根据有以下四点：第一，发现了耐旱的粟类作物；第二，大量出土的石磨盘、石磨棒被认为是谷物加工的工具；第三，驯化动物的发现；第四，出现了定居的聚落。但近年来对此出现了不同的意见。如赵志军先生根据贾湖遗址和兴隆沟遗址的浮选结果，认为这一时期的栽培作物尽管已经出现，但农业生产所占的比重并不大，尚处于"似农非农"的社会经济发展阶段[18]。

我们认同后者的观点，认为裴李岗文化时期仍处于狩猎采集经济向农业经济过渡的阶段，其突出特点在于从旧石器时代延续下来的生计模式仍居于主要的地位，但栽培作物、驯化动物都已出现，并已经开始了一场渐进但又具革命性的生计模式转换过程。

农业生产还处于低级阶段主要表现在以下几点：第一，与裴李岗文化时代相当的兴隆沟遗址第一地点出土的黍，其籽粒形态保留了较浓厚的野生祖本的特征，性质上属于栽培作物进化过程中的早期品种[19]。第二，驯化动物虽然已经出现，但肉食资源的获取仍然相当程度地依赖于狩猎和捕捞野生动物[20]。第三，石磨盘、石磨棒作为谷物加工工具的证据并不充分。这种工具组合在农业尚未起源的旧石器时代晚期即已出现[21]，在中国北方相当于裴李岗文化的发展阶段极其盛行，但在后来农业经济得以确立之后，却又消失不见[22]。第四，极不稳定的定居聚落。裴李岗文化时期的聚落面积都不大，而且文化层很薄，出土遗物也不多[23]。这些特征表明当时人类迁徙的频繁，而这也是裴李岗文化遗址较多的一个原因。第五，从石器的使用上分析，打制石器仍占一定的比重，另外还普遍发现细石器，而用于收割的石镰则不多见，反映了收获量不大[24]。

同时，裴李岗文化的遗址中出土的动物骨骼多达10余种，以鹿和獐为主，发现的炭化果核有酸枣核、核桃壳、榛子、野胡桃等[25]。在新密莪沟遗址，还出土了22件石弹丸和石球[26]。这些证据显示了狩猎采集经济的存在。尽管在研究区内没有直接的量化分析表明狩猎采集经济的重要性，但是通过对裴李岗聚落分布区自然条件的分析，仍然能够窥测到当时的生计模式。在野外调查期间，发现裴李岗文化的遗址均邻近基岩山丘，并且分布的位置较高，如莪沟遗址高于现代河面约70m。即使位置最偏东的裴李岗遗址，也高出河面30m，其北部也是薄覆黄土、或直接出露的基岩岗丘，地形上明显高于周围的黄土台地。遗址相对位置较高与当时河流水位没有多少联系，地貌学的调查表明，全新世河流水位最高时也不过比现在高出25m左右。这一现象似乎表明的是当时人类对山的依赖。山前地带往往有林地草丛分布，最适合的经济类型正是狩猎采集，农业的起源和早期发展也多在这一地带进行。刚从山洞中走出不久的裴李岗先民，一方面从事狩猎和采集，另一方面在山前的黄土台地上尝试性地发展原始农业。这是比较稳妥的方法，因为原始农业不仅要付出成倍增加的艰辛劳动，而且还经常有颗粒无收的风险。从聚落周围的自然环境所提供的资源配置来看，我们认为，当时的生计模式不大可能以农业为主。

同属于裴李岗文化的贾湖类型为我们提供了另一个佐证。对贾湖遗址的量化分析表明，其经济主体是采集渔猎，尽管出现了栽培稻，但农业生产只是辅助性的生产活动[27]。尽管主要分布在黄淮平原区的贾湖类型与主要分布在嵩山周围丘陵地带的裴李岗类型，存在较多的差异[28]，但是从对资源利用的模式上来看，本质上是相同的。裴李岗类型在山前地带以狩猎采集为基础，发展了旱作农业；而贾湖类型则在低洼的河湖环境中以渔猎采集为基础，发展了稻作农业。裴李岗类型中缺少捕捞的相关遗存曾经引起过研究者的关注[29]，但只要与其聚落周围的资源状况联系起来考虑，是很容易理解的。我们想借此表明，聚落分布、生计模式与自然环境提供的资源配置是不可分割的。在聚落分布发生变化时，通过考虑生计模式以及与之相联系的自然资源，有助于廓清事实的真相。

接下来分析仰韶文化、龙山文化时期的生计模式。

如果将裴李岗文化时期视为狩猎采集经济向农业经济更替过程中的早期阶段，那么仰韶文化的半坡类型很有可能就是这个过程的晚期阶段，而农业经济核心地位的最终确立则要到仰韶文化的庙底沟类型。半坡类型时期的渔猎采集经济相当发达，但种植农业也一直不断的发展壮大，聚落规模比前一时期明显扩大，定居生活也稳定了许多[30]。到了庙底沟类型时期，生产工具的种类发生了很大的变化。用于收割的陶刀和石刀的比例大幅增加，表明作物种植面积的扩大。同时，石刀相对于陶刀的比例，石铲相对于石斧的比例都成倍的增加，石铲形制的改进也更有利于翻土。这些现象暗示了庙底沟类型时期农业水平的突飞猛进，可能已经进入了锄耕农业的阶段，而之前都还只是砍倒烧光农业[31]。之后的仰韶晚期、庙底沟二期和龙山文化时期，随着农具形制更趋合理、农业耕作方面经验的积累、对聚落周围环境的改造以及人口数量的大规模增加，农业在整个生计模式中的相对地位更加稳固和重要。当然，渔猎采集经济并没有消失，反而随着工具的改进还有所发展，只是在整个生计模式中的地位下降了[32]。

可以看出，相对于研究区新石器时代的两种聚落分布模式，存在着两种不同的生计模式，其中关键的差别就是农业的地位。农业和自然环境的关系与渔猎采集和自然环境的关系有着根本性的不同。渔猎采集是直接从自然环境中获取资源，这些资源的分布状况完全受制于自然条件。农业的出现则使人类摆脱了对自然条件完全的依赖，它可以通过人类技术和认识水平的提高而加强对自然环境的适应能力，并降低食物获取的风险。但农业生产也需要一定的自然资源，其中主要是土地资源和气候资源。发展农业必须首先要有一片土地，但不是所有的土地都适合耕种，如裸露的基岩、倾斜角度过大的坡地就不适合，较好的是河流冲积平原和地势平坦的台地。另外，不同的农业类型对土地的要求也不一样，如水稻可以种在常年浸水的漫滩上，粟恐怕就不行。因此，农业生产所需的土地资源有共性，但也因作物而异。气候资源同样如此，不同作物的生长都需要水分和热量，但需要多少和什么时候需要却大不相同。稻作和旱作农业的差别自不待言，就连同属旱作农业的粟和小麦对春季的水分要求也明显不同。由此，资源的文化属性可见一斑。总之，农业对自然资源的要求与渔猎采集对自然资源的要求很不相同。

据以上分析可以推论，如果一个区域的自然条件只能满足狩猎采集对资源的要求，而不能满足农业的要求，聚落分布肯定要发生变化。双洎河中上游地区从裴李岗文化时期到仰韶、龙山文化时期聚落分布的调整就应该属于这种情况。

裴李岗文化遗址所在的地点周围，可供农业发展的土地资源是比较匮乏的。裴李岗遗址之外的其他遗址集中分布的流域西部主要是基岩山地和梁状丘陵。在河流发育的整个过程中，侧蚀作用都不强烈，导致河流两侧的阶地要么缺失，要么极其狭促。只有新密以西牛店附近，由于是一个较大的山间盆地，才有大片的二级阶地发育。而从新密向东以至于刘寨，第三纪的基岩被后来发育的河流所切割，形成近乎南北向展布的梁地，梁地上还横亘着残余的东西向基岩山地。在梁地之间是断续分布的小片阶地。

研究区东部的溱水、黄水河流域则是另外一种情况。尽管河流之间的平缓岗地与西部的梁状丘陵性质相同，物质组成都以第三纪的基岩为主，上覆薄层的黄土，但河流两侧却普遍有大面积的二级阶地发育，在溱水两岸，宽可达3千米。另外，新砦以下的双洎河两岸是大片的黄土台地，通过野外的调查和分析，该地貌单元实际上在晚更新世时是双洎河的冲积平原，与溱水的二级阶地性质相同，晚更新世末期以来河流的不断下切才形成现在的面貌。无论是二级阶地还是黄土台地，对于发展农业都是优良的土地资源。

至于农业所需的气候资源问题，研究区西部和东部大的气候差别不大，但若论具体的水热配置，河谷平原的环境明显优于山前地带。正是由于土地和气候这两方面的原因，以农业为主的仰韶、龙山及后续的夏商文化的聚落都集中在东部的河谷平原，从而使文化层相互叠压的现象以较高的概率出现。

通过对东部和西部的对比可以看出，在研究区新石器时代农业占据主导地位之后，聚落分布模式的变化是一种必然。而从狩猎采集向农业的转变，几乎发生于所有适于农业发展的地区。这是一个普遍的规律，对于其原因，本文不作探讨，但显然不是聚落分布变化的结果。

然而，生计模式的变化也不必然导致聚落分布模式的变化。以前文叙及的裴李岗文化贾湖类型为例，许多该类型的遗址经历了长时期的开发利用，发现有从裴李岗到仰韶、龙山文化层相互叠压的现象[33]。这表明贾湖类型的生存环境不仅能够满足渔猎采集的需要，也能够满足后来农业生产的需要。在这种情况下，聚落分布无需调整，也能满足新的生计模式对资源的需求。考虑到这个问题，可以认为聚落分布的变化并非生计模式变化的结果，而是人地关系产生矛盾的结果，矛盾的产生可能是由于生计模式的变化，或者自然环境的变化所导致的自然资源条件的变化，抑或是二者共同的作用。

4 自然环境的作用

在有关讨论自然环境与人类活动关系的文献中，屡屡可以看到诸如大暖期、降温、洪水等环境事件对生计模式、人口迁移、文化兴衰的影响，而且大暖期往往是促进了人口的增加、聚落的繁盛和文化的发展，而降温事件则总是对文化产生不好的结果，至于洪水就更是骇人，一旦发生，一个文化就完结了。但果真事事如此吗？未必如是。在我们看来，自然环境的作用与人类活动方式是不可分割的，它不能离开文化选择而单独存在。存在于一定环境中的文化，必然会用某种方式从自然环境中获取各种发展所需的资源。关键就在于这种方式是千差万别的，即使是在同样的环境中，不同文化群体的方式也可能不一样。在这种情况下，就只能讨论自然环境对生存于其间、具体而真实的人类活动的影响。也就是说，必须先搞清楚人类的生产和生活方式，在此基础上，才能讨论自然环境的作用。对于在山前地带从事狩猎采集的裴李岗类型先民而言，河流的泛滥或鱼类的突然减少会产生明显的影响吗？极端地说，他们甚至可能根本就不知道发生了这些变化。归根到底，自然环境的作用还是要落在自然资源上，落在一个文化从自然环境中选择的、为他们所用的东西上。这些东西可能是看得到的、直接可用的，如野生动植物，也可能是难以捉摸而在无意识地使用的，如气候资源。认识水平的提高和技术的进步，是人类更好地利用自然资源的必经之路。而自然环境的作用也因一个文化的技术、认识水平、社会结构等因素而改变，如古人对一年天气变化的认识、水井的发明、大规模的水利建设等都扩展了人类利用自然资源的范围，相当于优化了环境中的资源配置。

以上讨论的是处于相对稳定状态的自然环境与人类活动的关系模式。当自然环境发生变化时，只要研究环境变化对特定自然资源的影响，就能够搞清楚自然环境的作用，否则，就会出现隔靴搔痒的情况。

具体到聚落的分布，对资源的需求体现在两个方面，一是建造聚落所需的土地资源，二是特定生计模式所需的资源。就作为本文案例的双洎河中上游地区而言，在新石器时代发生了明显的聚落分布和生计模式的变化，同样，自然环境中的地貌和气候两大主导因素也发生了改变。我们将以二者为线索，分析它们的特点及变化对自然资源的影响以及间接地对聚落分布的影响。

4.1 地貌格局和演化对聚落分布的影响

根据研究区地貌的区域组合，划分了5个地貌区，分别是山地、梁状丘陵、平缓丘陵、黄土台地和平原。它们的分布如图1所示，其中，山地和梁状丘陵区分布在研究区的西部，而其余则分布在研究区的东部。这种地貌格局的形成可能早至两三百万年前的第三纪末,形成的原因与数次规模较大的构造运动有关。地貌格局对于区域人类活动有着十分重要的影响,突出地体现在控制着区域内"小环境"的形成。在宏观的尺度上,一个地区的气候是由纬度地带性、海陆位置以及非地带性因素所决定的。但具体到一个区域内部,不同地貌位置的"小环境"存在着很大的区别,其水热条件可能相差迥异。可以说,地貌格局对区域的气候资源进行了重新分配。而且,相同的地貌单元有着相似的发育过程和物质组成,这就直接决定了土壤的发育和分布。地貌格局决定了不同"小环境"的气候和土壤,那么,植被的分布状况也就在很大程度上受其支配。因此,在区域气候一定的条件下,区域内部的地貌格局是影响资源配置的决定性因素。在研究区,裴李岗文化时期的先民就植根于山地和山前的梁状丘陵地带,进行狩猎采集,而后来农业社会的居民无法在这个"小环境"中很好地生存和发展,它只能迁移到东部相对开阔的河谷平原区,并经过长期稳定的拓殖,发展出了古城寨和新砦这样的大型中心聚落[34]。但是,河谷平原有限的农耕土地面积使经济基础的发展只能达到一定程度,而这必然限制了社会的进一步发展。这种情况同样存在于颍河谷地。进入二里头文化时期之后,政治经济中心从嵩山东南麓的河流谷地向农耕土地更广阔的伊洛河平原转移。再往后看,枯潦河流域的大师姑城、华北平原的郑州商城和洹北商城,其周围都有着大面积的农耕腹地。

  地貌变化的问题也很重要,尽管全新世以来的地貌变化并没有对地貌格局产生多大的影响,但是人类活动频繁的河谷阶地却正是地貌变化活跃的区域之一。有学者根据双洎河流域裴李岗文化时期和仰韶文化时期聚落分布的高程差异,提出在此期间河流发生了大规模的下切[35]。但我们对此持有异议。第一,河流开始下切的时间发生在晚更新世与全新世之交。晚更新世以来的河谷地区一直处于大规模的淤积状态,这通常被称为马兰期堆积,在整个中国北方都很普遍。淤积达到的高度仅低于现在的二级阶地面2m左右。根据溱水流域古城寨附近的邓家剖面和双洎河流域人和寨东南窑场剖面,河湖相沉积在晚更新世末已经结束,取而代之的一直是风成黄土。这表明进入全新世之后,现在的二级阶地(当时的一级阶地)已经形成。第二,形成现在"U"形谷地的大规模下切最早从东周时期才开始。现在的双洎河干支流河谷深10~20m,并呈"U"形。在溱水流域的曲梁剖面高出现代河床十余米的断崖上的冲积层中,发现有东周时期的大型夹砂红陶鬲,说明一级阶地的形成很晚,全新世的大部分时期,河流水位都维持在很高的水平。第三,从资源利用的角度来看,河流的下切只是聚落分布变化的必要条件。河流如果在仰韶文化时期还没有开始下切,在当时就还没有现在的二级阶地,那么仰韶文化的居民活动于其上是不可能的。显然,事实不是这样。再假设另外一种情况,如果仰韶文化的居民和裴李岗文化的居民一样,主要是以狩猎采集为生,那么,他们会在二级阶地上建立聚落吗?可能性也不大,阶地上供狩猎采集的东西并不多。这就是说,宽阔平坦的二级阶地对于狩猎采集者而言,并非有用的资源,只有对于以农业生产为主的居民，才具有重要的意义。简单地概括地貌演化与聚落分布的关系，就是人类会有选择地活动在已经形成的地貌单元上。

最后，从地貌演化的角度审视一下洪水的发生和影响。在双洎河流域，夏正楷先生认为存在着新砦期的特大洪水，根据是双洎河北岸的高地上发现了埋藏的古河道[36]（另文称决口扇[37]），并依据台地面与较低一级阶地之间的高差，将洪水上涨的高度估算为15m左右[38]。笔者也曾有幸两次赴新砦遗址考察，确实在黄土冲沟中的天井式窑洞院落里见到了这段古河道，但根据遗址周围的地貌特征和流域河流演化的整体规律，有着不同的解读。首先，古河道的延伸方向是北略偏东，而双洎河在附近却是流向东南，若古河道是由双洎河干流的洪水冲出的，则干流和泛洪河道之间形成了一个135°左右的钝角，而且，向北的地势是越来越高，水往高处流是很难想象的。第二，若说是洪水漫上台地之后冲出的决口扇，则必须满足决口处的相对位置较高这个条件。而实际上，双洎河北岸的台地是北高南低，洪水无论涨多高，都得局限在由两岸的山地和黄土台地局限的谷地内。根据地貌学的原理，决口扇一般只能形成于冲积平原区地上河发育的河段，先是在地上河两侧发育天然堤，天然堤决口之后因河道相对位置较高，才能形成决口扇[39]。显然，新砦遗址不具备这种地貌环境。第三，我们认为，既然存在着顶平下凹的河道形状，而且有流水的存在，那么无论水的流向，古河道的高度应该是与双洎河干流相若的，而不可能存在十几米的高差。根据古河道底面的最大埋深4.69m，台地前缘顶面高出现代河面25m[40]，当时双洎河的河床应高出现在20多米。这个结论与溱水曲梁剖面反映的情况是吻合的，即双洎河干支流的最后下切最早要到东周时期。关于古河道的性质，随着新砦遗址考古发掘和研究的深入，有可能是内城的壕沟[41]。

尽管我们不认同新砦遗址的古河道是洪水造成的，但研究区内在新石器时代发生的一次大规模的河流淤积，却产生了近乎洪水的影响。溱水流域的柿园遗址位于二级阶地的前缘，是一处仰韶文化时期的聚落，发现有墓葬和厚达1.7m的文化层。在靠近溱水一侧，与仰韶文化层同期的自然地层主要是河湖相的黏土粉砂互层，表明河流在晚更新世和全新世之交下切以后处于相对稳定的状态。之后，河流发生淤积，仰韶文化层和河湖相沉积之上均为一套冲积砂层所覆盖。冲积砂层上覆战国文化层，显示了河流在之前已经转入下切。这段时代在5000~2500aBP的河流淤积过程，也见于新郑西南溧水流域的唐户遗址，在河湖相沉积物中，发现有龙山时期的遗存。

这次淤积事件的影响范围有限，也没有明显改变聚落分布的模式。尽管河水的威胁对于人类是强制性的，但是龙山、夏商时期的农业居民仍然活动在河流的二级阶地上，只是远离了阶地的前缘。这再次说明了生计模式和自然资源配置对聚落分布的影响。

4.2 气候及其变化的影响

气候变化对人类活动的影响一直是环境考古研究关注的焦点，但同时也是最难说清的一个问题，关键就在于不清楚气候的干湿冷暖变化对人类活动影响的过程和机制。接下来，我们将尝试从自然资源的角度，对此问题展开分析。

首先，气候无论干湿冷暖，人类都能找到合适的手段去获取食物资源。全世界不同区域之间的气候可能是天壤之别，但几乎每个有人类活动的区域都能发展出一套获取食物资源的策略。这就是所谓的适应，它也表明干湿冷暖变化并无绝对的好坏之分。第二，在一定幅度的气候变化范围之内，人类活动所需的某种资源条件并不会改变。变动范围的大小，取决于区域在气候带中的位置。如位于暖温带南部的中原地区和位于暖温带北部边缘的辽西地区，发展农业所需的气候资源所能经受的气候变化幅度肯定不一样。第三，农业发展所需的水热资源组合，有些区域是普遍可以满足，而另一些可能只有特定"小环境"的特定季节才能满足。尤其是作物所需的水分条件，在很大程度上是受地貌的影响，而与气候及其变化的关系不大。如华北平原、陕北无定河谷、西北干旱区的绿洲等地种植的水稻，都不是依靠降水。在热量方面，中国大部分地区的夏半年都不成问题。第四，自然环境是一个系统，气候是其中最活跃的因素，在考虑气候变化的影响时，除了关注与气候直接关联的水热条件的变化外，也要重视气候对其他自然环境要素的影响。气候干凉化对水文的影响、对河流地貌的影响，进而对区域资源配置的间接影响，都应该进入研究者的视野。

在研究区新石器时代聚落分布变化的过程中，气候变化的作用并不明显，因为在生计模式从以狩猎采集为主转为以农业为主时，农耕土地资源的缺乏是导致聚落分布发生变化的限制因素，而旱作农业所需的气候条件无论是在山前地带，还是在东部的河谷平原区，都是可以满足的。

气候变化对河流地貌演化的影响是肯定存在的，但关系非常复杂。从长期的发展过程来看，研究区末期冰期时，尽管降水量减少很多，但河流一直处于淤积状态，河床抬高了近20m。冰后期雨量的增加，使河流转为下切。5000aBP之后开始的新的淤积过程可能与气候的恶化有关。因此，认为仰韶后期聚落朝河谷低阶地大规模拓展的原因包括降温事件是值得商榷的[42]。至于2500aBP前后发生的大规模河流下切，原因还不清楚。

同时，研究区在气候带中的位置也是不能忽视的。研究区处于现在的暖温带南缘，在全新世大暖期时，北亚热带可能还一度向北扩展到该地区，这样的气候条件就保证了全新世的降温幅度根本不足以对农业生产造成大的影响。正因如此，从仰韶文化以后，农耕聚落可以在河谷平原区稳定持续地发展。随之而来的人口增加、中心聚落的出现、早期城市的形成，最终促使雏形国家的诞生[43]。这实际上是整个中原地区的一个缩影，气候条件的恶化并没有对该地区文化发展产生实质性的不利影响。

总而言之，自然环境的作用因具体的人类活动而异。人地关系之所以是个难题，就在于自然环境和人类活动两方面都很复杂。但自然环境在时空上的变化还是有矩可循的，而人类活动则因有多样化的适应手段，能在同样的环境中以不同的方式生存，才导致人地关系在不同的时空中呈现出千姿百态。至于文化进行某种选择的原因，肯定有自然环境的作用，但也可以肯定，它并非唯一的影响因素，文化系统中技术、贸易、人口、社会结构、认知等因素都有可能影响人类的决定。但无论如何，文化选定了一种从自然环境中获取资源的方式，我们对自然环境作用的讨论就只能以此为基点展开。当自然环境影响到这些资源时，文化才会进行某种响应，所以，自然环境的变化与聚落分布的变化没有必然关系。

5 结　语

在对聚落分布变化与自然环境关系的探讨中，我们强调了生计模式和自然环境中的资源配置之间的关系对聚落分布的影响。从中我们可以看到，裴李岗文化时期与仰韶文化及其以后的时期，具有不同的食物资源获取方式。从狩猎采集为主到农业居于主导地位的变化过程中，我们定义的具有双重属性的自然资源实际上已经发生了变化，而自然环境的作用就通过它对自然资源自然属性的支配体现出来。我们将聚落分布与自然环境的关系可初步总结为以下几点：第一，在自然环境提供的多种资源配置中，人类的选择是决定性的因素，这种选择和自然资源的分布共同决定了聚落在空间的分布。第二，人类的选择必须以当时的环境条件为基础，而当时的环境可能远不同于今日。也就是说，有之不必然，无之必不然。第三，在聚落建立以后，如果环境的变化影响了人类正在获取或利用的资源，那么文化就有可能进行某种调整，但方式可能并非最佳。

本文没有考虑政治、武力等因素下聚落分布的变化，但即使这样，聚落分布的空间中生计模式和资源配置也应该是统一的。

当前，开展此类研究最需要的是确定文化获取食物资源的方式和区域聚落分布的模式，而这有赖于动物考古、植物考古研究的深入开展以及系统的区域调查。环境考古研究不能只关注古环境，从本文的角度看，这对考古学毫无意义。它必须将环境与特定文化的生存方式紧密地结合起来，才有助于阐明环境在文化发展过程中的作用。

致谢：对周昆叔先生、蔡全法先生、张松林先生、赵春青博士、杨瑞霞博士、鲁鹏同志在野外工作中给予的支持和帮助，及莫多闻先生对论文内容提出的修改意见，作者深表谢意。

参 考 文 献

[1] a. 严文明. 聚落考古与史前社会研究. 文物, 1997, (6).
b. 张忠培. 聚落考古初论. 中原文物, 1999, (1).

[2] a. 李非, 李水城, 水涛. 葫芦河流域的古文化与古环境. 考古, 1993, (9).
b. 中美洹河流域考古队（中国社会科学院考古研究所与美国明尼苏达大学科技考古实验室）. 洹河流域区域考古研究初步报告. 考古, 1998, (10).
c. 中美两城地区联合考古队. 山东日照地区系统区域调查的新收获. 考古, 2002, (5).
d. 赤峰中美联合考古研究项目. 内蒙古东部（赤峰）区域考古调查阶段性报告. 北京：科学出版社, 2003.

[3] 曹兵武. 聚落考古学的几个问题. 考古, 1995, (3).

[4] 李力. "史前城址与聚落考古学术研讨会"综述. 文物, 1996, (11).

[5] 张光直. 谈聚落形态考古. 考古学专题六讲. 北京：文物出版社, 1986.

[6] 中国植被编辑委员会. 中国植被. 北京：科学出版社, 1980.

[7] 魏克循. 河南土壤. 郑州：河南人民出版社, 1979.

[8] 开封地区文管会, 新郑县文管会. 河南新郑裴李岗新石器时代遗址. 考古, 1978, (2).

[9] 杨育彬, 袁广阔. 20 世纪河南考古发现与研究. 郑州：中州古籍出版社, 1997.

[10] a. 同 [8].
b. 开封地区文物管理委员会, 新郑县文物管理委员会, 郑州大学历史系考古专业. 裴李岗遗址一九七八年发掘简报. 考古, 1979, (3).
c. 中国社会科学院考古研究所河南一队. 1979 年裴李岗遗址发掘报告. 考古学报, 1984, (1).

[11] a. 河南省博物馆, 密县文化馆. 河南密县莪沟北岗新石器时代遗址发掘简报. 文物, 1979, (5).
b. 河南省博物馆, 密县文化馆. 河南密县莪沟北岗新石器时代遗址发掘报告. 河南文博通讯, 1979, (3).

[12] 开封地区文管会, 密县文管会, 郑州大学考古专业. 河南密县马良沟遗址调查和试掘. 考古, 1981, (3).

[13] 同 [9].

[14] 同 [9].

[15] 北京大学考古文博院, 郑州市文物考古研究所. 河南新密市新砦遗址 1999 年试掘简报. 华夏考古, 2000, (4).

[16] a. 张光直. 聚落. 当代国外考古学理论与方法. 西安：三秦出版社, 1991.
b. 同 [1] a.

[17] 苏秉琦. 中国通史（第二卷）. 上海：上海人民出版社, 1994.

[18] a. 赵志军. 从兴隆沟遗址浮选结果谈中国北方旱作农业起源问题. 东亚古物（A 卷）. 北京：文物出版社, 2004.

b. 赵志军. 植物考古学及其新进展. 考古, 2005, (7).

[19] 同 18 [a].

[20] 袁靖. 论中国新石器时代居民获取肉食资源的方式. 考古学报, 1999, (1).

[21] 石兴邦. 下川文化的生态特点与粟作农业的起源. 考古与文物, 2000, (4).

[22] 冈村秀典. 辽河流域新石器文化的居住形态. 东北亚考古研究——中日合作研究报告书. 北京：文物出版社, 1997.

[23] 赵世刚. 关于裴李岗文化若干问题的探讨. 华夏考古, 1987, (2).

[24] 黄克映. 裴李岗、磁山文化长条形石铲辨——试论其文化的农业阶段及经济状况. 华夏考古, 1992, (4).

[25] 李友谋. 裴李岗文化. 北京：文物出版社, 2003.

[26] 李绍连. 关于磁山—裴李岗文化的几个问题——从我沟北岗遗址谈起. 考古, 1980, (5).

[27] 同 18 [b].

[28] 孙广清. 河南裴李岗文化的分布和地域类型. 华夏考古, 1992, (4).

[29] 同 [17].

[30] 同 [17].

[31] 同 [17].

[32] 王吉怀. 黄河流域新石器时代渔猎经济的考察. 华夏考古, 1992, (2).

[33] 同 [23].

[34] 河南省文物考古研究所, 新密市炎黄历史文化研究会. 河南新密市古城寨龙山文化城址发掘简报. 华夏考古, 2002, (2).

[35] 黄宁生. 文化遗址叠置系数及其环境意义. 大自然探索, 1996, 15 (56).

[36] 夏正楷, 王赞红, 赵春青. 我国中原地区3500aBP前后的异常洪水事件及其气候背景. 中国科学（D辑）, 2003, 33 (9).

[37] a. 夏正楷, 杨晓燕. 我国北方 4kaBP 前后异常洪水事件的初步研究. 第四纪研究, 2003, 23 (6).

b. 夏正楷. 豫西—晋南地区华夏文明形成过程的环境背景研究. 古代文明（第 3 卷）. 北京：文物出版社, 2004.

[38] 同 37 [a].

[39] 杨景春, 李有利. 地貌学原理. 北京：北京大学出版社, 2001.

[40] 同 [36].

[41] 赵春青, 张松林, 张家强, 谢肃. 河南新密新砦遗址发现城墙和大型建筑. 中国文物报, 2004-3-15.

[42] 赵春青. 郑洛地区新石器时代聚落的演变. 北京：北京大学出版社, 2001.

[43] 李水城. 区域对比：环境与聚落的演进. 考古与文物, 2002, (6).

（原载于中国社会科学院考古研究所考古科技中心编：《科技考古》（第二辑）。北京：科学出版社, 2007 年：141~154 页）

利用木炭碎块分析研究古人类的生存环境、木材利用

王树芝

(中国社会科学院考古研究所，北京，100710)

摘要：本文简要介绍了木炭碎块分析的原理、取样方法、分析方法，并结合研究实例，介绍了木炭碎块分析在古人类生存环境研究中的应用。主要有三个方面的应用：一是利用鉴定出的树种，复原遗址周围的古植被，利用其中的建群种和伴生种的生态习性重建当时的生态气候*；二是利用特有种对环境和气候进行定量分析；三是利用鉴定出的树种，推测古代人类对周围植被的利用。

关键词：木炭碎块　植被　环境　木材利用

考古遗址周围的环境和气候状况究竟是什么样子的？人们又是怎样利用植物的？这些是考古工作者非常感兴趣的问题。随着浮选法在我国考古发掘中的广泛运用，多数考古工作者很注意采集炭化的植物遗骸，尤其是植物的果实、种子，但未曾认识到考古发掘出的其他炭化的植物遗骸在古人类生存环境研究中的重要作用。其实，植物的六大器官根、茎、叶、花、果实、种子（除花外）经炭化后都能保持原有的清晰结构，尤其是植物的枝干，而且，木炭碎块在炭化植物遗骸中往往占的比例较大，有时体积较大，在考古发掘中很易发现，也易采集，因此，不少国家和地区已经把这种方法应用到古人类生存环境研究上，从中寻找有关古代人类利用木材的信息，并对古环境和古气候、古植物群进行了重建[1~4]。我们利用这种方法对湖北雕龙碑遗址、赤峰市喀喇沁旗永丰乡大山前第一地点及山东聊城教场铺遗址出土木炭碎块进行了研究，根据雕龙碑遗址鉴定出的特有树种杜仲对新石器时代氏族聚落遗址周围土壤状况和气候类型进行了复原；根据大山前第一地点出土的树种复原了遗址周围的古植被，利用其中的建群种和伴生种的生态习性重建了当时的生态气候；根据聊城校场铺鉴定出的树种，推测古代人类对周围植被的利用和人类生活方式。本文结合我们的研究实例详细阐述利用木炭碎块分析研究古人类生存环境。

---

* 建群种：乔木层中的优势种，通常称为建群种。在植物群落的各个层次中占优势的植物称为优势种。
　伴生种：亦称附属种，构成植物群落的固有植物种，它在群落中经常存在，但对群落不起主要作用。
　生态气候：生物生长或栖居地所特有的气候条件的总和。

1 木炭碎块分析的原理

对木炭碎块分析是对木炭在横切面、径切面、弦切面的结构的分析，从而确定树木的种属，不同种属的木炭碎块，在三个面上的结构不同，这是我们根据木炭分析确定树木种属的前提。在正常情况下，由于土壤微生物的活动，树木的枝干很容易腐烂，不能保存下来，然而，如果这些材料在不充分燃烧后形成木炭，被埋在土里，就不易腐烂，其结构特征也能清楚地保存下来[5]，这是利用木炭碎块分析进行树木种属鉴定的基础；不同的树木，有不同的用途，这是研究古代人类如何利用木材的基础；不同的树木要求不同的生态因子，而这些生态因子中起主导作用的是温度和湿度，这是确定考人类遗址周围的古植被和古气候的基础，从而恢复古代人类的生存环境，有助于人地关系的研究。

2 木炭碎块的取样方法

木材鉴定到属甚至到种的水平是可能的。如果与考古遗址的地层、功能区、遗物等结合起来，就会很有意义。比如取自灶旁的木材可说明哪种树种用于薪炭；取自被烧的建筑物的木材，指示哪种木材用于建筑；取自生产工具、器具的木材，可指示哪种木材用于制造生产工具和器具。考古学家通常假设遗址中大多数木材是由于人类活动的结果，不同文化层灰坑里的木材数量可以判断古人类的相对活动，木材的块数和重量的量化能够用来解释人类利用强度和文化演进。木材与发掘位置相联系是非常重要的，能提供许多信息[5]。

2.1 木炭的取样

取样可以结合植物遗骸的浮选进行。取样方法有四种：水平取样、剖面取样、针对性取样和随发现随取样。

2.1.1 水平取样

采用网格式取样，在每个文化层人为划定一个堆积范围内打出网格，为了减少工作量，可以在网格中再按"Z"字形取样，经过"Z"字的每个网格中取等量的土样。土样阴干后，用4mm孔径的筛子筛，采集上面的木炭，下面的木炭用浮选法获得。这种分散的木炭用来解释不同文化时期的环境变化。此外，在每个文化层中除了经过"Z"字的每个网格中取样外，其他地方只要发现木炭就采集，这种木炭用来复原该文化时期遗址周围的植被。

2.1.2 剖面取样

剖面取样是沿着遗址剖面或自然剖面从顶部往下进行垂直剖面取样。每份木炭样本从长2m，宽50cm，深10cm的土中获取。也可以从上到下，每个文化层取同样体积的土样。土样阴干后，用4mm孔径的筛子筛，采集上面的木炭，下面的木炭用浮选法获得。

这种方法一般适用于树种具有多样性的考古遗址，或以研究森林火灾，森林干扰、植被变化为目的的研究地区的自然剖面的取样。

2.1.3 针对性取样

针对性取样是为了便于更精确地了解古代居民是如何利用木材的，根据以往的发掘经验，有针对地取样。也就是凡遇到性质比较明确的遗迹单位，如在房址中每间房子的四个墙角、房子的中央、柱础、灶坑、灰坑等有可能出现木炭的地方进行取样，并作好样本登记工作。针对性取样的木炭用于解释古人类对木材资源的利用。

2.1.4 随发现随取样

即在每个文化层中只要发现木炭就采集。这种方法省力省工，方便可行，但只能泛泛了解遗址周围的植被情况。

在取样时首先用木质工具把炭化材料周围的土挖走，不能用金属工具，以防把木炭弄碎，然后再轻轻地捡起炭化材料，再把炭化材料表面的土用毛笔轻轻掸去。

由于木炭碎块质碎，取样时一定要小心，尤其木炭湿时更要加倍小心。用一张具有吸水性能、柔软的纸把木炭包裹起来，然后放到能通气的纸盒里，把纸盒放在尽可能干燥的地方，使其慢慢地干燥，应避开热源，最好不要放在塑料袋或密封的容器中，以防发霉腐烂，影响鉴定。由于木炭是根据三个面上的构造特征鉴定的，因此，在发掘和保存过程中，谨防泥水堵塞木炭的管孔和管胞等构造特征。如果木炭出自不同的位置，即使相邻很近，也应该分别取样和保存，如果知道某些木炭碎块来自同一块炭化材料，就把这些木炭碎块放在一起采集，因为知道这些木炭碎块是否是一个大块的材料碎成小块是很重要的，因此在记录时要登记最初的木炭碎块数。总之，要尽可能多地提供有关木炭的信息，便于以后的研究分析。

值得指出的是这四种方法不是孤立的，在一个研究中有可能会用到某两种、三种甚至四种方法，如水平取样、针对性取样经常结合在一起，既可以解释环境变化，又可以了解古代人类对木材的利用。再比如，在研究青铜矿遗址古代居民对森林的砍伐破坏，重建植被变化时，在遗址内采用针对性取样，在自然堆积中采用剖面取样。在前3种取样方法中都可以结合随发现随取样的方法。实际中具体采用那种采样方法，要根据遗址的特点、发掘的规模、木炭的埋藏特点和研究的目的而定。

木炭树种的鉴定需要的木炭大小，由样本的坚硬程度而定，一般来说，比较硬的木炭碎块只需4mm以上的2~3块木炭就可以，但是木炭体积越大越好，越坚硬越好，能够有较多的机会找到清晰的构造特征。如果木炭特别松软，构造易破坏，需要的木炭量就大些，否则就不能切出构造清晰的切片，影响鉴定效果。木炭的量越多越好，只有每层有大量的木炭碎块（200~500块）才能有代表性，统计上才行得通，才能很好地复原环境。

有时不能鉴定遗址中的木炭种属，但是，如果在遗址取样的同时，采集遗址附近的现有乔木和灌木的样本一起鉴定，可以提高鉴定的可能性。木炭碎块的取样很简单，结合常规的考古发掘就可进行。

3 木炭碎块的分析方法

取回木炭碎块样本后，首先按照不同文化层，同一文化层的不同单元进行登记。将采集的大于4mm以上的木炭样本，经室内加工，做横向、径向、弦向三个方向切面，先在OLYMPUS U-LBD-2PM10SP全自动显微镜下观察、记载木材特征，根据《中国主要木材名称》国家标准GB/T 16734-1997以及《中国木材志》专著进行树种的鉴定。

横向、径向、弦向主要看如下结构：

从横切面上可以看到许多有用的特征：

（1）年轮 在年轮中，早材向晚材过渡变化的缓急是值得注意的有用特征。例如油松和马尾松由早材向晚材过渡的变化是急变的，即早、晚材之间的区别界限是明显的。华山松和白皮松的早材和晚材过渡是缓变的，即早、晚材之间没有明显的区别界限。阔叶材中的环孔材是急变的，其他都是缓变或比较缓变的。

（2）树脂道 树脂道经常出现于松、落叶松、云杉、黄杉、银杉和油杉6属木材中，因而，树脂道便是识别这6属木材的重要结构特征之一。松木的树脂道直径较大，但落叶松、云杉和黄杉树脂道直径较小、数量较少。

（3）树胶道 是阔叶材的识别特征之一，纵向树胶道常见于龙脑香科和豆科，横向树胶道是漆树属、黄连木属、橄榄属和五加属的特征。

（4）管孔，是阔叶材中的导管在木材横切面上的表现，管孔的大小、形状、数量及排列形式对阔叶材来说具有特征性的意义。

（5）管胞 管胞是针叶材的特征。

（6）木射线 木射线在木材的横切面显露其宽度和长度。针叶材全部为细射线，而阔叶材中只有杨木、柳木和七叶树等少数木材是细射线，多数木材具有中等射线和宽射线。此外，木射线的数量、叠生和局部变宽也是识别上的特征。

从径切面上可以看到许多有用的特征：

（1）管胞 纵列管胞是针叶材中的主要组成，管胞壁上的壁孔大小、形式、数目和排列情况随树种的不同而出现差异。有些针叶材的管胞壁内经常出现螺纹加厚。

（2）射线 射线管胞的内壁有平坦和齿状加厚。

（3）交叉区壁孔有窗型、松型、云杉型、杉型和柏型。

（4）导管　是阔叶材中的主要组成，导管分子的形式随树种而异有的为桶形、有的为鼓状、有的为筒形等等，导管分子末端形状也有差异。导管穿孔形式和导管壁孔式随树种而异，有些阔叶材中的导管内经常出现螺纹加厚。

从弦切面上可以看到一些有用的特征：木射线　针叶材木射线就在弦切面所表现的形态而论，可以区分为单列射线和纺锤形射线两类，针叶材有些有横向树脂道，是纺锤形射线，有些是单列射线。单列射线的高度，在木材鉴定上也有意义。阔叶材木射线在弦切面的宽度、射线组织类型在木材鉴定上也有意义。这里需要说明一点，在鉴定时这些木材构造特征不一定都要看到，但某一树种所特有的结构必须具备。

鉴定树种后，将木炭样本粘在铝质样品台上（图1），在真空干燥箱中抽干（由于木炭碎块的吸水能力很强，而镀金又需要在干燥、真空状态），再在样品表面镀金，在日立 S-530 扫描电子显微镜下进行拍照。

图1　粘在铝质样品台上的木炭

4　用研究实例说明木炭碎块在古人类生存环境研究中的应用

实例一　利用鉴定出的树种，复原遗址周围的古植被；利用其中的建群种和伴生种的生态习性重建当时的生态气候。

大山前第一地点位于内蒙古赤峰市喀喇沁旗永丰乡的大山前村，是大山前遗址群的一部分，是一个凸出于周围河边低地的小缓丘，台顶最高处海拔765m，西、南两面紧邻清水河，台顶高出河床12m。其上主要堆积着夏家店下层文化、夏家店上层文化、战国时代和辽代这四个时期的文化遗存，以夏家店下层文化为主（据放射性碳素断代，其年代为2000BC～1500BC）。经过1996和1997两年的发掘，大山前第一地点1996年发掘区中部的探方 T406 内，出土遗物甚为丰富，其中，在出土的大量夏家店下层文化遗物中，有一些烧过的炭屑，但多数炭屑零碎且分散，唯有 F8H1 这个灰坑集中出土了多量木炭，这些木炭以长 6~7cm，宽 3~4cm 者居多，最大的长度近 10cm，我们选择这个灰坑的木炭碎块进行研究。鉴定结果共有 6 个树种，分别是油松（Pinus tabulaformis Carr.），蒙古栎（Quercus mongolica Fisch. ex Turcz.），柳属（Salix L.），硕桦（Betula costata Trautv.），白桦（Betula platyphylla Suk.），杨属（Populus L.）。根据各个树种木炭碎块的重量推测大山前第一地点夏家店下层文化居民生活的自然环境分布着油松林、以蒙古栎林为建群树种的暖温带落叶阔叶林及沟谷杂木林，地带性植物为油松林和蒙古栎林，并利用其中的建群树蒙古栎和伴生种的生态习性重建了当时的生态气候属于温暖湿润类型[7]。崔海亭等人利用建群树种的炭屑显微结构复原敖汉旗大甸子遗址和哈力海吐两处夏家店下层文化遗址青铜时代的植被[8]。

实例二 利用特有种对环境和气候进行定量分析。

雕龙碑遗址位于湖北枣阳县城东北约 45 华里的鹿头镇，是我国长江与黄河流域交汇地带的一处新石器时代氏族聚落遗址，在其遗址上发现了多座房屋建筑基址，在房内发现了许多木炭碎块，我们对木炭碎块的结构进行研究，确定了树种，其中有一树种为杜仲（Eucommia ulmoides）。植被是自然界中对气候变化最灵敏的指示物，植被的状况可以在相当大的程度上反映气候状况。杜仲是中国的特有种，根据史前的植物与现代的同种植物对土壤和气候的要求是一样的道理，由此推断新石器时代该遗址周围的气候年平均气温为 13℃~17℃，年降水量为 500~1500mm，属温和、温暖湿润气候类型，土壤类型是土层深厚、疏松、湿润、肥沃、排水良好的中性至微酸性[9]。特有种气候分析法，是国内外植物学家和气候学家很重视的一种研究方法，如 1999 年在德国图宾根大学举行了欧亚大陆晚第三纪气候演化工作会议上，中国、德国、法国、奥地利、波兰和俄罗斯等 15 个国家建立了多边国际合作项目即 Neogene Climate Evolution in Eurasia，决定选择中国重要的特有植物类群进行多学科的综合研究，用于定量分析第三纪气候的变化[10]，这种方法对我们研究历史时期的环境和气候同样适用。

实例三 利用鉴定出的树种，推测古代人类对周围植被的利用[11]，古人类的生活方式。

在教场铺的发掘中，采集了一些木炭碎块，对这些木炭碎块的结构进行鉴定和分析，共有 20 种木本植物（2 个种未鉴定），有侧柏（Platycladus orientalis）、李树（Prunus salicina）、山丁子（Malus baccata）、栎木（Quercus sp.）、麻栎（Quercus acutissima）、槲栎（Quercus aliena）、核桃楸（Juglans mandshurica）、枣树（Zizyphus jujuba）、白榆（Ulmus pumila）、春榆（Ulmus davidiana var.）、朴树（Celtis sinensis）、香椿（Toona sinensis）、构树（Broussonetia papyrifera）、桑树（Morus alba）、红叶（Cotinus coggygria）、槭树（Acer sp.）、木犀榄（Olea sp.）、刚竹（Phyllostachys sp.）。在这

些木本植物中古代人类利用木材类的榆、栎及竹材的概率最大,利用其他木本植物的木材概率较小。

在出土的木本植物中,竹材比例很高,仅次于木材类中的榆属和栎属,位居第三。可以想象竹子在人类日常生活中起了很重要的作用。考古学家曾经在比校场铺遗址时期稍晚的山东历城两城镇(35°25′N,119°25′E)发掘的龙山文化遗址(新石器晚期,约1000BC)中,也找到一块炭化的竹节,有些陶器的外表也似竹节。在校场铺遗址的房基中发现了竹材,说明竹材有可能用于建筑。校场铺遗址位于黄河下游,属于黄河泛滥区,很有可能以竹代木用来搭建临时住所,反映出当时当地的地域特点。

另外,树种中果实可食用的有樱属、枣属、栎属、胡桃属,这些经济树种的发现,说明先民有可能采集树木果实作为食物来源的一部分。

从以上3个研究实例可以看出,通过对考古遗址出土的木炭碎块的显微结构分析,可以鉴定树种,从而恢复古代植被,而且利用特有种和建群种的生态习性对环境和气候进行定性和定量分析。尤其灰坑中的薪炭遗存,多属当地植被的优势种或建群种,它们具有较强的气候指示意义,更能代表较小地理范围内的地方性植被、气候特征,具有更高的生态分辨率,恢复古代人类的生存环境。利用鉴定出的树种,还可以推测古代人类对周围植被的利用,有助于理解古代不同文化时期的人地关系。毫无疑问,随着这种技术在古人类生存环境研究中的应用,对木炭碎块树种的研究越来越丰富,就可以进行不同文化时期不同地域的比较,从而寻找更多有关古人类利用木材的信息和古环境和古气候信息。

参 考 文 献

[1] Scheel-Ybert R. Man and vegetation in southeastern Brazil during the late Holocene. *Journal of Archaeological Science*, 2001, 28 (5): 471-480.

[2] Figueral I. Charcoal analysis and history of Pinus pinaster (cluster pine) in Portugal. *Review of Palaeobotany and Palynology*, 1995 (89): 441-454.

[3] Morrison K D. Monitoring regional fire history through size-specific analysis of microscopic charcoal: the last 600 years in South India. *Journal of Archaeological Science*, 1994, 21 (5): 675-685.

[4] Sümegi P, Runder Z E. In situ charcoal fragments as remains of natural wild fires in the upper Würm of the Carpathian Basin. *Quaternary international*, 2001, (76-77): 165-176.

[5] Sasee C. A conservation manual for the field archaeologist. *Archaeological research tools*. Los Angeles: Institute of archaeology university of California, 1987, 4: 63-64.

[6] 成俊卿,杨家驹,刘鹏. 中国木材志. 北京:中国林业出版社,1992.

[7] 王树芝,王增林,朱延平. 内蒙古赤峰市大山前第一地点夏家店下层文化的植被和生态气候. 华夏考古,2004,(3).

[8] 崔海亭,李宜银,胡金明. 利用木炭碎块显微结构复原青铜时代的植被. 科学通报,2002, 47 (19).

[9] 王树芝,王增林,吴耀利. 雕龙碑遗址房屋建筑出土木炭的研究. 考古, 2002, (11).

[10] 李承森,王宇飞,孙启高. 定量分析第三纪以来环境变化的新方法——特有种气候分析法. 植物学报, 2001, 43 (2).

[11] 王树芝,王增林,贾笑冰,梁中合. 山东聊城教场铺遗址出土炭化碎块的鉴定以及古代人类对木本植物利用的初步分析//中国社会科学院考古研究所. 新世纪的中国考古学, 王仲殊先生八十华诞纪念论文集. 北京: 科学出版社, 2005.

(原载于周昆叔,莫多闻,佟佩华,袁靖,张松林:《环境考古研究》(第三辑)。北京: 北京大学出版社, 2006年: 260~264页。本文集收录时稍有改动)

山东沭河上游史前自然环境变化对文化演进的影响

齐乌云　梁中合　高立兵　贾笑冰　王树芝　王金霞　赵志军

(中国社会科学院考古研究所考古科技中心，北京，100710)

摘要：山东沭河上游史前文化遗址的聚落考古调查、遗址动植物遗存的浮选、遗址及墓葬出土人骨的同位素微量元素分析和遗址文化层的植物硅酸体分析结果表明，该地区大汶口文化晚期至岳石文化时期的生业活动以农业经济为主，尤以粟、黍、水稻等农作物为主，其中人骨的食性分析结果表明，大汶口晚期的食物结构存在贫富差异，富有者的饮食以大米等 C_3 植物为主，普通老百姓的饮食以小米等 C_4 植物为主。借助 GIS、SPSS 软件所建立的人类居住场所的选择与自然环境之间的定量关系模型表明，聚落选址与地貌、水文等自然环境密切相关。坡度越大，遗址存在的概率越小；遗址距离大河流越远，受到洪水灾害的威胁越小，遗址存在的概率越大；遗址距离中等河流的垂直距离、小河流的水平垂直距离越大，人类不便于利用水资源，遗址存在的概率就越小。区域地质地貌考察及孢粉分析结果表明，该地区大汶口文化时期至岳石文化时期的古气候有温和偏湿—温凉偏湿—冷凉干旱—温凉偏湿的变化过程。古植被主要为以针叶树为主的针阔混交林，但存在针叶林和阔叶林面积来回摆动的情况。暖湿时期人类居住海拔较高，冷干时期人类聚落也随水从高处往低处迁移。大汶口文化晚期及龙山早期阶段的温和适宜的气候条件促进了农业文化的继承和发展，龙山文化晚期及岳石文化初期出现的冷干气候事件有可能对龙山文化晚期和岳石文化发展进入一个低谷产生了一定影响。

关键词：沭河上游　史前文化　人地关系

1　区域概况及聚落考古调查

沭河现为淮河的一条重要支流，它发源于鲁中的沂山山脉，由北向南注入淮河。沭河上游主要包括山东莒县。莒县位于山东省的东部，日照市的西部，118°35′~119°06′E，35°19′~36°02′N。沭河上游属鲁中南丘陵区，其地貌基本是一个山间盆地，两边是低山、丘陵，中部为沭河的冲积平原，地势北边高、南边低，北边是沂蒙山区。该区属于暖温带季风气候类型，地带性土壤为棕壤，植被为暖温带落叶阔叶林[1]。区内多为时令性河流，以沭河为中心，呈树枝状分别向内汇合。古文化遗址多分布在沭河及支流两岸的河漫滩及丘陵台地上。

我们对该区 112 处史前遗址（其中有的遗址兼有两种文化）进行了聚落考古调查，

其中大汶口文化遗址有 40 处、龙山文化遗址有 70 处、岳石文化遗址有 9 处。绝大多数遗址的文化性质比较单纯，堆积的厚度一般相对也比较薄。

在大汶口文化晚期沭河上游大型聚落很少，多是一些中小型聚落，其中位于沭河冲积平原上的陵阳河遗址为中心聚落。沭河上游龙山文化的聚落遗存发生了一定变化，主要表现在聚落分布的扩散，既没有一处规模和位置都处于绝对地位的遗址，而是形成了多中心分散分布的格局，从目前掌握的材料观察，这些相对独立的小聚落群主要分布于沭河及它的一些重要支流上，如段家河遗址和孟家洼遗址等。岳石文化时期该流域内的遗址数量明显减少，这种急剧衰落的现象不仅存在于沭河上游地区，同时也存在所有岳石文化分布区内。在遗址分布上，从平缓的河漫滩到海拔相对较高的山前台地都有分布，其分布很分散，没有聚落中心可寻（图版1）。

2 多种分析所反映的人地关系信息

为了搞清沭河上游同一时期遗址间的空间关系、不同时期的发展变化及文化内涵等与当时人类生存环境之间的关系，我们进行了孢粉、植物遗存的浮选、植物硅酸体、人骨的同位素微量元素、地理信息系统（GIS）、多元统计分析（SPSS）等多种分析。

2.1 孢粉组合所反映的古植被与古气候

在沭河上游选择了大朱家村、杭头、集西头、段家河、万子、陈家庄、孟家洼、上峪、塘子等 9 个重点遗址，对受人类活动影响最小的大汶口、龙山、岳石的文化层进行了孢粉分析研究。共分析了 40 块，单个样品统计孢粉 57～219 粒，共统计孢粉 4335 粒，包括 25 个科属。根据其孢粉植物群特征及前人研究资料，可以反映出与之相应的植被景观，以及大汶口、龙山、岳石等当时不同文化时期人类的生存环境和古气候特征。

2.1.1 大汶口文化时期的古植被、古气候

在山东沭河上游没有发现大汶口文化早期、中期的遗址。但在属于早期阶段的山东兖州王因遗址，经孔昭宸和杜乃秋对 6 个样品的孢粉鉴定发现含有落叶阔叶乔木栎、亚热带地区生长的草本状蕨类，凤尾蕨，海金沙，广域性分布的草本植物唐松草、蒿等，在禾本科植物中可能包括水稻花粉。当时气候属中全新世的温暖湿润时期[2]，生长了现生亚热带地区的蕨类植物。到了大汶口文化中期阶段，枣庄建新遗址孢粉分析反映出的生态环境，具有偏旱的自然景观，很可能表明当时气温略有下降，湖沼收缩。当时生长的植物有栎、胡桃、榆等暖温带落叶乔木树种。同时出现了喜温干的松树以及中旱生的草本和小半灌木，如蓼、藜、豆科、蒿、禾本科、麻黄和生长于森林区及森林草原带的干燥山坡上的中华卷柏。还有生长在潮湿林下或沟谷的草本状蕨类，如

紫萁和中华里白等。从植物硅酸体分析来看，均属于禾草类，其中羊茅类禾草植物硅酸体占优势，还有芦苇和竹子，形状有方形—矩形、棒形、扇形、芦苇扇形、尖形、圆形—椭圆形、哑铃形、竹类鞍形、颖片和叶片硅化表皮。另外，有水生藻类—环纹藻及松属、蒿属、藜科、卷柏属的花粉。由于羊茅类禾草是一些较高的禾草，一般喜生长于较为湿润的土壤中，特别是芦苇和竹子的存在，一定程度上反映出当时的气候环境是较为湿润的[3]。到了大汶口文化晚期阶段，气候明显变凉、变干，但与现在相比，仍是温暖湿润的气候。

莒县大朱家村遗址的1~5号样品、杭头遗址的1~5号样品、集西头遗址的2号样品、段家河遗址的1~2号样品属于大汶口晚期阶段的文化堆积，其孢粉组合以乔木植物花粉为主，达78.6%~90.4%，灌木及草本植物花粉次之，占8.2%~14.6%，蕨类及藻类植物孢子较少，仅占0.9%~8.8%。在乔木植物花粉中，以松为主的针叶植物花粉居多，占43.7%~66.1%，而阔叶植物花粉占21%~35.4%，包括桦属、栎属、胡桃属、椴属、榆属等。灌木及草本植物花粉以榛属、蒿属、菊科、禾本科为最多，蕨类植物孢子出现了石松属、卷柏属、水龙骨科和真蕨纲。由此可见该时期孢粉中乔木植物花粉含量达75%以上，虽是以松为主的针叶植物花粉含量远远超过了阔叶植物花粉，但是喜温湿的阔叶树种还是占一定的比例，出现了中生草本蒿、禾本科及湿地环境下的水龙骨科、环纹藻的孢子，说明当时应是一个温和偏湿气候条件下的以针叶树为主的针、阔混交林植被。

2.1.2 龙山文化时期的古植被、古气候

集西头遗址的3~4号样品，段家河遗址的3~7号样品，万子遗址的1~5号样品，陈家庄遗址的2~3号样品，孟家洼遗址的2~4号样品属龙山文化堆积。孢粉组合以乔木植物花粉为主，占77.2%~91.7%；灌木及草本植物花粉次之，占5%~20.0%；蕨类及藻类植物孢子较少，仅占1.2%~6.7%。乔木植物花粉以针叶树花粉为主，其中松属含量最多，占45.3%~71.7%，冷杉属占1.4%~11.7%。其次为阔叶植物，有桦属、胡桃属、栎属、栗属等。灌木及草本植物花粉中，蒿属、藜科、禾本科含量最多，其他还有榛属、菊科、紫菀属、伞形科、蓼属等。藻类及蕨类植物孢子中，含少量石松属、卷柏属等，偶见几粒环纹藻、真蕨纲、水龙骨科等。由此可见此时期和上一时期相比，针叶植物花粉含量远远超过了阔叶植物花粉，阔叶林面积缩小，针叶林面积扩大，冷杉属含量相对增多，因此，当时是一个温凉偏湿气候条件下的以针叶树为主的针阔混交林植被。但是喜暖湿的栎属、胡桃属、椴属、榆属等落叶阔叶树种及低洼、沼泽地区分布的水龙骨、膜蕨属、真蕨纲、狐尾藻等植物孢粉的出现，一定程度上反映了这一时期虽比大汶口文化时期干凉些，但还是有一定的湿度。当时在丘陵山地上分布着针阔混交林，而在池塘、河边、低洼地分布着藻类及蕨类植物。从孟家洼遗址的2号样品堆积开始，阔叶植物花粉含量明显减少，经3号样品到了4号样品堆积时

期，孢粉组合中草本植物花粉含量超过了木本花粉含量，草本植物主要以中生的蒿属为主，因此，在龙山文化结束时期，气候、植被曾一度有过明显变化，在龙山文化的温凉偏湿气候接近尾声时出现了冷凉干燥的森林草原植被。

龙山文化时期的气候条件同大汶口文化时期相比，要更凉、更干，但与现在相比，仍较温暖湿润。在兖州西吴寺龙山遗址的孢粉分析结果表明，这一时期气候暖湿，植被较茂盛，生长着松、栎、榆、桑、漆树等科属的乔木和藜、蓼、蒿等科的草，以及生长于静水或缓流湖泊、小溪中的环纹藻。还发现有丰富的禾本科植物和一定数量小麦（近似科）孢粉的存在[4]。特别是一些南移的动物在泗水尹家城遗址中发现，证实泗水一带森林植被茂密，气候较现在温暖湿润[5]。

2.1.3 岳石文化时期的古植被、古气候

塘子遗址的 2~3 号样品，上峪遗址的 2~4 号样品堆积属岳石文化时期。孢粉组合以乔木植物花粉为主，占 70.4%~89.1%；灌木及草本植物花粉次之，占 6.6%~14.5%；蕨类及藻类植物孢子占 2.9%~15.1%。乔木植物花粉以针叶树花粉为主，以松属含量最多，占 47.1%~58.7%，其次为阔叶植物，有桦属、胡桃属、栎属、椴属、榆属等。灌木及草本植物花粉中，榛属、蒿属、菊科、禾本科含量最多，其他还有藜科、紫菀属、唇形科等。藻类及蕨类植物孢子中，含卷柏属、环纹藻、水龙骨科等。龙山文化结束时期持续的冷凉干燥气候，也影响到了岳石文化的初期气候，在上峪遗址的 2 号样品中，乔木植物花粉含量相对较少，灌木、草本及蕨类植物孢粉含量相对较多，而后乔木植物花粉含量有所增多，草本以中生的蒿属、菊科、禾本科为主，并出现了喜暖湿的水龙骨科、环纹藻等孢子。说明气温、降水有所好转。

2.2 植物遗存的浮选所反映的植物性食物资源信息

在沭河上游杭头、段家河、西楼、陈家庄、上峪、塘子等 6 个典型遗址灰坑中，进行了植物遗存的浮选，在体视显微镜下，根据炭化植物的表面形态，鉴定了植物种属。在杭头遗址（大汶口文化）的灰坑中发现有近似小麦（？因仅出 1 粒，且不完整，增加了分辨野生栽培的鉴定难度）的炭化植物，在段家河、西楼、陈家庄等龙山文化遗址灰坑中发现水稻、粟、豆科、野生粟、块根、草种子等炭化植物，而在塘子、上峪等岳石文化遗址灰坑中发现粟、黍、水稻（仅出 1 粒，且不完整）、豆科、猕猴桃、块根、草种子、鹿角、蚌壳等遗物。

对炭化物的重量统计得知：龙山文化时期的植物性食物以水稻、粟等栽培植物为主，野生粟、豆科等采集植物为辅；岳石文化时期的植物性食物也以水稻、粟、黍等栽培植物为主，猕猴桃、豆科等采集植物为辅（图 1）。沭河上游大汶口文化浮选遗址只有 1 个杭头遗址，而仅浮选出 1 粒类似小麦的炭化物，其他类型的食物都没有被炭化，因此，沭河上游大汶口文化晚期时期古代人的食谱及主食等问题不能只靠植物遗

存的浮选，还应与植物硅酸体分析、孢粉分析、人骨的同位素和微量元素分析相结合，才能得出准确的结论。

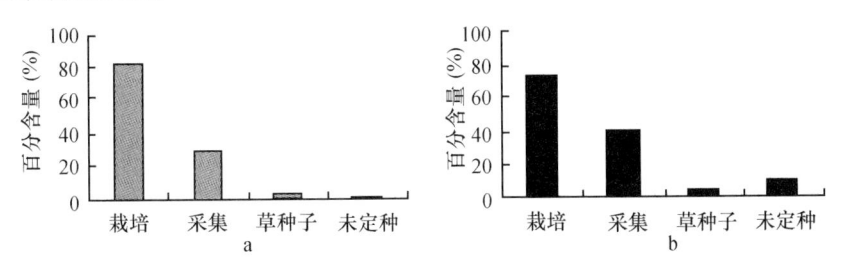

图 1　沭河流域植物遗骸浮选图
a. 龙山文化时期各种植物重量比　b. 岳石文化时期各种植物重量比

2.3　遗址出土动物遗存

陵阳河遗址出土了家猪等家畜的兽骨，上峪遗址灰坑出土了鹿角、蚌壳等遗物，说明当时的生业活动中可能还包括家畜饲养、少量狩猎、捞贝等获取食物资源的活动方式。

2.4　植物硅酸体分析

众所周知，植物遗骸的浮选不一定反映古代人类植物性食物的全部，它存在一定的误差，因为只有有幸被炭化的植物才能保存至今，大量的未被炭化的植物未能保留它的宝贵信息。为了补充植物遗存浮选所遗漏的信息，验证植物遗存鉴定的准确性，选择了几个大汶口文化时期的文化层（集西头 2 号、段家河 2 号、大朱家村 3 号和杭头 3 号）、龙山文化时期的文化层（段家河 5 号）和岳石文化时期的文化层（塘子 3 号）进行了植硅石的酸碱处理、显微镜观察鉴定。发现在集西头和段家河遗址的大汶口文化层中含有颖壳双峰类型和叶片扇型的稻属植硅石，由此补充了大汶口文化时期也种植水稻的重要信息。在段家河遗址的龙山文化层中鉴定出了大量的颖壳双峰类型、叶片扇型和叶片长型的稻属植硅石，进一步验证了浮选结果的可靠性。在塘子遗址的岳石文化层中，没有发现稻属植硅石，但在该遗址的灰坑中浮选出了 1 粒不完整的炭化稻米，如果这 1 粒稻米的年代归属准确不误的话，可以产生两种假设，一为极少量的稻米有可能不是在当地种植，是文化交流的产物；二为当地的水稻种植面积很小，因环境因素所限，只有河谷地带少量种植稻米。如果前两个假设的后者成立，距河谷地带一定距离的塘子遗址的岳石文化层没有发现稻属植硅石是正常的，可能与植硅石样品的采样位置有关，采集的文化层可能离水稻耕作区较远。因为植硅石的比重较大，一般只有在母体植物的周围才能散落下来，随风飘扬的距离不远。

2.5 人骨的同位素分析所反映的古人食谱

为了补充大汶口晚期遗址的植物遗存浮选、植物硅酸体和孢粉分析结果所反映的古代人类的食物结构，对沭河上游的小朱家村遗址（位于大朱家村遗址东南侧相距200m）出土的1块大汶口晚期的人骨进行了同位素和微量元素分析。

同位素食性分析是以骨骼中所含的骨胶原蛋白质作为研究对象的。首先在元素分析仪上回收 CO_2 气体，然后在质谱仪（MAT-252）上测定 $\delta^{13}C$。其测定结果以及利用公式[6]换算成食谱中含 C_4 植物的百分比列于表1中。因该样品保存较差，未能提取出足够量的 N_2 的气体来测定 $\delta^{15}N$ 值。

表1 遗址出土人骨中碳同位素比值测定结果

时代	遗址	性别	年龄	$\delta^{13}C$ 值（‰）	C_4 植物（%）
大汶口晚期	小朱家村	男	成年人（未到老年）	-12.386	65.1

微量元素食性分析是以骨骼中无机成分作为研究对象。样品经预处理后在等离子发射光谱仪（AES-ICP）上测定微量元素，其测定结果见表2。

表2 遗址出土人骨及附着土的微量元素测定结果

元素	Sr	Ba	Ca	Sr/Ca×1000	Ba/Ca×1000
小朱家村人骨	488.0	510.0	284000	1.7183	1.7958
小朱家村人骨土	125.8	883.5	8423	14.9353	104.8914

从表2发现人骨和人骨上附着土的 Sr、Ba、Ca 值差异很大，因此，可以说人骨样品基本没有受到埋葬过程的影响。

同位素分析结果表明（表1），大汶口晚期小朱家村人食谱主要以 C_4 植物为主，有近一半以上的 C_4 植物成分，可想而知山东大汶口文化扩散到鲁西南丘陵时，仍未改变以小米为主的生活方式。但其中 C_3 植物也占较大的比例，占34.9%。小朱家村遗址出土人骨的微量元素分析进一步说明了当时人具体的饮食生活。将表2的小朱家村人的 Sr/Ca 和 Ba/Ca，与现代各种动植物的 Sr/Ca、Ba/Ca 比值[7]进行对比后发现，当时人的食谱中可能包括陆地动物肉、杂粮、大米、榛属、胡桃属、板栗属、锥栗属等食物类型。

2.6 遗址预测模型的建立

利用 GIS 及 SPSS 软件，运用随机抽样方法，利用遗址分布、高程、坡度、坡向、遗址与1:400万水系之间的水平距离、遗址与1:400万水系之间的垂直距离、遗址与1:100万水系之间的水平距离、遗址与1:100万水系之间的垂直距离、遗址与1:5万水系之间的水平距离、遗址与 1:5 万水系之间的垂直距离、地貌类型等图层，建立了如下遗址与自然环境之间关系的逻辑斯蒂回归模型。模型的各种检验均已通过，有效性显著。

$$P(1) = 1/[1 + e^{-(0.469 - 0.0843S + 5.22/100000A - 0.0498B - 8.8/100000C - 0.0142D)}] \quad (1)$$

公式（1）中，P（1）为遗址存在概率，S 为坡度，A 为 1:400 万比例尺地形图上遗址与河流之间的水平距离，B 为 1:100 万比例尺地形图上遗址与河流之间的垂直距离，C 为 1:5 万比例尺地形图上遗址与河流之间的水平距离，D 为 1:5 万比例尺地形图上遗址与河流之间的垂直距离。

该模型包含定性和定量两种含义，其定性含义的解释主要体现在模型系数的正负上，而定量含义主要包括模型系数及其逻辑斯蒂回归模型本身。

在模型中坡度项的回归系数为负，说明人类居住场所的选择与坡度之间呈负相关，坡度越大，考古遗址存在的概率就越小。1:400 万河流之间的水平距离项的回归系数为正，说明人类居住场所的选择与该项之间呈正相关，遗址离大河流越远，考古遗址存在的概率就越大。1:100 万河流之间的垂直距离、1:5 万河流之间的水平距离、1:5 万河流之间的垂直距离等项的回归系数均为负，说明人类居住场所的选择与该项之间呈负相关，遗址距离 1:100 万河流之间的垂直距离、1:5 万河流之间的水平距离、1:5 万河流之间的垂直距离越大，考古遗址存在的概率就越小。

该模型不仅有人地关系研究的理论意义，而且还有预测未知区域遗址分布的现实意义，利用该模型预测了沭河上游地区的遗址概率分布，与遗址的实际分布图叠加后发现，模型的准确率能达 70% 以上（图版 2）。在以后的研究中，我们通过多纳入遗址分布有关的气温、降水、植被、土壤等变量，古环境的准确复原等途径，提高遗址预测模型的准确度。

3 结果与讨论

在分析沭河上游 40 个孢粉样品的基础上，利用该地区新石器时代晚期至青铜时代早期的人类活动资料，结合野外的聚落考古、地质、地貌考察及室内的地理信息系统、多元统计分析、植物遗存的浮选、植物硅酸体分析、人骨的同位素微量元素分析等，初步得出了如下几点结论。

3.1 沭河上游大汶口文化至岳石文化时期人类的生存环境

从 9 个遗址 40 个孢粉样品的定性分析及前人研究资料中发现，山东沭河上游新石器时代晚期至青铜时代早期的古气候有温和偏湿—温凉偏湿—冷凉干旱—温凉偏湿的变化过程。古植被主要为以针叶树为主的针阔混交林，但存在针叶林和阔叶林面积来回摆动的情况。其中大汶口晚期是一个温和偏湿气候条件下的以针叶树为主的针阔混交林植被。到了龙山文化时期，气候变凉变干，针叶林面积有所扩大，但与现在相比仍温暖湿润。龙山文化的温凉偏湿气候结束时期出现了冷凉干旱气候条件下的森林草原植被。该气候一直持续到岳石文化初期，但其后的岳石文化气候条件又开始逐渐好转。这些结论在山东地区自然剖面的定性分析研究中都能得到证实[8]，但因自然剖面的时间尺度较大，而气候的细小变化未能反映出来。

3.2 沭河上游史前人类的食物结构、生业活动、经济形态与自然环境间的关系

在沭河上游9个遗址进行的孢子花粉分析中大部分遗址均发现栎属、胡桃属、栗属、榛属、豆科等植物花粉，栎属、榛属、豆科的部分种和胡桃属、栗属是可以吃的，但是当时人是否吃了这些植物，需与植物遗存的浮选、植物硅酸体、人骨的食性分析相结合，才能得出准确的结论。在6个典型遗址灰坑中进行了植物遗存的浮选发现，当时的植物性食物除了水稻、粟、黍等农作物之外，还包括豆科、野生粟、猕猴桃等采集植物，以农业耕作为主，以采集植物为辅。当时可能主要通过农业耕作、家畜饲养、采集植物（少量狩猎、捞贝）等活动方式，获取食物资源。对大汶口、龙山文化层进行的植物硅酸体分析，发现了水稻，进一步验证了浮选结果的可靠性。岳石文化层的植物硅酸体只分析了1个样品，没有发现稻属植硅石，但在该遗址的灰坑中浮选出了1粒不完整的炭化稻米，如果这1粒稻米的年代归属准确不误的话，可以产生两种假设，一为文化交流的产物，二为因环境因素所限，只有离遗址较远的河谷地带少量种植稻米。因本文的资料所限，关于岳石文化的水稻问题，需在以后的研究中进一步深入研究。

在大汶口的1块人骨中进行了 ^{13}C 同位素分析（在沭河上游前人发掘出土的人骨样品几乎没有保存至今），大汶口晚期小朱家村人食谱主要以 C_4 植物为主，其 C_4 植物大约占65.1%的比例，因此，沭河上游大汶口人的植物性食物可能还是以小米等 C_4 植物为主，而不是水稻、小麦等 C_3 植物。但其中 C_3 植物也占较大的比例，占34.9%。小朱家村遗址出土人骨的微量元素分析表明当时人的食谱中可能还包括陆地动物肉、杂粮、大米、榛属、胡桃属、板栗属、锥栗属等食物类型。在属大汶口晚期的杭头遗址灰坑中我们浮选出了炭化小麦（？）的植物遗骸，集西头、段家河等遗址的大汶口文化晚期文化层中，发现了稻属植硅石，在小朱家村遗址西北侧相距200米处的大朱家村遗址的孢粉分析及杭头、集西头、段家河等遗址的大汶口晚期文化层的孢粉分析中发现，大汶口文化晚期时期遗址周围分布有胡桃属、栗属、榛属、豆科等 C_3 植物花粉，因此，在小朱家村人食谱的34.9%的 C_3 植物中，除了少量种植的稻米外，可能还包括胡桃属、榛属、栗属、豆科等采集植物。这些结果均从不同角度不同程度地揭示了沭河上游大汶口晚期人的饮食生活。

值得注意的是将小朱家村人骨与蔡莲珍等所做的莒县陵阳河 M12 墓葬人骨（大汶口晚期，4630±145aBP 前）的 $\delta^{13}C$ 分析结果（-16.8‰）[6]进行对比后发现，小朱家村人骨的 $\delta^{13}C$（-12.386‰）和陵阳河的有所不同，所含 C_4 植物的百分含量前者 65.1%，后者 33.6%，所含 C_3 植物的百分含量前者 34.9%，后者 66.4%，也就是说小朱家村人的植物性食物以 C_4 植物为主，而陵阳河人的植物性食物以 C_3 植物为主。这种同一时期不同遗址人的不同食物结构，可能与两个个体的贫富差别有关，在陵阳河墓葬中曾发现过牛角形号，这是一个军事集权首领出现的表现，因此，大汶口文化时期已经开始有等级分化现象[15]。陵阳河人可能为当时的贵族，在遗址面积上也表现出中心聚落，从 M12 的随葬器物的数量、规格来看，也说明是当时的富有者。因此，大汶口晚期时期该区富有者的饮食结构以大米为主的 C_3 植物为主，而小朱家村遗址的人骨为土葬，无随葬品，推测是一个贫民老百姓，其饮食结构主要以小米为主的 C_4 植物为主。这反映了当时人饮食结构的贫富差异。陵阳河遗址出土的成套的酿酒器、酒杯等酒具、家猪等家畜的兽骨，充分说明了当时农业文化的如此发达[16]。大汶口文化晚期时期，当时主要种植小米，少量种植大米。

沭河上游大汶口晚期水稻的发现以及前人在王因遗址鉴定出的水稻花粉，为东亚稻作农业的传播路线的研究提供了重要资料，并进一步证实了稻作北传的路线。稻作沿着海边和沂、沭河北上，龙山文化时期扩散到了整个海岱地区。龙山文化稻作农业的繁荣发展，与当时的环境条件密切相关。

在此次调查中没有发现龙山文化及岳石文化的人骨，动植物遗存的分析也没能与大范围的发掘结合进行，如植物遗骸的浮选只是在灰坑中进行，没有包括房子、灰沟、器物等遗迹、遗物中的全部信息。再说植物遗存的浮选结果不一定反映当时人植物性食物的全部，它存在一定的误差，只反映有幸被炭化的植物种类及数量。因此我们在以后的食物结构研究中，应各种方法相结合，互相验证、补充，准确、客观地反映当时人的食谱。

3.3 沭河上游聚落选址、文化演进与自然环境间的关系

沭河上游地区没有发现大汶口文化早、中期及更早的新石器时代遗址，这可能与莒县北部的沂蒙山阻挡山北的后李、北辛、大汶口早中期文化的南下有关，也有可能与新石器时代早、中期气候温暖湿润，水网密布，该地区不适合人类居住有关。在沭河上游的聚落考古调查中发现该区遗址文化的延续性较差，80% 以上的遗址只包含一个文化时期。这种不同时期聚落的迁移与当时的自然环境密切相关。在 GIS 及 SPSS 中建立的遗址分布—环境关系模型（$P(1) = 1/[1 + e^{-(0.469 - 0.0843S + 5.22/100000A - 0.0498B - 8.8/100000C - 0.0142D)}]$）与孢粉分析结果对比分析，发现人类的这种居住场所的选择与当时的地貌、水文等自然环境密切相关，尤与坡度、遗址与河流之间的水平、垂直距离等关系密切，即坡度

越大，遗址存在的概率越小；遗址距离大河流越远，受到洪水灾害的威胁越小，遗址存在的概率越大；遗址距离中等河流的垂直距离、小河流的水平垂直距离越大，人类不便于利用水资源，遗址存在的概率就越小。沭河上游大汶口遗址的分布海拔较高，较早的遗址都分布在丘陵台地或丘陵地区的缓坡上，而到了大汶口文化结束时期，当时人逐渐从丘陵台地走到了冲积平原上，如西山河、大朱家村、小朱家村等几个遗址是在大汶口文化晚期中较早的遗址[9]，其后是集西头和杭头遗址，从早到晚海拔有逐渐降低的现象。而到了龙山文化时期，越来越往低处移动。有了上述规律性认识后，在 GIS 中本文对沭河上游的 112 处史前遗址进行了海拔高度的查询，进一步验证了上述遗址分布规律的存在。GIS 中的查询结果表明大汶口文化时期的最低海拔为 99.4m（前李家官庄遗址），龙山文化遗址的最低海拔为 97.48m（夏庄遗址），岳石文化遗址的最低海拔为 108.72m（赵家葛湖遗址）。因此，认为遗址分布的最高海拔与当时的气候环境之间无多大关系，而最低海拔与气候、水文环境之间关系密切。大汶口文化晚期，气候相对温暖湿润，水域面积较大，当时人在水边建立居住地（海拔较高），主要通过农业耕作、家畜饲养、采集来获取食物资源。而到了大汶口文化结束时期及龙山文化时期，气候逐渐变凉变干，水域面积缩小，人类居住场所也从高处往低处移动，恰与莒县 9 个遗址孢粉分析所反映的古植被和古气候分析结果相吻合。龙山文化较大汶口文化时期相比，其遗址数量由 40 处增加到了 70 处，温和适宜的气候条件促进了农业文化的继承和发展，其分布范围也有所扩大，离水较远处也有龙山遗址分布，这可能与龙山时期的打井技术发达有关，当时水井的广泛使用，使人类摆脱了对江河湖泊为水源的依赖。但在 GIS 所分析的模型中发现人类的选址与河流之间的垂直距离（地下水位的深浅，也可以说是海拔高度的间接反映）也有一定的关系。岳石遗址的分布与自然环境的关系比较复杂，原因之一是遗址数量太少，保存较差；之二是遗址的分布除了自然因素，可能还受战争因素的影响。因岳石文化所处年代（2000BC～1600BC）相当于中原地区的二里头文化，是一个夏王朝诞生前后的战争频繁时期。但似乎也不能低估自然环境对文化演进的影响，龙山文化晚期及岳石文化早期出现的冷干气候事件有可能对龙山文化的结束和岳石文化发展进入一个低谷产生了巨大影响，目前在全国各地所进行的环境考古研究基本能够证实这一点。如在燕辽地区，在 5000aBP 前后，曾一度繁荣的红山文化突然结束，继之而起的小河沿文化，明显地表现为文化衰落[10]。在农牧交错带内的内蒙古岱海地区，繁荣一时的老虎山文化在距今 4200 年前后，原始农业文化发生中断，其原因被认为与当时发生的强降温事件有关[11]。青海地区齐家文化（4400～3800aBP）的研究发现，齐家文化的晚期发达的农业经济开始衰落，这种突变被认为与 4000aBP 前后的地震、洪水灾害及气候变冷有关[12]。在长江流域的两湖地区，石家河文化比较发达，但到了 2000BC 前后的石家河文化晚期该文化开始衰落[13]。位于长江下游的良渚文化在 4000aBP 前后突然衰落，与其后的马桥文化之间明显地存在断层[14]。在中原地区的陶寺遗址和新寨遗址也表现出陶寺文化晚期和龙山文化晚期气候变冷变干等现象。这次降温事件在全国各地时间上具有同步性，但受区域地理影响，起始年代和结束年代有所差异，不难看出这是全球气候变化在不同地区的不同表现方式。此次冷干气候及所携带的灾害事件对人类文化的影响程度在不同地区也有所不同，在大部分地区都起到了文化的抑制作用，其自然环境变化的幅度较大，超出了人类适应能力的范围。而在某些地区表现出自然环境的变化幅度较小，尚在人类适应能力的范围之内，环境变化对人类文化的某些方面可能起到了一个促进的作用。如中原地区龙山文化晚期出现的降温事件，在二里头遗址附近所携带的灾害少，环境变化未能控制文化的发展，反而逼迫人类发展技术，适应环境和改造环境，促进了二里头文化的发展及夏王朝的诞生。

致谢：野外考察过程中，得到了山东省莒县博物馆苏兆庆、刘云涛同志的帮助，孔昭宸研究员、周昆叔研究员、马蔼乃教授、莫多闻教授、李华章教授对本文的修改提出了宝贵意见，在此一并表示感谢！

参 考 文 献

[1]　a. 侯学煜. 中国自然地理. 北京：科学出版社，1988.
　　　b. 中国植被编委会. 中国植被. 北京：科学出版社，1983.
[2]　中国社会科学院考古所编著. 山东王因——新石器时代遗址发掘报告. 北京：科学出版社，2000.
[3]　何德亮. 山东史前时期自然环境的考古学观察. 华夏考古，1996，(3).
[4]　国家文物局考古领队培训班. 兖州西吴寺. 北京：文物出版社，1990.
[5]　山东大学历史系考古专业. 泗水尹家城. 北京：文物出版社，1990.
[6]　蔡莲珍，仇士华. 碳十三测定和古代食谱研究. 考古，1984，(10).
[7]　齐乌云等. 山东沭河上游出土人骨的食性分析研究. 华夏考古，2004，(2).
[8]　a. 王永吉等. 青岛胶州湾地区20000年以来的古植被与古气候. 植被学报，1983，25(4).
　　　b. 韩有松，孟广兰. 青岛沿海地区20000年以来的古地理环境演变. 海洋与湖沼，1986，17(3).
[9]　a. 山东省文物考古研究所等. 莒县大朱家村大汶口文化墓葬. 考古学报，1991，(2).
　　　b. 苏兆庆等. 山东莒县大朱村大汶口文化墓地复查清理简报. 史前研究，1989，增刊.
　　　c. 山东省文物考古研究所等. 山东莒县杭头遗址. 考古，1988，(12).
[10]　靳桂云，刘东生. 华北北部中全新世降温气候事件与古文化变迁. 科学通报，2001，46(20).
[11]　方修琦. 从农业气候条件看我国北方原始农业的衰落与农牧交错带的形成. 自然资源学报，1999，14(3).

［12］ 水涛. 论甘青地区青铜时代文化和经济形态转变与环境变化的关系//周昆叔、宋豫秦主编. 环境考古研究（第二辑）. 北京：科学出版社，2000.

［13］ 任式楠. 中国史前城址与考察. 考古，1998，（1）.

［14］ 李伯谦. 长江流域文明的进程. 考古与文物，1997，（4）.

［15］ 王树明. 陵阳河墓地绍议. 史前研究，1987，（3）.

［16］ 山东省考古研究所，山东省博物馆，莒县文物管理所. 山东莒县陵阳河大汶口文化墓葬发掘简报. 史前研究，1987，（3）.

（原载于《考古》，2006年12期。本文集收录时稍有改动）

中国境内考古所见早期麦类作物

李水城

（北京大学考古文博学院，北京，100871）

摘要：20世纪50~60年代，有考古学家和农学家就中国麦类作物的来源问题进行探讨。但由于考古材料甚少，年代不很清晰，讨论只能限于浅表的层次。

随着考古发现的增多，中国境内早期麦类作物的发现地点也在逐步增加。目前已经发现的早期麦类作物大致集中在三个区域：即新疆（10处以上）、甘青地区（3处）及陕西与河南两省（各2处）。此外，在西藏的山南地区也发现一处。上述麦类作物的年代大多在公元前2千纪范围，最早的一处为公元前2500~前3000年（甘肃民乐东灰山遗址）。

目前已经发现的麦类作物经初步鉴定，其种类包括：小麦、大麦、黑麦和燕麦。其中，小麦的数量最多，其种属以普通小麦（*T. aestivum*）为主；也有一些可能是从普通小麦演变而来的圆粒小麦（*T. sphaerococcum*）；以及一些小粒型的密穗小麦（*T. compactum*）。大麦（*Hordeum ulgar*）的种类有：裸大麦（*H. distichum* var. *nuduum*）、青稞（*Hoedeum vulgare nudum*）等。其他还有个别的山黑麦（*Secale montanum*）和裸燕麦（*Avera. Nuda* L.）。

对于中国境内发现的麦类作物的来源，学术界有"外来说"和"本地说"两种意见。通过比较国内外的考古发现及其研究成果，本文认为，中国境内所见的早期麦类作物在空间分布、绝对年代和作物种属等方面并不具备本土起源的条件，它们很可能是在公元前3000年前后随着东西方之间文化交流的加强，首先从中亚一带辗转传入中国西北的新疆和甘青等地，约公元前2千纪前半叶传入中原内地。

关键词：中国 考古 早期麦类作物 外来说 本地说

本文所指的麦类作物包括如下几类：小麦族（*Triticeae* dumort.）中的小麦属（*Triticeae* L.）；大麦属中的栽培大麦种（*Hordeum vulgare*）；黑麦属（*Secale* L.）以及燕麦族的燕麦属（*Avena*）。

早在20世纪40年代末至50年代，有报道在中国河南、山西和安徽等地曾发现史前时期的小麦，但对其真实性一直存有争议。第一，据安志敏先生介绍，在山西保德县王家湾遗址发现一块史前时期的陶片，上有谷粒及麦芒印迹，其形状颇似麦粒[1]。第二，1955年春，在发掘安徽亳县钓鱼台遗址时，在遗址南坡位置发现一处椭圆形红烧土台，在土台西侧发现有陶鬲和罐、碗、盘等器皿。其中，在陶鬲内盛放重约900克的小麦。因在遗址中出土有山东龙山文化的黑陶，因此，这批小麦的时代被定在新石器时代晚期。后来，这一发现在学术界、特别是农学界影响很大[2]。我国著名的小麦育种专家金善宝先生曾专门研究了钓鱼台遗址出土的炭化小麦粒，他认为，这些小麦属于古小麦的一种。鉴于最初的发掘报告认为这批小麦属于史前时期的龙山时代，金先生据此推测，早在4000多年前，我国淮北平原已开始栽培小麦[3]。但是到了1963年，杨建芳先生撰文指出，钓鱼台遗址所出装有小麦的陶鬲形态接近西周时期，共存的陶罐也与殷周时期器物相似，因此，这些遗存应属西周时期，陶鬲内的小麦也应为西周遗留的粮食作物[4]。后来的^{14}C检测结果证实，钓鱼台出土的小麦年代分别为距今2440±90年和距今2370±90年，属于春秋时期[5]。第三，还有学者提到，1957年在河南陕县东关庙底沟遗址出土的红烧土上发现有麦粒的印痕，但至今我们尚未找到有关这条考古记录[6]。

1 早期麦类作物的考古发现

以下是我们根据目前掌握的资料，对中国境内考古发现的早期麦类作物[7]按空间区域做一简要介绍。

1.1 新疆地区

新疆是我国目前所知考古发现早期麦类作物最多的地区。从空间看，发现有麦类作物的遗址多集中在新疆东部；另在轮台、和静等地也有发现。这些遗址的年代大多落在公元前2千纪范围内，个别遗址可以早到公元前2000年前后。

1.1.1 古墓沟墓地

地点位于塔里木盆地东缘巴音郭楞蒙古族自治州、罗布泊西北部、孔雀河下游北岸第二台地的沙丘上，地理坐标为88°55′21″E，40°40′35″N。1979年11~12月，新疆社会科学院考古研究所正式发掘了这处墓地，共清理墓葬42座。这里的墓葬一般随葬1件草编小篓，有的草篓内放有小麦，数量从10余粒至百余粒不等；有的小篓内还装有白色糊状物品，发掘者估计它们应是当时人们加工的谷类食物遗留[8]。

经^{14}C检测，古墓沟墓地的绝对年代为距今4000~3800年[9]。

1.1.2 小河墓地

地点位于新疆罗布泊、孔雀河下游河谷南约60km的沙漠内。地理坐标为88°40′20.3″E，40°20′11″N，海拔823m。这处遗址于20世纪初为罗布猎人发现。1934年，瑞典学者贝格曼（Folke Bergman）曾前往该址调查，并发掘了墓葬12座，后命名为"小河五号墓地"[10]。2002~2004年，新疆文物考古研究所对该墓地进行正式发掘，在有些墓内发现小麦籽粒和粟粒等谷物。其中，小麦籽粒有的撒在墓主身下或身上；有的放在墓内随葬的木雕人像下面；还有的缝在墓主身着的毛织斗篷兜内（M2:18、

Mc:1)。在小河墓地的发掘简报中,未对这些小麦的形态进行介绍,其种属估计与古墓沟墓地所出小麦类似。

小河墓地的绝对年代估计与古墓沟墓地接近[11]。

1.1.3 五堡墓地

地点位于新疆哈密市以西约70km的戈壁荒漠中。墓地所在位置海拔525m。新疆文物考古研究所于1978、1986和1991年分别对该墓地进行了三次发掘,共清理古墓114座。

五堡墓地有些墓葬开口用农作物的茎秆覆盖,其中包括一些成熟的大麦穗植株,有些麦穗的大麦籽粒保存完好,颗粒丰满。1978年首次发掘时,在有的墓内还发现了用小米制作的饼和青稞(大麦)穗壳[12]。1991年发掘了两座墓。其中,在第151号墓的盖木和墓穴间缝隙处填充有谷物茎秆;在第152号墓的盖木上铺有一层大麦草。在墓内填土中发现有大麦穗、谷穗等农作物遗留[13]。

^{14}C检测,五堡墓地的绝对年代为距今3200~2960年[14]。

1.1.4 兰州湾子遗址

地点位于新疆巴里坤哈萨克自治县兰州湾子村西南约5km。地理坐标为92°57′58″E,43°34′08″N,海拔1808m。1984年,新疆社会科学院考古研究所东疆考古队对该址进行了发掘,清理出1座巨石结构的大型房屋建筑。这座房屋的结构分主室、附室两部分,墙壁用巨大的卵石垒砌,保留下来的残墙体高约2m,厚达3m,总面积近200m^2。仅南侧的主室面积就有100m^2。在发掘时曾出土了若干炭化小麦粒,其形态和种属不详。

经检测遗址地层出土的木炭,兰州湾子遗址的绝对年代为距今3285±75年[15]。

1.1.5 盐池古城

地点位于新疆伊吾县盐池乡东南1.5km处,地理坐标为94°18′27″E,43°18′52″N,海拔1958m。古城平面呈方形,四周用卵石垒砌出城墙,墙体厚1m,总面积6400m^2。在古城的南部清理出一座平面作长方形的房屋建筑(编号B),保存尚好,面积近100m^2(16m×6m)。在此房屋西墙部位有个洞,洞内出有小陶罐1件,罐内放有炭化(原文为"烧焦")麦粒若干。另在房内的东北部发现一些白色面粉[16]痕迹。

据发掘者报道,盐池古城所出陶罐与木垒哈萨克族自治县四道沟遗址所出早期陶釜的形态接近,二者有可能属同一文化或时代相近的文化遗留,年代估计相当于中原地区的商末周初时期[17]。

1.1.6 土墩遗址

地点位于新疆天山北麓巴里坤哈萨克自治县东南约20km的石人子乡。新疆的考古工作者曾先后两次调查该址。1959年还作过一次小规模试掘。在该址土墩中部文化堆积内出土了不少炭化麦粒,形态保存较好,籽粒饱满,颗粒较大。

石人子乡土墩遗址的文化面貌与哈密五堡墓地相同。经^{14}C检测，该址的绝对年代为距今2800年[18]。

1.1.7 群巴克一号墓地

地点位于新疆轮台县西北约18km的群巴克乡。在该墓地第三号墓封土中发现有麦草，其间还夹杂着小麦穗和小麦籽粒。经检测，这些麦穗最大者残长3cm，麦粒长0.6cm，与现代新疆种植小麦的麦穗、麦粒大小、形态基本一致。另在一号墓内还发现有谷糠一类的农作物遗留。

群巴克墓地共检测出3个^{14}C数据，经树轮校正，绝对年代大致在公元前955～前680年，相当于中原地区的西周至春秋早期[19]。

1.1.8 察吾呼沟一号墓地

20世纪80年代，新疆文物考古研究所等单位在和静县先后发掘了5座墓地。其中，一号墓地位于哈尔莫墩乡觉伦图尔根村10组以北约2公里的半荒漠戈壁内，墓葬总数近700座。1983年、1984年、1986～1988年，新疆文物考古研究所、中国社会科学院考古研究所曾数次发掘该墓地。在一号墓地清理墓葬240座。其中，有不少随葬陶器装有粮食，种类包括大麦、小麦和粟米等。有些陶器内还放置有块状或粉状物，呈褐色，经定性分析，这些块状或粉状物含少量植物淀粉，经培养和对比观察分析，其成分应为小麦、大麦和小米的淀粉颗粒[20]。

经^{14}C检测，察吾呼沟1号墓地的绝对年代为距今3100～2800年[21]。

1.1.9 鄯善洋海墓地

地点位于新疆鄯善县吐峪沟乡火焰山南麓的荒漠戈壁上，地理坐标为89°39′～40′E，42°48′～49′N。1988、2003年，新疆文物考古研究所对洋海墓地进行了抢救发掘。在出土的随葬品中发现一些植物遗存，包括麦子和粟等，但有关资料至今尚未正式报道，有关小麦的鉴定工作也未进行。

洋海墓地的年代上限大致在公元前1000年上下[22]。

1.1.10 扎洪鲁克墓地

地点位于新疆且末县托格拉克勒克乡扎洪鲁克村南的台地上。地理坐标为85°28′29″E，38°07′16″N，海拔1270m。1985、1989年，新疆文物考古研究所曾两次进行发掘。1992年，在该墓地出土一些农作物籽粒，包括粟和小麦等。另在墓中出土的羊毛口袋内发现有可能是用粟米制作的圆饼和圆棍状食物。与麦类作物有关的遗存未见进一步报道。

该墓地的年代上限可达公元前1000年。经检测的5个^{14}C标本年代为距今3200～2700年[23]。

1.2 甘（肃）青（海）地区

1.2.1 东灰山遗址

地点位于甘肃民乐县城以北约 27km，六坝乡西北 2.5km 的荒滩上，地理坐标为 100°44′56.3″E，38°39′35.5″N[24]，海拔 1770m。遗址为一灰沙土累积形成的椭圆形土丘，当地人称"灰山子"。呈东北—南走向，灰堆高出周围地表 5~6m，总面积约 240000m² （600m×400m）。1973 年，当地兴修水利，在土丘东侧开挖了一条宽 3~6m 的水渠，自南而北贯穿遗址东侧，对墓地造成严重破坏。

东灰山遗址最初发现于 1958 年[25]。此后，陆续有多次调查，除采集到大量文化遗物外，也曾多次发现农作物遗存。具体包括如下：

（1）1975 年，张掖地区文化处复查东灰山遗址，在水渠两侧断面上发现少量炭化小麦粒[26]。

（2）1985 年 7 月，中国科学院遗传研究所李璠等赴甘肃河西走廊进行农林生态考察。获悉东灰山遗址发现有炭化小麦，遂前往。在遗址内坑道（即水渠）剖面采集炭化小麦 21 粒[27]。

（3）1986 年 8~9 月，李璠等再次前往东灰山遗址，调查并采集一批文化遗物（包括石器、陶器、骨器、木炭等），在遗址内坑道（即水渠）剖面 2 处黑色炭土层内再次采集到炭化麦、粟、稷等谷物和动物烧骨[28]。

（4）1986 年 10 月，北京大学考古学系、甘肃省文物考古研究所在河西走廊进行史前考古调查，在调查东灰山遗址时采集到一大批文化遗物，未发现炭化小麦踪迹[29]。

（5）1987 年 5~6 月，吉林大学考古学系在东灰山遗址进行发掘，全面发掘了遗址墓葬区，清理四坝文化墓葬 249 座。另在水渠以东挖掘探沟一条。在发掘过程中，在水渠断面上采集一批炭化小麦籽粒（2.5mm 试管 1 管）[30]。

（6）1989 年 9 月，中国西北部干旱地区全新世环境演变与人类文明兴衰研究组前往河西走廊进行古环境变迁、沉积环境与沉积区特征及人类活动状况考察，在东灰山遗址调查时，在 4 个土样中筛选出炭化小麦 10 粒，炭化粟、稷 9 粒[31]。

迄今为止，东灰山遗址的 ^{14}C 年代检测共 4 例：

（1）李璠等于 1986 年在东灰山遗址采集土样并交送中国科学院地理研究所 ^{14}C 实验室检测，检测结果为距今 4356±105 年（半衰期 5568 年）和 4484±108 年（半衰期 5730 年），树轮校正值为距今 5000±159 年。

（2）甘肃省文物考古研究所和吉林大学考古学系于 1987 年在该址取样 2 份，一例（87TG②采集木炭）送交国家文物局文物保护科学技术研究所检测，结果为距今 3490±100 年，树轮校正为距今 3770±145 年。另一例（炭化小麦）送交北京大学中子加速器（AMS）实验室检测，结果为公元前 2280±250 年（未校正）。

（3）中国科学院地理所王一曼等于1989年在该址采集炭化枝秆送交北京大学考古系年代学实验室检测，年代为距今4740±150（树轮校正值）。

前不久，我们委托北京大学考古系吴小红博士对上述年代数据重新作了拟合，结果如下：

（1）1986年中国科学院地理研究所^{14}C实验室检测样本的年代跨度为3400~2650BC；

（2）1987年吉林大学与甘肃省文物考古研究所两个样本的年代跨度分别为：3400~1900BC（炭化小麦籽粒），1940~1440BC（87TG②采集木炭）；

（3）1989年中国科学院地理所王一曼所取样本的年代跨度为2900~2200BC（以上均经树轮校正）。根据上述拟合结果，东灰山遗址小麦的年代范围上限在公元前3000~2500年，下限为公元前2千纪上半叶。

目前，学术界对东灰山遗址的小麦年代还有分歧。这或许与东灰山遗址的堆积成因有关，有关这方面的问题我们已有专文讨论[32]。

1.2.2 诺木洪遗址

地点位于青海省柴达木盆地南部、都兰县原诺木洪农场区域内。1959年，中国科学院考古研究所曾在该址进行发掘，在第16号探方第4文化层发现麦类作物，但在后来发表的考古报告中，对这一发现仅一笔带过，没有任何文字介绍。时至今日，对这批小麦的形态及种属问题都还不清楚[33]。

诺木洪遗址的年代估计在公元前1000年左右[34]。

1.2.3 丰台遗址

地点位于青海省东部互助县城西北约3km的丰台村。遗址坐落在湟水支流沙塘川河谷的西坡，海拔约2500m，面积数万平方米。2001年夏，中国社会科学院考古研究所等单位对该址进行了小规模发掘，采用浮选技术获取植物籽粒2302粒，其中谷物1609粒，包括炭化大麦（*Hordeum vulgare*）、小麦（*Triticum aestivum*）和粟（*Setaria italica*）等。

目前，丰台该址的绝对年代尚不清楚。该址的文化性质属于卡约文化，该文化年代跨度较大，上限大致在公元前2千纪中叶，下限达公元前1千纪中叶，甚至有学者认为该文化晚期已进入西汉纪年。这里我们暂且将丰台遗址的年代估计在公元前1000年上下。

1.3 陕西与河南

1.3.1 赵家来遗址

地点位于陕西省武功县漆水河东岸第一台地上。1981~1982年，中国社会科学院考古研究所发掘了该址。在发掘到第11号房屋基址时，在一块草拌泥墙皮中发现植物茎秆印痕[35]。后来，参加发掘的黄石林将这些有植物印痕的墙皮送交西北植物研究所鲁德全鉴定，结果为："墙土中的印痕，具有纵沟，沟痕较深，纹理较硬直而又较粗，与小麦秆对比观察，纹痕很相似，此系小麦秆印痕。"与此同时，黄石林还将同类样本送交陕西省农业科学院粮食作物研究所谢庆观、周瑞华，二人鉴定结果为："墙土中掺和的禾秆为麦秆草。"[36]赵家来遗址11号房屋平面呈凸字形，半窑洞式结构，保存良好，室内墙壁和居住面均涂抹草拌泥和白灰面，面积14.17m^2。

赵家来遗址属于龙山时代的客省庄文化，绝对年代为距今4400~4000年。

1.3.2 王家嘴遗址

地点位于陕西扶风县城南13km的王家村台地嘴子上。2001年，陕西省考古研究所、中国社会科学院考古研究所、北京大学联合发掘该址。在发掘中采用浮选技术获得各类炭化植物种子12000余粒，其中各类谷物达6978粒，占获取植物种子的56%，初步鉴定有粟、黍、小麦、稻和大豆。上述标本以粟为数最多，达6437粒，占总量的92%；炭化黍256粒，占总量的4%；炭化大豆159粒，占总量的2.3%；炭化小麦121粒，仅占总量的1.7%；另有炭化稻米5粒[37]。

王家嘴所出炭化小麦的年代为先周时期，绝对年代距今3200年。

据中国社会科学院考古研究所赵志军介绍，上述炭化小麦中有1粒出自龙山文化层，并推断当地在龙山时代（客省庄文化）已开始种植小麦。但从该址堆积看，在龙山地层之上直接迭压先周文化层，因此也不排除这粒小麦有晚期混入的可能。

1.3.3 皂角树遗址

地点位于洛阳南郊关林镇皂角树村北，地理坐标为112°35′E，34°33′N，海拔142m。1992~1993年，洛阳市文物工作队对该址进行发掘，使用浮选技术在7个单位（H42、H47、H48、H61、H90、H94、H108）的16个样品中发现农作物遗存，包括炭化小麦和个别炭化大麦。另在其他样品中还发现有炭化粟、黍、大豆等栽培作物。皂角树遗址属于二里头文化。^{14}C检测绝对年代为3660±150年[38]。

1.3.4 安阳殷墟

安阳殷墟为商代晚期都城。自20世纪30年代起，考古学家曾多次在殷墟发掘。后在商代晚期的地层中发现炭化小麦籽粒[39]。目前，有关资料尚未正式刊布，对这批小麦的形态和种属亦缺乏了解。

1.4 西藏昌果沟遗址

地点位于西藏山南地区贡嘎县昌果乡的昌果沟，此地位于雅鲁藏布江北岸，沟长约13km，沟内有一条小溪流向雅鲁藏布江。1991年9月，西藏文物普查队在山南地区进行考古调查，在沟内距江边约3km的沙滩上发现一处新石器时代遗址，遗址所在地海拔3570m[40]。1994年7月，西藏自治区联合考古队对该址进行发掘，在遗址内清理出一座大型灰坑（编号 H2）[41]，中国社会科学院考古研究所科技实验研究中心对 H2 采集木炭样本进行检测，其绝对年代为公元前 1370 年（树轮校正值）[42]。

1994 年 9 月，西南农业大学傅大雄在西藏进行作物种质资源考察。他在昌果沟遗址 H2 底部坑壁的烧灰和地表堆放的灰土（应系 H2 内的堆积）中发现一批古炭化植物籽粒[43]。1995 年 6 月，傅大雄再次来到昌果沟，并再次在 H2 灰土中采集到一批古作物标本。包括碎果核，颗粒较大的似麦类作物、籽粒细小的似粟类作物及少量难以识别的作物籽粒。前后两次在该址共获得炭化似麦类籽粒约 3000 粒及炭化青稞茎节残块等。经初步鉴定，上述作物以青稞和粟米为主，另有个别炭化小麦粒[44]。

以上是截至目前中国境内考古发现的早期麦类作物的全部信息（表 1，图 1）[45]。需要指出的是，上述情况很可能仅反映了历史实际的冰山一角。据我们所知，上述遗存中，除了河南洛阳皂角树、陕西岐山王家嘴、青海互助丰台遗址采用了浮选技术外，其他遗址的小麦籽粒基本是考古学家凭借肉眼发现的。当然，也有些地点由于气候和埋藏环境特殊而保留下来，如新疆罗布泊古墓沟墓地和小河墓地的小麦籽粒是在极度干旱的气候下得以保存。可以想见，假若我们在考古发掘中更多地采用浮选技术，类似发现将远不止于此。

表 1 考古所见早期麦类作物一揽

省区	遗址点	小麦	大麦	黑麦	燕麦	年代（aBP）	备注
新疆	古墓沟	√				3800～4000	
	小河	√				4000 或略早	有粟粒
	五堡		√			2960～3200	有谷穗
	兰州湾子	√				3285±75	
	盐池古城	√				3000 左右	发现面粉？
	石人子乡	√				2800	
	群巴克	√				2680～3000	有谷糠
	察吾呼沟	√	√			2800～3100	有粟（小米）
	洋海墓地	√？				3000 前后	有粟
	扎洪鲁克	√？				3000 左右	有粟米食物
甘肃	东灰山	√	√	√		4500～5000	有粟、稷等
	火烧沟	√				3950～3550	有粟？
青海	诺木洪	√				3000～3500	
	丰台	√	√		√	2800？	有粟
陕西	赵家来	√？				4400～4000	有粟
	王家嘴	√				3200 前后	有粟、黍
河南	皂角树	√	√？			3660±150	有粟、黍、大豆
	殷墟	√				3300～3100	
西藏	昌果沟	√	√	√？		3370	有粟

注：本表内麦类作物的鉴定只是初步的，有些并未经专业人员进行科学鉴定分析。其中，带"？"号者表示尚有存疑，特此说明。

中国境内考古所见早期麦类作物 ·199·

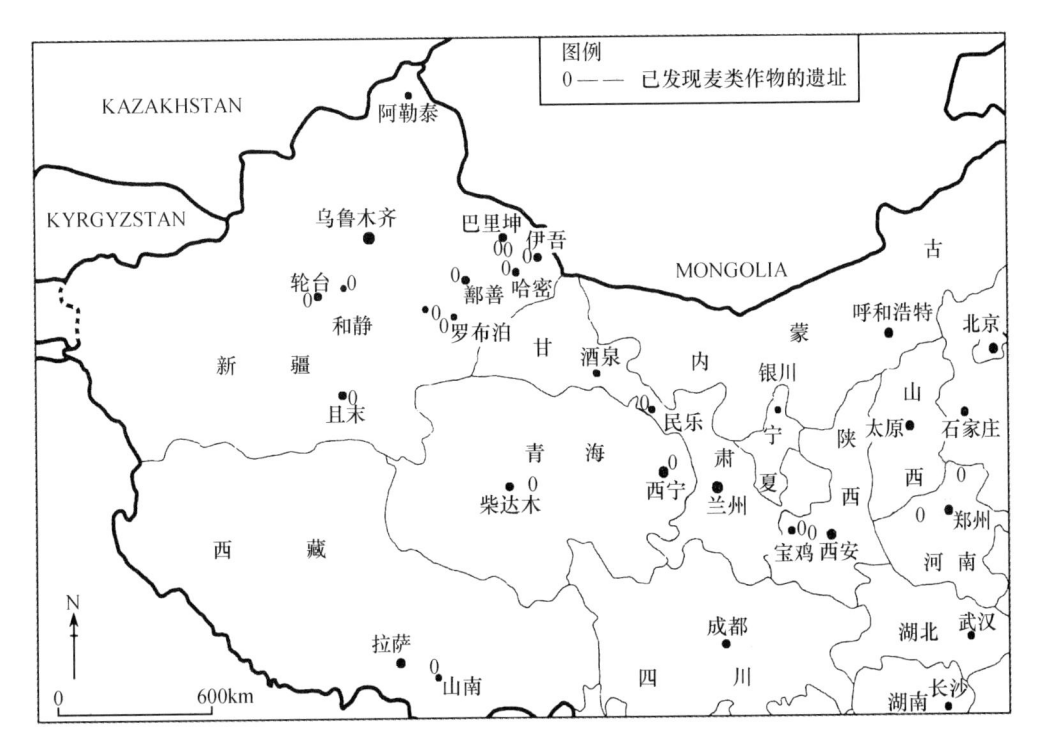

图 1 中国境内考古所见出土早期麦类的遗址点

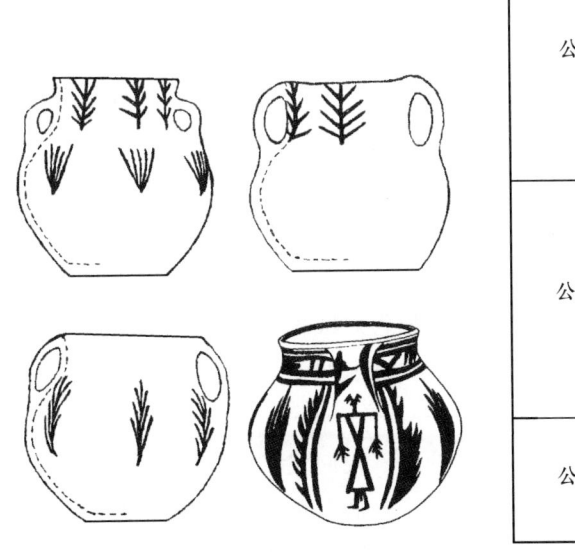

图 2 新疆哈密天山北路墓地出土绘画有
疑似麦类作物的陶器

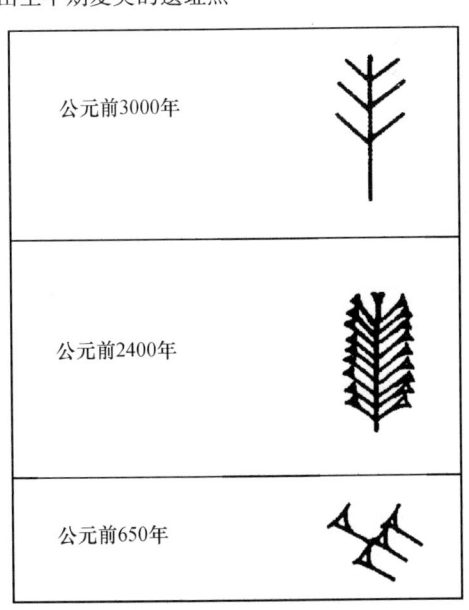

图 3 两河流域泥版文书中的"大麦"
文字及其演变形态

另一点是，除了上述已发现的麦类作物遗存外，还有一些不为人们所注意、但又与麦类种植相关的其他发现。如 20 世纪 80 年代末到 90 年代，在新疆哈密市天山北路（即林雅墓地）发掘了一处大型氏族墓地，根据该址出土的某些文物，估计当时人们曾栽培麦类作物。其证据是，该墓地有些陶器上刻画有类似"松枝"的花纹图案，此类纹样多刻在陶罐颈腹部，且每每两两构成一组，此类图案很像是对麦类作物的摹写（图 2），同类纹样也曾见于近东。如美索不达米亚出土公元前 3000 年的泥版文书中，"大麦"（谷物）一字采用的就是类似纹样。公元前 2400 年，"大麦"的楔形文字仍在延续这样的图形；随着文字的演进，到了公元前 650 年，这个字才逐渐变的抽象起来（图 3）。

2 考古发现的麦类作物种属研究

在上述考古发现中，仅有少数遗址所出的麦类作物送交有关专家作过种属方面的鉴定，结果如下。

2.1 小麦类

2.1.1 东灰山小麦

李璠认为，甘肃民乐东灰山遗址所出炭化小麦可分为大粒型、普通型和小粒型三类。他认为：①大粒型。粒长 5.7mm，粒宽 3.75mm，厚与宽接近，形状为椭圆形或卵圆形，炭化籽粒多数形态完整，胚部与腹沟都清晰可辨，籽粒尾端圆，可推断这种炭化小麦属于普通栽培小麦中的大穗大粒型。②普通小麦型。数量较多，粒长 4.9mm，宽 3.35mm，厚接近宽，籽粒形状为短圆形或卵圆形，籽粒尾端圆，籽粒大都形态完整，胚部与腹部也都清楚，籽粒尾端圆。可以推断这种炭化小麦是当时栽培较广的一种普通小麦。③小粒型。粒长 4.05mm，宽 2.95mm，厚与宽接近，籽粒形状短圆形或卵圆形，胚部与腹沟都清楚可辨，可以推断其为密穗小麦种中的小粒型。从上述炭化小麦籽粒的测量结果可知，炭化小麦籽粒形状大都为短圆形，与普通栽培小麦粒形十分相似，属于普通小麦（*Triticum aestivum*），而其中小粒型炭化小麦籽粒则可能是密穗小麦（*Triticum compactum*）。

2001 年 5 月，为进一步了解东灰山小麦的种属，我们曾委托以色列魏兹曼科学院结构生物学系的斯迪夫·威纳（Stephen Weiner）教授将几粒东灰山遗址所出炭化小麦带往以色列，请该研究所的古植物学家帮助鉴定。后经魏兹曼科学院的植物学家莫德恰依·基斯列夫（Mordechai Kislev）教授鉴定认为："这些（东灰山）炭化麦粒很像是球粒小麦属（*Triticum sphaerococcum*）的籽粒。"[46] 同年 8 月，斯迪夫教授来函告知，魏兹曼科学院费尔德曼（Feldman）教授在一篇文章中提到，"球粒小麦是一种六倍体

(hexaploid form) 小麦。这种小麦是从普通小麦（T. aestivum）单一突变而来，现今主要栽培在印度和巴基斯坦一带。他还提到，距今 5 千纪以来，球粒小麦就存在于印度，但却从未在我们这个地区（指以色列所在的地中海东岸）发现过。"[47]

2.1.2 古墓沟小麦

由于罗布泊地区气候异常干燥，新疆古墓沟遗址所出小麦保存非常完整，特别是麦胚保存良好，麦粒顶端毛簇仍清晰可辨。这些小麦籽粒不大，呈深褐色，但已不是很饱满。经四川省农学院颜济教授鉴定认为：古墓沟小麦的形态与现代普通小麦无异，应属于典型普通小麦。另有一些麦粒形态特征与普通小麦相似，但其背部紧接胚处有驼峰状隆起，当为圆锥小麦[48]。

2.1.3 丰台小麦

青海互助丰台遗址仅发现 46 粒小麦籽粒，占所获谷物总量的 3%。据赵志军观察，这些小麦形态特征基本一致，麦粒作圆柱状，背部隆起，腹部较鼓，腹沟很深，但尺寸较小，长和宽为 5mm 和 3mm 左右。有关这批小麦的种属和类别等细节尚有待植物学家进一步鉴定。

2.1.4 王家嘴小麦

陕西岐山王家嘴遗址共发现炭化小麦 121 粒，占该址所出谷物总量的 1.7%。这些小麦断面呈圆柱状，背部隆起，腹沟很深。赵志军随机抽取了 20 粒进行检测，结果显示，王家嘴小麦籽粒长和宽的平均值分别为 3.39mm 和 2.61mm，与现代小麦籽粒相比，尺寸略小。有关这批小麦的种属和类别还需植物学家的进一步鉴定。

2.1.5 皂角树小麦

发掘者指出，该址所出小麦籽粒呈矩圆形至卵形，腹面较平，中央可见自顶端至基部的一条纵沟，背面较腹面拱凸，基部胚区呈半圆形凹缺，长约 0.88mm，宽约 1.06mm，未见籽粒顶端簇毛。根据粒形大小可分为 4 个类型[49]（表2），以矩圆形大粒者为多。经与现代小麦籽粒对比，在粒长、宽及厚度上，前者均小于后者。

表2　河南洛阳皂角树遗址炭化小麦的不同类型

籽粒类型	籽粒大小	长（mm）	宽（mm）	厚（mm）
矩圆形：上、下端近等宽	大粒	3.01～4.07	2.12～2.90	1.86～2.62
	小粒	2.60～2.74	1.45～1.56	1.20～1.24
卵形：下端宽，向上渐窄	大粒	2.82～3.98	1.67～2.03	1.38～1.73
	小粒	2.18～2.72	1.43～1.50	1.23～1.32

注：引自《洛阳皂角树》发掘报告图七。

2.2 大麦类

2.2.1 东灰山大麦

李璠介绍，东灰山遗址所出炭化大麦籽粒为纺锤形，形态完整饱满，两头尖，胚部与腹沟都很清楚。绝大多数为裸粒，粒长5.21、宽3.00mm，厚与宽接近。他还认为，这些大麦与现代中国西北地区栽培的青稞大麦形状十分相似，应属于栽培青稞麦（Hoedeum vulgare nudum）。此外，他认为还有个别的带壳大麦（有些模糊不清），并推测可能是皮大麦[50]。

2.2.2 五堡大麦

据王炳华等介绍，哈密五堡墓地大麦出土时色泽较深，籽粒呈棕褐色。穗轴每个节上各有3个能结实的小穗，内外颖近等长，外颖为背面扁圆披针形，尖端延伸为单一长芒，颖果与稃体易分离，颖果稃面具纵沟，顶部茸毛仍十分明显。大麦穗长4.3cm（去芒），宽1~1.2cm。粒长0.6~0.62cm，宽0.21~0.23cm。初步鉴定，五堡所出大麦属四棱裸大麦，经与现代哈密地区普遍栽培的品种进行比对，除麦穗较短外，其他各方面特征基本相似。在新疆其他地区，如乌鲁木齐、库尔勒、库车、莎车等地，现代栽培大麦也是四棱大麦，其形态与五堡古大麦接近。另外，通过扫描电镜对五堡大麦进行了微观形态学鉴定和对比观察，古大麦芒上的小刺和脉纹与现代大麦相似；外颖壳上的微观结构有乳头状突起，也与现代大麦相似；从籽粒端面看，古大麦与现代大麦的蛋白质颗粒均呈长卵圆形。上述情况说明，五堡古大麦与新疆现代栽培大麦的农家品种有较近的亲缘关系[51]。

2.2.3 丰台大麦

青海互助丰台遗址出土大麦1487粒，占所获谷物总量的92%。据赵志军介绍，这批大麦形态特征比较一致，麦粒一端或两端略尖，呈梭形，背部弓起呈浅弧状，腹部扁平，腹沟较浅。在尺寸上，大致分两类，较大的一类粒长5~7mm，宽3~5mm；较小的一类粒长和宽为4mm和2mm左右。经显微观察，这批炭化大麦绝大多数为裸粒，仅个别附带残存内稃。赵志军认为，丰台大麦以裸大麦为主，属于青稞（Hordeum ulgar）。

2.2.4 皂角树大麦

据原发掘报告介绍，河南洛阳皂角树遗址仅发现两粒大麦籽粒。一粒系带壳大麦，椭圆形，中间宽，向两端渐尖，扁片状，被解释为属于一未成熟的带壳颖果，长5.86~7.01mm，宽3.24~4.02mm。靠下部有纵肋纹，中上部有横皱，但腹面破碎，未见大麦粒腹沟。另一粒稍小，形态完整，也未见腹沟特点，因此，定名暂存疑，还有待再发现材料提供证据[52]。看来，皂角树遗址所出大麦的真实性还有待进一步确认。

2.2.5 昌果沟大麦

西南农业大学傅大雄在西藏昌果沟遗址发现近3000粒古炭化麦粒及炭化青稞茎节残块。据他介绍，这些炭化麦粒与青稞种子形态分类特征吻合，也与他本人选育的现代裸大麦品系及西藏青稞农家品种的种子完全相同。因此可以认定它们是青稞种子的炭化粒。傅大雄所提供的照片经四川农业大学徐廷文教授鉴定，亦认为是青稞[53]。

2.3 黑麦类

李璠介绍,在甘肃民乐东灰山遗址还发现有炭化黑麦。其形态细长,颗粒较小,与黑麦籽粒相似,很可能就是现在西北高寒地带分布的山黑麦(*Secale montanum*)原始种。"[54]

2.4 燕麦类

2.4.1 丰台燕麦

在青海互助丰台遗址共发现燕麦属(*Avena*)个体102粒。其籽粒形态呈细长棍状,长4~5mm,腹面有纵向深腹沟[55]。

2.4.2 昌果沟燕麦

在西藏昌果沟遗址发现的炭化作物遗存中有1粒已破碎的炭化粒种子,似为裸燕麦(*Avera. Nuda* L.),但具体还有待进一步鉴定[56]。

3 中国境内麦类作物的来源

20世纪80年代以前,由于缺乏相应的考古资料,涉及中国麦类作物来源的讨论并不很多,其讨论范围也大多限于农学界和遗传学界。1980年以后,开始有考古工作者加入进来。经检索参与讨论的各方面学者意见,大致可归纳为"本土起源说"和"外来传入说"两种互相对立的观点。

3.1 外来说

1964年,竺可桢撰文论述了气候与农作物的关系。在谈到麦类作物时,他特别强调指出:"华北地区若无灌溉设施,小麦产量年年要受干旱的威胁……所以,若无灌溉设施,华北地区种麦是不适宜的。"[57]

1977年,美国芝加哥大学的何炳棣对竺可桢的上述看法表示认同。他认为:"中国肯定不是小麦的故乡,因为这些谷物原产于西南亚冬季降雨地区,而中国北方的气候和降雨方式同西南亚和东地中海地区截然不同。甚至今天小麦在中国北方的许多地区生长还有困难,因为这些地区降雨量不均匀,尤其是经常出现春旱。"为强调这一点,他特别引述了著名植物学家哈兰(Halan Jack R)和邹哈瑞(Daniel Zohary)的观点,"鉴于西方对小麦和大麦的科学和考古学研究、特别是近年来的研究已非常精深,中国农业史学家已无必要再来检验这两种粮食作物的起源"[58]。此外,何炳棣教授还从汉字的造字结构及古文献两个方面进一步阐发了他的论点:"公元前1300年以后,'麦'字才出现在商代甲骨文中,小麦在甲骨文中有两个称谓,大麦则一个没有。考虑到小麦是一种'奢侈'谷物,而大麦却不是。……许多谷物的中文名称都采用'禾'字作偏旁,但与此形成鲜明对照的是,小麦中文名'来'、'麵'(麥),大麦中文名'辫'(牟),它们在文字学上全都从'来'字派生,并以'来'作偏旁部首。再比如,谷子(粟)的起源在中国早期的许多诗歌中都有生动反映,但提到小麦的却只限于很少的几首诗,而且总是说这种粮食是天神所赐。可见小麦并不起源于中国北方。但造字的聪明人又不知其原产何地,只好说它来自天上,因此也就有了'来'这一偏旁部首。"如此,何炳棣强调:"可以有把握地说,大麦和小麦很可能是在公元前2千年期间一起被引入中国的。而且,小麦和大麦被引进中国的1000多年里,在北方的发展似乎并不迅速,直至公元初,小麦和大麦仍作为旱地作物在中国北方种植。"[59]他的上述观点在西方学术界颇有影响[60]。

20世纪80年代以后,随着学术交流的加强,战后在近东的一系列重要考古发现被介绍进来,新的考古发现和研究显示,小麦和大麦均起源于近东地区,其年代最早可上溯至公元前8000～前9000年[61]。

黄其煦曾对新石器时代黄河流域的农耕文化及作物品种进行了系统的讨论[62]。在谈到小麦时,他根据西方学者的研究提出几个值得注意的问题:①小麦属于多型性作物,其早期种类有一粒小麦(Triticum monoccum)、二粒小麦(Triticum dicoccum)和普通小麦(Triticum aestivum)。通过西亚地区的考古发现与实验研究,一粒小麦和二粒小麦的起源问题已基本解决,其年代可以早到距今10000年左右;②中国仅发现普通小麦,不见一粒小麦和二粒小麦;③若要证明中国是小麦的故乡之一,除考古方面的证据外,还必须找到二粒小麦和方穗山羊草。尽管以往曾在我国中原地区发现过山羊草,但绝无二粒小麦的线索;④欧洲的六倍体小麦(即普通小麦)也来自近东地区,而非中国[63]。

早在黄其煦之前,国内已有遗传学家介绍,通过实验和研究证明,普通小麦不存在野生祖本,它的出现应与二粒小麦和方穗山羊草的多次杂交有关[64]。这以后,考古学家安志敏也明确表示了"小麦原产于西亚,商周以来才输入中国"的观点[65]。

前些年,西南农学院的傅大雄在研究了西藏贡尕县昌果沟遗址发现的炭化大麦后提出,西藏高原在新石器时代中晚期是粟与麦的东、西方农业文明的汇合部,也是栽培植物的次生起源中心。……根据西藏昌都卡若遗址的发现,在新石器时代中期,西藏高原有粟而无麦,证明西藏高原原本没有麦子,并非青稞起源地。到了新石器时代晚期,西藏高原才辗转接触到西亚的"麦"(青稞)作文明。到吐蕃文化以前,青稞成为西藏高原的传统农作物,而粟则逐渐濒于灭绝[66]。

前不久,中国社科学院考古研究所冯时对古文字中的"来"、"麦"作了精辟的考辨。他指出:"甲骨文中'来'字具有归来的独特意义以及'麦'字的独特构形,甚至古代文献中有关麦与周民族种种联系的记载,或许正暗示着麦类作物西来的史实。"

"而中国西部地区恰恰可以作为麦类作物由其初生起源地西亚东传的中间地带。"[67]

3.2 本土说

然而，也有一些学者坚持，中国的某些地区应该是小麦的驯化起源地之一。我在本文篇首提到，我国著名农学家金善宝通过对安徽钓鱼台遗址出土炭化小麦的观察，认为它们属于一种古小麦，并推测在四千多年前，淮北平原已有小麦栽培。但这一说法由于钓鱼台遗址所出小麦在年代判断上的失误已没有进一步讨论的必要。

1975年，有农学家根据野外调查资料指出：小麦从国外传入我国的说法与事实不符，因为我国现代种植的小麦品种主要为普通小麦。在我国西南和西北高原至今仍生长一种具有典型野生性状的原始小麦，它们与我国现有的普通小麦起源有密切关系[68]。

1979年，科学出版社出版了《生物史》，此书第五分册中介绍，1953～1954年，我国的科学工作者曾对全国地方小麦品种进行普查，收集小麦品种3万余份，初步整理出6000多个类型，分属86个变种。其中，普通小麦种类（包括拟密穗类型）在栽培小麦中占绝对多数，并较集中地分布在黄河流域。其次还有密穗小麦、圆锥小麦、硬粒小麦、波兰小麦和东方小麦等不同栽培种。它们分别分布在高寒山区或边远地区，数量只占少数。我国地方小麦品种或变种之多和资源的丰富，可以说明我国是栽培小麦起源的最大变异中心之一。此书的作者还指出，栽培小麦起源于野生小麦。一般认为由于小麦具有多型性，它们的起源可能是通过多种途径实现的。……普通小麦具有杂种性起源，与小麦亲缘最接近的属有羊草属（*Aegilops*）、黑麦属和鹅冠草属，而羊草属中的小麦草（*Aegilops Squarrosa*）被许多杂交实验证明与小麦有较密切的亲缘关系。以上各属的小麦近缘植物在我国黄河流域、西北高原和北方草原等地有分布。此书还介绍了这样一个"有趣的现象"，在黄河流域的河南以及陕西地区，凡有史前遗址的地方，几乎都发现有小麦草分布……它们之间似乎有一定的联系。……考古材料证明，我国在史前时期已经栽培自由脱粒的普通小麦[69]，而在相同时期的欧洲尚栽培着比较原始的二粒小麦和斯卑尔脱[70]小麦，它们都是带壳的和穗轴易折断的。直到公元开始或以后，自由脱粒的硬粒小麦和普通小麦才代替了带壳小麦的位置。作者还以达尔文（Darwin, C. D.）曾提到有三个小麦新品种或变种曾由中国传至欧洲、以及康多勒（Candolle, A. de）认为中国在史前时代可能就是栽培小麦故乡的观点作为旁证。最后，此书作者提出，"中国的普通小麦起源于黄河长江两流域、特别是中上游的西北和西南地区。中国是现在已知的普通小麦发源地，同时也是世界栽培小麦的最大变异中心之一。"[71]。

20世纪80年代中期以来，随着甘肃民乐东灰山遗址炭化农作物的发现，掀起了新的一轮对中国小麦起源的讨论。最初，李璠根据他所采集的^{14}C测年样本认为，东灰山遗址属于公元前3000年以前的新石器时代，因此这批新材料具有填补空白的重要价值，并再次证明中国是普通小麦、栽培大麦和高粱的原产地和重要起源地[72]。此后，李璠就东灰山遗址出土炭化农作物发表了一系列文章，其观点在我国学术界，特别是在农学界、遗传学界产生了很大影响[73]，也由此而引发了对"中国小麦西来说"的反驳。有学者甚至提出了"六倍体普通小麦中国独立起源"的说法，认为，"凡相信多倍体普通小麦栽培种全部来自近东那个唯一的驯化中心的人，大都出于对战后西亚史前考古编年和定性结论的过分迷信。……凡是主张六倍体普通小麦栽培种属于杂种性起源的人，大部分由于过分信赖西方的遗传学实验结果，从而夸大了普通小麦栽培种形成过程中的早期人工干预作用"[74]。

除此而外，还有一种较为折中的观点。20世纪80年代初，王炳华先生认为，中国的小麦有可能最早在新疆种植。他在谈及古墓沟小麦时提到，新疆地区存在不少野生节节麦，据说它们与圆锥小麦进行自然杂交可形成普通小麦。他还提到，四川农业大学的颜济教授认为，圆形、多花类型的具有中国特色的普通小麦可能是这样产生的[75]。但他却未说明新疆栽培的古小麦又来自何处？

今天，当我们回过头来重新审视这段笔墨官司，不难发现，上述讨论确实带有很大的时代局限性。首先，这场争论是在没有任何可信的考古资料背景下展开的；其次，它们都或多或少地打上了一些时代的烙印。尽管如此，我们应该看到，上述争论为我们今天深入探讨这些问题奠定了一个最初的框架。

近50年来，国际上有关麦类作物起源的研究无论在考古学界还是在遗传学界都取得了重大进展。特别是近20年来，在中国境内陆续发现了一批早期麦类作物，为下一步的深入研究提供了考古学和年代学的基础。这也使得我们在讨论中国麦类作物起源时，能在更为广阔的比较观察视野下作客观、冷静的思考。因此，也特别需要了解近些年来世界各地的考古新发现及研究成果，看看人工栽培的麦类作物到底是在何时、何地出现的？

前不久，美国哈佛大学人类学系的巴尔·约瑟夫教授（Ofer Bar-Yosef）通过对新发现的考古资料进行研究后指出，收获谷物的活动在地中海东岸的利万特（Levant）地区起自距今12000～10000年纳吐夫文化（Natufian culture），这一活动后来逐渐演变成有目的的谷物栽培。在耶利哥（Jericho）遗址等含有纳吐夫文化晚期文化堆积的层位中发现有谷物和豆类植物，当时的石制工具遗留的微痕也证实，约旦河谷一直存在小规模的野生谷物种植活动。考古发现还证明，近东地区至少在距今10000年前已开始栽培大麦和小麦。而且在真正的栽培活动出现之前，已有过很长一段采集野生谷物的历史[76]。

距今9800～9500年前、甚至更早，位于约旦河谷的耶利哥遗址和邻近大马士革的阿斯瓦德（Aswad）遗址下层就出现了驯化的二粒小麦，这是目前所知有关驯化二粒小麦的最早记录。在阿斯瓦德遗址以北300km、幼发拉底河上游的阿布·胡瑞拉（Abu

Hureyra）遗址也出土了距今9500~9000年的栽培二粒小麦。进一步的研究表明，在阿斯瓦德和阿布·胡瑞拉两地，二粒小麦已属于最重要的栽培作物，并持续了若干世纪。距今9000年前，除土耳其的查约努丘（Cayönü Tepesi）遗址外，在利万特的一些遗址也找到了这方面证据。距今8500~8000年，二粒小麦在新月沃地内的许多遗址都有发现，表明这一驯化成果已在很大范围内被推广。

驯化一粒小麦的早期记录和二粒小麦有紧密联系。无论是在阿斯瓦德遗址的早期地层（9800~9600aBP）、还是在阿布·胡瑞拉遗址（当9500~9000aBP），驯化一粒小麦和二粒小麦均相伴出现。同类现象也见于耶利哥遗址（9800~9500aBP）。但是，一粒小麦与二粒小麦同时栽培的现象在近东并不普遍。在格瑞提尔（Gritille）遗址仅发现一粒小麦，其他很多遗址则只见二粒小麦[77]。

普通小麦实物后来也陆续在西亚和东南欧等地被发现，这一发现填补了自19世纪以来的缺环，据黄其煦介绍，发现有普通小麦的早期遗址有如下一些：

（1）叙利亚拉马德丘（Tell Ramad），在前陶新石器遗址发现有公元前7000年密穗小麦；

（2）土耳其萨塔尔·休于克（Catal Hüyük）第Ⅳ~Ⅱ层（5850BC~5600BC），出土有普通小麦；

（3）伊拉克埃斯·萨万丘（Tell Es-Sawan），发现有公元前5800~5600年的普通小麦；

（4）伊朗沙布兹丘（Tepe Sabz），发现有公元前5500~前5000年的普通小麦；

（5）希腊克里特岛克诺索斯（Knossos）遗址第10层，出土有公元前6100年的普通小麦[78]。

早期驯化大麦的分布范围与二粒小麦和一粒小麦有一定的重合。在"新月沃地"，一些早期农耕定居点发现有两种驯化大麦，一种是二棱有稃大麦（*Hordeum vulgare* subsp. *disticbum*），另一种是六棱有稃大麦（*Hordeum vulgare* subsp. *bexasticbum*）。据研究，六棱有稃大麦是在二棱有稃大麦的基础上培育出来的。在阿斯瓦德遗址最早的地层（9800~9600aBP），驯化二棱有稃大麦与驯化一粒、二粒小麦结伴而出。到距今9500~9000年，二棱有稃大麦逐渐消失，此后与一粒或二粒小麦共生的为六棱有稃大麦[79]。

上述发现证实，近东地区在距今10000年前后已开始栽培一粒、二粒小麦和二棱、六棱有稃大麦，到距今8500~7500年，上述谷物的种植在当地已相当普及，而且培育出了最早的普通小麦，并陆续向欧洲、北非和中亚等地扩散。

从目前的考古资料看，中国境内考古所见的早期麦类作物大致集中在如下区域，即西北部的新疆、甘（肃）青（海）地区和中原的陕西与河南两省。从空间分布和遗址数量看，以新疆境内所见最多，达10余处；在新疆以东，目前仅在甘肃发现一处，青海、陕西、河南各有2处，另在西藏山南地区发现1处（参见图1）。上述发现中，以甘肃民乐东灰山遗址所出小麦和大麦年代最早，约在公元前 2500 年左右[80]。其次，处在公元前 2000 年上下的有 3 处，即新疆罗布泊附近的古墓沟墓地、小河墓地和陕西武功的赵家来遗址。公元前 2 千纪中叶的有洛阳皂角树（夏代晚期，3660±150 年）遗址和西藏昌果沟（公元前 1370 年）遗址。其余年代大都落在公元前 1000 年上下，约当中原地区的商末周初时期。

上述遗址的年代整体呈现出西面早、东面晚，西部遗址多、东部少的格局。在中原内地，至今还很少见有早到公元前 2000 年的麦类标本。反观年代较早的东灰山遗址，它恰好处在中国西北与中亚邻近的河西走廊中部，因此，这一发现具有特殊意义。对此已有学者指出，东灰山遗址的小麦是从西方传入的[81]。这一发现不仅牵涉到小麦在中国栽培的历史，也为探索中国境内小麦的来源、传播途径及东西方早期文化交流提供了线索。如前所述，以色列古植物学家的鉴定结果也从侧面提供了东灰山小麦西来的证据。更为重要的是，目前中国境内考古所见的麦类作物与近东地区最早的麦类作物还存在相当的年代差距。因此，仅就现有的资料、同时参考遗传学的研究，本文难以接受将黄河流域作为麦类作物一个起源地的看法。

另一问题是，有人根据中国现代地方小麦品种和变种甚多，并有普通小麦的野生祖本发现，因此提出中国是栽培小麦起源的变异中心、或麦类作物一个起源地的说法。已有的生物学研究并不支持这种看法。早年，前苏联著名植物学家瓦维洛夫（Nikolai Ivanovich Vavilov）曾在非洲埃塞俄比亚高原一个很小的孤立地区发现数百种古小麦的变体。他当时认为，既然栽培形式的多样性是人类长期刻意实验选择的结果，那么，埃塞俄比亚小麦的高度多样性就表明，这种作物在这个地区已被栽培了相当长的时间。为此他还进一步指出，"假如某一地区某种农作物的形式具有最大的多样性，这个地区很可能就是这个作物最早被栽培的地区"。但后来的生物学研究并不支持他的这个假设。考古发现证实，非洲的麦类作物是从近东地区引进的[82]。类似案例或许可以通过鹰嘴豆的驯化与传播过程作为说明。历史上，在地中海周边、北非埃塞俄比亚以及印度都曾种植鹰嘴豆，但今天世界上 80% 的鹰嘴豆产自印度。久而久之，人们竟然误以为鹰嘴豆起源于印度。实际上，鹰嘴豆的野生祖先只存在于土耳其东南部，而且也是在那儿首先被驯化的。最古老的考古记录来自土耳其东南部和叙利亚北部，年代为公元前 8000 年左右。直到距今 5000 年以后，鹰嘴豆才被传播到印度次大陆一带[83]。可见，以现代作物品种变种多作为依据判断作物起源地的方法是不对的。

总之，根据目前的资料，本文的初步认识是，中国境内的麦类作物大体上是沿着中亚—新疆—河西走廊—陕西—中原这一途径自西而东逐渐传入的。约当公元前 2500 年或更早，小麦进入新疆至河西走廊一线。公元前 3 千纪后半段或稍晚，传至关中及邻近地区[84]。至二里头文化阶段（相当夏代），进入中原内地。从小麦的传播速率看，自公元前 3 千纪中叶小麦现身于中国西部地区，至公元前 2 千纪中叶抵达中原腹地，其间约经历了上千年时间,足见小麦传播速度相当缓慢。参照考古发现和有关的文献,小麦传入中土后,由于受土壤、气候、雨水、栽培技术等多方面的制约,在较长时间内都未能取代黄河流域的传统农作物[85]。有关麦类作物传入中原后的发展、传播及适应历史,已有学者作了专门梳理[86],此不赘述。但有一点可以肯定,随着麦类作物的东传,对中国北方的农业经济和结构势必会产生影响,并对中国本土农业经济的发展起到重要的推动。

另有一点需要注意,假如公元前3千纪麦类作物进入到中国西北地区,那么,它们在那一时期的作物中究竟占有多大的比例?这是个有待于研究的课题。据表一可知,西北地区几乎所有发现麦类作物的遗址都共存有粟(或黍)。特别是在那些主动做过浮选、统计工作较好的遗址资料显示,粟类作物普遍要高于麦类。这也从一个侧面暗示,即便在中国西北地区,麦类作物被引进后在农作物中所占比例仍不可高估,粟类作物仍占有较大比重。

近些年来,我们在探索农业起源和作物驯化时,比较多地侧重于水稻、粟和黍的研究,对麦类作物关注还不够,希望能有所改进。这一方面需要考古学家提高野外发掘技术,加强多学科的协作,再就是需要在麦类作物的种属研究上多下工夫,以期尽快扭转我们在麦类作物研究领域的薄弱局面。

参 考 文 献

[1] 安志敏. 中国史前时期之农业. 燕京社会科学, 1949, Ⅱ: 36~58.

[2] 安徽省博物馆. 安徽新石器时代遗址的调查. 考古学报, 1957, (1): 21~30.

[3] 金善宝. 淮北平原的新石器时代小麦. 作物学报, 1962, 1 (1): 67~72.

[4] 杨建芳. 安徽钓鱼台出土小麦年代商榷. 考古, 1963 (11): 630、631.

[5] a. 考古所^{14}C实验室. 放射性碳素测定年代报告(三). 考古, 1974, (5): 333~338.
b. 夏鼐:^{14}C测定年代和中国史前考古学. 考古, 1977, (4): 217~232.

[6] 此材料李璠先生曾引用,见生物史(第五分册),北京:科学出版社,1979: 19,注①.

[7] 这里所谓的"早期"是指年代在公元前1千年前后及以远.

[8] 王炳华. 孔雀河古墓沟发掘及其初步研究. 新疆社会科学, 1983, (1): 117~127.

[9] 古墓沟的^{14}C年代数据有如下一批,第38号墓棺木: 3660±80(树轮校正3980年);毛毯: 3480±100(树轮校正3765年);羊皮: 3615±170(树轮校正3925年);第4号墓棺木: 3525±70(树轮校正3925年);以上北京大学年代学实验室。第12号墓木葬具: 4260±80(树轮校正4730±135年);以上国家文物局实验室。另在铁板河(孔雀河入罗布泊一河道)发现一具古尸,尸体上覆盖的山羊皮: 3580±70(树轮校正3880±95年);以上社科院考古研究所.

[10] Folke Bergman. *Archaeological Researches in Sinkiang Especially the Lop*. Nor Region, Stockholm. 1939.

[11] 新疆文物考古研究所. 2002年小河墓地考古调查与发掘报告. 新疆文物, 2003, (2): 8~64.

[12] 新疆维吾尔自治区博物馆,新疆社会科学院考古研究所. 建国以来新疆考古的主要收获,文

物考古工作三十年. 北京：文物出版社，1978：172.
[13] 新疆文物考古研究所. 哈密五堡墓地151、152号墓葬. 新疆文物，1992，(3)：1~10.
[14] 五堡墓地的 ^{14}C 年代数据有如下一批，检测号：78HWM4：距今2960±115年；检测号：78HWM19：距今3265±140年；检测号：78HWM26：距今3280±150年；检测号：78HWM101：距今3300±150年；以上国家文物局文物保护研究所实验室。检测号：91HWM151：距今2810±70年；检测号：78HWM152：距今3570±70年；以上北京大学年代学实验室.
[15] a. 王炳华等. 巴里坤县兰州湾子三千年前石构建筑遗址. 中国考古学年鉴（1985）. 北京：文物出版社，1985：255~256.
b.《哈密文物志》编辑组. 兰州湾子石结构建筑遗址. 哈密文物志. 乌鲁木齐：新疆人民出版社，1993：22.
[16] 原文如此.
[17] 《哈密文物志》编辑组. 盐池古城. 哈密文物志，乌鲁木齐：新疆人民出版社，1993：65.
[18] 吴震. 新疆东部的几处新石器时代遗址. 考古，1964，(7)：333~341.
[19] 中国社会科学院考古所新疆队，新疆巴音郭楞蒙古自治州文管所. 轮台群巴克古墓葬第一次发掘简报. 考古，1987，(11)：987~996.
[20] 于喜凤. 察吾呼文化墓葬出土陶容器内残存食物的研究鉴定//新疆文物考古研究所编著. 新疆察吾呼——大型氏族墓地发掘报告. 北京：东方出版社，1999，413.
[21] 新疆文物考古研究所编著. 新疆察吾呼——大型氏族墓地发掘报告. 北京：东方出版社，1999.
[22] a. 邢开鼎. 鄯善县洋海古墓葬，中国考古学年鉴（1989）. 北京：文物出版社，1990：274.
b. 新疆文物考古研究所，吐鲁番地区文物局. 吐鲁番考古新收获——鄯善县洋海墓地发掘简报. 吐鲁番研究，2004，(1)：1~66.
[23] 何德修. 且末扎洪鲁克古墓葬1989年清理简报. 新疆文物，1992，(2)：1~14.
[24] 这是2005年8月我们考察东灰山遗址时用GPS检测的新数据. 吉林大学在发掘报告中发表的数据是100°46′E，38°41′N，特此说明.
[25] 宁笃学. 民乐县发现的二处四坝文化遗址. 文物，1960，(1)：74~75.
[26] 李璠. 甘肃省民乐县东灰山新石器遗址古农业遗存新发现. 农业考古，1989，(1)：56~69.
[27] 同［25］：56.
[28] 同［25］：57.
[29] 北京大学考古系，甘肃省文物考古研究所. 1986年河西走廊史前考古调查报告，待刊.
[30] 甘肃省文物考古研究所，吉林大学等编著. 民乐东灰山考古——四坝文化墓地的揭示与研究，北京：科学出版社，1998.
[31] 王一曼. 东灰山遗址的环境意义与河西走廊史前文化兴衰//尹泽生，杨逸畴，王守春主编. 西北干旱地区全新世环境变迁与人类文明兴衰. 北京：地质出版社，1992：98~109.
[32] 李水城，莫多闻. 东灰山遗址炭化小麦年代考. 考古与文物，2004，(6)：51~60.
[33] a. 青海省文管会，考古所青海队. 青海都兰县诺木洪搭里他里哈遗址调查与试掘. 考古学报，1963，(1)：17~44.
b. 赵信. 青海诺木洪文化农业小议农业考古，1986，(1)：86.

[34] 诺木洪文化的年代被定在公元前1000年左右（根据该址第5层出土毛布检测结果）. 实际上该址的文化堆积和内涵应有早晚之别. 估计该址最早的地层（即第6～7层）有可能早到公元前1500年.

[35] 中国社会科学院考研究所编著. 武功发掘报告——浒西庄与赵家来. 北京：文物出版社，1988.

[36] 黄石林. 陕西龙山文化遗址出土小麦（秆）. 农业考古，1991，（1）：118.

[37] 周原考古队. 周原遗址（王家嘴地点）尝试性浮选的结果及初步分析. 文物，2004，（10）：89～96.

[38] 洛阳市文物工作队编. 洛阳市皂角树——1992～1993年洛阳市皂角树二里头文化聚落遗址发掘报告. 北京：科学出版社，2002.

[39] 标本藏中国社会科学院安阳殷墟工作站标本陈列室.

[40] 何强. 西藏贡嘎县昌果沟遗址新石器时代遗存调查报告. 西藏考古（第1辑）. 成都：四川大学出版社，1994：1～28.

[41] 1994年联合考古队发掘资料，至今尚未刊布.

[42] 中国社会科学院考古研究所. 放射性碳素测定年代报告（二三）. 考古，1996，（7）：66.

[43] 傅大雄等. 雅鲁藏布江中部流域发现古青稞（*Hordeum vulgare L. var. nudum*）炭化粒. 西南农业大学学报，1994，（6）：576.

[44] 傅大雄. 西藏昌果沟遗址新石器时代农作物遗存的发现、鉴定与研究. 考古，2001，（3）：66～74.

[45] 截至2005年3月正式发表的考古资料，特此说明.

[46] *Triticum Sphaerococcum* means *Sphere-seed wheat*（球粒小麦）. 球粒小麦可能就是圆粒小麦，一般指印度圆粒小麦，英文称印度矮小麦（India short wheat, India dwarf wheat）或印度硬小麦（India hard wheat），学名为（*Triticum sphaerococcum*）. 这是六倍体 AABBDD 小麦的一个驯化种，大类属于（*T. aestivum*），即一般所说的面包小麦（bread wheat）或普通小麦.

[47] 附：斯迪夫教授来信原文：Prof. Feldman at our Institute is the best person for me to address your question to. He however is on holiday right now. I did look up in a chapter he recently wrote and found that *T. Sphaerococcum* is a hexaploid form and it originated from *T. aestivum* by a single mutation. *T. Sphaerococcum* is nowadays cultivated mainly in India and Pakistan and is know to have been in India since the 5th Millenium BP. It has never been found in our region.

[48] 王炳华. 新疆农业考古概述. 农业考古，1983，（1）：102～121. 圆锥小麦（*Triticum turgidum*），属于四倍体小麦 AABB（*T. turgidum*），由驯化种栽培二粒小麦（*T. turgidum* var. *dicoccum*）伴生出来的驯化种小麦. 其差别在于，栽培的二粒小麦有稃，不易脱粒；圆锥小麦为裸粒，易脱粒.

[49] 不知这种类型划分的标准是什么.

[50] 李璠等. 甘肃省民乐县东灰山新石器遗址古农业遗存新发现. 农业考古，1989，（1）：60、61.

[51] 王炳华等. 新疆哈密五堡古墓出土大麦的研究. 农业考古，1989，（2）：70～73.

[52] 洛阳市文物工作队编. 洛阳市皂角树——1992～1993年洛阳市皂角树二里头文化聚落遗址发掘报告. 北京：科学出版社，2002.

[53] 傅大雄. 西藏昌果沟遗址新石器时代农作物遗存的发现、鉴定与研究. 考古，2001，（3）：66～74.

[54] 李璠等. 甘肃省民乐县东灰山新石器遗址古农业遗存新发现. 农业考古，1989，（1）：60、61.

[55] 中国社会科学院考古研究所,青海省文物考古研究所.青海互助丰台卡约文化遗址浮选结果分析报告.考古与文物,2004,(2):85~91.

[56] 傅大雄.西藏昌果沟遗址新石器时代农作物遗存的发现、鉴定与研究.考古,2001,(3):66~74.

[57] 竺可桢.论我国气候的几个特点及其与粮食作物生产的关系.地理学报,1964,30(1):4、5.

[58] Halan, Jack R, Daniel Zohary. Distribution of wild wheats and barleys. *Science*, 1966, 153:1074-1080.

[59] 何炳棣.中国农业的本土起源(续),中译本.农业考古,1985,(2):72~125.

[60] Edwin G Pulleyblank. Early Contacts Between Indo-European and Chinese, *International Review of Chinese Linguistic*(国际中国语言学评论)*John Benjamins Publishing Co.* Vol. 1, No. 1, 1996:12、13.

[61] 日知.关于新石器革命//北京大学,东北师范大学历史系世界古代史教研室编,世界古代史论丛(第一集),北京:生活·读书·新知三联书店,1982:234~245.

[62] 黄其煦.黄河流域新石器时代农耕文化中的作物(续).农业考古,1983,(1):38~50.

[63] 早年,达尔文曾引用德隆卡姆的意见,认为"史前有三个小麦新种或变种由中国的蒙古引入欧洲,导致欧洲普通小麦兴起".这一看法曾不断被一些学者引用.后来随着在近东地区发现年代很早的驯化普通小麦,证明欧洲的普通小麦是从近东传入的.

[64] 刘祖洞,江绍慧.遗传学(下).北京:人民教育出版社,1979:32~34.

[65] 安志敏.中国的史前农业.考古学报,1988,(4):375.

[66] 傅大雄.西藏昌果沟遗址新石器时代农作物遗存的发现、鉴定与研究.考古,2001,(3):66~74.

[67] 冯时.商代麦作考//南京师范大学文博系编.东亚考古(A卷).北京:文物出版社:2004:212~223.

[68] 邵启全等.西藏高原农作物遗存进化的一些问题.遗传与育种,1975,(1):27~29.

[69] 此处的史前普通小麦即指安徽钓鱼台遗址出土小麦.

[70] 即斯佩尔特小麦(*T. Speltoides*, *Aegilops speltoides*).

[71] 李璠等.生物史(第五分册).北京:科学出版社,1978:21~28.

[72] a. 李璠.甘肃省民乐县东灰山新石器遗址古农业遗存新发现.农业考古,1989,(1):56~69.

b. 李璠.从东灰山新石器遗址古农业遗存新发现看黄河流域五千年传统农业文化的起源和发展.黄帝与中国传统文化学术讨论会文集.西安:陕西人民出版社,2001:167~182.

[73] 张同铸等编著.世界农业地理总论.北京:商务印书馆,2000:52、53.

[74] 陈恩志.中国六倍体普通小麦独立起源说.农业考古,1989,(2):74~84.

[75] 颜济教授的文章未见刊出,转引自王炳华.孔雀河古墓沟发掘及其初步研究.新疆社会科学,1983,(1):117~127.

[76] Ofer Bar-yosef. The Natufian Culture in the Levant, Threshold to the Origins of Agriculture, *Evolutionary Anthropology*, 1998, 6(5):159-177.

[77] Bruce D. Smith. The Emergence of Archaeology, A division of HPHLP New York, 1995.

[78] 转引自黄其煦.黄河流域新石器时代农耕文化中的作物(续).农业考古,1983,(1):44.

[79] Bruce D. Smith. The Emergence of Archaeology, A division of HPHLP New York, 1995.
[80] 李水城, 莫多闻. 东灰山遗址炭化小麦年代考. 考古与文物, 2004, (6): 51~60.
[81] 张忠培. 东灰山墓地研究. 中国文化研究所学报, (Journal of Chinese Studies), 1997, N.S. No.6, Hong Kong.
[82] Bruce D. Smith. The Emergence of Archaeology, A division of HPHLP New York, 1995.
[83] 贾雷德·戴蒙德. 枪炮、病菌和钢铁——人类社会的命运. 上海: 上海译文出版社, 2000: 80.
[84] 尽管目前尚难以确认陕西武功赵家来遗址的植物茎秆是否就是小麦秆, 但麦类作物在龙山时代东进到山西—陕西一带的可能性是存在的.
[85] 请参见本文引述的竺可桢、何炳棣、黄其煦等先生的文章.
[86] 曾雄生. 麦子在中国的本土化历程——从粮食作物结构的演变看原始农业对中华文明的影响. 原始农业对中华文明形成的影响. 北京: 中国高等科学技术中心, CCAST-WL Workshop Series: Vol.128: 119~134.

(原载于黄盛璋主编:《亚洲文明》(第四集). 西安: 三秦出版社, 2008年. 本文集收录时稍有改动)

粟（*Setaria italica*）、黍（*Panicum miliaceum*）植硅体形态鉴定

吕厚远[1]　张健平[1]　吴乃琴[1]　廖淦标[2]　徐德克[1]　李　泉[1]

(1. 中国科学院地质与地球物理研究所，北京，100029；2. Department of Oceanography and Coastal Sciences, Louisiana University, Baton Rouge, Louisiana, United Satates of America)

摘要：粟（*Setaria italica*）和黍（*Panicum miliaceum*）是欧亚大陆最早驯化的旱作农作物。但是在考古遗存中，对这两种农作物遗存的准确鉴定一直存在许多困难，尤其是当谷粒完全腐朽灰化以后，则更不容易区分。植硅体形态分析为解决这一难题提供了一个行之有效的方法。但是，目前为止，很少有关于黍、粟植硅体形态学和分类学的系统研究，没有找到明确区分黍、粟植硅体形态的鉴定依据，利用植硅体形态区分黍和粟仍然存在争议。我们利用相差和微分干涉显微镜观察了27种现代黍、粟和其近缘草本植物花序苞片中的内、外颖片和内、外稃片的解剖学特征和硅质沉积结构。发现了五个能够明确区分黍、粟的植硅体形态特征，分别是：①颖片和下位外稃中植硅体的形态；②稃片中是否发育乳头状突起；③稃片 Ω 型或 η 型纹饰；④稃片硅化表皮长细胞末端的形态；⑤稃片表面雕纹型态。综合考虑这五个特征，为利用植硅体区分黍、粟考古遗存提供了可靠的标准。这一方法的建立对植硅体形态学的研究作出了贡献，同时也为植物分类学、农业考古学、古文明农耕历史的研究提供了可靠的研究手段。

关键词：粟　黍　植硅体　形态

1　引　言

　　植硅体是植物生长过程中在高等植物组织细胞内或细胞壁之间沉淀充填形成的微小硅质颗粒，存在于几乎所有类型的植物体内，在植物的根、茎到花序等不同组织及结构中均有发育[1~4]。尤其是在禾本科中，植硅体产量丰富，类型多样，形态特征明显。当植物组织腐朽，燃烧或者被动物消化后，植硅体便从中释放出来成为微体化石。在植物大化石遗存缺乏的区域，植硅体分析技术的发展与应用，在了解古代人类利用植物的方式和生活方式等方面取得了重大进展[2,3,5~13]。

　　粟和黍（也称糜子，稷），属于禾本科植物，是人类最早种植的旱作粮食作物[14~16]。在水稻和小麦等农作物在远东地区的半湿润—半干旱区广泛种植之前，它们

始终是该区（中国，日本，俄罗斯和印度）甚至是整个欧亚大陆的主要粮食作物。直到今天，在这些半干旱区，人们仍将黍、粟作为主要的食物来源[14,17,18]。然而，由于黍、粟的谷粒较小（通常小于 2~3mm），并且形状相近[8,19,20]，特别是在腐朽灰化的情况下，使得黍、粟的谷粒遗存很难区分。前人的研究认为，在某种程度上，对黍、粟脱壳炭化谷粒的鉴定很可能存在系统性的错误[21]。不仅如此，由于很少对现代黍、粟植硅体形态进行研究，对其植硅体鉴定的可靠性也一直存在争议[8,20,22]，至今也没有发现确切的能够用于区分黍、粟的植硅体形态特征[8]。

不同禾本科植物花序苞片中的植硅体形态特征不同，使这些植硅体具有分类学意义[23]。Wynn Parry 和 Smithson（1966）曾利用光学显微镜研究了大量英国草本植物花序苞片中的各种表皮细胞及角质层的硅化类型[24]。随后，许多研究者利用扫描电子显微镜（SEM）技术进行了一系列诸如此类的侧重于谷物和草本植物的研究，例如大麦、燕麦、大米、黑麦、黍属植物（*Panicum*），稗草（*Echinochloa*）和二型花属（*Dicanthelium*）等的研究[23,25,26]。Pearsall et al.（1995）和 Zhao et al.（1998）利用植硅体形态区分了野生稻和栽培稻[6,12]。Tubb et al.（1993）和 Ball et al.（1999）建立了利用植硅体形态区分部分小麦和大麦稃壳的方法[27,28]。Berlin et al.（2003）利用这一方法在以色列的 Tel Kedesh 遗址的陶器残留物中鉴定出了普通小麦（*Triticum aestivum*）[29]。本文则是对是否能够利用植物花序苞片中的植硅体形态特征作为区分黍（*Panicum miliaceum*）和粟（*Setaria italica*）的可靠工具进行的较系统的研究。

2 材料与方法

我们收集了 27 种现生栽培和野生的禾本科植物。栽培植物包括 9 种粟和 12 种黍，野生植物包括两种糠稷 *Panicum bisulcatum* Thunb.，皱叶狗尾草 *Setaria plicata*（Lam.）T. Cooke，青狗尾草 *Setaria viridis*（L.）Beauv，金狗尾草 *Setaria glauca*（Linn.）Beauv.，以及稗草 *Echinochloa crusgalli*（L.）Beauv 等。27 个现生种中，4 个品种采集自中国农业科学院（CAAS），国家作物种质资源库；6 种采集自河北省武安市磁山文化博物馆；14 种采集自中国科学院地质与地球物理研究所；其余 3 种采集自华东师范大学。这些样品由多位研究人员采集鉴定，种质基本资料参见表1。

表 1 种质样品基本信息

来源	样号	样品名	育种名	采集省份	产地信息
NCGC	S1	*Setaria italica*（L.）Beauv.	瑷珲当地种	黑龙江	
NCGC	S2	*Setaria italica*（L.）Beauv.	法谷 130-80		
NCGC	S3	*Setaria italica*（L.）Beauv.	法谷 45-81		

续表

来源	样号	样品名	育种名	采集省份	产地信息
NCGC	P1	*Panicum miliaceum* L.	64 黍 120		
CMCS	S4	*Setaria italica* (L.) Beauv.	竹叶青	河北	
CMCS	S5	*Setaria italica* (L.) Beauv.	东辉谷	河北	
CMCS	S6	*Setaria italica* (L.) Beauv.	磁选 6	河北	
CMCS	S7	*Setaria italica* (L.) Beauv.	冀谷 14	河北	
CMCS	S8	*Setaria italica* (L.) Beauv.	磁山当地谷	河北	36.57uN, 114.111uE, Altitude 264m
CMCS	P2	*Panicum miliaceum* L.	磁山当地黍	河北	36.57uN, 114.11uE, Altitude 270m
IGG	S9	*Setaria italica* (L.) Beauv.	嘉祥当地谷	山东	35.483uN, 116.192uE, Altitude 40m
IGG	P3	*Panicum miliaceum* L.	西峰当地糜子	甘肃	35.766uN, 107.683uE, Altitude1283m
IGG	P4	*Panicum miliaceum* L.	西峰当地糜子	甘肃	35.766uN, 107.683uE, Altitude 1273m
IGG	P5	*Panicum miliaceum* L.	西峰当地糜子	甘肃	35.766uN, 107.683uE, Altitude 1260m
IGG	P6	*Panicum miliaceum* L.	晋中当地黍	山西	37.664uN, 112.722uE, Altitude 790m
IGG	P7	*Panicum miliaceum* L.	晋中当地黍	山西	37.664uN, 112.722uE, Altitude 790m
IGG	P8	*Panicum miliaceum* L.	嘉祥当地黍	山东	35.483uN, 116.192uE, Altitude 40m
IGG	P9	*Panicum miliaceum* L.	秦安当地糜子	甘肃	34.984uN, 105.533uE, Altitude 1442m
IGG	P10	*Panicum miliaceum* L.	秦安当地糜子	甘肃	34.984uN, 105.533uE, Altitude 1430m
IGG	P11	*Panicum miliaceum* L.	黎城当地黍	山西	36.482uN, 113.396uE, Altitude 772m
IGG	P12	*Panicum miliaceum* L.	黎城当地黍	山西	36.482uN, 113.392uE, Altitude 770m
ECNU	SP1	*Setaria plicata* (Lam.). Cooke	皱叶狗尾草	福建	
ECNU	SG1	*Setaria glauca* (Linn.) Beauv.	金狗尾草	安徽	
ECNU	PB1	*Panicum bisulcatum* Thunb.	糠稷	安徽	
IGG	SV1	*Setaria viridis* (L.) Beauv.	青狗尾草	北京	40.069uN, 116.441uE, Altitude 30m
IGG	PB2	*Panicum bisulcatum* Thunb.	糠稷	北京	40.070uN, 116.440uE, Altitude 33m
IGG	E1	*Echinochloa crusgalli* (L.) Beauv	稗草	北京	40.069uN, 116.440uE, Altitude 31m

注：NCGC：中国农业科学院，中国作物种质资源库；CMCS：河北武安，磁山遗址博物馆；IGG：中国科学院地质与地球物理研究所；ECNU：上海华东师范大学。

将现生植物的小穗解剖为五个部分，包括外颖片，内颖片，下位外稃（不孕小花），上位外稃和内稃（图1）[30]。内稃又可进一步分为第一小花内稃和第二小花内稃。但无论是粟属还是黍属植物，第一小花内稃都退化成膜状组织，有时甚至缺失。因此，本文中所指的内稃均为第二小花内稃。

将这五部分小穗进行以下实验室处理：①将小穗的每一部分剥离后用蒸馏水洗净，

并水浴除去附着的杂质颗粒。②所有样品均置于 20 毫升的浓硝酸中，浸泡 12 小时以上，使有机质完全氧化。③将溶液在 2000 转/分的转速下离心 10 分钟，倾倒出液体，并将残留物用蒸馏水清洗两次，然后用 95% 乙醇清洗，直到上清液清洗干净。④将洗净的植硅体转移到干净的试管中，取数滴均匀涂抹于玻片上，用加拿大树胶覆盖，加盖片用于显微镜下观察和测量。⑤在 400 倍放大倍数下，利用显微镜的相差和微分干涉功能观察颖片和稃片的解剖学特征和硅质结构。⑥利用图像分析软件进行植硅体形态参数测量。

图 1 黍、粟小穗各部位图解

3 结 果

3.1 下位外稃和颖片的植硅体形态特征

通过观察和统计所有的黍、粟样品，发现其各自的下位外稃和颖片中的植硅体形态特征基本一致。在这些组织中，通常只有短细胞被硅化（硅质细胞），部分长细胞，微毛状细胞，大毛状细胞以及气孔偶尔也会被硅化。

粟的短细胞植硅体形状与黍的完全不同（图 2）。在粟的下位外稃和颖片中，短细胞植硅体为十字型（长宽比 ≈ 1:1），而且其大小从这些组织的基部向中间有逐渐增大的趋势（范围 4.46～9.98 μm；平均 7.55 ± 17 μm，N = 208）。但是在黍的下位外稃和颖片中，短细胞植硅体则是两端带有明显分支的哑铃型（长宽比≈1:2）。这些哑铃型植硅体与长细胞的条状纹饰成直角排列（图2，d），而且其长度往往从组织的基部到中间有增大的趋势（范围8.08～15.05μm；平均10.87±43μm，N = 198）。

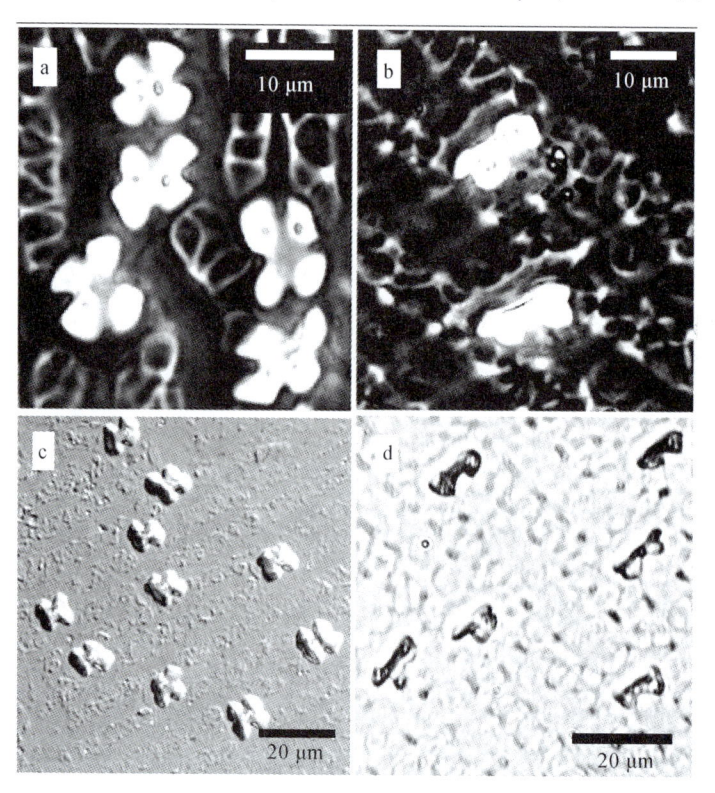

图2 黍、粟下位外稃和颖片中植硅体形态对比
a、c. 粟的十字型植硅体 b、d. 黍的哑铃型植硅体

其余硅化细胞，如长细胞，微毛状细胞，大毛状细胞和气孔，则没有分类特征形态，而且其植硅体不容易辨认。这些特征表明，在粟、黍下位外稃和颖片之中，粟的植硅体形态是十字型，而黍则是哑铃型。

3.2 上位外稃和内稃的植硅体形态

上位外稃植硅体形态 上位外稃中发育明显的乳头状突起是鉴定粟的一个重要特征（图3）。在粟的上位外稃中，由于其表层、细胞壁和/或长细胞腔被硅化，形成了明显的突起。这些突起基本成近圆形，基部边缘形态或呈现半圆—弯曲—不规则形等。每个突起独立分布，从外稃的中间部位到基部逐渐减小（突起直径为5～30μm）（图3，a），但偶尔也可形成盾状或丘状形态，或没有明显突出。部分粟的上位外稃没有突起（图4）。

黍的上位外稃表面平滑，任何部位都没有突起发育（图3，b）。这些结果表明，只有粟的稃片可以发育突起。

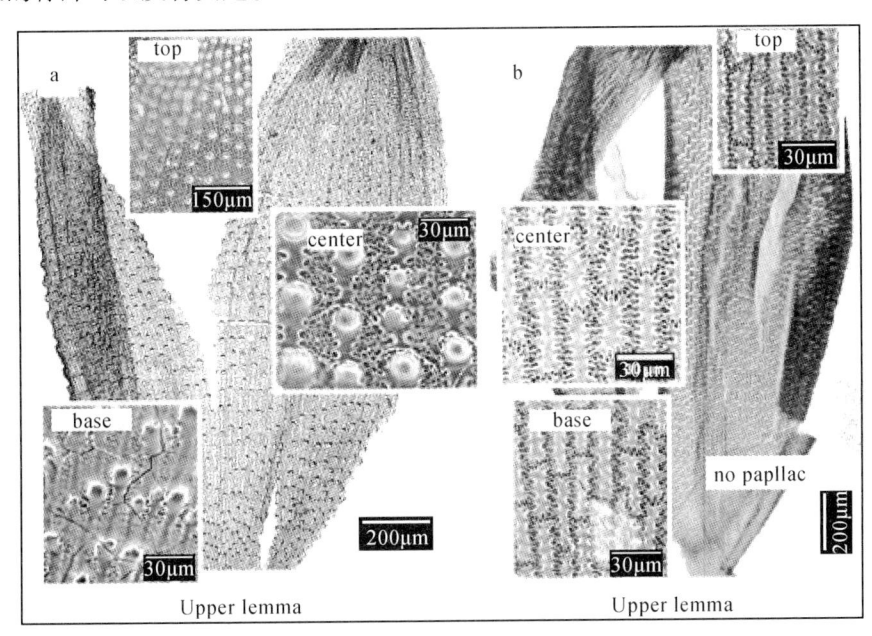

图 3　黍、粟上位外稃表面硅质沉积结构对比
a. 发育乳头状突起的粟上位外稃　b. 黍上位外稃不发育突起

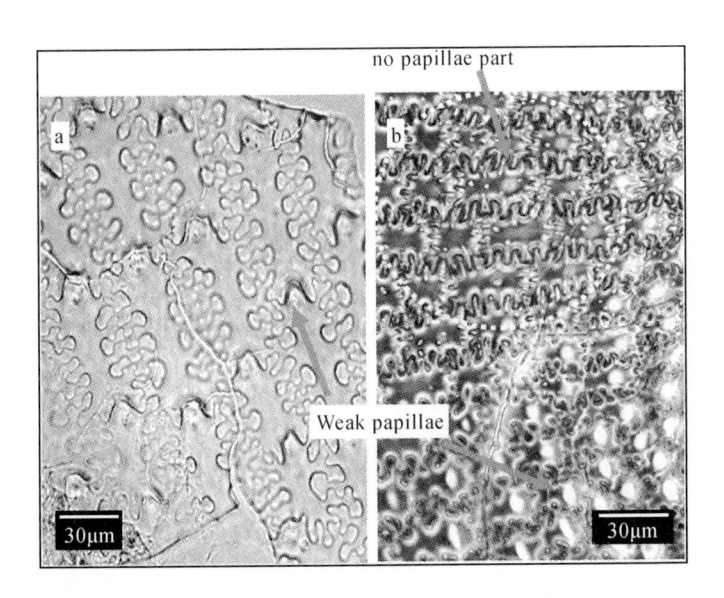

图 4　粟的上位外稃中乳头状突起的分布形式
a. 弱发育乳头状突起　b. 部分区域不发育乳头状突起

内稃植硅体形态 粟的内稃中间部位发育有规则排列的突起，并且其大小向基部和顶部边缘逐渐减小（突起直径介于 5~25μm）（图 5，a）。而黍子的内稃则没有任何突起形态（图 5，b）。

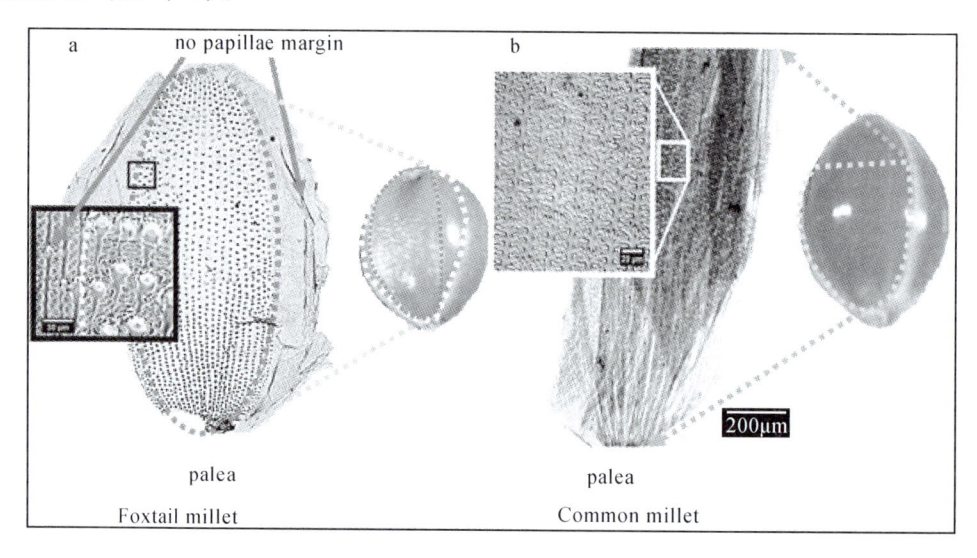

图 5 黍、粟内稃硅质沉积结构比较
a. 中部发育规则排列突起的粟内稃 b. 不发育突起的黍内稃

基于突起的有无，可以对黍、粟植硅体进行区分。粟的上位外稃和内稃表面发育规则排列的突起，但值得注意的是，没有突起的植硅体未必一定来自于黍，有些粟的上位外稃和内稃中也因为没有发育突起而呈现相对平滑的表面。

3.3 上位外稃和内稃中表皮长细胞的波状纹饰

通过相差和微分干涉观测，黍、粟上位外稃和内稃中的表皮长细胞壁的波状纹饰可以分为两类不同的形态（图 6）。粟的表皮长细胞壁为 Ω 型（纹饰近圆形，顶端宽，底端窄）。而黍的表皮长细胞则是 η 型。根据纹饰波动的复杂程度，Ω 型和 η 型都可以细分为 Ⅰ，Ⅱ，Ⅲ 级（图 6）。

值得注意的是，有一种 ∩ 型纹饰，只发育于稃片两端很狭窄的区域（图 6），这种纹饰十分简单，并且同时存在于黍和粟的稃壳中，很难将其区分。

纹饰波状形态的复杂程度从稃壳的两端和边缘向中间有加剧的趋势，长细胞壁逐渐发育成 Ω（ΩⅡ，Ⅲ）型和 η（ηⅡ，Ⅲ）型。从粟的稃壳的两端和边缘（ΩⅠ）到内缘（ΩⅡ）再到中间（ΩⅢ），不同的部位逐次产生不同级别的 Ω 型态（图 7）。同样，黍子稃壳的不同部位也发生了类似的变化，从两端和边缘（ηⅠ）到内缘（ηⅡ）再到中间（ηⅢ），产生了不同级别的 η 型态（图 8）。

结果表明，上位外稃和内稃表皮长细胞壁的纹饰形态可以用来区分黍、粟。粟的纹饰为Ω型（Ω-Ⅰ,Ⅱ,Ⅲ），而黍则是η型（η-Ⅰ,Ⅱ,Ⅲ）。

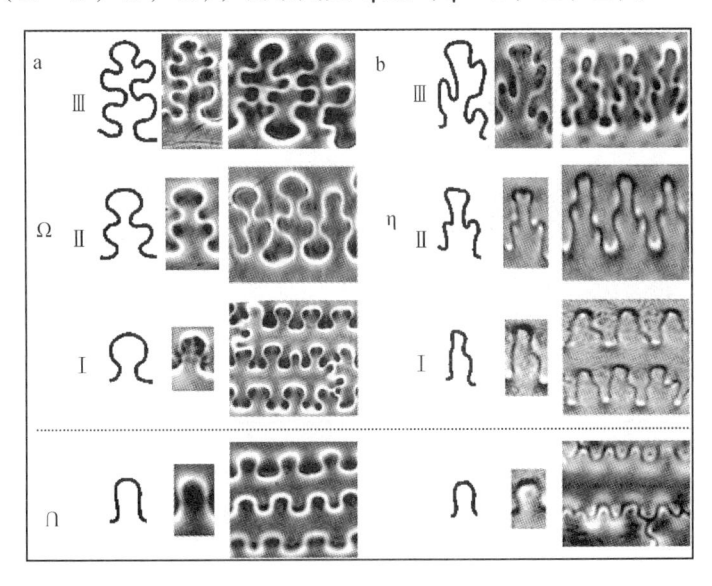

图6 黍、粟上位外稃表皮长细胞纹饰对比
a. 粟Ω型表皮长细胞壁　b. 黍η型表皮长细胞壁

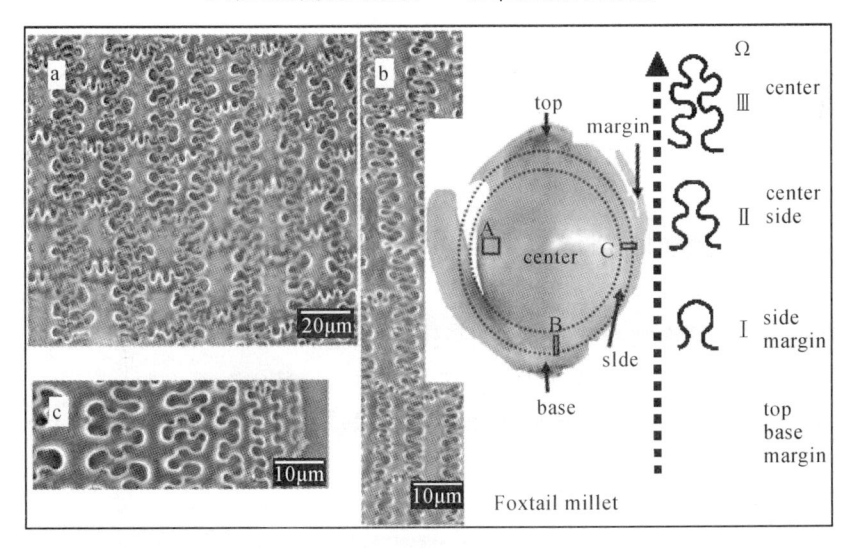

图7 粟的上位外稃和内稃中表皮长细胞壁纹饰的变化模式
a、b、c. 稃壳中心，基部及边缘部分植硅体的纹饰特征

3.4 上位外稃和内稃的表皮长细胞末端形态

通过对上位外稃和内稃中表皮长细胞末端形态的观测和统计，发现利用三个参数

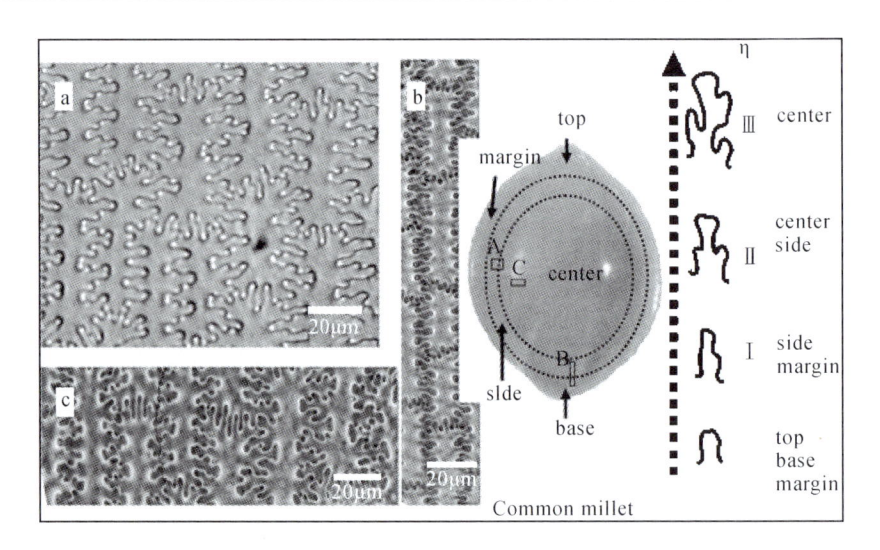

图 8 黍的上位外稃和内稃中表皮长细胞壁纹饰的变化模式

a、b、c. 稃壳边缘，基部到中心以及中心部分植硅体的纹饰特征

可以描述这些硅化组织的纹饰特征（图9）：① W = 表皮长细胞末端交错枝状纹饰的宽度。② H = 表皮长细胞壁枝状纹饰的波动幅度。③ R = 表皮长细胞末端纹饰交错的宽度与细胞壁纹饰波动幅度的比值，R = W / ((H1 + H2) /2)（图9）。这三个参数在不同的黍、粟样品中相对稳定。

根据表皮长细胞末端交错枝状纹饰的形态特征，可以将其分为交叉波纹型和交叉指型（图9）。交叉波纹型：表皮长细胞末端与另一长细胞的末端连接处为纹波形态，产生于粟的上位外稃和内稃中。交叉波纹的平均宽度为 4.37 ± 0.89 μm（N = 2774）（图10）（表2）。交叉指型：表皮长细胞末端纹饰插入另一长细胞末端的纹饰之中，成手指交叉状，产生于黍的上位外稃和内稃中，其指状纹饰的平均宽度大于粟（8.95 ± 02μm，N = 3303）（图10）。

图10 显示了3303个黍和2774个粟的表皮长细胞的测量数据，两坐标轴分别表示 W 值和 R 值。这些数据可以聚合成两类，恰好与农作物的种类（黍、粟）相对应。而且黍的 R 值（0.79 ± 12，N = 3303）比粟的 R 值（0.33 ± 11，N = 2774）高（图10）（表2）。

3.5 上位外稃表皮长细胞表面雕纹

在上位外稃和内稃的横切面上可以看到这些组织由不同的细胞层组成，包括细胞外膜（角质层），外表皮层，皮下纤维层，维管束层和偶尔被硅化的肉质细胞层。不同细胞层的硅质沉积结构不同[23]。

在某些部位，由于细胞外膜（角质层）和外表皮层贴生硅化，可以形成一层较厚的硅质层，其表面呈现出脊线雕纹的形态，这一形态是鉴定粟的重要特征（图11）。

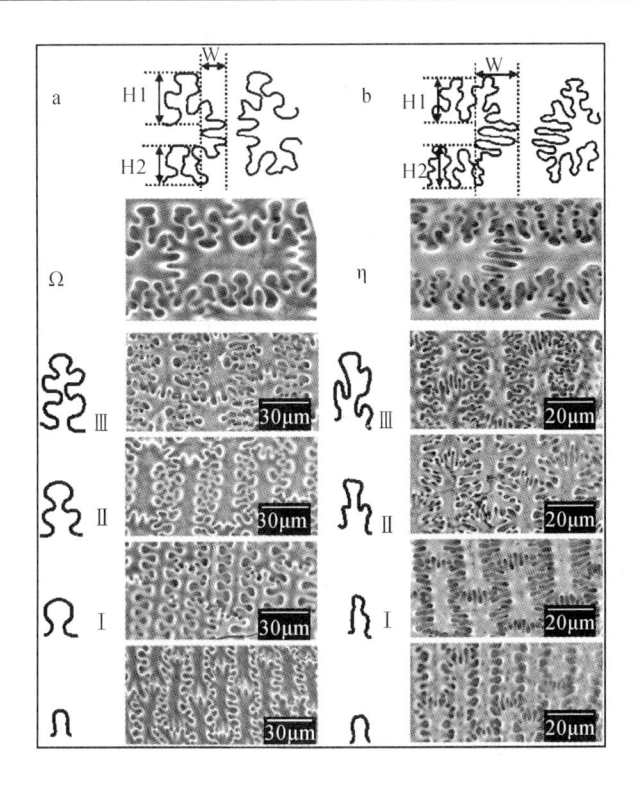

粟（*Setaria italica*）、黍（*Panicum miliaceum*）植硅体形态鉴定 · 223 ·

图 9 黍、粟上位外稃和内稃表皮长细胞末端纹饰对比
a. 粟交叉波纹型　b. 黍交叉指型

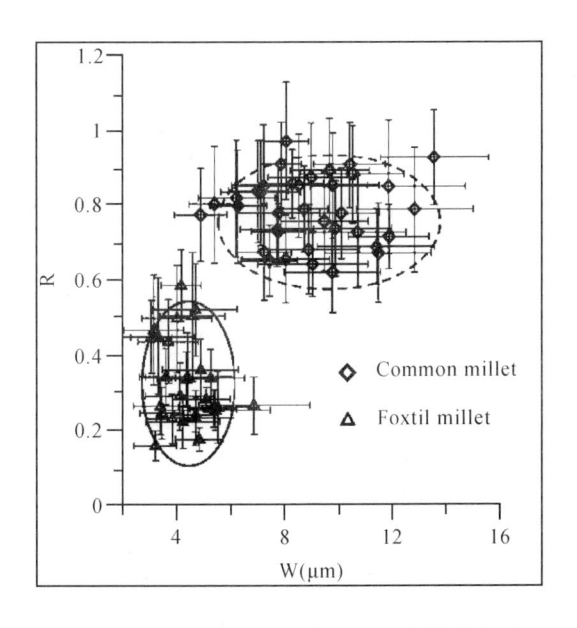

图 10 黍、粟表皮长细胞 R、W 参数分布图

表2 现生黍、粟样品表皮长细胞枝状纹饰参数测量数据

植物样品	W (μm) Average	SD	(H1+H2)/2 (μm) Average	SD	R Average	SD	测量数量 N.
P 1-1 *	5.40	0.94	6.86	1.21	0.80	0.16	103
P 1-2	7.76	1.35	10.59	1.30	0.73	0.10	106
P 1-3	8.92	1.86	13.15	1.88	0.68	0.12	110
P 2-1	7.47	1.04	11.58	1.42	0.65	0.09	84
P 2-2	8.07	1.61	12.38	1.50	0.66	0.12	176
P 2-3	9.79	1.77	15.83	1.40	0.62	0.11	99
P 3-1	7.14	1.49	8.63	1.51	0.83	0.14	152
P 3-2	9.50	1.61	12.68	1.60	0.76	0.13	135
P 3-3	11.88	1.51	16.64	1.17	0.71	0.09	120
P 4-1	7.89	0.76	8.77	0.92	0.91	0.11	77
P 4-2	9.69	1.46	10.96	1.19	0.89	0.14	69
P 4-3	8.75	0.88	11.18	0.69	0.79	0.11	59
P 5-1	7.25	1.04	8.65	0.94	0.85	0.17	71
P 5-2	12.85	2.16	16.55	1.79	0.79	0.17	114
P 5-3	11.41	2.18	16.55	1.53	0.69	0.10	67
P 6-1	4.89	0.98	7.29	0.75	0.77	0.12	69
P 6-2	7.80	0.99	10.80	1.56	0.73	0.07	67
P 6-3	10.71	1.82	14.95	1.96	0.73	0.15	87
P 7-1	8.56	2.51	10.12	2.77	0.85	0.14	97
P 7-2	9.90	2.08	13.47	1.89	0.74	0.13	97
P 7-3	11.48	1.99	17.21	1.03	0.67	0.13	80
P 8-1	6.24	1.44	7.62	0.89	0.82	0.16	107
P 8-2	8.32	1.16	9.72	0.86	0.86	0.09	80
P 8-3	7.28	1.00	10.93	0.97	0.67	0.13	92
P 9-1	7.05	1.12	8.54	1.39	0.84	0.14	76
P 9-2	9.80	1.71	11.53	1.04	0.85	0.14	84
P 9-3	9.06	2.02	14.13	2.70	0.64	0.09	69
P 10-1	6.30	1.06	8.09	1.62	0.80	0.15	90
P 10-2	7.79	1.54	10.05	1.12	0.78	0.13	91
P 10-3	10.12	1.38	13.15	1.56	0.78	0.12	75
P 11-1	9.01	1.60	10.41	1.40	0.87	0.15	86
P 11-2	10.53	1.92	11.92	1.13	0.88	0.13	93
P 11-3	11.86	2.86	14.01	1.71	0.85	0.18	88

续表

植物样品	W (μm) Average	SD	(H1+H2)/2 (μm) Average	SD	R Average	SD	测量数量 N.
P 12-1	8.08	0.82	8.45	1.07	0.97	0.16	82
P 12-2	10.43	1.32	11.56	1.17	0.91	0.11	77
P 12-3	13.57	2.01	14.72	1.60	0.93	0.13	74
S1-1**	4.01	1.29	8.12	1.56	0.50	0.14	83
S 1-2	4.89	1.43	13.54	2.45	0.36	0.08	95
S 1-3	5.53	1.47	22.25	4.11	0.26	0.10	103
S 2-1	4.60	1.21	7.75	1.06	0.50	0.17	71
S 2-2	3.45	0.81	15.17	4.42	0.24	0.07	95
S 2-3	3.22	0.79	20.64	2.02	0.16	0.04	94
S 3-1	4.17	0.75	7.15	0.69	0.58	0.10	72
S 3-2	4.37	1.11	12.91	1.50	0.34	0.07	87
S 3-3	4.23	1.38	19.42	2.68	0.22	0.07	83
S 4-1	3.16	1.11	6.86	1.36	0.47	0.15	69
S 4-2	3.40	1.00	12.97	1.06	0.26	0.08	71
S 4-3	5.37	0.89	21.18	1.15	0.26	0.05	66
S 5-1	4.70	1.59	9.04	2.12	0.52	0.12	104
S 5-2	5.26	1.30	15.68	3.14	0.34	0.08	103
S 5-3	4.70	1.46	20.70	3.44	0.23	0.07	113
S 6-1	3.06	0.76	6.86	1.27	0.45	0.10	82
S 6-2	5.09	0.89	28.29	2.31	0.28	0.03	66
S 6-3	3.84	0.96	16.96	1.09	0.23	0.07	88
S 7-1	3.31	1.30	7.43	1.79	0.45	0.15	200
S 7-2	4.12	1.28	14.46	2.61	0.29	0.09	219
S 7-3	5.43	2.05	21.38	5.49	0.25	0.05	125
S 8-1	3.69	1.11	8.53	1.80	0.44	0.11	152
S 8-2	4.40	1.78	14.09	6.56	0.34	0.12	152
S 8-3	6.89	2.07	26.24	4.44	0.26	0.08	134
S 9-1	3.60	0.76	10.67	1.67	0.34	0.08	104
S 9-2	4.71	0.80	19.80	1.45	0.24	0.05	67
S 9-3	4.84	0.88	28.05	2.09	0.17	0.03	76

注：W：表皮长细胞末端突起的宽度；H：表皮长细胞壁树枝状纹饰波动幅度；R：W与H的比值。Px-y：P：黍子；Px (x = 1 – 12)：表1中的样品号；y = 1, 2, 3 分别代表 ηⅠ，ηⅡ，ηⅢ（参见图6）。Sx-z；S：粟；Sx (x = 1 – 9)：表1中的样品号；z = 1, 2, 3 分别代表 ΩⅠ，ΩⅡ，ΩⅢ（参见图6）。

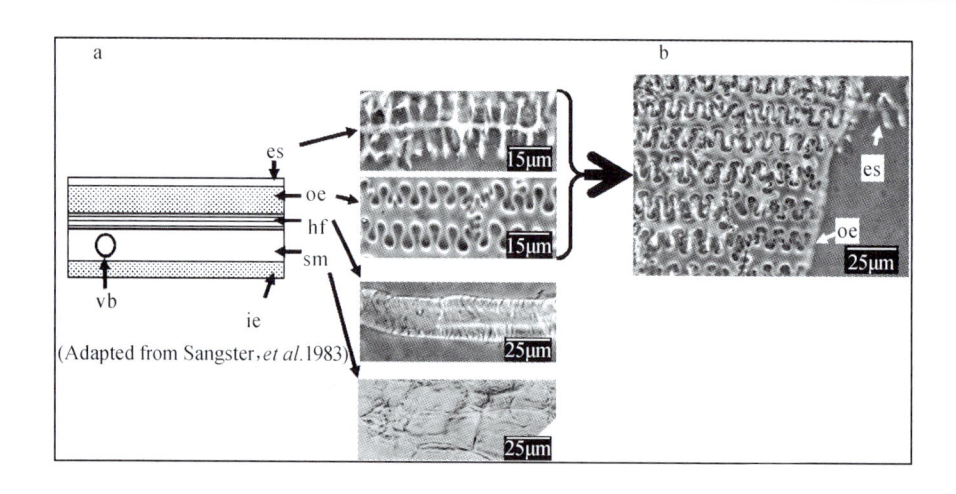

图 11 粟的外稃表皮长细胞不同层位硅化特征

a. 内、外稃壳横截面特征：es：细胞外膜（角质层），oe：外表皮层，hf：皮下纤维层，
vb：维管束，sm：海绵状叶肉细胞，ie：内表皮　b. 细胞外膜与外表皮层贴生硅
化形成的带有脊线雕纹的厚层植硅体

而黍子的细胞外膜（角质层）和外表皮层贴生硅化的形态则呈较为平滑的斑点状纹饰，当黍子的外表皮层与皮下纤维层贴生硅化时，则形成锯齿型纹饰。利用这一特征也可以准确的区分黍和粟（图12）。

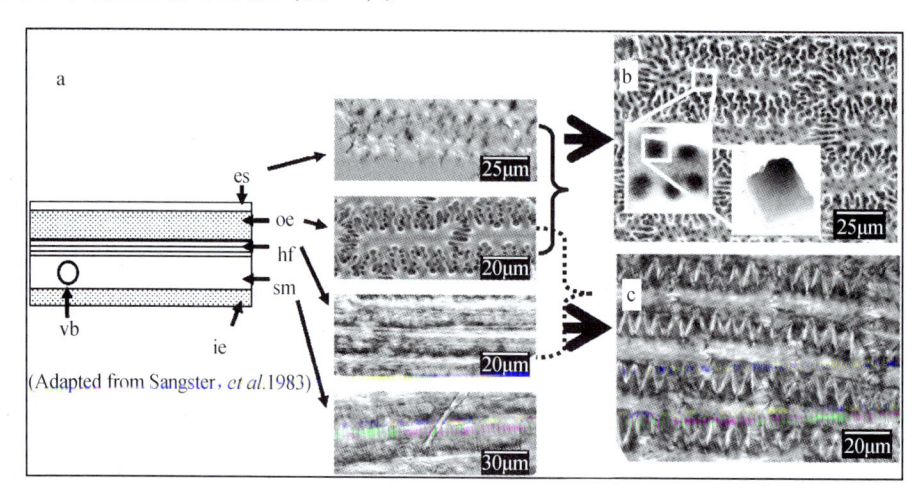

图 12 黍的外稃表皮长细胞不同层位硅化特征

a. 内、外稃壳横截面特征：es：细胞外膜（角质层），oe：外表皮层，hf：皮下纤维层，vb：维管束，
sm：海绵状叶肉细胞，ie：内表皮　b. 细胞外膜与外表皮贴生硅化形成的带有斑点纹饰的植
硅体　c. 外表皮层和皮下纤维层贴生硅化形成的锯齿型纹饰

根据对不同 η 和 Ω 型的表皮长细胞不同层位贴生硅化特征的观察，我们发现上位外稃的表面脊线雕纹是粟所特有的（图13）。

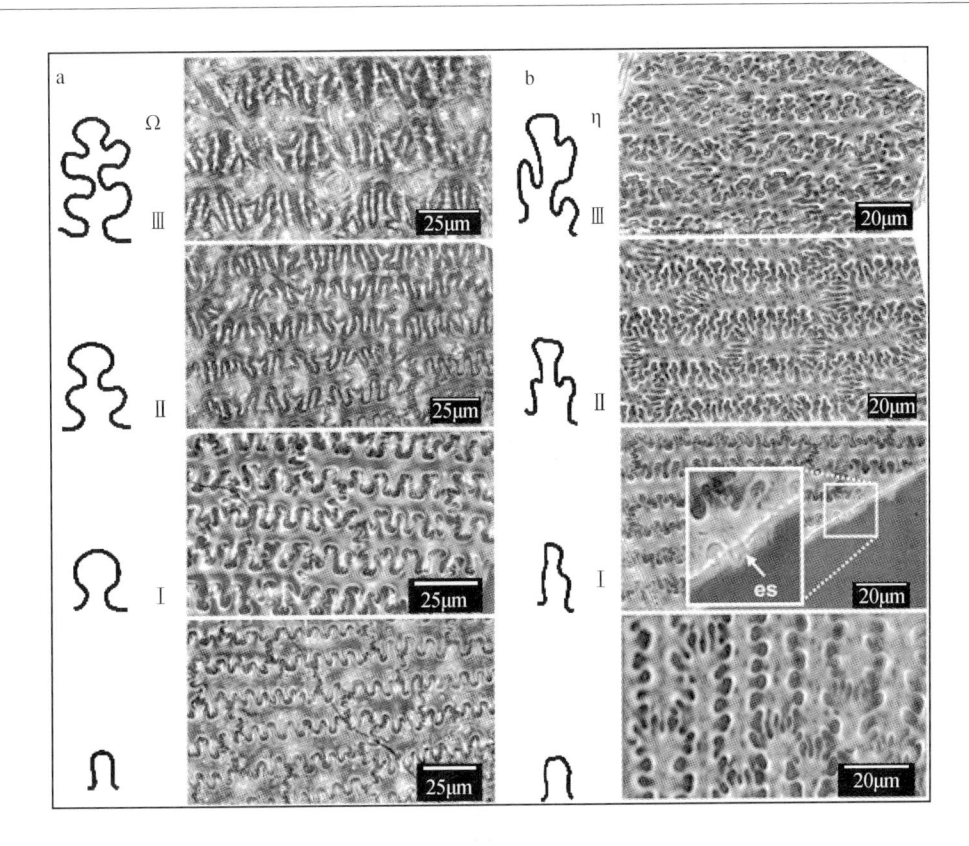

图 13 黍、粟上位外稃细胞层贴生硅化后的植硅体纹饰对比
a. 粟的不同 Ω 类型中的脊线雕纹形态   b. 黍的不同 η 类型中斑点状纹饰形态
es：细胞外膜（角质层）

3.6 黍、粟与其近缘草本植物的植硅体形态对比

目前为止，欧亚大陆黍与黍属植物之间的种系发育关系仍不清楚，也不知道黍的野生祖本是什么物种。糠稷（*Panicum bisulcatum* Thunb.）是生长于中国的一种野生草本，被认为很可能与黍有亲缘关系，我们发现，由于糠稷稃壳的植硅体形态是典型的简单纹饰（η I 型）（图 14，a、b、c），可以将其与黍子的 η II - III 型分开。

青狗尾草（*S. viridis*）是粟的野生祖本，广泛分布于欧亚大陆[17]。我们详细对比了现生青狗尾草，皱叶狗尾草等和粟的颖片，内、外稃片的植硅体纹饰特征。结果表明，青狗尾草的植硅体纹饰为折叠波状形态（图 14，e），而皱叶狗尾草则是多足蠕虫状形态（图 14，f）。这些特殊形态能够与黍、粟的 η 与 Ω 型植硅体明确区分，可以利用这些特征鉴定黍、粟和与其近缘的糠稷，青狗尾草以及皱叶狗尾草。但是，仍然需要对大量的野生近缘草本的植硅体形态做进一步研究来支持上述结论。

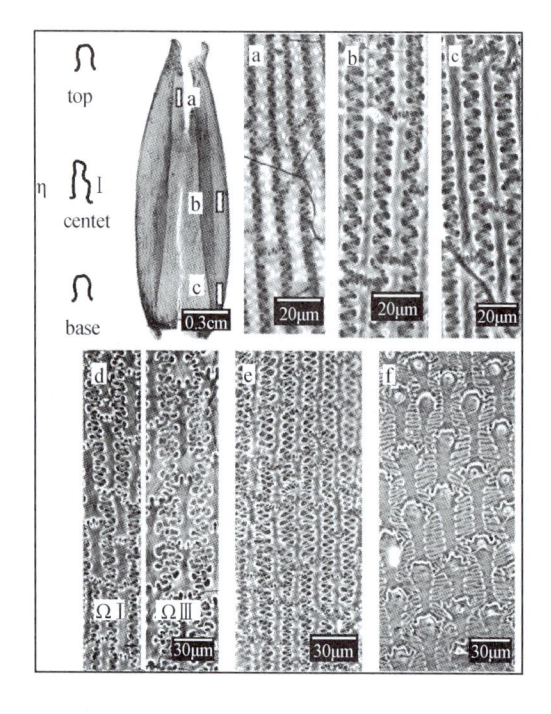

图 14　糠稷 a，b，c，粟 d，青狗尾草 e，皱叶狗尾草 f 的外稃植硅体形态对比

4　讨　论

前人研究表明，利用农作物谷粒的形态（长宽比，形态变化等）可以鉴定黍、粟[19]，并能够区分野生和驯化的粟[30~32]。但是，相对于大麦和小麦来说，黍、粟的谷粒很小，而且其形状十分相近，且容易破碎。因此，在许多埋藏保存不好的情况下，谷粒形态特征并不是鉴定黍、粟的有效方法。不仅如此，黍、粟谷粒的长宽比值有一部分是重合的，至少在鉴定炭化的去壳谷粒上十分困难[8,20,21]。也有一些学者进行过黍、粟类植物叶片的哑铃型和十字型植硅体形态变化的研究[33~35]，但仅靠哑铃型和十字型是很难区分黍、粟的。

因为谷类作物多生长在相对温热干旱的环境，强烈的蒸腾作用和水分的消耗导致了花序苞片细胞的强烈硅化，使之成为植株中硅化最为彻底的部分[2]。虽然花序苞片中大部分的硅质集中于表皮的外层，但是不同的物种吸收硅质最强烈的部位是不同的。如上所述，早期的研究已经发现花序苞片中的植硅体具有鉴定小麦和大麦[10,28]，野生和栽培水稻[6,12]，燕麦和细茎野燕麦（*Avena. Strigosa*）[36]以及许多草本植物[23,37~39]的潜力。

在水稻和小麦广泛种植以前，黍、粟是远东地区甚至是整个欧亚大陆居民最主要的粮食作物[15,40,41]。但是，前人的研究并没有发现能够利用花序苞片中的植硅体准确分区黍、粟的方法[8,20,22]。多种因素导致长期未能突破黍、粟植硅体鉴定的瓶颈。最主要的原因就是黍、粟花序苞片中的植硅体形态复杂多变，苞片中的不同组织，同一组织的不同部位，以及某些特殊组织中，它们的植硅体形态各不相同。另一个主要原因是稃壳不同细胞层之间存在不同组合的硅质沉积结构，对内外稃植硅体表面的复杂形态以及与其贴生硅化的细胞层之间的组合关系也从未做过深入的研究，因而无法找到能够区分黍、粟的典型植硅体特征。

正因如此，我们解剖了现生植物的小穗部分，将其分为下位外颖，上位外颖，下位外稃，上位外稃以及内稃五个部分，并且每一部分从基部到顶端，从中心到边缘，都逐一观察其解剖结构和硅质沉积结构。观察和统计的结果表明黍、粟颖片和稃片的植硅体变化是有规律的，尤其是硅质突起的存在与否，表皮长细胞纹饰以及表面脊线雕纹这几个特征。不仅如此，基于对大量测量数据的统计，我们发现表皮长细胞末端枝状纹饰交错部分的平均宽度在同一种间是稳定的，并且在黍和粟之间是不同的，可以利用这一特征区分黍、粟。而这一特征对定量化鉴定其他物种也是有借鉴意义的。

综上所述，通过我们的研究，找到了利用植硅体鉴定黍、粟的五种关键形态特征（表3）：①粟的下位外稃和颖片中植硅体为十字型，而黍则是哑铃型。②只有粟的上位外稃和内稃中发育规则排列的乳头状突起。③粟的表皮长细胞植硅体纹饰为ΩⅠ，Ⅱ，Ⅲ型，而黍则是ηⅠ，Ⅱ，Ⅲ型。④粟的上位外稃和内稃的表皮长细胞交叉部位的形态为交叉波纹型（表皮长细胞之间的交叉部分突起较小），而黍则是交叉指型（表皮长细胞之间的交叉部分相互插入，呈手指状），而且黍的R值（表皮长细胞交叉部分的宽度与表皮长细胞壁纹饰波动幅度的比值）（0.79±12，N = 3303 比粟高（0.33±11，N = 2774）。⑤粟的上位外稃表面可以产生由细胞外膜和外表皮层贴生硅化所形成的脊线雕纹，这一特征是粟特有的。综合考虑五个特征，为我们利用植硅体区分黍、粟提供了可靠的标准。我们的研究证明了利用植硅体特征鉴定黍、粟是可行的，而且其典型纹饰明显区别于糠稷，青狗尾草和皱叶狗尾草等，利用这些特征同样可以将黍、粟与其近缘野生种进行区分。

表3 黍、粟花序苞片中植硅体形态特征对比

小穗部位		粟	黍
下位外稃和颖片	植硅体形态	十字型	哑铃型
上位外稃和内稃	乳头状突起的有无	规则排列的突起	表面光滑无任何突起
	表皮长细胞硅化纹饰	Ω型（Ω-Ⅰ，Ⅱ，Ⅲ）	η型（η-Ⅰ，Ⅱ，Ⅲ）
	表皮长细胞末端硅化纹饰	交叉波纹型	交叉指型
		W = 4.37±89μm	W = 8.95±02μm
		R = 0.33±11	R = 0.79±12
	表面雕纹形态	脊线雕纹	光滑斑点状或锯齿状雕纹

这些结果揭示了黍、粟植硅体之间的明显区别。但尽管如此，在植硅体形态研究中仍然存在诸多需要注意的问题。比如说农作物的成熟度[42]，农作物种内的形态变化[1,2,13,43]，农作物产地的地下水中可溶性硅的含量[33]，植物组织的蒸腾速率[44]，形成植硅体的植物组织的变化[43,45]，叶片中植硅体的形成位置[43,46]，植物的遗传变异和植物生长的地理位置等[43,47]。这些因素都能够影响植硅体个体形态的变化。还有一些针对单一物种在不同季节和地区所产生的植硅体的形态变化的研究，通过这些研究，可以为我们提供更为有效和准确的研究手段。

本文并未重点讨论如何利用植硅体对黍、粟与其近缘草本进行详细区分。我们的初步研究虽然表明植硅体的纹饰特征有能力进行这样的区分，但是仍然需要进一步的形态学研究，尤其需要更多的野生草本和黍、粟地方品种的对比研究。只有对更多的黍、粟类作物进行研究，才能使这一方法发挥更大的实用价值。利用这一方法，也可以进一步完善植物分类学的研究，进一步了解植物驯化和遗传过程对植硅体形态变化的影响。

5 结 论

黍、粟作为东亚甚至整个欧亚大陆重要的粮食作物，是早期农业起源研究和讨论中重点被关注的粮食作物。但到目前为止，对于如何发现和区分考古遗存中的黍、粟还存在许多困难，尤其是在农作物遗存全部腐朽灰化或保存条件不好的情况下，鉴定更为困难。

通过对中国不同地区27种现生黍、粟和其近缘草本的内外颖片，稃片的解剖结构和植硅体形态的观测统计，我们建立了明确区分黍和粟的五种植硅体形态标准。①粟的十字型植硅体和黍的哑铃型植硅体；②粟上位外稃中特有的乳头状突起；③粟的表皮长细胞壁Ω型和黍的η型纹饰；④粟的表皮长细胞末端的交叉波纹型纹饰，黍的交叉指型纹饰；⑤粟的上位外稃表面特有的脊线雕纹。综合考虑五个特征，不仅为我们利用植硅体区分黍、粟提供了可靠的标准，而且通过这些典型特征，也可以将黍、粟与其近缘的野生草本植物区分。

如果更多的黍、粟品种及其近缘植物植硅体形态的研究能够支持我们的结论，那么这一方法将成为利用植硅体鉴定黍、粟及其近缘草本植物的可靠手段。

致谢：我们诚挚感谢王永吉、冯志坚、张海江、张天玉以及中国农业科学院、中国作物种质资源库所提供的现生植物样品。感谢Arlene Rosen和匿名审稿人对本文提出的修改建议。感谢D Q Fuller和秦岭对植硅体形态分析所作的讨论。

参 考 文 献

[1] Piperno D R. 1988. *Phytolith analysis: An archaeological and geological perspective*. San Diego: Ac-

ademic Press: 280.

[2] Piperno D R. 2006. *Phytoliths: A Comprehensive Guide for Archaeologists and Paleoecologists.* Oxford, UK: Alta Mira Press: 238.

[3] Pearsall D M. 2000. *Paleoethnobotany: A handbook of procedures (2nd ed.).* San Diego: Academic Press: 700.

[4] Lu H Y, Liu K B. 2003. Morphological variations of lobate phytoliths from grasses in China and the southeastern U. S. A. *Divers Distrib*, 9: 73-87.

[5] Lu H Y, Yang X Y, Ye M L, Liu K B, Xia Z K, et al. . 2005. Millet noodles in Late Neolithic China. *Nature*, 437: 967-968.

[6] Zhao Z J, Pearsall D M, Benfer Jr R A, Piperno D R. 1998. Distinguishing rice (Oryza sativa Poaceae) from wild Oryza species through phytolith analysis II: finalised method. *Econ Bot*, 52: 134-145.

[7] Ball T B, Gardner J S, Brotherson J D. 1996. Identifying phytoliths produced by the inflorescence bracts of three species of wheat (Triticum monococcum L., T. dicoccum Schrank., and T. aestivum L.) using computer-assisted image and statistical analyses. *J Archaeol Sci*, 23: 619-632.

[8] Harvey E L, Fuller D Q. 2005. Investigating crop processing using phytolith analysis: the example of rice and millets. *J Archaeol Sci*, 32: 739-752.

[9] Madella M. 2003. Investigating agriculture and environment in South Asia: present and future contributions from opal phytoliths. In: Weber S, Belcher WR, eds (2003) *Indus Ethnobiology: New Perspectives from the Field.* Lanham: Lexington Books. pp 199-249.

[10] Rosen A M, Weiner S. 1994. Identifying ancient irrigation: a new method using opaline phytoliths from emmer wheat. *J Archaeol Sci*, 21: 132-135.

[11] Itzstein-Davey F, Taylor D, Dodson J, Atahan P, Zheng H B. 2007. Wild and domesticated forms of rice (Oryza sp.) in early agriculture at Qingpu, lower Yangtze, China: evidence from phytoliths. *J Archaeol Sci*, 34: 2101-2108.

[12] Pearsall D M, Piperno D R, Dinan E H, Umlauf M, Zhao Z, et al. 1995. Distinguishing rice (Oryza sativa Poaceae) from wild Oryza species through phytolith analysis: results of preliminary research. *Econ Bot*, 49: 183-196.

[13] Piperno D R. 1984. A comparison and differentiation of phytoliths from maize and wild grasses: use of morphological criteria. *American Antiquity*, 49: 361-383.

[14] You X L. 1993. The question for origin and spread in both Foxtail millet and Common millet. *Agriculture History of China*, 12: 1-13.

[15] Bellwood P. 2005. *First Farmers: The Origins of Agricultural Societies.*, Malden (MA): Blackwell: 360.

[16] Zheng D S. 2005. Use of cereal crop wild relatives in crop breeding in China. *J Plant Genetic Resources*, 6: 354-358.

[17] Lu TLD. 1998. Some botanical characteristics of green foxtail (Setaria viridis) and harvesting experiments on the grass. *Antiquity*, 72: 902-907.

[18] Crawford G W. 2006. East Asian Plant Domestication. In: Stark MT, ed (2006) *Archaeology of Asia*. Oxford: Blackwell Publishing. pp 77-95.

[19] Liu C J, Kong Z C. 2004. Morphological comparison of Foxtail millet and brookcorn millet and its significance in archaeological identification. *Kaogu [Archaeology]*, (8): 748-755.

[20] Zhao Z J. 2006. Domestication of millet paleoethnobotanic data and ecological perspective. In: Institute of Archaeology Chinese Academy of Social Sciences and the Institute of Archaeology Swedish National Heritage Board, editors. *Archaeology in China and Sweden*. Beijing: Science Press. pp 97-104.

[21] Fuller D Q. 2006. Agricultural Origins and Frontiers in South Asia: A Working Synthesis. *J World Prehist*, 20: 1-86.

[22] Parry D W, Hodson M J. 1982. Silica distribution in the caryopsis and inflorescences bracts of Foxtail millet (Setaria italica (L.) Beauv.) and its possible significance in carcinogenesis. *Ann Bot*, 49: 531-540.

[23] Sangster A G, Hodson M J, Wynn Parry D. 1983. Silicon deposition and anatomical studies in the inflorescence bracts of four Phalaris species with their possible relevance to carcinogenesis. *New Phytol*, 93: 105-122.

[24] Wynn Pahrry D, Smithson' F. 1966. Opaline silka in the inflorescences of some British grasses and cereals. *Ann Bot*, 30: 525-538.

[25] Terrell E E, Wergin W P. 1981. Epidermal features and siiica deposition in lemmas and awns of Zizania (Gramineae). *Am J Bot*, 68: 697-707.

[26] Wynn Parry D, Hodson M J. 1982. Silica distribution in the caryopsis and inflorescence bracts of Foxtail millet (Setaria italica (L.) Beauv.) and its possible signiflcance in carcinogenesis. *Ann Bot*, 49: 531-540.

[27] Tubb H J, Hodson M J, Hodson G C. 1993. The inflorescence papillae of the Triticeae: A new tool for taxonomic and archaeological research. *Ann Bot*, 72: 537-545.

[28] Ball T B, Gardner J S, Anderson N. 1999. Identifying inflorescence phytoliths from selected species of wheat (Triticum monococcum, T. dicoccon, T. dicoccoides, and T. aestivum) and barley (Hordeum vulgare and H. spontaneum) (Gramineae). *Am J Bot*, 86: 1615-1623.

[29] Berlin A M, Ball T, Thompson R, Kittleson D, Herbert S C. 2003. Ptolemaic agriculture, Syrian wheat', and Triticum aestivum. *J Archaeol Sci*, 30: 115-121.

[30] Nasu H, Momohara A, Yasuda Y, He J J. 2007. The occurrence and identification of Setaria italica (L.) P. Beauv. (Foxtail millet) grains from the Chengtoushan site (ca. 5800 cal BP) in central China, with reference to the domestication centre in Asia. *Veget Hist Archaeobot*, 16: 481-494.

[31] Musil A F. 1963. *Identification of crop and weed seeds (Agriculture Handbook* 219). Washington: Agricultural Marketing Service, U. S. Department of Agriculture. pp 171 + 43 plates.

[32] Renfrew J M. 1973. *Palaeoethnobotany: the prehistoric food plants of the Near East and Europe*. London: Methuen. pp 248.

[33] Wang Y J, Lu H Y. 1993. *The study of phytolith and its application*. Beijing: China Ocean Press.

pp 228.

[34] Lu H Y. 1998. *Quaternary environmental changes recorded by magnetic susceptibility and plant fossils: quantitative estimates of paleoclimates*. Ph. D. Thesis. Beijing: Institute of Geology, Chinese Academy of Sciences, China: 144.

[35] Krishnan S, Samson N P, Ravichandran P, Narasimhan D, Dayanandan P. 2000. Phytoliths of Indian grasses and their potential use in identification. *Bot J Linn Soc*, 132: 241-252.

[36] Portillo M, Ball T, Manwaring J. 2006. Morphometric analysis of inflorescence phytoliths produced by Avena sativa L. and Avena strigosa Schreb. *Econ Bot*, 60: 121-129.

[37] Acedo C, Liamas F. 2001. Variation of micromophological characters of lemma and palea in the genus Bromus (Poaceae). *Ann Bot Fennici*, 38: 1-14.

[38] Jacobs S W L. 2001. The genus Lachnagrostis (Gramineae) in Australia. *Telopea*, 9: 439-448.

[39] Costea M, Tardif F J. 2002. Taxonomy of the most common weedy European Echinochloa species (Poaceae: Panicoideae) with special emphasis on characters of the lemma and caryopsis. *Sida*, 20: 525-548.

[40] Crawford G W. 1992. Prehistoric plant domestication in East Asia. In: Cowan CW, Watson PJ, eds (1992) *The Origins of Agriculture*. Washington DC: Smithsonian Institution press. pp 7-38.

[41] Nesbitt M. 2005. Grains. In: Prance G, ed (2005) *Cultural History of Plants*. New York: Routledge. pp 45-433.

[42] Hodson M G, Sangster A G, Parry D W. 1985. An ultrastructural study on the developmental phases and silicification of the glumes of Phalaris canariensis L. *Ann Bot*, 55: 649-665.

[43] Mulholland S C, Rapp J R G, Olledorf A L. 1988. Variation in phytoliths from corn leaves. *Can J Bot*, 66: 2001-2008.

[44] Whang S S, Kim K, Hess W M. 1998. Variation of silica bodies in leaf epidermal long cells within and among seventeen species of Oryza (Poaceae). *Am J Bot*, 85: 461-466.

[45] Ball T B, Brotherson J D, Gardner J S. 1993. A typologic and morphometric study of variation in phytoliths from einkorn wheat (Triticum monococcum). *Can J Bot*, 71: 1182-1192.

[46] Takeoka Y, Wada T, Naito K, Kaufman P B. 1984. Studies on silicification of epidermal tissues of grasses as investigated by soft X-ray image analysis. II. Differences in frequency of silica bodies in bulliform cells at different positions in the leaves of rice plants. *Jap J Crop Sci*, 53: 197-203.

[47] Mulholland S C, Rapp J R G, Regal R. 1990. Variation in phytoliths within a population of corn (Mandan Yellow Flour). *Can J Bot*, 68: 1638-1645.

(原载于 *PLoS ONE*, 2009, 4 (2): e4448. 张健平 翻译, 吕厚远 校对)

不同类型沉积物磁化率的比较研究和初步解释

吉云平[1] 夏正楷[2]

(1. 中国地质科学院水文地质环境地质研究所，石家庄，050061；
2. 北京大学城市与环境学院，北京，100871)

摘要：沉积物的磁化率分析已被广泛应用在第四纪古气候研究中，不同类型沉积物磁化率的解释可能存在明显的差异。本文选择了黄土、冲积物、湖积物、风沙堆积和南方红土等五种不同类型的沉积物，进行了磁化率的测试，粒度和孢粉分析，试图通过对沉积物磁化率和相关古环境指标的研究，对不同类型沉积物的磁化率予以对比并进行初步解释。研究结果表明，黄土和湖泊沉积中磁化率的变化主要受气候变化的影响，是指示古气候的重要指标；河流沉积物和风沙沉积物的磁化率主要受粒度的影响；影响南方红土磁化率的因素十分复杂，其磁化率的解释比较困难有待进一步的研究。这一研究表明，鉴于不同沉积物磁化率的影响因素存在明显的不同，因此在运用磁化率进行古环境解释时须持慎重态度。

关键词：磁化率 第四纪古气候 黄土 湖泊沉积 河流沉积 风沙沉积 南方红土

环境磁学是一门介于地球科学、环境科学和磁学之间的新兴边缘学科，它研究环境中物质的磁性及其与环境问题之间的联系。磁性测量由于具有简便、快速、经济、无破坏和多用性等优点而使得磁化率作为一种研究方法得到了快速而广泛的应用(Thompson et al., 1980)。近年来，沉积物的磁化率分析在第四纪古气候研究中得到广泛的应用并取得了很好的效果。但也有不少研究者指出，由于磁化率在机制上的复杂性，不同类型沉积物磁化率的解释可能存在明显的差异(潘永信等，1996；邓成龙等，2000；姜月华等，2004)。本文一方面选择了黄土、冲积物、湖积物、风沙堆积以及南方红土等五种不同类型的沉积物，进行了磁化率测试，粒度分析和孢粉分析，另一方面试图在沉积物磁化率和相关古环境指标对比研究的基础上，初步探讨不同类型沉积物磁化率变化的原因，为磁化率的正确解释及其在古气候、古环境研究的代用指标方面提供科学依据。

本文的磁化率测试仪器主要为英国 Bartington 仪器公司生产的 MS2 型磁化率仪，分析采用的数据为用测试数据计算得出的低频质量磁化率(X_{lf})和频率磁化率(X_{fd}%)。少数磁化率值为采用卡帕乔 KLF3 磁化率仪测量后求得的或用便携式磁化率仪测得的体积磁化率(κ)。

1 黄土剖面中磁化率的变化及其对气候的反映

黄土和古土壤的磁化率可作为衡量夏季风强弱的一种敏感参数或代用指标（安芷生等，1990；An et al.，1990），进而作为指示古气候变化的一个有效指标。反映成壤作用强度的独立指标 Rb/Rs 与磁化率的良好的正相关关系也进一步确认了磁化率作为古气候代用指标的可靠性（刘秀铭等，2001）。黄土—古土壤沉积剖面中的物质通常会受到沉积同时期或沉积后期的风化和温湿条件下成土作用的影响（Guo et al.，1996，2000）。黄土地层中磁性颗粒的含量能够反映古气候温湿程度的强弱和持续时间的长短，磁化率数值随黄土和古土壤层的出现，分别呈波谷和波峰对应（刘东生等，1985）。温湿条件下许多细小铁磁性矿物的形成可能是导致古土壤磁化率增高的最主要原因（Zhou et al.，1990；刘秀铭等，1990；Maher et al.，1991；Shen et al.，2004）。并且研究还发现黄土剖面的磁化率变化曲线不仅可以与深海洋同位素曲线进行较好的对比（Heller et al.，1982，1986；安芷生等，1989）进而揭示全球气候的中长期变化（Ding et al.，1999；Guo et al.，2002），还可以揭示百年—千年尺度的气候变化（An et al.，1993；方小敏等，1998；Fang et al.，1999）。

本文选取了两个黄土剖面——河南洛阳地区的大阳河剖面和北京斋堂盆地的斋堂砖厂剖面进行了磁化率测试和分析。这两个剖面的磁化率和粒度变化曲线分别如图 1 和图 2 所示。从图中可以看出，黄土层沉积物粒度较粗，磁化率值低；古土壤层沉积物粒度较细，磁化率值较高。K_d 值（K_d = 粗粉砂粒组（0.05~0.01mm）含量/黏粒组（<0.005mm）含量）（刘东生等，1985）反映出黄土堆积时期气候比较干冷，古土壤发育时期气候比较温暖湿润。大阳河剖面对古土壤层的孢粉组合分析也显示出古土壤层气候为温和偏湿（165~202cm）和温暖潮湿（110~165cm）。

以上两个黄土剖面的磁化率与粒度、孢粉等指标综合反映出，黄土、古土壤磁化率记录了成壤作用的强度，气候越湿润，成壤作用越强，磁化率值就越高；反之，气候干冷，成壤作用弱，磁化率值就低。即磁化率值的高低与古气候变化之间存在对应关系。

综合以上黄土沉积剖面中磁化率的研究可以发现磁化率值的变化可以反映夏季风等古气候的变化，因而可以作为指示古气候变化的一种代用指标。

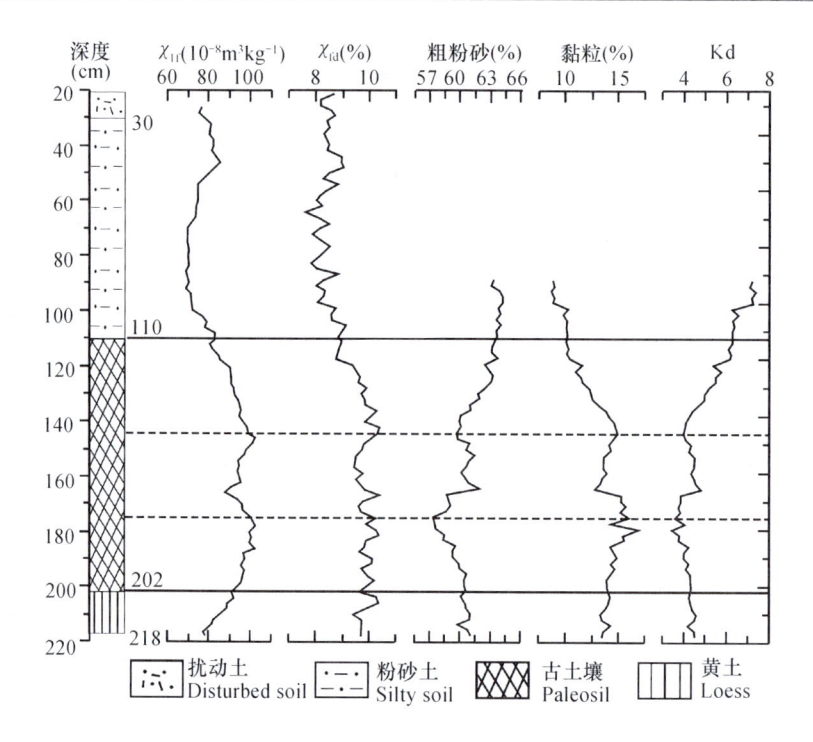

图 1　太阳河剖面磁化率与粒度变化曲线

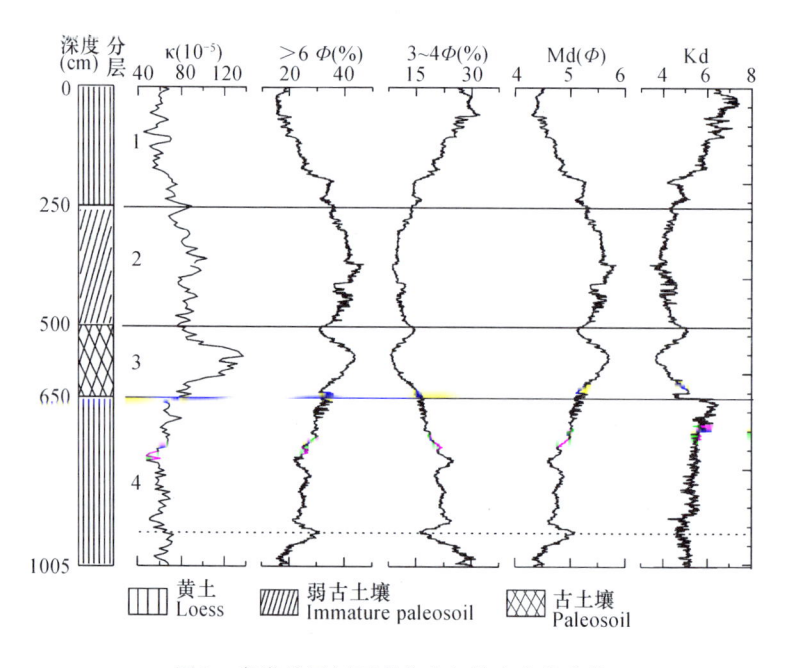

图 2　斋常砖厂剖面磁化率与粒度变化曲线

2 河流沉积剖面中磁化率的解释

河流沉积物中的磁性矿物大致有三个来源：水流对河底基岩冲刷和河岸剥蚀产生的颗粒；河流流域对河流及其支流系统所提供的地表土壤侵蚀的产物；大气降水及降尘中的磁性颗粒（Thompson et al., 1986）。目前对河流沉积物中磁化率值的变化与气候之间的关系的研究结果不尽一致。Annamària Nàdor 等（2003）对河流沉积物进行了多种方法的对比研究显示，高的磁化率值出现在砂和粗粉砂沉积物中，气候比较温暖；低的磁化率值出现在粉砂和黏土沉积物中，气候比较寒冷。夏凯生等（2007）的研究也显示磁化率由高到低反映了气候由暖湿到干冷的变化。但是周晓红等（2007）对渭河河漫滩沉积物的磁化率分析显示磁化率的低值对应着较粗的沉积物颗粒和温暖的气候环境，并且磁化率的大小取决于每次沉积时的洪水动力大小。贾海林等（2004）也指出水动力强弱制约了沉积物中磁铁矿含量多寡，从而导致磁化率的高低变化。

本文选取的河流相沉积剖面位于宁夏回族自治区灵武市临河乡的水洞沟古人类遗址范围内，剖面采自考古发掘的 sf2（2）探方壁，故命名为水洞沟 sf2（2）剖面。该剖面 1~9 层（0~580cm）为河流相堆积，主要成分为粉砂，颜色主要为浅黄色（主要依据考古文化层进行的地层划分）。剖面以 10cm 间隔采样，共取样品 57 个。对样品进行了磁化率测试，以及粒度实验和孢粉分析实验，以便将磁化率结果与样品的粒度组成及孢粉组合变化反映的古气候进行对比。水洞沟 sf2（2）剖面的磁化率曲线、粒度和孢粉带位置如图 3 所示。

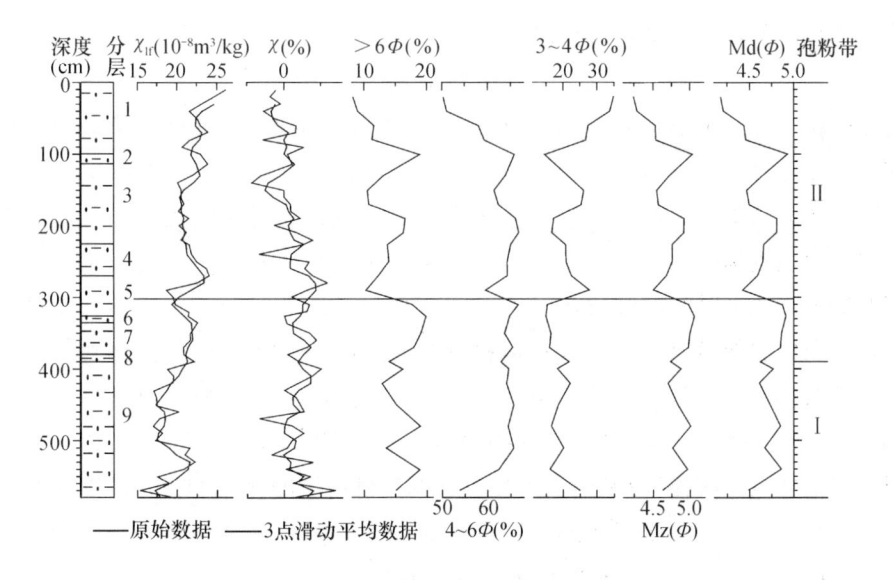

图 3 水洞沟 sf2（2）剖面磁化率和粒度变化曲线及孢粉分带

依据孢粉数量和化石科属类型组合的变化,可将该剖面划分为两个孢粉带:孢粉带Ⅰ和孢粉带Ⅱ。孢粉带Ⅰ显示的气候状况为比中生环境偏冷偏湿;孢粉带Ⅱ显示的气候状况为比孢粉带Ⅰ更加偏冷偏湿。

对比分析该剖面的磁化率与粒度和孢粉反映的气候状况显示,沉积物的磁化率与粒度具有一定的弱相关关系,与孢粉反映的古气候变化的对应关系不是很明显。由于河流沉积的粒度组合与河流水动力条件和所处地貌部位有密切关系,因此河流沉积物的磁化率可以在一定程度上反映水动力状况。

综上所述,由于物源和沉积环境的差别,不同河流沉积物中磁性矿物在不同粒级组分颗粒中富集,导致沉积物磁化率值的高低与粒级组分和相应的气候状况在不同河流中的对应并不一致。因而磁化率在一定程度上可以作为水动力能量的代用指标,并成为沉积动力环境的判据之一,但并不能直接反映气候的变化。

3 湖泊沉积物的磁化率指示

湖泊沉积物的矿物磁性特征一般都与特定的源区及其作用过程有关,磁性矿物的来源主要包括自生磁性矿物和外源磁性矿物,但可以认为湖泊沉积物中外源磁性矿物占绝对优势(Thompson et al., 1986)。目前,湖泊沉积物研究中磁性测量方法的应用已经越来越普遍,涉及了不同类型和尺度的湖泊环境。对贝加尔湖(Peck et al., 1994)、呼伦湖(胡守云等,1998)、岱海(吴瑞金,1993;张振克等,1998;曹建廷等,1999)、居延海(张振克等,1998)、洪湖(曹希强等,2004)、西藏洞错盐湖(魏乐军等,2002)及点苍山冰川湖泊(杨健强等,2004)等国内外湖泊的研究都显示出湖泊沉积物的磁化率记录可以反映气候的变化,频率磁化率是恢复历史时期环境变化的重要环境指标。此外,对气候反映十分敏感的玛珥湖沉积物中的磁化率也可以为气候变化提供证据(Thouveny et al., 1994;罗攀等,2006)。只是由于湖泊沉积物磁化率和频率磁化率的影响因素比较复杂,湖泊流域物质的磁性特征及沉积环境对湖泊中的磁性矿物的富集、保存、或自生生成等均有影响,使得不同类型和尺度湖泊沉积物的磁化率形成机制不同,进而所反映的气候变化也有所差别。如贝加尔湖沉积物磁化率值低指示间冰期时的温暖气候,磁化率值高指示冰期时的干冷气候。而呼伦湖沉积物的磁化率研究却显示出高(低)值相应指示湿润(干旱)的气候。

本文选取的湖泊沉积剖面是寺河南剖面,位于洛河一级支流漕河上游的二级阶地上(34°48′20″N,112°24′06″E)。全剖面厚约6m,以2cm间隔共取样292个。该剖面的沉积特征描述见孙雄伟(2005)。本文对该剖面进行了磁化率测试、粒度实验和孢粉组合分析,并结合前人对该剖面的研究成果对剖面的磁化率进行了分析。寺河南剖面的磁化率、粒度变化曲线以及孢粉分带如图4所示。

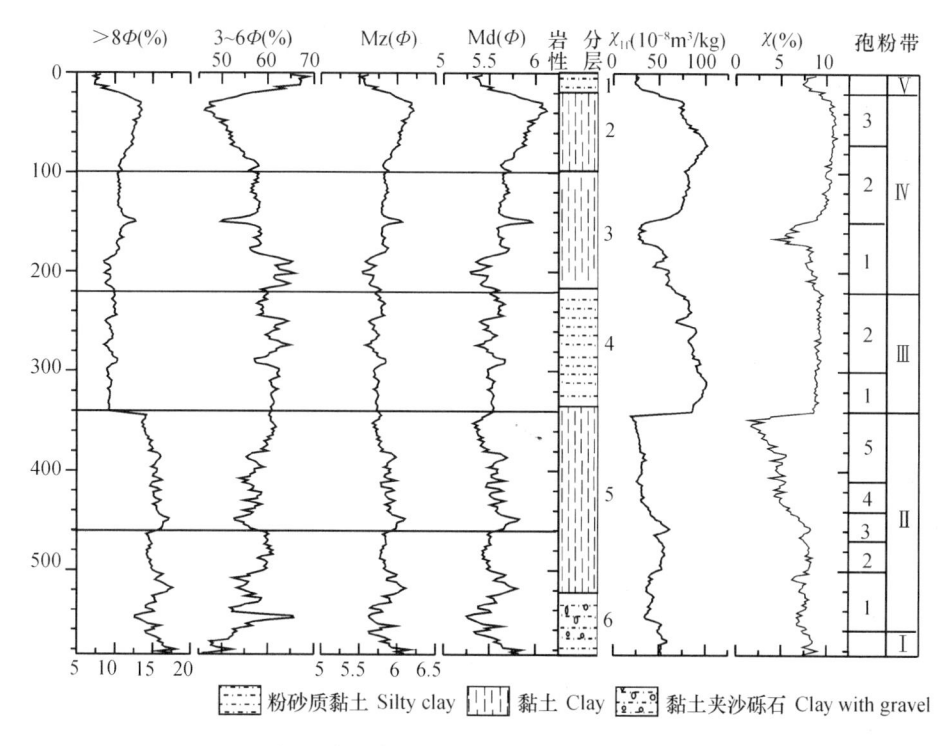

图 4 寺河南剖面磁化率、粒度及孢粉分带

寺河南剖面的孢粉组合（孙雄伟等，2005）、常量和微量元素（孙雄伟，2005）以及软体动物化石（梁亮等，2003）等反映的气候变化基本一致，并与磁化率的变化也有很好的对应关系。结合粒度变化与孢粉等反映的气候变化可以发现：气候温暖湿润时，湖相地层发育，沉积物粒度偏细，磁化率值较低；气候恶化变得冷干时，湖泊水位较浅，沉积物粒度偏粗，磁化率值较高。

综合前人对湖泊沉积物磁化率的研究和本文对寺河南湖泊沉积物的实测结果可以发现，湖相沉积物的磁化率能对沉积环境的变化起到灵敏间接的指示作用，可以作为指示气候变化的代用指标。但由于不同类型湖泊中磁化率的形成机制是有差别的，使得磁化率值的高低与气候冷暖之间的对应关系并不一致，因而在应用磁化率对湖泊沉积物进行古气候研究时需结合粒度、孢粉等其他指标综合分析。

4 风沙沉积物的磁化率指示

目前风沙沉积物中磁化率的研究较少，对其在气候变化方面的指示意义也较少涉及。笔者目力所及，查到的资料中仅见沈吉等（2006）通过磁化率等指标分析了陕西红碱淖地区的风沙特征及其演化历史。

本文选取的风沙沉积剖面为赤峰剖面，它位于赤峰市翁牛特旗梧桐花乡张古噜台村东的一丘间洼地。该剖面为钻孔取样，剖面的第 7 层为明显的风沙沉积层（赵亮，2000），为颜色由黄至浅黄的极细沙至中粉沙。该层的磁化率测试结果曲线和粒度各参数的变化曲线如图 5 所示。

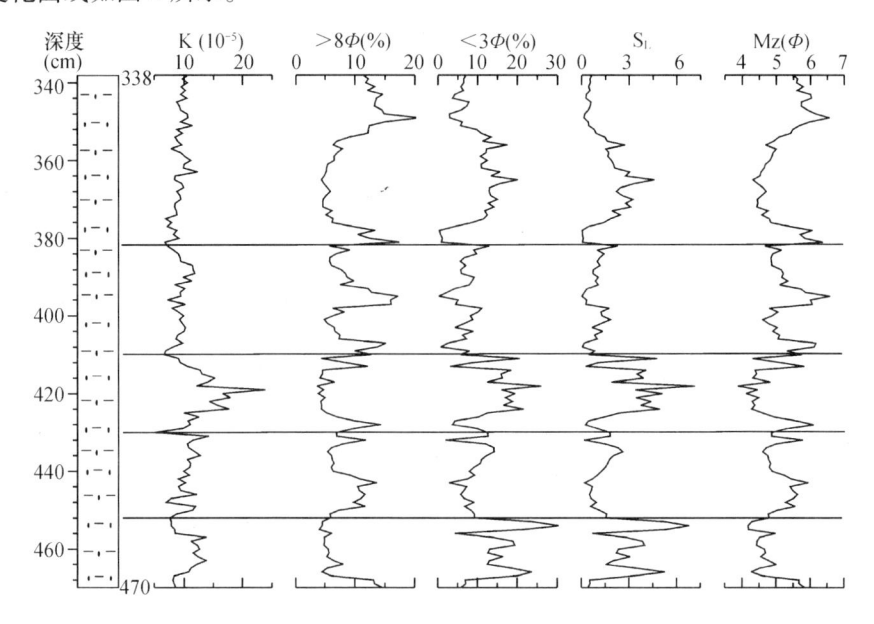

图 5 赤峰剖面磁化率及粒度变化

从图中可以看出，沉积物的磁化率与 <3Φ 的粒级百分含量和 S_L（砂黏比，S_L = 砂粒（<3φ）的百分含量/黏粒（>8φ）的百分含量（李容全，1990），可用来反映风力作用强度的大小）具有正的相关关系。由于风沙沉积物的粒度特征与风力的相对强度和变化有密切的关系，风成沉积的磁化率又主要受物源控制，同一地区风成沉积的磁化率比较稳定（张家强等，1999），因此风沙沉积物的磁化率可以反映风力的强度和风向的变化，进而可以作为古气候研究时的参考。

5 南方红土的磁化率指示

南方红土主要分布于江西、湖南、湖北南部、安徽南部以及浙江、福建、广东和广西等地的丘陵盆地，被认为是红色风化壳之一（龚子同，1983）。红土磁化率与古气候变迁的关系目前还存在争议（顾延生等，2002）。安徽宣城红土剖面（赵其国等，1995；杨浩等，1995）的磁化率测试结果和卢升高等（1999，2000）对中国东部第四纪红土剖面的环境磁学参数研究结果都显示出红土剖面的磁化率变化可以指示气候的变化。而另一些人则认为红土磁化率不能指示气候的变化，如吕厚远等（1994）认为由于高温多雨的气候条件会使红土表层的强磁性磁铁矿向弱磁性赤铁矿转化从而使磁化率随温度和降水量的增加而降低，黄镇国等（1996）认为红土的母岩矿物组成和磁学性质对其磁化率有很大的影响，胡雪峰等（1999）则认为后期的淋滤会对磁化率产生影响。

本文选取的南方红土剖面有两个，分别是位于福建漳州的莲花山剖面和福建三明的黄衣垄剖面。对这两个红土沉积剖面进行了磁化率测试和孢粉组合分带，其结果分别如图6和图7所示。

莲花山剖面的孢粉带对应的气候变化过程为温暖偏干—温暖偏湿—温暖湿润—暖热潮湿。黄衣垄剖面的孢粉带对应的气候变化过程为温暖干燥—温暖偏干—温暖偏湿—温暖潮湿。对比这两个剖面的气候变化与磁化率变化曲线发现，气候变化与磁化率的变化之间基本上不具有相关性。

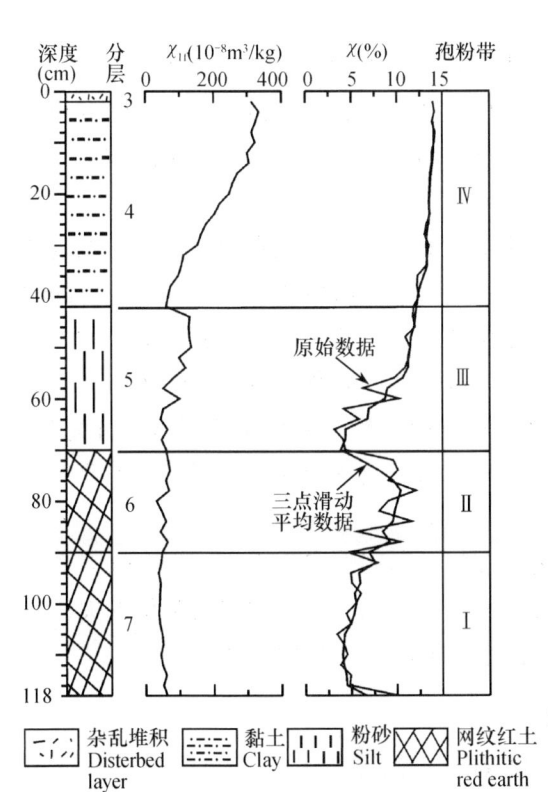

图 6　莲花山剖面磁化率与孢粉分带

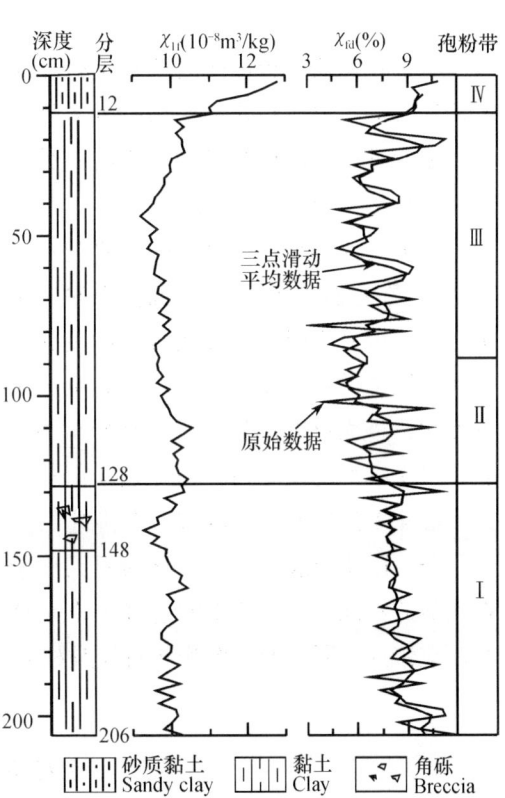

图 7　黄衣垄剖面磁化率与孢粉分带

由于第四纪红土本身的复杂性等，第四纪红土磁化率对气候变化的指示作用还有待进一步研究。此外，漳州地区的下伏基岩为花岗闪长岩或其风化壳（尤玉柱，1991），三明地区的下伏岩层多为沉积岩（王高旺，2002）。由于花岗闪长岩（变质岩）的磁化率要大于沉积岩的磁化率（Thompson et al.，1986；卢升高，2003），因此两个剖面低频质量磁化率值的差异是很明显的。由此可见，剖面的磁化率值与物源的关系是很密切的。

6 结果与讨论

结合本人实测资料和他人研究成果，依据黄土磁化率的指示意义，以及对河流、湖泊、风沙和南方红土等不同类型沉积物磁化率指示意义的比较研究，得出以下初步结论：

（1）作为研究程度较高的黄土磁化率的指示意义已经比较清楚，故在黄土古气候的研究方面可以将磁化率作为一种方便、快捷的重要替代指标加以应用。湖泊沉积物中的磁化率也可以作为气候变化的一种代用指标，但其中磁化率的变化机制需结合粒度、孢粉等其他指标进行综合分析。

（2）河流沉积物中磁化率主要受粒度的影响，而后者与河流水动力条件和地貌部位有密切的关系，因而河流沉积物的磁化率在一定程度上可以作为沉积动力环境的判据之一，但并不能直接反映气候的变化。风沙沉积中磁化率也主要受粒度的影响，而后者与风力的强度和方向有密切关系，因而风沙沉积物的磁化率可以反映风力和风向的变化，进而可以作为古气候研究时的参考。影响南方红土磁化率的因素十分复杂，它不仅受沉积物原始性状的影响，而且还受后期强烈风化淋溶作用的影响，因此南方红土磁化率的解释比较困难，有待进一步研究。

（3）由于引起磁化率变化的原因比较复杂多样，不同沉积物磁化率的影响因素存在明显的不同，在磁化率的解释上也必然存在明显的不同。因此在利用磁化率进行解释时应依据不同类型的沉积物特征及相应的磁化率指示意义等进行分析。

参 考 文 献

安芷生，Kukla G，刘东生. 1989. 洛川黄土地层学. 第四纪研究，（2）：157~168.
安芷生，Porter S，Kukla G，等. 1990. 最近13万年黄土高原季风变迁的磁化率证据. 科学通报，35（7）：529~532.
曹建廷，沈吉，王苏民. 1999. 内蒙古岱海气候环境演变的沉积纪录. 地理学与国土研究，15（3）：82~86.

曹希强, 郑祥民, 周立旻, 等. 2004. 洪湖沉积物的磁性特征及其环境意义. 湖泊科学, 16 (3): 227~232.

邓成龙, 袁宝印, 胡守云, 等. 2000. 环境磁学某些研究进展评述. 海洋地质与第四纪地质, 20 (2): 93~101.

方小敏, 李吉均. Banerjee S, 等. 1998. 末次间冰期5e阶段夏季风快速变化的环境岩石研究. 科学通报, 43 (21): 2330~2332.

龚子同. 1983. 红色风化壳的生物地球化学//李庆逵主编. 中国红壤. 北京: 科学出版社: 24~40.

顾延生, 肖春娥, 张泽军, 等. 2002. 中国南方红土地研究进展. 华东师范大学学报 (自然科学版), (1): 69~75.

胡守云, 王苏民, Appel E, 等. 1998. 呼伦湖湖泊沉积物磁化率变化的环境磁学机制. 中国科学 (D辑), 28 (4): 334~339.

胡雪峰, 龚子同, 夏应菲, 等. 1999. 安徽宣州黄棕色土和第四纪红土的比较研究及其古气候意义. 土壤学报, 36 (3): 301~307.

黄镇国, 张伟强, 陈俊鸿, 等. 1996. 中国南方红色风化壳. 北京: 海洋出版社: 166~296.

贾海林, 刘苍字, 张卫国, 等. 2004. 崇明岛CY孔沉积物的磁性特征及其环境意义. 沉积学报, 22 (1): 117~123.

姜月华, 殷鸿福, 王润华. 2004. 环境磁学理论、方法和研究进展. 地球学报, 25 (3): 357~362.

李容全. 1990. 内蒙古高原湖泊与环境变迁. 北京: 北京师范大学出版社: 70~78.

梁亮, 夏正楷, 刘德成. 2003. 中原地区距今5000-4000年间古环境重建的软体动物化石证据. 北京大学学报 (自然科学版), 39 (4): 532~537.

刘东生等著. 1985. 黄土与环境. 北京: 科学出版社: 1~481.

刘秀铭, 安芷生, 强小科, 等. 2001. 甘肃第三系红黏土磁学性质初步研究. 中国科学 (D辑), 31 (3): 192~205.

刘秀铭, 刘东生, Heller F, 等. 1990. 黄土频率磁化率与古气候冷暖变换. 第四纪研究, (1): 42~50.

卢升高. 2000. 第四纪红土的磁性与氧化铁矿物学特征及其古环境意义. 土壤学报, 37 (2): 182~191.

卢升高. 2003. 中国土壤磁性与环境. 北京: 高等教育出版社: 1~239.

卢升高, 董瑞斌, 俞劲炎, 等. 1999. 中国东部红土的磁性及其环境意义. 地球物理学报, 42 (6): 764~770.

吕厚远, 吴乃琴, 郭正堂, 等. 1994. 中国现代土壤磁化率分析及其古气候意义. 中国科学 (B辑), 12: 1290~1297.

罗攀, 郑卓, 杨晓强. 2006. 海南岛双池玛珥湖全新世磁化率及其环境意义. 热带地理, 26 (3): 211~217.

潘永信, 朱日祥. 1996. 环境磁学研究现状和进展. 地球物理学进展, 11 (4): 87~99.

孙雄伟. 2005. 洛阳地区中全新世气候变化的湖泊沉积纪录 (硕士学位论文), 北京: 北京大学.

孙雄伟, 夏正楷. 2005. 河南洛阳寺河南剖面中全新世以来的孢粉分析及环境变化. 北京大学学报 (自然科学版), 41 (2): 289~294.

沈吉, 汪勇, 羊向东, 等. 2006. 湖泊沉积纪录的区域风沙特征及湖泊演化历史: 以陕西红碱淖湖泊为例. 科学通报, 51 (1): 87~92.

王高旺. 2002. 福建三明盆地工程地质特征. 福建地质, 21 (2): 99~102.

魏乐军, 郑绵平, 蔡克勤, 等. 2002. 西藏洞错全新世早期盐湖沉积的古气候记录. 地学前缘, 9 (1): 129~135.

吴瑞金. 1993. 湖泊沉积物的磁化率、频率磁化率及其古气候意义——以青海湖、岱海近代沉积为例. 湖泊科学, 5 (2): 128~135.

夏凯生, 谢世友, 何多兴. 2007. 重庆江北砾岩磁化率变化特征及其古环境意义. 人民长江, 38 (2): 123~125.

杨浩, 夏应菲, 赵其国, 等. 1995. 红土系列剖面的磁化率特征与古气候冷暖变换. 土壤学报, 32 卷 (增刊2), 195~196.

杨健强, 崔之久, 易朝露, 等. 2004. 云南点苍山冰川湖泊沉积物磁化率的影响因素及其环境意义. 第四纪研究, 24 (5): 591~597.

尤玉柱主编. 1991. 漳州史前文化. 福州: 福建人民出版社: 5~18.

张家强, 李从先, 丛友滋. 1999. 水成沉积与风成沉积及古土壤的磁组构特征. 海洋地质与第四纪地质, 19 (2): 85~94.

张振克, 吴瑞金, 王苏民. 1998. 岱海湖泊沉积物频率磁化率对历史时期环境变化的反映. 地理研究, 17 (3): 297~302.

张振克, 吴瑞金, 王苏民. 1998. 近2600年来内蒙古居延海湖泊沉积纪录的环境变化. 湖泊科学, 10 (2): 44~51.

赵亮. 2000. 内蒙赤峰西拉木伦河流域2万年以来的环境演变 (学士学位论文). 北京: 北京大学.

赵其国, 杨浩. 1995. 中国南方红土与第四纪环境变迁的初步探讨. 第四纪研究, (2): 107~116.

周晓红, 赵景波. 2007. 近120年来高陵渭河河漫滩沉积物磁化率指示的气候变化. 水土保持学报, 21 (3): 196~200.

(原载于《地球科学》, 2007年28卷6期)

我国黄河流域距今 4000 年的史前大洪水

夏正楷

(北京大学城市与环境学院，北京，100871)

摘要：史前异常洪水事件的初步调查表明，距今 4000 年前后的虞夏时期是我国北方异常洪水多发的时期，当时黄河流域、淮河流域和海河流域普遍出现不同形式的史前异常洪水事件。这一时期异常洪水事件的出现与距今 4000 年前后的我国北方发生的降温事件有密切的关系，由于气候变冷引发的相对湿度加大，降雨量增多可能是造成这次异常洪水事件的主要原因。出现于华夏文明诞生前夕的这次史前洪水事件，对华夏文明的演进具有重要的影响，在黄河上游的山间盆地和下游的黄淮海平原，异常洪水给人类生存环境带来严重的破坏，导致这些地区早期文明的衰落；而在我国二级地貌阶梯和一级阶梯之间的中原地区，尽管洪水也给人类生存环境造成严重的破坏，但它并没有导致早期文明的衰落，恰恰相反，先民们利用有利的地貌条件，通过与洪水的斗争，促进了文化的发展和华夏文明的诞生。

关键词：距今 4000 年前后　我国北方　史前异常洪水事件　环境背景　华夏文明

顾名思义，史前洪水是指有历史文献记录之前发生的异常洪水事件，其时间一般限定在全新世的早—中期（距今 10000~4000 年）。自古到今，洪水一直是危及人类社会和生命安全的重大自然灾害，是当前世界各国广泛开展的减灾防灾工作的重点内容。根据史前洪水的历史记录，揭示异常洪水事件发生的规律以及它对人类生存环境的影响，可以为政府有关部门正确制定防灾减灾措施提供科学的依据。

自 20 世纪以来，世界各国科学家开始关注史前洪水的研究，2003 年国际科联（ICSU）实施的 "Dark nature—Rapid natural change and human responses" 计划和 2004 年联合国教科文组织（UNESCO）国际地层相关计划会议 "The role of Holocene environmental catastrophes in human history" 主题表明，来自沉积记录的全新世自然灾害、尤其是距今 5000 年以来的灾变事件记录是当前全新世环境研究的重点之一。其中作为距今 5000 年以来灾变事件主要内容的史前洪水事件，由于涉及人类文明的兴衰，已经成为地质学家、地理学家、灾害学家和考古学家共同关心的热点问题。近年来，有关史前洪水的研究方兴未艾，其中最具代表性的有 Baker R（1989）对于古洪水水文理论和方法的系统研究；Knox J（2000）对于全新世极端洪水事件与气候变化的关系研究；Ely L（1997）对于美国西部晚全新世洪水发生频率的研究；Michaael J G（2001）对日本中部全新世大洪水与气候变化的研究等，这些研究涉及古洪水研究的理论和方法、史前洪水事件的确认、洪水流量和流速的计算、洪水发生的频率和气候背景等，代表了当前国际古洪水领域的主要研究方向和研究水平。

从20世纪80年代开始，结合全球环境变化研究和防灾减灾工作的开展，史前洪水研究在我国得到广泛的重视，大量的野外地貌第四纪调查和考古发掘揭示，在全新世期间，我国北方的黄河流域、海河流域、淮河流域保留有大量史前洪水事件，尤其是距今4000年前后大洪水的地质和考古记录，这为我们深入进行黄河流域史前洪水事件的研究提供了宝贵的材料。

1 黄河的基本概括

黄河流经青海、甘肃、四川、宁夏、内蒙、陕西、山西、河南、山东九省，全长约5400km，流域面积约750000km^2，是我国第二大河。

作为中华民族的母亲河，黄河流域孕育了灿烂的华夏文明。早在百万年以前的旧石器时代，远古人类就已经在这里生息繁衍。进入新石器时代之后，先民们利用这里适宜的地理环境和丰富的水土资源，创造了灿烂的华夏文明，位于黄河中游的豫西和晋南地区是华夏文明的诞生地。

黄河流经黄土高原，河流多泥沙，自古善淤、善决、善徙。据历史文献记载，有史以来，黄河下游黄河大改道26次，决口1593次，黄河改道的范围，最北经海河出大沽口，最南经淮河入长江，在黄河频繁改道形成的广阔三角洲平原上，由北向南，分布有漳卫、漯川、笃马、清济、泗水、汴水、水、涡河等九条主要泛道（图1）。其中比较长期使用的稳定河道有山经河（公元前21世纪前）、禹贡河（公元前21世纪～前602年）、汉志河（公元前602～公元11年）、东汉河（公元11～1048年）、北宋河（1048～1128年）、南宋河（1128～1855年）、明清河（1590～1855）和现行河（1855年以来）（张克伟，1998）。黄河的每次改道和决口都给灾区的社会经济发展和广大人民的生命财产造成巨大的损失。

实际上，在远古时期黄河的洪涝灾害就时有发生，有关史前洪水的传说在我国广为流传，不但在史书中记载有关于史前大洪水的生动描述，而且大禹治水的传说更是家喻户晓，治水英雄大禹已经成为我们民族精神的象征。

2 我国有关史前大洪水的古老传说

根据我国史书记载，在距今4000年前的虞夏时期，我国北方的黄河流域洪水肆虐，"当尧之时，水逆行，泛滥于中国，蛇龙居之，民无所定，下者为巢，上者为营

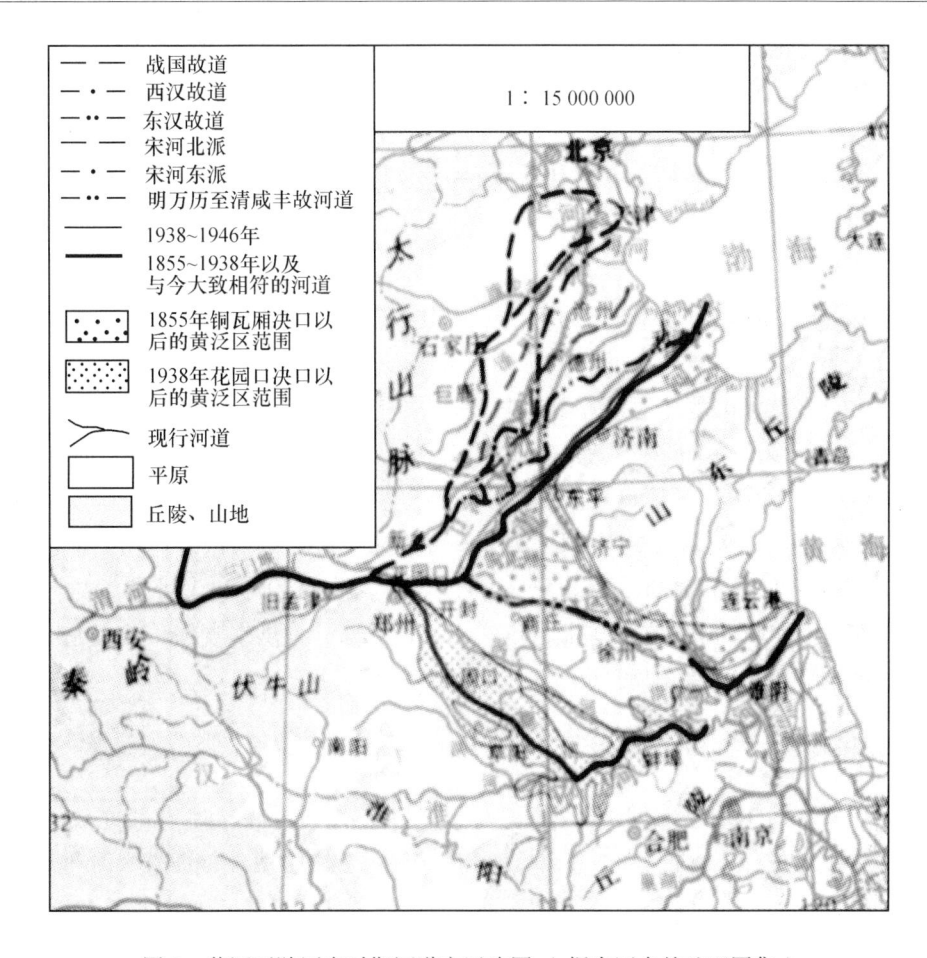

图1 黄河下游历史时期河道变迁略图（据中国自然地理图集）

窟"（《孟子·滕文公》），"当帝尧六十一年，鸿水滔天，浩浩怀山襄陵，下民其忧"（《史记·夏本纪》），"汤汤洪水方割，荡荡怀山襄陵，浩浩滔天"（《尚书·虞书·尧典》），"遭洪水滔滔，天下沉渍，九州阏塞，四渎壅闭"（《吴越春秋·越王无余外传》），"尧遭洪水泛滥，人民逐高而居，尧聘弃，使教民山居，随地造居"（《吴越春秋·吴太伯传》），"禹之时，天下大雨，禹令民聚土积薪，择丘陵而处之"（《史记·夏本纪》）等。

由于这些记载都是后人所做，所以对于这场史前大洪水存在与否，国内学术界一直存在有两种不同的看法，一种意见如地质学家丁文江所述，认为禹治水之说绝不可信，石器时代的禹如何有这种能力？另一种意见认为这些记载是有可能的，如历史学家吕振羽认为，在传说中的所谓尧、舜、禹时代，中国曾经过一次大的水患，这许是可能的。2002年出土的西周青铜器（公盨）上，刻有铭文"天命禹敷土，随山濬川"，这一铭文的时代要早于诸多先秦典籍，与所传大禹的时代相距较近，铭文的发现似乎暗示着历史上确有"大禹"其人。

由于传说中的这次洪水事件发生在华夏文明诞生的前夕，近年来，不少考古学家开始把洪水事件与文明进程联系在一起，如叶文宪提出由于太湖平原上的严重水侵，良渚文化遭到了毁灭性的打击。俞伟超（1992）也提出山东龙山文化与长江三角洲良渚文化在同一时期的衰落是由突发性的大洪水所导致的。

3 我国北方史前异常洪水事件的地质记录

近年来，在欧洲的地中海沿岸和美国等地，有关史前异常洪水事件的报道屡见不鲜（Kerr R A, 2000; Richard S, 1999; Kerr R A, 1998; Sandweiss D H, 1999; Ely L L, O'Connor J E, 1994）。在我国北方的黄河流域、海河流域和淮河流域，也发现有不少史前异常洪水事件的记录（袁广阔，2003；殷春敏，2001；朱诚，1996，1997；陈中原，1997；Yang dayuan, 2000；夏正楷，2002；杨达源，1997）。大量地质与考古证据表明，在 5000~4000aBP，在我国北方确实出现过史前异常洪水事件，其中尤以青海喇家、河南新寨、山东菏泽以及北京等地的记录最具代表性。

3.1 青海民和官厅盆地的古洪水遗迹

地处黄河上游的官厅盆地位于青海省东部，滔滔黄河从盆地中部穿过，河面宽50m，水深10m左右，河底多粗大砾石。沿河发育有三级阶地，分别高于河面5、20和50m，均为基座阶地（图2）。

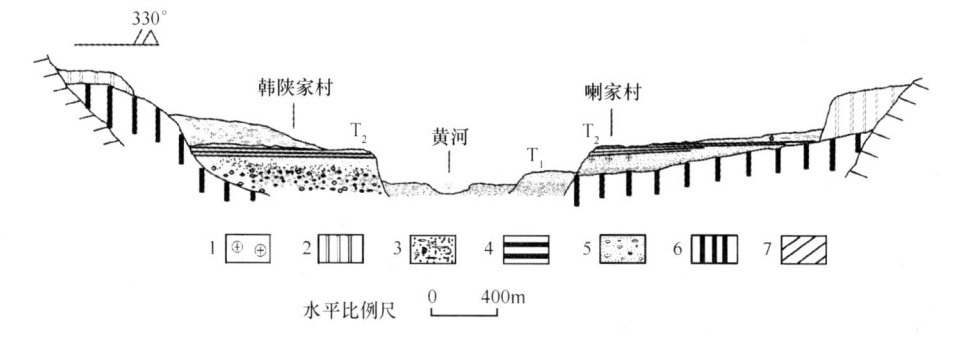

图2 青海民和官亭盆地中喇家黄河河谷横剖面
1. 考古发掘点 2. 粉砂 3. 砾石层 4. 棕红色黏土 5. 夹透镜体
6. 古近、新近纪红黏土 7. 基岩

史前洪水遗迹见于官厅盆地的黄河二级阶地。该阶地坐落在第三纪红黏土之上，阶地堆积物下部为粗大的河床相砾石层，厚2~3m；中部为棕黄色粉砂，质地比较均一，夹透镜状砂体，为正常洪水泛滥时期的漫滩堆积，厚10~15m；上部为厚达7~

10m 左右的棕红色黏土，其中夹有大量细微的波状砂质条带（图3）。棕红色黏土与阶地中部的棕黄色粉砂颜色截然不同，质地黏重，粒度分析表明，棕红色黏土缺乏跃移总体，悬浮总体占90%以上，属于特大洪水泛滥时期的漫洪堆积。我们认为其物质主要来源于组成阶地基座的第三纪红黏土，是行洪期间河水强烈挖掘河床的产物。这一套特大洪水堆积在官厅盆地一直分布到阶地的后缘，几乎覆盖了整个盆地，在官厅盆地上游的循化盆地，黄河二级阶地也具有同样的结构。

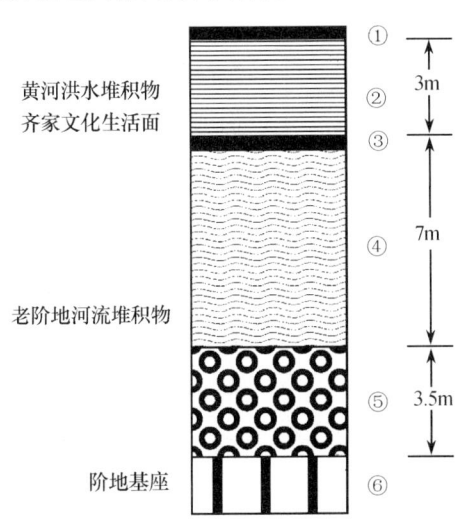

图3 黄河二级阶地沉积剖面结构图

在盆地中部黄河北岸的喇家村，考古发掘发现，在阶地堆积上部的棕红色黏土和中部的棕黄色粉砂之间，埋藏有齐家文化时期的大型聚落遗址，其年代在距今5400～4000年，说明在距今4000年之前的齐家文化时期，这里是一般洪水不能到达的河流阶地，适宜于人类定居并从事农业活动。野外调查进一步发现，在棕红色黏土和棕黄色粉砂的界面上，发育有急流形成的沙波、拖曳构造、冲刷槽等床面构造，被流水冲毁的齐家文化房址和不正常死亡的人类骸骨，说明当时这里发生过异常洪水，暴涨的洪水漫上了河边的阶地，对阶地面进行了强烈的冲刷和改造，并摧毁了人类的大型聚落，在随后的一段时期内，不断发生的特大洪水在早期阶地上继续加积，在阶地上覆盖厚层的漫洪相棕红色黏土，形成复合阶地。

根据棕红色黏土的厚度并结合现今一级阶地面与二级阶地之间的高差估算，洪水上涨的最大高度可能在10m左右。棕红色黏土层中夹有多达11层富含有机质的灰黑色黏土，这些灰黑色黏土层是洪水退落之后泛滥平原上残留湖沼的堆积层。漫洪相的棕红色黏土和湖沼相的灰黑色黏土在剖面上交替出现，反映当时黄河的洪水过程相当频繁，属于洪水多发的时期。

由于官亭盆地喇家村棕红色黏土之下掩埋的齐家文化遗址，其最晚的年龄为3678±

75aBP（经树轮校正，半衰期5370a，下同），红黏土上部夹有辛店早期的灰坑，年龄为2775±75aBP，推测洪水多发期出现在齐家文化晚期到辛店时期早期，年代为3650~2750aBP，延续了约900年。

3.2 河南新寨的古洪水遗迹

河南新寨位于淮河上游主要支流双洎河的北岸，西北距河南省新密县约22.5km（34°26.5′N，113°32.5′E）。此地双洎河发育有三级阶地，分别高于河床2m、5m、10m，在阶地之上为高出河床约25m的山前黄土台地上。台地主要由黄土组成，前缘为高达15m的黄土陡崖，台地面平坦宽阔，海拔140m左右。其上覆盖有龙山、新寨和二里头等不同时期的文化层。根据古代先民在龙山时期（距今4000年前后）就已经生活在这一级台地面上，推测台地的形成应早于龙山时期（图4）。

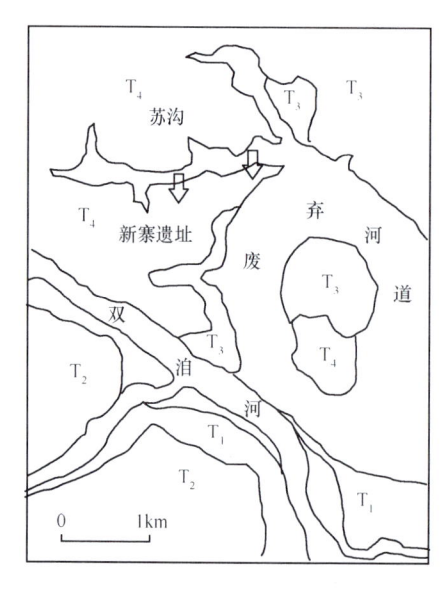

图4 河南新寨龙山文化遗址的地貌位置图
▽. 埋藏古河道位置 T₁. 阶地及其级数

史前洪水遗迹见于山前黄土台地上。2000年在新寨遗址的考古发掘中，在台地上发现了埋藏的古河道，据探方揭示，古河道在横断面上呈顶平下凹的透镜状，其底面最大埋深4.69m，顶面埋深1.45m。河道呈NNE—SSW方向穿过新寨遗址东部，探明长度约500m。其南端被双洎河切断，灰黑色的古河道透镜体高悬在台地前缘的陡壁上，高出现代河面约20m。古河道北端也被一条黄土沟谷切断，在沟谷两壁上也隐约可见该古河道的透镜体（图5）。使用洛阳铲进行的地下详查表明，古河道平面形态极不规则，大体呈向南展开的扇形，北端宽度15m，而南端宽度可达68m（图6）。在新寨遗址的其他地方，一些探方中也可以见到类似的古河道堆积体，但规模较小。

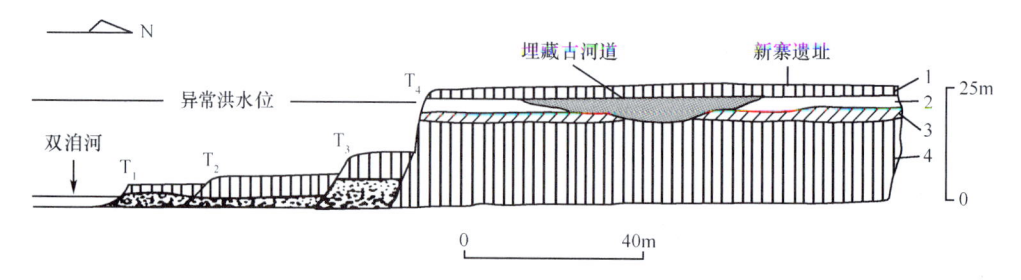

图5 河南新寨龙山文化遗址古河道断面图
1. 黄土层 2. 古河道充填堆积层 3. 粉砂层 4. 黄土层

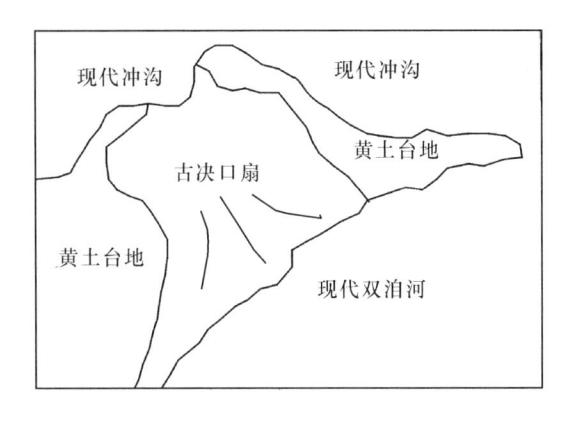

图6 河南新寨龙山文化遗址古河道平面图

古河道堆积体以棕褐色黏土质粉砂和棕黄色粉砂频繁交互为特征，厚2.92m。其上覆地层中含有较多二里头时期的器物，属二里头文化层，下伏地层中含有龙山时期的陶片，属龙山文化层。根据岩性特征，可以将古决口扇堆积剖面划分为上下部分（图7）：

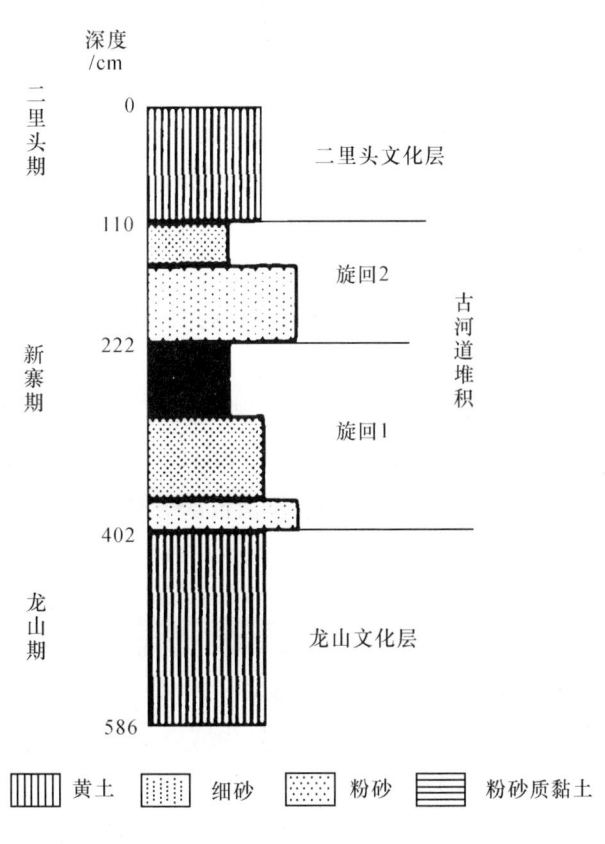

图7 古河道堆积的沉积剖面

上部：

（1）棕褐色黏土质粉砂与棕黄色粉砂频繁交互，前者多水平状，厚 0.5～2.5cm，后者呈水平状或小透镜体状产出，水平层厚一般厚 1～2 cm，透镜体厚 2～4 cm，延伸 10～100 cm。说明水流紊乱多变，具有河流泛滥时期的动力特征。层内含有少量新寨期的陶片。　　　　　　　　　　　　　　　　　　　　　　　　　　　　　40cm

（2）浅灰—灰褐色黏土质粉砂与棕黄色粉砂互层，呈明显的条带状，条带厚 3～5 cm，延伸 10～20cm，水平状或微波状。本层下部夹有多个细砂透镜体，透镜体顶凸底平，长 1～2m，高 30～50cm，两翼不对称，属于河流底床上的沙波堆积。　72cm

下部：

（3）棕褐色—棕黄色黏土质粉砂，具细微的水平层理。反映洪泛后期比较平静的流态环境。　　　　　　　　　　　　　　　　　　　　　　　　　　　　　　70cm

（4）棕褐色黏土质粉砂与棕黄色粉砂互层，呈明显的条带状。条带宽 1～10cm，水平状或微波状，具有河流泛滥时期水流紊乱多变的动力特征。　　　　　　　80cm

（5）棕黄色粉砂，比较均一。本层下部夹细砂透镜体，透镜体上凸下平，其中有零星的小砾石，高 20cm，长 100cm，属于河流底床上的沙波堆积。　　　　30cm

我们对古河道堆积进行了粒度分析，结果表明（图 8），采自沉积旋回下部沙波堆积的样品，粒度较粗，均值（Mz）一般在 4.8～4.87Φ；分选差，标准偏差（δ_1）在 1.48～1.74；其粒度频率曲线显示，峰值在 4.5Φ，含量也仅 6%，曲线呈正偏态（Sk_1）0.285～0.352，尖度尖锐，（Kg）在 1.1～1.56；粒度概率曲线显示，样品中悬浮组分占优势，一般在 60% 左右，跃移组分 30%～40%，滚动组分 1%。反映了洪水决口初期水动力条件较强、且流态变化急骤的沉积特征；采自沉积旋回中部泛洪堆积的样品，粒度稍粗，均值（Mz）一般在 5.57～5.83Φ；分选差，标准偏差（δ_1）在 1.39～1.56；其粒度频率曲线显示，峰值在 4.5Φ，含量仅 6%，曲线呈正偏态（Sk_1）0.143～0.237，尖度中等，（Kg）在 0.931～1.070；粒度概率曲线显示，样品中悬浮组分占优势，一般在 90% 以上，跃移组分 10%，与悬浮组分之间在 4Φ 附近有一个混合带，反映了决口后漫洪水流携带的大量细粒悬浮物快速堆积的特征；采自沉积旋回上部漫洪后期的静水沉积的样品，粒度较细，均值（Mz）一般在 5.65～6.21Φ；分选差，标准偏差（δ_1）在 1.23～1.44；其粒度频率曲线显示，峰值在 5～6Φ，含量仅 5%～6%，曲线呈对称或正偏态（Sk_1）0.083～0.171，尖度中等，（Kg）在 0.963～0.995；粒度概率曲线显示，样品中悬浮组分占绝对优势，一般在 99% 以上，几乎囊括了所有的颗粒。跃移组分极少，与悬浮组分的截点在 2.5Φ 附近。反映了洪水决口后期水流较缓，大量悬浮物质沉积的特征。

根据古河道平面形态呈扇形，且横穿台地上的古代遗址，我们推测它可能属于古决口扇堆积体。剖面的沉积特征和粒度分析结果表明，古河道堆积主要由两个沉积旋回组成,每个旋回下部砂波发育,为决口初期的底床堆积;中部以黏土质粉砂与粉砂频繁交层为特征,多条带状或透镜状沙条,属于水动力状况比较紊乱多变的决口时期的泛滥沉积;上部为具细微的水平层理的黏土质粉砂,属于河流决口漫洪后期的静水沉积,两个沉积旋回反映了当时河流有过两次决口过程。

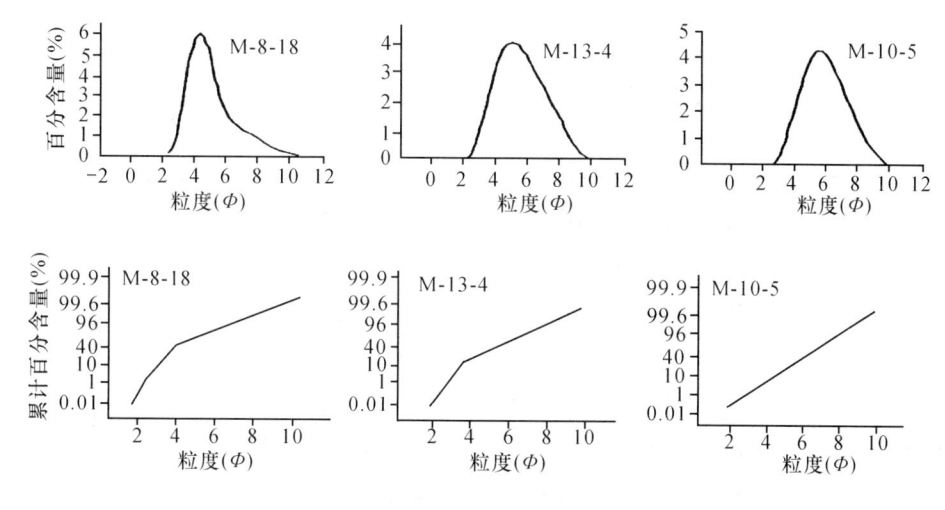

图8 代表性样品的粒度频率曲线与粒度累积概率曲线

根据古决口扇堆积位于二里头文化层与龙山文化层之间,在横向上与新寨期的文化层水平过渡,且自身又含有新寨期的文化遗物,推断古河道堆积与新寨文化层应同属一个时期。进而根据遗址中新寨期文化层的测年数据,推断河道决口的时间大致在3550~3400aBP(拟合日历年代1830~1680aBC)之间(表1)。

表1 新寨文化层中木炭的测年数据*

测试材料	测年数据(aBP)	拟合后日历年代(aBC)	采样探方
木炭	3384±42	1744~1680	H45
木炭	3403±31	1719~1682(41.35%) 1670~1675(17.45%) 1652~1624(41.20%)	H31
木炭	3404±35	1740~1683(82.99%) 1668~1661(8.06%) 1648~1640(8.94%)	H26
木炭	3405±37	1724~1682(80.79%) 1669~1659(10.99%) 1648~1640(8.21%)	H30
木炭	3501±27	1786~1744	H40

续表

测试材料	测年数据（aBP）	拟合后日历年代（aBC）	采样探方
木炭	3530±35	1832~1809（41.64%） 1808~1776（58.35%）	H115
木炭	3538±27	1835~1811（42.38%） 1800~1777（57.62%）	H61

* 经年轮校正，^{14}C 半衰期采用 5730a。

大量的考古资料表明，新石器中—晚期的先民出于定居和农耕的需要，一般都选择河边的阶地和台地作为自己的栖息地。本区黄土台地上分布有新寨期的人类遗址，说明在新寨时期，这里是一般洪水已不能到达的适宜于人类居住的河边高地。目前台地上与遗址同期存在的埋藏古河道，其沉积物韵律变化频繁、夹有众多的波状细砂质条带和泥质条带、沙波堆积发育等特征，属于洪水时期的泛滥堆积，古河道能出现在河边高地上，且平面上呈扇形，它贯穿人类遗址，并给遗址带来一定的破坏，显然与距今 3500 年前后当地河水暴涨、河流决口有关，属于洪水时期河流决口形成的决口扇，是当时发生史前异常洪水的可靠证据。根据决口扇在平面上向南展开，扇顶在北侧，推测作为本区主要河道的双洎河当时并不在现在的位置上，而应该位于新寨遗址的北侧，其具体位置还有待进一步的工作。

3.3 鲁西南—皖北的古洪水遗迹

在鲁西南平原地处黄河下游，淮北平原位于淮河中游，两者地势平坦，地域相连，构成一个广阔的冲积平原。在平原上分布有一个个低矮的土丘，这些土丘高于平原面一般在 2~10m，面积大小不等，一般为 1000~8000m^2，当地群众称堌堆，其上保留有大汶口、龙山和岳石时期的文化遗址。

在鲁西南的菏泽地区，堌堆的数目在 112 个以上（郅田夫 1987）。在菏泽定陶官堌堆遗址，堌堆高 8m，在堌堆之下为灰黄色的细砂（未见底），厚 1m 许，细砂质地纯洁，分选良好，应为古黄河的冲积层，其上为灰黑色淤泥层，厚度在 1m 左右，为漫滩堆积。漫滩堆积之上的堌堆堆积中包含有大汶口—龙山—岳石时代的文化遗存。说明该堌堆是由先民在黄河的泛滥平原上叠加人工堆积构建而成的。由于堌堆包含有龙山时期的文化层，说明堌堆以下的泛滥平原堆积形成龙山时代之前（图9）。

在菏泽袁堌堆遗址、鄄城历山庙遗址、东明庄寨堌堆遗址等地，龙山时期的堌堆深埋于地下 1~3m，其上覆盖有厚度不等的淤泥层，反映龙山后期发生过洪水泛滥。

在泗水的尹家城遗址，为一个高于平原面 20m 的堌堆，我们发现堌堆上的龙山文化层被一层厚约 1m 的河流相细砂层所覆盖，砂层高于平原面约 10m，其年代在 3700±95aBP，也说明在龙山后期，洪水曾一度漫上高于平原的堌堆，淹没了龙山遗址，估计

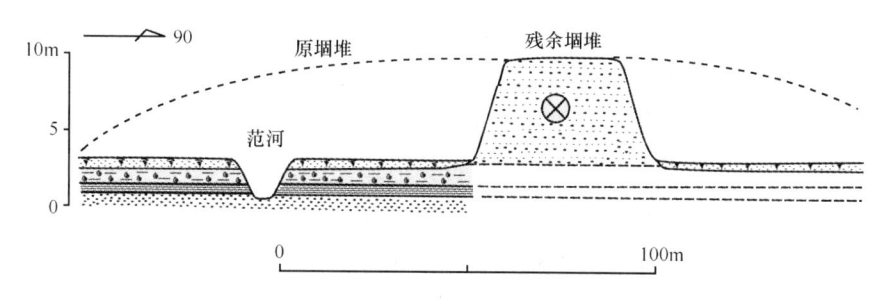

图9 山东菏泽定陶官堌堆遗址结构图

剖面底部为冲积细砂层,中部为泛滥沉积层,上部堌堆为人工堆积

当时洪水上涨的高度在10m左右。

根据以上材料,我们推测在大汶口晚期—龙山早期,黄河下游黄河泛滥成灾,人类只能选择地势较高的河间地(高河漫滩)生活,为防止洪水的侵袭,龙山时期的先民不断加高地面,逐步形成堌堆。而在龙山晚期,该地区出现过异常洪水事件,洪水不仅掩埋了地势较低的堌堆,而且在高水位时甚至淹没了地势较高的堌堆。

3.4 北京山前海淀台地史前洪水的记录

海淀台地位于西山山前的古永定河冲积扇后缘,这里地形起伏明显,北京大学校园恰好位于海淀台地的北缘,由此向西和向北,台地陡然下降,转变为地势低洼的永定河故道—清河洼地,两者高差在10m左右。

史前洪水遗迹见于北大理科大楼,1998年在这里地下5m深处发现古河道,古河道由SW向NE方向横穿北大校园,在校园内延伸约2km左右,其中理科大楼所在地古河道宽10~20m,最宽处可达50m(图10)。

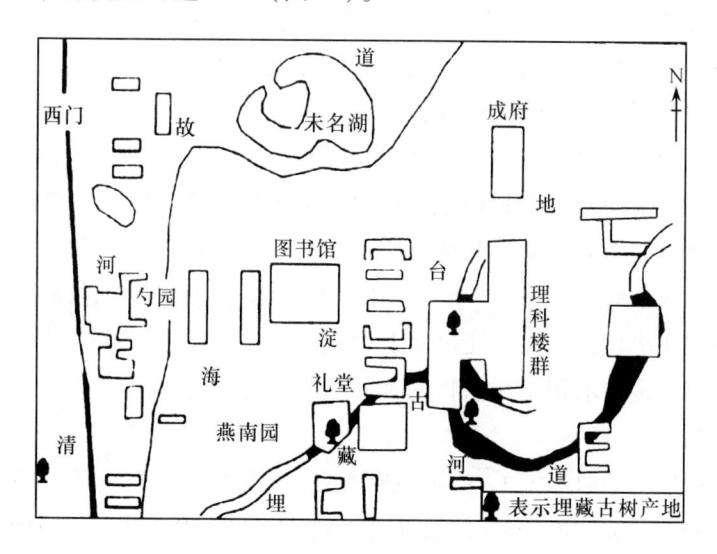

图10 北京大学校园内古河道分布图

古河道的横断面呈上平下凹的透镜状,沉积物由上、下两部分组成,上部为黑色—灰黑色黏土质粉砂,富含有机物,厚1~2m;下部为灰黑色与灰白色相间的中细砂层,层理较明显,夹有灰黑色粉砂质黏土团块,厚1m左右。

在古河道堆积物中埋藏有大量古树,古树形体完整,树根、树干和树枝都有保留,其中树干多呈平卧状或斜卧状产出,树径粗细不等,一般为20~50cm,有的树干上往往还保留有树皮。树枝大都与树干相连,呈交叉叠置状产出,也有部分树枝与树干不连,它们长短不一,直径一般为5~10cm,散布在堆积物之中。古树主要分布在古河道下部的细砂层中,部分树干也可伸入到上部的灰黑色黏土质粉砂层中。古树形体的完整性和产出状况表明它们没有经过流水的远距离搬运。

古河道下部埋藏古树的砂层,主要由薄层中细砂组成,砂层的层理弯曲非常强烈,在树干或树枝周围,层理常环绕树木形成不规则的眼球状构造。砂层的这些特征说明当时水流具有流速快,变化大,流场紊乱的特征,属于洪流。砂层中还夹有大量的黑灰色粉砂质泥岩角砾,角砾直径大者有30cm,小者仅5cm,大小混杂,常与树木残体一起堆积在漏斗状的侵蚀洼槽中。古树与洪流沉积物共存,说明古树的埋藏和洪水过程有密切的关系,在洪流的强烈冲击和掏蚀下,古树被连根拔起,并倒卧在河沟中,随后被洪水带来的泥砂迅速掩埋。

洪水不仅改变了地貌,冲毁了树木,而且也给人类的生存和文化带来极大的威胁。在古河道中,与埋藏古树同时出土的还有数十件古代人类的遗物,如磨制的石斧、石磨盘、石磨棒、陶片以及兽类的骸骨等,属新石器中期文化遗址。根据文化遗物主要散布在古河道底部,其中石制品大都有人工使用的痕迹,且破损严重,陶片残缺不全,我们推断这些文化遗物主要是古代人类的遗弃物。在遗物中也混有个别制作精美,几乎没有使用痕迹的石刀和磨棒,以及数量较多的完整胡桃楸果核。这一现象似乎表明,在洪水来临时,先民们为了逃命,不仅抛弃了使用价值已经不大的残破石器和陶器,而且连一些有用的石器和珍惜的食物也被迫丢弃了。

北京大学校园所在的海淀台地是永定河古洪积台地的一部分,在7000~5000aBP,永定河的前身—古清河曾从台地的北侧流过。前人的研究证明,在5000aBP前后,古清河洪泛相当频繁。海淀台地上发现的埋藏古河道(海拔45m左右),比台地北侧古清河故道中同期沉积物底部(海拔39m左右)要高出6m,说明当时的洪水水位至少在6m以上。上涨的河水决口,并在海淀台地上形成决口扇,决口扇冲毁了沿途的树木和人类遗址,埋藏有大量树木和文化遗物的古河道,就是当时河流决口,洪水在台地上泛滥成灾时的产物。

我们选取砂层中的树木做了^{14}C的年龄测定,其年龄数据为4400±100aBP,经树木年轮校正为4855±100aBP。砂层的热释光年龄为5300±100aBP。根据树木的^{14}C年龄和砂层的热释光年龄,我们可以推测洪水的发生大致在距今5000年左右。

4 史前异常洪水事件的区域差异

通过以上所列举的史前洪水记录可以看出，在我国北方，包括黄河流域、淮河流域和海河流域，在距今5000年和4000年前后均出现过史前大洪水。由于异常洪水发生地区不同的地貌条件，洪水过程具有不同的水文特征。

4.1 山间盆地泛滥型

黄河中上游河段，尤其是上游河段，河谷以峡谷和盆地相间为特征，由西向东，依次出现松巴峡、循化盆地、积石峡、官亭盆地、寺沟峡等一系列峡谷与山间盆地。峡谷段河流深切，谷地狭窄，谷深壁陡，多嶂谷，而山间盆地面积虽不大，但地势比较开阔平坦，阶地发育，是人类居住的场所（图11）。当出现异常洪水事件时，由于山间盆地空间相对比较狭小，再加上盆地下游峡谷泄洪能力的制约，洪水排泄不畅，河流回水可以导致盆地内河水位急剧上升，并迅速淹没整个盆地，受"水库效应"的影响，洪水下降速度也比较缓慢，因

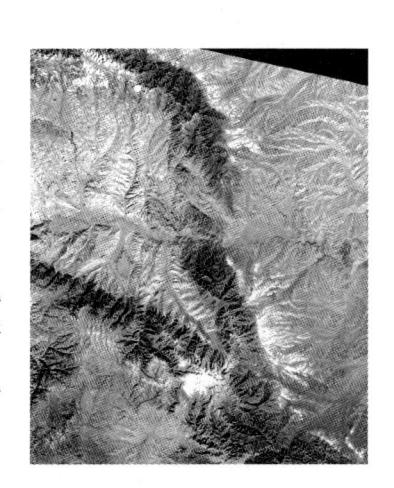

图11 黄河上游峡盆相间的地貌特征

此不但造成的洪水灾害严重，而且持续的时间也比较长。代表性的地点见于黄河上游的官亭盆地和循化盆地等地。

4.2 决口泛滥型

代表性的地点见于豫西的新寨和北京海淀地区。

在我国二级地貌阶梯和一级地貌阶梯之间山前地带，黄河、淮河和海河等大小河流在山前形成广泛的洪积扇（裾），这些洪积扇（裾）受后期构造抬升和河流下切的影响，大多已成为山前的洪积台地（图12）。洪积台地主要由黄土组成，地面平坦，土地肥沃，是远古人类生息的理想场所。当异常洪水事件发生时，由于山前黄土台地的地势较高，台地面相当宽阔并且有一定的倾斜，所以上涨的洪水一般只能在山前台地前缘形成决口扇或漫洪河道，很难完全淹没整个台地。代表性的地点见于豫西的新寨和北京海淀地区。

4.3 平原泛滥型

黄河下游平原属我国地貌的一级阶梯，长期以来一直属于构造下沉区，地貌

上以地势低平、平原广阔、河谷宽浅为特征。当异常洪水事件发生时，随着河水的上涨，洪水漫出河岸，频繁改道，并淹没河流两岸大片的平原，形成广阔的泛滥平原（参见图11）。代表性的地点见于黄河下游黄淮海平原的鲁西南地区和冀中地区。

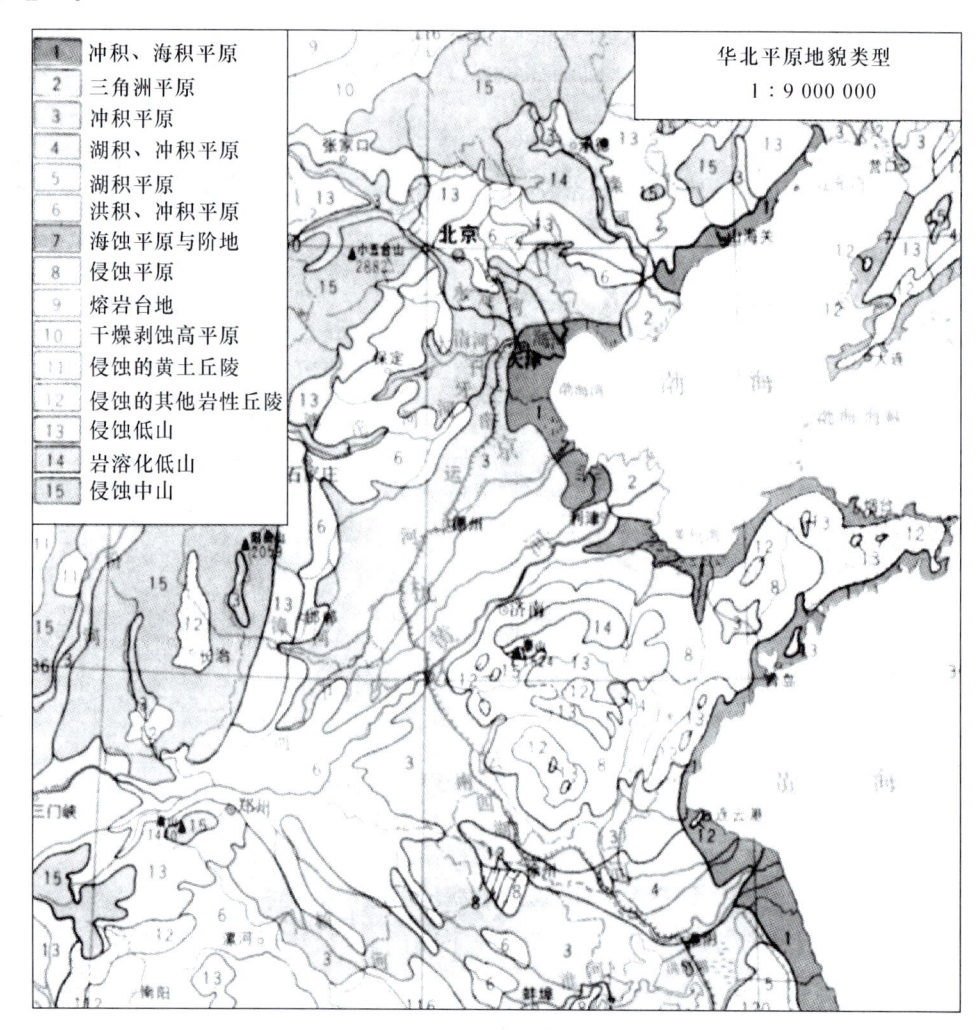

图例：
1. 冲积、海积平原
2. 三角洲平原
3. 冲积平原
4. 湖积、冲积平原
5. 湖积平原
6. 洪积、冲积平原
7. 海蚀平原与阶地
8. 侵蚀平原
9. 熔岩台地
10. 干燥剥蚀高平原
11. 侵蚀的黄土丘陵
12. 侵蚀的其他岩性丘陵
13. 侵蚀低山
14. 岩溶化低山
15. 侵蚀中山

华北平原地貌类型 1∶9 000 000

图12 黄河上游峡盆相间的地貌特征（据中国自然地理图集）

在冀中平原的肃宁等地，地势平坦，在地势相对较高的河间地上，分布有大面积的泛滥平原堆积（韩嘉谷，2000；殷春敏，2001），堆积物厚1~2m，其上部为具水平层理的黏土层，下部为具上爬层理和交错层理的细砂层，两者构成一个完整的泛洪沉积旋回。黏土层的^{14}C测年数据在3500aBP左右，说明海河下游在3500aBP前后也发生过异常洪水事件，漫槽洪水淹没了广大的河间地，形成广阔的泛滥平原。

4.4 沟谷山洪型

山区的沟谷在暴雨降临时,会暴发大规模的山洪和泥石流,并在沟口形成洪积扇或泥石流扇,这也是洪水事件的表现方式之一。代表性地点见于青海官亭盆地、山西陶寺和河南孟庄等地。

在青海的官亭盆地,对应于盆地周边山地河流的沟口,在黄河二级阶地前缘陡坎,普遍可以见到阶地堆积层中夹有众多切割充填的透镜体,其物质组成与黄河阶地堆积有明显的不同,主要由磨圆不好和分选极差的粗砂砾石组成,常夹有粗大的砾石,其成分因沟而异,取决于沟谷流经地区的岩性,属山洪形成的古冲积扇堆积。古冲积扇的顶面与二级阶地面一致,其上直接覆盖着黄河泛滥带来的漫洪相棕红色黏土,说明山洪的暴发与黄河大洪水同时,或略早于黄河大洪水,时间大致在距今4000aBP左右。

山西陶寺位于汾河东侧塔儿山山前的黄土台地上,台地上分布有龙山时期的陶寺遗址,这是一处规模较大的古代城址(高纬,2002)。在古代城址的考古发掘中,发现城址的东城墙和西北城墙都有被山洪冲毁的现象。根据山洪堆积物中含有陶寺晚期的陶片,其上覆盖有含陶寺晚期陶片的文化层,推测山洪发生的年代在陶寺晚期,大约在4000aBP左右。在太行山东麓的河南孟庄,也发现有龙山时期的古城址被山洪冲毁的现象,山洪堆积出现在龙山文化晚期,其发生的时代大约也在4000aBP左右。

上述异常洪水现象,除北京海淀的洪水遗迹之外,基本上都出现在4000aBP前后的龙山晚期—二里头文化早期,时间上的一致性,说明它们应该属于同一次史前异常洪水事件。

5 史前异常洪水事件出现的环境背景

5000~4000aBP是全球异常洪水事件多发的时期,也是全新世大暖期濒临结束,全球进入气候波动加剧的时期(竺可桢,1972;施雅风,1992;侯甬坚,2000)。在西欧、西亚、北非、两河流域和印度河流域等地都有气候发生突变的记录(Kenneth J H,1998;Weiss H,1993;Cullen H M,2000)。我国祁连山敦德冰心记录中,4900~2900aBP虽然整体偏暖,但期间出现5次冷暖的交替(姚檀栋,1992);吉林金川泥炭沉积中,4000aBP前后出现一次明显的降温变湿事件(洪叶汤,1997);我国北方农牧交错带,在3.5kaBP也出现降水突变事件(方修琪,1998)等。由于气候波动的加剧与异常洪水事件的发生几乎同时出现,使人们不禁联想到气候的异常变化可能是当时引发异常洪水事件的主要原因。

5.1 官厅盆地异常洪水事件的气候背景

古气候研究的证据说明,官亭盆地4000aBP前后出现的异常洪水事件与一定的气候环境背景有密切的关系。

在异常洪水出现之前的齐家文化时期，孢粉谱显示当地植被比较稀疏，主要为蒿、藜等草本植物，代表温带草原环境。而在洪水时期，孢粉比较丰富，以木本植物为主，主要为松属，其次为云杉、冷杉，还出现一些落叶阔叶树，如桦、榆、榛、桑、柽柳等。草本植物次之，种类较多，多为温带草原常见的种属，如蒿、藜、禾本科、麻黄、莎草科等。还有一定数量的蕨类植物，如水龙骨、卷柏等，代表温凉湿润的森林草原环境。洪水时期之后，孢粉浓度明显降低，其组分以草本植物为主，代表了比较凉干的草原环境（图13）。

植被面貌显示在异常洪水发生时期，该地区气候比较温凉湿润，气候的变湿可能是洪水事件出现的主要原因。

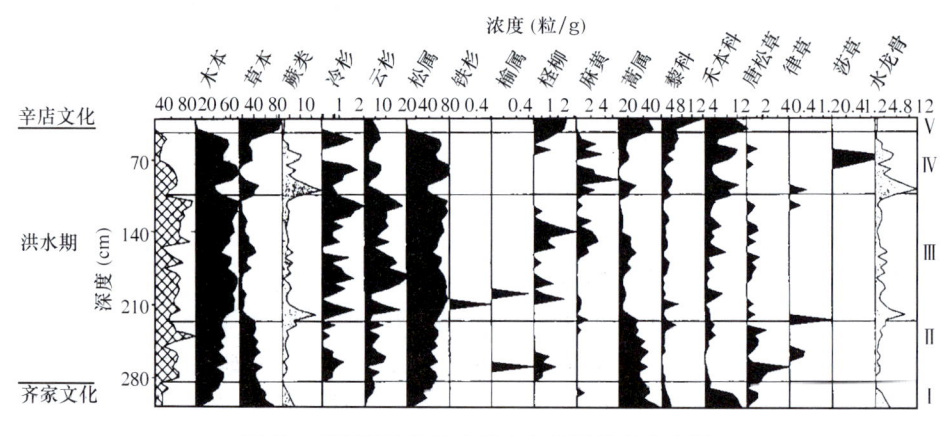

图13 青海官亭盆地齐家文化层样品的孢粉图

5.2 新寨异常洪水事件的气候背景

新寨位于中原地区，古气候研究表明，在洪水事件发生时期，当地曾出现一个气候变湿事件。

在洪水事件出现之前的龙山时期，植被主要以草本植物占绝对优势，以蒿属为主，禾本科和藜属次之，木本植物种属单调，仅有少数的松属和个别的桑科、栎树和榆属，代表暖温带草原植被。而在洪水事件发生的新寨时期，草本植物减少，木本植物增多，除松属为主，还出现十余种落叶阔叶树，有漆树属、桑科、枫杨属、胡桃属、榆属等；蕨类植物和湿生水生草本植物增多。代表暖温带森林草原植被。洪水期之后的二里头时期，草本植物再次占绝对优势，以蒿属为主，禾本科和藜属次之，木本植物较前明显减少，仅有有松属和少数的桑科。代表暖温带草原（图14）。

上述孢粉分析结果表明，龙山期和二里头期都属于气候温和干燥－较干燥的暖温带草原环境，而处于它们之间的新寨期，落叶阔叶树明显增多，反映当时气候发生明显的变化，雨量增多，区内出现温暖湿润—较湿润的暖温带森林草原环境。气候变湿事件，可能是导致洪水事件的原因。

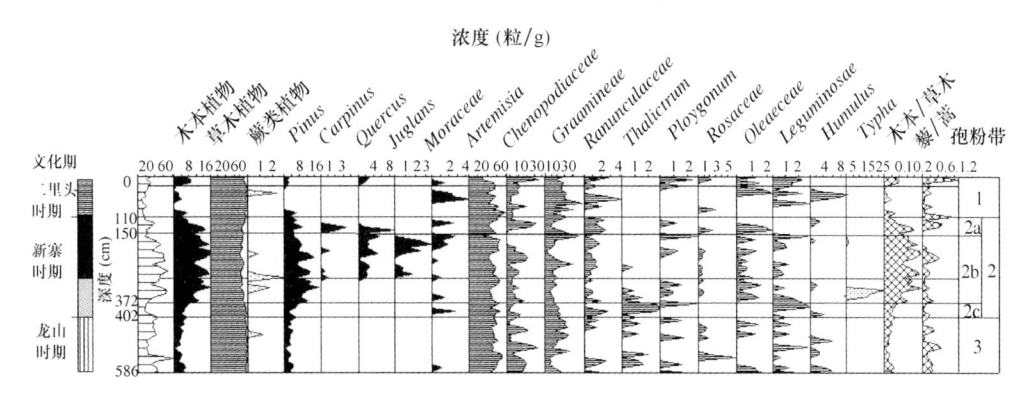

图 14　河南新寨文化层剖面样品的孢粉图谱

5.3 燕园异常洪水事件的气候背景

在 5000aBP 前后,在全新世大暖期中全球气候曾出现过一次明显的降温事件,在西北欧称"Elm Decline"事件（Birks J, 1993；黄春长, 2001）。北京地区在这一时期也出现了大暖期中比较温凉的气候环境。古河道沉积物的孢粉分析结果表明,当时的植被是以松为优势、混生有栎、桦、椴、鹅耳枥、胡桃、榛等落叶树种的针阔混交林,缺少本区大暖期孢粉谱中常见的榆树花粉,较远山区还有寒温性暗针叶林云杉、冷杉等树种存在,表明当时是大暖期中气候比较凉湿的时期。在古河道沉积物中发现有大量的核桃楸果实,核桃楸属喜温凉的乔木树种,现今北京地区主要生长在海拔 300m 以上的低山区,此次在海拔 50m 的平原地区发现,也证明当时气候比较温凉。大暖期中凉湿气候的出现可能是引起当时洪水泛滥的主要原因。

6　黄河流域异常洪水事件对古代文化的影响

我国北方 4000aBP 前后发生的异常洪水事件,在时间上恰好处于我国华夏文明诞生的前夕,因此它对华夏文明的影响受到了广泛的关注（王守春, 1992；铃木秀夫, 1988；俞伟超, 1992；Jin G Y, 2002）。

黄河上游的甘青地区是我国西北地区齐家文化的发祥地。在 4000aBP 年前后,齐家文化突然衰退,农业文化被畜牧业文化所取代（谢瑞琚, 2000）,在齐家文化晚期出现的黄河异常洪水事件,可能是造成文化衰退的主要原因。在这一地区,受峡谷深切、盆地狭小、谷盆相间这一地貌特征的制约,洪水的影响十分显著。在齐家文化的主要分布区之一官亭盆地,当时的异常洪水淹没了人类的主要栖息地,在洪水堆积之下发现的喇家遗址,发现有史前洪水灾难的记录,说明当时的异常洪水给人类带来了灭顶之灾,造成喇家遗址人类的非正常死亡和遗址的彻底毁灭。在洪水堆积剖面中夹有少数辛店时期的灰坑，说明在洪水的间歇时期，人类曾一度回到这里，但再次来临的洪泛迫使他们又一次离开。在洪水堆积的顶部，分布有规模较大的辛店遗址，与属于齐家文化的喇家遗址不同，其中出土有大量的动物残骸，表明在洪水之后，重新回到这里居住的先民，他们的生产方式和生产方式发生了明显的变化，农业被畜牧业所取代，文化的这种转变可能与环境的演变有密切的关系，其中洪水带来的红黏土，质地黏重紧实，不利于农作活动，可能也是造成农业文化衰退和转型的原因之一。

黄河下游的鲁西南和鲁西北地区是我国山东龙山文化的分布区。与上游的齐家文化几乎同时，在4000aBP之前，先民们在这里创造了灿烂的龙山文化，但在4000aBP左右，齐家文化突然衰退，取而代之的是比较落后的岳石文化（俞伟超，1992）。龙山晚期出现的黄河异常洪水，可能是造成这个区域文化衰退的主要原因。由于黄河下游地势平坦，洪水经常泛滥，造成龙山时期的先民们主要选择河间地作为自己的居住地，并不断加高河间地以防止洪水的侵袭，形成突兀于泛滥平原之上的堌堆遗址，在龙山晚期，在特大洪水来临时，这些堌堆遗址遭到洪水的破坏或淹没，给龙山文化带来巨大的破坏，一度十分繁盛的山东龙山文化很快衰落，洪水退落之后出现的岳石文化，不论在遗址数量和规模上，还是在发展水平上都比龙山文化要落后。

黄河中游的豫西晋南地区是龙山文化的主要分布区，也是以二里头文化为代表的华夏文化的诞生地。广泛分布的山前黄土台地给先民们保留了较大的迂回空间，当异常洪水来临时，上涨的洪水一般只能淹没台地的前缘，冲毁了部分遗址，给史前人类的生存环境造成一定的破坏，但特定的地貌条件有利于先民们选择新的栖息地，并与洪水展开斗争，这不但使文化得以延续，而且在与洪水的抗争过程中，人类的生产水平、技术水平和社会组织也不断得到发展，促使龙山文化发展演进为二里头文化，并最终在中原地区建立了我国历史上第一个王朝——夏朝。有的学者提出华夏文明就是在人类与洪水的抗争中诞生和发展起来的。当然，这还需要更进一步的深入研究。

参 考 文 献

陈中原，洪雪晴，李山. 太湖地区环境考古. 地理学报, 1997, 52（2）：131～137.

方修琦，张兰生. 我国北方农牧交错带3500ka的降水突变事件研究. 北京师大学报, 自然科学版, 1998, 增刊：18～23.

洪叶汤，江洪波，陶发祥等. 近5ka温度的金川泥炭记录. 中国科学（D辑）, 1997, 27（6）：525～530.

侯甬坚，祝一志. 历史记录提取的近5～2.7ka黄河中下游平原重要气候事件及其环境意义. 海洋地质与第四纪地质, 2000, 20（4）：23～29.

黄春长，环境演变. 北京. 科学出版社. 2001, 118～120.

靳桂云，华北北部中全新世降温事件与古文化变迁。科学通报, 2001, 46（20）：1725～1729.

铃木秀夫. 3500年前的气候变迁与古文明. 地理译报, 1988,（4）：37～44.

施雅风, 孔昭宸, 王苏民等. 中国全新世大暖期气候与环境的基本特征//施雅风主编, 中国全新世大暖期气候与环境. 北京: 海洋出版社, 1992. 1~18.

王守春. 黄河流域气候环境变化的考古文化与文字记录//施雅风主编, 中国全新世大暖期气候与环境. 北京: 海洋出版社, 1992. 175~184.

夏正楷. 我国中原地区3500aBP前后的异常洪水事件及其气候背景. 中国科学, 2003, 33 (9): 881~888.

夏正楷. 北京大学校园内埋藏古树的发现及其意义. 北京大学学报 (自然科学版), 2002, 38 (2): 225~229.

夏正楷. 青海喇家遗址史前灾难事件. 科学通报2003, 48 (11): 1200~1204.

夏正楷. 我国北方4 kaBP前后异常洪水事件的初步研究. 第四纪研究, 2003, 23 (6): 667~674.

谢瑞琚. 甘青地区史前考古. 北京: 文物出版社, 2000, 111~130.

杨达源, 谢悦波. 古洪水平流沉积. 沉积学报, 1997, 15 (3): 29~32.

姚檀栋, Thompson L G. 敦德冰心记录与过去5ka温度变化. 中国科学, D辑, 1992, 22 (10): 1089~1093.

殷春敏, 邱维理, 李容全. 全新世华北平原古洪水。北京北京师大学报, 自然科学版, 2001, 37 (2): 280~284.

俞伟超. 良渚文化与龙山文化衰变的奥妙. 文物天地, 1992, (3): 9~11.

袁广阔. 关于孟县龙山城址毁因的思考. 考古, 2003, (3): 39~44.

张国伟, 黄河冲积扇上部新构造运动与河道变迁的关系, 北京: 黄河水利出版社, 黄河黄土黄河文化, 1998, 102~109.

郅田夫. 菏泽地区的堌堆遗存. 考古, 1987 (11): 1001~1008.

中国社科院考古所. 河南密县新寨遗址的试掘. 考古, 1981, 1981, (5): 398~408.

朱诚, 宋键, 尤坤元等. 上海马桥遗址文化断层成因研究. 科学通报, 1996, 41 (2): 148~152.

朱诚, 于世永, 卢春成. 长江三峡及江汉平原地区全新世环境考古与异常洪涝灾害研究. 地理学报, 1997, 52 (3): 268~276.

竺可桢. 中国近五千年来气候变迁的初步研究. 考古学报, 1979, (1): 15~38.

Cullen H M, deMenocal P B, Hemming S, et al. Climate change and the collapse of the Akkadian empire: Evidence from the deep sea. *Geology*, 2000, 288 (4): 379-382.

Ely L L, Enzel Y, Baker V R, et al. A 5000 - Year record of Extreme floods and climate change in the Southwestern United States. *Science*, 1993, 262: 410-412.

Jin Guiyun, Liu Tongsheng, Mid-Holocene climatic change in North china and the effect on cultural development, *Chiness Science Bulletin*, 2002, 47 (5): 408-413.

Kenneth J Hsu. Sun, Climate, hunger, and mass migration, *Science in China*, 1998, 41 (5): 449-472.

Kerr R A. Avictim of the black Sea Flood Found. *Science*, 2000, 289: 2021-2022.

Kerr R A. Black Sea deluge may have helped spread farming. *Science*, 1998, 279: 1132.

O' Connor J E, Ely L L, Wohl E E, et al. 4500-year record of large floods on the Colorado River in the Grand Canyon, Arizona, *Jour Geology*, 1994, 102: 1-9.

Richard S. Researcher ready for the plunge into deep water. *Science*, 1999, 283: 920.

Sandweiss D H, Maasch K A, Anderson D G. Transitions in the Mid-Holocene. *Science*, 1999, 283: 499.

Wang Y, Zheng S. Paleosol nodules as Pleistocene paleoclimatic indicator, Luochan P. R. China. *Palaeogeography, Palaeoclimatology, Palaeoecology*. 1989, 76: 39-44

Weiss H, Courty M A, Wetterstrom W, *et al*. The genesis and collapse of third millennium North Mesopotamian civilization. *Science*, 1993, 261 (20): 995-1004.

Yang dayuan, Yu Ge, Xie Yubo, *et al*. Sedimentary records of large Holocene floods from the middle reaches of Yellow River, China. *Geomorphology*, 2000, 33: 73-88.

（原载于杨达源主编：《现代自然地理研究》（第二章第一节）。北京：科学出版社，2009年。本文集收录时稍有改动）

中国东部山地泥炭高分辨率腐殖化度记录的晚冰期以来气候变化

马春梅[1]　朱　诚[1]　郑朝贵[2,3]　尹　茜[1]　赵志平[1]

(1. 南京大学地理与海洋科学学院,南京,210093; 2. 安徽省滁州学院国土信息工程系,滁州,239012; 3. 中国科学院南京地理与湖泊研究所,南京,210008)

摘要： 对中国东部中纬度季风区内的两处山地泥炭——神农架大九湖泥炭和天目山千亩田泥炭腐殖化度进行了研究,并对两剖面的孢粉记录、有机质含量、TOC 和 Rb/Sr 对比分析,结果表明在东亚季风区山间盆地,气候越干冷时泥炭的分解就越强烈,以吸光度表征的腐殖化度就越高;相反,当气候较温暖潮湿时泥炭主要处于还原状态,分解较慢,腐殖化度较低。大九湖剖面的腐殖化度记录了晚冰期（约 16~11.4cal ka BP）中的新仙女木（YD）（约 11.4~12.6cal ka BP）冷干事件、博令—阿勒罗德暖湿期（B—A 暖期,约 12.6~15.2cal ka BP）、最老仙女木冷干事件（OD,约 15.2~16cal ka BP）、早全新世的湿润期（约 11.4~9.4cal ka BP）、8.2cal ka BP 前后的冷干事件和约 7~4.2cal ka BP 之间的全新世最佳适宜期。神农架大九湖和天目山千亩田近 5000a 以来的泥炭腐殖化度记录有着很好的一致性,表明相近纬度不同经度的山地泥炭对东亚季风降水变化的响应是同步的。近 5000a 来的气候变化在两个山地泥剖面中几乎同步记录有 3 大阶段：4.9~3.5cal ka BP,季风降水整体处于高值,但波动剧烈,其中,在约 4.2cal ka BP 前后,季风降水急剧下降,在 3.7cal ka BP 前后达到最干旱的峰值后又快速回升；3.5~0.9cal ka BP,季风降水强度整体较弱,但也存在明显的次级干湿波动；0.9cal ka BP 以来,吸光度值逐渐降低,表明季风降水增多。与中国东部季风区其他高分辨率沉积记录对比,文中亚高山泥炭记录的约 1.6 万年以来的气候变化响应了北半球夏季太阳辐射的统一驱动。

关键词： 山地泥炭　晚冰期　全新世　腐殖化度　神农架大九湖　天目山千亩田　气候变化

　　晚冰期以来气候变化很复杂,由于存在几十或几百年重复发生的突变事件而成为全球变化研究的热点[1~6]。该时段内高分辨率气候与环境的重建及其变化机制和表现形式等问题的研究,有可能为研究近现代气候变化机制、几年至千年一遇的突变事件以及预测数十年至百年地球系统的区域至全球尺度的变化速率、幅度、持续时间及趋势提供重要的科学依据。然而,总结近些年研究成果可知,学术界对晚冰期以来特别是全新世的全球气候变化已经有了初步的认识,但由于地域特点,还没彻底弄清楚期间一些重要气候事件和气候阶段是否具全球性,如,是否存在全新世大暖期和最宜期? 如果存在的话,它们是否具有空间一致性? 亚洲季风是否存在一致变化? 若存在气候变化模式的空间差异,驱动机制是什么? 对一些气候突变事件还缺乏足够的证据和系统分析，限制了对事件发生的时空特征及其空间耦合机制的研究。所以，获取更多连续的高分辨率研究材料以建立环境变化序列和提取突变事件信息仍是目前第四纪科学研究的重要内容。

和其他陆地沉积物相比，泥炭具有经济易得、沉积速率较快且沉积连续、沉积环境与过程稳定、时间尺度长和适合的代用指标广泛等优势[7]，因此它是研究过去气候环境变化的理想档案材料[8~12]，其中山间盆地泥炭一般受人类活动影响很小[13]，比平原泥炭更具优势。

泥炭腐殖化度是试图定量描述泥炭分解程度的指标，是泥炭中无定形腐殖质占泥炭样品干重的百分率(%)。由于泥炭的分解是在微生物的作用下植物残体降解的过程，而影响微生物活动的主要因素是水热条件[14]，所以泥炭腐殖化度被用作恢复古气候[15~17]尤其古水文[16,18~21]的代用指标。但综合近年来文献可知，国内外对腐殖化度环境意义的解释有显著差别。欧美大量泥炭腐殖化度研究结果表明，气候越干时泥炭的分解就越强烈，以吸光度表征的腐殖化度就越高，相反，当气候较潮湿时泥炭主要处于还原状态，分解较慢，腐殖化度较低[16,18~21]。而我国学者对青藏高原红原泥炭[22~25]的研究表明，以吸光度表征的腐殖化度偏大指示气候偏暖湿；腐殖化度偏小，指示气候偏干冷的结论。本文对两处山地泥炭，湖北神农架大九湖盆地的泥炭和浙江天目山千亩田泥炭样品进行了腐殖化度测定，结合其他代用指标，进一步探讨这一环境替代指标的古气候意义，研究中国东部季风区晚冰期以来气候变化历史。

1 研究点概况

大九湖泥炭沼泽是中纬度亚热带地区少有的亚高山沼泽，位于神农架林区的最西端，地理坐标109°56′~110°11′E，31°24′~31°33′N（图1），底部海拔高程为1760~1700m，面积约16km²。大九湖盆地外围为海拔2200~2400m的陡峭中山，地处北亚热带，但海拔较高，气候冷湿，年平均气温7.4℃，最热月（七月）平均气温17.2℃；最冷月（一月）平均气温-2.4℃；年平均降水量1528.4mm，相对湿度达80%以上。

千亩田泥炭沼泽位于天目山在浙江境内的最高峰龙王山顶附近（30°29′58″N，119°26′27″E）（参见图1），地处桐杭岗与千亩田峰之间的低洼处，海拔1338m。沼泽区年平均气温为8.8℃，年降水量1870mm。沼泽周围保存着完好的天然林植被及典型的中亚热带山地森林生态景观。土壤类型为山地黄棕壤，沼泽区主要是山地泥炭沼泽土。

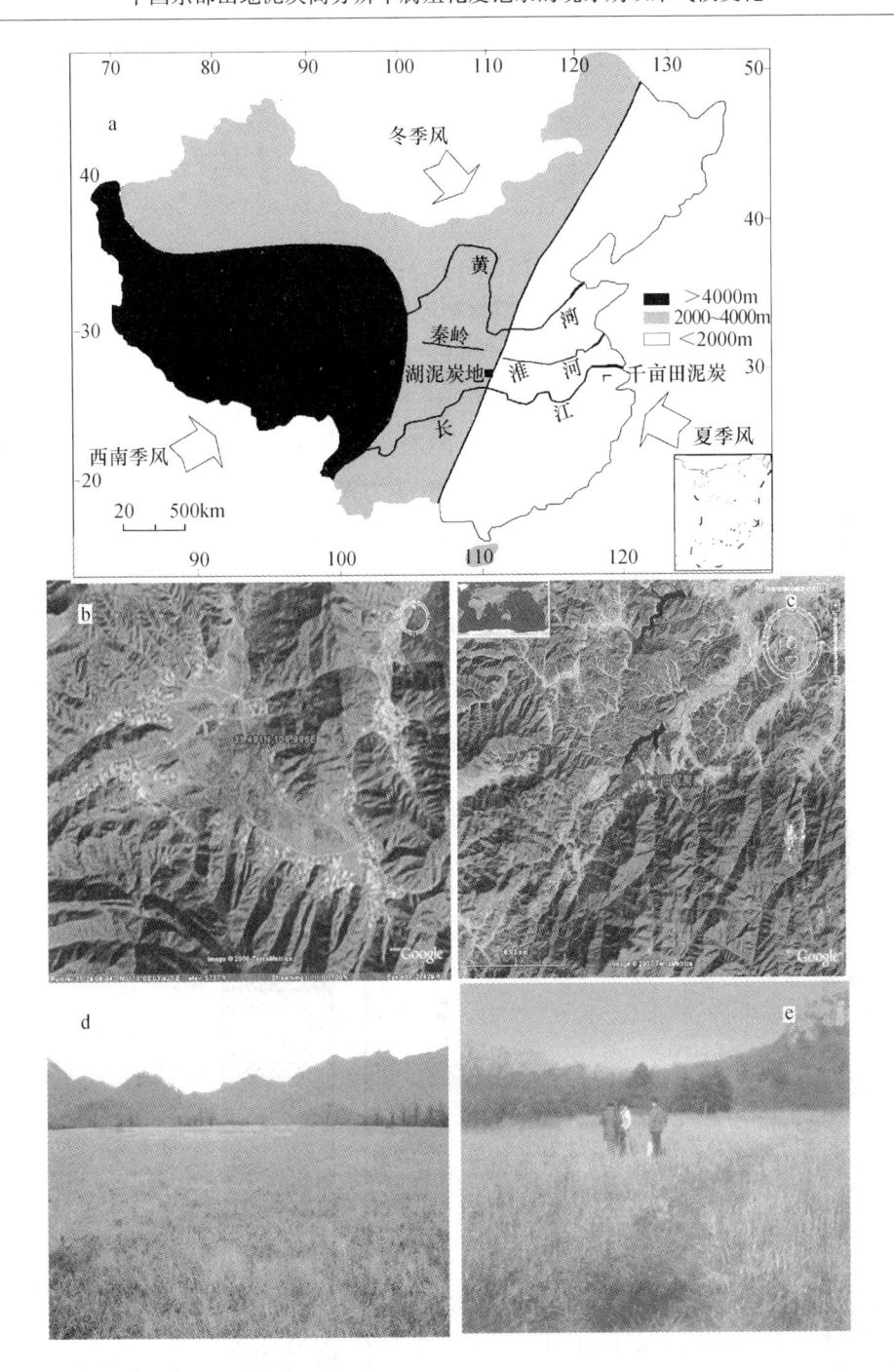

图 1 大九湖泥炭与千亩田泥炭位置与地形略图

a. 大九湖和千亩田在中国季风系统中的位置 b. 大九湖盆地地形图（来自 Google Earth） c. 千亩田泥炭的地形（来自 Google Earth） d. 大九湖沼泽地景观照片 e. 千亩田沼泽地景观照片

2 材料和方法

2.1 野外采样与剖面特征

笔者所在研究组于 2004 年 2 月 16 日至 2 月 18 日在大九湖盆地雇用民工开挖剖面，用特制防锈白铁皮槽采集到 297cm 的泥炭剖面。采样地点 GPS 地理位置为 31°29′27″N，109°59′45″E（参见图 1），海拔 1760m。

根据沉积物特征，本文大九湖剖面自上而下分为九层，具体描述如下（图 2，a）：① 0~20cm 为多草被的灰黑色泥炭表土层；② 20~114cm 为黑色泥炭层；③ 114~180cm 为多草根的灰黑色泥炭层；④ 180~213cm 为青灰色黏土；⑤ 213~230cm 含黏土的灰黑色泥炭层；⑥ 230~259cm 为棕褐色多腐殖物根系的泥炭沼泽土；⑦ 259~280cm 为灰黑色黏土，含腐殖物根系；⑧ 280~292cm 为棕褐色多腐殖物根系的泥炭沼泽土；⑨ 292~297cm（未见底）为含有腐殖物根系的灰黑色黏土。

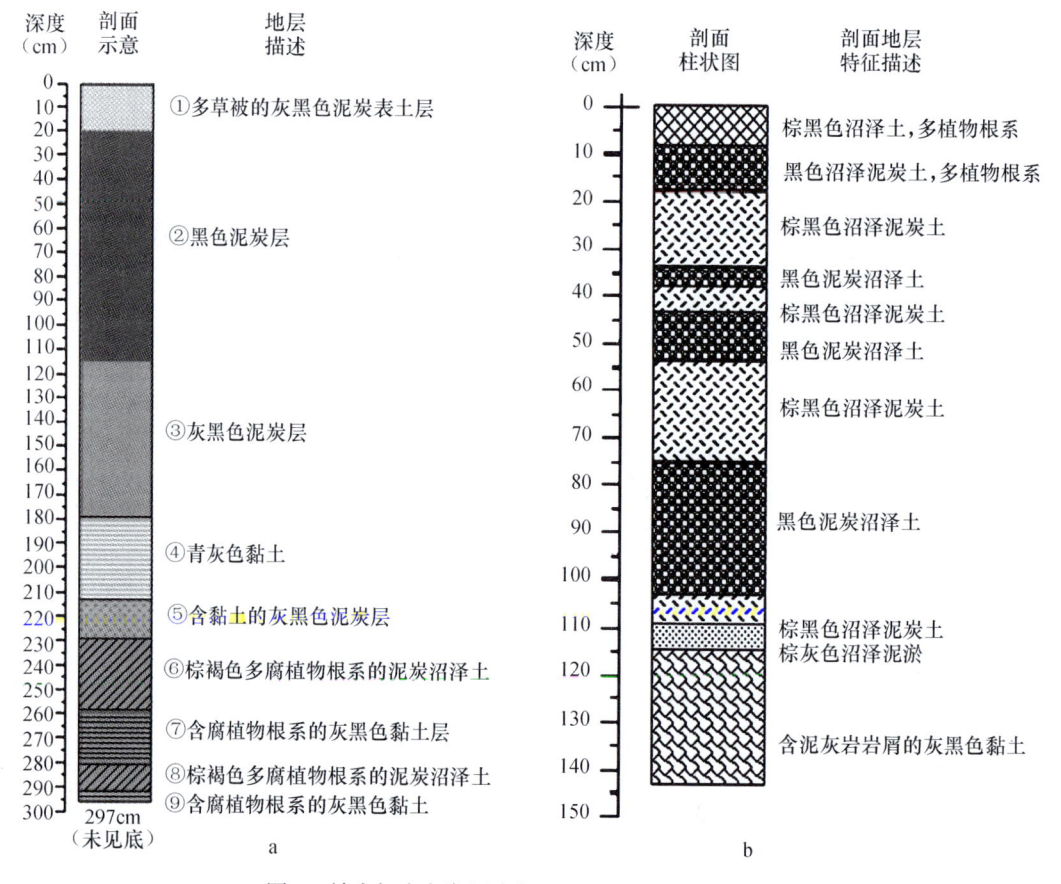

图 2 神农架大九湖泥炭与天目山千亩田泥炭剖面图

a. 大九湖泥炭剖面 b. 千亩田泥炭剖面

千亩田泥炭样品采自千亩田人工剖面，剖面深148cm，根据地层岩性差异自上而下划分为11个层次（图2，b）：

①0~9cm为棕黑色沼泽土，多植物根系；②9~18cm为黑色沼泽泥炭土，多植物根系；③18~34cm为棕黑色沼泽泥炭土；④34~38cm为黑色泥炭沼泽土；⑤38~44cm为棕黑色沼泽泥炭土；⑥44~54cm为黑色泥炭沼泽土；⑦54~75cm为棕黑色沼泽泥炭土；⑧75~104cm为黑色泥炭沼泽土；⑨104~110cm为棕黑色沼泽泥炭土；⑩110~115cm为棕灰色沼泽泥炭；⑪115~148cm为含泥炭岩屑的灰黑色黏土。

2.2 室内分析

目前国际上对古湖沼及泥炭的测年方法存在很大争议。已经认识到从泥炭中提取不同组分测年结果有差异。不过，如果选择适当的组分60~180μm粒级的泥炭被视为沉积过程中未完全分解的植物残体，能够代表泥炭沉积的真实年龄[26]。此外，泥炭测年可能存在"碳库效应"，混合样的年龄或许偏大几百年，所以用AMS技术测定陆生植物残体比测定有机湖沼沉积物本身要好，但一些研究也研究发现许多泥炭的混合样年龄与陆相植物残体的年龄没有明显的差异。本文中为达到高分辨率研究要求，在大九湖剖面上根据深度和岩性变化，选择了10个混合泥炭样品，在千亩田剖面146cm处采集1个树木残体样品，由中国科学院地球环境研究所制样、由北京大学重离子物理研究所协助做AMS^{14}C年代测定。为了获取可信年龄，对混合样品的前处理选择60~180μm粒级的泥炭（湿选后，进行HCL-NaOH-HCL化学处理）进行样品制靶[26]。另外，在千亩田剖面深度55cm、66cm、84cm处分别采集泥炭混合样送往中国科学院南京地理与湖泊研究所^{14}C实验室进行常规^{14}C测定。全部数据使用国际通用的校正程序CALIB 5.01版本①[27]进行日历年校正。对校正结果采用分段线性拟合建立年代深度模式，然后内插外推得出其他样品的年代。

腐殖化度的测定采用了传统的碱提取溶液吸光度法[15]，实验步骤为：将岩芯按1cm间距连续切样，大九湖297cm的剖面共得到297个样品，千亩田148cm的剖面共得到148个样品。样品自然风干前尽量小心去除现代根系污染，之后，磨细过60目筛，搅拌均匀，精确称取0.1000g样品，放入100ml烧杯中，加入50ml之前混合好的8%的NaOH。在电热板上加热烧杯（在通风橱中）直到沸腾。然后降低电热板的温度，样品微热慢煮1小时，使蒸发作用达最小，同时使泥炭中的腐殖酸充分浸出。冷却后，转移至100ml的容量瓶，稀释至刻度，然后摇晃均匀。用定量试纸过滤样品。取清液50ml转入100ml的容量瓶，用水1:1稀释至刻度，摇晃均匀，用岛津UV-3000型分光光度计对泥炭样品的碱提取物在波长540nm处进行吸光度测定，其吸光度值即用来表

---

① Stuiver M, Reimer P J and Reimer R W. CALIB5.0.2005. WWW. program and documentation.

征泥炭的腐殖化度，数据以吸光度的百分率形式给出。

为了对比分析，我们对所有样品同时做了烧失量实验，以简单测定有机质含量。实验方法是：把以1cm间距连续分得的样品在恒重坩埚中放入105℃烘箱干燥12~24小时，称重后550℃灼烧4小时[28,29]，烧失部分的重量占干样品重量的百分比即为烧失量。腐殖化度实验和烧矢量实验均在南京大学现代分析中心完成。另外，本文还给出了大九湖剖面的有机碳含量，实验步骤为：①样品烘干，研磨过80目筛；②取一定量的样品，加入5%的稀盐酸多次搅拌，不断加入稀盐酸直至反应完全，浸泡一昼夜；③用中性去离子水洗至中性（pH=7），烘干后研磨过150目筛；④根据样品中有机碳氮的含量称取一定量的被测样品在锡舟紧密包裹下送入氧化炉中，由AS200型自动进样器FLASH EA1112型元素分析仪测出TOC百分含量。实验在中国科学院南京地理与湖泊研究所湖泊沉积与环境开放重点实验室进行。两个剖面的Rb和Sr的含量用X荧光光谱法测定，即把事先准备好的粉末状样品压片，在南京大学现代分析中心利用瑞士ARL公司生产的ARL-9800型X射线荧光光谱仪（XRF即X-Ray Fluorescence Spectrometer）测定出Rb和Sr的含量，误差小于1×10^{-6}。孢粉数据来自我们已经发表过的论文[30]和本实验室博士毕业论文[31]。

3 结果与分析

3.1 年代

表1给出了大九湖剖面和千亩田剖面测年数据及日历年校正结果。

表1 大九湖剖面和千亩田剖面测年数据及日历年校正结果

剖面名称	实验室编号	样品编号	深度（cm）	测试材料	^{14}C年代（aBP）	日历校正年代（1σ, cal aBP）
大九湖剖面	XLLQ1632	DJ①	25~26	泥炭	510±30（AMS）	528（515~540）
	XLLQ1633	DJ②	50~51	泥炭	1940±30（AMS）	1896（1865~1926）
	XLLQ1634	DJ③	80~81	泥炭	2780±30（AMS）	2887（2845~2928）
	XLLQ1635	DJ④	110~111	泥炭	3490±30（AMS）	3808（3788~3827）
	XLLQ1636	DJ⑤	140~141	泥炭	6560±40（AMS）	7459（7429~7488）
	XLLQ1637	D2⑥	170~171	泥炭	7740±30（AMS）	8531（8508~8553）
	XLLQ1638	DJ⑦	220~221	泥炭	10790±35（AMS）	12827（12809~12844）
	XLLQ1639	DJ⑧	250~251	泥炭	12400±35（AMS）	14348（14203~14492）
	XLLQ1640	DJ⑨	280~281	泥炭	12650±35（AMS）	14936（14816~15055）
	XLLQ1641	DJ⑩	296~297	泥炭	13290±35（AMS）	15755（15579~15928）

续表

剖面名称	实验室编号	样品编号	深度（cm）	测试材料	^{14}C 年代（aBP）	日历校正年代（1σ, cal aBP）
千亩田剖面	KF04080	QMT54-55	54~55	泥炭	1381±140（常规）	1291（1167~1415）
	KF05032	QMT65-66	65~66	泥炭	2477±131（常规）	2584（2451~2716）
	KF04086	QMT83-84	83~84	泥炭	3086±127（常规）	3293（3141~3455）
		QTM145-146	145~146	古树残体	4135±40（AMS）	4619（4578~4659）

根据测定结果（表1），结合深度—年代模式（图3）计算了两处泥炭剖面的沉积速率（表2）。大九湖297cm厚的地层各层沉积速率是不一致的。其中，沉积速率最快的是280.5~250.5cm，沉积速率为0.051cm/a，140.5~110.5cm沉积速率最慢为0.0082cm/a，绝大部分地层沉积速率为0.02~0.04cm/a，平均约53a/cm；千亩田泥炭剖面在65.5~83.5cm之间沉积速率最快，为0.025cm/a，在54.5~65.5cm最慢，为0.0085cm/a，平均约31.6a/cm，均达到高分辨率研究的要求。

表2 大九湖和千亩田泥炭地层沉积速率推算表

	深度（cm）	时间跨度（cal aBP）	沉积速率（cm/a）
大九湖剖面	0~25.5	528	0.048
	25.5~50.5	1368	0.018
	50.5~80.5	991	0.030
	80.5~110.5	921	0.033
	110.5~140.5	3651	0.0082
	140.5~170.5	1072	0.028
	170.5~220.5	4296	0.012
	220.5~250.5	1521	0.02
	250.5~280.5	588	0.051
	280.5~296.5	818	0.021
千亩田剖面	0~54.5	1291	0.042
	54.5~65.5	1292.5	0.0085
	65.5~83.5	709.5	0.025
	83.5~145.5	1325.5	0.047

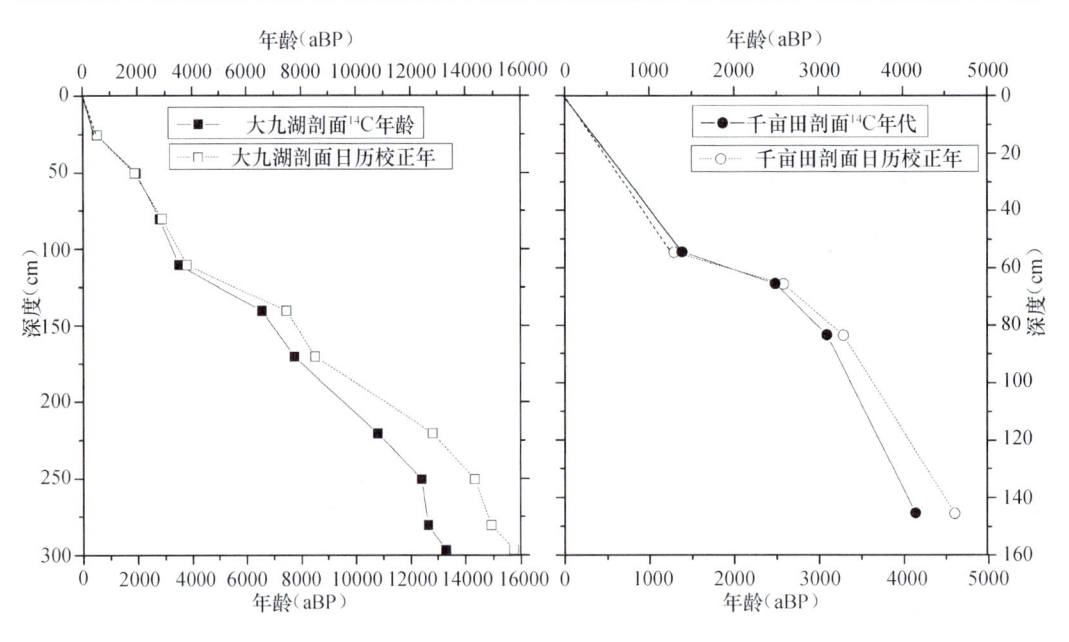

图3 大九湖泥炭与千亩田泥炭剖面年代深度模式

文中根据两个测年数据之间的沉积速率，内插推算出每个样品的年龄。由于没有近代测年手段控制，大九湖 0～25cm 的样品年龄和千亩田 0～54cm 的样品年龄由外推所得。由于两处泥炭堆积目前仍在进行，故可假定泥炭表面的年龄为零。

3.2 环境替代指标的测试结果与腐殖化度环境意义

泥炭的形成是各种自然因素综合作用的结果，而水热条件是泥炭形成的决定性因素。水分和热量直接影响沼泽植物种类、生长发育、微生物的分解量、分解强度、泥炭累积，并决定沼泽的水文条件。腐殖化度代表泥炭的分解程度，影响泥炭腐殖化度的因素主要有微生物活动、水热状况、土壤酸碱度、成炭植物类型等[14]，最主要的是水热条件。白光润等[32]在我国不同的 8 个研究地点进行的植物分解率与水热条件的关系研究证明"水热对比制约泥炭形成"，泥炭对湿度的表证比温度更敏感。另外，亚热带 1000m 以上高山上普遍积累泥炭，除温度低的因素以外，与高山气压低溶解氧含量少有关。

泥炭腐殖化度测定方法原理基于泥炭中腐殖酸的比例是随着泥炭的分解程度而增加的。欧美平原泥炭研究者认为，地表相对干燥时泥炭分解快，因此，腐殖酸相对含量的变化可能作为过去湿度变化的代用指标[15]。尽管有人报道腐殖化度记录可能因泥炭植物成分而偏差，且对泥炭的腐烂过程理解不充分[33]，但不可否认，腐殖化度在恢复地表湿度发生重大变化时是一个很可靠的代用指标[33,34]。2003 年在欧洲经济共同体资助下，由 Chanbers 牵头，联合英国、德国和法国等 9 个国家开始一项名为记录欧洲陆地的突然气候变化（ACCROTELM）① 研究计划在方法上，重点把泥炭腐殖化度指标与泥炭中的植物大化石、阿米巴虫等指标进行对比，以进一步认识泥炭腐殖化度的古气候意义。2005年，Anders Borgmark 对瑞典中南部的两个泥炭剖面提取了过去10000年的腐殖化度记录[35]，并利用功能谱分析揭示出该地250年的气候变化周期。总结起来，欧美平原泥炭腐殖化度的环境意义主要为：气候越干时泥炭的分解就越强烈，以吸光度表征的腐殖化度就越高，相反，当气候较潮湿时泥炭主要处于还原状态，分解较慢，腐殖化度较低。

我国目前主要对青藏高原若尔盖地区的红原泥炭进行了腐殖化度的测定和研究[22~25]，把其当作夏季风的代用指标[25]，认为湿润温暖的气候条件，即湿暖气候组合，一方面促进植物初级生产力提高，提供较多的植物残体进行腐解；另一方面也提高了微生物的分解能力。这两方面的综合作用使得泥炭中无定形腐殖质百分含量增高，即腐殖化度增高；反之，在干旱寒冷的气候条件，即干冷气候组合，不仅使植物初级生产力减弱，仅能提供较少的植物残体进行腐解，而且同时使微生物分解能力也减弱，导致泥炭中无定形腐殖质的百分比降低，即泥炭的腐殖化度降低。因此，泥炭的腐殖化度反映了腐殖化分解作用的综合影响，因此也间接地反映了水热条件的影响。泥炭的腐殖化度较高，指示气候较湿暖；泥炭的腐殖化度较低，指示了气候较干冷[22,23]。

可见，目前国内外学术界对泥炭腐殖化度的环境指示意义存在很大的分歧。

为了弄清本文中东部季风区亚高山山间盆地泥炭腐殖化度的环境意义，图4（d 和 e）给出了千亩田泥炭和大九湖泥炭的吸光度测试结果，并对比分析了两处泥炭的孢粉数据，对水生草本植物花粉（狐尾草属 *Myriophyllum*、荇菜属 *Nymphoidies*、泽泻科 Alisma、莎草科 Cyperaceae、眼子菜科 Potamogetonaceae 和香蒲属 *Typha*）百分含量与有机质（图4）、Rb/Sr（图5）等指标进行详细的比较研究。

烧失量是对高温燃烧之后土壤有机质的损失量（loss-on-ignition）的测定[29]。近年来的研究表明，通过对地层剖面的有机质损失量的测定，可以粗略表示有机碳含量，反映出过去气候和环境状况，因而烧失量的数值波动所对应的环境状况和气候特征具有明显的指示意义。图4中 b（大九湖泥炭 TOC 百分含量）和 c（大九湖泥炭550℃烧失量）两条曲线几乎完全一致，说明简单的烧失法得出的沉积物烧失量变化可以反映沉积物中有机碳含量变化，进而可以反映出沉积物中有机质的含量变化。以往学者的研究表明[9]，东部季风区泥炭有机碳含量越高，说明越干的气候特点。由图4可以看出，两个剖面的吸光度曲线与 TOC 含量、有机质含量（用550℃烧失量表征）呈明显的正相关，和水生草本花粉的百分含量曲线基本呈负相关。从两剖面的孢粉图谱[30,31]看3.7~0.9cal kaBP 之间，水生草本和蕨类均为本剖面最低。木本植物中，针叶树所

---

① http://www2.glos.ac.uk/accrotelm/.

占百分比较小；阔叶树中桦和落叶栎百分比高而较稳定，属于含常绿树种的落叶阔叶林，体现出较干的气候特点。而Zhao等[36]对大九湖盆地另一个深120cm的泥炭剖面（4.7cal kaBP以来的连续沉积）的孢粉、植物大化石、地球化学元素等多指标分析也表明该研究区域气候在3.6cal kaBP前后由湿润转为干旱。但在8.2kaBP前后，湿生花粉比例明显增大，出现高峰，但随后就是一个低谷，这可能因为气候由早全新世的湿润转为冷干时大九湖水位降低，大面积湖滩地出露，使得湿生花粉增加，但随着干旱程度和范围的增大，湿生花粉含量又减少。而11.4~12.6cal kaBP和15.2~16cal kaBP，也是属于冷干事件，但由于其变幅很大，滩地变干，不适宜湿生植物生长，其花粉浓度下降。

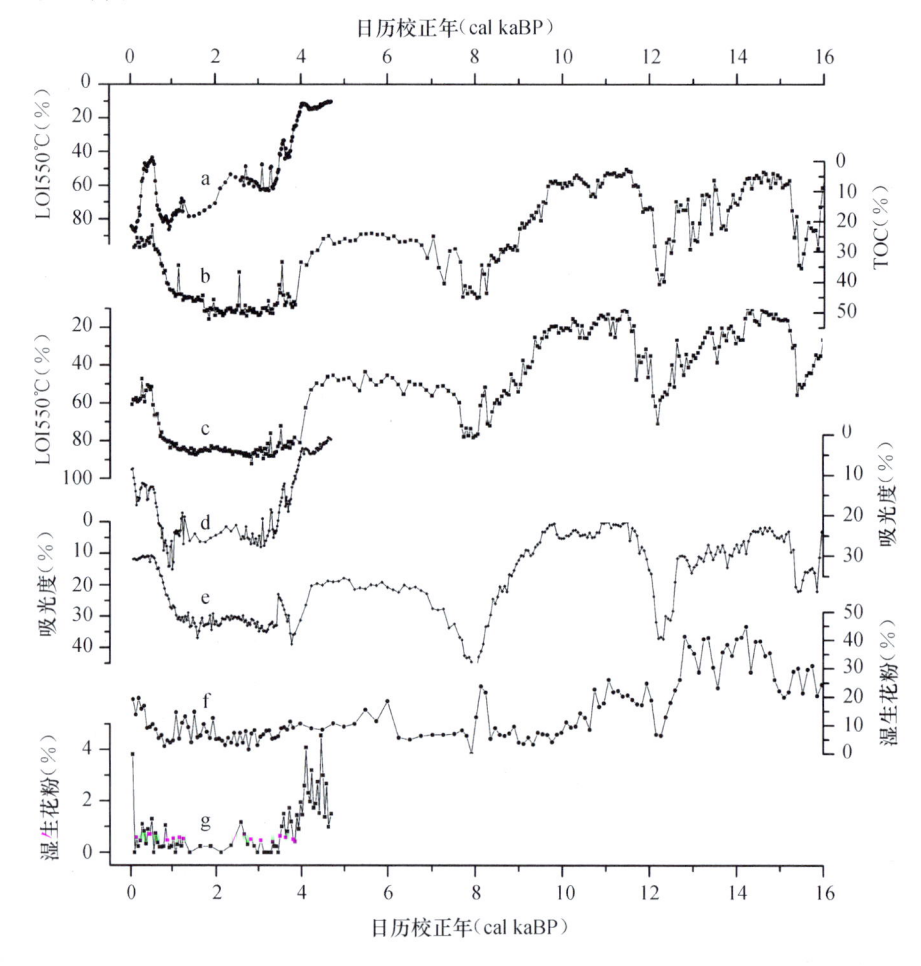

图4 大九湖泥炭和千亩田泥炭的腐殖化度与TOC、湿生花粉百分比含量的比较
a. 千亩田泥炭550℃烧失量　b. 大九湖泥炭TOC百分含量　c. 大九湖泥炭550℃烧失量
d. 千亩田泥炭腐殖化度　e. 大九湖泥炭腐殖化度　f. 大九湖泥炭湿生花粉百分含量　g. 千亩田泥炭湿生花粉百分含量

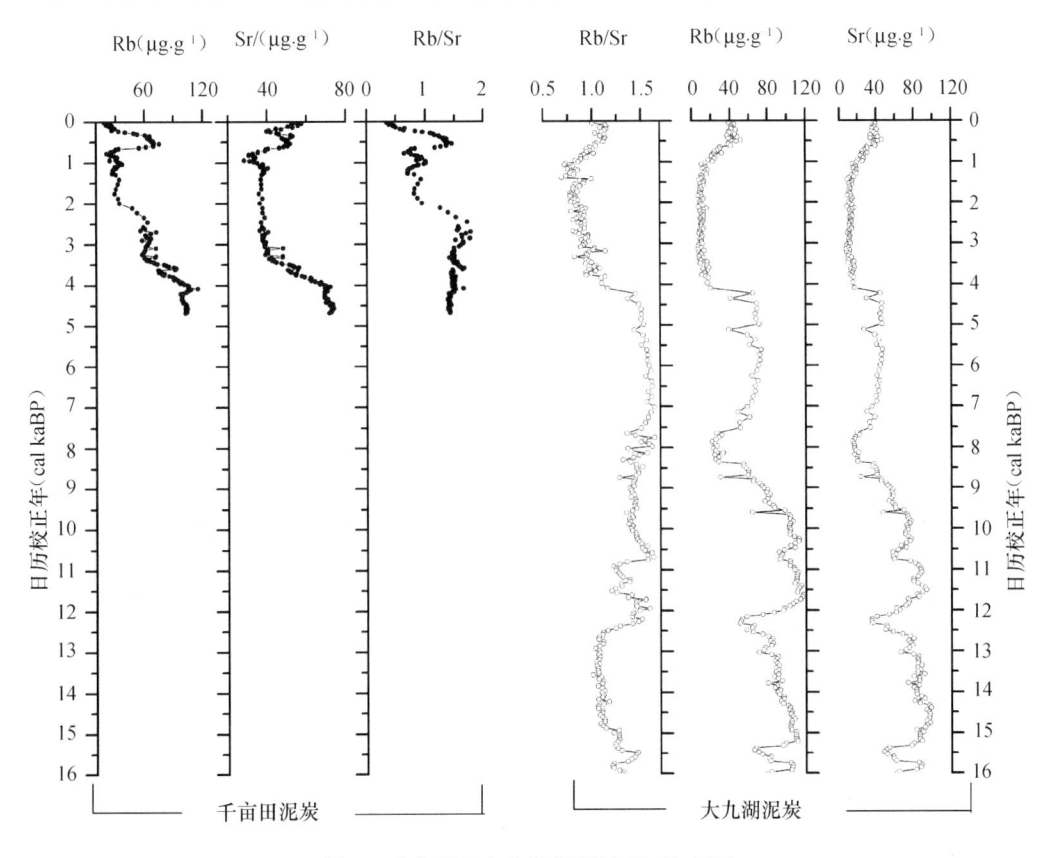

图 5 千亩田和大九湖剖面的 Rb/Sr 记录

图 6 中两处泥炭剖面的 Rb、Sr 及 Rb/Sr 的记录进一步对比说明了腐殖化度的环境意义。通常认为元素在表生环境中具有不同的地球化学行为，化学风化时一些碱及碱金属元素容易迁移淋失。Sr 属于易迁移元素，一般的水热条件即可从风化壳中淋溶出来，而 Rb 元素迁移能力较弱，只有在湿润条件下，化学风化作用和生物作用较强时，才能够从岩石中迁出，所以 Rb/Sr 越大，气候越潮湿，反之则干燥[37]。从图 5 可以看出，整体来说，两个剖面的 Rb、Sr 含量和 Rb/Sr 呈正相关，和腐殖化度曲线（图 4）呈显著的反相关，说明以吸光度表征的腐殖化度越大，Rb、Sr 含量和 Rb/Sr 越低，气候越干旱。但在 8.2kaBP 前后，及约 16～11.4cal kaBP 之间的晚冰期内，Rb/Sr 曲线出现和 Rb、Sr 及腐殖化度曲线反相关的趋势。金章东等[38]认为湖泊沉积物的 Rb/Sr 比值受气候变化制约的，高 Rb/Sr 比值是湖泊沉积物中 Sr 低含量决定的，反映处于不利于岩石风化的寒冷气候条件。大九湖剖面下部 Rb/Sr 值和中上部 Rb/Sr 指示意义的不同可能和盆地内流域面积变化及泥炭累积导致的元素风化差异有关。限于本文篇幅和研究重点，关于这两处山地泥炭 Rb、Sr 和 Rb/Sr 记录将另文给出详细研究。

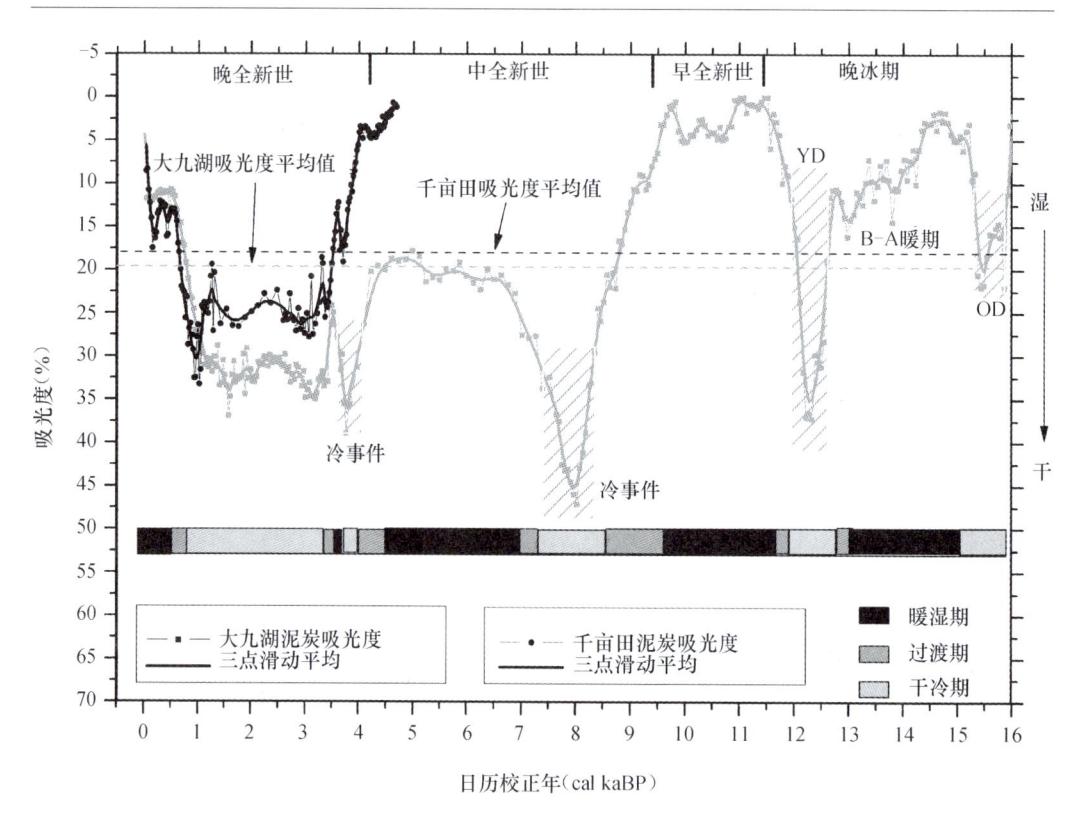

图 6 大九湖泥炭与千亩田泥炭的腐殖化度曲线

总之，以上的多指标对比分析表明，以吸光度百分率表征的泥炭腐殖化度是研究气候变化的良好环境替代指标。对东亚季风区中纬度亚高山的山间盆地泥炭来说，气候越干冷时，地表有效湿度（降水量—蒸发量）越小，泥炭的分解就越强烈，腐殖化度就越高；相反，当气候较温暖潮湿时，地表有效湿度（降水量—蒸发量）大，泥炭主要处于还原状态，分解较慢，腐殖化度较低。分析认为，东部季风区基础温度比青藏高原高，地下水位变化大，对已经是湖沼的地区而言，降水量增大，对植物生长不利，腐殖化度和有机碳含量便会减小。而青藏高原东部较东部季风区高度大，降水相对少，温度低，暖湿的气候使得微生物活动强烈，地表冻结时间缩短，植物生长量加大，泥炭腐殖化度高，有机碳含量也增大。

3.3 东部山地泥炭腐殖化度记录的晚冰期来的气候变化

由图 6 可以看出以下特点：

（1）大九湖泥炭约 16cal kaBP 以来的泥炭吸光度为 0~47.1%，变化幅度较大，平均 19%，并整体上呈现出晚冰期和早全新世为低值、中晚全新世高值的特点；千亩田泥炭 4.7cal kaBP 以来的泥炭吸光度为 7%~33.3%，平均 16.4%。总体看来，近 5000 年以来的大九湖泥炭腐殖化度大于千亩田泥炭，这可能与两处泥炭的海拔不同、靠海的远近不同及地方因素引起的。但是，两条曲线变化又有很强的一致性。考虑到两个剖面测年数据存在一定误差的条件下，可以看出，这两处山间盆地泥炭对近 5kaBP 以来的季风降水的响应记录总体是一致的，仅在细微处有差异。

（2）近 5000 年来的气候变化在两个中纬度山地泥炭剖面中几乎同步记录有三大阶段：4.9～3.5cal kaBP，泥炭吸光度处于低值，说明季风降水整体处于高值，但波动剧烈，其中，在约 4.2cal kaBP 前后，季风降水急剧下降（吸光度值快速增大），在 3.7cal kaBP 前后达到最干旱的峰值后又快速回升；3.5～0.9cal kaBP，季风降水强度整体较弱（吸光度值整体偏高），但也存在明显的次级干湿波动；0.9cal kaBP 以来，吸光度值逐渐降低，表明季风降水增多，气候变得暖湿。

（3）大九湖剖面的腐殖化度记录了晚冰期（约 16～11.4cal kaBP）中的新仙女木（YD）（约 11.4～12.6cal kaBP）冷干事件（泥炭吸光度值为高峰）、博令—阿勒罗德暖湿期（B—A 暖期）（约 12.6～15.2cal kaBP）（泥炭吸光度值为低谷值）、最老仙女木冷干事件（OD）（约 15.2～16cal kaBP）（泥炭吸光度值为高峰）、早全新世的湿润期（约 11.4～9.4cal kaBP）（泥炭吸光度值为剖面最低谷）和 8.2cal kaBP 前后的冷干事件（泥炭吸光度值为高峰）。在约 7～4.2cal kaBP 之间，沉积物的吸光度接近剖面平均值，且较稳定，说明此阶段温度和湿度尤其有效湿度（降水量—蒸发量）适中，应该是全新世最佳适宜期。

4 讨 论

为了进一步探讨两处山地泥炭记录的季风降水变化的信息，本文利用已发表的贵州董哥洞平均分辨率为 5 年的 DA 石笋 $\delta^{18}O$ 记录[39]（图 7，a）和与大九湖剖面位于相同研究区域的神农架山宝洞石笋 $\delta^{18}O$ 记录[40]（图 7，b）进行对比分析。可以看出：大九湖和千亩田两处泥炭的腐殖化度记录的来季风降水变化和神农架山宝洞石笋、贵州董哥洞石笋 $\delta^{18}O$ 记录总体趋势有一致性。大九湖泥炭腐殖化度显著记录的晚冰期（约 16～11.4cal kaBP）中的新仙女木（YD）（约 11.4～12.6cal kaBP）冷干事件，博令—阿勒罗德暖湿期（B—A 暖期）（12.6～15.2cal kaBP）和最老仙女木冷干事件（OD）（约 15.2～16cal kaBP）和神农架山宝洞石笋、贵州董哥洞石笋 $\delta^{18}O$ 记录在时间和变化特征上大体一致。大九湖泥炭腐殖化度曲线明显体现出早全新世（11.4～9.4cal kaBP）的最湿润期和 8.2cal kaBP 前后的冷干事件，这在两处石笋 $\delta^{18}O$ 记录也有体现，但山宝洞石笋对 8.2kaBP 冷事件反映不够显著。在约 7～4.2cal kaBP 之间，大九湖泥炭腐殖化度和山宝洞石笋 $\delta^{18}O$ 记录均总体体现出较平稳的变化趋势，说明该阶段气候较稳定，但山宝洞记录的早中全新世气候变化没有大九湖泥炭反映的明显。几条曲线都表明在 4.2cal kaBP 前后，出现中晚全新世气候转型，由湿润快速转向干旱，标志着中全新世气候适宜期的快速结束。神农架山宝洞石笋数据不全[40]，而董哥洞石笋氧同位素数据[39]表明距今约 800 年以来季风降水呈明显的上升趋势，和两处泥炭剖面的腐殖化度记录具一致性。由此可见，两处泥炭剖面的腐殖化度记录和研究区域及相近区域的高分辨率石笋 $\delta^{18}O$ 记录具有较好的对比性，但在细节处有一定差别，这可能和记录载体（石笋和泥炭）的本身性质差异、分辨率及小区域气候差异性有关（图 7，c、d）。

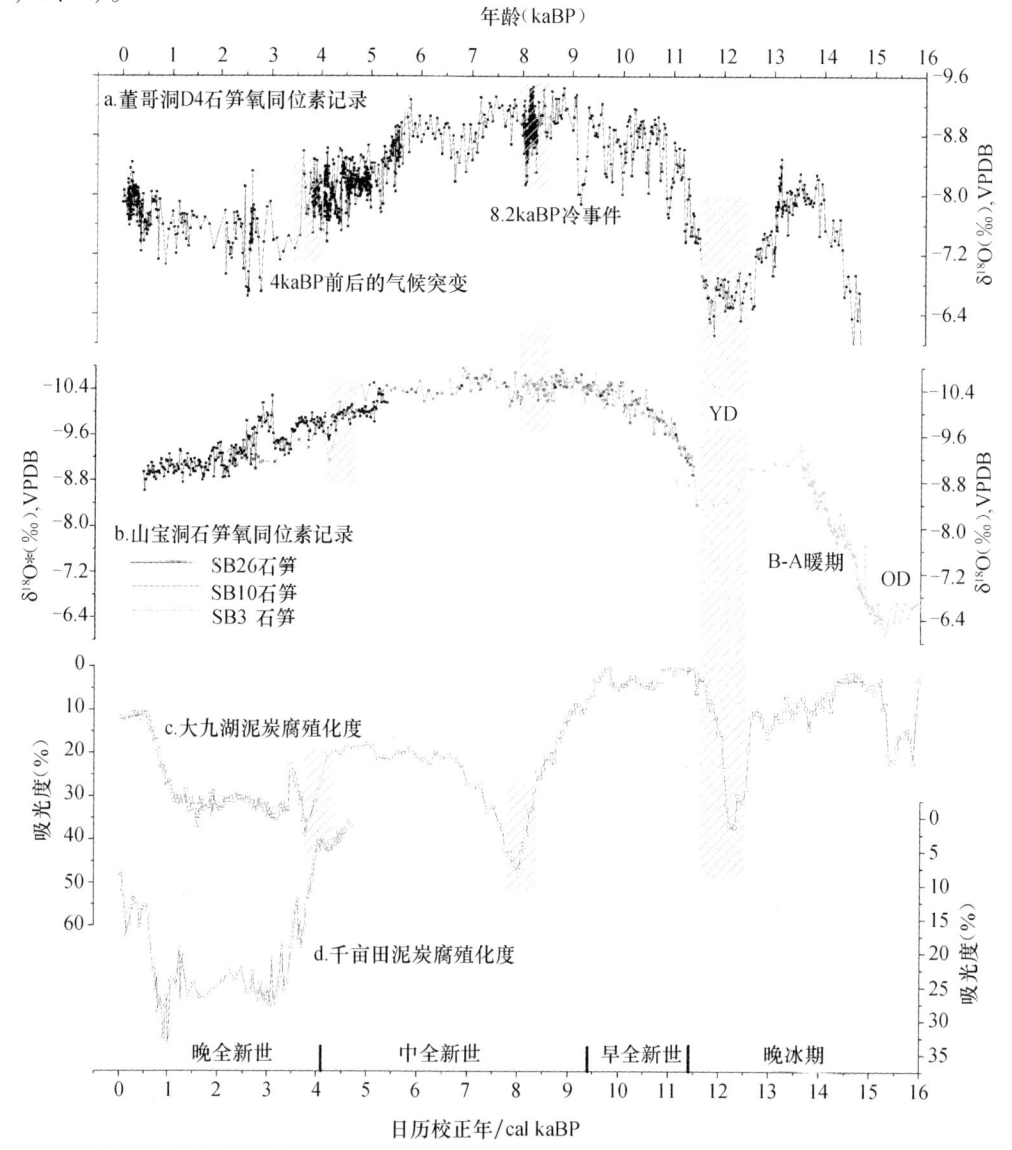

图 7 大九湖和千亩田泥炭吸光度与东亚季风区高分辨率石笋氧同位素记录对比

a. 贵州董哥洞平均分辨率为 5 年的 DA 石笋记录[39] b. 神农架山宝洞石笋的 $\delta^{18}O$ 记录[40] c. 大九湖泥炭腐殖化度曲线 d. 千亩田泥炭腐殖化度曲线

和东亚季风区其他地质记录比较来看,哈尼泥炭纤维素 $\delta^{13}C$ 数据[41]表明东亚季风区近5cal kaBP以来的气候变化有着和本文两泥炭剖面记录的气候变化有一致性,即在近5cal kaBP~约4cal kaBP属于暖湿期,约4cal kaBP后期后转为凉干,在约1cal kaBP后又有转为暖湿的趋势,表现为气候变化的三个阶段。而华南的江西定南大湖泥炭[9,42](24°41′N,115°E,海拔250~260 m)TOC等记录到晚冰期的新仙女木冷事件和博令—阿勒罗德暖湿期(B—A暖期),显示全新世适宜期发生在10~6cal kaBP,6~4cal kaBP的中全新世是寒冷干燥期;其孢粉数据[43]也表明大湖地区15.6~11.6cal kaBP孢粉植被是有常绿阔叶树的落叶阔叶林,气候温和湿润;11.6~6cal kaBP孢粉植被演替为栲/石栎为建群种的常绿阔叶林,气候温暖湿润;6cal kaBP以来,孢粉组合最大特点是木本植物花粉急剧减少,草本植物花粉在后期含量高,蕨类孢子急剧增多,孢粉植被与6cal kaBP以前比较,发生了明显的变化,气候环境在6cal kaBP左右向凉、干转化,在约3cal kaBP前后发生转变,由凉干转向暖湿。这和大九湖记录到的晚冰期及早全新世气候变化有一致性,但与两个泥炭剖面多种指标揭示4.2cal kaBP前后季风发生转型由暖湿转向干冷不一致,可能与纬度位置和海拔高度有关。青海湖晚冰期以来沉积物孢粉、碳酸盐、有机C、N和有机$\delta^{13}C$等多项指标高分辨率分析[44,45]表明,15.4cal kaBP起,气候开始向暖湿化发展,7.4cal kaBP时达到了暖湿组合的鼎盛期,4.5cal kaBP以后气候又逐步转入冷干,这和大九湖沉积记录有着一致性。广东湛江湖光岩玛珥湖高分辨率孢粉记录[46]显示中国南方热带—亚热带地区高温湿润的全新世适宜期发生在早全新世(9.5~8cal kaBP),晚全新世4.2cal kaBP开始,草本植物和山地针叶植物花粉明显增多,揭示出晚全新世湖光岩地区温度、湿度明显下降。该湖沉积物晚冰期以来的TOC、磁化率、Ti元素含量等环境替代指标[47]表明了相似的晚冰期季风变迁特征和早全新世湿润的气候特点,但在约7~5cal kaBP之间体现出夏季风的低谷和大九湖泥炭腐殖化度记录的水热配置的最佳适宜期不相符合。而海南岛双池玛尔湖全新世高分辨率粒度、黏土矿物、C/N、孢粉、藻类等记录[48]显示热带湖泊全新世高温期为7.2~2.7cal kaBP,在2.7cal kaBP前后气候模式发生转变,和中纬度山地泥炭记录的气候变化不一样。

可见,东亚季风区晚冰期以来尤其全新世的气候变化很复杂,在晚冰期和早全新世存在较一致性的变化,但在中晚全新世季风变迁和气候变化方面有差异,仍然需要寻找更多的高分辨率地质记录来探寻其可能的规律性。但总体来说,对比该纬度太阳辐射曲线[49]可知,本文两处中纬度泥炭腐殖化度记录的季风降水变化趋势与太阳辐射曲线呈现大体一致的变化,说明亚洲季风在末次冰期后季风快速加强,早全新世季风强盛、随后季风衰退,中全新世季风变弱,气候变干,主体上响应了北半球夏季太阳辐射的统一驱动[50]。

5 结 论

（1）以吸光度百分率表征的泥炭腐殖化度是研究季风降水的良好环境替代指标。研究表明，对于东亚季风区中纬度山地泥炭，气候越干冷时泥炭的分解就越强烈，腐殖化度就越高，相反，当气候较温暖潮湿时泥炭主要处于还原状态，分解较慢，腐殖化度较低。

（2）神农架大九湖泥炭和天目山千亩田泥炭近5000年以来的腐殖化度记录有着很好的一致性，表明相近纬度不同经度的山地泥炭对东亚季风变化的响应是同步的。

（3）大九湖剖面的腐殖化度记录了晚冰期（约16~11.4cal kaBP）中的新仙女木（YD）（约11.4~12.6cal kaBP）冷干事件、博令—阿勒罗德暖湿期（B—A暖期）（约12.6~15.2cal kaBP）、最老仙女木冷干事件（OD）（约15.2~16cal kaBP）、早全新世的湿润期（约11.4~9.4cal kaBP）、8.2cal kaBP前后的冷干事件和在约7~4.2cal kaBP之间的适宜期。

（4）近5kaBP来的气候变化在大九湖和千亩田两个山地泥剖面中几乎同步记录有三大阶段：4.9~3.5cal kaBP，季风降水整体处于高值，但波动剧烈，其中，在约4.2cal kaBP前后，季风降水急剧下降（吸光度值快速增大），在3.7cal kaBP前后达到最干旱的峰值后又快速回升；3.5~0.9cal kaBP，季风降水强度整体较弱（吸光度值整体偏高），但也存在明显的次级干湿波动；0.9cal kaBP以来，吸光度值逐渐降低，表明季风降水增多，气候暖湿。

（5）和中国东部季风区其他高分辨率沉积记录对比发现，两处泥炭记录的近1.6万年的晚冰期以来气候变化响应了北半球夏季太阳辐射的统一驱动。

致谢：感谢编辑部老师们和两位匿名评审专家对论文的修改提出的宝贵意见，感谢南京大学地理与海洋科学学院的王富葆教授和北京大学城市与环境学院的莫多闻教授在本文修改中给予的讨论启发，感谢毕业于我院的黄润博士、关勇硕士、南京大学现代分析中心的陶仙聪老师、中科院南京地理与湖泊研究所的张恩楼老师、中国科学院地球环境研究所的卢雪峰老师等在野外采样和实验中给予的帮助！

参 考 文 献

[1] 覃嘉铭，袁道先，程海，等．新仙女木及全新世早中期气候突变时间：贵州茂兰石笋氧同位素记录．中国科学（D辑）：地球科学，2004，34（1）：69~74.

[2] 沈吉，杨丽源，羊向东，等．全新世以来云南洱海流域气候变化与人类活动的湖泊沉积记录．中国科学（D辑）：地球科学，2004，34（2）：130~138.

[3] Hong Y T, Wang Z G, Jiang H B, et al. A 6000-year record of changes in drought and precipitation

in northeastern China based on a δ^{13}C time series from peat cellulose. *Earth Plant Sci Lett*, 2001, 185: 111-119.

[4] Feng Z D, An C B, Wang H B. Holocene climatic and environmental changes in the arid and semi-arid areas of China: a review. *Holocene*, 2006, 16 (1): 119-130.

[5] 朱诚, 郑朝贵, 马春梅, 等. 对长江三角洲和宁绍平原一万年来高海面问题的新认识. 科学通报, 2003, 48 (23): 2428~2438.

[6] Wu W X, Liu T S. Possible role of the "Holocene Event 3" on the collapse of Neolithic Cultures around the Central Plain of China. *Quat Int*, 2004, 117: 153-166.

[7] Chanbers F M, Charman D J. Holocene environmental change: contributions from the peatland archive. *Holocene*, 2004, 14 (1): 1-6.

[8] Blackford J. Palaeoclimatic Records from peat bogs. *Trends Ecol Evol*, 2000, 15 (5): 193-198.

[9] Zhou W J, Yu X F, Jull A J Timothy, et al. High-resolution evidence from southern China of an early Holocene optimum and a mid-Holocene dry event during the past 18000 years. *Quat Res*, 2004, 62 (1): 39-48.

[10] 陶发祥, 洪业汤, 姜洪波. 贵州草海地区最近8ka的气候变化. 科学通报, 1996, 41 (16): 1489~1492.

[11] Xu H, Hong Y T, Lin Q H, et al. Temperature responses to quasi-100-yr solar variability during the past 6000 years based on δ^{18}O of peat cellulose in Hongyuan, eastern Qinghai-Tibet plateau, China. *Palaeogeogr Palaeoclimatol Palaeoecol*, 2006, 230 (1-2): 155-164.

[12] 钟巍, 王立国, 西甫拉提·特依甫, 等. 太阳活动对塔里木盆地南缘近4ka以来气候波动的可能影响. 科学通报, 2004, 49 (11): 1079~1083.

[13] 何报寅, 张穗, 蔡术明. 近2600年神农架大九湖泥炭的气候变化记录. 海洋地质与第四纪地质, 2003, 23 (2): 109~115.

[14] 柴岫. 泥炭地学. 北京: 地质出版社, 1990: 1~4.

[15] Blaekford J J, Chambers F M. Determining the degree of peat decomposition for peat-based paleoclimatic studies. *Int Peat J*, 1993, 5: 7-24.

[16] Blackford J. Proxy climate record for the last 1000 years from Irish blanket peat and possible link to solar variability. *Earth Plant Sci Lett*, 1995, 133: 145-150.

[17] Anders B. Holocene climate variability and periodicities in south-central Sweden, as interpreted from peat humification analysis. *Holocene*, 2005, 15 (3): 387-395.

[18] Blackford J J, Chambers F M. Proxy records of climate from blanket mires: evidence for a Dark Age (1400 BP) climatic deterioration in the British Isles. *Holocene*, 1991, 63-67.

[19] Chambers F M, Barber K E, Maddy D, et al. A 5500-year proxy-climate and vegetation record from blanket mire at Talla Moss. Borders, Scotland. *Holocene*, 1997, 7: 391-399.

[20] Anderson D E. A reconstruction of Holocene climatic changes from peat bogs in northwest Scotland. *Boreas*, 1998, 27, 208-224.

[21] Mauquoy D, Barber K E. A replicated 3000 yr proxy-climate record from Coom Rigg Moss and Felecia Moss, the Border Mires, northern England. *J Quat Sci*, 1999, 14: 263-275.

[22] 王华, 洪业汤, 朱咏煊, 等. 红原泥炭腐殖化度记录的全新世气候变化. 地质地球化学, 2003, 31 (2): 51~56.

[23] 王华, 洪业汤. 青藏高原泥炭腐殖化度的古气候意义. 科学通报, 2004, 49 (7): 696~691.

[24] 于学峰, 周卫健, 史江峰. 度量泥炭腐殖化度的一种简便方法: 泥炭灰度. 海洋地质与第四纪地质, 2005, 25 (1): 133~136.

[25] 于雪峰, 周卫健, Franzen L, 等. 青藏高原东部全新世冬夏季风变化的高分辨率泥炭记录. 中国科学 (D辑): 地球科学, 2006, 36 (2): 182~187.

[26] 周卫健, 卢雪峰, 武振坤, 等. 若尔盖高原全新世气候变化的泥炭记录与加速器放射性测年. 科学通报, 2001, 46 (12): 1040~1044.

[27] Stuiver M, Reimer P J, Bard E, et al. INTCAL98 Radiocarbon age calibration 24000~0 cal BP. *Radiocarbon*, 1998, 40: 1041-1083.

[28] Dean W E. Determination of carbonate and organic matter in calcareous sediments and sedimentary rocks by loss on ignition: comparison with other methods. *J Sedim Petro*, 1974, 44: 242-248.

[29] 张佳华, 孔昭宸, 杜乃秋. 烧失量数值波动对北京地区过去气候和环境的特征响应. 生态学报, 1998, 18 (4): 343~347.

[30] 朱诚, 马春梅, 张文卿, 等. 神农架大九湖15.753kaBP以来的孢粉记录与环境演变. 第四纪研究, 2006, 26 (5): 814~826.

[31] 郑朝贵. 太湖地区7~4kaBP文化遗址时空分布的环境考古研究. 南京大学博士学位论文. 南京: 南京大学, 2005: 55~66.

[32] 白光润, 王淑珍, 高峻, 等. 中国亚热带、热带泥炭形成的水热条件与微生物分解相关性. 上海师范大学学报 (自然科学版), 2004, 33 (3): 91~97.

[33] Caseldine C J, Baker A, Charman D J, et al. A comparative study of optical properties of NaOH peat extracts: implications for humification studies. *Holocene*, 2000, 10 (5): 649-658.

[34] Robert K B, Stephen T J. A high-resolution record of late-Holocene moisture variability from a Michigan raised bog, USA. *Holocene*, 2003, 13 (6): 863-876.

[35] Borgmark A. Holocene climate variability and periodicities in south-central Sweden, as interpreted from peat humification analysis. *Holocene*, 2005, 15 (3): 387-395.

[36] Zhao Y, Hölzer A, Yu Z C. Late Holocene natural and human-induced environmental change reconstructed from peat records in Eastern central China. *Radiocarbon*, 2007, 49: 789-798.

[37] 陈骏, 安芷生, 汪永进, 等. 最近800ka洛川黄土剖面中Rb/Sr分布和古季风变迁. 中国科学 (D辑): 地球科学, 1998, 28 (6): 498~504.

[38] 金章东, 张恩楼. 湖泊沉积物Rb/Sr比值的古气候含义. 科学技术与工程, 2002, 2 (3): 20~22.

[39] Dykoski C A, Edwards R L, Cheng H, et al. A high-resolution, absolute-dated Holocene and deglacial Asianmonsoon record from Dongge Cave, China. *Earth Plant Sci Lett*, 2005, 233: 71-86.

[40] Wang Y J, Cheng H, Edwards R L, et al. Millennial- and orbital- scale changes in the East Asian monsoon over the past 224000 years. *Nature*, 2008, 451: 1090-1093.

[41] Hong Y T, Hong B, Lin Q H, et al. Inverse phase oscillations between the East Asian and Indian

oceansummer monsoons during the last 12000 years and paleo-El Nin˜o. *Earth Plant Sci Lett*, 2005, 231: 337-346.

[42] Zhou W J, Xie S C, Meyers P A, *et al*. Reconstruction of late glacial and Holocene climate evolution in southern China from geolipids and pollen in the Dingnan peat sequence. *Org Geochem*, 2005, 36: 1272-1284.

[43] 肖家仪, 周卫健, 赵志军, 等. 末次盛冰期以来江西大湖孢粉植被与环境演变. 中国科学 (D辑): 地球科学, 2007, 37 (6): 789~797.

[44] 刘兴起, 沈吉, 王苏民, 等. 青海湖16ka以来的花粉记录及其古气候古环境演化. 科学通报, 2002, 47 (17): 1351~1355.

[45] 沈吉, 刘兴起, R. Matsumoto, 等. 晚冰期以来青海湖沉积物多指标高分辨率的古气候演化. 中国科学 (D辑): 地球科学, 2004, 34 (6): 582~589.

[46] 王淑云, 吕厚远, 刘嘉麒, 等. 湖光岩玛珥湖高分辨率孢粉记录揭示的早全新世适宜期环境特征. 科学通报, 2007, 52 (17): 1285~1291.

[47] Yancheva G, Nowaczyk N R, Mingram J, *et al*. Influence of the intertropical convergence zone on the East Asian monsoon. *Nature*, 2007, 445: 74-77.

[48] 郑卓, 王建华, 王斌, 等. 海南岛双池玛珥湖全新世高分辨率环境记录. 科学通报, 2003, 48 (2): 282~286.

[49] 邵晓华, 汪永进, 程海, 等. 全新世季风气候演化与干旱事件的湖北神农架石笋记录. 科学通报, 2006, 51 (1): 80~86.

[50] 陈发虎, 黄小忠, 杨美临, 等. 亚洲中部干旱区全新世气候变化的西风模式—以新疆博斯腾湖记录为例. 第四纪研究, 2006, 26 (6): 881~887.

(原载于《中国科学》(D辑), 2008年38卷9期)

重庆忠县中坝遗址出土的动物骨骼与 2372BC～200BC 气候生态环境研究

朱　诚[1]　马春梅[1]　李中轩[1]　尹　茜[1]　孙智彬[2]　黄蕴平[3]
R. K. Flad[4]　李　兰[1]　李玉梅[5]

（1. 南京大学地理与海洋科学学院，南京，210093；2. 四川省文物考古研究院，成都，610041；3. 北京大学文博学院，北京，100871；4. Department of Anthropology, Peabody Museum, Harvard University, 11 Divinity Avenue, Cambridge, MA 02138, USA；5. 中国科学院研究生院，北京，100049）

摘要：重庆忠县中坝遗址 T0202 探方出土近 20 万件动物骨骼，经对其中 129165 块骨骼标本归类分析发现，这些骨骼可归为哺乳类、鱼类、鸟类、两栖类和爬行类这 5 大类，共有 13 目 28 科 42 属，其中鱼类和哺乳类占绝大多数（占 96%），其余的为鸟类、两栖类和爬行类。本文在考古器物断代和 16 个样品 AMS^{14}C 测年建立地层年代序列基础上，通过对出土骨骼统计分析和最小个体数变化研究发现：①中坝地区在Ⅰ1～Ⅲ5 阶段（2372BC～200BC）绝大部分时间均有分布的动物主要是栖息林间和草地的鹿、毛冠鹿、麂，先民饲养的猪和狗，啮齿类的兔和黑家鼠，表明本区在第Ⅰ1～Ⅲ5 阶段基本上存在着良好的森林和草地生态环境，先民饲养家畜从第Ⅰ1 阶段（1750BC～1000BC）就已开始，并一直延续了下来。②犀牛只在Ⅰ3（2000BC～1750BC）、Ⅲ1（1000BC～700BC）和Ⅲ2（700BC～500BC）阶段出现，可能暗示这几个阶段草地和湿地生态环境更好一些，人类的猎杀影响相对较小，所以有利于犀牛生长。③而猴和棕熊只在第Ⅱ阶段以后出现，可能表明第Ⅱ阶段至Ⅲ5 阶段（310BC～200BC）期间森林条件更为优越，有利于林栖动物生长。④水牛和牛以及水獭最小个体数出现在Ⅰ1～Ⅰ3 阶段可能暗示早期水域面积比后期更广。⑤中坝遗址在Ⅰ3 阶段（2000BC～1750BC）、Ⅲ1～Ⅲ2 阶段（1000BC～500BC）的地层，均发现有犀牛骨骼，根据现生犀牛所处的气候与生态环境分析，可初步推测在 2000BC～1750BC、1000BC～500BC 时中坝年平均气温和降水量可能比现今要高。1100BC～850BC 虽然处于竺可桢先生提出的 5000 年来的第一个低温期，但大九湖泥炭地层揭示的该时期仍存在有大量桑属、榆、水青冈、栎、栗等孢粉，应表明至少在大九湖和中坝遗址地区气候仍然较为适宜。⑥中坝遗址在Ⅲ5 阶段（310BC～200BC）出土了白唇鹿骨骼，根据现生白唇鹿所处的气候与生态环境分析，可初步推测在 310BC～200BC 期间中坝地区年平均气温和降水量比现今要低。前人对中坝遗址地层有机碳含量的研究亦证实了这一点。

关键词：重庆忠县中坝遗址　动物骨骼　2372BC～200BC　气候生态环境特征

　　中坝遗址位于重庆市忠县县城以北 4.5km 的㽏井河左岸冲积扇上，遗址东西长约 350m，南北宽约 140m，总面积约 49000m^2。由于河水对冲积扇右缘的常年冲刷，该遗址主体部分已成河床左侧一座面积约 7000m^2 的孤岛，故称"中坝"，遗址由此得名[1]。该遗址由于具有从新石器时代→夏商周→春秋战国→汉代→六朝→唐宋明清→近现代长达5000年各历史时代几乎完整无缺的考古文化层[2]，又因出土器物多达20万件、并发现数量极多的动物骨骼（在200多个探方中，仅一个探方便发现20多万件含哺乳类、鸟类、鱼类、两栖类、爬行类至少42个以上属的动物骨骼等，故该遗址被评为1999年全国十大考古发现之一）。作者曾于2005年对该遗址T0102探方丰富的古洪水沉积判别依据作过研究报道[2]，本文主要对该遗址T0202探方出土的动物骨骼及其与2372BC~200BC气候生态环境特征的关系作进一步探讨。

1 遗址剖面地层及年代序列

T0202探方位于中坝遗址Ⅰ区中部（图1），探方边长10m×10m，深约9m。发掘工作由美国洛杉矶加利福尼亚大学Rowa Kimon Flad博士和四川省文物考古研究院的张仲云同志负责，当时雇用了10名当地村民，发掘工作一直持续到2002年6月23日。发掘中使用了在中坝发掘区其他探方没有采用的方法，即将该探方的所有土过筛，对遗物进行收集，T0202探方发掘的所有土都经过一个孔径为6mm的铜筛进行筛选，从中发现大量动物骨骼。

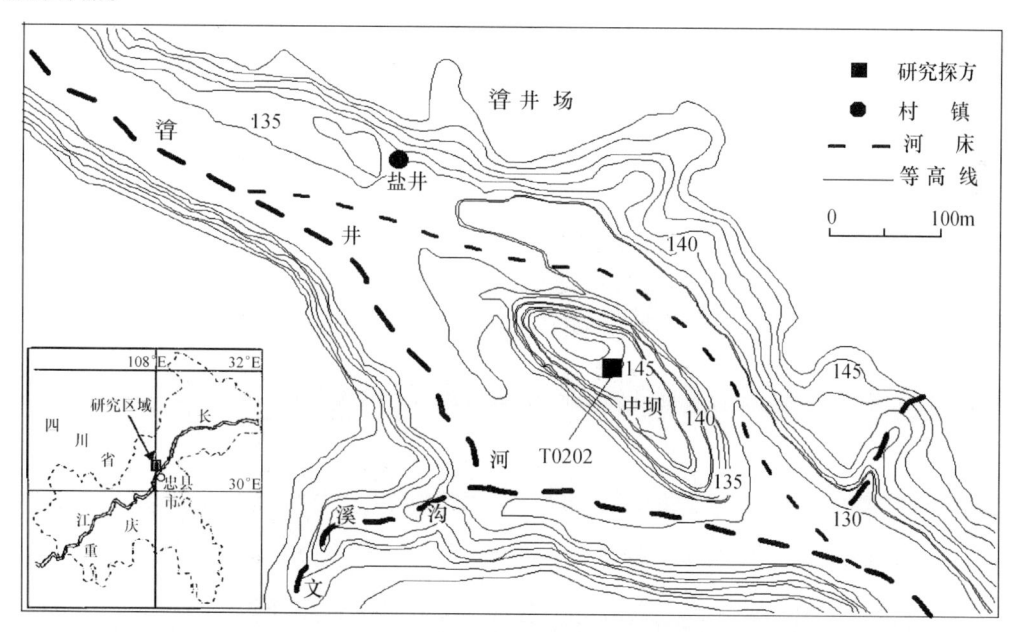

图1 T0202探方在中坝遗址Ⅰ区的位置

图2和图3是T0202探方地层比较齐全的东壁和北壁剖面图。该探方从上到下共有68层，本文研究的范围自第18层开始至探方底部的第68层（第17层以上为秦汉以来的遗存，有另文讨论）。

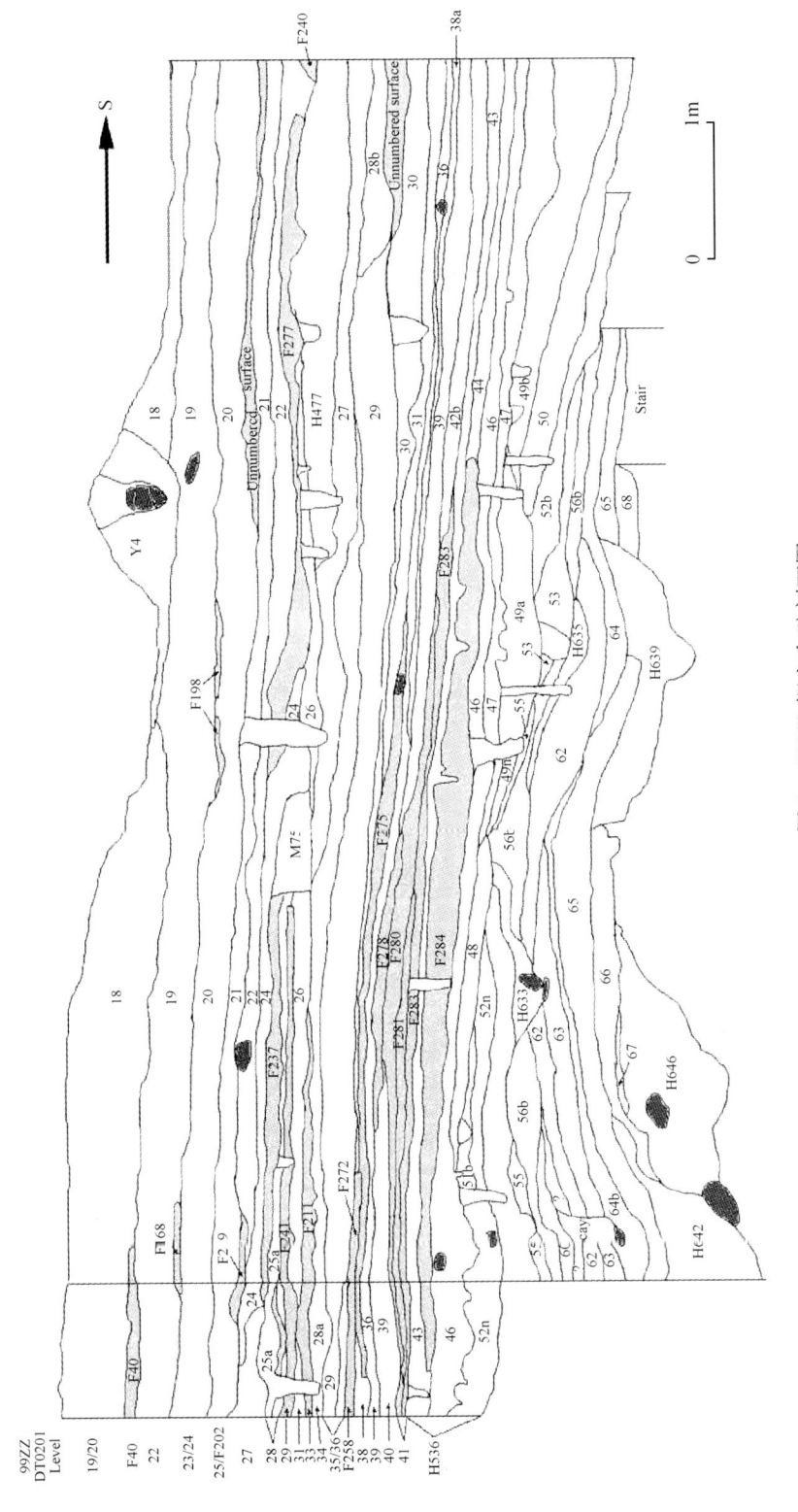

图 2　T0202 探方东壁剖面图

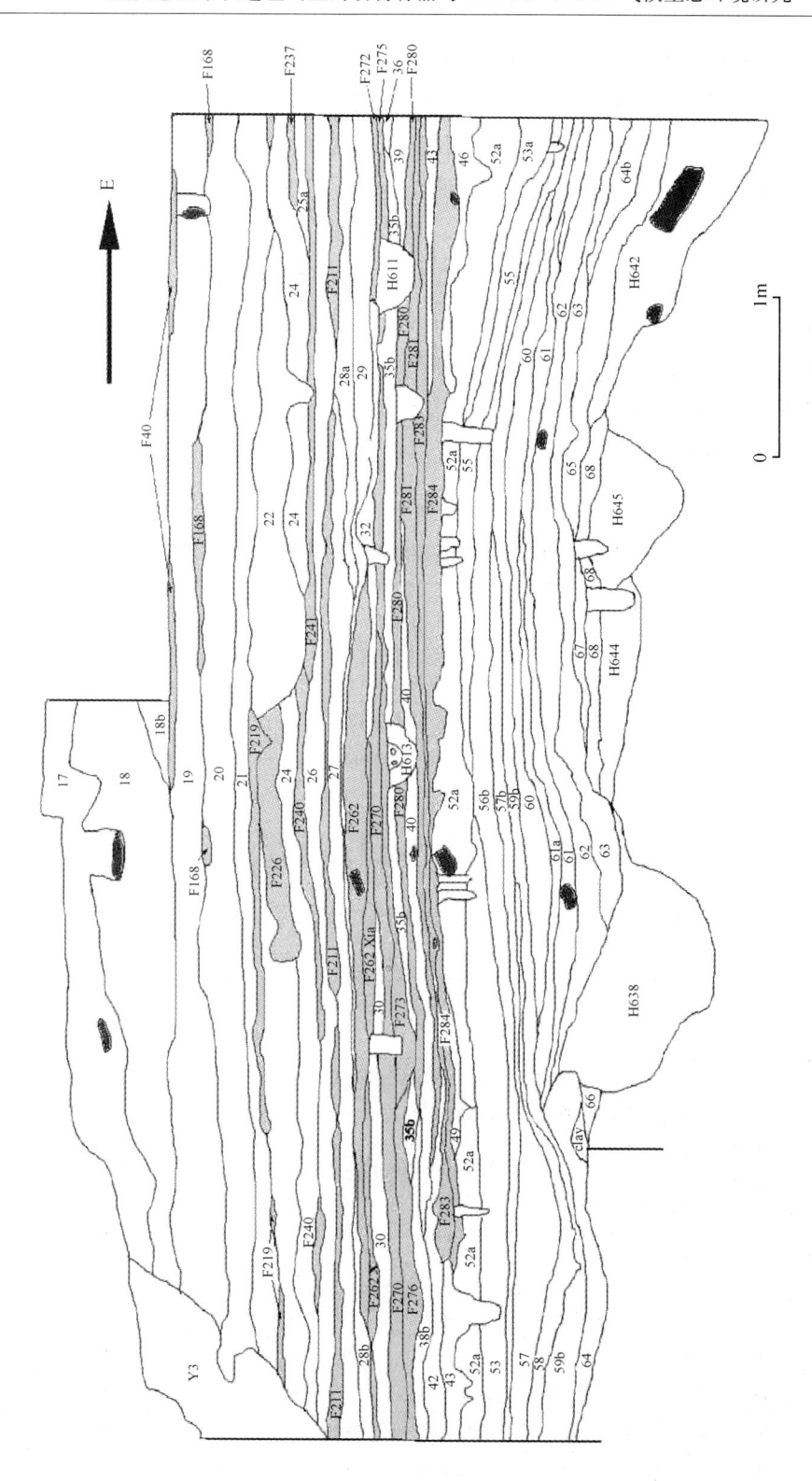

图 3　T0202 探方北壁剖面图

表1是根据出土器物确定的考古断代地层的划分，其中第18层为秦代遗存，第19~33层为战国遗存，第34~43层为春秋遗存，第44~49a、52a、53层为西周遗存，49b~50为商代后期—西周初期遗存，第52b为夏代晚期—商代前期遗存，第54~65a为新石器时代晚期中坝文化第三期遗存，第65b~68为新石器时代晚期中坝文化第二期遗存。发掘后分别从第18、33、38b、43、46、48、49a、49b、50、56、64和68层共12个层位中挑选了测年样品，最终对13个骨头和3个木炭样品在北京大学重离子物理研究所做了AMS^{14}C测年，对测定结果使用国际通用的^{14}C校正程序CALIB 5.01版本校正[3~4]（表2）。从表2可见，这些地层的AMS^{14}C年代跨度为2372BC~466BC。分析表明，AMS^{14}C测定的地层年代顺序与考古断代顺序基本一致。根据国内外研究惯例，当^{14}C测年数据与器物断代结果有误差时，应以器物断代结果为主，因此，本文按惯例亦遵循此原则。

表1 中坝遗址T0202探方根据考古器物断代得出的地层相对年代表

文化名称	分期（时代）	地层
哨井沟文化	第四期（秦代，221BC~207BC）	18、17
	第三期（战国472BC~221BC）	33~19
	第二期（春秋770BC~476BC）	43~34
	第一期（西周1121BC~771BC）	53、52a、51b、49a~44
三星堆文化渝东类型	第二期（商代后期至西周初1765BC~771BC）	50、49b
	第一期（夏代晚至商前期2207BC~1765BC）	52b
中坝文化	第三期（新石器时代晚期2207BC之前）	60~54
		63~61a
		65a~64a
	第二期（新石器时代晚期2207BC之前）	66~65b
		68~67

表2 T0202探方地层AMS^{14}C年龄测定及校正结果

样品编号	层位	测年材料	实验室编号	AMS^{14}C未校正年代（aBP）	AMS^{14}C校正年代BC（1ξ范围）	AMS^{14}C校正年代中间值BC
BA01361	18	骨头	FCN 0104-2	2380±70	544~389	466
BA01357	18	骨头	FCN 0006	2430±80	556~404	480
BA01420	33	骨头	FCN 2136	2460±60	595~504	549
BA01373	38b	骨头	FCN 2275	2540±60	648~549	598
BA01429	43	骨头	FCN 2379	2490±70	767~537	652
BK2002045	46	木炭	FCN 2514	2730±85	943~806	847
BA01433	48	骨头	FCN 2578	2780±60	1001~892	946

续表

样品编号	层位	测年材料	实验室编号	AMS^{14}C 未校正年代（aBP）	AMS^{14}C 校正年代 BC (1ξ 范围)	AMS^{14}C 校正年代中间值 BC
BA01434	49a	骨头	FCN2728	3110±120	1512~1212	1361
BA01382	49b	骨头	FCN 2613-1	3100±60	1435~1301	1368
BK2002047	50	木炭	FCN 2658	3210±120	1636~1375	1505
BA01397	56	骨头	FCN 2975-4	3540±60	1950~1862	1906
BA01390	56	骨头	FCN 2958-1	3590±60	2033~1880	1956
BA02028	64	骨头	FCN 3329	3660±100	2147~1901	2024
BK2002048	64	木炭	FCN 3320	3800±70	2347~2136	2241
BA01403	68	骨头	FCN 3582-6	3840±60	2350~2204	2277
BA01398	68	骨头	FCN 3582-1	3880±90	2471~2274	2372

2 动物骨骼种类数量及其分布状况

该探方共出土近20万件动物骨骼，均是将探方中所有土过6mm孔径的铜筛后得到，经对其中129165块骨骼标本归类分析，发现这些骨骼可归为哺乳类、鱼类、鸟类、两栖类和爬行类这5大类，共有13目28科42属[5~8]（表3，图4），其中有牛科（Bovidae）、猪科（Suidae）、鹿科（Cervidae）、犬科（Canidae）、猫科（Felidae）、熊科（Ursidae）、鼬科（Mustelidae）、豪猪科（Hystricidae）、兔科（Leporidae）、犀科（Rhinoceotidae）、猴科（Cercopithecidae）、鼠科（Muridae）、竹鼠科（Rhizomyidae）、松鼠科（Sciuridae）、隐鳃鲵科（Cryptobranchidae）、龟科（Testudinidae）、鳖科（Trionychidae）、鲟科（Acipenseridae）、鲤科（Cyprinidae）、鲿科（Bagridae）、鲶科（Siluridae）和雉亚科（Phasianinae）等。其中有多种动物在该地区已经灭绝或濒临灭绝，如犀牛（Rhinoceotidae）、白唇鹿（*Cervus albirostris*）、叶猴（*Trachypithecus* sp.）和金丝猴（*Rhinopithecus* sp.）等。前期研究[1,9]已证明该遗址能延续5ka之久与其自古以来即为制盐业遗址有关。其次，现场辨析发现上述骨骼多有被烧砍痕迹，系历代制盐者食用就近猎取和渔获的野生动物及鱼类和人工饲养家畜后丢弃所致。出土动物种类之多，表明当时人类对动物性食物来源的利用是不加选择的。因此，这些动物骨骼的大量出土为我们研究该区环境演变提供了重要的证据。

根据对动物骨骼的统计和与地层年代的对比（表4），发现T0202探方的动物骨骼类型和数量变化可划分为3个明显阶段，阶段Ⅰ约为2372BC~1750BC，阶段Ⅱ约为1750BC~1000BC，阶段Ⅲ约为1000BC~200BC。其中Ⅰ和Ⅲ阶段还可进一步划分为次一级阶段。

表3 中坝遗址 T0202 探方动物种属统计表[5~8]

纲 Class	目 Order	科 Family	属 Genus	种 Species
哺乳动物纲 Mammalia	偶蹄目 Artiodactyla	牛科/牛亚科 Bovidae/Bovinae	牛属 *Bos* Linnaeus	牛 *bos* sp.
			水牛属 *Bubalus* H. Smith	水牛 *Bubalus* sp.
		鹿科/鹿亚科 Cervidae/Cervinae	鹿属 *Cervus albirostris*	白唇鹿 *Cervus albirostris*
				马鹿 *Cervus elaphus*
				鹿 *Cervus* sp.
			麋鹿属 *Elaphurus* Milne-Edwards	麋鹿 *Elaphurus davidianus*
		麂亚科 Muntiainae	毛冠鹿属 *Elaphodus* Milne-Edwards	毛冠鹿 *Elaphodus cephalophus*
			麂属 *Muntiacus* Rafinesque	黄麂 *Muntiacus reevesi*
				麂 *Muntiacus* sp.
		獐亚科 Hydropotinae	獐属 *Hydropotes* Swinhoe	獐 *Hydropotes inermis*
		猪科/猪亚科 Suidae/Suinae	猪属 *Sus* Linnaeus	野猪 *Sus scrofa*
				猪 *scrofa* sp.
	食肉目 Carnivora	犬科 Canidae	犬属 *Canis* Linnaeus	狗 *Canis familiaris*
			狐属 *Vulpes* Frisch	狐 *Vulpes* sp.
			貉属 *Nyctereutes* Temminck	貉 *Nyctereutes procyonides*
		猫科 Felidae	未定属	未定种
		熊科 Ursidae	棕熊属 *Ursus* Linnaeus	棕熊 *Ursus arctos*
		鼬科/鼬亚科 Mustelidae/Mustelinae	貂属 *Martes* Pinel	貂 *Martes* sp.
		水獭亚科 Lutrinae	水獭属 *Lutra* Brisson	水獭 *Lutra Lutra*
		獾亚科 Melinae	狗獾属 *Meles* Brisson	狗獾 *meles meles*
	兔形目 Lagomorpha	兔科 Leporidae	兔属 *Lepus* Linnaeus	兔 *Lepus* sp.
	奇蹄目 Perissodactyla	犀科 Rhinoceotidae	未定属	未定种
	灵长目 Primates	猴科/猴亚科 Cercopithecidae/Cercopithecinae	猕猴属 *Macaca* lacepede	猕猴 *Macaca mulatta*
				猴 *Macaca* sp.
		疣猴亚科 Colobinae	仰鼻猴属 *Rhinopithecus* Milne-Edwardsor	金丝猴 *Rhinopithecus* sp
			乌叶猴属 *Trachypithecus* Rrichenbach	叶猴 *Trachypithecus* sp.
	啮齿目 Rodentia	豪猪科 Hystricidae	未定属	未定种
		鼠科 Muridae	家鼠属 *Rattus* Fischer	黑家鼠 *Rattus rattus*
		竹鼠科 Rhizomyidae	竹鼠属 *Rhizomys* Gray	中华竹鼠 *Rhizomys sinensis*
				竹鼠 *Rhizomys* sp.
		松鼠科 Sciuridae	未定属	未定种

续表

纲 Class	目 Order	科 Family	属 Genus	种 Species
鸟纲 Aves	鸡形目 Galliformes	雉亚科 Phasianinae	原鸡属 Gallus	原鸡 Gallus gallus
两栖纲 Amphibian	有尾目 Caudata	隐鳃鲵科 Cryptobranchidae	大鲵属 Andrias Tschudi	大鲵 Andrias davidianus
爬行纲 Reptilia	龟鳖目 Testudinata	龟科 Testudinidae	未定属	未定种
		鳖科 Trionychidae	未定属	未定种
硬骨鱼纲 Osteichthys	鲟形目 Acipenceriformes	鲟科 Acipenseridae	鲟属 Acipenser Linnaeus	鲟 Acipenser sp.
	鲤形目 Cypriniformes	鲤科 Cyprinidae	光唇鱼属 Acrossocheilus	云南光唇鱼 Acrossocheilus yunnanensis
			鳙属 Aristichthys Oshima	鳙 Aristichthys nobilis
			草鱼属 Ctenopharyngodon Steindachner	草鱼 Ctenopharyngodon idellus
			鲤属 Cyprinus Linnaeus	鲤鱼 Cyprinus carpio
			红鲌属 Erythroculter Berg	红鲌 Erythroculter sp.
			鲢属 Hypophthalmichthys Bleeker	鲢鱼 Hypophthalmichthys molitrix Leuciscinae sp.
			鲂属 Megalobrama Dybowsky	鲂 Megalobrama sp.
			青鱼属 Mylopharyngodon Peters	青鱼 Mylopharyngodon piceus
			赤眼鳟属 Squaliobarbus Gunther	赤眼鳟 Squaliobarbus curriculus
	鲇形目 Siluriformes	鲿科 Bagridae	未定属	未定种
		鲇科 Siluridae	鲇属 Silurus Linnaeus	鲇 Silurus asotus
	鲈形目 Perciformes	鲈科 Serranidae	鳜属 Siniperca Gill	鳜 Siniperca sp.

通过对 T0202 探方出土的骨骼按各个阶段进行动物学分类统计（表5），可知在该探方中，鱼类和哺乳类动物在动物遗存中占绝大多数，在可以鉴别的 129165 块骨骼中，属于这两大类的有 124543 块，占 96%，其余的为鸟类、两栖类和爬行类，共占 4%。

图 5 是 T0202 探方主要动物骨骼占动物总数比例在不同阶段的变化，从中可见以下特征：①哺乳类、鱼类、爬行类和鸟类的骨骼数量变化有一定相同之处，即以Ⅲ4 阶段为最多，其次分别为Ⅲ1 阶段、Ⅰ3 阶段、Ⅲ3 阶段、Ⅲ2 阶段、Ⅲ5 阶段、Ⅱ阶段、Ⅰ1 阶段和Ⅰ2 阶段。②从各时期动物所占总数比例看，Ⅰ1 阶段、Ⅰ2 阶段和Ⅰ3 阶段哺乳类最多，鱼类次之，鸟类最少；第Ⅱ阶段和Ⅲ4 阶段爬行类（从表 3 可知，爬行类主要是龟鳖目）最多，鸟类次之，哺乳类最少。分析认为，鱼类和爬行类的增多应与水面扩大有关，而哺乳类的增多应与森林和草地面积扩大或长势良好有关，鸟类的增

多亦与森林面积扩大有关。上述不同动物骨骼数量的变化应能指示当地不同时期生态环境变化的特征。

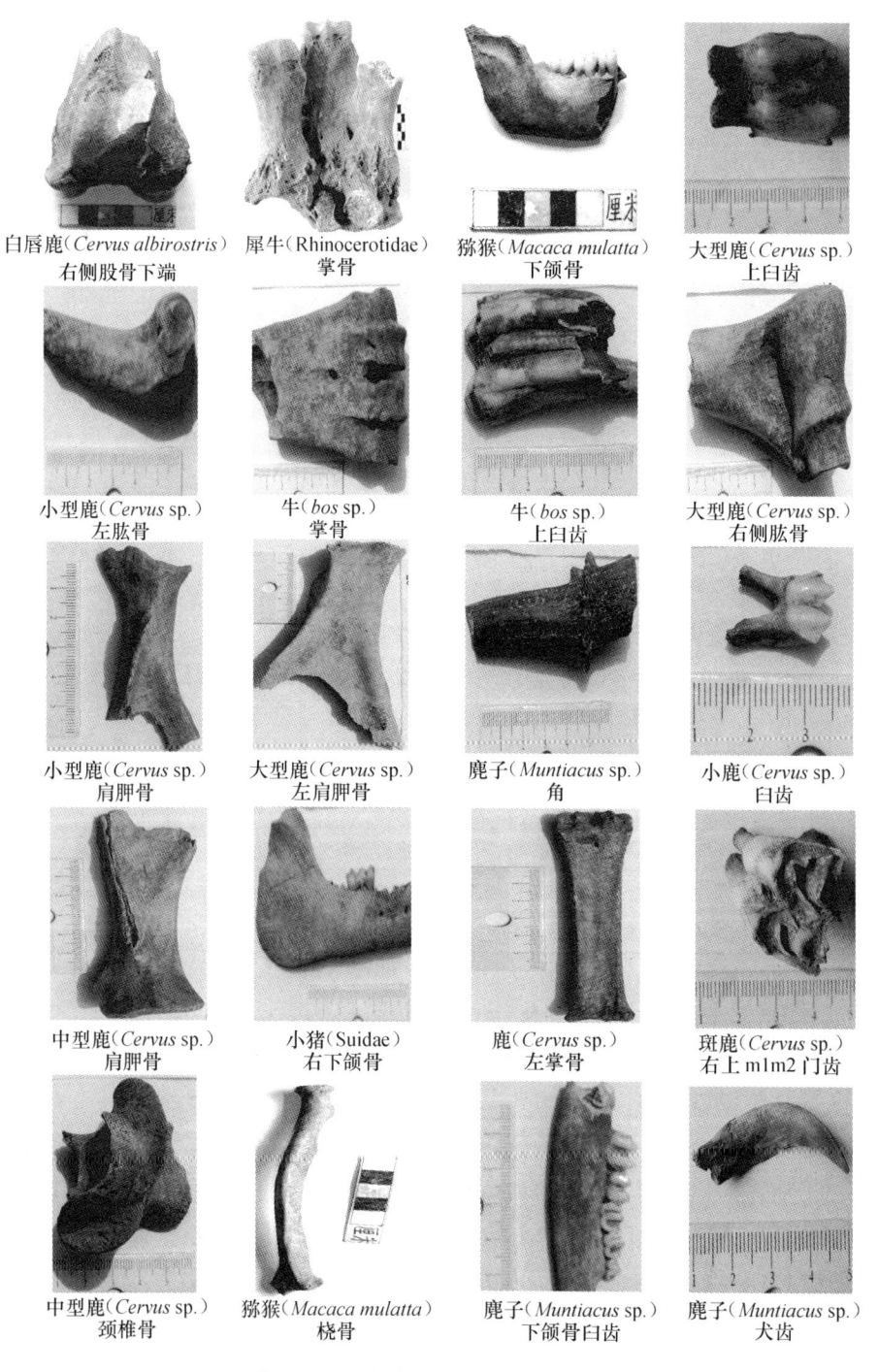

白唇鹿(*Cervus albirostris*) 右侧股骨下端	犀牛(Rhinocerotidae) 掌骨	猕猴(*Macaca mulatta*) 下颌骨	大型鹿(*Cervus* sp.) 上臼齿
小型鹿(*Cervus* sp.) 左肱骨	牛(*bos* sp.) 掌骨	牛(*bos* sp.) 上臼齿	大型鹿(*Cervus* sp.) 右侧肱骨
小型鹿(*Cervus* sp.) 肩胛骨	大型鹿(*Cervus* sp.) 左肩胛骨	麂子(*Muntiacus* sp.) 角	小鹿(*Cervus* sp.) 臼齿
中型鹿(*Cervus* sp.) 肩胛骨	小猪(Suidae) 右下颌骨	鹿(*Cervus* sp.) 左掌骨	斑鹿(*Cervus* sp.) 右上 m1m2 门齿
中型鹿(*Cervus* sp.) 颈椎骨	猕猴(*Macaca mulatta*) 桡骨	麂子(*Muntiacus* sp.) 下颌骨臼齿	麂子(*Muntiacus* sp.) 犬齿

图 4　T0202 探方出土的部分动物骨骼

表4 T0202探方根据动物骨骼类型和数量变化划分的阶段

对应的考古时代	阶段	次一级阶段	T0202探方层位	年代（BC）
崖井沟文化第三—四期（战国—秦代）	Ⅲ	5	19~18	310~200
崖井沟文化第三期（战国时代）		4	22~20	380~310
崖井沟文化第三期（战国时代）		3	29~23	500~380
崖井沟文化第二—三期（春秋—战国）		2	42b~30	700~500
崖井沟文化第一期（西周—春秋）		1	47~43	1000~700
三星堆文化渝东类型—崖井沟文化第一期（商代—西周时期）	Ⅱ		51b~48	1750~1000
中坝文化（新石器时代晚期—夏代晚期—商代前期）	Ⅰ	3	56~52a	2000~1750
中坝文化第三期（新石器时代晚期）		2	60b~57	2250~2000
中坝文化第二—第三期（新石器时代晚期）		1	68~61a	约2372~2250

表5 T0202探方各阶段动物骨骼数量

阶段	次一级阶段	鸟类	占%	爬行类	占%	哺乳动物	占%	鱼类	占%	总数
Ⅰ	1	20	0.27	31	0.42	3703	49.8	3681	49.5	7435
	2	4	0.06	23	0.39	2017	34.4	3820	65.1	5864
	3	51	0.32	122	0.78	6308	40.4	9114	58.4	15595
Ⅰ总量		75	0.26	176	0.61	12028	41.6	16615	57.5	28894
Ⅱ	1	193	4.64	195	4.69	1598	38.45	2170	52.21	4156
Ⅱ总量		193	4.64	195	4.69	1598	38.45	2170	52.21	4156
Ⅲ	1	505	3.39	295	1.98	3753	25.23	10321	69.39	14874
	2	325	0.21	222	1.42	2765	17.66	12344	78.84	15656
	3	363	1.91	212	1.11	3531	18.54	14928	78.39	19044
	4	780	2.20	656	1.85	7224	20.38	26781	75.56	35441
	5	353	3.18	272	3.45	2550	22.97	7925	71.39	11100
Ⅲ总量		2326	2.42	1657	1.72	19823	20.62	72309	75.23	96115
总数		2594	2.00	2028	1.57	33449	25.89	91094	70.53	129165

图6是T0202探方主要动物骨骼在同期地层中所占比例变化的情况，从中可见：①鱼类骨骼的变化有两个峰值和谷值，第一个峰值出现在Ⅰ2阶段，第二个峰值出现在Ⅲ2阶段，总体上，鱼类骨骼在各阶段所占的比例均高于其他动物骨骼。②哺乳类骨骼在Ⅰ1阶段最高，此后呈逐渐波动下降趋势，Ⅲ5阶段略有回升趋势。③爬行类和鸟类在整个研究阶段内变化不大。

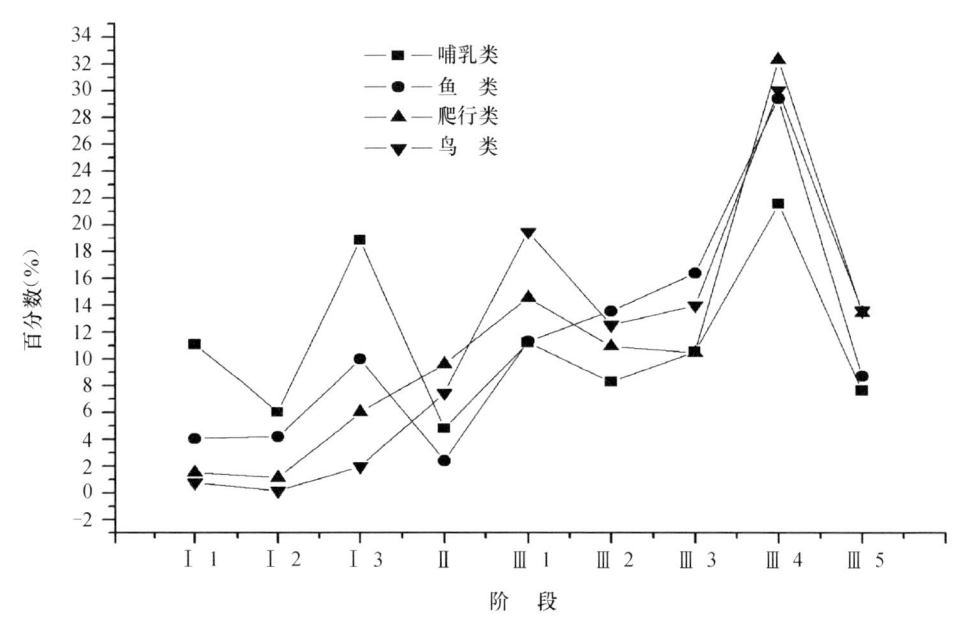

图 5　T0202 探方主要动物骨骼占动物总数比例在不同阶段的变化

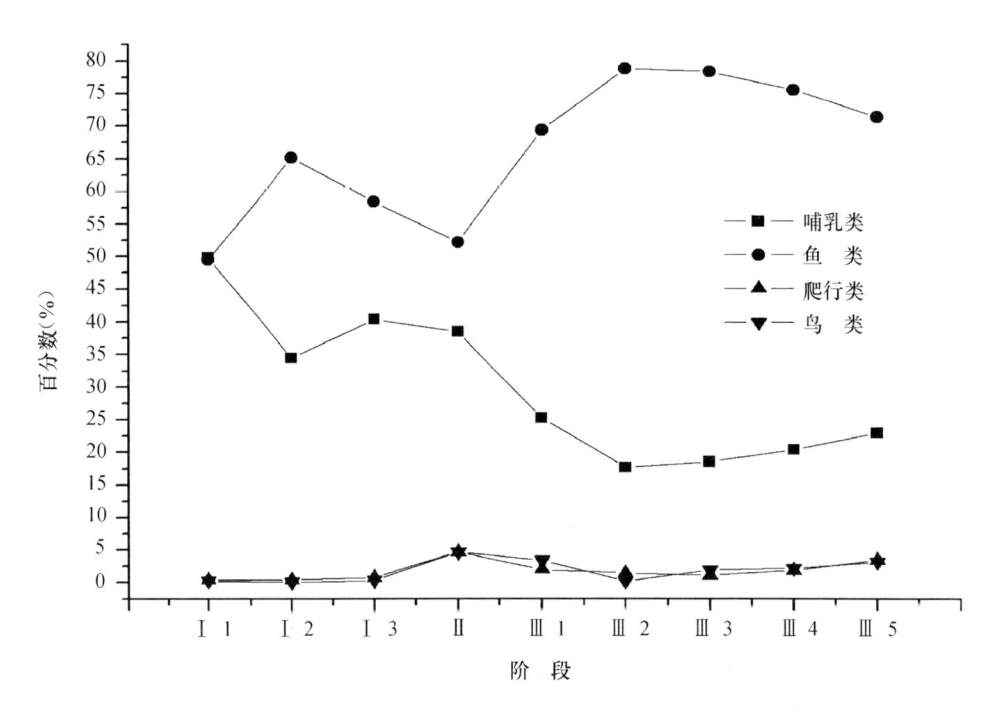

图 6　T0202 探方主要动物骨骼在同期地层中所占的比例变化

表6列出了探方各阶段哺乳动物种类的最小个体数,从表6可知,牛(未定种)和水牛(未定种)只在Ⅰ1和Ⅰ2阶段出现。白唇鹿和獐只在Ⅲ5阶段出现,麋鹿在Ⅰ1和Ⅲ5阶段出现。马鹿在Ⅲ2阶段出现。鹿(未定种)、毛冠鹿和麂(未定种)则在每个阶段均有出现,而且各阶段最小个体数分布比较均匀(多在2左右)。犀牛主要在Ⅰ3、Ⅲ1和Ⅲ2阶段出现,人类饲养的猪和狗亦在各阶段均有出现。狐则在Ⅰ1阶段出现,此后未发现。棕熊则是自第Ⅱ阶段开始后一直有出现。猕猴、金丝猴和猴(未定种)主要是自第Ⅲ1阶段后出现。啮齿类兔和黑家鼠几乎在各阶段均有出现,哺乳动物最小个体数尤以黑家鼠为最多。竹鼠在大部分阶段均有出现,而中华竹鼠则只在Ⅲ4阶段出现。

表6　T0202探方各阶段动物种类最小个体数

动物种名称	Ⅰ1	Ⅰ2	Ⅰ3	Ⅱ	Ⅲ1	Ⅲ2	Ⅲ3	Ⅲ4	Ⅲ5
牛(未定种)	1	1	0	0	0	0	0	0	0
水牛(未定种)	1	2	0	0	0	0	0	0	0
白唇鹿	0	0	0	0	0	0	0	0	1
马鹿	0	0	0	0	0	1	0	0	0
鹿(未定种)	2	2	2	2	2	2	2	3	2
麋鹿	1	0	0	0	0	0	0	0	1
毛冠鹿	1	1	1	1	1	1	1	2	2
獐	0	0	0	0	0	0	0	0	1
黄麂	0	0	0	0	1	1	0	0	0
麂(未定种)	2	0	0	2	2	2	1	4	1
猪	6	4	3	1	2	2	1	3	7
犀牛(未定种)	0	0	1	0	1	1	0	0	0
狗	2	1	1	1	2	1	4	4	1
貉	0	0	0	0	0	0	0	0	0
狐(未定种)	1	0	0	0	0	0	0	0	0
棕熊	0	0	0	1	1	1	1	1	1
水獭	0	0	1	0	0	0	0	0	0
貂(未定种)	0	0	0	0	0	0	0	0	0
狗獾	0	0	0	0	0	1	0	0	0
獾(未定种)	0	0	0	0	0	1	0	0	0
猕猴	0	0	0	0	0	0	0	1	0
猴(未定种)	0	0	0	0	1	0	1	2	1
金丝猴(未定种)	0	0	0	0	0	0	0	0	1
叶猴(未定种)	0	0	1	0	0	0	0	0	0
兔(未定种)	1	1	1	0	1	4	1	1	1
黑家鼠	11	2	8	6	10	12	17	21	6
中华竹鼠	0	0	0	0	0	0	0	1	0
竹鼠(未定种)	0	1	0	2	0	1	0	2	3
总数	11	9	10	8	11	15	10	12	14

注:0代表未发现;1~21为发现该种的数量。

以上最小个体数变化表明，①中坝地区在Ⅰ1~Ⅲ5阶段绝大部分时间均有分布的动物主要是栖息林间和草地的鹿、毛冠鹿、麂，先民饲养的猪和狗，啮齿类的兔和黑家鼠，表明本区在第Ⅰ1~Ⅲ5阶段基本上存在着良好的森林和草地生态环境，先民饲养家畜从第Ⅰ1阶段就已开始，并一直延续了下来。②犀牛只在Ⅰ3、Ⅲ1和Ⅲ2阶段出现，可能暗示这几个阶段草地和湿地生态环境更好一些[10]，人类的猎杀影响相对较小，所以有利于犀牛生长。③而猴和棕熊只在第Ⅱ阶段以后出现，可能表明第Ⅱ阶段至Ⅲ5阶段期间森林条件更为优越，有利于林栖动物生长。④水牛（未定种）和牛（未定种）以及水獭最小个体数出现在Ⅰ1~Ⅰ3阶段可能暗示早期水域面积比后期更广。

3 出土的部分已绝迹动物骨骼暗示的环境演变特征

T0202探方出土的动物骨骼中包括当地目前已经绝迹或灭绝的动物种类，如犀牛、白唇鹿等。我们可采用"将今论古"的法则，通过分析它们现生种的分布和生境条件，来探讨2372BC~200BC时期中坝地区的气候和生态环境。

3.1 犀牛（Rhinoceotidae）

中坝遗址在Ⅰ3（2000BC~1750BC）、Ⅲ1~Ⅲ2（1000BC~500BC）阶段的地层，均发现有犀牛科（Rhinoceotidae）的骨骼（表3、图4），而亚洲现生犀牛仅有印度犀（Rhinoceros unicorris）、爪哇犀（R. sondaicus）和苏门答腊犀（Dicerorhinus sematraensis），它们主要分布在印度（现年平均气温约26.9℃，年降水量约1800mm的地区）、爪哇（现年平均气温约27.6℃，年降水量约2263mm的地区）、苏门答腊（现年平均气温约27.1℃，年降水量约1500mm的地区）、缅甸（现年平均气温约27.4℃，年降水量约2681mm的地区）和泰国（现年平均气温约27.8℃，年降水量约1498mm的地区）等南亚热带和热带潮湿茂密的丛莽草原和密林中[8]，由此可知，现今犀牛分布地区的年平均气温均在25℃以上，年降水量大都为1500~2000mm。而忠县中坝现年平均气温18℃，年降水量约1198mm，现生犀牛甚至在中国境内也已经绝迹。因此，根据以上现生犀牛的分布及生境分析，可以初步推测在2000BC~1750BC、1000BC~500BC时中坝年平均气温和降水量均比现今要高。

3.2 白唇鹿（Cervus albirostris）

在中坝遗址Ⅲ5阶段（310BC~200BC）出土了白唇鹿骨骼（表3，图4，表6）。白唇鹿别名黄臀鹿、白鼻鹿，是我国青藏高原特有种。最早发现的一例白唇鹿标本，是1876年Przewalski[11]在对西藏东部进行第三次探险考察过程中，在甘肃省西部采集到的。在1884年，Przewalski在第四次探险中，又在青海省再次采集到两头[12]。1892

年,Throld 在拉萨附近(现今年平均气温 7.5℃,年降水量约 420mm)也曾获得一头[13]。白唇鹿分布的地域绝大部分是海拔 4000~5000m 的草原,在长江、澜沧江、怒江、雅鲁藏布江流域,白唇鹿沿着河流也分布在海拔 2000~3000m 的地带,其分布地区的年平均气温一般在 -5℃~5℃,年降水量为 200~700mm[14],多以草甸草原、灌丛和疏林草原中占优势的莎草科、禾本科及豆科等植物为食[13]。从上述现代白唇鹿生态环境的情况,可以推测在 310BC~200BC 期间中坝地区年平均气温和降水量均比现今要低。高华中等[15]对中坝遗址地层有机碳含量的研究亦得出与本文一致的结果。

4 T0202 探方出土动物骨骼与大九湖泥炭地层孢粉记录的对比研究

大九湖位于距中坝遗址东北约 200km 的鄂西神农架山间盆地区,面积约 16km²,年平均气温 7.2℃,年降水量 1500mm 左右,此处人烟稀少,受人类活动干扰极小,分布有成层沼泽,并普遍埋藏泥炭,泥炭中富含孢粉化石,记录了当地环境演变的信息。作者于 2004 年 2 月在 GPS 地理位置为 31°29′27″N,109°59′45″E,海拔 1760m 的现场,对未受人类扰动的泥炭地层进行了孢粉采样。对该处厚 297cm 的泥炭地层以 2cm 间距采样,共采集孢粉样品 148 块。表 7 是对该处地层 10 个样品的测年结果,每个测年样品层厚 1cm,由中国科学院地球环境研究所卢雪峰同志采用文献[16]的方法协助制样,北京大学重离子物理研究所刘克新教授协助做 AMS^{14}C 年代测定。表 7 的 ^{14}C 平均寿命取 8033a、半衰期为 5568a、靶轮数 238、测年时间为 2005 年 10 月 11~12 日;使用国际通用的两种校正程序 CALIB 5.0 版本[3,4]进行日历年校正。由表 7 可见,该处泥炭地层 AMS^{14}C 年龄测定值与地层新老关系一致,未出现年龄倒置现象。

表 7 大九湖 AMS^{14}C 测年结果及校正

实验室编号	样品编号	深度(cm)	测试材料	石墨碳含量(mg)	^{14}C 年代(aBP)	校正年代 Cal.	中间值 Cal.
XLLQ1632	DJ①	25~26	泥炭	2.49	510±30	1410 AD~1435 AD	1422AD
XLLQ1633	DJ②	50~51	泥炭	2.52	1940±30	24 AD~85 AD	44AD
XLLQ1634	DJ③	80~81	泥炭	2.16	2780±30	979 BC~896 BC	938BC
XLLQ1635	DJ④	110~111	泥炭	2.27	3490±30	1878 BC~1839 BC	1859BC
XLLQ1636	DJ⑤	140~141	泥炭	2.53	6560±40	5539 BC~5480 BC	5510BC
XLLQ1637	D2⑥	170~171	泥炭	2.76	7740±30	6604 BC~6559 BC	6581BC
XLLQ1638	DJ⑦	220~221	泥炭	2.85	10790±35	10895 BC~10860 BC	10877BC
XLLQ1639	DJ⑧	250~251	泥炭	3.21	12400±35	12543 BC~12254 BC	12398BC
XLLQ1640	DJ⑨	280~281	泥炭	1.97	12650±35	13106 BC~12867 BC	12986BC
XLLQ1641	DJ⑩	296~297	泥炭	1.96	13290±35	13979 BC~13630 BC	13804BC

孢粉鉴定发现，该处泥炭地层孢粉浓度含量都很高，植物种类繁多，分属于137个科或属，图7是大九湖地层时代3200BC～200BC期间的主要种类孢粉浓度与中坝遗址T0202探方出土动物骨骼阶段对比图。从此图可以获得以下信息：①在2500BC之前，大九湖经历过较长时期的气候适宜期，植被生长繁茂，乔木和灌木、中旱生草本的孢粉总浓度均很高。在2400BC～2500BC出现过一次短暂的气候生态环境恶化事件，孢粉浓度明显减少，国内学者[17,18]对其他地区泥炭及考古遗址地层研究得出的4200aBP前后的低温事件也表明这一事件是存在的。②图7大九湖泥炭地层所跨的时代经历了竺可桢先生[19]提出的我国五千年来的第1个暖期（3000BC～1100BC）、第一个低温期（1100BC～850BC）和第2个暖期（770BC～0BC）。中坝遗址T0202探方动物骨骼虽未发掘至2372BC以前的地层，但从大九湖主要孢粉类型看，3200BC～2500BC期间乔木和灌木主要类型孢粉浓度较高，水生草本、蕨类和禾本科、毛茛科孢粉浓度也较高，指示的是五千年来第1个温暖期中气候最为适宜的温暖湿润期。③T0202探方出土动物骨骼经历的时间段共计约2172年（AMS^{14}C年代），其中I1、I2、I3、II、III2、III3、III4和III5分别属于五千年来我国第1和第2个温暖期，时间长度共计1870年，仅有II阶段的后半期100a和III1（1000BC～700BC）中的150a共约250年时间处于我国五千年来的第1个低温期。又由于中坝地理位置总体上处于长江上游中亚热带谷地之中，受低温影响相对较小，加之战国以前人口相对较少，人类对自然植被破坏影响也较小，这是中坝遗址在2372BC～200BC地层中能出土巨量动物骨骼的真正原因。④就I1至III5各阶段比较而言，I1～I2间孢粉浓度最大，其次为I3。第II阶段时间跨度长，除桑属和芸香科之外，其他乔木和灌木相应较少，故这一阶段动物骨骼也较少。但在第II阶段中期，桑属（Morus）有两个生长高峰、芸香科（Rutaceae）亦有一个高峰，从表6可见，在第II阶段还出现2个竹鼠最小个体。竹鼠以竹为生，而竹子的存在表明当时气温并不太低。III1阶段处于五千年来第1个低温期，从图7可见，这一时期云冷杉孢粉浓度有所增加，但在III1阶段初期，桑属仍存在一个短暂的高速生长期。从水生草本看，I1～I3阶段孢粉浓度高，I3之后水生草本浓度明显降低，表明从I3阶段开始，气候有变干的趋势。总的看，植物生长的高峰期与动物骨骼种类和数量存在正相关关系。如I1至I2阶段，孢粉浓度相对高，动物种类数也较多。III2阶段桑属、榆、栎和栗等孢粉浓度处于较高阶段，气候生态环境较好，因此，动物最小个体数达到最高值15。

中坝遗址T0202探方秦代之前地层出土动物骨骼经历的时间段共计约2172年，其中I1、I2、I3、II、III2、III3、III4和III5分别属于五千年来我国第1和第2个温暖期，时间长度共计1870年，仅有III1阶段（1000BC～700BC）中的前250年时间处于我国五千年来的第1个低温期。但由于中坝地理位置总体上处于长江上游中亚热带谷地之中，受低温影响相对较小，加之秦代之前人口相对较少，人类对自然植被破坏影响也较小，相对良好的气候与生态环境是中坝遗址在2372BC～200BC

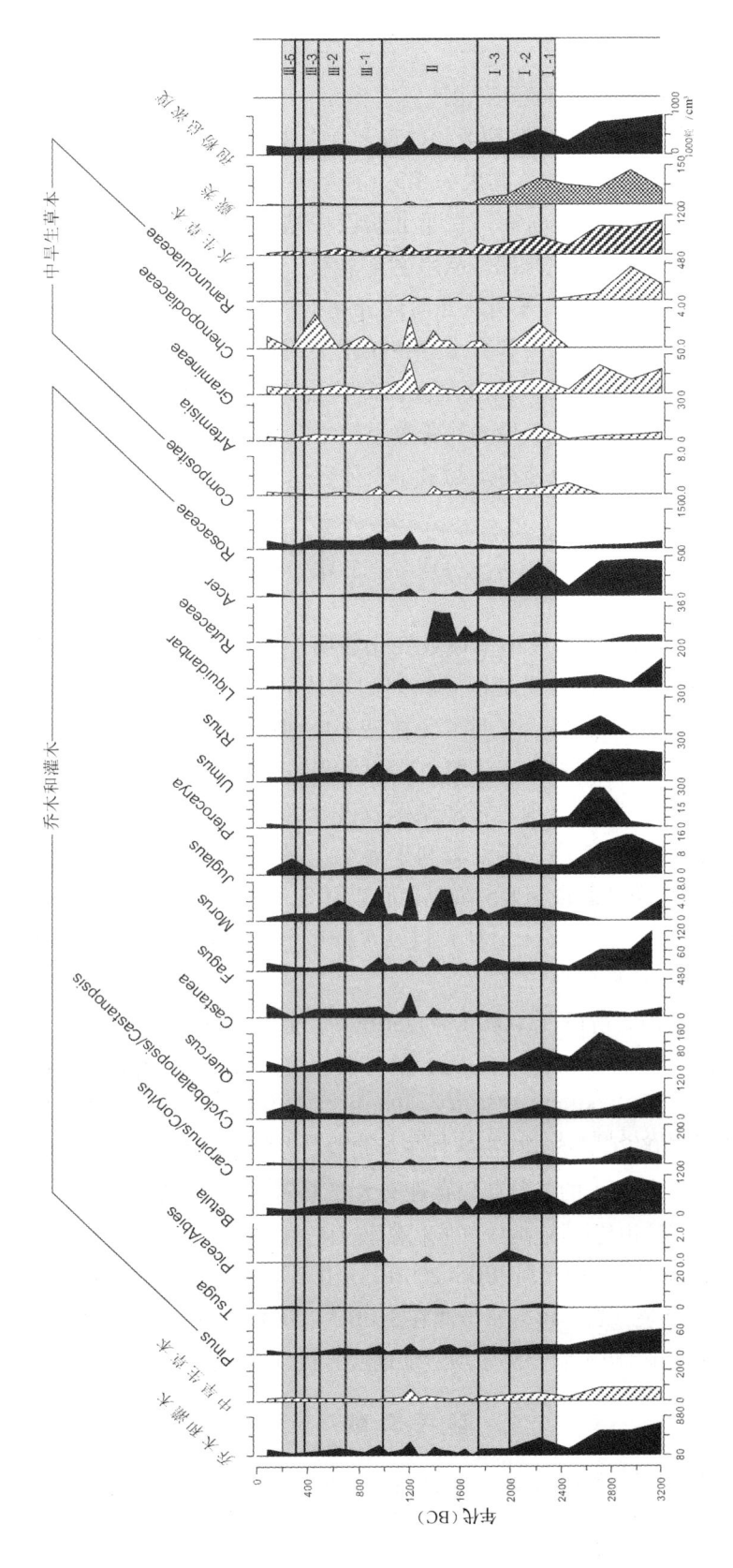

图7 神农架大九湖3200BC~200BC的孢粉浓度图

地层中能出土大量动物骨骼的真正原因。

就Ⅰ1至Ⅲ5各阶段动物骨骼种类和数量与大九湖泥炭地层孢粉记录对比研究而言，Ⅰ1～Ⅰ2间孢粉浓度最大，其次为Ⅰ3。在第Ⅱ阶段中期，桑属（Morus）存在两个生长高峰；芸香科（Rutaceae）在第Ⅱ阶段中期有一个高峰。在Ⅲ1阶段初期，桑属也存在一个短暂的高速生长期。从水生草本看，Ⅰ1～Ⅰ3阶段孢粉浓度高，Ⅰ3之后水生草本浓度明显降低，表明从Ⅱ阶段开始，气候有变干的趋势。总的看，植物生长的高峰期与动物骨骼种类和数量存在正相关关系。如Ⅰ1至Ⅱ2阶段，孢粉浓度相对高，动物种类数也较多。第Ⅱ阶段时间跨度大，除桑属和芸香科之外，其他乔木和灌木相应较少，故这一阶段动物骨骼也较少。Ⅲ2阶段桑属、榆、栎和栗等孢粉浓度处于较高阶段，因此也使动物最小个体数达到最高值15。

5 结　　论

（1）T0202探方动物骨骼最小个体数变化表明：①中坝地区在Ⅰ1～Ⅲ5阶段绝大部分时间均有分布的动物主要是栖息林间和草地的鹿、毛冠鹿、麂，先民饲养的猪和狗，啮齿类的兔和黑家鼠，表明本区在第Ⅰ1～Ⅲ5阶段基本上存在着良好的森林和草地生态环境，先民饲养家畜从第Ⅰ1阶段就已开始，并一直延续了下来。②犀牛只在Ⅰ3、Ⅲ1和Ⅲ2阶段出现，可能暗示这几个阶段草地和湿地生态环境更好一些，人类的猎杀影响相对较小，所以有利于犀牛生长。③而猴和棕熊只在第Ⅱ阶段以后出现，可能表明第Ⅱ阶段至Ⅲ5阶段期间森林条件更为优越，有利于林栖动物生长。④水牛（未定种）和牛（未定种）以及水獭最小个体数出现在Ⅰ1～Ⅰ3阶段可能暗示早期水域面积比后期更广。

（2）中坝遗址在Ⅰ3阶段（2000BC～1750BC）、Ⅲ1～Ⅲ2阶段（1000BC～500BC）的地层，均发现有犀牛科（Rhinoceotidae）的骨骼，根据现生犀牛所处的气候与生态环境分析，可初步推测在2000BC～1750BC、1000BC～500BC时中坝年平均气温和降水量可能比现今要高。1100BC～850BC虽然处于竺可桢先生提出的五千年来的第一个低温期，但大九湖泥炭地层揭示的该时期仍存在有大量桑属、榆、水青冈、栎、栗等孢粉，应表明至少在大九湖和中坝遗址地区气候仍然较为适宜。

（3）中坝遗址在Ⅲ5阶段（310BC～200BC）出土了白唇鹿骨骼，根据现生白唇鹿所处的气候与生态环境分析，可初步推测在310BC～200BC期间中坝地区年平均气温和降水量比现今要低。高华中等[15]对中坝遗址地层有机碳含量的研究证实了这一点。

参 考 文 献

[1] 孙智彬，罗龙洪. 忠县中坝遗址//李文儒主编. 中国十年百大考古发现. 北京：文物出版社，2002：264～268.

[2] Zhu Cheng, Zheng Chaogui, Ma Chunmei, *et al.* Identifying paleoflood deposits archived in Zhongba Site, the Three Gorges reservoir region of the Yangtze River, China. *Chinese Science Bulletin*. 2005, 50 (21): 2493-2504.

[3] Stuiver M, Reimer P J, Bard E, *et al.* INTCAL98 Radiocarbon age calibration 24000 ~ 0cal BP. *Radiocarbon* 1998, 40: 1041-1083.

[4] Stuiver M, Reimer P J, Reimer R W. CALIB 5.0. WWW program and documentation. 2005.

[5] 成庆泰, 郑葆珊主编. 中国鱼类系统检索. 北京: 科学出版社, 1987.

[6] 费梁, 叶昌媛, 黄永昭编著. 中国两栖动物检索. 重庆: 科学技术文献出版社重庆分社, 1990.

[7] 鲁长虎, 费荣梅编. 鸟类分类与识别. 哈尔滨: 东北林业大学出版社, 2003.

[8] 王应祥著. 中国哺乳动物种和亚种分类名录与分布大全. 北京: 中国林业出版社, 2003.

[9] Rowan Kimon Flad. Specialized Salt Production and Changing Social Structure at the Prehistoric Site of Zhongba in the Eastern Sichuan Basin, China. *Doctoral thesis of Philosophy in Archaeology*, 2004.

[10] 文焕然, 何业恒, 高耀亭, 中国历史时期植物与动物变迁研究. 重庆: 重庆出版社, 1995: 220 ~ 231.

[11] Przewalski N M. Iz Zajsans cerez Chami v Tibet I na verchov'ja Zeltoj reti. Tret'e putescstivie v Centr. Azii. SPB. *Moskva*, 1883: 111-112.

[12] Blanford W T. On a Stag. Cervus thorldi, from Tibet, and on the mammals of the Tibetan Plateau. *Proc. Zool. Soc. London*, 1983, (30): 444-449.

[13] Flerov K K. The white muzzle deer as the representative of a new genus Prezewalskium. Compt. Rend. *Acad. Sci. URSS, Ser, A*, 1930: 115-120.

[14] 盛和林, 曹克清, 李文军, 等. 中国鹿类动物. 上海: 华东师范大学出版社, 1992: 224 ~ 232.

[15] 高华中, 朱诚, 孙智彬. 三峡库区中坝遗址考古地层土壤有机碳的分布及其与人类活动的关系. 土壤学报, 2005, 42 (3): 518 ~ 522.

[16] 周卫健, 卢雪峰, 武振坤, 等. 若尔盖高原全新世气候变化的泥炭记录与加速器放射性碳测年. 科学通报, 2001, 46 (12): 1040 ~ 1044.

[17] 徐海, 洪业汤, 林庆华. 红原泥炭纤维素氧同位素指示的距今6ka温度变化. 科学通报, 2002, 47 (15): 1181 ~ 1186.

[18] 靳桂云, 刘东生. 华北北部中全新世降温气候事件与古文化变迁. 科学通报, 2001, 46 (20): 1725 ~ 1730.

[19] 竺可桢. 中国近五千年来气候变迁的初步研究, 中国科学, 1973, (2): 168 ~ 189.

(原文以"重庆忠县中坝遗址出土的动物骨骼揭示的动物多样性及环境变化特征"为题, 原载于《科学通报》, 2008年53卷增刊Ⅰ, 本文集收录时标题和内容均有修改)

湖北辽瓦店遗址地层记录的环境变迁与人类活动的关系研究

李中轩[1] 朱 诚[1] 张广胜[1] 欧阳杰[1] 王 然[2]

(1. 南京大学地理与海洋科学学院,南京,210093; 2. 武汉大学考古学系,武汉,430072)

摘要：用 XRF 和 ICP-AES 方法分别测试了湖北辽瓦店遗址地层样品的氧化物含量和地球化学元素含量,恢复了遗址地层中夏代文化层、东周文化层和明清文化层记录的环境变化和人类活动特征。①夏代文化层时期,气候温暖湿润,生态环境良好,人类活动与自然环境和谐度高,有原始的手工业活动记录。②东周时期气候开始进入干旱期,干旱程度在上东周文化层中部达到最强（LOI = 6.98%）,到了上东周文化层顶部气候进入暖湿期。该层 Cu 含量的异常高值（0.31mg/g）和出土的青铜器表明本文化层反映了青铜社会的繁荣期。而 P 含量的高值（22.73 mg/g）和动物骨屑则反映了该期人们驯养、捕猎动物的普遍。③明清时期的气候趋于干凉,明代文化层中部有短时暖湿期,后又进入冷干期。清代文化层中下部有暖湿特征,随后重新进入干期。该层 Ca（均值 101.5mg/g）、Mg（均值 60.27mg/g）、Zn、Pb 的高含量表明遗址曾有过瓷器作坊的历史。另外,Mg、Ca 含量的高值与耕作区、墙壁灰浆、生活垃圾堆积等人类活动相关。Ca、Mg 含量在近现代逐步升高揭示了人类活动逐渐增强的事实。地层的平均粒径自上东周文化层（<190cm）开始出现振荡,暗示汉江洪水和季节性山洪发生的频率不断增加,表明环境恶化往往促进人类生产力水平的提高,但原始生态系统却遭到破坏,人类活动对自然环境的正反馈效应日益凸现。

关键词 遗址地层 环境考古 地球化学 人类活动

考古地层与自然沉积地层相比,除了在自然沉积环境条件下形成的自然地层沉积以外,还包括埋藏有古人类活动的遗物、遗迹等地层沉积。所以,考古地层不但包含自然环境演变信息,还包含人类活动信息[1,2]。1990 年以来,长江三角洲中全新世以来的环境变迁与人类活动的关系研究成果显著[3~5];同时,随着长江三峡地区考古遗址的大规模发掘、三峡库区的环境考古研究成为热点[6~9]。近年,环境考古在多个方向取得进展：杨晓燕等利用喇家遗址考古地层与邻区自然沉积层对比探讨了黄河上游的洪水平流沉积特征[10];徐海鹏等[11]利用遗址地层的沉积特征恢复了人类遗址的古地貌环境;莫多闻等[12]通过对牛河梁遗址建筑遗物的研究,认为红山文化时期的人类已经对地形和岩性的认识有较高水平;吴文祥等[13]根据全新世气候变化特征探讨了新石器时期各种文化的发生发展与气候变化有密切关系;杨用钊等[14]发现了全新世中期长江下游水稻土存在的证据。国外的环境考古研究主要涉及考古遗址的古环境重建、古地貌恢复以及古人类活动场所的识别等领域[15~17]，其中玛雅文化遗址的环境考古研究取得了重要成果[18]。

辽瓦店遗址位于汉江上游，南接巫山、北连秦岭、东与南阳盆地毗邻，为我国第二与第三阶梯的地理分界和鄂豫陕交接的三角地带。该地区重峦叠嶂、植被繁茂，气候温和湿润，是古人类和古文化发展的重要区域[19,20]。本文利用湖北郧县辽瓦店遗址T0709探方南壁地层样品，通过粒度、重矿、地球化学等环境指标的分析，对辽瓦店地区夏代以来的环境演变与人类活动之间的关系进行探讨。

1 遗址概况及时间标尺的建立

1.1 辽瓦店遗址概况

辽瓦店遗址（32°49′33″N，110°41′18″E）位于湖北省郧县县城西南约18km的汉江南岸，西侧与辽瓦店村毗邻（图1），属于北亚热带季风气候，年均降水量860mm，年均气温15.2℃。该遗址总面积达200000m²。由于南水北调丹江口水库扩容，遗址区将被淹没。2005年3月开始，武汉大学考古系、湖北省文物考古研究所联合发掘了该遗址。已初步确定其为从新石器到有人类文明历史以来的通史式遗址，是夏、商、周时期的一个重要文化遗存①。

研究探方T0709位于汉江南岸的一级阶地面上、北距汉江约25m，海拔149.8m。东、西、南三面有低山环绕，东侧100m有一季节性河流，距汉江平水期水位（142m）约7.8m；遇有特大洪水阶地面会有溢岸平流沉积。另外，季节性洪流也会在遗址面产生洪积层。本研究剖面为T0709探方的南壁（图2），自上而下该剖面的主要特征是：

第①层为耕土层。呈灰色、土质疏松，包含植物根茎和砾石，堆积厚度6cm。

第②层为近现代文化层。呈灰褐色，堆积厚度15cm，含少量砾石；本层下部略显黄褐色、土质疏松，包含物少。

第③层为清代文化层。为砂质灰黄色土层、质地坚硬，包含砖瓦碎屑。堆积厚度50cm；含多处近现代人工扰动坑。

第④层为明代文化层。为黑褐色姜砂土，含大量红烧土粒和炭粒，有褐陶、灰陶和瓷片；堆积厚度49cm。

第⑤层为东周文化层。土色呈灰黄色，土质坚硬、包含有大量红烧土粒、炭屑、骨屑和陶片。堆积厚度136cm。该层含人工灰坑堆积。土层含较多骨屑、炭屑和红烧土粒，堆积厚度10~40cm（采样处厚15cm）。

---

① 湖北省文物局，武汉大学考古系. 湖北郧县辽瓦店遗址考古发掘汇报，2006.

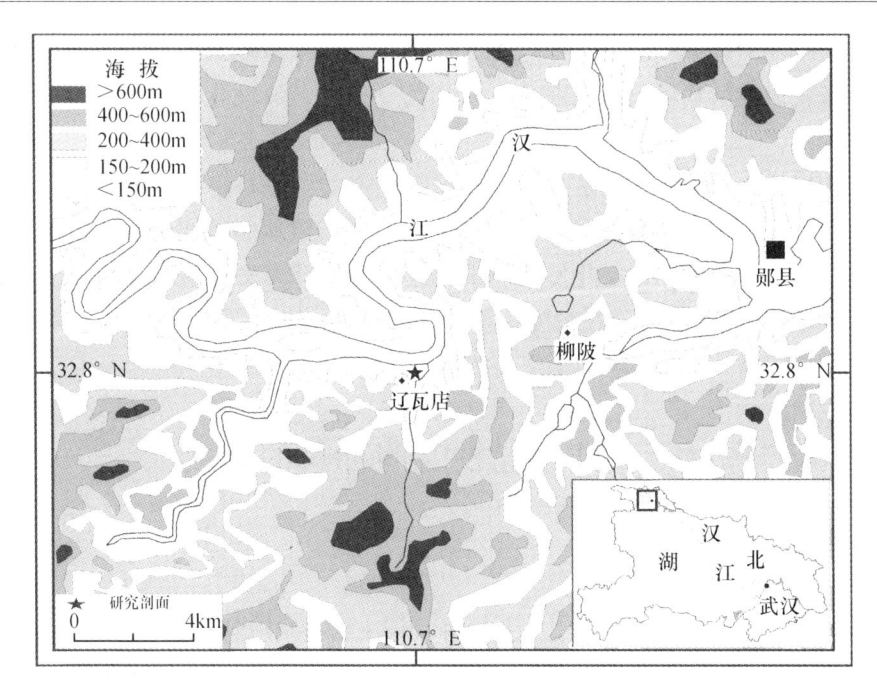

图 1　辽瓦店遗址的位置

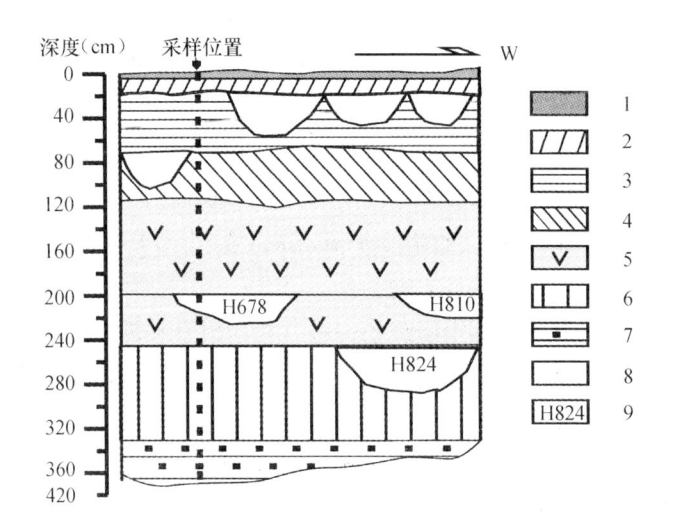

图 2　10/09 探方南壁剖面图

1. 耕作层　2. 近现代层　3. 清代文化层　4. 明代文化层　5. 东周文化层　6. 夏代文化层
7. 自然堆积层　8. 近现代坑　9. 灰坑

第⑥层为夏代文化层。土质紧密，堆积物呈灰褐色、纯净，偶见陶片。堆积厚度为70cm。下为自然堆积层，未见底。

根据各地层器物组合及自然地层堆积的均一性特征可知，遗址地层的④、⑤层之间和⑤、⑥层之间为文化断层，即存在时代不整合现象。表明 T0709 探方所在地在商代、汉代—元代两个时期剖面地层受下切侵蚀作用时间较长。

1.2 文化地层的界定①

整个地层剖面按器物排比法与古钱币定年。根据辽瓦店遗址 22 个探方出土的器物（表1）及其形制特征可以确定该剖面的文化层时代的下界。辽瓦店遗址最老文化层出土的器物以陶罐、釜、大圈足盘为主，少见高圈足杯。这些陶器制作风格粗糙豪放、多大型红褐色陶器，黑灰陶次之。饰纹以竖拍篮纹为主、其次是菱形方格纹，凹弦纹（或带纹）之间施篮纹、方格纹的复合型纹饰流行。这组器物组合与湖北天门的肖家屋脊遗址（BK89038）后石家河时期地层出土器物的形制特征组合相似，在文化地层上具有可比性。据 BK89038 剖面该期文化地层的 ^{14}C 测年结果为：2185 ± 70aBC[21]；考虑到有青铜器出土（进入夏代文化层的主要标志）可以断定辽瓦店遗址最老文化地层堆积期为大约 2100BC ~ 2000aBC。而 T0709 探方出土的陶器多为灰黑陶，其上有中、粗绳纹纹饰，陶罐为卷沿方唇、腹部圆胖；夹砂陶类型多，如小口瓮、觚、盉、爵、角、斝、鬶等食器均与二里头出土器物相似（图3），因此可以确定辽瓦店遗址 T0709 探方最老文化层属于夏代文化层而不早于后石家河晚期。

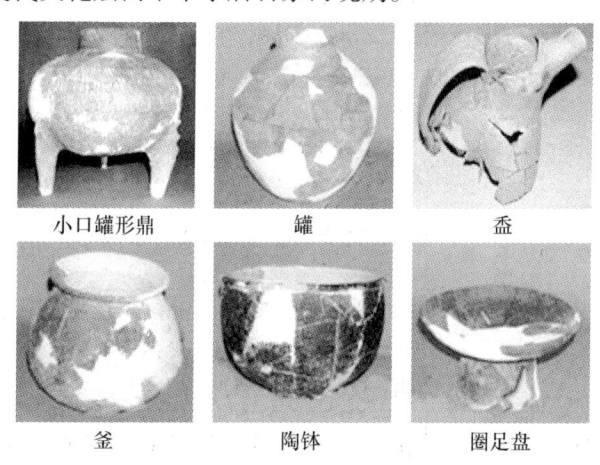

图 3　辽瓦店遗址夏代文化层出土的陶器（照片由王然教授提供）

东周文化层的确定主要根据具有楚文化特征的青铜器物组合。该遗址可以辨别的青铜器主要包括：鼎、壶、盘、匜、镖、镞、刀等。它们多出土于楚国墓葬，故将含有较多青铜器的地层定为东周文化层。另外，饰纹为阴线网状、羽状浮雕的玉牌雕刻工艺也明显区别于西周时期的内线细、外线宽的双钩阴线风格。

---

① 武汉大学考古系. 湖北郧县辽瓦店遗址考古发掘记录，2007.

明清文化层多出土明清期的陶、瓷碎片，砖瓦碎片，及钱币。这些陶、瓷碎片大多做工精细，遍施白色釉，在瓷器的内心和外缘均有豆青和粉青色釉质花饰；做工细腻的青花瓷壶瓶多有文饰或产地，加之明清期出土钱币的佐证，从而确定该地层的堆积年代。

表1 辽瓦店遗址出土器物及其时代特征

地层号	出土器物	器物形制及特征	鉴定地层年代
2	近代砖瓦及玻璃碎片，铁制农具	砖瓦现代当地农居建筑砖瓦近似；农具形制与现代传统农具相当	近现代文化层
3	青花瓷碟、盘、碗碎片，砖、瓦碎片钱币	瓷碟为圆唇、敞口、平折沿，沿面稍内凹，圈足，边缘施有粉青釉莲花纹饰；瓷盘胎体厚、薄不一，胎色细白，通体遍施白釉层，里外边缘均施有青釉花纹，做工精细；瓷碗胎体较厚，胎色不纯，仅在外面施以青釉，且色调浓淡不均，工艺粗糙；砖瓦碎片上有菱形凸纹	清代文化层
4	①陶器：罐、壶、盘、盏形器；②瓷器：盘、壶、瓶；③铜器：铜碗	瓶形壶为圆唇、撇口、长束颈、圆鼓腹，圈足有削痕，除圈足底施一圈紫红色釉外，通体施豆青釉，釉色晶莹润泽。盘、碗的胎体较厚，胎质较细，胎色细白，圆唇，平折沿，沿面微内凹，浅坦腹、圈足；除足心外，通体施豆青釉，内底心饰首尾相向的印花双鱼纹	明代文化层
5	①陶器：罐、盂、豆、釜、甑；②青铜器：鼎、盂、壶、盘、匜、镞；③石器：石网坠、石牌、玉璜	多夹细砂黑陶罐、豆、釜等，纹饰以绳纹为主，其次是弦纹和方格纹。石质网坠为河卵石简单加工而成。青铜器物缺损严重，质地坚硬，疑似铜、锡合金所制；玉璜表明饰纹为阴线网状、羽状浮雕	东周中晚期
6	①食器：罐形鼎，罐、钵、釜、盂、圈足盘、铜瓿等 ②工具：石镞、石刀、石网坠、石凿、骨镖、蚌刀、骨鱼钩、铜镞、铜刀、铜鱼钩；③饰物：石牌饰、骨簪、铜牌饰	制作粗糙、多大型红褐色陶器，黑灰陶次之，偶见青铜器物；饰纹以竖拍篮纹为主，其次是菱形方格纹，凹弦纹（或带纹）之间施篮纹、方格纹的复合型纹饰流行；凸棱、划纹渐少见；罐形鼎增加，锥足鼎渐多；折沿垂腹釜的最大腹径下移；出土器物多以釜、大圈足盘为主，高圈足杯少见	对比地层：肖家屋脊BK89038剖面 ^{14}C测年结果为：2185±70aBC.[21] 青铜器出现标志该地层已进入夏代

注：此表内容参见武汉大学考古系，湖北郧县辽瓦店遗址考古发掘记录，2007。

2　样品采集与测试方法

2.1　样品采集

样品于2007年11月采自湖北省郧县辽瓦店遗址T0709探方的南壁,剖面深度为325cm。采用自下而上不等距采样方法共获取有效测试样品27个,用于各种指标的测试。为尽量避开人类干扰严重的地层部位采样位置见图2中的竖直虚线处。另在T0709探方北侧约15m处汉江河岸剖面采集了2个疑似洪水平流沉积物的对比样品C1和C2。

2.2　测试方法

粒度。每个样品取0.8~1g左右,加入10ml 30%过氧化氢加热到140℃除去样品中的有机质,然后加入10ml 10%的稀盐酸加热至200℃除去碳酸盐;最后加入10ml 0.05mol/l的六偏磷酸钠（$(NaPO_3)_6$）分散剂后置于超声波清洗仪中荡洗6~10分钟,然后在显微镜下观察确保处理样品已经充分分散。样品稀释后用英国产Malvern Mastersizer 2000型激光粒度仪进行测试,获取相应的粒度参数。粒径范围0.02~2000μm,间隔0.3Φ,重复测量的相对误差<1%。

地球化学元素含量。用实验室内自然风干的样品,碾磨至200目,取0.125g,加5~6滴亚沸水润湿后加4ml HCl,混合均匀加热1小时（100~105℃）。降温后加2.5ml HNO_3、加热20分钟,再加0.25ml $HClO_3$,然后加6~7ml HF。加热、定容后,在南京大学现代分析中心用美国Jarrell-Ash公司产J-A1100（精密度：RSD≤2%）的ICP-AES仪上进行测试。

氧化物含量。将风干后的样品以5g为单位先研磨至200目以下,通过高温熔融法制片后,用日本产VF-320型X射线荧光光谱仪（XRF）在南京大学现代分析中心完成。再用国家地球化学标准样（GSS1和GSD9）分析误差为±1%（$\times 10^{-6}$）。

重矿鉴定。样品先后经过洗泥、筛分、磁选、再用三溴甲烷（$CHBr_3$）将轻重矿物分离,然后用酒精清洗、烘干、称重,最后在莱斯实体显微镜下对重矿类型进行鉴定。

3　测试结果

3.1　粒度特征

沉积物粒度分析是研究沉积物组成中不同粒级沉积物的机械组成、进而恢复当时沉积动力环境的一种重要的研究方法。一般的,粗粒沉积物出现于高能沉积动力环境下，而细粒沉积物多出现在低能动力环境下[22]。为恢复整个剖面沉积环境特征，T0709 探方剖面 27 个样品的粒度测试结果见图 4。

从图 4 中的粒级组分柱状图可见，变化显著的粒级是 <2μm、>63μm 和 30～63μm。而它们所区分的粒度变化特征与各样品的平均粒径变化的特征一致，即平均粒径的高值对应 >63μm 粒级的高值、平均粒径的低值对应 <2μm 粒级的高值；而 30～63μm 粒级的变化特征与 >63μm 粒级基本相同。显然，样品的平均粒径变化更具沉积物沉积环境的综合特征。

该剖面中值粒径（Md）和平均粒径（Mz）的平均值分别为 12.7μm、25.6μm，它们的 CV 值（离差系数）分别为 0.32 和 0.54。表明样品的平均粒径（Mz）变化较大，其中 285cm 层位样品的 Mz 为 13.5μm，40cm 层位样品 Mz 为 59.3μm。Mz 曲线上的 6 个峰值自上而下分别位于近代文化层底部［18cm，3 号样品（文中的样品号均按采样层位自上而下排列，并与曲线点位相对应）］、清代文化层（40cm，5 号样品）、明代文化层顶部（75cm，8 号样品）、明代文化层底部（110cm，11 号样品）、上东周文化层底部（190cm，16 号样品）、下东周文化层顶部（205cm，19 号样品）。这 6 个样品的粒度峰值中前 4 个均在 48μm 以上。与 >63μm 组分含量柱状图对比可知，这 6 个样品在 >63μm 粒级含量均大于 17%，应是高能沉积环境所致。而从下东周文化层中部（232cm）到夏代文化层（320cm）平均粒径波动较小，反映了相对稳定的沉积动力环境。12cm、25cm、60cm、85cm、142cm 层位样品为平均粒径（Mz）曲线的谷值层（图 4），除 60cm 层位样品的 Mz = 25.9μm 外，其余四个平均粒径介于 11.9～16.9μm。它与 <2μm 粒级含量柱状图的高值对应（9.6～15.1%），可能为汉江洪水形成的溢岸平流退却后，阶地面低洼部位滞水的细粒沉积层。

就其偏度（SK_1）而言，以洪积物样品（3、5、8、11、16、19 号样品）SK_1 值介于 -0.09～0.02 接近常态，而平流沉积物样品（如 2、4、9、13 号样品）SK_1 值介于 -0.17～-0.06，显负偏。同时，测试样品的峰态（KG）曲线的走势与平均粒径（Mz）基本一致，表明平流沉积物频率曲线尖锐而洪积物频率曲线相对和缓。

为便于不同沉积动力形成的沉积物及其环境背景的讨论，现将测试样品按粒级的四分位粒径值进行比较分类（图 5）。图中矢量方向反映 Q3（含量为 75% 的粒径值）数量特征、矢量长度反映 Q1（含量为 25% 的粒径值）的量度，而矢量的位置表示其中位数 Q2（含量为 50% 的粒径值）的大小。图 5 显示，沉积特征近似的沉积物的矢径矢量和标量值相近，可以大致将沉积物分为高能沉积型（A 区）、低能沉积型（C 区）和过渡型（B 区）。

3.2 重矿特征

重矿组合是物源变化极为敏感的指示剂，重砂矿物的搬运距离受矿物本身的化学稳

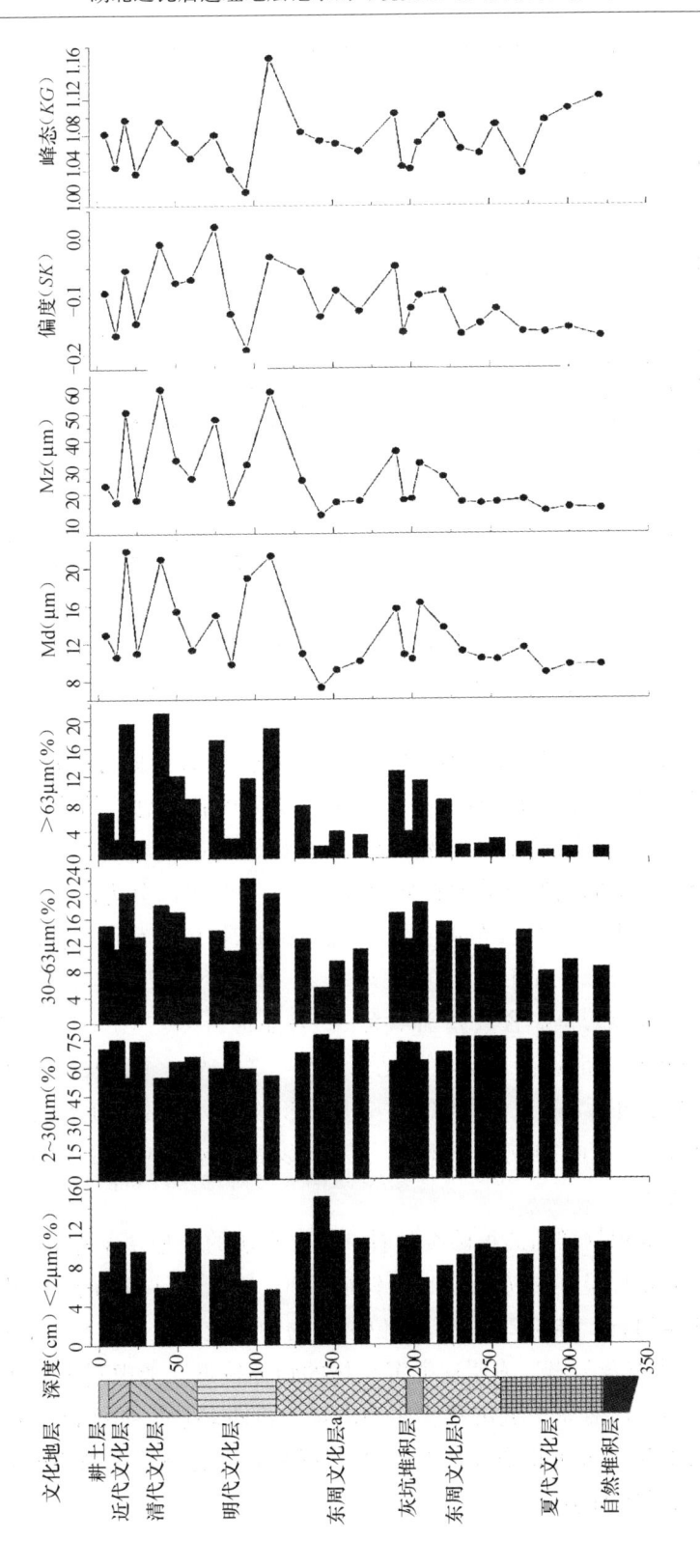

图 4 T0709 剖面的粒度特征

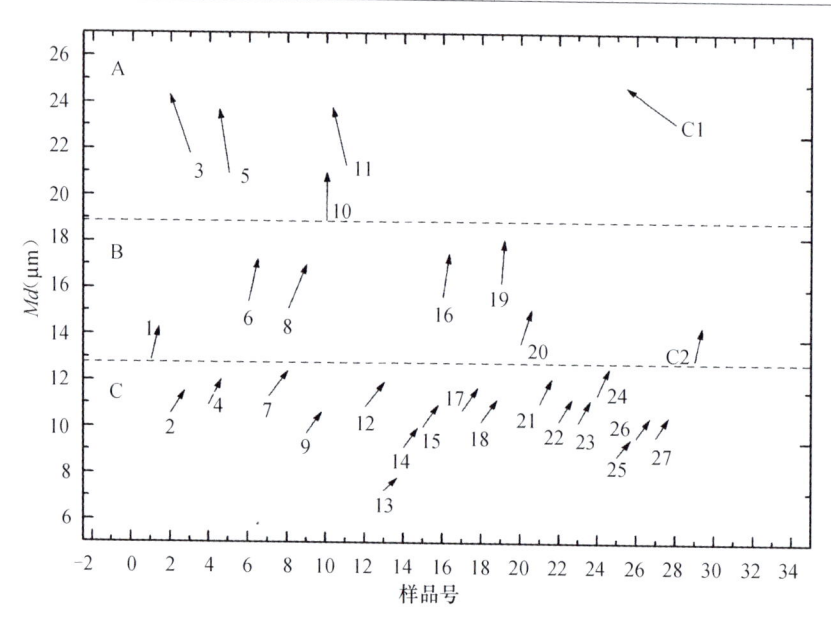

图 5 沉积物的四分位—中值矢量图

(图中数字为自上而下排列的样品号，C1、C2 是比较样品)

定性和物理特征（硬度、解理、晶型等）控制[23]。因此，可以根据已知沉积物的类型组合判断未知沉积物的沉积动力属性。本文鉴定了 T0709 剖面地层的第 2（12cm）、3（18cm）号样品和汉江南岸出露的沉积物样品（C1、C2）的重矿类型。

图 6 是四个样品不同晶形重矿的百分含量。四个样品可以分为两类：①2 号样品浑圆柱和四方双锥晶形重矿含量在 40～50% 之间；②3、C1、C2 号样品浑圆柱晶形重矿含量 <40%、四方双锥晶形重矿含量 >50%。这两个类型在四方柱晶形重矿含量也有差别外，其他晶形重矿含量差别不大。3 号晶形特征与 C1、C2 沉积物相似，且 3、C1、C2 浑圆状晶形重矿含量分别是 1.96%、2.35%、1.47%，表明 C1 号沉积物被搬运距离略大于 C2 和 3 号沉积物。2 号沉积物浑圆柱晶形矿物含量较高、反映了较远的搬运距离，但在四方双锥和四方柱晶形重矿含量的差异表明 2 号样品与其他样品的物源差异。

从鉴定的 4 个沉积物样品的重矿类型看，主要重矿的类型基本相同（表 2），并且它们多源自弱氧化环境（多赤铁矿、锐钛矿等）。但 2 号（12cm）沉积物主要矿物缺少不稳定的角闪石，推断 2 号样品层位沉积物物源较远。而 3 号（18cm）、C1、C2 地层沉积物均含有角闪石，表明这类沉积物的物源较近。考虑到 3 号样品沉积物为高能动力沉积型，而溢岸平流沉积物多为弱动力沉积环境，那么以 3 号样品代表的图 5 中 A 区及 B 区部分沉积物（如 16、19 号样品）应为遗址东侧的季节性河流的洪积作用形成的洪积扇地层。

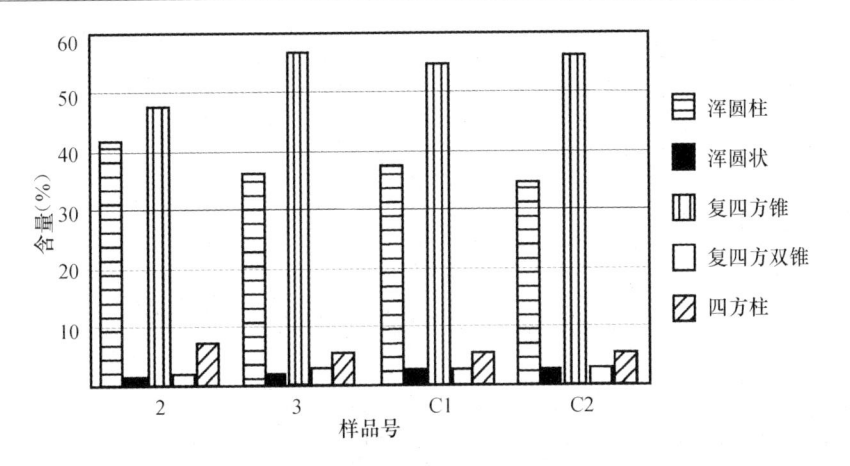

图 6 鉴定样品的晶形百分数

表 2 T0709 剖面地层重矿类型组合

样品号	重砂矿物含量/%	主要重砂矿物类型	次要重砂矿物类型
2	0.14	绿帘石、赤褐铁矿、磁铁矿、石榴石、锆英石、金红石、磷灰石、重晶石	电气石、角闪石、绿泥石、辉石、榍石、白钛石、锐钛矿、碳酸盐类、黄铁矿、蓝晶石、辰砂
3	0.40	绿帘石、赤褐铁矿、磁铁矿、石榴石、锆英石、角闪石、金红石、磷灰石、重晶石	电气石、绿泥石、辉石、阳起石、榍石、白钛石、锐钛矿、碳酸盐类、黄铁矿、辰砂
C1	0.17	绿帘石、赤褐铁矿、磁铁矿、石榴石、锆英石、角闪石、金红石、磷灰石、重晶石	电气石、绿泥石、辉石、阳起石、十字石、榍石、白钛石、锐钛矿、碳酸盐类、黄铁矿、辰砂
C2	0.47	绿帘石、赤褐铁矿、磁铁矿、石榴石、锆英石、角闪石、金红石、磷灰石、重晶石	电气石、绿泥石、辉石、透辉石、榍石、白钛石、锐钛矿、碳酸盐类、黄铁矿、辰砂

综合粒度和重矿类型特征，T0709 剖面地层的沉积物大体分为两类：一是汉江上游洪水造成的溢岸平流形成的平流沉积[10]，这类沉积物的平均粒径较小，分选较好。重矿组成中为稳定性矿物，由于长距离搬运，矿砂常有一定的磨圆度，如 2 号样品（图 7，a、b）。另一类是山前洪积地层，沉积物的平均粒径较粗，分选较差；重矿组分中含近距搬运的不稳定矿物如角闪石。由于搬运距离近，这些矿砂的外形往往有尖锐的棱角，如 3 号样品（图 7，c、d）和 C1、C2。因此，对照粒度的四分位分布，参考重矿类型特征，大体可以把 T0709 剖面地层分为平流沉积（图 5 中 C 区）和洪积层（图 5 中 A 区和 B 区）两类。

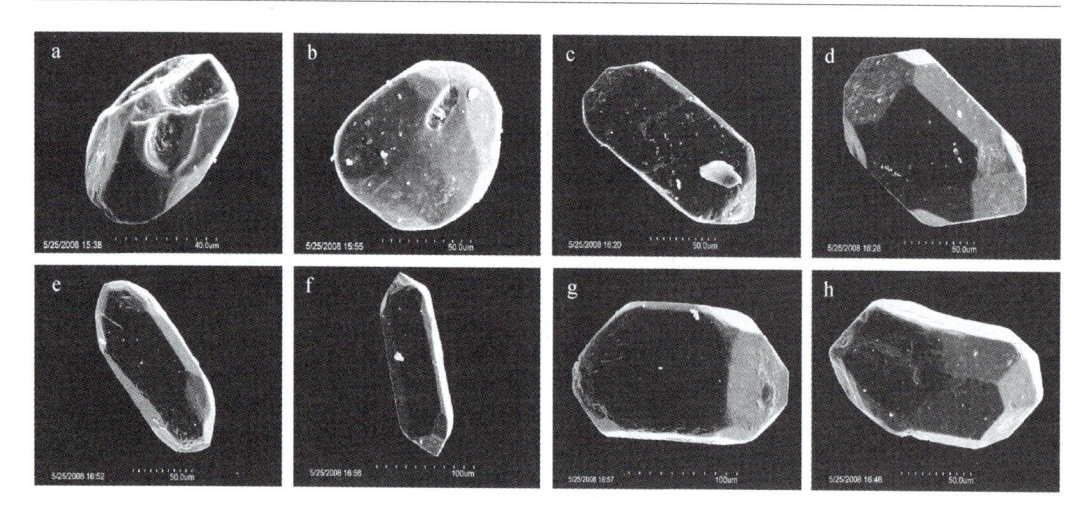

图 7　鉴定样品的锆英石照片

a、b. 2号样品　c、d. 3号样品　e、f. C1样品　g、h. C2样品

3.3　元素地球化学特征

元素地球化学在黄土沉积[24]、湖泊沉积[25]、遗址地层[3,8,9]的古环境变化信息提取中广泛应用。地球化学元素的迁移、沉积规律与其地球化学行为有关，同时又受沉积物化学组成的多因素控制和人类活动有关。目前常通过元素含量的加和或比值去放大元素指标对气候变化的响应、或减小各种扰动因素的影响[26,27]。因子分析方法则可以将庞杂的原始数据按成因上的联系进行归纳，以提供逻辑推理的方向，导出正确的成因结论[25,28]。本文利用辽瓦店遗址剖面27个样品分析取得的32个元素含量（用ICP-AES方法测试）的原始数据经标准化处理后，在SPSS.13上用R因子分析中的主成分分析（PCA）方法，设置公因子最小方差贡献值为1，经方差极大正交旋转后，选取公因子负载绝对值大于0.6的变量（表3）。

由下表可知，所有元素被分成6个主成分，找出与这6个主成分相关系数绝对值最大的元素，并考虑元素的环境意义，选出与这6个主成分相对应的元素。根据旋转后主成分载荷矩阵，从F1因子中挑出相关系数大于0.95的Al、Fe、Li、Sc；从F2因子中挑出相关系数大于0.74的Cd、Na、Mn、Sr；从F3因子中挑出相关系数大于0.86的Cu、P、Zn；从F4因子中挑出相关系数大于0.63的Ca、Mg；从F5因子中挑出相关系数大于0.6的Pb；从F6因子中挑出相关系数大于0.79的Si制成地球化学元素含量随深度变化曲线（图8），进行环境和人类活动信息的提取。

表 3 主成分载荷矩阵及方差解释

| | 主成分载荷矩阵 ||||||旋转后主成分载荷矩阵 ||||||
| | 主成分因子 |||||| 主成分因子 ||||||
元素	F1	F2	F3	F4	F5	F6	F1	F2	F3	F4	F5	F6
Al	0.95	-0.20	0.10	0.02	-0.08	-0.05	0.96	0.13	0.12	0.08	0.08	0.07
B	0.36	0.19	-0.18	-0.32	-0.47	0.49	0.23	0.30	0.11	-0.40	0.12	0.66
Ba	0.80	0.33	-0.30	0.22	-0.11	-0.16	0.59	0.67	0.31	0.06	-0.18	-0.03
Be	0.84	-0.23	0.10	-0.18	-0.15	-0.01	0.88	0.05	0.05	-0.10	0.12	0.13
Ca	0.01	-0.15	0.33	0.81	0.28	0.16	-0.03	-0.14	0.14	0.92	0.07	-0.01
Cd	0.23	0.62	-0.63	0.09	-0.12	0.08	-0.08	0.86	0.16	-0.15	-0.19	0.12
Ce	0.75	0.16	-0.22	-0.23	0.32	-0.08	0.59	0.53	-0.04	-0.14	0.29	-0.25
Co	0.79	0.06	0.06	-0.22	0.23	0.27	0.65	0.33	0.04	-0.04	0.53	0.07
Cr	0.94	-0.09	0.01	0.22	-0.08	-0.06	0.89	0.28	0.18	0.22	-0.02	0.06
Cu	0.25	0.47	0.52	0.28	-0.41	-0.10	0.15	-0.06	0.87	0.08	-0.09	0.10
Fe	0.87	-0.33	0.29	0.01	-0.05	-0.08	0.96	-0.12	0.15	0.09	0.07	0.09
In	0.68	0.23	0.38	-0.34	0.12	-0.11	0.61	0.05	0.42	-0.28	0.37	-0.14
K	0.87	0.44	-0.05	-0.13	-0.05	-0.07	0.65	0.56	0.42	-0.20	0.16	-0.05
La	0.89	-0.01	-0.09	0.19	0.24	-0.08	0.77	0.43	0.07	0.27	0.14	-0.16
Li	0.87	-0.38	0.14	0.05	-0.05	-0.06	0.96	-0.02	0.02	0.13	0.02	0.09
Mg	0.64	-0.35	-0.23	0.55	0.11	0.13	0.61	0.31	-0.20	0.63	-0.11	0.15
Mn	0.38	0.81	-0.21	-0.21	0.17	-0.02	0.03	0.74	0.40	-0.31	0.27	-0.19
Na	0.62	0.25	-0.59	0.05	0.24	0.18	0.35	0.85	-0.15	0.06	0.12	0.03
Ni	0.80	0.03	0.18	0.15	-0.13	-0.04	0.74	0.16	0.34	0.14	0.05	0.08
P	0.19	0.75	0.39	0.24	-0.09	-0.05	-0.05	0.22	0.87	0.08	0.12	-0.08
Pb	0.23	-0.13	0.64	0.15	0.45	0.19	0.22	-0.30	0.17	0.45	0.59	-0.13
Sb	0.13	0.50	0.44	-0.40	0.23	0.29	-0.07	0.05	0.41	-0.26	0.72	-0.02
Sc	0.92	-0.23	0.27	-0.06	-0.08	-0.04	0.96	-0.02	0.16	0.04	0.18	0.06
Si	-0.08	0.28	-0.01	-0.18	0.52	-0.55	-0.12	0.14	0.03	-0.15	0.09	-0.79
Sn	0.29	-0.08	0.17	-0.15	0.40	0.31	0.23	0.04	-0.12	0.11	0.57	0.00
Sr	0.50	0.49	-0.23	0.63	0.17	0.11	0.17	0.74	0.36	0.53	-0.01	0.00
Ti	0.92	-0.07	-0.19	-0.14	-0.03	0.06	0.84	0.41	-0.03	-0.09	0.13	0.12
V	0.77	-0.57	-0.19	-0.04	0.04	-0.02	0.89	0.09	-0.39	0.11	-0.01	0.07
Y	0.83	-0.28	0.24	-0.32	-0.01	-0.05	0.90	-0.07	0.02	-0.16	0.28	0.00
Zn	0.40	0.73	0.41	0.19	-0.22	-0.02	0.15	0.25	0.92	0.02	0.12	0.02
Zr	0.77	-0.33	-0.38	0.07	-0.15	-0.09	0.80	0.32	-0.24	0.05	-0.24	0.12
W	0.79	0.10	-0.03	-0.20	0.15	-0.07	0.68	0.35	0.10	-0.13	0.26	-0.13
特征值	14.47	4.51	3.05	2.54	1.73	1.06	12.46	4.87	3.87	2.52	2.26	1.39
方差%	45.24	14.11	9.52	7.93	5.42	3.29	38.93	15.22	12.09	7.89	7.06	4.34
累计%	45.24	59.35	68.87	76.80	82.22	85.51	38.93	54.15	66.24	74.13	81.19	85.52

图 8 显示，F1 组元素曲线变化特征基本一致，4 个元素的平均值分别是：Al，366.66 mg/g；Fe，185.53mg/g；Li，0.19 μg/g；Sc，0.07μg/g。温湿气候条件下，沉积物中岩矿物质化学风化作用强烈，有机质分解快，富含气体及有机物的酸性水溶液最容易侵蚀含铁矿物和其他金属矿物，大量 Al、Fe、Sc、Li 等元素从岩矿中风化出来造成沉积物中元素的大量积累。相反，在干冷气候条件下，沉积物中岩矿物质风化作用减弱，这些元素含量一般较低。因此，Al、Fe、Li、Sc 等元素在风化壳的物质迁移中具有指示意义，F1 因子主要反映了剖面地层沉积时的风化环境及相应的气候背景。F1 组元素曲线变化在上东周文化层（130cm）、下东周文化层的晚期（220cm）有两个显著低值，暗示较弱的风化壳形成环境和干旱气候条件。而三个高值分别位于清代文化层中部（40cm）、明代文化层中期（95cm）和夏代文化层顶部（254cm），反映了三个文化层时期的活跃的风化作用过程和温湿的气候背景。

F2 组元素包括 Cd、Na、Mn、Sr。它们在本地层中的平均含量是：Cd，0.009μg/g；Na，65.91mg/g；Mn，5.36mg/g；Sr，0.77μg/g；其中 Na、Sr 是用于指示淋溶程度的重要指标[29]，因此 F2 因子反映剖面地层中元素的淋溶水平，间接指示沉积环境当时的降水的淋溶程度。图 8 中 F2 组元素曲线在夏代文化层顶部（232cm）-下东周文化层底部（254cm）、明代文化层中下部（85~110cm）为两个高值区间，可能是整个剖面地层中两个显著多雨期。

F3、F4、F5、F6 组元素涵盖了 Cu、P、Zn、Ca、Mg、Pb、Si 等元素，三组元素的平均值是：Cu，0.19mg/g；P，12.9mg/g；Zn，0.65mg/g；Ca，70.99mg/g；Mg，57.79mg/g；Pb，0.29mg/g；Si，5.58 mg/g。在人类活动遗址地层它们含量的异常往往代表了人类生产、生活的特征信息[30,31]，可以把这一组主成分因子作为人类活动的指示因子。本类元素含量曲线类似于 F1、F2 类型，既示踪了环境的风化强度（如130cm、220cm 品层位的低值），也记录了人类活动的有关信息。

Cu 含量在上东周文化层（152cm）~灰坑层（200~205cm）为显著高值区间，尤以上东周文化层中部、灰坑堆积层为代表。据 Terry 等人的研究[32]，Cu 可以指示动物粪便、墙壁灰浆、生活垃圾和动物骨骼存在，但其低值则反映炭屑物质的存在。图 8 中 P 和 Zn 含量走势相似，它的高值可以指示古人类的集居点、可耕地、作物秸秆和动物骨骼以及生活垃圾等残留物[30]。因此，明代文化层中部（85cm）、上东周文化层—灰坑堆积层（152~205cm）的异常高值可能暗示当时该剖面所在地人类集居的繁荣期。研究认为[31]，Ca、Mg 在人类遗址的高含量对应集居地灶房的红烧土、耕作区、动物骨骼、房屋墙壁灰浆、手工制品及生活垃圾存储地等。而 Pb 含量变化与陶瓷和金属器物的手工作坊相关联。图 8 显示 Ca、Mg 曲线在明代文化层中下部（85~90cm）为高值区间，可能暗示人类的灶房遗存。而 Pb 曲线的变化表明在清代文化层底部（60cm）、明代文化层中部（85cm）、上东周文化层中部（142cm）、灰坑堆积层（200cm）和夏

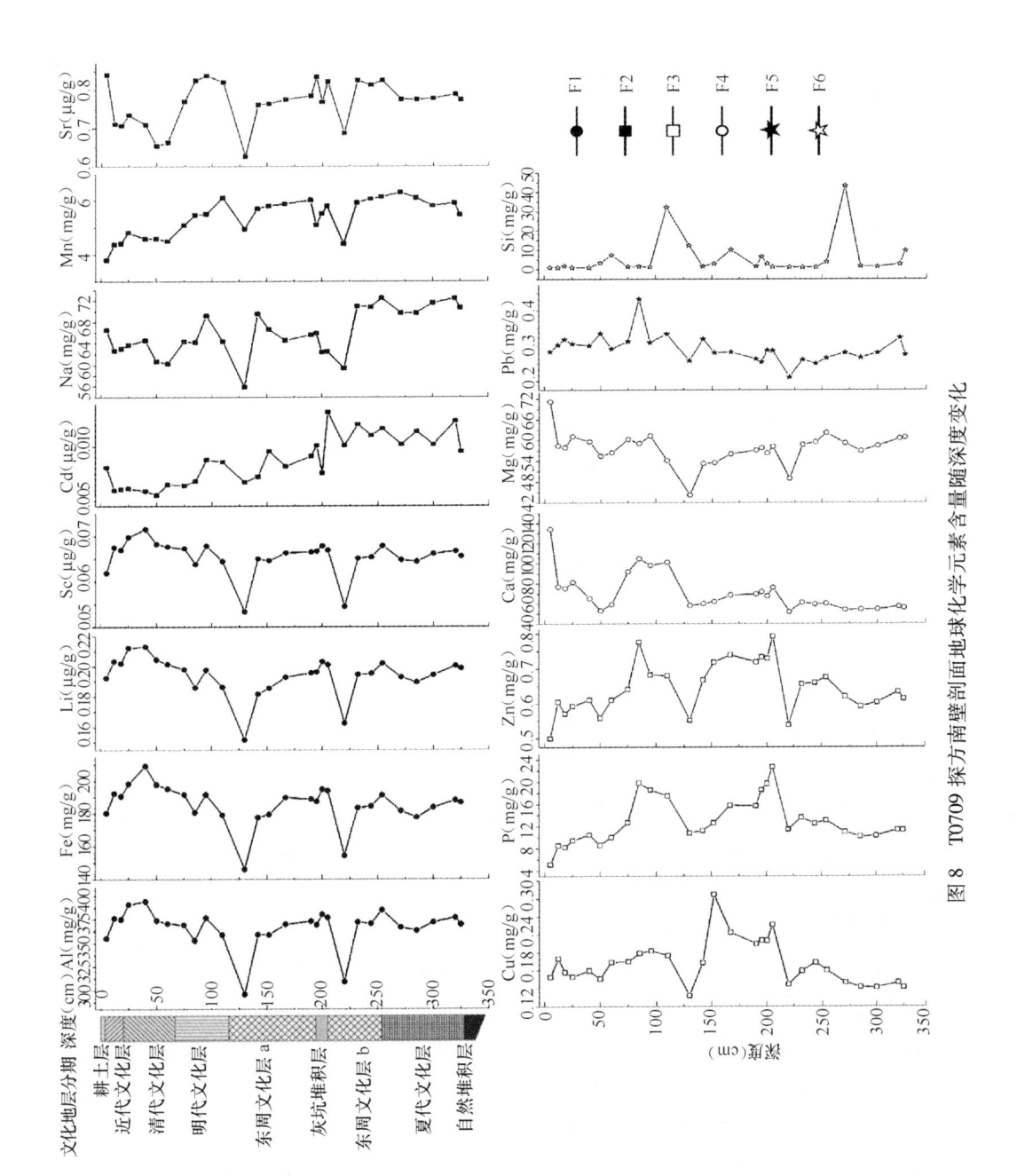

图 8 T0709 探方南壁剖面地球化学元素含量随深度变化

代文化层底部（320cm）均指示该层有手工业制作活动的遗迹。

F6 因子的指示元素 Si 含量总体变化平稳，平均值为 5.58，但在明代文化层底部（110cm）和夏代文化层上部（271cm）有两个异常峰值（32.09mg/g、43.2mg/g），与同地层的 F1、F2 组元素变化对比发现，指示风化程度的其他元素含量并无异常表现，而 Si 元素的淋溶除非化学蚀变指数（CIA）超过 90[33]，这是北亚热带边缘地区的温湿条件所难以达到的，那么 Si 含量的高值可能是石器制作活动的结果。

4 辽瓦店遗址环境变迁与人类活动的关系

4.1 辽瓦店遗址的环境演变

综合图 4 中平均粒径（Mz）曲线、图 5 中的地层分类和重矿鉴定结果可知，辽瓦店遗址自下东周文化层中期以来（<244cm），沉积物以细粒的平流沉积和粗粒的山前洪积物交替出现。而在夏代文化层和下东周文化层（244~325cm）的沉积物平均粒径小（6.59μm）且相对稳定，在数值上相当于平流沉积的水平（图 5 中 C 区样品），洪积沉积层缺失（图 5 中 A、B 区样品）。整个夏代地层（图 5 中 23~27 号样品），缺乏山前洪积层，表明当时遗址附近区域的植被可以有效阻滞山间洪水形成，反映了该区较高的植被覆盖度和良好的生态环境。而其后各文化地层的平均粒径大幅振荡、而且均有洪积层出现（图 4 Mz 曲线中高值点；图 5 中 A、B 区样品），意味着人类对生活资料的需求量增加，传统的采摘渔猎不能满足人类的生存需求，只有通过伐林造田、种植农作物来弥补生活资料的不足。于是植被覆盖面积减小、生态系统涵养水源的功能下降，造成江水泛滥、山洪频繁。在遗址地层表现为山前洪积层与汉江的平流沉积层交替出现。

此外，T0709 剖面在商代和秦代—元代分别有 500 年和 1500 年的文化地层间断，从整个遗址区发掘的汉代、唐宋墓葬推断，T0709 剖面可能与这两个时期汉江河曲摆动侵蚀有直接关系，同时人类活动可能是重要的诱发因素。

为反映遗址地层形成的气候背景，引用（$K_2O + Na_2O + CaO$）/Al_2O_3[34]（活性组分：惰性组分；称之为风化系数）比值反映风化强度以间接指示气候特征。图 9 是 T0709 剖面地层样品的氧化物含量（用 XRF 方法测试）变化曲线，夏代文化层底部（320cm）一直到下东周文化层顶部（205cm）风化系数值处于第一个低值期，即活性元素迁移率较高、对应的气候特征表现为温暖湿润特征。进入上东周文化层（190cm）风化系数升高并在上东周文化层顶部（130cm）进一步升高，并在明代文化层中部（85cm）达到峰值，指示了上东周文化层风化强度渐弱，在明代文化层中部层位达到风化强度最低值的环境特征。这意味着该区从上东周文化层开始气候渐趋干冷，并在明代文化层中部层位达到干冷的极致。其后的清代文化层时期（20~70cm）风化系数走低，气候转入暖湿阶段。类似地，地层样品的烧失量（LOI；在电炉加热（550℃，3

小时）前后分别称重。）可以反映地层中有机质的量度[35]。由于地层中堆积的有机质源于流水搬运的地表有机物（暖湿期地表有机质分解快，量少；干冷期有机质分解慢，量多），因此，LOI 的低值间接反映暖湿期地层沉积特征、高值则表示干冷期沉积。

图 9 显示，LOI 曲线变化基本与风化强度系数曲线一致，但 LOI 指示了上东周文化层顶部（130cm）的暖湿期。由于 Ca^{2+} 迁移能力大于 Mg^{2+}，有文献[36]用 Mg/Ca 比值表示雨水淋溶强度，图 9 的 Mg/Ca 比值曲线在 LOI 的低值区间均表现为高值，验证了温暖期的湿润特征。另外，Al_2O_3、CaO 的百分含量变化分别指示了环境的风化强度和雨水淋溶强度，它们反映的风化强度及环境背景特征与 LOI 曲线记录的有机质变化特征十分吻合。因此，LOI 曲线可以作为该剖面的气候变化的代用指标。

就地球化学元素的主成分因子 F1、F2 组元素变化特征而言（图 8），上东周文化层（130cm）、下东周文化层的晚期（220cm）出现两次明显的异常低值，意味着两次气温和降水的异常。而在夏代文化层顶部（254cm）、明代文化层中部（95cm）和清代文化层中部（40cm）都有元素高值显示，表明风化作用强度增大和暖湿的古气候特征。对比图 9 的 LOI 曲线，下东周文化层底部地层 244cm 处的 LOI 值从原来的 5.22% 上升到 5.46%，表明气候开始变干旱。到了下东周文化层顶部（220cm）LOI 增加到 7.34%，干旱程度在整个剖面最高。上东周文化层顶部（130cm）LOI 为 5.94%，到明代文化层底部（110cm）LOI 增至 6.18%。F1、F2 组元素指示的夏代文化层中部、明代文化层中部、清代文化层中部的 LOI 分别为对应区间的低值位，它们的 LOI 分别是：夏代文化层中部 5.22%、5.19%（254、271cm）；明代文化层中部 6.46%（85cm）；明代文化层中部 6.3%（40cm）。

对比显示，T0709 探方剖面地层的 F1、F2 组地球化学元素含量变化（图 8）与对应地层的烧失量（图 9 中 LOI 曲线）有较好的可比性，并与剖面的风化强度系数曲线（图 9 中 $(K_2O + Na_2O + CaO) / Al_2O_3$）基本一致。但 F1、F2 组元素变化的分辨率不如 LOI 指标，如上东周文化层顶部（130cm）的暖湿期在 F1、F2 组元素曲线上并不明显。另外，LOI 曲线特征表明，辽瓦店地区在夏代文化层时期（250~325cm）气候特征相对稳定，进入上东周文化层后气候特征表现为冷暖振荡态势，虽然历经多次暖期、但在程度上都不及夏代文化层时期的暖湿水平。

4.2 人类活动与环境的关系

夏代文化层时期（250~325cm）。图 8 中的 F5、F6 组的 Pb 和 Si 含量在夏代文化层底部出现异常值：Pb，0.32mg/g（平均值 0.29 mg/g）；Si，43.2 mg/g（平均值 5.59 mg/g）。该时期地层在 LOI 曲线上表现为低值区间，暗示温暖湿润的气候特征。从沉积层粒度特征看，主要组分是 2~30μm 的黏土质粉砂和 <2μm 的黏土，属于 C 区沉积物类型、类似于 2 号样品，主要重矿不含角闪石、阳起石等不稳定类型，属于溢岸平流沉积。在人类遗址区，Pb、

· 318 ·　　　中华文明探源工程文集

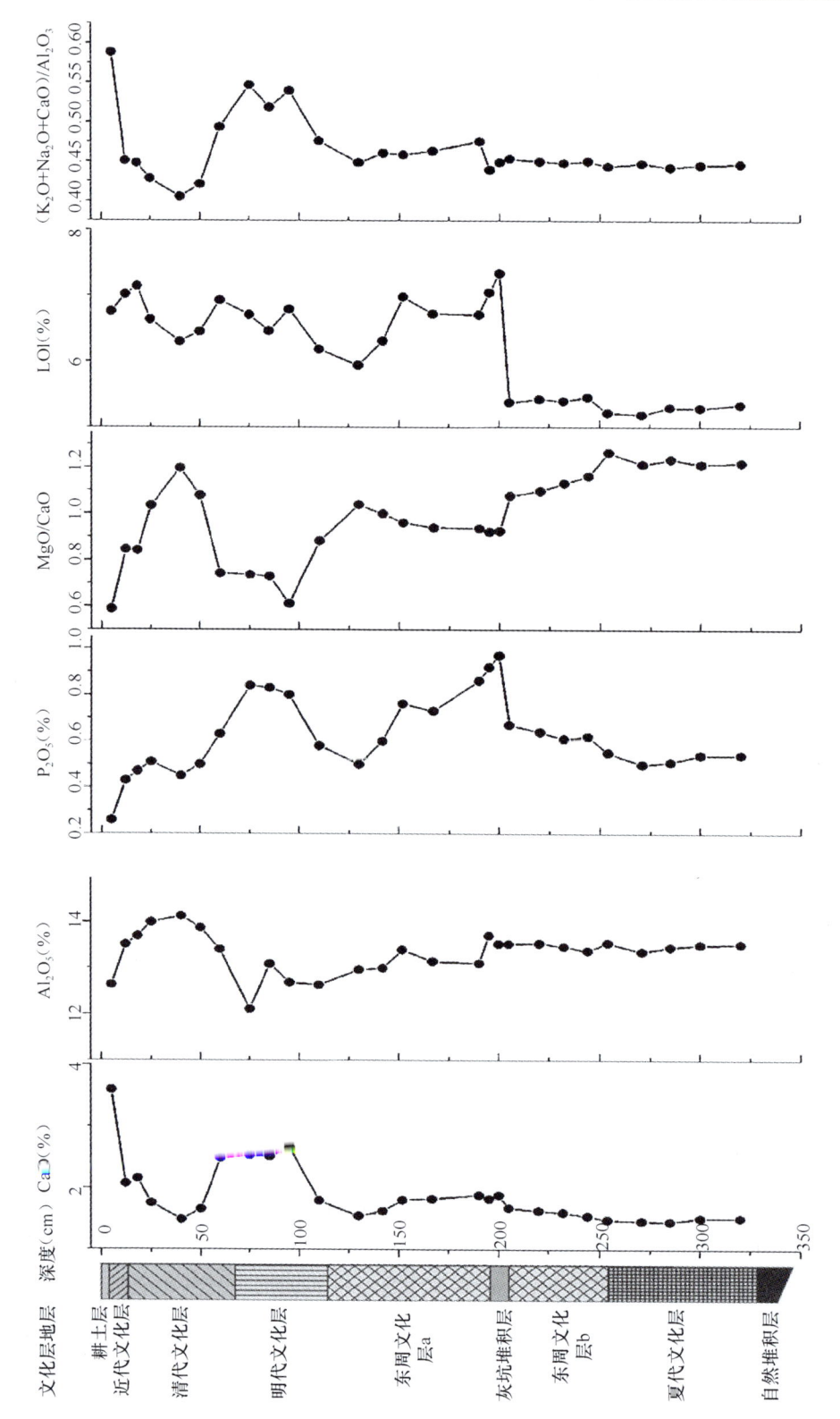

图 9　反映环境风化强度的相关指标

Si 含量的异常通常与金属、石器加工活动相关[31]。鉴于该时期生态环境良好、气候温湿、附近少山洪灾害,人们的生产活动需要大量各种工具,如石镞、石刀、石斧等;陶罐、釜、鼎等;骨镞、骨刀等。工具的加工场地和遗物会导致重金属含量的积累,如制陶过程中会有 Pb、Zn 等个别重金属的污染现象[37,38],石器制作坊地层的 Si 含量陡增等。

东周文化层时期(120~250cm)。从图 9 的 LOI 曲线变化可知,从下东周文化层(200cm)开始气候开始进入向干旱气候转化的过渡期,干旱程度在上东周文化层中部达到最强(152cm,LOI = 6.98%),到了上东周文化层顶部(130cm)LOI 下降至 5.94%,气候进入暖湿期。该地层的平均粒径只有在上、下东周文化层交接层出现两次波动(190cm、205cm,B 区类型),此时恰好是由下东周文化层的凉干气候向上东周文化层的干旱气候的急变时期,地层粒度的变化与气候变迁造成的异常洪水形成的小规模洪积层有关。图 8 显示,上东周文化层中部(152cm)Cu 含量为异常高值 0.31mg/g,另一个高值在灰坑堆积层(0.26mg/g)。该层位除陶器外、还有青铜鼎、刀、镖和镞出土,表明当时的青铜器使用进入了繁荣期。该时期 Zn 含量均值为 0.73 mg/g 高于整个剖面均值(0.65mg/g);Pb 在上东周文化层顶部也存在高值(0.32mg/g),并且地层包含大量炭屑,加之辽瓦店一带是楚国在鄂西北的核心腹地,青铜器的使用和修造有相当规模[39],地层的重金属污染现象表明遗址有青铜器制作历史。P 含量在灰坑堆积层最高(22.73 mg/g),与该灰坑堆积层含有猪、牛、鹿、鱼骨骼残留相吻合,反映了该区人们食用动物的类型。地层中 Si 含量较稳定,只在上东周文化层(130cm,167cm)有两次小幅升高,表明石器制作的地位大大下降。可见,青铜器使用的繁荣期出现在气候的干旱期,表明环境恶化促进了生产力水平的提高,但自然生态却面临更深程度的破坏。

明清文化层时期(20~120cm)。LOI 记录的明清期气候特征是:总体上气候趋于干凉。明代文化层底部 LOI 逐渐升高,意味着气候逐渐变干;明代文化层中部(85cm)有短时暖湿期,其后继续进入冷干期,这与 16 世纪汉江曾 6 次封冻记录相吻合[40]。清代文化层中下部(40cm)为 LOI 低值区间(6.3%)表现为暖湿期,顶部地层 LOI 升高、气候进入新一轮干旱期。图 4 显示,自上东周文化层(<120cm)以来遗址地层的平均粒径开始出现振荡,沉积动力的差异暗示汉江洪水和附近季节性山洪的频率大大增加。东周时期金属工具开始广泛使用、生产效率提高,生产和生活用地面积急剧增加,建筑用木材的需求量扩大,原始森林被大规模砍伐,天然生态系统遭受破坏,人类对自然环境的干扰程度加深。

图 8 显示,Cu 含量自东周文化层后(<152cm)逐渐减小、渐趋稳定,表明自明清时期以来,遗址地层记录的铜器使用数量的减少。Zn 和 Pb 含量在明、清代文化层中部(85cm、50cm)各有一个高值,而对应地层含有瓷片,表明当时遗址区手工业转变为瓷器制作业。P 含量在明代文化层中下部为高值区间,平均值为 18.6 mg/g(整个剖

面平均值 12.9 mg/g），对应地层中的动物骨骼碎屑遗迹。可能是气候进入干旱期后，导致粮食产量不足，人们不得不以渔猎品弥补粮食缺口。

Ca 含量在明代文化层中下部（85~110cm）为高值区，平均含量为 101.5mg/g；而 75cm、85cm、95cm 层位中 Mg 含量同为高值区，平均含量是 60.27mg/g。加之本层包含大量红烧土屑和炭屑，而且该层位存在瓷器加工遗迹，推断该地层可能是瓷窑或制瓷垃圾倾卸场所。同时，Mg、Ca 含量的高值也与耕作区、粉刷用灰浆、生活垃圾存储地等人类活动相关，Ca、Mg 含量在近现代层逐步升高也证明了这一观点。

5 结 论

湖北郧县辽瓦店遗址 T0709 探方南壁地层的地球化学元素指标记录了自夏代以来的气候变迁和人类活动的特征：

（1）夏代时期（250~325cm）。气候温暖湿润、生态环境良好、少山洪灾害，古人类活动与自然环境和谐相处。该期地层平均粒度变化较小（平均粒径 15.17μm），Pb、Si 含量的异常表明当时有原始的石器制作活动。

（2）东周时期（120~250cm）。从下东周文化层开始，气候进入向干旱气候转化的过渡期，干旱程度在上东周文化层中部达到最强（LOI = 6.98%）。到了上东周文化层顶部（130cm）气候进入暖湿期。地层的平均粒径出现两次波动，与气候变迁造成的异常洪水和山洪沉积有关。该期地层 Cu（152cm）、Pb（152cm）含量为异常高值（分别是 0.31mg/g，0.32mg/g）且含有青铜器，表明当时的青铜器使用进入了繁荣期。P 含量高值（22.73 mg/g）指示了恶劣环境下人类食用动物的骨屑遗存。Si 含量较稳定，表明石器制作业的地位下降。显然，干旱环境迫使人类提高生产力水平，但人类对自然生态的破坏程度却进一步加深。

（3）明清时期（20~120cm）气候整体趋于干凉，明代文化层中部（85cm）有短时暖湿期，其后又进入冷干期。清代文化层中下部（50~70cm）表现为暖湿期，晚期重新进入干期。Ca（均值 101.5mg/g）、Mg（均值 60.27mg/g）、Zn 和 Pb 的高含量及出土的瓷片表明遗址附近曾有瓷器作坊。另外，Ca、Mg 含量在现代层逐步升高揭示了人类活动对自然环境的改造程度。本期地层的平均粒径反复振荡，暗示汉江洪水和季节性山洪的频率增加，天然生态系统遭受极大程度破坏，人类活动对自然环境的正反馈效应开始凸现。

致谢：武汉大学王然教授的研究生、郧县文化局和博物馆领导、十堰市文化局以及博物馆领导在野外采样过程中给予了热情帮助，在此一并表示感谢。

参 考 文 献

[1] 朱诚, 马春梅, 王慧麟, 等. 长江三峡库区玉溪遗址 T0403 探方古洪水沉积特征研究. 科学通报, 2008, 53 (增刊 I): 1~16.

[2] 张强, 朱诚, 刘春玲, 等. 长江三角洲 7000 年来的环境变迁. 地理学报, 2004, 59 (4): 534~542.

[3] 朱诚, 张强, 张芸, 等. 长江三角洲长江以北全新世以来人地关系的环境考古研究. 地理科学, 2003, 23 (6): 705~712.

[4] 朱诚, 郑平建, 史威, 等. 长江三角洲及其附近地区两千年来水灾的研究. 自然灾害学报, 2001, 10 (4): 8~14.

[5] 朱诚, 宋健, 尤坤元, 等. 上海马桥遗址文化断层成因研究. 科学通报, 1996, 41 (2): 148~152.

[6] 朱诚, 张强, 张之恒, 等. 长江三峡地区汉代以来人类文明的兴衰与生态环境变迁. 第四纪研究, 2002, 22 (5): 442~450.

[7] 张强, 朱诚, 姜逢清, 等. 重庆巫山张家湾遗址 2000 年来的环境考古. 地理学报, 2001, 56 (3): 353~362.

[8] 张芸, 朱诚, 张强, 等. 长江三峡大宁河流域 3000 年来的沉积环境和风尘堆积. 海洋地质与第四纪地质, 2001, 21 (4): 83~88.

[9] 裴树文, 高星, 冯兴无, 等. 三峡地区更新世人类适应生存方式. 第四纪研究, 2006, 26 (4): 534~542.

[10] 杨晓燕, 夏正楷, 崔之久. 黄河上游全新世特大洪水及其沉积特征. 第四纪研究, 2005, 25 (1): 80~85.

[11] 徐海鹏, 莫多闻, 岳升阳, 等. 北京王府井东方广场文化遗址的古地貌研究. 第四纪研究, 1999 (2): 14~20.

[12] 莫多闻, 杨晓燕, 王辉, 等. 红山文化牛河梁遗址形成的环境背景与人地关系研究. 第四纪研究, 2002, 22 (2): 174~181.

[13] 吴文祥, 刘东生. 4 000aBP 前后东亚季风变迁与中原周围地区新石器文化的衰落. 第四纪研究, 2004, 24 (3): 278~284.

[14] 杨用钊, 李福春, 金章东, 等. 绰墩农业遗址中存在中全新世水稻土的新证据. 第四纪研究, 2006, 26 (5): 864~871.

[15] Peter B D. Cultural response to climate change during the late Holocene. *Science*, 2001, 292: 667-673.

[16] Hodell D A, Curtis J H, Brenner M. Possible role of climate in the collapse of classic Maya civilization. *Nature*, 1995, 375: 391-394.

[17] Meena B, Crayton J Y, David J M, *et al*. Paleo-environment of the Folsom archaeological site, New Mexico, USA, approximately 10500 ^{14}C yr BP as inferred from the stable isotope composition of fossil land snail shells. *Quaternary Research*, 2005, 63: 31-44.

[18] Fernandez FG, Terry RE, Inomata T, *et al*. An ethno-archaeological study of chemical study of chemical residues in the floors and soils of Q'eqchi'Maya houses at Las Pozas, Guatemala. *Geoarchaeology*, 2002, 17: 487-519.

[19] 高星. 德日进与中国旧石器时代考古学的早期发展. 第四纪研究, 2003, 23 (4): 379~384.
[20] 李天元, 冯小波. 郧县人. 武汉: 湖北科学技术出版社, 2001: 1~218.
[21] 石家河考古队. 肖家屋脊 (上). 北京: 文物出版社, 1999: 348.
[22] Friedman G M, Sanders J E. Principles of sedimentology. New York: John Wiley & Sons, 1978: 29-120.
[23] 何钟铧, 刘招君, 张峰. 重矿物分析在盆地中的应用研究进展. 地质科技情报, 2001, 20 (4): 29~32.
[24] 张西营, 马海州, 谭红兵. 青藏高原东北部黄土沉积化学风化程度及古环境. 海洋地质与第四纪地质, 2004, 24 (2): 43~47.
[25] 陈敬安, 万国江. 洱海沉积物化学元素与古气候演化. 地球化学, 1999, 28 (5): 562~570.
[26] 陈克造, Bowl J M. 四万年来青藏高原的气候变迁. 第四纪研究, 1990, 11 (1): 22~31.
[27] 庞奖励, 黄春长, 张占平. 陕西五里铺黄土微量元素组成与全新世气候不稳定性研究. 中国沙漠, 2001, 21 (2): 151~156.
[28] 舒强, 钟魏, 熊黑钢, 等. 南疆尼雅地区4000a来的地化元素分布特征与古气候环境演化的初步研究. 中国沙漠, 2001, 21 (1): 12~18.
[29] 陈骏, 季俊峰. 陕西洛川黄土化学风化程度的地球化学研究. 中国科学 (D辑), 1997, 27 (6): 531~536.
[30] Wilson C A, Davidson D A, Malcolm S C. Multi-element soil analysis: an assessment of its potential as an aid to archaeological interpretion. *Journal of Archaeological science*, 2008, 35: 414-424.
[31] Pierce C, Adams K R, Stewart J D. Determining the fuel constituents of ancient hearth ash via ICP-AES analysis. *Journal of Archaeological science*, 1998, 25: 493-503.
[32] Terry R E, Fernandez F G, Parnell J J, et al. The story in the floors: chemical signitures of ancient and modern Maya activities at Aguateca, Guatemala. *Journal of Archaeological science*, 2004, 3: 1237-1250.
[33] Nesbitt H W, Markovics G. Weathering of granodioritic crust, long-term storage of elements in weathering profiles, and petrogenesis of siliciclastic sediments. *Geochemica et Cosmochimica Acta*, 1997, 61 (8): 1653-1670.
[34] 陈发虎, 马海州, 张宇田, 等. 兰州黄土地球化学特征及其意义. 兰州大学学报 (自然版), 1990, 26 (4): 154~166.
[35] Linden M, Vickery E, Charman D J, et al. Effects and human impact and climate change during the last 350 years recorded in a Swedish raised bog deposit. *Paleo*-3, 2008, 262: 1-31.
[36] 文启忠, 刁桂仪, 贾蓉芳, 等. 黄土剖面中古气候变化的地球化学记录. 第四纪研究, 1993, (3): 223~231.
[37] 王云, 魏复盛. 土壤环境元素化学. 北京: 中国环境科学出版社, 1995: 371~379.
[38] 杨凤根, 张甘霖, 龚子同, 等. 南京市历史文化层中土壤重金属元素的分布规律初探. 第四纪研究, 2004, 24 (2): 203~212.
[39] 李桃元, 胡魁, 祝恒富, 等. 鄂西北史前文化综述. 江汉考古, 1996 (2): 54~59.
[40] 竺可桢. 中国近五千年来气候变迁的初步研究. 中国科学, 1972 (2): 15~38.

(原载于《第四纪研究》, 2008年28卷6期)

湖北辽瓦店遗址地层中多元素指标对古人类活动的记录

李中轩[1]　朱　诚[1]　王　然[2]　欧阳杰[1]　张广胜[1]　马春梅[1]

（1. 南京大学地理与海洋科学学院，南京，210093；2. 武汉大学考古学系，武汉，430072）

摘要：用 ICP-AES 和 XRF 方法测试了湖北辽瓦店遗址 T0709 地层中对人类活动有指示意义的元素含量，恢复了夏代以来遗址地层记录的人类活动特征：①夏代文化层（250～325cm）时期是整个剖面的最湿热阶段，人类活动对自然环境干扰相对有限、生态系统良好。②东周文化层下段（205～250cm）仍是相对湿热的环境，磁化率大幅上升，人类活动的强度加大。其中 220cm 处的 K、Mn、Sr、Ba 含量骤降，说明该层段可能因自然灾害等原因曾被废弃。而在 205cm 地层中 8 种元素的含量快速升高，表明在下东周文化层中期人类活动异常频繁。东周文化层上段（120～205cm）气候变冷、风化作用减弱。Pb 含量的异常和 Cu 含量高值暗示遗址有青铜器制造活动的遗迹。③明清文化层（70～120cm）时期气候干冷。本期地层中除 Cu 含量无显著变化外，Ba、Ca、P、Pb、Sr、Mn、K 均有高值层位，而且本层位磁化率较高，这表明该时期人类活动的繁荣。同时，本层中含有陶片和瓷片加上较高的 Pb 含量，说明遗址在明清时期曾有瓷器作坊的历史；而 Cu 含量的低值则表明青铜器的制造和使用已丧失了原有的地位。

关键词：辽瓦店遗址　多元素指标　古人类活动

在缺乏建筑遗迹、手工器物或文献记录的考古地层中，遗址地层沉积物的元素化学特征已被证明是记录古人类活动特征的可靠证据[1~6]。根据已有的研究[7~10]，即便经过千年级的时间跨度，先前的土地利用之地球化学化学信息仍会保留在遗址所在地的自然沉积或人工扰动过程形成的载体中。这些载体包括：湖积层、洞穴沉积层、洪积平原、湿地沉积以及土壤层等。其中遗址所在的古土壤层由于有古人类活动的直接改造，地层中的扰动地层除保留有人类活动相关的化学记录而且遗留诸多人工遗迹，这使提取遗址古人类活动特征的局部信息成为可能。本文利用湖北辽瓦店遗址剖面地层中的相关元素含量的 ICP-AES 测试结果，尝试恢复该遗址夏代以来的人类活动特征。

1　遗址概况与研究方法

辽瓦店遗址（32°49′33″N，110°41′18″E）位于湖北郧县县城西南约 18km 的汉江南岸（图1）。遗址区属于北亚热带季风气候，年均降水量850mm，年均气温15.2℃。该遗址总面积达200000 m²，由于南水北调丹江口水库扩容，遗址区将被淹没。因此，自2005年3月开始，武汉大学考古系、湖北省文物局组成联合考古队对遗址进行抢救发掘。已初步确定其为从新石器到有人类文明历史以来的通史式遗址，是夏、商、周时期的一个重要文化遗存[①]。

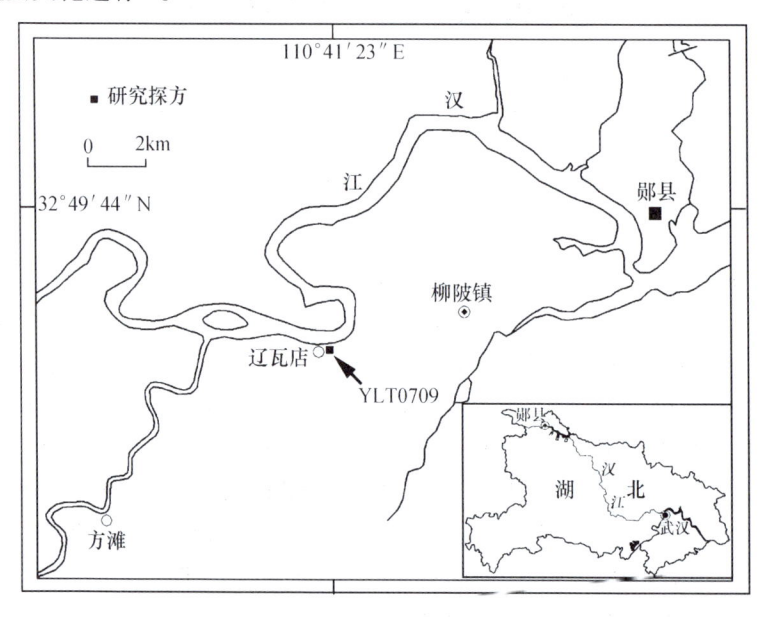

图1 辽瓦店遗址的位置

遗址位于汉江的一级阶地面上，海拔149.2m；研究探方T0709北距汉江约25m，东、西、南三面为低山环绕，遗址东侧100m有一季节性河流。本研究剖面为T0709探方的南壁，剖面深度325cm，自上而下该剖面的主要特征是：第①层为耕土层。呈灰色、土质疏松，包含植物根茎和砾石，堆积厚度15～35cm。第②层为近代灰褐色土层，又分为上、下两个亚层。上层呈褐色，堆积厚度15～50cm，含少量砾石；下层呈黄褐色、土质疏松，厚度15～40cm，包含物少。第③层为明清灰黄色土层。为砂质土层、质地硬，包含砖瓦碎屑，堆积厚度50～75cm。第④层为灰黄色东周文化层。土质硬、包含有大量红烧土粒、炭屑，堆积厚度50～75cm。第⑤层为灰黄色东周文化层。土质硬、包含大量红烧土粒，堆积厚度30～120cm。第⑥层为灰褐色夏代文化层。土质紧密、纯净，堆积厚度约70cm。第⑦层为淤砂层。其中③、④层之间和⑤、⑥层之间为人工活动形成的文化断层。剖面地层的文化时期由武汉大学考古系王然教授根据出土器物组合形制特征划定[②]，其柱状图见图2。

[①] 湖北省文物局，武汉大学考古系. 湖北省郧县辽瓦店遗址考古汇报. 2006.
[②] 武汉大学考古系. 湖北省辽瓦店遗址野外发掘记录. 2005～2007.

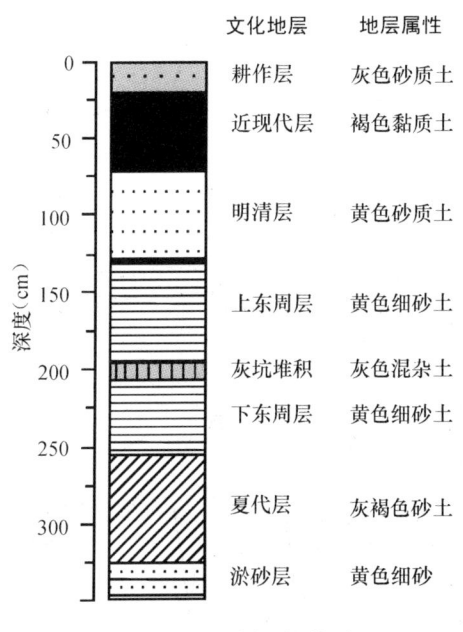

图 2 T0709 剖面柱状图

本研究采用不等距采样方法自下而上获取有效测试样品 29 个，沉积物地球化学元素含量和氧化物含量在南京大学现代分析中心分别用 ICP-AES（美国产 J-A1100 型电感耦合等离子发射光谱仪）和 XRF（岛津公司产 VP-320 型 X 射线荧光光谱仪）方法测试，样品测试的前处理方法详见有关文献 [2]。磁化率测试用捷克 AGICO 公司产 KLY-3 型旋转磁化率仪完成。

2 结果与讨论

2.1 元素的测试结果

T0709 剖面地层沉积物样品的测试结果见图 3 曲线。图 3 显示整个剖面元素含量急剧变化的扰动地层可以分为三个层段进行描述：

上段（18~40cm）：本层段为浅褐色黏土。含量变化较显著的元素是 K、Mn、Sr 和 Ca；而 Ba、P、Pb 含量变化幅度较小，但元素含量均处于相对高值时期。其中 K、Mn、Cu、Sr、Ca 的平均含量分别为：121.23mg·kg^{-1}、4.6mg·kg^{-1}、0.18mg·kg^{-1}、0.71mg·kg^{-1}、74.1mg·kg^{-1}，较其底部地层对应元素含量分别增加了 4.3%、5.3%、5.8%、2.8% 和 2.3%。Ba、P 和 Pb 在本段的平均含量分别为：4.08mg·kg^{-1}、9.37mg·kg^{-1}、0.3mg·kg^{-1}。同时此段内 Fe_2O_3、Al_2O_3 的百分含量为：6%、13.9%，表现出较高的风化水平，而对应的烧失量（LOI）则为低值，暗示该层段的较少的有机质残留[11]。

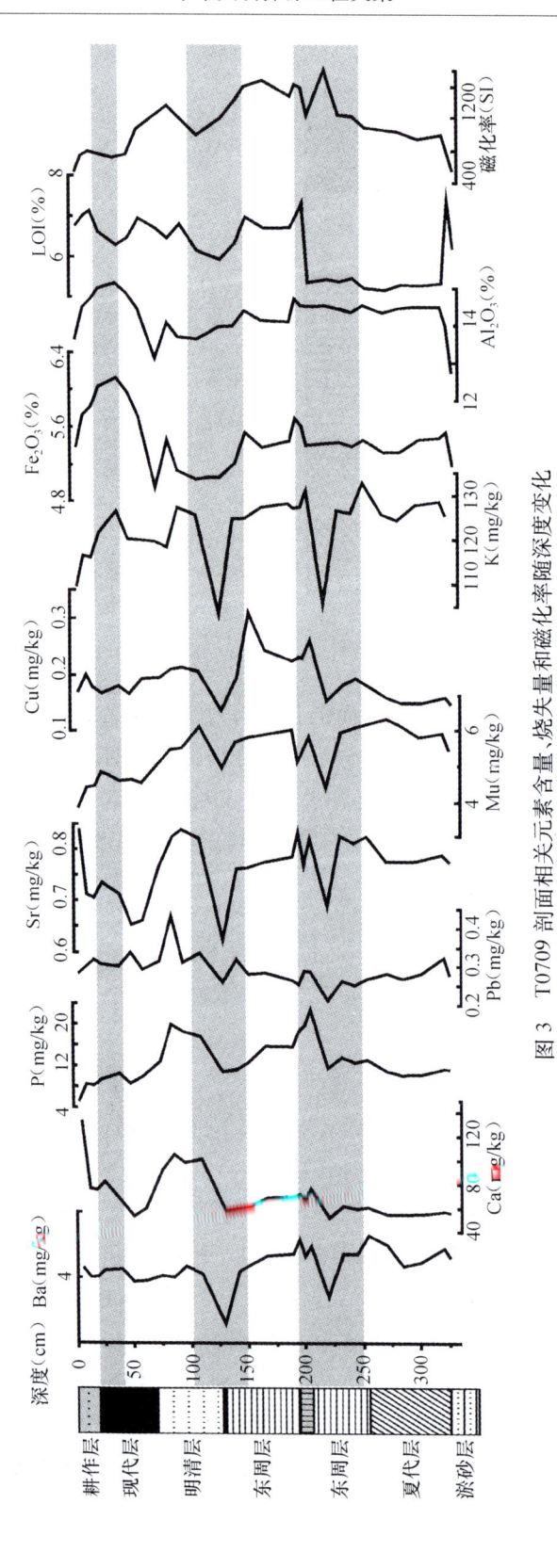

图3 T0709剖面相关元素含量、烧失量和磁化率随深度变化

中段（100~150cm）：本段为明清文化层与东周文化层的过渡阶段，属于灰黄色细砂土、黄褐色砂土。该层段的示踪元素最为明显的是 K、Sr、Ba、Cu，它们对应含量绝对值分别降低至 103.72mg·kg^{-1}、0.63mg·kg^{-1}、3.29mg·kg^{-1}、0.14mg·kg^{-1}，较其下层对应元素含量分别下降了 16.7%、17.1%、19.8%、26.3%。此外，Mn、Pb、P、Ca 含量下降的幅度分别是：13.2%、21.8%、4.1%、3.1%。该段地层中 Fe_2O_3、Al_2O_3、LOI 含量均值分别为：5.3%、12.9%、6.3% 为曲线变化中之谷值，反映了地层沉积物低风化作用过程、低有机质含量的地层特征。和上段扰动地层类似，磁化率在该层段变化同样处于低值区间。

下段（195~250cm）：该地层段处于东周早期文化层、呈黄褐色土质，主要成分是黏土质细砂。该段元素含量变化的主要特征是：变化幅度大、曲线反复振荡，表明影响元素含量的因素具有多变性。测试的元素中 Ba、Sr 含量变化趋势一致，均有两个谷值和两个峰值。Ba 含量的谷值是：4.32mg·kg^{-1}（200cm）、3.71mg·kg^{-1}（220cm），峰值是 4.59mg·kg^{-1}（195cm）、4.49mg·kg^{-1}（205cm）。Sr 含量两个谷值是：0.76μg·kg^{-1}（200cm）、0.68μg·kg^{-1}（220cm），两个峰值分别是 0.83μg·kg^{-1}（195cm）、0.82μg·kg^{-1}（205cm）。Ca、P、Pb、Cu 在 205cm 层位的含量特征相似，均表现为较突出的峰值，其含量依次为：76.2mg·kg^{-1}、22.7mg·kg^{-1}、0.28mg·kg^{-1}、0.26mg·kg^{-1}。同时，Mn、K 的含量曲线显示了两次低值波动（195cm、220cm），其中 Mn 的两个低值分别是：5.09 和 4.38mg·kg^{-1}。K 对应的低值是 127.25 和 105.9mg·kg^{-1}，与其下层相比下降了 26%。而 Fe_2O_3、Al_2O_3 含量趋势一致，曲线表现平稳但在地层上端的灰黄色扰动层出现转折。同一层位的 LOI 和磁化率也有对应的变化，反映人类活动参与的显著性。值得注意的是 LOI 自该段上端进入高值波动期，代表了沉积地层有机质含量的新阶段。而该段内磁化率的高值与地层中大量的陶片、红烧土粒等残留器物有关。

2.2 元素含量变化与人类活动的关系

遗址地层的地球化学载荷过程相当复杂、用土壤元素分析考古地层的人类活动背景的报道也不多见，而近年的出现的古人类活动空间研究证实[1~4]，不同的人类活动的功能区，如：居住区、耕作区、畜禽饲养区、垃圾堆放区等有不同的地球化学记录。Terry 等[12]将现代人类活动的相关功能区的地层元素特征与古代人类遗址地层的元素特征对比后，建立了识别人类活动功能区的地球化学图式。其研究方法依然是用已知功能区背景的元素特征评判过去人类遗址的性质，并基于以下假设：① 不同功能区地层中地球化学记录的差异性、已知和未知遗址人类活动的相似性；② 已知和未知遗址地层中输入物质具有显著地球化学记录特性；③ 遗址地层中的地化记录与已知遗址地球化学标准的相关性。现利用 Wilson 等[6,13~16]建立的古人类活动的识别图式对辽瓦店遗址的人类活动特征按文化层年代序列作初步探讨。

(1) 夏代文化层 (250~325cm)。从气候特征看，本期地层的 LOI 相对平稳，平均值为 5.22% 是整个剖面的最低值时期，由于剖面地层中有机质源于流水搬运的沉积物，而且在湿热条件下地表有机质分解快而能够在地层中沉积的量较少，相反在干凉气候下有机质不易分解而在地层中堆积量较多[11]，因此夏代时期为整个剖面的最湿热阶段。而 Fe_2O_3、Al_2O_3 含量则反映流域的风化强度，二者含量较低表明当时环境植被覆盖度高、水土流失少。

该期地层的元素变幅很小，但 Ba、Pb、Mn 和 K 含量曲线有明显转折点，这与该地层有红烧土、炭屑和陶片证据一致，表明当地有生活垃圾堆积、用火痕迹和工具、器物的制作等活动（表1），但此时人类活动的规模较小，对环境的干扰也十分有限。

表1 古人类活动场所与相关元素的关系[13~17]

元素	燃烧、浸水作用	粪堆	居所	聚居点	作物、草被	灰浆	炭粒	动物骨骼	可耕地	手工制品	生活垃圾
Mn	☆									☆	
Cu		☆				☆	☆	☆			☆
Ca	☆	☆		☆	☆	☆	☆	☆	☆	☆	☆
P	☆	☆	☆	☆	☆			☆	☆		☆
K			☆		☆				☆		☆
Ba		☆				☆	☆				
Sr	☆					☆	☆	☆			
Pb			☆	☆				☆		☆	

(2) 东周文化层 (120~250cm)。东周文化层下段 (205~250cm) LOI 基本沿袭夏代时期的低值趋势 (5.4%)，表现为相对湿热的外部环境，Fe_2O_3、Al_2O_3 所反映的风化强度大体与夏代持平。图3显示，磁化率曲线大幅上升，表明该时期人类活动的强度较大。各元素含量在剖面 220cm 处有显著的谷值，随后在 205cm 处元素含量又重新走高。之后，本层段在 220cm 处 K、Mn、Sr、Ba 元素含量急剧降低，据 Wilson C 等[17]的研究结果，该层段古人类遗留的粪堆、灰浆（墙壁涂料）、居所、可耕地等人类活动遗迹特征并不明显，而 Ca、P、Sr、Cu 低值则指示炭屑类物质，可能是本文化层时期人类活动遗弃的木头、秸秆类燃料的残留物。磁化率值在该层达到了 1797.8SI，根据现场勘察该层含有大量红烧土粒，磁化率高值与红烧土中较高的铁磁矿物含量相关[18]。另外，本层中8种元素的含量快速升高，其中变幅较大的元素是 P、Sr、Mn、K，反映了地层中动物骨骼、可耕地、生活垃圾、燃烧遗迹和器物作坊等遗物（遗迹）导致的元素输入作用明显。这表明辽瓦店遗址在东周文化层早期是人类重要的居住区。而 195~200cm 的人工灰坑堆积中大量出土的陶片、骨针、青铜镞、青铜镖即是实物证据。

东周文化层上段 (120~205cm) 的 LOI 平均值达到了 6.7%，Fe_2O_3、Al_2O_3 含量降为 5.2% 和 12.6%，显示气候变冷、风化作用减弱，但随后出现了一个短暂的暖湿期。本期地层中的 Ba、Ca、P、Sr、K 等元素含量均逐渐减少，但 Pb、Cu 的含量却持续走高。表明遗址当时的已不再是古人类的主要生活区,但重金属 Pb 含量的异常往往与器物制作活动相关[19],Cu 含量高值对应本地层中的青铜器物,如青铜鼎、镞、盉等。这与文献中记载的鄂西北地区曾为东周时期楚国重要的经济文化中心的描述一致[20]。

各元素含量在 130cm 处为第二个急变层位。K、Cu、Sr、Ba 降幅明显,而 K 含量降低指示可耕地的退化和作物量的减少,Sr、Ba、Cu 低值指示地层中含有炭化物质和含有机质的硬质土。另外,Ca、P 含量的减少反映了该地层可耕地或居所表层出现石英砂砾和石化迹象[15],综合各元素的地层记录特征可以认为,遗址在该层段可能因自然灾害而被废弃。同时,LOI 低值显示本期是湿热气候特征,Fe_2O_3、Al_2O_3 分别降到了 5.1%、12.6%,表明风化强度小[21],这可能是人类活动减少、植被覆盖恢复,抑制了区域的水土流失的缘故。

(3) 明清文化层 (70~120cm)。该期 LOI 平均值 6.5% 属于高值区间,反映本期气候较为干冷,仅在 85cm 地层出现程度低、时间短的湿热期,对应的 Fe_2O_3、Al_2O_3 曲线也有相同特征。磁化率的高值指示人类活动处于活跃期。地层中化学元素含量除 Cu(平均 $0.21mg \cdot kg^{-1}$)无显著高值外,Ba($4.17mg \cdot kg^{-1}$,95)、Ca($104.96mg \cdot kg^{-1}$,85)、P($19.84mg \cdot kg^{-1}$,85)、Pb($0.43mg \cdot kg^{-1}$,85)、Sr($0.84\mu g \cdot kg^{-1}$,95)、Mn($6.11mg \cdot kg^{-1}$,110)、K($127.04mg \cdot kg^{-1}$,95)均有高值层位,显然人类活动处于活跃期。该地层中含有大量陶片和瓷片,且 Pb 含量较高,说明遗址在明清时期曾有制瓷活动的历史。而 Cu 含量低值表明青铜器的制作与使用已逐渐退出历史舞台。

(4) 近代文化层 (20~70cm) 在 40cm 层位的 LOI 值为 6.3%、较 60cm 层位下降了 8.7%,Fe_2O_3、Al_2O_3 含量达 6.1% 和 14.1% 指示湿润环境。与 130cm 地层的气候与风化强度的关系对比可知,进入近代文化层时期后流域风化强度不断加大、生态环境日渐脆弱。20~40cm 层位的 Ca、Sr、Mn、K 元素均有一个幅度较小的峰值,表明近现代扰动层因人类活动导致的元素输入作用显著减弱,磁化率曲线也随之走低。

现代耕作层 Ba、Ca、Sr 集聚增加表明,在过去数十年人工炭屑含量增加,并含有部分泥灰类含 Ca 物质不断输入[22]。而 Mn、Cu、K、Pb、P 含量的减少意味着红烧土粒、木头、手工业作坊和动物骨骼等残留物减少,意味着该遗址作为人类聚居地已被废弃。

3 结 论

文章利用湖北省郧县辽瓦店遗址 T0709 剖面地层样品的 ICP-AES 元素含量和 XRF 氧化物含量及 LOI、磁化率指标,恢复了遗址地层记录的环境演变与人类活动的基本特征:

（1）夏代文化层（250~325 cm）的 LOI 相对平稳，平均值为 5.22% 为整个剖面的最低值时期，表明夏代为整个剖面的最湿热时期。Fe_2O_3、Al_2O_3 含量较低暗示人类活动强度小和良好的生态环境。该期地层的 Ba、Pb、Mn 和 K 含量曲线有明显转折点，表明当时该区已有人类生产活动。

（2）东周文化层下段（205~250cm）LOI 沿袭夏代时期的低值趋势（5.4%），属于相对湿热的气候，Fe_2O_3、Al_2O_3 所反映的风化强度与夏代持平。磁化率大幅上升，人类活动的强度较大。本层 220cm 处的 K、Mn、Sr、Ba 元素含量急剧降低，暗示因自然灾害原因而将此集居区废弃。而在 205cm 地层中 P、Sr、Mn、K 的高值则反映了生活垃圾、燃烧遗迹、手工作坊等活动场所的元素输入过程，表明在下东周文化层中期本遗址重新成为先民的活动场所。东周文化层上段（120~205cm）的 LOI 平均值达到了 6.7%，Fe_2O_3、Al_2O_3 含量降为 5.2% 和 12.6%，气候变冷、风化作用减弱。Pb 含量的异常和 Cu 含量高值暗示遗址有青铜器制作活动。

（3）明清文化层（70~120cm）。本期 LOI 平均值 6.5% 属于高值区间，指示干冷气候期，中期（85cm）有短暂湿热特征。磁化率高值表明人类活动处于活跃期。本期地层中 Ba、Ca、P、Pb、Sr、Mn、K 均有高值层位，表明该时期人类活动比较活跃。因地层中含有陶片和瓷片，加上 Pb 含量较高，说明遗址在明清时期曾有瓷器作坊的历史，而 Cu 含量低值（平均 $0.21 mg \cdot kg^{-1}$）表明青铜器的生产和使用已逐渐退出人们的生活。

比较下东周文化层和明清文化层环境特征与人类活动的关系可知，生产力进步的动力往往源于环境的演化，但自然环境的变迁对人类活动的影响随着人类社会生产力的提高而减弱。而且进入文明时期以后，人地关系因掺入更多的社会因素和技术因素而更使人地关系耦合机制的复杂性不断增加。

致谢：武汉大学考古系王然教授的两位研究生、郧县文化局和博物馆领导、十堰市文化局和博物馆领导对本研究开展给予了热情帮助，特此感谢。

参 考 文 献

[1] Ottaway J H, Matthews M R. Trace element analysis of soil samples from a stratified archaeological site. *Environmental Geochemical Health*, 1988, 10: 105-112.

[2] Aston M A, Martin M H, Jackson A W. The use of heavy metal soil analysis for archeaological surveying. *Chemosphere*, 1998, 37: 465-477.

[3] da Costa M L, Kern D C. Geochemical signitures of tropical soils with archaeological black earth in the Amazon, Brazil. *Journal of Geochemical Exploration*, 1999, 66: 369-385.

[4] Fernandez F G, Terry R E, Inomata T, et al. An ethnoarchaeological study of chemical study of chemical residues in the floors and soils of Q'eqchi' Maya houses at Las Pozas, Guatemala. *Geoar-

[5] Sullivan K A, Kealhofer L. Identifying activity areas in archaeological soils from a colonial Virginia house lot using phytolith analysis and soil chemistry. *Journal of Archaeological Science*, 2004, 31: 1659-1673.

[6] Wilson C A, Davidson D A, Cresser M S. An evaluation of multielement analysis of historic soil contamination to differentiate space use and former function function in and around abunded farms. *Holocene*, 2005, 15: 1094-1099.

[7] Cook SR, Clarke A S, Fulford M G. Soil geochemistry and detection of early Roman precious metal and copper alloy working at the Roman town of Calleva Atrebatum (Silchester, Hampshire, UK). *Journal of Archaeological Science*, 2005, 32: 805-812.

[8] Gale S J, Haworth D E, Cook N J, et al. Human impact on the natural environment in early colonial Australia. *Archaeology in Oceania*, 2004, 39: 148-156.

[9] Shahack-Gross R, Berna P, Karkanas P, et al. Bat guano and preservation of archaeological remains in caves. *Journal of Archaeological Science*, 2004, 31: 1259-1272.

[10] Middleton W D. Identifying chemical activity residules on prehistoric house floors: a methodology and rationale for multi-elemental characterization of a mild acid extract of anthropogenic sediments. *Archaeometry*, 2004, 46: 47-65.

[11] Linden M, Vickery E, Charman D J, et al. Effects and human impact and climate change during the last 350 years recorded in a Swedish raised bog deposit. *Palaeogeography, Palaeoclimatology, Palaeoecology*, 2008, 262: 1-31

[12] Terry R E, Fernandez F G, Parnell J J, et al. The story in the floors: chemical signitures of ancient and modern Maya activities at Aguateca, Guatemala. *Journal of Archaeological science*, 2004, 31: 1237-1250.

[13] Konrad V A, Bonnichsen R, Clay V. Soil chemical identification of ten thousand years of prehistoric human activity areas at the Munsungun Lake Thoroughfare, Maine. *Journal of Archaeological science*, 1983, 10: 13-28.

[14] Pierce C, Adams K R, Stewart J D. Determining the fuel constituents of ancient hearth ash via ICP-AES analysis. *Journal of Archaeological science*, 1998, 25: 493-503.

[15] James P. Soil varibility in the area of an archaeological site near Sparta, Greece. *Journal of Archaeological science*, 1999, 26: 1273-1288.

[16] Wilson C A, Bacon J R, Cresser M S, et al. Lead isotope ratios as a means of sourcing anthropogenic lead in archaeological soils: a pilot study of an abandoned shetland croft. *Archaeometry*, 2006, 48: 501-509.

[17] Wilson C A, Davidson D A, Malcolm S C. Multi-element soil analysis: an assessment of its potential as an aid to archaeological interpretion. *Journal of Archaeological science*, 2008, 35: 412-424.

[18] 董广辉, 贾鑫, 安成邦, 等. 青海省长宁遗址沉积物元素对晚全新世人类活动和气候变化的响应. 海洋地质与第四纪地质, 2008, 28(2): 115~119.

[19] 杨凤根, 张甘霖, 龚子同, 等. 南京市历史文化层中土壤重金属元素的分布规律初探. 第四

纪研究, 2004, 24 (2): 203~212.
[20] 李桃元, 胡魁, 祝恒富, 等. 鄂西北史前文化综述. 江汉考古, 1996 (2): 54~59.
[21] An C, Tang L, Lukas B, et al. Climatic change and cultural response around 4ka BP in the western part of the Loess Plateau. *Quaternary Research*, 2005, 63: 347-352.
[22] Wells E C, Terry R E, Parnell J J, et al. Chemical analysis of ancient anthrosols at Piedras Negras, Guatemala. *Journal of Archaeological science*, 2000, 27: 449-462.

(原载于《海洋地质与第四纪地质》, 2008 年 28 卷 6 期)

湖北屈家岭遗址孢粉、炭屑记录与古文明发展

李宜垠　侯树芳　莫多闻

（北京大学城市与环境学院，北京，100871）

摘要：湖北屈家岭遗址附近的河湖相沉积剖面及文化层的孢粉和炭屑分析表明，5400～4200yr BP，遗址周边地区分布有常绿阔叶和落叶阔叶林，大量的禾本科（Gramineae）和松属（Pinus）花粉及炭屑表明这一时期有强烈的人类活动，暖湿的气候条件为屈家岭文化、石家河文化发展奠定了基础。4200～2200 yr BP，莎草科（Cyperaceae）花粉和水蕨孢子（Ceratopteris）的减少，反映生境干旱化，遗址周边发育由蒿属（Artemisia）、藜科（Chenopodiaceae）、唐松草（Thalictrum）和蕨类植物组成的坡草丛；这种生境干旱化是由气候变干和强烈人类活动所致。伴随着生境日趋干旱化，屈家岭文化和石家河文化走向衰亡。距今2200年前，莎草科花粉和水蕨孢子增加，表明这一时期遗址周围生境比较湿润，与此同时，大量的禾本科花粉及高浓度的炭屑指示着又一人类活动高潮期的到来。

关键词：孢粉　炭屑　屈家岭遗址　环境演化

1 引　言

屈家岭文化是距今5800～4000年前在长江中下游广泛分布的一种文化类型，与黄河中游的仰韶文化晚期和龙山文化早期相当，被认为是中华文明起源时期一种重要的文化类型（杨权喜，1994；吴汝祚，1995；张忠培，2000；朱乃诚，2006）。屈家岭文化主要分布在江汉平原及周边地区，当时的先民以种植水稻为主，兼营畜牧与渔猎。该文化延续了1000多年，在距今5000年达到了繁荣，距今4200年左右，逐渐衰落，被石家河文化取代。石家河文化形成于4600～3900yrBP（张绪球，1991），曾一度繁荣，遍及长江中下游平原。但在距今4000年左右，开始走向衰败。什么原因导致长江中下游地区的屈家岭和石家河文化蓬勃发展而又迅速衰落呢？是气候变化，还是战争或疾病？目前尚无定论。

气候变化（比如干旱化）对文明的影响有很多研究成果（deMenocal，2001；Haug et al.，2003；Kuper and Kropelin，2006），但影响的程度仍不十分清楚。中国自然环境演变与文明发生发展的关系研究表明，文明繁盛时的环境一般是比较暖湿的（张家诚，1999；张兰生等，2000；崔海亭等，2002；Li et al.，2006）；而文明的衰落受到了多种

因素的影响，例如灾害（海侵、地震和大洪水）、干旱化和战争等（莫多闻等，1996；朱诚等，1997；夏正楷等，2003；An et al.，2005）。早期的环境考古研究由于取样分辨率太低或取样地点距离考古遗址点太远，只限于大范围的区域性讨论，而对考古遗址点附近的环境研究比较薄弱。

由于连续沉积的高分辨率沉积剖面获取困难，屈家岭遗址所在区域的植被历史和气候变化研究比较少，考古遗址点的环境演变研究更是缺乏，这极大限制了对屈家岭地区文化繁荣、衰亡原因的分析讨论。本研究通过屈家岭沉积剖面和考古文化层进行孢粉、炭屑等分析，试图探求环境变化和人类活动对该地区文明发生发展的影响。

2 研究地点和剖面概况

屈家岭沉积剖面（QJL）和考古地点文化层剖面（QJL-W）位于长江中游的湖北省京山县西南约30km的屈岭村（图版3）。这里地处中亚热带北缘，年均温16℃~18℃，年降水1100~1700mm，植被成分具有暖温带向亚热带过渡的特征。由于人类活动频繁，落叶阔叶和常绿阔叶混交林只是局部分布，马尾松（Pinus massoniana）林及一些次生灌丛广泛发育。该地属于汉水流域，河湖水系众多，水生植被也很发育。

屈家岭沉积剖面的地理坐标为30°50′15.7″N，112°54′52.3″E。剖面厚约2.95m，主要是河湖相的黏土质粉沙沉积物。从下至上可分为4层（图1）。层1（2.95~2.3m）为红烧土层，层2（2.3~1.77m）为夹有红烧土的自然层，层3（1.77~1.12m）为黄色土壤层，没有文化遗存，层4（1.12m以上）为扰动层。孢粉和炭屑分析样品取自层

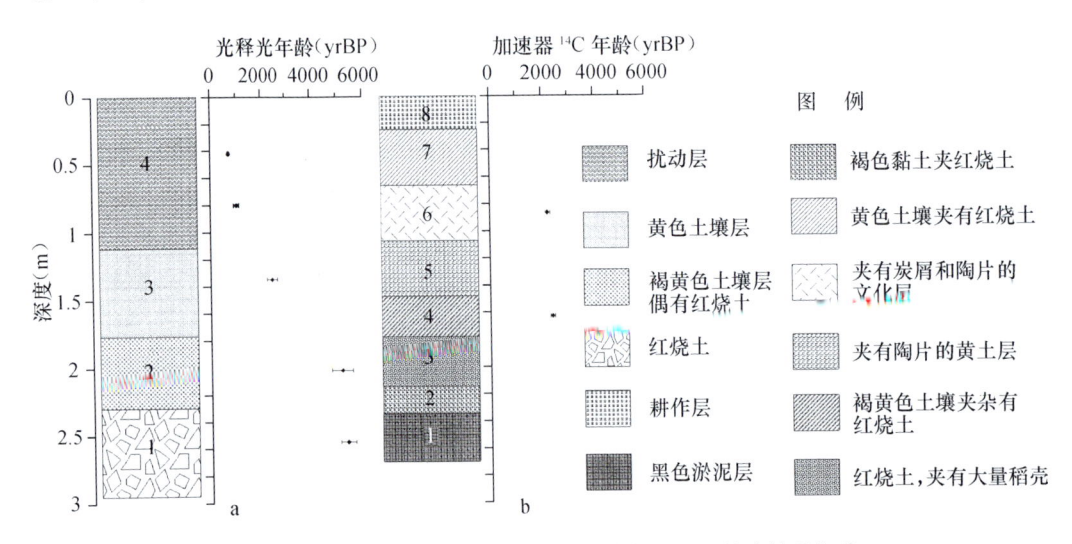

图1 屈家岭沉积剖面（a）和文化层剖面（b）的岩性及年代

2、层3和层4（QJL1-QJL45），深度为0.22~2.9m（2.68m厚），共计45个样品。

屈家岭考古点文化层剖面距离屈家岭沉积剖面约500m，地理坐标为30°49′59.2″N, 112°54′9.2″E。剖面厚约2.7m，从下至上可分为8层。层1（2.7~2.35m，QJL-W1）为黑色淤泥层；层2（2.35~2.15m，QJL-W2）为褐色黏土夹有红烧土层，为灰坑；层3（2.15~1.78m，QJL-W3）为红烧土层，红烧土里夹杂有大量稻壳；层4（1.78~1.48m，QJL-W4）为夹杂有红烧土的褐黄色土壤层；层5（1.48~1.07m，QJL-W5）为夹有陶片的黄土层；层6（1.07~0.66m，QJL-W6）为夹炭屑和陶片的文化层，为灰坑；层7（0.66~0.25m，QJL-W7）为夹有红烧土的黄色土壤层，层8（0.25~0m，QJL-W8）为耕作层。除耕作层（层8）和基底层（层1）外，其他6层都取样进行了孢粉和炭屑分析。

剖面和考古地点周围已开垦成农田，种植水稻、棉花、小麦等，附近的丘陵上分布有白栎（*Quercus albus*）、短柄枹树（*Q. glandulifera*）林和灌丛，山地上分布有马尾松林以及栓皮栎、短柄枹树、苦槠（*Castanopsis sclerophylla*）、青冈栎林为主的亚热带常绿、落叶阔叶混交林。

3 研究方法

3.1 测年方法

沉积剖面采用光释光测年（OSL），测年的方法和结果已有专文进行讨论（Fu *et al.*, 2009）。考古地点文化层的样品定年主要根据器物陶片及对植物大炭屑进行 AMS^{14}C 测年。

3.2 孢粉和炭屑分析方法

孢粉提取采用常规的 HF 酸处理法。鉴于屈家岭沉积剖面的样品黏性比较强，在 HF 酸法处理前先加饱和 NaHCO$_3$ 水溶液做分散处理，以去除黏土。孢粉分带采用 optimal splitting by information content.

炭屑的提取采用孢粉流程法，炭屑统计和孢粉鉴定在同一张载玻片上进行。统计采用 Clark 的点接触法（Clark，1982）。

4 结 果

4.1 测年

屈家岭沉积剖面的测年结果见表1和图1。6个光释光测年数据与地层层序有很好的一致性，无倒置现象。在255cm处分别测试了自然沉积物和人工红烧土年龄，二者很相近。

考古地点文化层 4 和层 6 的两个炭屑样品给出了 4900 ± 100cal yr BP，5100 ± 100 cal yr BP 的测年结果，与文化层器物陶片定年吻合（表 2，图 1），其他层位的炭屑样品由于含碳量太低，没有结果。

表 1 屈家岭棉花地沉积剖面光释光测年结果

实验室样品编号	深度（cm）	测年样品	光释光年龄（yr）
Pku-L1262	42	黏土质粉砂	700 ± 40
Pku-L1263	80	黏土质粉砂	1000 ± 100
Pku-L1264	135	黏土质粉砂	2400 ± 200
Pku-L1265	202	黏土质粉砂	5200 ± 400
Pku-L1268-S	255	黏土质粉砂	5400 ± 300
Pku-L1268-B	255	红烧土	5100 ± 300

表 2 屈家岭遗址文化层 ^{14}C 测年结果

实验室样品编号	测年材料	考古文化性质	^{14}C 年代（yr BP）	校正年代（cal yr BP）
BA071539	炭屑	屈家岭文化层 6	4475 ± 40	5100 ± 100
BA071540	炭屑	屈家岭文化层 4	4290 ± 60	4900 ± 100

注：使用 Fairbanks 0107 校正程序进行年代校正（Fairbanks et al.，2005）。

4.2 孢粉分析

4.2.1 屈家岭沉积剖面

除 152～157cm（QJL27），162～167cm（QJL29），167～172cm（QJL30）3 个样品孢粉比较少外，其他样品都有很丰富的孢粉。

每个样品孢粉统计数目大多在 300 粒以上。共鉴定出 44 种花粉类型，其中乔木花粉 15 种（2 种针叶树、10 种落叶树和 3 种常绿树），灌木花粉 4 种，草本植物花粉 25 种。蕨类植物孢子比较丰富。

针叶树花粉有松属（Pinus）、铁杉属（Tsuga）；落叶阔叶树花粉有桤木属（Alnus）、桦属（Betula）、椴属（Tilia）、榆属（Ulmus）、胡桃属（Juglans）、鹅耳枥属（Carpinus）、栗属（Castanea）、桑科（Moraceae）、落叶栎（Deciduous Quercus）、枫杨属（Pterocarya）、枫香属（Liquidambar）等；亚热带常绿阔叶树花粉有常绿栎（Evergreen Quercus）和栲属（Castanopsis）；灌木花粉类型有榛属（Corylus）、胡颓子科（Elaeagnaceae）、大戟属（Euphorbia）、木樨科（Oleaceae）。草本植物花粉种类丰富，包括蒿属（Artemisia）、藜科（Chenopodiaceae）、紫菀属（Aster）、十字花科（Cruciferae)、禾本科（Gramineae）、唇形科（Labiatae）、百合科（Liliaceae）、蓼属（*Polygonum*）、委陵菜属（*Potentilla*）、毛茛科（Ranunculaceae）、蔷薇科（Rosaceae）、玄参科（Scrophulariaceae）、狼毒属（*Stellera*）、唐松草属（*Thalictrum*）、石竹科（Caryophyllaceae）、旋花科（Convolunaceae）、蓝刺头属（*Echinops*）、葎草属（*Humulus*）、车前（*Plantago*）、茄科（Solanaceae）、蒲公英属（*Taraxacum*）、莎草科（Cyperaceae）、香蒲属（*Typha*）。蕨类孢子以三射线芒萁（*Dicranopteris*），蕨属（*Pteridium*）和水蕨孢子（*Ceratopteris*）为主。

从下至上可划分为三个带，它们在乔木/非乔木（AP/NAP）值和孢粉浓度值上表现出明显的变化（图2）。

带1（2.27~1.82m，6000~4200yrBP）AP/NAP值大于2，乔木花粉占优势，以松属、落叶栎和常绿栎花粉为主。松属花粉含量高达30%以上，落叶栎花粉20%，常绿栎花粉10%。草本植物花粉以蒿属、禾本科和莎草科为主，三缝孢和环纹藻也有很高比例。

带2（1.82~1.22m，4200~2400yrBP）AP/NAP值小于0.5，所有的乔木花粉都急剧减少，草本植物花粉占优势，以蒿属、藜科和唐松草属花粉为主，其次蔷薇科花粉和百合科花粉也有一定的比例。紫菀属、十字花科、蔷薇科和百合科花粉显著增加，莎草科花粉减少，而三缝孢和环纹藻仍有很高比例。

带3（1.22~0.22m，2400~300yrBP）AP/NAP值小于1。乔木花粉除松、落叶栎和鹅耳枥含量比较高外，其他乔木花粉的含量比较低。蒿属、藜科花粉迅速减少，形成以禾本科、莎草科花粉及水蕨、三缝孢子占绝对优势的孢粉谱特征。

4.2.2 屈家岭考古地点文化层剖面

层3和层5没有孢粉，可能原因是层3是烧土层，火烧对孢粉有破坏作用；层5主要是一些时代比较老的黄土堆积，其中孢粉稀少。含有屈家岭文化遗存的层2、4、6、7提取出丰富的孢粉。

共鉴定出45种花粉类型。乔木花粉15种（1种针叶树、10种落叶树和4种常绿树），灌木花粉4种，草本植物花粉26种。大部分孢粉类型与屈家岭沉积剖面相同，但未见铁杉属花粉。乔木花粉比较丰富，以松属、落叶栎和常绿栎花粉为主；禾本科花粉和三缝孢子含量很高，禾本科花粉在一些样品中可高达40%。与人类活动关系密切的植物花粉—紫菀型、蒲公英型花粉十分丰富。

孢粉组合与沉积剖面带1比较相似，但禾本科和杂草花粉含量更高（图3），指示着以常绿栎和落叶栎为主的落叶阔叶和常绿阔叶混交林及次生松林的植被面貌。

4.3 微炭屑

沉积剖面带1、带3的微炭屑含量比较高，带2却有着很低的微炭屑含量（图4）。

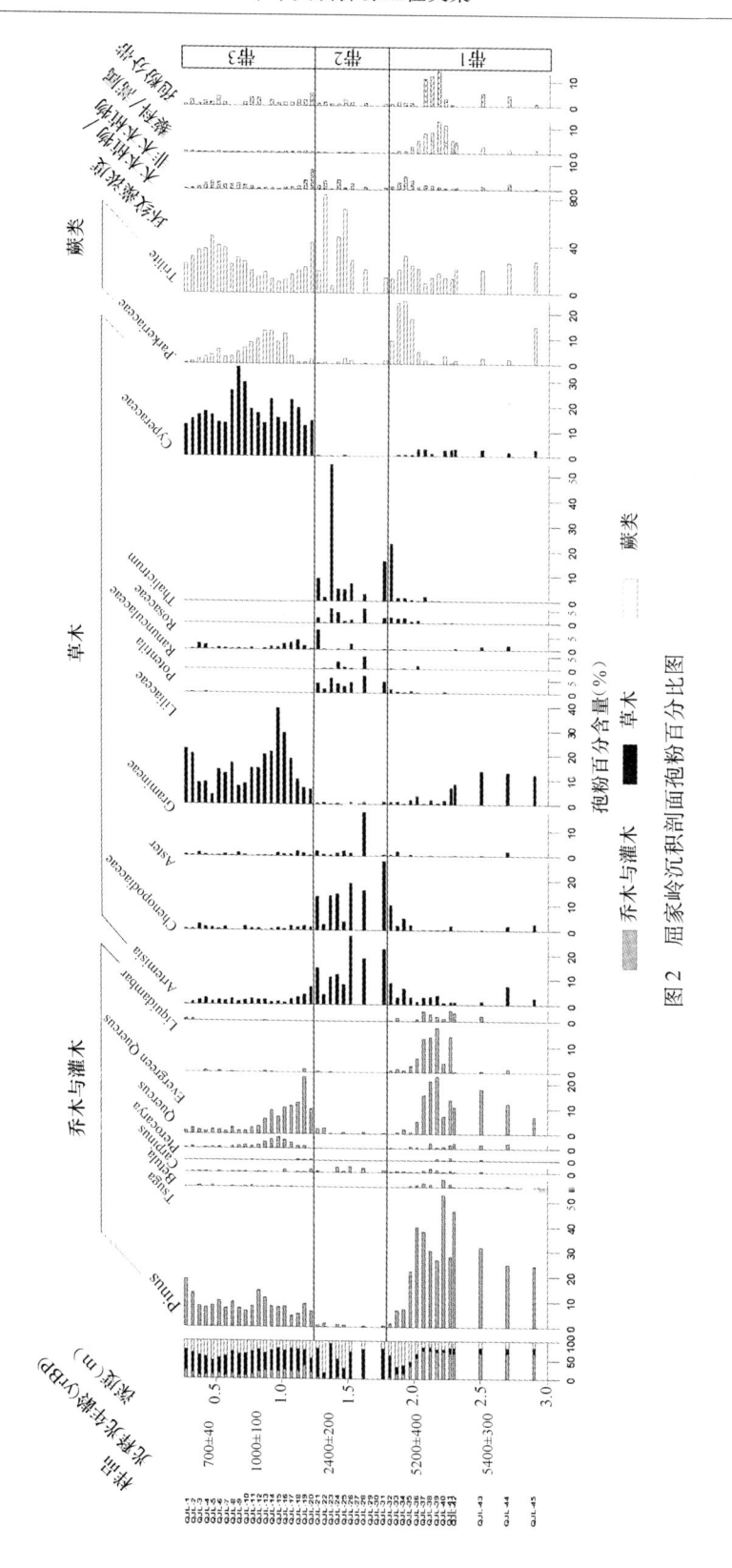

图 2 屈家岭沉积剖面孢粉百分比图

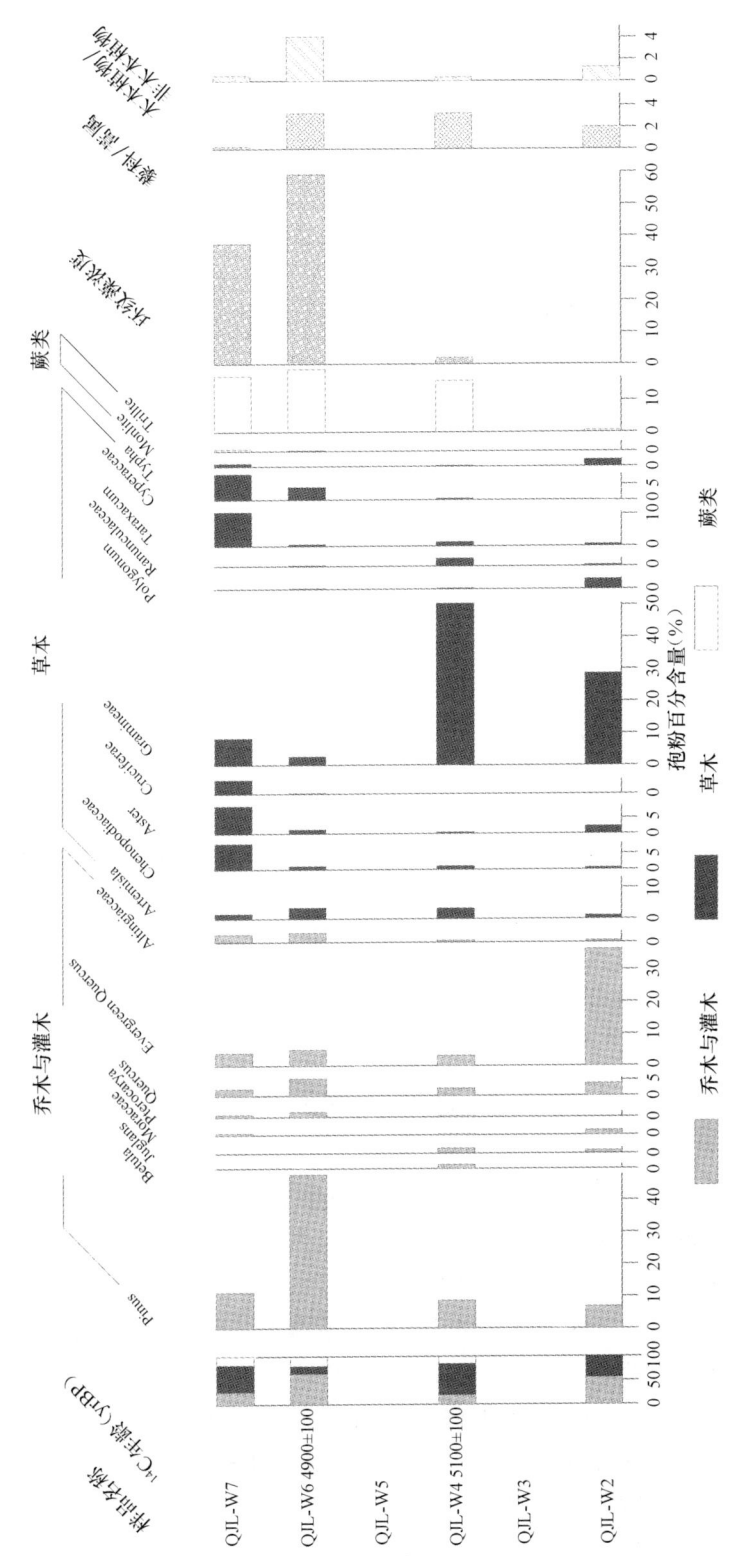

图 3 屈家岭遗址文化层孢粉孢粉比图

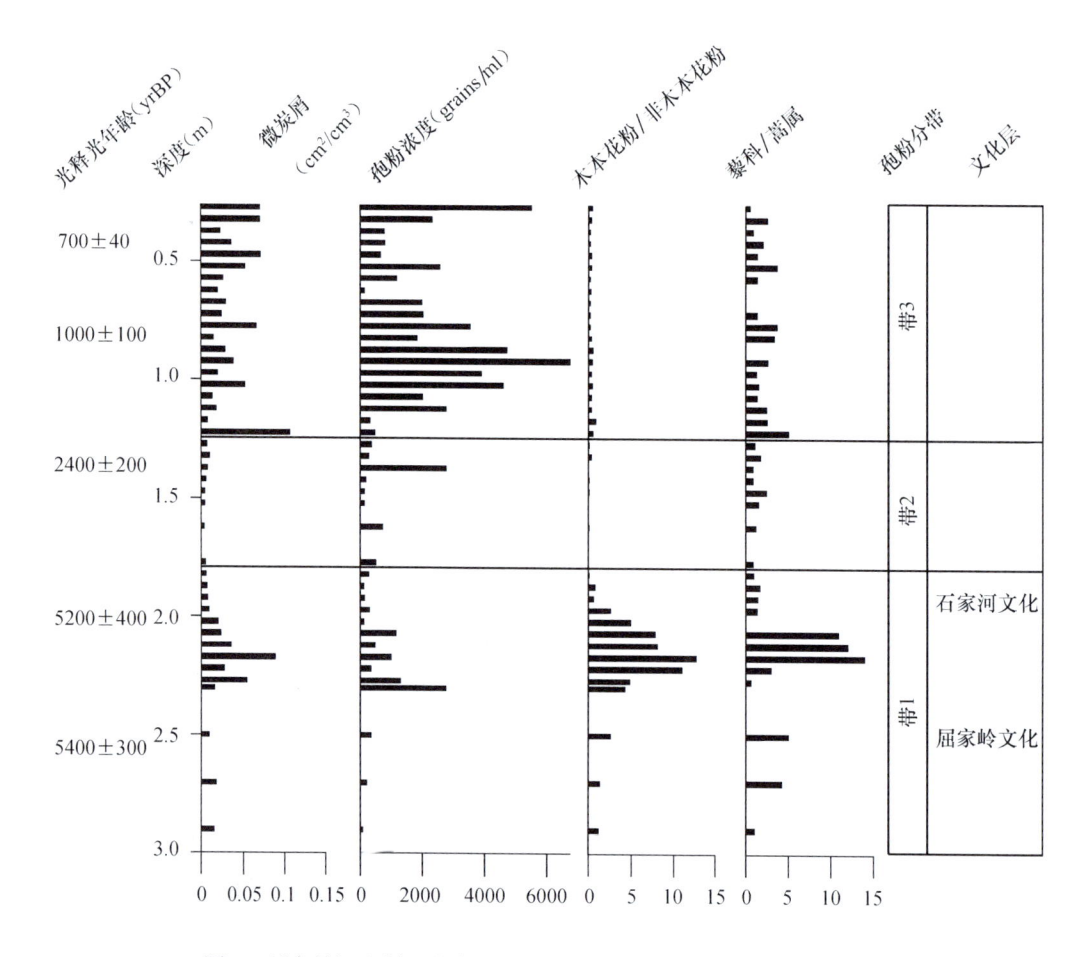

图 4　屈家岭沉积剖面微炭屑浓度、孢粉浓度、AP/NAP 和 A/C 记录

5　古植被、古环境

三个孢粉带反映出不同的植被状况。6000～4200yr BP（带 1）以常绿栎和落叶栎为主的落叶阔叶和常绿阔叶混交林，在落叶阔叶林和常绿阔叶混交林遭受破坏后发育起来的次生松林也很常见。亚热带树种铁杉属、常绿栎和枫香在孢粉组合中占有一定的比例反映了比较暖湿的气候。高含量莎草科、水蕨和环纹藻反映湿润生境的广泛分布。4200～2200yrBP（带 2）是以禾本科、杂类草（菊科和蒿属）为主的稳定草丛群落。藜科花粉的增加及莎草科花粉和环纹藻的减少反映了生境变干的状况，乔木花粉的减少及草本植物的显著增加是气候变干和人类活动双重影响的结果。2200～300yr BP（带 3）是以禾本科、莎草科为优势成分的湿生草丛，水蕨的繁盛指示水体的广泛分布；禾本科植物和松树林的繁盛，反映了这个时期强烈的人类活动。整个剖面都有比

较高含量的三缝孢子蕨属,指示该地区 6000 年以来气候条件总体是比较温暖湿润的。

沉积剖面带 1、带 3 有比较高含量的微炭屑,指示着较为强烈的人类活动。同时,带 1、带 3 的孢粉浓度值的升高均反映了植被在这两个时期很繁盛。不同的是,带 1 是以森林植被为主,带 3 是以草本植物占优势,茂密的森林、草地产生了高浓度的花粉值。也就是说,人类活动比较强的时期,植被发育很好,自然环境条件比较优越。

6 讨 论

6.1 屈家岭、石家河文化的环境背景分析

距今 5400~3900 年是屈家岭和石家河文化发展时期,孢粉分析表明这一时期屈家岭地区广泛分布亚热带落叶阔叶林常绿阔叶混交林和松林等森林植被,林下蕨类植物很丰富。环纹藻的大量繁盛,指示着低洼处经常有积水的景观,说明屈家岭文化是在气候比较温暖湿润的环境下发生和发展的。比较高的禾本科花粉含量,指示着屈家岭时期广泛的稻作活动,暖湿的气候条件为农业的发展奠定了基础。

屈家岭地区的植被在距今 4200 年前由森林变成了草地、草丛。这一自然景观的明显变化是什么原因引起的?是气候变干还是人类破坏的结果?从孢粉分析可以看出,4200 年以后,乔木树种在这个地区仍有分布,但分布范围很有限。从炭屑含量的明显变化可以看出:在 4200 年前,炭屑含量很高,表明人类活动的强烈,此阶段的植被以森林为主;4200 年以后炭屑降低反映出人类活动减弱。一般来讲,当人类活动减弱,气候条件又比较适宜的情况下,森林应该很快得到恢复,但在屈家岭却发育了草地、草丛植被,森林很少。森林植被没有得到恢复的原因可能是气候变干,也可能是此前人类对生境严重破坏的结果。距今 4200 年以前的孢粉谱以高含量的炭屑、伴人植物花粉(蒿属、藜科、紫菀型)及三缝孢子芒萁属为特征,反映了强烈的人类活动。可见,由于人类连年毁坏森林,土壤发生严重侵蚀,地形割裂,生境趋于干旱,致使森林不能自然恢复,所以,距今 4200 年以后发育了以禾本科、杂类草(菊科)为优势的稳定草丛群落。随着人类活动的加剧,形成了芒萁(*D. dichotoma*)为主的草丛。此外,4200 年以后莎草科花粉和水蕨孢子的明显减少也是气候变干的证据,这与其他人在长江中下游的研究所观察到的距今 4200 年气候明显变得干冷(朱育新等,1999;马春梅等,2008)是一致的。

6.2 考古遗址点的孢粉解释

关于考古地点的孢粉能否用于古环境解释一直存在争议(靳桂云等,2002,李宜垠等,2008)。争论的焦点之一是用于环境重建的样品应该从遗址的什么部位获取?植物遗骸(根、茎、叶、果实和种子)的取样根据研究目的的不同有:剖面取样、针对式

采样和网格式采样等方法（赵志军，2004）。这些方法对孢粉采样也很有参考价值。与遗址的其他部位相比，灰坑含有比较丰富的孢粉，常被认为是比较好的取样单元。灰坑最初功能有的为窖穴、有的为祭祀坑、有的为地穴或半地穴居址、有的为取土坑等，在其原功能终止后，被人们作为丢弃生活垃圾的场所，它不仅能较好反映当时人们的经济活动，而且作为一个小型的沉积凹地，广泛接受来自区域和局域的花粉沉积。

屈家岭文化层2个样品取自于灰坑，孢粉绝大部分来自于当时遗址周边植被。从自然沉积物和文化层的孢粉谱图看出，尽管同一种孢粉类型在文化层和周边剖面的沉积物中绝对含量有差异，孢粉种类基本是相同的。文化层样品以高含量的禾本科和杂草花粉为特征，反映了自然沉积物和文化层孢粉谱的可对比性。

7 结 论

（1）屈家岭、石家河文化发展时期的气候比较暖湿，优越的自然环境条件为农业的发展、文明的形成奠定了基础。

（2）屈家岭、石家河文化消亡时，这个地区的植被主要是草地草丛，在考古遗址点附近很少有森林分布，反映了一种干旱的生境状况。这可能是由于早期人类活动的过度开发与随之而来的气候干旱化造成。从距今2200年前的战国时期，伴随着生境变得湿润，水域广泛分布，屈家岭地区再度成为人类活动频繁的地区。

（3）考古地点文化层（主要是灰坑）的孢粉种类和数量特征与同一时期的自然剖面可以对比，从不同侧面反映了文化时期的人类活动和环境背景。

致谢：感谢两位审稿人认真、仔细地评阅了本文，提出很多宝贵的修改意见；感谢周力平教授为本文的撰写所给予的富有启发性的建议。湖北省文物考古研究所刘辉及北京大学张家富、毛龙江、史辰羲、胡珂等在野外取样中给予帮助，赵凤鸣协助清绘部分图件，一并致谢。

参 考 文 献

崔海亭，李宜垠，胡金明，等. 2002. 利用炭屑显微结构复原青铜时代的植被. 科学通报，47（19）：1504~1507.

靳桂云，孔昭宸. 2002. 孢粉分析在考古学中应用的回顾与展望// 中国社会科学院考古研究所编著. 21世纪中国考古学与世界考古学. 北京：中国社会科学出版社.

李宜垠，周力平，崔海亭. 2008. 人类活动的孢粉指示体. 科学通报，53（9）：991~1002.

马春梅，朱诚，郑朝贵，等. 2008. 中国东部山地泥炭高分辨率腐殖化度记录的晚冰期以来气候变化. 中国科学（D辑），38（9）：1078~1091.

莫多闻，李菲，李水城，等. 1996. 甘肃葫芦河流域中全新世环境演化及其对人类活动的影响. 地理学报，51（1）：59~69.

吴汝祚. 1995. 论老哈河、大凌河地区的文明起源. 北方文物, (1): 2~8.
夏正楷, 杨晓燕, 叶茂林. 2003. 青海喇家遗址史前灾难事件. 科学通报, 48 (11): 1200~1204.
杨权喜. 1994. 试论中国文明起源与江汉文明. 浙江社会科学, (5): 90~94.
张家诚. 1999. 地理环境与中国古代科学思想. 北京: 地震出版社: 1~141.
张兰生, 方修琦, 任国玉. 2000. 全球变化. 北京: 高等教育出版社: 1~339.
张绪球. 1991. 石家河文化的分期、分布和类型. 考古学报, (4).
张忠培. 2000. 中国古代文明形成的考古学研究. 故宫博物院院刊, (2): 1~23.
赵志军. 2004. 植物考古学的田野工作方法——浮选法. 考古, (1): 80~87.
朱诚, 于世永, 卢春成. 1997. 长江三峡及江汉平原地区全新世环境考古与异常洪涝灾害研究. 地理学报, 52 (3): 268~278.
朱乃诚. 2006. 中国文明起源研究. 福州: 福建人民出版社.
朱育新, 王苏民, 羊向东, 等. 1999. 中晚全新世江汉平原沔城地区古人类活动的湖泊沉积记录. 湖泊科学, 11 (1): 33~39.
An C B, Tang L Y, Barton L, et al. 2005. Climate change and cultural response around 4000 cal yr BP in the western part of Chinese Loess Plateau. *Quaternary Research*, 63: 347-352.
Clark R L, 1982. Point count estimation of charcoal in pollen preparations and thin sections of sediment. *Pollen et Spores*, 24: 523-535.
deMenocal P B, 2001. Cultural responses to climate change during the late Holocene. *Science*, 292: 667-673.
Fairbanks R G, Mortlock R A, Chiu T C, et al. 2005. Marine radiocarbon calibration curve spanning 10000 to 50000 years BP based on paired $^{230}Th/^{234}U/^{238}U$ and ^{14}C dates on Pristine corals. *Quaternary Science Reviews*, 24: 1781-1796.
Fu X, Zhang J F, Mo D W, et al. 2009. Luminescence dating of baked earth and sediments from the Qujialing archaeological site, China. *Quaternary Geochronology*. in Press.
Haug G H, Gunther D, Peterson L C, et al. 2003. Climate and the collapse of Maya civilization. *Science*, 299: 1731-1735.
Kuper R, Kropelin S, 2006. Climate-controlled Holocene occupation in the Sahara: Motor of Africa's evolution. *Science*, 313: 803-807.
Li Y Y, Willis K J, Zhou L P, et al. 2006. The impact of ancient civilization on the northeastern Chinese landscape: palaeoecological evidence from the Western Liaohe River Basin, Inner Mongolia. *Holocene*, 16: 1109-1121.

(原载于《古地理学报》, 2009 年 11 卷 6 期)

长江下游巢湖 9870cal aBP 以来孢粉记录的环境演变

王心源[1]　莫多闻[2]　吴　立[1]　张广胜[3]　肖霞云[4]　韩伟光[1]

(1. 安徽师范大学国土资源与旅游学院，芜湖，241000；2. 北京大学城市与环境学院，北京，100871；3. 南京大学地理与海洋科学学院，南京，210093；4. 中国科学院南京地理与湖泊研究所湖泊沉积与环境重点实验室，南京，210008)

摘要：根据对巢湖490cm湖泊沉积物柱样7个 AMS^{14}C 年龄的测定以及98个孢粉样品的分析，植物种类分属于86个（科）属，可以划分为6个孢粉组合带：孢粉带Ⅰ（9870～6040cal aBP）代表了末次冰期之后全新世温暖气候到来之前气候转暖的早全新世过渡时期，气候呈现温和略干的特点，其中亚带Ⅰ-1（9870～7700cal aBP）、Ⅰ-2（7700～6250cal aBP）、Ⅰ-3（6250～6040cal aBP）分别对应温暖湿润→温暖较湿→温和干燥的气候波动；孢粉带Ⅱ（6040～4860cal aBP）代表中全新世温暖湿润期，水热配置条件最佳；孢粉带Ⅲ（4860～2170cal aBP）体现中全新世后期温和干燥的气候，2170cal aBP左右干旱程度达到最高；孢粉带Ⅳ（2170～1040cal aBP）反映巢湖流域由干燥向湿润气候的转型，气候总体上温和湿润；孢粉带Ⅴ（1040～200cal aBP）反映了晚全新世巢湖流域温凉稍湿的气候；孢粉带Ⅵ（200～0cal aBP）则体现巢湖流域处在相对温暖湿润的时期。植被类型演替大体为：以壳斗科的落叶、常绿属种为主的落叶阔叶、常绿阔叶混交林—以落叶栎类、栗属、青枫属和栲/石栎属为主的落叶阔叶、常绿阔叶混交林—以落叶栎类占绝对优势的落叶阔叶、常绿阔叶混交林—以禾本科为主的草地—以禾本科、蒿属和蓼属等为主的草丛。

关键词：环境演变　AMS^{14}C 测年　孢粉记录　全新世　巢湖

巢湖位于安徽省中部，地处长江下游沿江平原北部，面积约780km^2，年平均温度15.8℃，季节分明，年温差在25℃以上，年降水量1100mm。流域地带性植被类型为北亚热带混交林夹少数耐寒常绿阔叶林。原生植被不复存在，绝大部分为人工栽培林、次生林及灌木丛，草类，主要有低山丘陵植被群落、平原岗地植被群落和水生植被群落三类。巢湖是一个准封闭性湖泊，西部的湖泊沉积连续性较好，沉积物中富含孢粉化石，是记录该区区域环境演变信息的重要地质档案。近年来许多专家学者对巢湖进行研究。杨则东等[1,2]对包括巢湖在内的长江安徽段的第四纪地层进行了较为系统的研究；范斌等[3]、贾铁飞等[4]根据钻孔沉积物对中全新世以来巢湖的古气候与古环境进行研究；王心源等[5]从环境考古角度对历史文献记载的古居巢国存疑进行了研究；王绪伟等[6,7]对巢湖无机磷形态、总磷分布及其地质成因进行了研究。我们通过研究与选择，采集得到理想的湖泊沉积样品，并获取连续的沉积物材料，通过对样品 AMS^{14}C 测年与校正，用孢粉、炭屑、粒度、磁化率等环境代用指标的分析与区域比较方法，从连续、完整且具较高分辨率的湖泊沉积中获取了该区 9870cal aBP 以来孢粉记录的有关信息，建立该区全新世以来气候环境演变的序列和标志特征。

1 研究方法和年代确定

本研究主要是在野外实地考察的基础上，选择巢湖西部湖心进行湖泊沉积物柱样的采集，时间为 2006 年 4 月和 5 月。采样地点 GPS 地理位置为 31°33′44.6″N，117°23′39.4″E，巢湖西湖区水深 310cm 处（图1）。

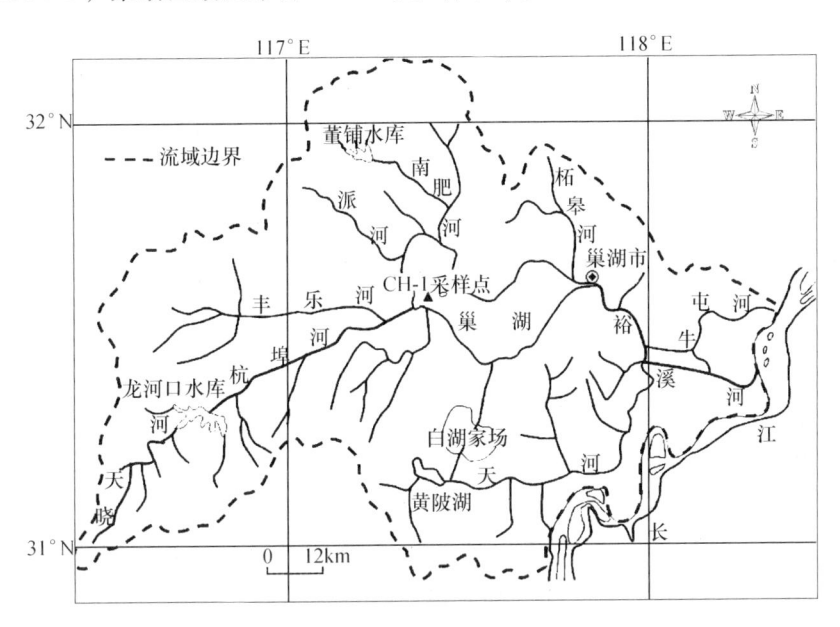

图 1 巢湖湖泊沉积物采样点位置示意图

巢湖西湖区采集的 800cm 湖泊沉积物柱样（未见底）总体上主要为青灰色粉砂质黏土或青灰色粉砂质泥，少量为约 3mm 的细砂夹层，属湖泊相沉积。对该湖泊沉积物柱样自 490cm 以上部分选择 7 个湖泊底泥样品，由北京大学重离子物理教育部重点实验室完成 AMS^{14}C 测年。测年数据与深度呈很好的线性关系（$R^2=0.9745$）（图2）。

通过巢湖年代与深度关系的特征研究，结合前人的研究方法[8~10]，通过巢湖沉积物年代的线性回归校正，本文得到巢湖湖泊沉积物年代与深度的对应，深度 87cm，127cm，189cm，227cm，287cm，387cm 和 487cm 分别对应的年龄为 1040±70cal aBP，2550±40cal aBP，3720±130cal aBP，4565±55cal aBP，5475±95cal aBP，6590±130cal aBP 和 9770±40cal aBP。

从校正后的年代计算出沉积物各段的沉积速率，再根据沉积速率将年代进行插值，从而建立了巢湖湖泊沉积物柱样490cm以上（9870cal aBP以来）的年代框架。

湖泊沉积物柱样取样间距为5cm，共采集孢粉样品160个。本文研究范围为自490cm以上的岩芯柱样，共分析孢粉样品98个。孢粉样品处理与鉴定由中国科学院南京地理与湖泊研究所湖泊沉积与环境重点实验室完成。实验室孢粉前处理采用HCL-HF处理、过筛分选方法，每块样品取5g左右，外加石松孢子作为指示性花粉，分别加HCL（10%）和KOH（10%）进行酸碱处理，经过重液浮选，再进行冰醋酸和9:1（醋酸酐和硫酸）混合液处理，再洗酸至中性，将样品离心至指定试管中，加甘油保存。最后制成活动玻片，在Leitz光学投射显微镜下进行观察、鉴定和统计。

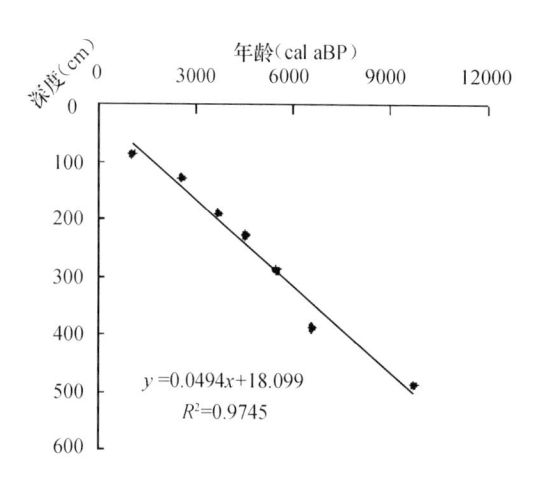

图 2　巢湖湖泊沉积物钻孔年代—深度关系图

2　孢粉分析结果与讨论

钻孔490cm以上岩芯已鉴定的98个孢粉样品中，共鉴定出86个孢粉（科）属，其中包括乔木花粉24个（科）属，灌木花粉20个（科）属，旱生草本花粉23个（科）属，水生（包括湿生）草本花粉5个（科）属和蕨类孢子14个（科）属以及2个藻类。所有样品含有丰富的孢粉，共统计到42077粒孢粉（包括藻类），平均每个样品统计429粒，最多统计了539粒/样，最少310粒/样。

孢粉组合以乔木花粉为主，百分含量平均达59.5%（以陆生植物花粉总数为基数，下同），最高为75.3%；其次为旱生草本花粉，平均为35%，灌木花粉、水生草本花粉和蕨类孢子均较少。

在乔木花粉中，落叶栎类（*Quercus*）含量最高，平均百分含量为25.2%，其次栲/石栎（*Castanopsis/Lithocarpus*）、青冈属（*Cyclobalanopsis*）、常绿栎类（*Quercus*(evergreen)）、松属（*Pinus*）、栗属（*Castanea*）等含量较高，桦属（*Betula*）、榆属（*Ulmus*）、胡桃属（*Juglans*）、化香树属（*Platycarya*）、枫香属（*Liquidambar*）和悬铃木属（*Platanus*）等有一定含量。灌木花粉主要有桑科（*Moraceae*）、柳属（*Salix*）、接骨木属（*Sambucus*）、蔷薇属（*Rosa*）、绣线菊属（*Spiraea*）、麻黄属

(*Ephedra*) 和芸香科（Rutaceae）等。旱生草本花粉以禾本科（Gramineae）为主，其次有较多的蒿属（*Artemisia*）、蓼属（*Polygonum*）、藜科（Chenopodiaceae）、百合科（Liliaceae）等，毛茛科（Ranunculaceae）、十字花科（Cruciferae）、菊科（Compositae）、苦苣苔科（Gesneriaceae）等有一定含量。水生草本（包括湿生）主要是莎草科（Cyperaceae），另有少量荇菜属（*Nymphoides*）和香蒲/黑三棱属（*Typha/Sparganium*）。蕨类孢子中单裂缝孢子以水龙骨科（Polypodiaceae）为主，三裂缝孢子以凤丫蕨属（*Coniogramme*）为主。另外，在孢粉组合中还发现盘星藻属（*Pediastrum*）和环纹藻（*Concentricystes*）两个藻类。

选择剖面中孢粉百分比含量（以陆生植物花粉总数为基数）大于1%、生态意义较大的孢粉属种，使用 Tilia 软件绘制主要孢粉属种百分比图和浓度图（图3和图4）。

综合分析所有孢粉图谱，根据剖面的孢粉组合特征和孢粉百分比的聚类分析 Coniss 结果，将整个剖面的孢粉组合划分为6个孢粉带，各孢粉带又分成相应的亚带。各带的孢粉组合特征按由老到新顺序简述如下。

2.1 孢粉带 I

Quercus-Castanopsis/Lithocarpus-Gramineae 组合带，剖面深度 490～337cm，年代 9870～6040cal aBP。本带以乔木花粉为主，百分含量平均为 62.4%，其中落叶阔叶属种百分含量平均为 32.1%，常绿阔叶属种百分含量平均为 22.6%。落叶阔叶属种以落叶栎类为主，平均含量为 24.3%，有一定量的栗属，平均为 4.9%；常绿阔叶属种主要是栲/石栎属，平均含量为 14.4%，有一定量的青冈属和常绿栎类，平均分别为 6.2% 和 2%。其次，旱生草本百分含量平均为 29.9%，主要是禾本科和蒿属。灌木、水生草本花粉、蕨类孢子、藻类百分含量相对较低，平均分别为 7.7%、9.5%、4% 和 2%。孢粉总浓度（除藻类以外的所有孢粉属种浓度）平均为 111613 粒/ml。

根据主要孢粉属种含量存在的次级波动，又把该孢粉组合带分成以下3个亚带：

孢粉亚带 I-1，剖面深度 490～422cm，年代 9870～7700cal aBP。该亚带乔木花粉含量最高，平均为 66.8%；落叶阔叶属种与常绿阔叶属种含量相差最少，平均分别为 30.8% 和 26.3%；常绿阔叶属种栲/石栎属含量是孢粉带 I 中最高的，平均为 18.9%。

孢粉亚带 I-2，剖面深度 422～357cm，年代 7700～6250cal aBP。此亚带乔木花粉含量降低，平均为 61.5%；落叶阔叶属种与常绿阔叶属种含量相差最大，平均分别为 35.1% 和 20.6%，其中落叶阔叶属种落叶栎类含量为孢粉带 I 中含量最高的，平均为 27.3%，常绿阔叶属种栲/石栎属含量降低，平均为 11.6%；旱生草本禾本科（<30μm）含量最高，平均为 10.5%。

孢粉亚带 I-3，剖面深度 357～337cm，年代 6250～6040cal aBP。亚带内乔木花粉含量最低，平均为 50.2%；落叶阔叶属种与常绿阔叶属种含量都是孢粉带 I 中最低的，平均分别为 27.1% 和 16.6%；具有整个剖面中含最高的桑科，平均为 3.7%。

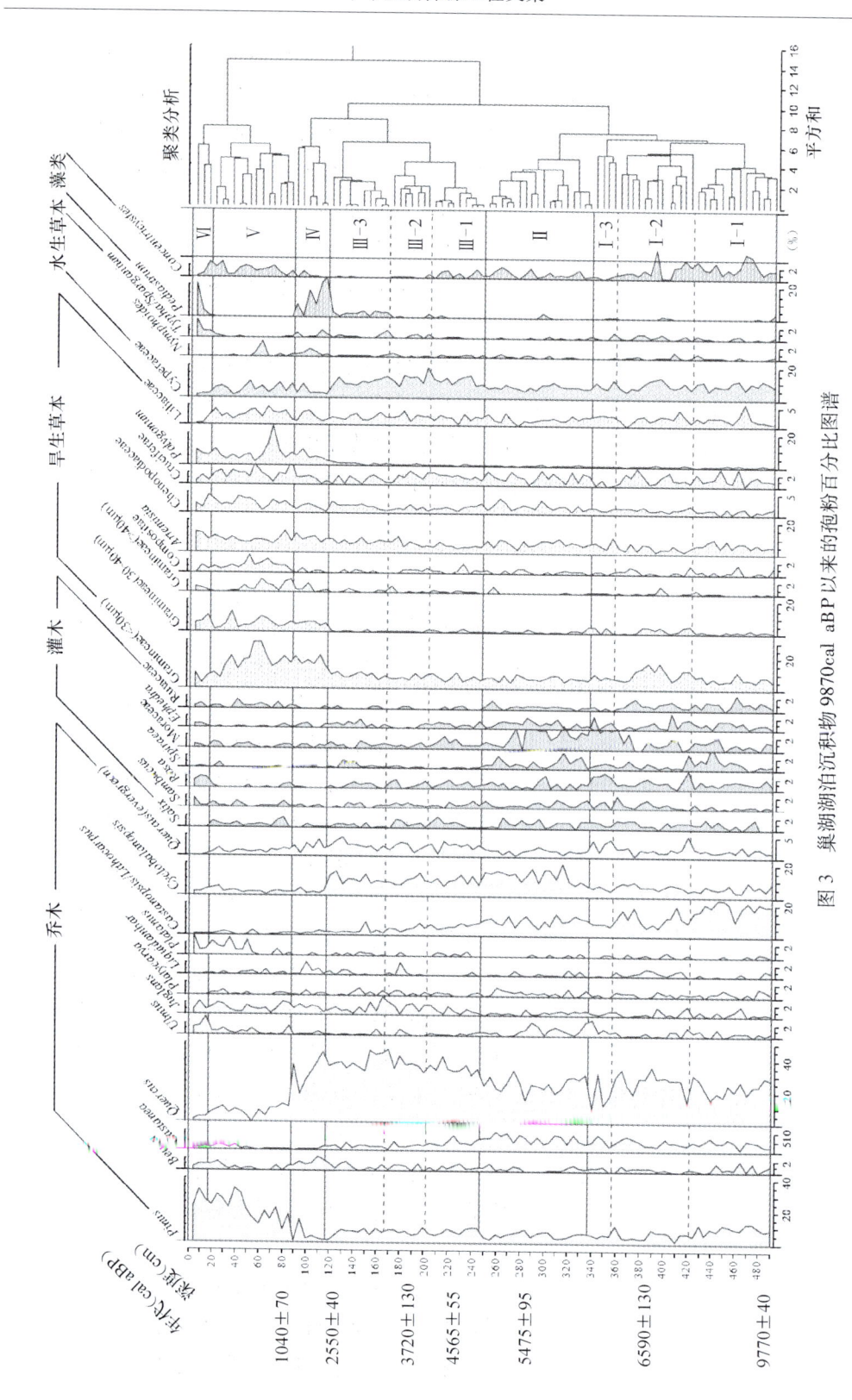

图 3 巢湖湖泊沉积物 9870 cal aBP 以来的孢粉百分比图谱

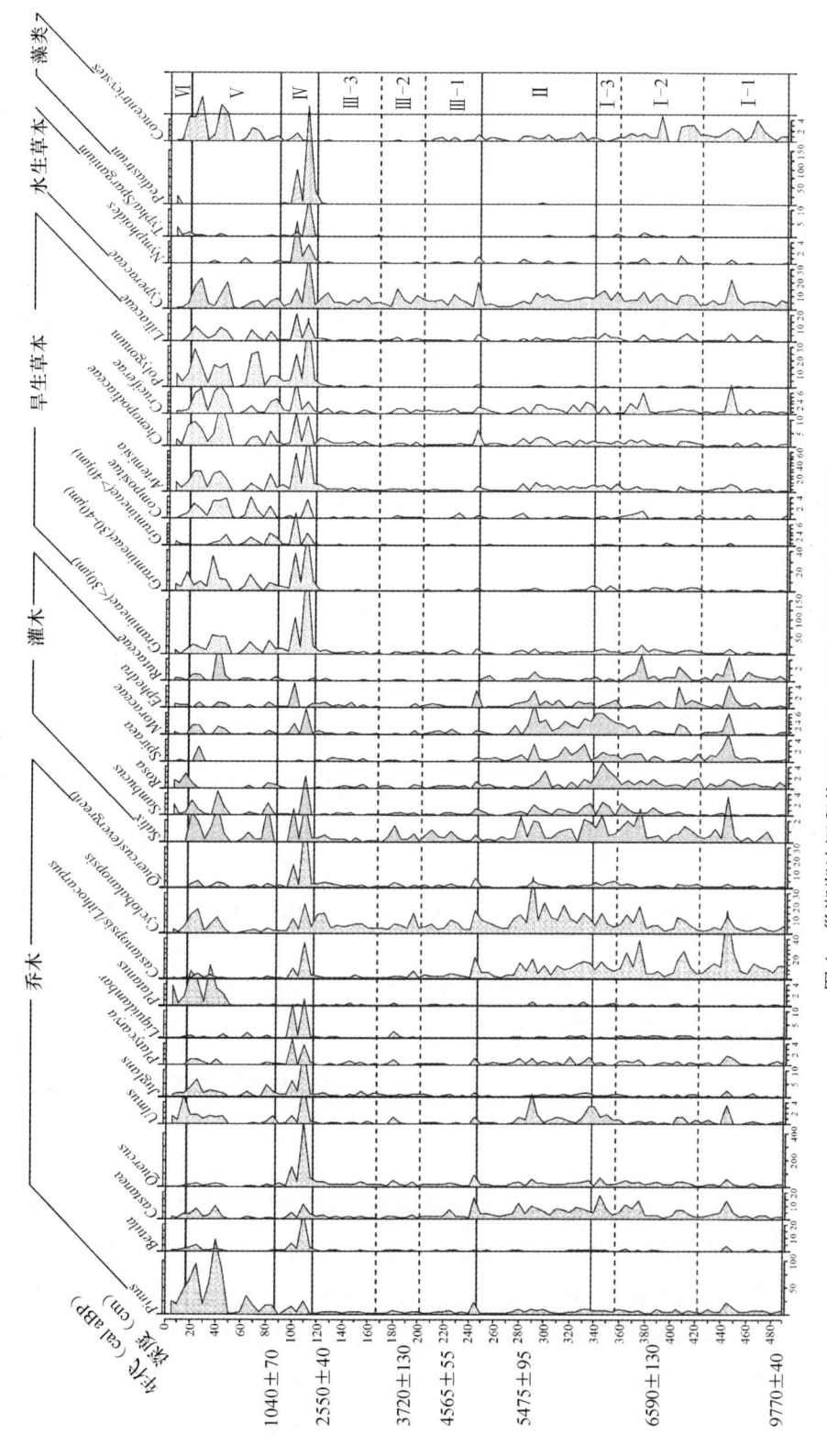

图 4 巢湖湖泊沉积物 9870cal aBP 以来的孢粉浓度图谱

2.2 孢粉带Ⅱ

Quercus-Castanopsis/Lithocarpus-Cyclobalanopsis 组合带，剖面深度 337～247cm，年代 6040～4860cal aBP。本带仍以乔木花粉占优势，平均为 64.3%，其中落叶阔叶属种和常绿阔叶属种含量较孢粉带Ⅰ含量都有增加，平均分别为 34.4% 和 24.4%。落叶阔叶属种含量增加主要表现为落叶栎类和栗属的增加，榆属含量也稍有增加；而常绿阔叶属种含量增加表现为青冈属含量增加较多和栲/石栎属的明显减少，平均分别为 13.2% 和 9.8%。本带的灌木花粉桑科含量整体较高的，平均为 2.3%。其他属种含量变化不大，孢粉总浓度稍有降低。

2.3 孢粉带Ⅲ

Quercus-Cyclobalanopsis-Cyperaceae 组合带，剖面深度 247～117cm，年代 4860～2170cal aBP。本带乔木花粉含量是整个剖面中含量最高的，平均为 67.4%，主要表现为落叶阔叶属种含量（主要是落叶栎类）是整个剖面的最高值，平均为 43.2%，且出现相对较多的胡桃属；而常绿阔叶属种含量总体有所降低，平均为 17.3%，其中青冈属含量较孢粉带Ⅱ有所降低，平均为 10.1%，而栲/石栎属含量降低明显（平均为 4.6%）。湿生草本莎草科增加明显，平均为 11%。孢粉总浓度稍有降低，平均为 81457 粒/ml。

根据带内各属种的次级变化，又可以分成以下 3 个亚带：

孢粉亚带Ⅲ-1，247～202cm，年代 4860～3960cal aBP。亚带内落叶阔叶属种落叶栎类含量逐渐增加，平均为 34.8%；而常绿阔叶属种栲/石栎属含量逐渐减少，平均为 6.5%。

孢粉亚带Ⅲ-2，202～167cm，年代 3960～3320cal aBP。该亚带落叶栎类进一步增加，平均含量为 37.6%；而栲/石栎属进一步减少，平均含量为 4.7%；出现较多的胡桃属和少量枫香树属，平均分别为 1.5% 和 0.5%。

孢粉亚带Ⅲ-3，167～117cm，年代 3320～2170cal aBP。亚带内落叶栎类含量是孢粉带Ⅲ中最高的，平均为 38.2%；栲/石栎属含量最低，平均为 2.9%。

2.4 孢粉带Ⅳ

Quercus-Gramineae-Pediastrum 组合带，剖面深度 117～87cm，年代 2170～1040cal aBP。本带乔木花粉含量迅速降低至平均为 50%，其中落叶阔叶属种含量降低至 38.4%（主要指落叶栎类）；而常绿阔叶属种迅速降低，平均仅 7.1%，主要表现在青冈属的迅速降低（2.8%），栲/石栎属和常绿栎类分别降低至 2% 和 2.3%。旱生草本由上带的 28.7% 增加到此带的 48.1%，主要表现在禾本科（包括粒径 <30μm 和 30～40μm 的花粉）、十字花科和蓼属的增加，平均分别为 23.8%、1% 和 5.5%；莎草科含量减少，

平均为 3.9%；出现含量较多的盘星藻属（平均 13.6%）。孢粉总浓度在本带增加较多，平均达 399306 粒/ml。

2.5 孢粉带 V

Pinus-Gramineae-Polygonum 组合带，剖面深度 87~17cm，年代 1040~200cal aBP。带内乔木花粉含量进一步减少，平均仅 39.2%，而旱生草本花粉含量增加较多并已在本带的孢粉组合中占优势，平均为 58.3%，单裂缝和三裂缝蕨类孢子都出现较多含量，平均分别为 9% 和 19.9%。乔木花粉中松属花粉含量由上带的 4.1% 增加至本带的 21.2%；落叶阔叶属种迅速降低至 12.7%（主要指落叶栎类）；常绿阔叶属种进一步降低，平均为 5.1%；草生草本以禾本科、蒿属、蓼属为主，平均分别为 23.7%、8.3% 和 7.8%；菊科、黎科、十字花粉、百合科、毛茛科等都有一定含量。盘星藻含量又大大降低至很少出现。孢粉总浓度降低，平均 223607 粒/ml。

2.6 孢粉带 VI

Pinus-Gramineae-Artemisia 组合带，剖面深度 17~0cm，年代 200cal aBP 至今。本带乔木花粉含量稍有增加，平均为 45%；旱生草本花粉含量降低，平均为 49.3%；单裂缝和三裂缝蕨类孢子含量都降低，平均为 4.1% 和 12.3%；盘星藻在顶部含量较高，最高可达 21.3%。乔木花粉中松属含量稍有增加，平均为 27%，落叶栎类含量进一步降低（平均仅 2.8%）有少量栗属、落叶栎类、榆属、悬铃木属和青冈属等，其他属种含量很低。旱生草本中禾本科、蒿属和蓼属含量较高，平均分别为 15.8%，11.1% 和 8.5%；其中粒径为 30~40μm 的禾本科花粉含量较上带有所增加（7.9%）。孢粉总浓度大大降低，平均仅 141959 粒/ml。

3 综合讨论与结论

综上所述，通过巢湖湖芯 98 个样品 6 个孢粉带的分析，结合孢粉属种优势度分析以及第四纪以来的全球环境变化背景，揭示了长江下游巢湖 490cm 厚的沉积物记录的古环境变化的几个特点：

（1）巢湖孢粉带 I 代表了末次冰期之后全新世温暖气候到来之前气候转暖的早全新世过渡时期。孢粉组合中以乔木花粉为主，落叶阔叶属种含量高于常绿阔叶属种。落叶阔叶属种的主要成分是落叶栎类，另有一定量的栗属；常绿阔叶属种主要是栲/石栎属，有一定量的青冈属和常绿栎类。说明该阶段植被是以壳斗科的落叶、常绿属种为主的落叶阔叶、常绿阔叶混交林。该阶段总体上看，常绿落叶阔叶栲/石栎在减少、落叶栎类在增加，为含量最高段，而喜阴的青冈属含量相对稳定。推测此期气候整体温和略干，同时还存在温暖湿润→温暖较湿→温和干燥的气候波动。

其中，亚带Ⅰ-1（9870~7700cal aBP）代表了新仙女木事件[11]（11100~10000aBP）突变以后，全新世早期的气温波动上升期。本亚带乔木花粉含量最高，常绿阔叶属种栲/石栎属含量是孢粉带Ⅰ中最高的。反映气候温暖湿润。Zhu 等[12]根据人类遗址时空分布研究发现长江三角洲全新世高海面可能出现在10000~7000aBP，证实了这一时段为全新世初期的高温期。

7700cal aBP 左右发生一次显著的环境突变事件。该时段的孢粉组合表明，松属、落叶栎类、榆属、栲/石栎、莎草科百分比含量等都出现一次明显的低谷，A/C值较小（1.16），代表气候相对干旱；常绿栎类、桦属、蔷薇属、绣线菊属等出现峰值。推测此期前后巢湖周边区域经历了一次高温干旱的气候，湖面有缩小的波动变化现象。这正与青藏高原西部松西错[13]和班公错[14]全新世环境记录的8ka~7.7kaBP 左右的一个短的干旱时期相对应，而且与在印度西北部发现的气候快速变化和热带北非的干旱期是比较一致的[14]。湖北山宝洞[15]、贵州董哥洞[16]以及阿曼（Oman）Qunf Cave[17]高分辨率石笋$\delta^{18}O$记录表明在8000aBP 左右亚洲季风强度出现持续减弱的趋势，季风降水明显减少，这次事件可能与东亚季风的突然减弱有关。

亚带Ⅰ-2（7700~6250cal aBP）乔木花粉含量降低，落叶阔叶属种落叶栎类含量为孢粉带Ⅰ中含量最高的，常绿阔叶属种栲/石栎属含量降低，旱生草本禾本科（<30μm）含量最高。这表明气候有向着干旱方向发展的趋势，气候总体上温暖较湿。亚带Ⅰ-3（6250~6040cal aBP）乔木花粉含量最低，落叶阔叶属种与常绿阔叶属种含量都是孢粉带Ⅰ中最低的，桑科的含量全剖面最高，此期气候已经转变为温和干燥。

（2）巢湖孢粉带Ⅱ代表中全新世温暖湿润期。孢粉组合仍以乔木花粉占优势，其中落叶阔叶属种和常绿阔叶属种含量都有增加，落叶阔叶属种含量增加主要表现为落叶栎类和栗属的增加，榆属含量也稍有增加；而常绿阔叶属种含量增加表现为青冈属含量增加较多和栲/石栎属的明显减少，灌木花粉中桑科含量整体较高。说明此阶段植被是以落叶栎类、栗属、青冈属和栲/石栎属为主的落叶阔叶、常绿阔叶混交林。相对上阶段，林中常绿属种青冈的比例增加、混生有一定量的榆树，出现较多以桑树为主的灌木。推测此期气候温暖湿润，雨量丰富。这正与世界范围内的全新世最适宜期（7000~5000aBP）相对应。本区在5840~5500cal aBP 达到最盛的暖湿期。可以推知这个时期巢湖湖面开始扩张并可能达到最大。该时期也是巢湖流域新石器文化兴起和发展的时期，出现了以凌家滩为代表的众多新石器古文化[18]。4860cal aBP 左右是巢湖流域气候环境变化的一个转折点，在此之后直至2170cal aBP，各属种孢粉浓度都出现了大幅度降低，同时流域及各周边区域新石器文化都出现了衰落或中断现象[19]，其文明衰落与环境演变的关系有待进一步研究。

（3）巢湖孢粉带Ⅲ代表中全新世后期温和干燥的气候。孢粉组合中乔木花粉含量是整个剖面中含量最高的，主要表现为落叶阔叶属种含量（主要是落叶栎类）是整个剖面的最高值，且出现相对较多的胡桃属，而常绿阔叶属种含量总体有所降低，其中青冈属含量较上阶段有所降低，而栲/石栎属含量降低明显，湿生草本莎草科增加至11%，说明此阶段植被是以落叶栎类占绝对优势的落叶阔叶、常绿阔叶混交林，在常绿成分中青冈属比例较大，其次是常绿栎类。推测此期整体上气温逐渐降低，湿度下降，气候温和干燥，环境向着干旱化趋势发展。与巢湖地区同纬度的神农架山宝洞SB10石笋记录表明4.4ka～2.1kaBP时段为降水较少的干旱期[20]。对巢湖沉积植硅体的研究也表明[3]，反映温暖干旱气候的短鞍型植硅体含量在这个时期大量增加。2170cal aBP左右是巢湖全新世以来干旱程度最高的一次，也是最为明显的一次环境事件。该阶段主要孢粉属种浓度和总浓度皆出现极低值，粒度与磁化率值都出现了突变。推测2170cal aBP左右可能是巢湖历史上湖面最小的一个时期，巢湖湖盆的局部地区可能出露水面以上。现在位于巢湖水下的唐家嘴遗址"古居巢城"（文化层含碳较高的中间层位^{14}C测年结果为2090±130aBP）当时是位于巢湖岸边的繁荣城市[5]。

（4）巢湖孢粉带Ⅳ乔木花粉含量迅速降低，常绿阔叶属种比落叶阔叶属种含量降低更迅速，以禾本科（包括粒径<30μm和30～40μm的花粉）为主的旱生草本花粉迅速增加，莎草科含量减少，出现含量较多的盘星藻属。说明此阶段之前的落叶阔叶、常绿阔叶混交林迅速被破坏，演替成以禾本科为主的草地。反映此期巢湖地区受到人类活动的强烈影响，人类活动主要表现在砍伐（包括火烧）森林、农业种植等方面。同时，常绿阔叶属种比落叶阔叶属种含量降低更迅速，反映由于落叶阔叶树再生力及自然更新力较强，以至落叶阔叶树减少较慢，这也进一步说明此期气候适宜人类居住和落叶阔叶属种的快速再生，气候总体上温和湿润，但是波动明显，呈现不稳定的气候特征，包含了一次冷暖旋回（寒冷干燥→温暖湿润）属于气候转型期。1340cal. aBP左右存在一个短暂的降温过程。对天堂寨泥炭地层的磁化率、Rb/Sr值及其反映的古气候的研究也表明[21]，1400～1000aBP可能存在一个短暂的降温过程；对红原泥炭的研究也得出了1500aBP左右气温由高温变为低温等[22]。该时期巢湖湖泊沉积物各项指标变化明显，气候转变快速，伴随着灾害事件的发生[5]，同时也是巢湖地区古代遗址与墓葬急剧减少的时期[23]。

（5）巢湖孢粉带Ⅴ乔木花粉含量进一步减少，旱生草本花粉含量增加较多并在孢粉组合中占绝对优势，单裂缝和三裂缝蕨类孢子都出现较多含量。乔木花粉中松属花粉含量由上阶段的4.1%增加至本阶段的21.2%，落叶阔叶属种迅速降低，常绿阔叶属种进一步降低，旱生草本以禾本科、蒿属、蓼属为主。说明此阶段木本植物仅零星分布，植被类型逐渐演替成以禾本科、蒿属和蓼属等为主的草丛，其中包括较多的农作物。蕨类通常生长在潮湿的环境中，因此较高的蕨类孢子含量反映此期气候较湿润。综合分析认为这个时期巢湖流域气候温凉稍湿，其中也有冷暖波动。在65cm（900cal aBP）

处，榆属孢粉的百分比含量由 0.29% 下降到零，而松属的百分比含量则由 8.29% 上升到 21.67%，常绿栎类和落叶栎类都出现下降趋势，这个时段正好对应了南宋寒冷期[24]。明清小冰期[25] (600～100aBP) 在孢粉图谱上也有体现，表现在 40cm 处 (480cal aBP) 松属孢粉百分比含量的迅速上升以及榆属百分比含量的下降。总的来看，这个时期孢粉记录了巢湖流域的两个寒冷期、一个暖期，与竺可桢根据历史文献与考古资料的气候变化分期是一致的[26]。

(6) 孢粉带Ⅵ中乔木花粉含量稍有增加，主要表现在松属含量的稍有增加，而落叶栎类含量进一步降低，有少量栗属、落叶栎类、榆属、悬铃木属和青枫属等；旱生草本花粉、单裂缝和三裂缝蕨类孢子含量都降低，盘星藻在顶部含量较高。说明此阶段植被类型是仍是以禾本科、蒿属和蓼属等为主的草丛，周围零星分布有阔叶乔木，松林在远处可能有分布。推测此期气候相对温暖湿润，但也有若干变凉干的波动。该阶段植被受人工影响较大，这个时期人类对巢湖流域的大规模开发活动已经改变了原始的自然植被景观。

(7) 巢湖沉积物柱样的孢粉记录综合的反映了本区的气候环境变化，与前人对周围的研究[27～30]有很好的相关性。全新世以来，本区气候环境总体上经历了温和略干—温暖湿润—温和干燥—温和湿润—温凉稍湿—温暖湿润的变化过程，与中国东部全新世以来的气候变化大体上一致。从湖泊沉积物的孢粉记录的巢湖流域全新世 9870cal aBP 以来的气候和环境演变信息来看，流域的环境演变，包括 3 次显著的气候波动事件 (7700cal aBP, 4860cal aBP 和 2170cal aBP)，都具有一定的周期性，显示出千年尺度的变化，这可能响应于太阳辐射变化驱动下的亚洲季风降水演化。考虑到全新世以来该区的新构造运动背景，认为巢湖地区的环境演变主要受到太阳辐射变化与亚洲季风演化等外部因素的影响；同时，中晚全新世以来，人类活动的影响也是不容忽视的，体现出气候系统变化的复杂性。

致谢：湖泊沉积物取样得到江西师范大学贾玉连教授的支持，样品 AMS^{14}C 测年由北京大学重离子物理教育部重点实验室完成，孢粉样品的实验室分析在中国科学院南京地理与湖泊研究所湖泊沉积与环境重点实验室完成，在此表示感谢。

参考文献

[1] 杨则东, 鹿献章. 长江安徽段及巢湖水患区防洪治水的环境地质问题. 长江流域资源与环境, 2001, 10 (3): 279～283.

[2] 杨则东, 徐小磊, 谷丰. 巢湖湖岸崩塌及淤积现状遥感分析. 国土资源遥感, 1999, 42 (4): 1～7.

[3] 范斌, 许世远, 俞立中, 等. 巢湖沉积物植硅体组合及中全新世以来的环境演变. 湖泊科学, 2006, 18 (3): 273～279.

[4] 贾铁飞,戴雪荣,张卫国,等.全新世巢湖沉积记录及其环境变化意义.地理科学,2006,26(2):706~711.

[5] 王心源,何慧,钱玉春,等.从环境考古角度对古居巢国的蠡测.安徽师范大学学报(自然科学版),2005,28(1):97~102.

[6] 王绪伟,王心源,封毅,等.巢湖沉积物总磷含量及无机磷形态的研究,水土保持学报,2007,21(4):56~59.

[7] 王绪伟,王心源,封毅,等.巢湖沉积物总磷分布及其地质成因.安徽师范大学学报(自然科学版),2007,30(4):496~499.

[8] Stuiver M, Reimer P J, Bard E, et al. INTCAL98 radiocarbon age calibration 24000~0 cal BP. *Radiocarbon*, 40: 1041-1083.

[9] 张成君,曹洁,类延斌,等.中国新疆博斯腾湖全新世沉积环境年代学特征.沉积学报,2004,22(3):494~499.

[10] Regnell J. Preparing pollen concentrations for AMS dating-a methodological study from a hard-water lake in southern Sweden. *Boreas*. 1992, 21: 373-377.

[11] Alley R B, Meese D A, Shuman C A, et al. Abrupt increase in Greenland snow accumulation at the end of the Younger Dryas event. *Nature*, 1993, 362: 527-529.

[12] Zhu Cheng, Zheng Chaogui, Ma Chunmei, et al. On the Holocene sea-level highstand along the Yangtze Delta and Ningshao Plain, East China. *Chinese Science Bulletin*, 2003, 48(24): 2672-2683.

[13] Campo E V, Gasse F. Pollen-and diatom-inferred climatic and hydrological changes in Sumxi Co Basin (Western Tibet) since 13000yr BP. *Quaternary Research*, 1993, 39: 300-313.

[14] Gasse F, Fontes J Ch, Campo E V, et al. Holocene environmental changes in Bangong Co basin (Western Tibet). Part 4: Discussion and conclusions. *Palaeogeography, Palaeoclimatology, Palaeoecology*, 1996, 120: 79-92.

[15] 董进国,孔兴功,汪永进.神农架全新世东亚季风演化及其热带辐合带控制.第四纪研究,2006,26(5):827~834.

[16] 张美良,程海,林玉石,等.贵州荔波1.5万年以来石笋高分辨率古气候环境记录.地球化学,2004,33(1):65~74.

[17] Neff U, Burns S J, Mangini A, et al. Strong coherence between solar variability and the monsoon in Oman between 9 and 6 kyr ago. *Nature*, 2001, 411: 290~293.

[18] 朔知.安徽新石器时代考古概述.华夏考古,1998,(3):62~69.

[19] 朱光耀,朱诚,凌善金,等.安徽省新石器和夏商周时代遗址时空分布与人地关系的初步研究.地理科学,2005,25(3):346~352.

[20] 邵晓华,汪永进,程海,等.全新世季风气候演化与干旱事件的湖北神农架石笋记录.科学通报,2006,51(1):80~86.

[21] 黄润,朱诚,王升堂.天堂寨泥炭地层的磁化率、Rb/Sr值及其反映的古气候意义.地理科学,2007,27(3):385~389.

[22] 徐海,洪业汤,林庆华,等.红原泥炭纤维素氧同位素指示的距今6ka温度变化.科学通报,2002,47(15):1181~1186.

[23] 王心源,陆应诚,高超,等.广义遥感环境考古的技术整合.安徽大学学报(自然科学版),2005,29(2):40~44.

[24] 蓝勇.近2000年来长江上游荔枝分布北界的推移与气温波动.第四纪研究,1998,(1):39~45.

[25] 满志敏.关于唐代气候冷暖问题的讨论.第四纪研究,1998,(1):39~45.

[26] Chu Kochen. A preliminary study on the climatic fluctuations during the last 5000 years in China. *Scientia Sinica*, 1973, 16(2): 226-256.

[27] 王秋良,李长安,谢远云.江汉平原江陵地区9ka以来古气候演化的沉积记录.湖泊科学,2006,18(3):280~284.

[28] 朱诚,马春梅,张文卿,等.神农架大九湖15.753kaBP以来的孢粉记录和环境演变.第四纪研究,2006,26(5):814~826.

[29] 黄润,朱诚,郑朝贵.安徽淮河流域全新世环境演变对新石器遗址分布的影响.地理学报,2005,60(5):742~750.

[30] 蔡永立,陈中原,章薇,等.孢粉—气候对应分析重建上海西部地区8.5kaBP以来的气候.湖泊科学,2001,13(2):118~126.

(原载于《第四纪研究》,2008年28卷4期。本文集收录时稍有改动)

巢湖流域新石器至汉代古聚落变更与环境变迁

吴　立[1,2]　王心源[1,2]　周昆叔[3]　莫多闻[4]　高　超[1,5]

刘　丽[1,2]　韩伟光[1,2]

（1. 安徽师范大学国土资源与旅游学院，芜湖，241000；2. 中国科学院—教育部—国家文物局遥感考古联合实验室安徽遥感考古工作站，芜湖，241000；3. 中国科学院地质与地球物理研究所，北京，100029；4. 北京大学城市与环境学院，北京，100871；5. 中国科学院南京地理与湖泊研究所，南京，210008）

摘要：以 GIS 为手段，在对巢湖流域新石器中晚期至汉代聚落遗址时空分布特征进行分析的基础上，探讨流域内古聚落变更对环境变迁的响应关系。研究表明，巢湖流域新石器中晚期至汉代古聚落变更的规律主要表现为，随着时代推进聚落遗址从高海拔逐渐向低海拔地区转移并向湖泊靠近，这种变更响应于中全新世以来流域气候由温暖湿润向温和干燥的发展，以及由此导致的巢湖湖泊收缩、水位持续下降和生活范围扩展，反映了在气候变化的大背景下，地貌演化和水文条件的改变对古聚落变更的影响；而各时期聚落遗址西多东少的分布格局，则与流域东部极易受河道摆动和洪涝灾害影响的地貌条件有关。因此，气候变化成为巢湖流域古聚落变更的重要激发因子，对古聚落的分布、扩展、演变都产生了重要影响，古聚落变更对环境变迁的响应明显。

关键词：巢湖流域　新石器　汉代　古聚落变更　气候变化

　　随着全球变化研究的不断深入，人类文明发展阶段的环境变迁正受到科学界越来越多的关注[1~3]。将地理环境变迁看做是影响古代文化演变的重要因素，认为聚落位置以及位置的更移与环境变迁直接相关，这些对于复原历史环境，探求环境变迁信息，阐明当前地理环境的形成和特点，具有十分重要的意义[4~6]。目前，利用自然地层与文化地层的整合研究来提高时间分辨率，使人类活动的结果（遗迹、遗物）纳入到整个自然环境系统之中，尤其是在典型地区进行聚落遗址时空分布与自然环境演变关系的探讨已成为区域过去人地关系研究一个有特色的方法[7~10]。

　　安徽巢湖流域是新石器中晚期以来人类活动与自然环境演变较为典型的地区，同时也是黄河流域与长江流域、东部沿海与中部腹地古代文化相互交流、相互碰撞的一个重要区域[11,12]，自新石器时代以来拥有数量众多的古聚落遗址，区域古文化发达，是中华文明孕育和发展的重要地区之一。在已经利用巢湖湖泊沉积记录恢复重建流域全新世环境序列的基础上，将聚落遗址时空分布特征与区域自然环境演变序列有机结合，探讨古聚落变更对环境变迁的响应关系，这不仅有助于过去全球变化的区域差异研究，而且对揭示该区新石器中晚期以来人地关系系统演变的历史规律和内在机制、协调现今人地关系都具有十分重要的意义，同时对于进一步认识区域文化的发展、传播和变迁亦具有重要作用。

1 巢湖流域自然环境和区域古文化发展概况

巢湖流域地处江淮丘陵之间，属长江下游左岸水系，流域面积14203km^2[13]，东南濒临长江，西接大别山山脉，北依江淮分水岭，东北邻滁河流域；地形总体渐向巢湖倾斜，地貌形态呈明显的阶梯状[14]，根据地面高程自上而下可分为山地（>300m）、丘陵（100~200m）、阶地（分20m、50m左右两级）、平原（10~20m）、湖盆（5~10m）五级。流域属北亚热带和暖温带过渡性季风气候，年平均气温为15~16℃，年平均降水量1100mm，但降水年际和季节变化较大，年降水量的63.6%集中在每年6~7月的梅雨季节，地带性植被类型为北亚热带混交林夹少数耐寒常绿阔叶林。

古聚落是一种具有一定空间并延续一定时间的文化单位，其构成要素包括各种类型的房屋、防卫设施、经济设施和墓地等[15]。巢湖流域是古人类重要的活动区域，历史研究和现代考古资料都表明[16,17]，5500年前流域开始迅速出现较多的新石器时代聚落遗址，主要分布在含山、肥西、庐江等地，其中国家重点文物保护单位凌家滩遗址是5300多年前的一个繁华的古聚落遗址，它的玉石器制作技术与太湖流域的崧泽晚期和良渚文化有密切联系；其后聚落遗址数量又有所减少；商周时期重新达到繁盛，已发现遗址分布的密度很大，史载这一时期有居巢国（又称南巢、巢伯国），是商周时期的重要方国，青铜器"班簋"、"鄂君启节"的铭文都记载有"巢"国[18]；汉代流域文化仍较为发达，聚落遗址和墓葬数量很多，在巢湖市北山头和放王岗均出土了两汉时期的大量珍贵文物[19]；但汉代以后，聚落遗址和墓葬的数量则急剧减少，流域文化走向衰落。

2 研究方法

根据安徽省1949年以来新石器时代至汉代的考古资料，以及《安徽省志·文物志》和地方志[16,20]中古聚落遗址的记载，结合对巢湖流域的实地调查，研究区已经详细调查和发掘的新石器中晚期至汉代聚落遗址总计226处，其中新石器中晚期（6ka~4kaBP）聚落遗址点52处，商周时期（3.6ka~2.8kaBP）聚落遗址点114处，汉代（2.2ka~1.8kaBP）聚落遗址点60处。本文以GIS为手段，辅以多源遥感影像数据和区域地质地貌资料，将巢湖流域新石器中晚期至汉代226处古聚落遗址时空分布情况填绘于用MapInfo Professional 7.8软件矢量化绘制的不同海拔分层设色的地形图上（图版 4~6），在对聚落遗址时空分布特征进行分析的基础上，结合巢湖湖泊沉积记录的流域全新世环境演变序列探讨流域内古聚落变更对环境变迁的响应关系。

3 聚落遗址时空分布特征

3.1 聚落遗址数量及分布

从各时期聚落遗址数量对比看，本区遗址的数量波动较大。新石器中晚期遗址数量最少，为52处；商周时期遗址数量最多，其遗址数量比新石器中晚期增加一倍多，达114处，表现为一个激增阶段；而汉代遗址数量较商周时期却减少了近一倍，为60处。

从聚落遗址分布来看，新石器中晚期聚落遗址主要分布在巢湖西湖岸的杭埠—丰乐河流域上游以及派河流域（参见图版4），东部是具有发达文明的凌家滩文化遗址群，南部的庐江县地区遗址也较为集中。与图版4相比，新石器中晚期分布在流域西部大别山北坡高海拔区的古遗址在商周时期有所减少，东部的凌家滩文化已经消失，而巢湖北岸和西岸地区（即含山—巢湖—庐江一线西北地区）聚落遗址呈密集增加趋势（参见图版5）；其中，分布最密集的区域在巢湖西岸地区，即杭埠—丰乐河流域中下游、派河流域和庐江县一带，其次在巢湖东北岸的柘皋河流域。汉代聚落遗址分布与商周时期相比（参见图版6），原先密集分布于巢湖东北岸柘皋河流域的14处遗址全部消失，仅在其南部有一处规模较大的唐家嘴水下遗址，杭埠河流域下游地区的遗址也有大幅度锐减；而在江淮分水岭南麓的南淝河中上游地区遗址却猛然增长了近20处，巢湖市区周边、庐江县以及和县地区也新出现多处遗址，成为该时期聚落遗址的重要分布区。总体来看，三个时期流域西部聚落遗址数量和分布都远多于东部。

3.2 聚落遗址域面积及遗址域内遗址点密度

遗址域是先民生产和生活活动的范围[21]；研究表明[15]，人们一般在步行1h的范围内耕作，在步行2h左右范围内狩猎，故古人一般不会到离开居住地10km以外的地方去获取资源。因此，本文以遗址周围10km为其遗址域半径。此外，遗址域内遗址点分布的密度高低，更是古人聚落集聚程度的真实反映，也间接反映了先民对居住区自然环境的适应程度和对资源的利用强度，其应作为遗址域分析的一项重要指标。在MapInfo中对巢湖流域三个不同时期聚落遗址以10km为半径做缓冲区分析（Buffer analysis），并对重叠的地区进行叠置（Overlay）处理。统计结果显示（表1），商周时期遗址域面积最大，其次为汉代，新石器中晚期最小，与遗址数量的变化特征基本一致；由此计算出来的各时期遗址域内遗址点密度也表现出与遗址域面积变化基本一致的情形。

表1 巢湖流域新石器中晚期至汉代各时期遗址域面积及遗址域内遗址点密度

时期	新石器中晚期	商周时期	汉代
遗址域面积（km²）	6523	8686	6737
遗址域内遗址点密度（点/100km²）	0.797	1.312	0.891

3.3 聚落遗址分布的海拔高度

从表2可见，新石器中晚期聚落遗址位于10~20m的地区有18处，占该时期遗址数的35%；20~50m的遗址有29处，占55%；此外，50~100m的遗址有4处，占8%；仅有1处遗址分布于海拔大于100m的地区，而10m等高线之下不见分布。商周时期聚落遗址分布明显具有从高海拔向低海拔地区转移的特征，但大多数遗址仍分布在10m等高线以上，5~10m的地区仅有2处遗址；海拔10~20m的地区有64处，占该时期遗址数的56%；20~50m海拔区的遗址42处，占37%；50~100m海拔区遗址为6处，占5%；100m以上海拔区未见遗址分布。汉代遗址位于50~100m地区为7处，占该时期遗址数的11.7%；20~50m地区的遗址数达27处，占45%；位于海拔10~20m的地区有14处，占23.3%；比较突出的特点是位于海拔5~10m地区的遗址数增加至12处，占20%，而海拔100m以上的较高地区未见遗址分布；汉代已有相当数量的聚落遗址分布于10m等高线以下，其中唐家嘴遗址和牌坊郢遗址现位于湖水位之下。总体上，三个时期聚落遗址呈现出由高海拔向低海拔地区转移和向湖泊靠近的特征。

表2 巢湖流域新石器中晚期至汉代不同海拔聚落遗址分布的变化

分类	海拔高程和遗址数量（处）					总计
	5~10m	10~20m	20~50m	50~100m	>100m	
新石器中晚期	0	18	29	4	1	52
商周时期	2	64	42	6	0	114
汉代	12	14	27	7	0	60

3.4 聚落遗址的堆积特征

聚落遗址的文化层堆积类型分为两类：只包含了一个类型文化堆积的单一型遗址和包含不同类型文化堆积的叠置型遗址[14]。叠置型遗址是一种稳定的生活方式、连续的文化传承、居民长期生活在某处形成的，如研究区内的仙踪大城墩遗址具有从仰韶、龙山、二里头至商代、西周、春秋、战国甚至延续到隋唐时期的文化层堆积[16]。而单一型遗址的形成则与不稳定的自然条件密切相关。由表3可以看出，本区新石器中晚期聚落遗址以叠置型遗址为主，其比例占同期文化遗址的近70%，而商周时期和汉代，叠置型遗址比重相对较低且逐渐下降。说明本区新石器中晚期环境波动相对较小、利于古人类长期稳定生活。

表3 巢湖流域新石器中晚期至汉代聚落遗址堆积类型

文化期名称	单一型遗址 比例（%）	单一型遗址 数量（处）	叠置型遗址 数量（处）	叠置型遗址 比例（%）
新石器中晚期	17	32.7	35	67.3
商周时期	74	64.9	40	35.1
汉代	49	81.7	11	18.3

4 聚落遗址变更对环境变迁的响应关系

4.1 巢湖流域全新世环境变化的特点

巢湖位于东亚季风区北亚热带和暖温带过渡地带，对气候变化敏感；由于只有唯一的出水通道裕溪河与长江相连，其构成一个相对封闭的湖泊，使得湖泊沉积物保存连续完好。对巢湖湖泊沉积物的研究，揭示出全新世以来流域环境变迁的过程（图1）[23~25]。距今6000~2000年，巢湖流域气候总体上温暖较湿润，是全新世中气候最适宜时期；其中，距今6000~5000年为最温暖湿润期，距今5000年以后整体上气温逐渐降低、湿度下降，气候向温和干燥发展。距今2000年左右出现一次明显的干旱事件，湖泊出现一次较大规模的退缩，湖盆的局部地区可能出露水面以上。距今2000~1000年进入气候转型时期，总体上转冷趋势明显，森林退缩，一直作为森林植被中主要建群树种的青冈属及栎属急剧下降，早、中全新世以来形成的落叶阔叶、常绿阔叶混交林迅速演替成以禾本科、蒿属和蓼属等为主的草地。

4.2 聚落遗址变更对环境变迁的响应

本区新石器中晚期聚落遗址分布海拔位置较高，地貌上多分布于海拔20m以上的岗地、丘陵地带，其次分布于流域内的平原地区，没有在10m等高线以下分布的遗址。该时期表现为本区中全新世最温暖湿润期，水热条件十分优越，动植物资源丰富，有利于新石器文化的发展和繁荣。根据唐领余等对江苏建湖庆丰剖面1万年来植被与气候的研究表明[26]，6100~3700aBP是我国东部持续时间最长的暖期，年均温高于现在0.8~1.7℃。与巢湖大致同纬度的神农架大九湖15753aBP以来的孢粉记录[27]也表明，7530~4051aBP代表中全新世适宜期，水分和热量配置条件最佳。故该时期聚落遗址分布在较高的位置可能与此时期巢湖湖面较高及防御洪水威胁有关，较高的地势既便于抵御洪水侵袭，又有靠近水源、山林和利于采集渔猎之便利。温暖湿润、降水丰富的适宜气候条件同样促进了流域聚落和文化的发展，发展出了凌家滩遗址等一批规模空前的史前文化。凌家滩聚落遗址群面积约1600000m²，仅第五次发掘的450 m²范围内，就发现了凌家滩文化墓葬4座、灰坑3个，以及可能与制作玉器、石器有关的大面积

· 362 ·　中华文明探源工程文集

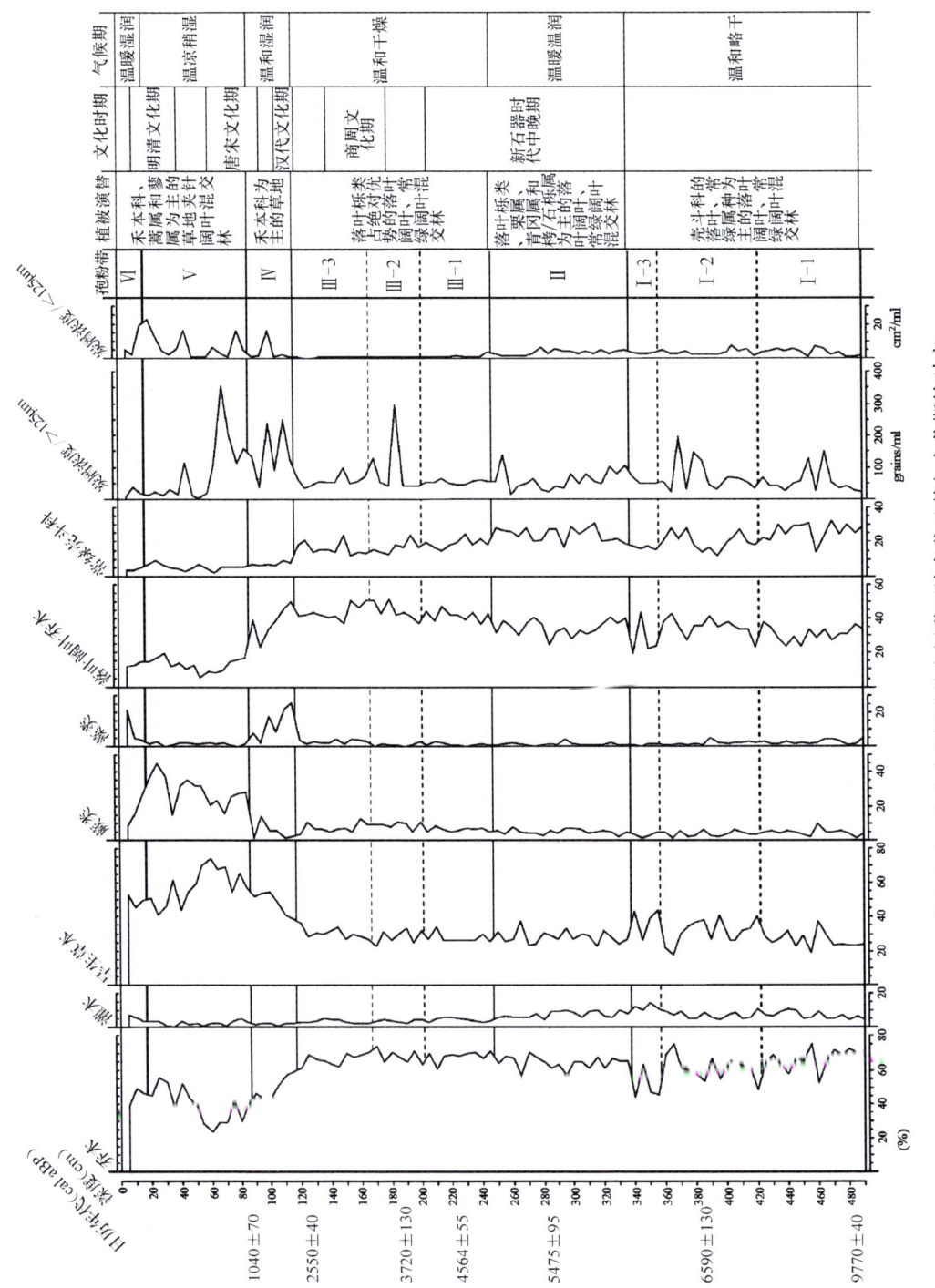

图 1　巢湖湖泊沉积物孢粉记录的全新世环境变化及其与文化期的对应

石块分布场所，出土各类玉器、石器和陶器近 400 件，玉器、石器以钺、璜、环、芯、锛为主，并发现大量的玉料和边角料，其中最引人注目的是中华第一玉猪和凌家滩酋长墓[28]，可见当时发展水平已达到相当高的程度。但从总体上该时期遗址域面积不大，遗址域内遗址点密度较小，说明由于当时自然环境和生产力发展的限制，聚落集聚程度不高，活动范围较小。这一时期的多雨气候往往易形成洪水灾害，其对新石器文化的发展、迁移和消亡有巨大影响。

商周时期本区气候稳定且相对温暖略干，对巢湖沉积物植硅体组合的分析也表明 3600～2500aBP 巢湖流域气候特征总体显示温暖[29]。该时期气候已经向温和干燥方向发展，对神农架山宝洞 SB10 石笋氧同位素记录[30]也表明，该时段为降水逐渐减少的干旱期。这种气候的变化，对本区人类的生产和生活十分有利，一方面气温下降不大，有利于农作物生长，另一方面降水的减少和湖面的收缩会使洪涝灾害发生的频率降低，人类生存环境得到改善。因此，本区进入人类活动大发展时期，聚落遗址数量大量增加且分布地域范围扩大，遗址域面积和遗址域内遗址点密度都达到最高；农业技术和青铜冶制业发展迅速，从含山县仙踪大城墩遗址商周文化层中出土的籼稻和粳稻两种碳化稻谷和三角青铜刀[16]可以看出，当时已经有了比较高的青铜冶炼、制作水平，且熟练掌握了种植两种水稻的技术。响应于环境的变化，人类聚落遗址分布高程开始下降，多分布于海拔 10～20m 的平原地区，湿润的小气候和平原上开垦出来的肥沃良田为农业生产提供了良好的自然条件；这一时期也是遗址距离湖岸较近时期，但仍主要分布在 10m 等高线范围以外，即 10m 等高线范围内仍然不适合人类居住。

汉代是中国自然环境变幅较大的时期，也是本区自然环境变化转折的重要时期。其中，公元前的西汉时期仍处在中国历史上的第二温暖期，气候温暖湿润，但降水状况波动比较频繁；而东汉时期则进入中国历史上的第二寒冷期，但比较湿润[31]。可见，汉代气候总体上温和适宜，有利于农业发展。但是，流域环境整体上仍继续向干旱发展，距今 2000 年左右干旱程度达到最高，湖泊大幅度收缩，湖盆中发育了相应的河流相冲积层或淤积黏土[32]，巢湖周边汉代的许多遗址便发育在这层沉积基底上，现今 10m 等高线之下聚落遗址数量急剧上升，总数达 12 处，为各时期之最，但较高海拔处仍有大量聚落遗址分布，这与汉代流域内社会生产力发展和人口增加因素有关。相应的聚落集聚和发展程度已达到很高的水平，流域内开始出现许多规模较大的城址和墓葬。湖水退缩形成的湖盆滩地上开始有大规模的人类活动，甚至兴起了城市，如现在位于巢湖水下的唐家嘴"古居巢城"遗址（文化层含碳较高的中间层位 ^{14}C 测年结果为 2090±130aBP）当时是位于巢湖岸边的繁荣城市，其收集到的陶器、铜器、玉器、银器就达 260 件，钱币从战国时楚国的蚁鼻钱到秦半两和汉半两、汉五铢以及王莽时期的大布黄千，大泉五十都有发现，共发现 117 枚；这里还发现了铜币和玉印，玉印正反面都是阴文"辕差"；丰富的遗存，表明这是一个上档次的古居住城址[33]。

5 结论与讨论

通过以上的研究分析，本文得出如下几点认识：

（1）巢湖流域新石器中晚期至汉代聚落遗址分布受地貌条件影响明显。巢湖流域东部东临长江，地势低洼，水网密布，极易受河道摆动和洪涝灾害的影响，因此，各时期的聚落遗址数量和分布都呈现出西多东少的格局。

（2）巢湖流域新石器中晚期至汉代聚落遗址变更与环境变迁的关系非常密切。随着中全新世以来流域气候由温暖湿润向温和干燥的发展，巢湖湖泊逐渐收缩、水位持续下降，大面积的土地裸露出来，为早期耕作农业提供了良好的自然条件；响应于环境变迁，新石器中晚期至汉代聚落遗址从高海拔逐渐向低海拔地区转移并向湖泊靠近；新石器中晚期和商周时期聚落遗址基本分布在现今10m等高线以上，这与中国科学院南京地理与湖泊研究所1960年在巢湖区域调查研究得出的"现今10m等高线即为巢湖历史时期最大湖岸范围"的结论相一致；而汉代由于湖泊大面积退缩，聚落遗址开始大量分布于现今10m等高线以下的湖盆滩地。这种"近湖而居"的具有区域特色的活动方式，反映了在气候变化的大背景下，地貌演化和水文条件的改变对古聚落变更的影响。

（3）汉代以后，气候环境的明显变化与流域聚落和文化发展的衰落相对应，说明它们之间存在某种内在的联系，需要进一步研究。

（4）本项研究表明，本区古聚落变更受气候条件影响较大。气候变化导致气温、降水和湖岸变迁等生态环境的变迁，致使古人改变自己的地域活动范围，而新的地域活动范围又产生聚落位置的更移和新的生产生活方式，由此引起古聚落的变更。因此，气候变化成为巢湖流域古聚落变更的重要激发因子，它对古聚落的分布、扩展、演变都有重要影响。

致谢 对安徽省文物考古研究所张敬国研究员和吴卫红研究员、安徽省巢湖市文物管理所钱玉春所长以及安徽师范大学社会学院裘士京教授和皖江学院图书馆曹晓鲁馆长等在野外考察与资料收集方面的帮助与工作表示衷心感谢。

参 考 文 献

[1] Haug G H, Güther D, Peterson L C, *et al.* Climate and the collapse of Maya civilization. *Science*, 2003, 299: 1731-1735.

[2] Polyak V J, Asmerom Y. Late Holocene Climate and Cultural Changes in the Southwestern United States. *Science*, 2001, 294: 148-151.

[3] 朱诚，郑朝贵，马春梅，等. 对长江三角洲和宁绍平原一万年来高海面问题的新认识. 科学

通报, 2003, 48 (23): 2428~2438.
[4] 侯光良, 刘峰贵, 萧凌波, 等. 青海东部高庙盆地史前文化聚落演变与气候变化. 地理学报, 2008, 63 (1): 34~40.
[5] 严文明. 聚落考古与史前社会研究. 文物, 1997, (6): 27~35.
[6] 韩茂莉. 2000年来我国人类活动与环境适应以及科学启示. 地理研究, 2000, 19 (3): 324~331.
[7] 郑朝贵, 朱诚, 钟宜顺, 等. 重庆库区旧石器时代至唐宋时期考古遗址时空分布与自然环境的关系. 科学通报, 2008, 53 (增刊I): 93~111.
[8] 朱诚, 钟宜顺, 郑朝贵, 等. 湖北旧石器至战国时期人类遗址分布与环境的关系. 地理学报, 2007, 62 (3): 227~242.
[9] 黄润, 朱诚, 郑朝贵. 安徽淮河流域全新世环境演变对新石器遗址分布的影响. 地理学报, 2005, 60 (5): 742~750.
[10] 朱光耀, 朱诚, 凌善金, 等. 安徽省新石器和夏商周时代遗址时空分布与人地关系的初步研究. 地理科学, 2005, 25 (3): 346~352.
[11] 杨立新. 安徽地区史前玉器的发现与研究. 文物研究, 2000, (12): 14~24.
[12] 陈恩虎. 先秦时期巢湖流域文化特点浅析. 巢湖学院学报, 2002, 4 (4): 25~30.
[13] 安徽省地方志编纂委员会. 安徽省志·自然环境志. 北京: 方志出版社, 1999.
[14] 窦鸿身, 姜加虎. 中国五大淡水湖. 合肥: 中国科学技术大学出版社, 2003. 38~39.
[15] 张宏彦. 中国史前考古学导论. 北京: 高等教育出版社, 2003.
[16] 安徽省地方志编纂委员会. 安徽省志·文物志. 北京: 方志出版社, 1998.
[17] 安徽省文物考古研究所. 凌家滩——田野考古发掘报告之一. 北京: 文物出版社, 2006.
[18] 魏嵩山. 古巢国考. 合肥: 安徽科学技术出版社, 1999. 18~21.
[19] 钱玉春. 巢湖市北山头古墓群考. 巢湖学院学报, 2007, 9 (1): 69~73.
[20] 巢湖市地方志编纂委员会. 巢湖市志. 合肥: 黄山书社, 1992.
[21] 荆志淳. 西方环境考古学简介. 周昆叔. 环境考古研究 (第一辑). 北京: 科学出版社, 1991. 35~40.
[22] 崔之久, 杨晓燕, 夏正楷. 初论古文化类型演替与传承模式的区域分异. 第四纪研究, 2002, 22 (5): 434~441.
[23] Wang Xinyuan, Zhang Guangsheng, Wu Li, *et al.* Environmental changes during early-middle Holocene from the sediment record of the Chaohu Lake, Anhui Province. *Chinese Science Bulletin*, 2008, 53 (Supp. I): 153-160.
[24] 王心源, 莫多闻, 吴立, 等. 长江下游巢湖9870cal. aBP以来孢粉记录的环境演变. 第四纪研究, 2008, 28 (4): 649~658.
[25] 吴立, 王心源, 张广胜, 等. 安徽巢湖湖泊沉积物孢粉—炭屑组合记录的全新世以来植被与气候演变. 古地理学报, 2008, 10 (2): 183~192.
[26] 唐领余, 沈才明, 赵希涛, 等. 江苏建湖庆丰剖面1万年来的植被与气候. 中国科学 (B辑), 1993, 23 (6): 637~643.
[27] 朱诚, 马春梅, 张文卿, 等. 神农架大九湖15.753kaBP以来的孢粉记录和环境演变. 第四纪研究, 2006, 26 (5): 814~826.

[28] 王俊. 凌家滩:中华远古文明的曙光. 江淮文史, 2007, (6): 14~33.

[29] 范斌, 许世远, 俞立中, 等. 巢湖沉积物植硅体组合及中全新世以来的环境演变. 湖泊科学, 2006, 18 (3): 273~279.

[30] 邵晓华, 汪永进, 程海, 等. 全新世季风气候演化与干旱事件的湖北神农架石笋记录. 科学通报, 2006, 51 (1): 80~86.

[31] Chu Kochen. A preliminary study on the climatic fluctuations during the last 5000 years in China. *Scientia Sinica*, 1973, 16 (2): 226-256.

[32] 贾铁飞, 戴雪荣, 张卫国, 等. 全新世巢湖沉积记录及其环境变化意义. 地理科学, 2006, 26 (6): 706~711.

[33] 王心源, 何慧, 钱玉春, 等. 从环境考古角度对古居巢国的蠡测. 安徽师范大学学报(自然科学版), 2005, 28 (1): 56~59.

(原载于《地理学报》, 2009年64卷1期)

安徽蚌埠禹会村遗址 4.5ka～4kaBP 龙山文化的环境考古

张广胜[1,2]　朱　诚[1]　王吉怀[3]　朱光耀[4]　马春梅[1]
李中轩[1]　朱　青[1]　金爱春[5]

(1. 南京大学地理与海洋科学学院，南京，210093；2. 皖西学院城市建设与环境系，六安，237012；
3. 中国社会科学院考古研究所，北京，100710；4. 安徽省蚌埠学院人文社会科学部，蚌埠，233000；
5. 南京师范大学地理科学学院，南京，210097)

摘要：通过对安徽蚌埠禹会村典型遗址 ABYT2004 探方厚 150cm 剖面的 27 个样品的磁化率、Rb/Sr、粒度和重矿晶体形态等多环境代用指标，以及遗址周围地貌形态演变的分析，结合 AMS^{14}C 年代全面提取 4.5ka～4kaBP 龙山文化时期的环境演变信息，探讨环境变迁对该区龙山文化发展的影响机制：① 4500aBP 气候湿润，淮河流域处于高水位，遗址及周边被水淹没，遗址考古学文化尚未出现；② 4500aBP 开始气候趋向干旱，淮河及其支流水位开始下降，龙山文化开始出现和发展；③ 龙山文化中晚期环境开始趋向暖湿，降雨量增加，河流水位开始上涨，洪水灾害频发；④ 4100aBP 前后的龙山文化晚期气候开始向冷干过渡，河流水位下降，遗址区农业生产受到制约，龙山文化消失。同时通过遗址沉积地层信息提取和文献资料考证等多手段的综合研究，从环境考古学角度证实了禹会村遗址与"大禹治水"传说的密切关系：遗址所在的禹会村、涂山曾是龙山文化晚期大禹重要的治水活动的地方，是颇具争论的"禹会诸侯于涂山，执玉帛者万国"历史记载的发生地。禹会村遗址揭示龙山文化晚期"大禹治水"的成功是区域环境向着干旱变化的结果。

关键词：环境变化　4.5ka～4kaBP　龙山文化时期　大禹治水　禹会村遗址　安徽淮河流域

环境考古（Environmental archaeology）始终关注着自然环境变化对人类活动的影响和人类活动对周围环境的改造作用，也越来越重视不同区域的古环境与古代人类文明发展的关系研究[1~3]。随着环境科学的发展和考古学研究的深入，环境考古已经在理论和方法上更加成熟，并取得了大量的研究成果[4~7]。大量典型考古遗址的发现和发掘的成果，为环境考古奠定了基础[8~11]。选择典型的考古遗址剖面，进行环境代用指标的分析，恢复和重建区域自然环境的演化序列和人类活动的信息，探讨二者之间的耦合关系[12~16]，揭示人类活动对区域环境变化的响应，这是环境考古研究的根本出发点，也是正在开展的"中华文明探源工程"中的文明化进程研究的重要环节。

淮河流域具有重要的区域地理环境地位，也是历史上洪涝灾害比较严重的流域之一[17]。淮河流域古代文明的发展对整个中华文明进程具有重要的贡献，很多学者对淮河文化发展的脉络和迁徙演化，特别是对淮河流域龙山文化兴衰环境背景的研究，开展了大量的研究工作[9,18,19]。从环境考古学角度用自然科学的方法对历史神话和传说进行环境背景的考证研究，国内外有了很多成功的典范[16,22~22]，这也是环境考古学多学科发展融合进行科学问题研究的趋势。我国龙山文化晚期"大禹治水"的传说被各种历史资料广为记载，一直受考古学、历史学、地理学和文学等学科的广泛关注[23,24]，学者们普遍将"大禹治水"的成功归功于科学的治水方法和策略。但近几年来，从历史地理和古环境角度的研究，有学者认为龙山文化晚期"大禹治水"的成功是区域环境向着干旱演变的结果[25]。史书《左传》记载的"禹会诸侯于涂山、执玉帛者万国"以及《史记》"夏之兴也以涂山"中的涂山的确切位置，一直为人们所争论和关注。通过与"大禹治水"传说密切相关的禹会村遗址的环境考古研究，从环境背景重建的角度来对禹会村遗址与"大禹治水"历史传说的渊源等进行考证，是解决这一系列问题的根本途径。

1 研究区概况

禹会村遗址位于安徽省蚌埠市西郊涂山南麓的禹会村村南的淮河东岸（图1），地理坐标为117°17′~117°23′E，32°54′~32°57′N，平均海拔32m，气候属暖温带半湿润季风气候区，年均气温15℃，年降雨量850mm左右。遗址呈南北狭长形分布，总面积约500000㎡，文化层较完整，为单一的龙山文化时期的遗址。

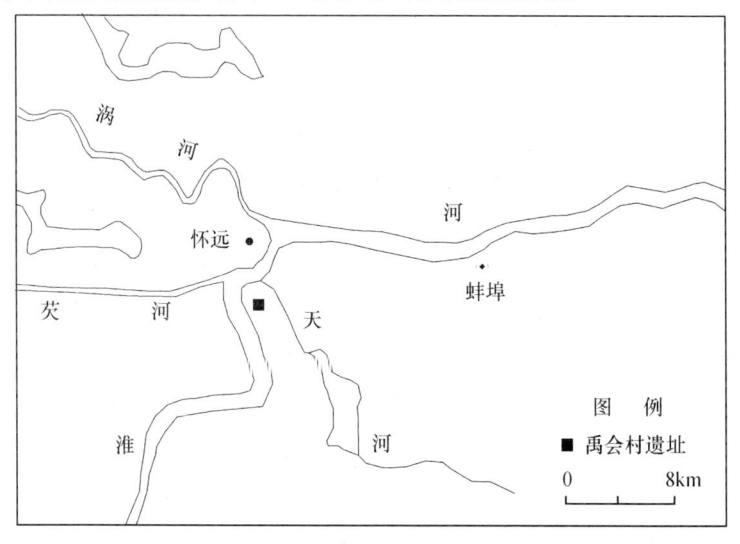

图1 安徽蚌埠禹会村遗址位置示意图

龙山文化时期是安徽淮河流域新石器文化的鼎盛时期，遗址数量达129处之多，分布的广度和密度都是其他文化遗存难以企及的[18]（图版 7）。禹会村遗址是"中国古代文明探源工程"在淮河流域确定的唯一的一处重要的龙山文化时期遗址，2007 年 4 月，中国社会科学院考古研究所王吉怀研究员主持的禹会村遗址考古发掘工作正式启动。

2 材料与方法

禹会村遗址 ABYT2004 探方西壁整个剖面可分为四个层，剖面分层及其岩性特征见图 2。根据考古地层的划分，自上而下可划分为灰色耕土层、灰黄色扰土层、龙山文化层和褐色生土层。其中自地表 20cm 开始到 100（局部到 120cm）处的龙山文化层，厚 80cm，最厚处达 100cm，为黑褐色夹红陶片层。禹会村遗址的陶器以夹砂陶为主，陶片分为红陶、灰陶和黑陶三大类，红陶占陶片总数的 62.66%，灰陶占陶片总数的 20.82%，黑陶占陶片总数的 16.52%[26]。

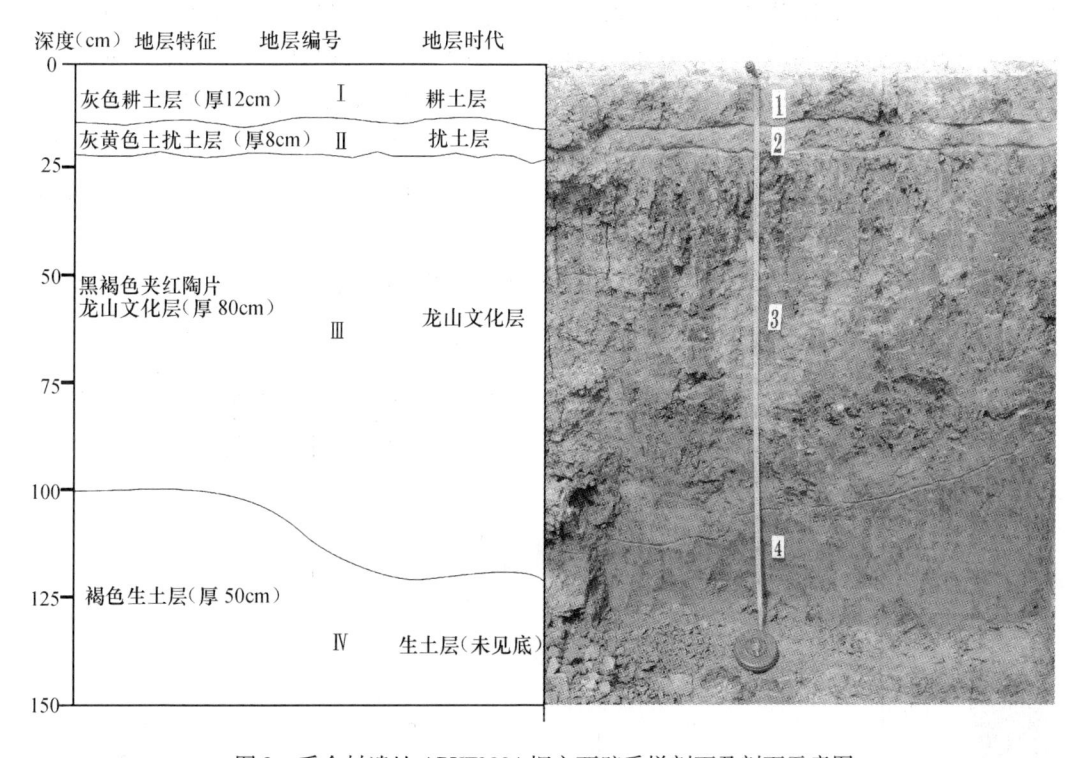

图 2 禹会村遗址 ABYT2004 探方西壁采样剖面及剖面示意图

研究于 2007 年 6 月野外对禹会村遗址包含自然和文化信息较多的 ABYT2004 探方西壁厚 150cm 的剖面以 5~10cm 不等间距系进行系统采样，共获得 27 个样品。实验室进行环境代用指标的选择、分析和鉴定，主要包括粒度（南京师范大学沉积学实验室）、磁化率（南京大学区域环境演变研究所环境磁学实验室）、Rb、Sr 值（南京大学现代分析中心）以及重矿（江苏省地质矿产调查局）等。选择含有炭屑的 AMS^{14}C 测年样品1个（中国社会科学院考古研究所[14]C实验室）。

同时开展区域地质、地貌等野外调查，考古遗址的空间分布调查，历史文献资料收集和整理，结合遗址样品环境代用指标的实验室分析鉴定的结果进行综合分析，全面获得区域生态、水文、气候、植被和洪水等古环境信息，建立龙山文化时期的区域环境演变的序列。

3 研究结果

3.1 Rb和Sr元素含量

铷（Rb）和锶（St）是在地球化学行为方面既有明显差别又有联系的微量元素，元素Rb的离子半径大于Sr，且Rb具有很强的被吸附性能，被黏土矿物吸附而保留在原地或近距离迁移，Sr则主要以游离态形式被地表水或地下水带走。Rb/Sr比值的大小反映了气候环境水热条件和化学风化的程度，进而可以灵敏地反映古气候环境的变化。一般来说，湿热气候环境条件下，降水丰富，化学风化作用强烈，离子半径较小的Sr则主要以游离态形式被地表水或地下水带走，Sr的淋溶丢失程度大，Rb/Sr比值高，反之，气候干冷，Sr的淋溶丢失程度小，Rb/Sr比值低。Rb/Sr值大小实际上指示了淋溶程度，反映了气候降雨量的大小[27]。

禹会村遗址ABYT2004探方剖面Rb、Sr及Rb/Sr测试结果见图3。从Rb、Sr及

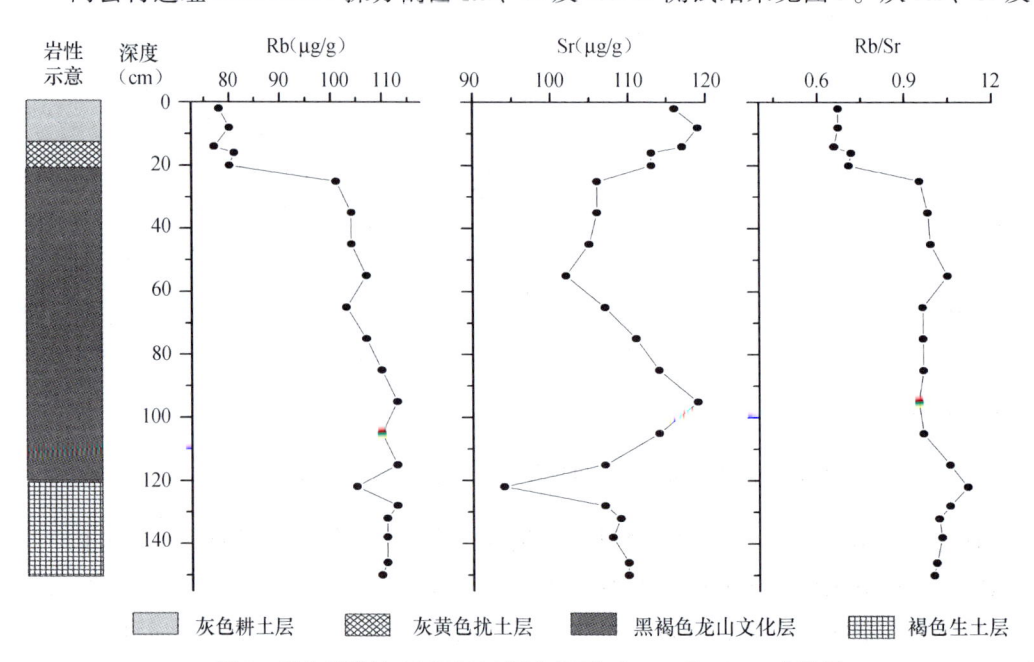

图3 禹会村遗址ABYT2004探方剖面Rb、Sr及Rb/Sr曲线图

Rb/Sr 随深度变化曲线来看：150cm～120cm Rb/Sr 呈总体升高趋势，但变化幅度不大，反映环境的连续稳定性；从距地表 120cm～98cm 处 Rb/Sr 便逐渐开始持续下降，并在 98cm 处 Rb 的含量达到峰值；98～55cm 处 Rb/Sr 维持稳定，并在后期有升高，在约 55cm 处达到峰值；55～25cm 开始下降，但幅度很小，这与 Rb 的含量的下降有关，并在此后很长时间维持稳定；在约距地表 25cm 处开始直到地表，Rb/Sr 开始一直持续波动下降。

3.2 粒度、磁化率测试结果

粒度指标也是一种重要的环境代用指标[30~32]。禹会村遗址 ABYT2004 探方剖面粒度测试结果见图 4，这里主要选择的是中值粒径和平均粒径作为环境代用指标。相对于其他环境代用指标来说，粒度的变化不是太明显，可能与遗址剖面的人类干扰活动有关。但就遗址剖面某一特定时期而言，粒度也能指示环境的变化，别是对 ABYT2004 探方无人类活动的生土层，粒度可以作为重要的环境代用指标反映区域环境的变化。禹会村遗址 ABYT2004 探方剖面粒度的变化，可以反映龙山文化的早期和晚期的环境。

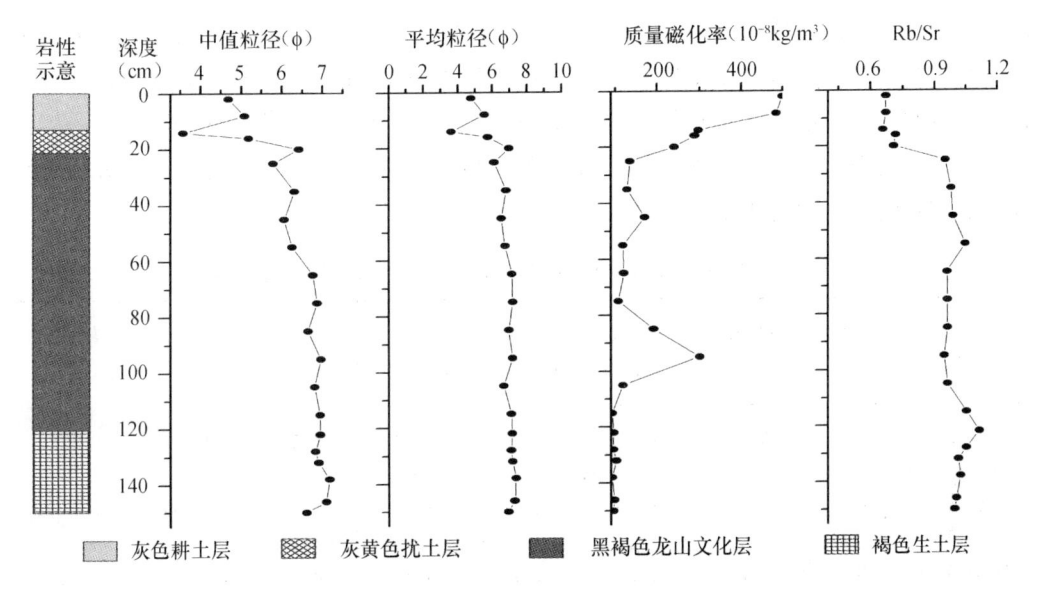

图 4 禹会村遗址 ABYT2004 探方剖面粒度、磁化率及 Rb/Sr 曲线图

从粒度随深度变化曲线来看：150～5cm 总体有下降的趋势，变化幅度不大，反映环境的连续稳定性；从距地表 105～5cm 粒度逐渐开始下降，这与淮河流域水动力下降有关；在 25cm 处有较大的波动，有一个短暂突然升高，在约 20cm 处达到峰值；之后在 20cm 处急剧波动下降，与该处环境发生变化和现代人类活动有关。

磁化率测试结果能敏感反映其中磁性矿物特别是铁磁性矿物含量的变化，一定程度上反映了该沉积物的来源、搬运营力和成土作用等过程[28,29]。而以上过程在很大程度上是受气候变化驱动的。磁化率作为表征物质磁学特征的物理量，能够判断样品记载的环境变化信息、分析古气候变化规律及其细节、推断样品形成过程的环境条件，从而为古环境研究提供可靠的磁性证据[30]。

禹会村遗址 ABYT2004 探方剖面质量磁化率测试结果见图 4，从磁化率随深度变化曲线来看：150～120cm 磁化率保持稳定低值；从距地表 120～5cm 磁化率便逐渐开始上升，并在 98cm 处达到峰值 299.6245；自 98cm 处开始的 98～5cm 段，磁化率开始下降，在约 75cm 处达到低值，之后的 75～25cm 并在此后很长时间维持在稳定的低值，其中有小的波动；在距地表 25cm 处开始直到地表，磁化率一直持续升高。

3.3 锆石晶体形态鉴定结果

锆石（$ZrSiO_4$）原生形态主要为四方双锥形，硬度7.5，比重4.68～4.7，主要产在酸性和碱性火成岩与片麻岩中，因化学性能稳定，耐酸耐磨损程度高于石英，故常见于河流沉积物中。由于锆石比重较大、硬度较高，抗磨损相对较强，其表面微形态的比较是判断沉积物沉积性质的重要依据。锆石的磨圆度与河流的冲刷有密切的关系，进而反映水动力的变化[33]。朱诚等[34,35]在对中坝遗址古代洪水层和现代洪水层中的锆石形态研究后发现，洪水层中的锆石形态都有很好的磨圆形态，多为半浑圆状，有些已由四方双锥形被磨至近浑圆状，表明均具有被流水长途搬运后留下的磨圆特征。

研究中选取了禹会村遗址 ABYT2004 探方剖面样品的 7 个样品作晶体形态分析，晶体形态鉴定统计结果见表1。

表1 禹会村遗址 ABYT2004 探方锆石晶体开态鉴定统计结果

编号	深度(cm)	浑圆柱状(%)	浑圆状(%)	四方双锥(%)	复四方双锥(%)	四方柱(%)	合计(%)	颗粒总数(个)
W①-20	8	35.42	4.17	51.04	4.17	5.21	100.1	96
W②-17	20	34.02	3.09	54.64	3.09	5.15	99.99	97
W③-15	30	36.19	2.86	51.43	4.76	4.76	100.00	105
W③-11	65	36.63	2.97	49.50	4.95	5.94	99.99	101
W③-8	105	40.86	3.23	47.31	3.23	5.38	100.01	93
W④-5	130	37.00	3.00	50.00	4.00	6.00	100.00	100
W④-1	150	38.64	2.27	50.00	3.41	5.68	100.00	88

从表1分析可见，禹会村遗址地层中的锆石在显微镜下观察主要呈浑圆柱状、浑圆状、四方双锥状、复四方双锥和四方柱状，而由于其特有的原生四方双锥体形态，其在被冲刷搬运磨蚀后呈浑圆状的仍然偏少。晶形较好，棱角度高的锆石与磨圆度较好的锆石颗粒同时出现，表明河流线状水流沉积物来源的多样性。从表1可见，130cm以下的生土层所在的W④-1层和W④-5层的四方双锥、复四方双锥、四方柱等有棱角的所占的比例普遍较高，反映龙山文化之前该区域环境的整体稳定，也为龙山文化的出现创造了条件。但在W③-8层，即距离地表105cm处却出现了锆石晶体形态浑圆柱状和浑圆状的最高值，分别为40.86%和3.23%，这些锆石已由四方双锥形态被磨至近于浑圆状，表明均具有被流水长途搬运后留下的一定程度的磨圆特征。在W③-15层，也就是距离地表约30cm处，浑圆柱状锆石晶体形态开始下降，到W②-17层，也就距离地表20cm处，下降到最低，仅为34.02%，而四方双锥状锆石晶体形态上升最大值54.64%。

4 禹会村遗址龙山文化的考古年代

根据考古学年代龙山文化泛指中国黄河中、下游地区约当新石器时代晚期的一类文化遗存，因发现于山东章丘龙山镇而得名[36]。大量的发掘和研究表明，龙山文化的系统和来源并不单一，不能把它视为只是一个考古学文化。我国考古专家根据几个地区不同的文化面貌，分别给予文化名称作为区别。如山东龙山文化，放射性碳素断代并经校正，年代为2500BC～2000BC；河南龙山文化，放射性碳素断代并经校正，年代为2600BC～2000BC[36,37]。因此山东龙山文化的开始在2500BC，河南龙山文化开始为2600BC，两处龙山文化的结束都在2000BC前后。

淮河流域的龙山文化从考古年代学上来说应与上述两个地点的龙山文化起源具有流域性的相似性。黄润等[18]通过前人考古工作者的调查、发掘和研究，建立本区新石器时代初步建立了石山子文化（8ka～6.5kaBP）—大汶口文化（6.5ka～4.5kaBP）—龙山文化（4.5ka～4kaBP）发展序列。马春梅等[9]就同属于淮河流域的蒙城尉迟寺遗址的环境考古研究，该处的龙山文化阶段大约为4500～4000aBP，其特征为龙山文化时期该区农业生产以水稻为主，水田的种植面积广泛。

禹会村遗址ABYT2004探方西壁采样剖面包含的龙山文化时期的器物形态，也应该很好的包含了龙山文化的各个时期。特别应该指出的是，遗址中存在总面积约1500m²，呈"T"形台状的大型堆筑遗迹，规模宏大，工艺考究，中部有红色红烧土遗迹层，明显是该处龙山文化晚期大型的聚会或祭祀的场所。通过对该龙山晚期的大型人工堆筑的"T"形夯土台遗迹中采集的木炭标本，经中国社会科学院考古研究所^{14}C实验室测定，树轮校正年代为2190BC。因此，根据前人研究的成果[9,18,38,39]，结合本次遗址考古发掘的文化层晚期样品的^{14}C测年结果推断,同属于淮河流域的禹会村遗址龙山文化年代大致跨越4500~4000aBP。

5 结论与讨论

(1)禹会村遗址ABYT2004探方剖面样品的多环境代用指标分析显示,该地区4500aBP以前、龙山文化出现到中期、龙山文化中期到晚期、4000aBP之后等四个阶段该地区的环境总体趋势大致经历了暖湿—冷干—暖湿—冷干的气候变化过程,其中有气候的波动和环境突变事件。禹会村遗址龙山文化的出现和消失是与淮河流域气候因素中的降水有很大关系。黄润等[30]对淮河流域中游的天堂寨沼泽泥炭剖面记录的大别山北亚热带地区全新世中晚期以来气候变化进行了研究,气候环境经历了湿热—暖干—冷湿—暖干—冷干的变化过程,与中国东部气温变化大体上一致[27,40],并在4600~4500aBP和4100aBP期间本区曾出现剧烈的气候变化,可能发生过极端气候事件。

(2)4500aBP之前龙山文化出现之前的很长时间,即距地表150~120cm处的生土层,磁化率处于极低值,且相对稳定,Rb/Sr值升高。综合各种环境代用指标显示,该时期气候湿润,丰富的降水使淮河及其支流处于高水位,甚至泛滥成灾,遗址所在地或周边被水淹没,遗址所在地没有人类活动。这是这一时期的一个重要环境事件,也是该遗址成为一个单一型的遗址重要原因之一。

(3)4500~4000aBP的龙山文化时期,即距地表120~25cm处,包括了禹会村遗址的整个龙山文化时期:① 龙山文化出现之初(4500aBP前后),磁化率指标开始升高,Rb/Sr下降。说明气候趋向干旱方向发展,淮河及其支流水位开始下降,河漫滩等陆地出现。由于早期的大量的河流沉积物堆积了肥沃土壤,使得以农业为主的龙山文化得以发展。其中在95cm处的磁化率出现了极大值,反映了龙山时期以农耕文化的繁荣阶段。此处的磁化率的极高值可能是受人类活动的影响。② 龙山文化的出现到中期,即从55cm处开始,粒度、磁化率和Rb/Sr值等多环境代用指标显示,环境开始向暖湿的方向发展,淮河及其支流水位开始上涨,但此时的水位还不至于构成对人类生活的威胁,禹会村龙山文化继续得以存在和发展。③ 龙山文化的中期到后期(4100aBP前后),一系列环境代用指标Rb/Sr比值的峰值、磁化率的谷值、锆石的磨圆形态、沉积物较小的平均粒径等都表明了气候的湿润,降雨量增加,说明当时的气候还没有稳定下来,洪水泛滥,在4100aBP前后达到顶峰,这也正是历史上大禹治水的时期。受前一阶段长时间的高水位的影响,淮河及其支流河道淤塞,水位继续抬高,导致淮河流域全流域的洪水灾害,使得禹会村遗址的周围被洪水淹没,龙山文化的农业生产可能受到影响。这一时期也正是历史上传说的"大禹治水"时期[41,42]。但从发掘的禹会村遗址龙山文化层没有加积新的文化层,也没有接受自然沉积层,可能与先人选择高的居住区有关，使得遗址处于今天相对较高位置，可以看出这个时期的洪水还没有对龙山文化的产生根本影响。

（4）4100aBP前后的龙山文化的晚期，即距地表25cm以上，磁化率开始上升，Rb/Sr值开始下降，锆石晶体形态在W③-15层，也就是距离地表约35cm处，浑圆柱状锆石晶体形态开始下降，到W②-17层处，也就距离地表20cm处，下降到最低，仅为34.02%，而四方双锥状锆石晶体形态上升最大值54.64%。持续的高磁化率和低Rb/Sr，锆石的磨圆度变差，四方双锥的含量显著增加，表明了水动力的减弱，指示了4100aBP该地区气候逐渐向冷干时期过渡。

禹会村遗址现在的海拔为32m，而淮河现在的洪水位大约为海拔18m。"大禹治水"时期下令开凿禹会村遗址下游的涂山和荆山，改变了淮河的河道，淮河在此河段的水系相应发生变化，淮河水位及其支流也就由先前的山体之托的高水位相对下降；另一方面安徽淮河流域在4100aBP后气候趋向干旱，4100aBP左右的降温事件在世界各地都有表现[43~46]，是历史时期以来最具影响力的一次小冰期。这次降温事件给中国带来了南涝北旱的大致环境格局，即与降温相联系的环境响应北方主要表现为干旱，南方地区则表现为洪涝。禹会村遗址逐渐远离水源，农业生产受到制约，食物来源减少，从而使得以农业为主的龙山文化受到制约，人们被迫迁徙，遗址被遗弃，龙山文化自此消失，这也是夏朝的建立，中华文明开始诞生的前奏。

6 禹会村遗址与"大禹治水"的渊源

禹会村遗址是与"大禹治水"密切相关的重要治水发生地之一。通过对禹会村遗址ABYT2004探方剖面的多环境代用指标的分析显示，蚌埠禹会村遗址所在的淮河流域在4100aBP前后，即龙山文化晚期，是淮河流域甚至全球温暖湿润时期[27,43,44]，而且相对比较稳定，淮河流域处于温暖湿润的高水位期，洪灾发生频繁，这也是"大禹治水"在此存在的客观前提。

禹会村因史书《左传》记载的"禹会诸侯于涂山，执玉帛者万国"和《史记》"夏之兴也以涂山"而得名，而今天的禹会村遗址正是在下游的涂山南侧山麓。涂山（338m）和荆山（258m）位于禹会村遗址所在的淮河下游（图5），夹淮河而相对，岩性都为基性花岗岩。当地流传涂山和荆山原为通过鞍部连为一体的同一座山，早期的淮河河床绕山而过，相距现代河床甚远，"大禹治水"下令开挖山体，凿通水道，将此山贯通为二，淮河至此改道，消除了水患，涂山也自此产生，也便就有了今天的涂山和荆山对峙于淮河两岸的地理景观。淮河在此处的人为改道，对于洪水的疏浚和后期淮河流域水系的变迁等都具有重要的影响。

禹会村遗址还发掘了大型人工堆筑的"T"形夯土台（图6），该遗迹的功能是大

图5 涂山和荆山地理位置图

型祭祀和重要仪式的举办的场地,这也可能是与"禹会诸侯于涂山,执玉帛者万国"等相关。大禹在确立王权的过程中,有继续"征伐三苗",取得"夏后"地位。为巩固王权,禹又沿颍水(今安徽淮河的一个支流)南下,在淮水中游的涂山,大会夏、夷诸多邦国或部落首领,这称之为"涂山之会",即所谓"禹会诸侯于涂山,执玉帛者万国",他们前来参加大会,对禹朝贡,行臣服的礼节,成为王朝统治下的诸侯。因此,"T"形夯土台也就是大禹为了举行这一重大仪式而人工堆筑的。

禹会村遗址所在安徽淮河一带也一直流传着大禹"三过家门而不入"、"禹会诸侯于涂山"、"大禹娶涂山氏女,建立涂山氏国"等历史典故;后人为纪念大禹治水的功绩,曾在此立庙祭祀,如今的涂山之巅仍有"禹王宫"、"涂山祠"等与"大禹治水"的相关建筑[28]。

因此,安徽淮河流域的蚌埠禹会村遗址可能是与"大禹治水"密切相关的重要治水发生地;遗址下游的涂山是"禹会诸侯于涂山"和"大禹娶涂山氏女,建立涂山氏国"等所记载的山名;禹会村村名也因"禹会诸侯于涂山,执玉帛者万国"而得名,禹会村遗址是研究中华文明早期在淮河流域的起源与发展及其与环境关系的重要资料。

图 6　禹会村遗址发掘的大型夯土台（局部）

致谢：感谢中国科学院地质与地球物理研究所周昆叔研究员，南京大学地理与海洋科学学院的王富葆教授对论文的指导；感谢皖西学院城市建设与环境系的黄润教授为论文提供的资料，感谢南京大学地理与海洋科学学院硕士生李兰在野外采样给予的帮助。

参 考 文 献

[1]　朱诚, 张强, 张芸, 等. 长江三角洲长江以北地区全新世以来人地关系的环境考古研究. 地理科学, 2003, 23 (6): 705～712.

[2]　莫多闻, 王辉, 李水城. 华北不同地区全新世环境演变对古文化发展的影响. 第四纪研究, 2003, 23 (2): 200～210.

[3]　安成邦, 冯兆东, 唐领余. 甘肃中部 4000 年前环境变化和古文化变迁. 地理学报, 2003, 58 (5): 743～748.

[4]　吴文祥, 刘东生. 4000aBP 前后东亚季风变迁与中原周围地区新石器文化的衰落. 第四纪研究, 2004, 24 (3): 278～284.

[5]　靳桂云, 刘东生. 华北北部中全新世降温气候事件与古文化变迁. 科学通报, 2001, 46

[6] 朱诚,郑朝贵,马春梅,等. 对长江三角洲和宁绍平原一万年来高海面问题的新认识. 科学通报, 2003, 48 (23): 2428~2438.

[7] 高华中,朱诚,曹光杰. 山东沂沭河流域前后古文化兴衰的环境考古. 地理学报, 2006, 61 (3): 255~261.

[8] 张强,朱诚,姜逢清,等. 重庆巫山张家湾遗址2000年来的环境考古. 地理学报, 2001, 56 (3): 353~362.

[9] 马春梅,朱诚,朱光耀,等. 安徽蒙城尉迟寺遗址地层的磁化率与元素地球化学记录研究. 地层学杂志, 2006, 30 (2): 124~130.

[10] 姜钦华,宋豫秦,李亚东,等. 河南驻马店杨庄遗址龙山时代环境考古. 考古与文物, 1998, 2: 34~40.

[11] 孙雄伟,夏正楷. 河南洛阳寺河南剖面中全新世以来的孢粉分析及环境变化. 北京大学学报 (自然科学版), 2005, 41 (2): 289~294.

[12] 张玉兰,张敏斌,宋健,等. 从广富林遗址中的植硅体组合特征看先民农耕发展. 科学通报, 2003, 48 (1): 96~99.

[13] 朱诚,宋建,尤坤元,等. 上海马桥遗址文化断层成因研究. 科学通报, 1996, 41 (2): 148~152.

[14] 夏正楷,陈福友,陈戈,等. 我国北方泥河湾盆地新—旧石器文化过渡的环境背景. 中国科学 (D辑), 2001, 31 (5): 393~400.

[15] 吴文详,刘东生. 4000aBP前后东亚季风变迁与中原周围地区新石器文化的衰落. 第四纪研究. 24 (3): 278~284.

[16] 章典,詹志勇,林初升,等. 气候变化与中国的战争、社会动乱和朝代变迁. 科学通报, 2004, 49 (23): 2467~2474.

[17] 杨达源,王云飞. 近2000年淮河流域地理环境的变化与洪灾——淮河中游的洪灾与洪泽湖的变化. 湖泊科学, 1995, 7 (1): 1~7.

[18] 黄润,朱诚,郑朝贵,等. 安徽淮河流域全新世环境演变对新石器遗址分布的影响. 地理学报, 2005, 60 (9): 742~750.

[19] 杨育彬,孙广清. 淮河流域古文化与中华文明. 东岳论丛, 2006, 27 (2): 49~53.

[20] Hong Y T, Hong B, Lin Q H, *et al*. Correlation between Indian Ocean summer monsoon and North Atlantic climate during the Holocene. *Earth and Planetary Science Letters*, 2003, 211 (3-4): 371-380.

[21] Weiss H, Courty M A, Wetterstrom W, *et al*. The genesis and collapse of third millennium North Mesopotamian civilization. *Science*, 1993, 261 (20): 995-1004.

[22] Dalfes N, Kukla G, Weiss H, *et al. Third Millennium B. C. Climate Change and Old World Collapse*. NATO ASI Series 1-49. Berlin: Springer, Verlag, 1997: 1-723.

[23] 陈桂声. 《禹会涂山记》考索 (外三种). 明清小说研究, 2002 (3): 230~237.

[24] 李亚光. 大禹治水是中华文明史的曙光. 史学集刊, 2003, 3: 84~88.

[25] 吴文祥, 葛全胜. 夏朝前夕洪水发生的可能性及大禹治水真相. 第四纪研究, 2005, 25 (6): 741~749.

[26] 王吉怀, 赵兰会. 禹会村遗址的发掘收获及学术意义. 东南文化, 2008, 201 (1): 20~25.

[27] 黄润, 朱诚, 王升堂. 天堂寨泥炭地层的磁化率、Rb/Sr值及其反映的古气候意义. 地理科学, 2007, 27 (3): 385~389.

[28] 胡守云, 王苏民, Appel E, 等. 呼伦湖湖泊沉积物磁化率变化的环境磁学机制. 中国科学 (D辑), 1998, 28: 334~339.

[29] 邓成龙, 袁宝印, 胡守云, 等. 环境磁学某些研究进展评述. 海洋地质与第四纪地质, 2000, 20 (2): 93~101.

[30] 徐馨, 何才华, 沈志达. 第四纪环境研究方法. 贵阳: 贵州科技出版社, 1992: 1~377.

[31] 成都地质学院陕北队. 沉积岩 (物) 粒度分析及其应用. 北京: 地质出版社, 1978: 55~66.

[32] 陈敬安, 万国江, 张峰, 等. 不同时间尺度下的湖泊沉积物环境记录: 以沉积物粒度为例. 中国科学 (D辑), 2003, 33 (6): 563~568.

[33] 徐茂泉, 李超. 九龙江口沉积物中重矿物组成及其分布特征. 海洋通报, 2003, 22 (4): 32~40.

[34] 朱诚, 郑朝贵, 马春梅, 等. 长江三峡库区中坝遗址地层古洪水沉积判别研究. 科学通报, 2005, 50 (20): 2240~2250.

[35] 朱诚, 于世永, 卢春成. 长江三峡及江汉平原地区全新世环境考古与异常洪涝灾害研究. 地理学报, 1997, 52 (3): 268~278.

[36] 靳松安, 赵新平. 试论山东龙山文化的历史地位及其衰落原因. 郑州大学学报 (哲学社会科学版), 1994 (4): 1~7.

[37] 靳桂云, 于海广, 栾丰实, 等. 山东日照两城镇龙山文化 (4600~4000aBP) 遗址出土木材的古气候意义. 第四纪研究, 2006, 26 (4): 571~579.

[38] 朱光耀, 朱诚, 凌善金, 等. 安徽省新石器和夏商周时代遗址时空分布与人地关系的初步研究. 地理科学, 2005, 25 (3): 346~352.

[39] 王吉怀. 尉迟寺聚落遗址的初步探讨. 考古与文物, 2001, 4: 20~28.

[40] 王心源, 张广胜, 吴立, 等. 巢湖湖泊沉积记录的早—中全新世环境演化研究. 科学通报, 2008, 53, 增刊 I: 132~138.

[41] 施雅风, 孔昭宸, 王苏民. 中国全新世大暖期气候与环境的基本特征//施雅风主编. 中国全新世大暖期气候与环境. 北京: 海洋出版社, 1992. 1~18.

[42] 吴文祥, 刘东生. 4000aBP前后降温事件与中华文明的诞生. 第四纪研究, 2001, 21 (5): 443~451.

[43] 姚檀栋, Thompson L G. 敦德冰心记录与过去5ka温度变化. 中国科学 (B), 1992, 10: 1089~1093.

[44] 施雅风, 孔昭宸, 王苏民. 中国全新世大暖期的气候波动与重要事件. 中国科学 (B辑) 1992, 22 (12): 1300~1308.

[45] An Z S, Porter S C, Kutzbach J E, *et al.* Asynchronous Holocene optimum of the East Asian monsoon. *Quaternary Science Reviews*, 2000, 19 (8): 743-762.

[46] Bond G, Showers W, Cheseby M, *et al.* A pervasive millennial-scale cycle in North Atlantic Holocene and glacial climates. *Science*, 1997, 278: 1257-1266.

(原载于《地理学报》,2009年64卷7期,本文集收录时稍有改动)

江苏宜兴骆驼墩遗址地层 7400BC～5400BC 的海侵事件记录

李 兰[1]　朱 诚[1]　林留根[2]　赵泉鸿[3]　史恭乐[4]　朱寒冰[5]

(1. 南京大学地理与海洋科学学院，南京，210093；2. 南京博物院考古研究所，南京，210018；3. 上海同济大学海洋地质国家重点实验室，上海，200092；4. 南京地质古生物研究所，南京，210093；5. 重庆市文物考古研究所，重庆，400013)

摘要：在考古发掘基础上，野外共采集样品 217 个，对遗址地层剖面中 63 个样品进行了有孔虫、植物碎屑及种子化石等的鉴定分析，对 4 个地层相关样品进行了 ^{14}C 测年及相关分析。在第 10 层的泥炭层中发现底栖有孔虫 2 种 1 属，即压扁卷转虫（Ammonia compressiuscula）和近亲卷转虫相似种（Ammonia cff. sobrina），表明全新世以来骆驼墩遗址及其附近区域在马家浜文化出现之前的 7400BC～5400BC 之间曾经历过海侵事件；共发现植物化石 9 种 450 颗，鉴定结果共统计出 4（科）属，即 Polygonum sp.（蓼属未定种）、Scirpus sp.（藨草属未定种）、Najas sp.（茨藻属未定种）、Physalis sp.（酸浆属未定种），多属湖泊、沼泽等水生环境。

关键词：骆驼墩遗址　有孔虫　海侵事件　植物种子化石

　　在考古学文化的分布上环太湖地区是一个相对独立的区域。它在长江下游地区文明的起源和演进过程中具有重要地位和作用。环太湖地区[1~3]的新石器时代考古学文化经历了马家浜文化、崧泽文化、良渚文化等三大前后承续的发展阶段，即从公元前 5300 年到公元前 2100 年，大致经历了 3000 多年。这一过程的晚期阶段即崧泽文化、良渚文化时期整个环太湖地区考古学文化面貌的高度同一性方面受到关注，而对其早期阶段这一区域考古学文化源头所表现出的丰富性和多元性有所忽略，骆驼墩遗址的重大发现填补了这一研究空白，成功连接了环太湖流域文化圈研究的缺环，为探讨江苏地区至今未发现早于 7000aBP 以前新石器时代遗址的原因提供了重要线索。

　　2001 年 11 月至 2002 年 7 月，南京博物院考古研究所与宜兴市文物管理委员会组成考古队对该遗址进行了首次大规模发掘。发掘结果显示，距今 7000～5500 年的马家浜文化和崧泽文化时期，骆驼墩是太湖西部地区的大型中心聚落遗址。

1　江苏宜兴骆驼墩遗址概况

骆驼墩遗址[4,5]位于江苏省宜兴市新街镇塘南村，地处宜溧山地的山麓向平原地区过渡的地带。东距宜兴市约10km，西距溧阳市约25km。地理坐标为119°42′E、31°21′N（图版8）、海拔3~5m。遗址总面积250000m²，已发掘面积1309m²。其具有7kaBP以来马家浜文化、崧泽文化、良渚文化、广富林文化、春秋文化和唐宋文化层以及文化层之间的贝壳层、埋藏古树和自然淤积层等。该遗址代表了太湖西部山地向平原过渡地带的新石器时代考古学文化。

2　地层及野外采样和测年情况

在南京博物院考古研究所骆驼墩遗址考古领队林留根研究员现场指导下，作者于2007年9月26日至29日在骆驼墩遗址现场进行了调查和采样，共采得样品217个。图1是骆驼墩遗址现场探方剖面图，由图可看出马家浜文化层下部有厚达近50cm的泥炭层。表1是该遗址T5033探方地层的具体特征描述。

图1　骆驼墩遗址T5033探方地层剖面图（白色线条以下为泥炭层）

表 1 骆驼墩遗址 T5033 探方地层描述

	层位	厚度(cm)	地层相对年代	地层描述	主要出土遗物
Cal aBC ①	1	38	耕土层	耕土层	现代杂物、植物根茎
	2A	36	西周春秋层	纯净黄灰色土层	陶器
	2B	25	广富林文化层	细腻灰褐色土层	陶器
②A	3	30	良渚文化层	夹锈斑褐灰色土层	陶器
②B	4	30	马家浜文化层	夹锈斑深褐灰色土层	大量动物骨骸、陶器
③	5	19	马家浜文化层	夹黄斑灰黑色土层	动物骨骸、陶片、贝壳、河蚌
④	6	18	马家浜文化层	夹黄斑灰色土层	动物骨骸、碳化稻、陶器、贝壳、河蚌
⑤	7	21	马家浜文化层	青灰色土层	动物骨骸、陶片、贝壳、河蚌
⑥⑦	8	19	马家浜文化层	夹炭屑青灰色土层	动物骨骸、碳化稻、夹蚌及细砂陶
4100±400 ⑧	9	19	黑色泥炭层	黑色泥炭层	动物骨骸、夹蚌及细砂陶
4325±375 ⑨					
4925±475 ⑩	10	24	黑色泥炭层	黑色泥炭层	动物骨骸、树木、植物根茎
7000±500 ⑪	11	未见底	黄色土层(未见底)	黄色土层	

采样后，在发掘单位提供的相对年代基础上进一步挑选了 4 个样品送至中国科学院南京地理与湖泊研究所湖泊沉积与环境重点实验室进行 ^{14}C 测年，测试结果见表 2。

表 2 骆驼墩遗址 ^{14}C 测试数据及校正年代

实验室编号	样品原编号	样品名称	测年材料	结果（aBP）	校正年代（Cal aBC）
KF071204	T5033（8）-29	淤泥	有机碳	5281±175	4100±400
KF071205	T5033（9）-19	泥炭	有机碳	5464±165	4325±375
KF071206	T5033（10）-24	泥炭	有机碳	6016±200	4925±475
KF071202	T5033（10）-1	泥炭	有机碳	8036±190	7000±500

根据发掘单位提供的相对年代和测试层位之间年代序列，本文认为 KF071204、KF071205、KF071206 和 KF071202 这 4 个数据是有效的，即第 9 层以下的年代应早于 7000aBP。

3 实验室分析

本文在野外考察发掘采样的基础上，对地层和样品综合分析后选取其中的 63 个样品进行了微体生物化石分析，分析结果见表 3。

表3 骆驼墩遗址地层样品组成成分分析

样品编号	深度（cm）	地层	包含物
1~6	298~288	11	植物碎屑（片）为主，含植物化石
7~18	287~265	10	炭屑、植物碎片（屑），发现大量植物化石；夹细粉砂
19~28	263~245	9	植物碎屑、炭屑，植物化石
29~32	244~216	8	大量炭屑，夹石英砂岩、石英岩、千枚岩、角闪石、黑云母、长石、灰岩，少量粉砂
33	213	7	与8~20、8~29所含物质成分基本相同，大量炭屑中混杂石英砂岩、千枚岩、角闪石等
34	197	7	白色粉末状，待定
35	193	6	动物骨骼碎屑为主，以样本为代表；夹灰绿岩、砂岩
36	177	6	与7~10所含物质成分基本相同
37~38	173、161	5	骨骼碎屑
39	157	4	泥质粉砂岩、白色胶结物为主
40、41	143、131	4	夹炭泥质粉砂、红烧土、石英颗粒
42~44	127、113、101	3	泥质粉砂、石英
45~57	98~74	2	泥质粉砂、石英为主
58~61	72、65、52、39	2	泥质粉砂、石英为主，少量植物根茎
62~63	37、1	1	黏土质粉砂、石英为主

从上述统计表可知，第5层及第6层发现了大量的动物骨骼化石及其碎屑，第8层发现了大量炭屑及各种矿物晶体，第9、10、11层以大量炭屑及植物碎屑为主；植物化石主要集中于第9、10、11层。

3.1 有孔虫

2007年10月至2008年4月在南京大学区域环境演变研究所进行微体化石分析。根据样品和层位需要，对63个样品做了有孔虫、介形虫的分析研究，用250孔、0.061mm的铜筛前处理后样品经筛选分为小于和大于0.15mm的细组分和粗组分两部分，然后用江南JSZ6双目体视显微镜鉴定。经鉴定，在第10层泥炭层中发现底栖有孔虫2种1属，即：*Ammonia compressiuscula*（压扁卷转虫）（图2，a、b）和 *Ammonia cff. sobrina*（近亲卷转虫相似种）（图2，c）。图2是在南京大学现代分析中心由日本Hitachi公司生产的S-3400N II型号SEM扫描的图片。卷转虫[6]属于广盐性，是现代海岸潮滩边半咸水常见分子。由地形可知，海相类有孔虫是该区典型的异地埋藏分子，可能是由海水上溯搬运至该区沉积而来。由此推测在7500BC~5400BC期间该区可能经历过海侵事件。

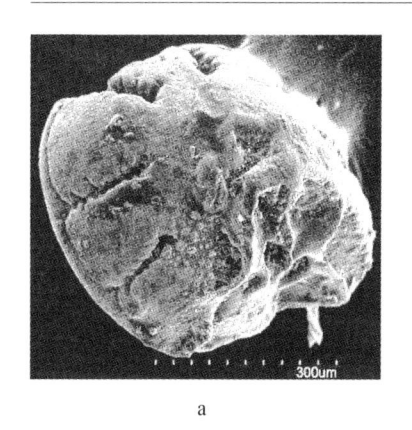

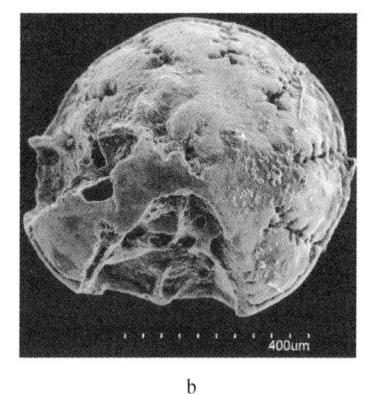

图 2 有孔虫扫描电镜照片
a、b. 压扁卷转虫 c. 近亲卷转虫相似种

3.2 植物化石

对有孔虫等微体化石分析相应层位的 63 个样品还做了样品成分及其他大化石分析（表 4，图 3）。从表 4 可知，本次分析共发现植物化石 9 种 450 颗，主要位于第 2、9、10、11 层，其中以第 9 层和第 10 层最为集中，分别占整个层位的 29.8% 和 62%；植物化石基本呈黑色，表明炭化现象比较严重。根据地层特点及地貌现象分析可知：太湖地区从地貌上看主要呈四周高而中间低洼的碟状地形，骆驼墩遗址位于太湖西侧湖畔，地势低洼，其西北数十公里便是宁镇丘陵，而其西南部又是宜溧山地所在，因此，在气候湿热的 7500BC～5400BC 期间太湖地区在经历海侵事件时，距骆驼墩遗址数十公里以外的西北和西南部较高的宁镇丘陵和宜溧山地仍有淡水环境适合植被生长，在第 9 和第 10 层中发现的植物种子化石应是当时雨水和地表径流从西北和西南部高地搬运至太湖途中沉积所致。

表 4 骆驼墩遗址植物化石分布详表

样品编号	深度（cm）	地层	图4,a	图4,b	图4,c	图4,d	图5,a	图5,b	图5,c	图5,d	图5,e	图5,f	合计
1～6	298～288	11	3	-	-	15	2	-	-	1	1	8	30
7～18	287～265	10	192	-	44	24	6	-	-	2	5	6	279
19～28	263～245	9	46	-	26	14	2	5	23	-	2	16	134
45～57	98～74	2	-	3	-	-	-	-	-	-	-	-	3
58～61	72～39	2	-	4	-	-	-	-	-	-	-	-	4
62、63	37、1	1	-	-	-	-	-	-	-	-	-	-	0
合计（颗）			241	7	70	53	10	5	23	3	8	30	450

注：编号 29～44 为第 8～3 层样品，未发现植物化石。

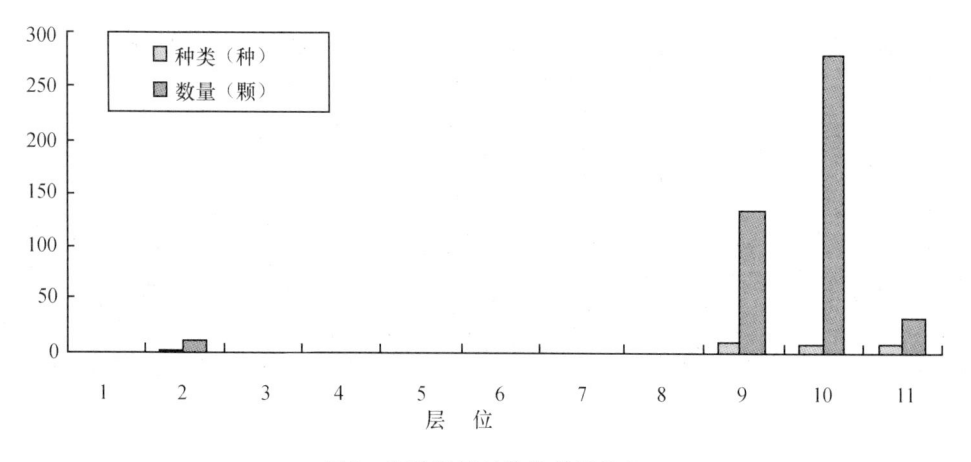

图3 骆驼墩遗址植物种子分布

植物化石种类方面，主要有三种植物种子是相对比较常见的，如图4-a来源于10-3，棕黑色长形植物种子化石；图4-c来源于10-5，棕色长形植物种子化石；图4-d来源于10-23，白色球形植物种子化石；相同种属的植物种子在地层中依次发现了241颗、70颗、53颗，占整个植物化石的53.6%、15.6%、11.8%。图4-b来源于2A-22，红色球形植物种子化石，与作者在藤花落遗址相关研究中发现的种属一致，这可能意味着这种圆形红色种子是当时比较普遍的种类。

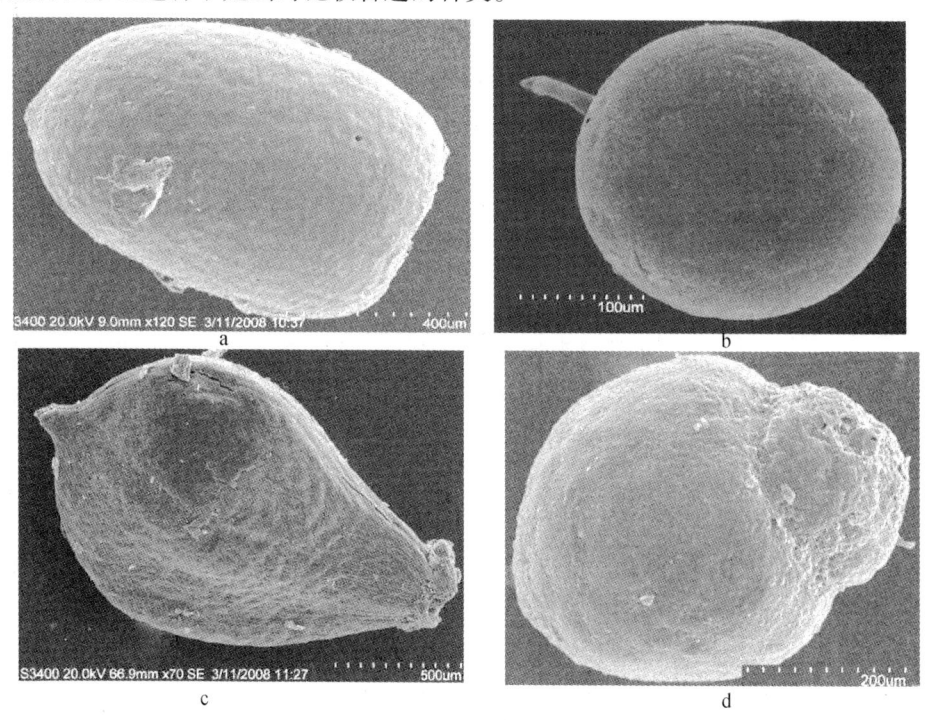

图4 典型的植物种子

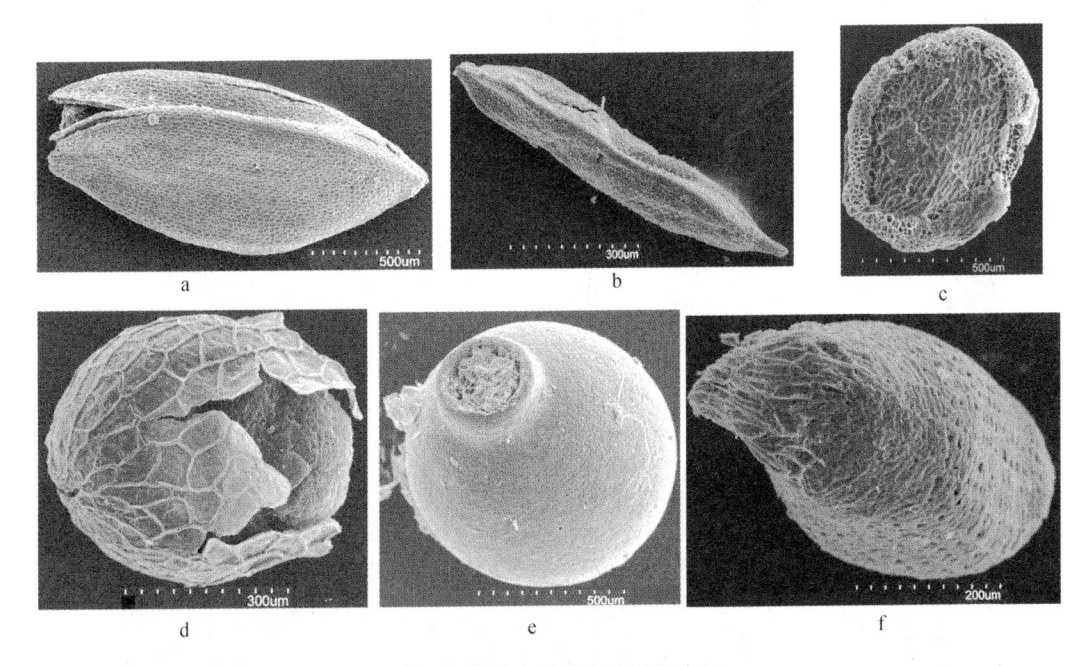

图 5 遗址中的植物化石标本

在以上实验的基础上,将植物化石标本送至南京地质古生物研究所进行标本种类的鉴定。结果共统计出 4（科）属,即 *Polygonum* sp.（蓼属未定种）（图 6,a）、*Scirpus* sp.（蔍草属未定种）（图 6,b）、*Najas* sp.（茨藻属未定种）（图 6,c）、*Physalis* sp.（酸浆属未定种）（图 6,d）。

蓼属为一年生或多年生草本,稀为半灌木或小灌木,广布于全世界,主要分布于北温带,我国南北各省均有分布；蔍草属为丛生或散生的草本植物,广布于全国,多生长于潮湿处或沼泽中；茨藻属为一年生沉水植物,生于淡水或咸水的稻田、净水池沼或湖泊中；酸浆属为一年生或多年生草本植物,大多数分布于美洲热带及温带地区,少数分布于欧亚大陆及东南亚。已鉴定出的四种植物类群全部为草本植物,其中茨藻属为水生植物,蔍草属为湿生植物,反映了取样点的生境应为湖泊、沼泽等水生环境。

3.3 其他层位所含成分分析

第 5 层及第 6 层发现了大量的动物骨骼化石及其碎屑,推测当时该地已成为重要的聚居地。黄宝玉等[7]曾对该遗址的软体动物化石进行了研究,主要发现了河湖间的蚌壳类等。

第 8 层发现了大量炭屑及各种矿物晶体,说明当时有大量的用火迹象。

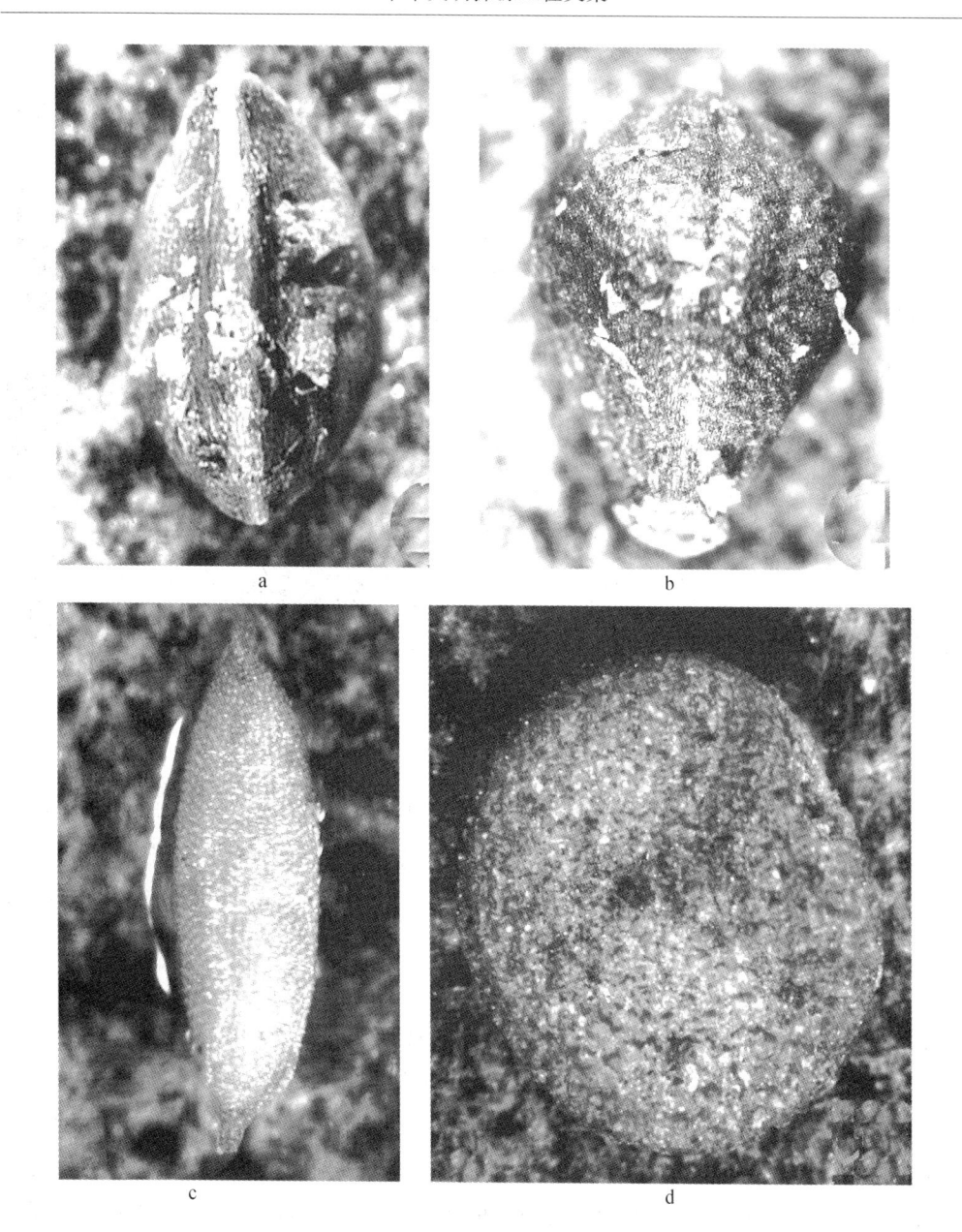

图 6　鉴定出的植物化石标本

a. *Polygonum* sp.（蓼属未定种）　b. *Scirpus* sp.（藨草属未定种）　c. *Najas* sp.（茨藻属未定种）　d. *Physalis* sp.（酸浆属未定种）

结合6、7、8层的迹象分析认为，当时该遗址已成为人类重要的聚落遗址，在这几层中没有发现任何植物化石痕迹，据此推测，这种现象可能是由于生活区域的集中和生产力的低下造成了人类大量砍伐使用树木所致。

4 讨论与结论

4.1 讨论

根据许雪珉等[8~10]对太湖地区1万年来孢粉等相关分析研究表明，11000~9000aBP该区地带性植被已为亚热带落叶常绿阔叶林，推测当时气温可能较今略低；9000~5000（5400）aBP期间为常绿阔叶林大发展时期，气候温暖适宜，为全新世最佳期，气温较今高1℃~2℃。气候的暖湿自然有利于农作物的生长，人类文明的发展。发现的大量植物种子化石说明宜兴骆驼墩遗址在此大背景下植被覆盖良好，水源充足，利于人类的生产和生活，人类开始在此逐渐聚居，文明逐渐起源和发展。

在生产力水平低下的新石器时代，人类对环境的依赖显得更加突出，地形、水源等是人类选择生活场所必须考虑的因素。骆驼墩遗址位于太湖西部，而且是山麓到平原的过渡带，近水源但同时又不会被洪水轻易淹没，同样适于人类文明的延续。

对于太湖区域的海侵问题[11~27]前人已有较多的讨论，如杨怀仁等[11]提出在7kaBP前后的一次冰后期海侵规模最大，太湖地区与外海相通，海水逼近丹阳—溧阳—吴兴一带的丘陵山地和黄土岗地；邵虚生[12]认为全新世中期，即7ka~6.5ka BP，平原大面积受到海侵，太湖中部大片台地被海水浸没成为潮滩和浅水泻湖环境；严钦尚等[13,14]认为太湖平原在全新世早期（10000~7500aBP），西北部为海湾，中部则为起伏不大的台地，到全新世中期，即7000~6500aBP，平原大面积受到海侵。前人研究多数是通过相关测试数据和历史文献分析得出的结论，并没有确切的实物证据；朱诚等[22]曾提出太湖地区全新世以来的高海面可能出现在7kaBP以前的全新世初期，而本文通过测年和有孔虫鉴定的新发现，再次证明7500BC~5400BC该区经历过海侵，为本区至今未发现7000aBP以前新石器时代文化遗址的疑难问题，提供了最新的科学解释，也为该区全新世海面变化和海侵事件的时间和范围提供了最新科学研究证据。

4.2 结论

（1）在骆驼墩遗址第10层泥炭层中发现的底栖有孔虫证明，骆驼墩遗址在7500BC~5400BC经历过一次海侵事件。这可能是本区至今未能发现早于7000aBP以前新石器时代遗址的真正原因所在。

（2）根据地层特点及地貌现象分析可知：太湖地区从地貌上看主要呈四周高而中间低洼的碟状地形，骆驼墩遗址位于太湖西侧湖畔，地势低洼，其西北数十公里便是宁镇丘陵，而其西南部又是宜溧山地所在，因此，在气候湿热的7500BC~5400BC期间太湖地区在经历海侵事件时，距骆驼墩遗址数十公里以外的西北和西南部较高的宁镇丘陵和宜溧山地仍有淡水环境适合植被生长，在第9和第10层中发现的植物种子化石应是当时雨水和地表径流从西北和西南部高地搬运至太湖途中沉积所致。

（3）骆驼墩遗址中植物种子化石以第9、10和11层居多，向上逐渐减少的垂向分布说明，该遗址早期植被良好，生态环境优越，后期由于聚落原因人类活动影响加剧，遗址区的生态环境逐渐恶化。

（4）大比例植物化石是否可成为以后判定地层年代及区域环境的标志和依据有待进一步发现和研究。

参 考 文 献

[1] 陈中原, 洪雪晴, 李山, 等. 太湖地区环境考古. 地理学报, 1997, 52（2）: 131~137.

[2] 安志敏. 中国的新石器时代. 考古, 1981, (3): 252~260.

[3] 周鸿, 郑祥民. 试析环境演变对史前人类文明发展的影响——以长江三角洲南部平原良渚古文化衰变为例. 华东师范大学学报（自然科学版）, 2000, 4: 71~77.

[4] 南京博物院考古研究所. 江苏宜兴市骆驼墩新石器时代遗址的发掘. 考古, 2003, 7: 3~11.

[5] 林留根, 田名利, 谈国华, 等. 环太平洋流域史前考古新突破. 中国文物报, 2002, 1.

[6] 汪品先, 章纪军, 赵泉鸿, 等. 东海底质中的有孔虫和介形虫. 北京: 海洋出版社, 1988.

[7] 黄宝玉, 朱祥根, 蔡华伟, 等. 江苏宜兴骆驼墩、西溪遗址全新世软体动物. 海洋科学, 2005, 29（8）: 84~94.

[8] 许雪珉, William Y. B. Chang, 刘金陵. 11000年以来太湖地区的植被与气候变化. 古生物学报, 1996, 35（2）: 175~186.

[9] 竺可桢. 中国近五千年来气候变迁的初步研究. 中国科学, 1973, (2): 168~189.

[10] 徐馨. 中国东部全新世自然环境演变// 徐馨, 朱明伦等著. 第四纪环境论文选集. 香港: 香港金陵书社出版公司, 1992: 56~64.

[11] 杨怀仁, 谢志仁. 全新世海面变化与太湖形成和演变// 中国地质学会第四纪冰川与第四纪地质专业委员会编. 第四纪冰川与第四纪地质论文集. 北京: 地质出版社, 1985.

[12] 邵虚生. 江苏金坛全新世海侵沉积层的研究// 严钦尚, 许世远编. 长江三角洲现代沉积研究. 上海: 华东师范大学出版社, 1987, 114~116.

[13] 严钦尚, 许世远. 苏北平原全新世沉积与地貌研究. 上海: 上海科学技术文献出版社, 1993: 83.

[14] 严钦尚, 洪雪晴. 长江三角洲南部平原全新世海侵问题// 严钦尚, 许世远编. 长江三角洲现代沉积研究. 上海: 华东师范大学出版社, 1987: 92~101.

[15] 蒋梦林, 刘志平. 太湖平原西北部第四纪海侵. 江苏地质, 2001, 25（2）: 78~81.

[16] 于世永, 朱诚, 曲维正. 太湖东岸平原中全新世气候转型事件与新石器文化中断. 地理科学, 1999, 19（6）: 549~554.

[17] Jing Cunyi. The formation and evolution of Taihu lake. *Scientia Geographica Sinica*, 1989, 9 (4): 378-385.

[18] Zheng Xiangmin, Zhang Weiguo, Yu Lizhong, et al. Paleoenvironmental changes in sout hern Yangtze delta over the last 20000 yesrs. *The Quaternary Research*, 1994, 33 (5): 379-384.

[19] Stanley D J, Chen Z. Neolithic settlement distributions as a function of sea level controlled topography in the Yangtze Delta, China. *Geology*, 1996, (12): 1083-1086.
[20] 张景文, 李桂英, 赵希涛. 苏北地区全新世海陆变迁的年代学研究. 海洋科学, 1983, (6): 8~11.
[21] 王张华, 陈杰. 全新世海侵对长江口沿海平原新石器遗址分布的影响. 第四纪研究, 2004, 24 (5): 537~545.
[22] 朱诚, 郑朝贵, 马春梅, 等. 对长江三角洲和宁绍平原一万年来高海面问题的新认识. 科学通报, 2003, 48 (23): 2428~2438.
[23] 信忠保, 谢志仁. 长江三角洲地貌演变模拟模型的构建. 地理学报, 2006, 61 (5): 549~560.
[24] 陈吉余, 虞志英, 恽才兴. 长江三角洲的地貌发育. 地理学报, 1959, 25 (3): 201~220.
[25] 孙顺才. 太湖形成演变与现代沉积作用. 中国科学 (B 辑), 1987, (12): 131~137.
[26] 孙顺才. 太湖平原有全新世海侵吗. 海洋学报, 1992, 14 (4): 69~77.
[27] 申洪源, 朱诚, 张强. 长江三角洲地区环境演变与环境考古学研究进展. 地球科学进展, 2003, 18 (4): 569~575.

(原载于《地理学报》, 2008 年 63 卷 11 期)

连云港藤花落遗址消亡成因研究

李 兰[1] 朱 诚[1] 赵泉鸿[2] 林留根[3]

(1. 南京大学地理与海洋科学学院，南京，210093；2. 同济大学海洋地质国家重点实验室，上海，200092；
3. 南京博物院考古研究所，南京，210018)

摘要：连云港新石器时代藤花落遗址曾被评为"2000年全国十大考古发现"，对藤花落遗址被废弃的原因目前存在海侵毁灭说和人类活动导致环境恶化成因说。本文根据 ^{14}C 测年、有孔虫和轮藻等微体古生物鉴定以及 Rb、Sr 含量测定、磁化率、粒度沉积相分析得出以下新发现，即：在藤花落遗址末期地层及其上覆地层中均未发现任何与海相环境有关的有孔虫，在 07LTT1 探方中发现 25 颗淡水环境的左旋目轮藻。其中，龙山文化晚期地层之上的第 2 层有 22 颗；在两处探方龙山文化晚期地层之上的第 2 层还发现 5 颗植物种子及 41 粒真菌孢子，同时发现大量碳化根孔、植物种子外壳和根茎等；另发现，藤花落遗址末期地层和其上方的文化间歇层沉积物粒度概率累积曲线呈明显的河流沉积三段式曲线；藤花落遗址消亡之时该处两个探方地层 Rb/Sr 值均较高。以上均可表明，藤花落遗址的消亡与海侵无关，4.2kaBP 左右龙山晚期文化应是在经历较长期的陆地水患事件后才彻底被毁灭的。

关键词：藤花落遗址 有孔虫 轮藻 粒度沉积相 Rb/Sr 消亡成因

江苏主要位于我国地势第三级阶梯的长江三角洲与海岸平原地区，第四纪以来受差异新构造运动影响主要为地势沉降区。本区东部为广阔的大陆架，并面临太平洋，受风暴潮、海啸、台风、地震、陆地洪水与黄泛淮泛、海侵和海面变化等灾变事件影响较大。

从人类文明发展的角度看，江苏是新石器时代以来黄河文明和长江文明的交汇区，黄淮平原的考古文化序列是北辛文化—大汶口文化—龙山文化；江淮平原的考古学文化是龙虬庄文化；宁镇丘陵的考古学文化为丁沙地文化—北阴阳营文化；太湖平原的考古学文化序列则是马家浜文化—崧泽文化—良渚文化[1]。已有学者曾经对苏北地区的全新世考古遗址分布及其与环境演变的关系进行过研究，并取得过研究成果[2~3]。本文重点探讨被列为 2000 年全国十大考古发现之一的连云港藤花落新石器时代遗址龙山文化消亡的成因问题。连云港新石器时代藤花落遗址是中国目前发现的第一座内外城结构的史前城址，它对于研究中国史前城址的平面布局和古城市发展具有重要意义；

同时藤花落遗址具有史前原始氏族社会向国家社会过渡时期的灿烂文明,对海岱地区的古文化和中国文明的起源研究具有重要价值。

1 藤花落遗址简介

藤花落遗址位于连云港市经济技术开发区中云乡西诸朝村南,西距新浦 18km,北距连云港海岸 7km,遗址处于南云台山和北云台山之间的谷底冲积平原上,119°20′30″E,34°41′00″N,海拔 6~7m(图 1,图 2)。

该遗址于 1989 年开发区修路时被发现,1996 年在南京博物院主持下,由南京博物院、连云港市文物管理委员会和连云港市博物馆组成的藤花落遗址考古队,对该遗址进行了试掘,确定为一处保存较好的龙山至岳石文化时期的聚落遗址。1998、1999 和 2000 年进行了 3 次大规模发掘。发掘面积 2100m²,钻探 150000m²,发现该城址分为两部分:外城平面呈圆角长方形,由城墙、城壕、城门等组成;内城位于外城内南部,由城垣、城外道路、城门和哨所组成;通过对遗址土壤植物硅酸体测定和众多遗址现象初步认定,城外和北部外城之间有着保存较好的稻作农业生产区,并发现一百多粒炭化稻米粒,充分证明这一时期居民的生产活动以稻作农业为本[3~5]。

图 1 连云港藤花落遗址位置(箭头处)卫星影像图

图 2 连云港藤花落遗址发掘现场照片（林留根摄）

2003年11月至2004年4月，藤花落遗址考古队对该遗址进行了第四次考古发掘[6,7]，该次发掘主要在内城的东北部，总发掘面积为1335m²。北辛文化遗存的首次发现将藤花落遗址的发生年代追溯到距今7000多年前，同时也将藤花落遗址的面积扩大了近1倍，由原来的250000m²扩大到了400000m²。

从地层堆积可以看出，龙山文化时期之后藤花落遗址逐渐被废弃，而对于遗址被废弃成因问题，目前还有争论。主要有两种观点：一种是认为这种现象可能受新石器时代至商周时期连云港地区经历过海侵和高海面事件的影响，导致该遗址逐渐消亡；另一种观点认为，在城墙内发现栽埋有数以万计的粗木桩，再加上当时人口膨胀，大量建造房屋并用于日常生活需要，大面积的森林砍伐，造成了当地环境恶化，这是"人为引起环境恶化导致被毁灭"的人为说[6,7]。

针对目前学术界尚未找到确切证据来证明藤花落遗址消亡的真正原因，本文主要对遗址地层采用微体古生物鉴定、粒度沉积相分析、地球化学元素和磁化率分析等多指标分析手段来揭示藤花落遗址消亡之谜。

2 遗址地层剖面特征和实验室数据分析

2.1 遗址地层剖面特征和采样情况

图3和图4是2007年1月18日现场拍摄的藤花落遗址07LTT1和07LTT2探方照片，从图3可见07LTT1探方剖面共分8层，表1是该剖面8个地层的特征情况。从图4可见07LTT2探方剖面共分9层，表2是该剖面的地层特征。

图 3 藤花落遗址 07LTT1 探方东壁剖面照片

图 4 藤花落遗址 07LTT2 探方剖面照片

从图 3、图 4 和表 1、表 2 可知，该两处剖面龙山文化时代的 AMS^{14}C 测年年龄（北京大学重离子物理研究所测定）为 4500~4200aBP，07LTT2 探方的第 5~7 层为古水稻田层（第 5 层具有犁底层特有的片状特点，据林留根所长介绍该层发掘时发现有粳稻稻谷颗粒），第 7 层含大量铁锰结核，具有较明显的水稻土潜育层特征。弄清 07LTT1 探方以及 07LTT1 探方第 2 层（灰白色冲（洪）积层）在 4200aBP 前后的古环境特征及其性质，是了解藤花落遗址在龙山文化晚期消失原因的关键问题所在。

表1 连云港藤花落遗址07LTT1探方东壁剖面采样记录
（GPS位置：34°40.753′N，119°20.883′E；海拔7m）

样品号	深度(cm)	层位	地层特征	AMS^{14}C年龄及考古断代
32	0			
31	5			
30	10			
29	15	1	耕土层	
28	20			
27	25			
26	30			
25	35	2	冲积层	
24	40			
23	45	3	灰黑土（文化层）	4200aBP（龙山晚期文化层）
22	50	4	含锈斑纯净黄灰色土层	
21	55			
20	60			
19	65			
18	70			
17	75	5	含红烧土和陶片的黑灰色土层	龙山文化层
16	80			
15	85			
14	90			
13	95			
12	100	6	含较多红烧土的浅黑灰色土层	4500aBP（龙山早期文化层）
11	105			
10	110			
9	115			
8	120	7	经扰动的青灰色自然沉积土层	
7	125			
6	130			
5	135			
4	140			
3	145	8	灰黄色淤砂土层	
2	150			
1	155			

表2　连云港藤花落遗址07LTT2探方东壁剖面采样记录

（GPS位置：34°40.753′N, 119°20.883′E；海拔9m）

样品号	深度(cm)	层位	地层特征	AMS^{14}C年龄及考古断代
30	5			
29	10			
28	15	1	耕土层	
27	20			
26	25			
25	30	2	灰白色冲积土层	
24	35			
23	40		较纯净黄灰色土层	
22	45	3	（含较多帚状纹）	4200aBP(龙山晚期文化层)
21	50			
20	55		纯净淡黄灰色土层	
19	60	4	（含较多帚状纹）	
18	65			
17	70			
16	75	5	纯净青灰色土层	古水稻田层（犁底层P）
15	80			
14	85	6	黄—青灰色土层	古水稻田层（淀积层B）
13	90			
12	95			
11	100		夹大量铁锰结核的	古水稻田层（潜育层G）
10	105	7	黄—青灰色土层	4500aBP(龙山早期文化层)
9	110			
8	115		夹少量铁锰结核的	
7	120	8	青灰色土层	
6	125			
5	130			
4	135		纯净黄—青灰色土层	
3	140	9	（生土层）	
2	145			
1	149			

野外现场按照5cm采样间距，从下至上依次采样，共得到藤花落遗址探方地层样品65个（表3，表4）。

表3 藤花落遗址07LTT1探方采集记录表

序号	样品编号	深度（cm）	所属层位和考古断代	序号	样品编号	深度（cm）	所属层位和考古断代
1	07LTT1-0	0（地表样）	①层：耕土层	17	07LTT1-80	80~75	⑤层：黑灰土（含红烧土和陶片），龙山早期文化层
2	07LTT1-5	5~0	①层：耕土层	18	07LTT1-85	85~80	⑤层：黑灰土（含红烧土和陶片），龙山早期文化层
3	07LTT1-10	10~5	①层：耕土层	19	07LTT1-90	90-85	⑤层：黑灰土（含红烧土和陶片），龙山早期文化层
4	07LTT1-15	15~10	①层：耕土层	20	07LTT1-95	95~90	⑥层：淡黑灰土
5	07LTT1-20	20~15	①层：耕土层	21	07LTT1-100	100~95	⑥层：淡黑灰土
6	07LTT1-25	25~20	①层：耕土层	22	07LTT1-105	105~100	⑥层：淡黑灰土
7	07LTT1-30	30~25	①层：耕土层	23	07LTT1-110	110~105	⑦层：青灰土（自然经扰动）
8	07LTT1-35	35~30	②层：冲积层（洪积层）	24	07LTT1-115	115~110	⑦层：青灰土（自然经扰动）
9	07LTT1-40	40~35	③层：灰黑土（龙山时期文化层）	25	07LTT1-120	120~115	⑦层：青灰土（自然经扰动）
10	07LTT1-45	45~40	③层：灰黑土（龙山时期文化层）	26	07LTT1-125	125~120	⑦层：青灰土（自然经扰动）
11	07LTT1-50	50~45	④层：黄灰土（有锈斑）	27	07LTT1-130	130~125	⑦层：青灰土（自然经扰动）
12	07LTT1-55	55-50	④层：黄灰土（有锈斑）	28	07LTT1-135	135~130	⑧层：淤沙层（灰黄色）
13	07LTT1-60	60~55	⑤层：黑灰土（含红烧土和陶片），龙山早期文化层	29	07LTT1-140	140~135	⑧层：淤沙层（灰黄色）
14	07LTT1-65	65~60	⑤层：黑灰土（含红烧土和陶片），龙山早期文化层	30	07LTT1-145	145~140	⑧层：淤沙层（灰黄色）
15	07LTT1-70	70~65	⑤层：黑灰土（含红烧土和陶片），龙山早期文化层	31	07LTT1-150	150~145	⑧层：淤沙层（灰黄色）
16	07LTT1-75	75~70	⑤层：黑灰土（含红烧土和陶片），龙山早期文化层	32	07LTT1-155	155~150	⑧层：淤沙层（灰黄色）

表4 藤花落遗址07LTT2探方采集记录表

序号	样品编号	深度（cm）	所属层位和考古断代	序号	样品编号	深度（cm）	所属层位和考古断代
1	07LTT2-0	0（地表样）	①层：耕土层	18	07LTT2-85	85~80	⑥层：黄青灰土
2	07LTT2-5	5~0	①层：耕土层	19	07LTT2-89	89~85	⑥层：黄青灰土
3	07LTT2-10	10~5	①层：耕土层	20	07LTT2-93	93~89	⑦层：黄青灰土（含大量铁锰结核）
4	07LTT2-15	15~10	①层：耕土层	21	07LTT2-95	95~93	⑦层：黄青灰土（含大量铁锰结核）
5	07LTT2-20	20~15	①层：耕土层	22	07LTT2-100	100~95	⑦层：黄青灰土（含大量铁锰结核）
6	07LTT2-25	25~20	①层：耕土层	23	07LTT2-105	105~100	⑦层：黄青灰土（含大量铁锰结核）
7	07LTT2-30	30~25	②层：灰白色冲积层（洪积层）	24	07LTT2-108	108~105	⑦层：黄青灰土（含大量铁锰结核）
8	07LTT2-35	35~30	②层：灰白色冲积层（洪积层）	25	07LTT2-112	112~108	⑧层：青灰土（含少量铁锰结核）
9	07LTT2-40	40~35	③层：黄灰土，较纯净（龙山时期文化层）	26	07LTT2-115	115~112	⑧层：青灰土（含少量铁锰结核）
10	07LTT2-45	45~40	③层：黄灰土，较纯净（龙山时期文化层）	27	07LTT2-120	120~115	⑧层：青灰土（含少量铁锰结核）
11	07LTT2-50	50~45	③层：黄灰土，较纯净（龙山时期文化层）	28	07LTT2-125	125~120	⑧层：青灰土（含少量铁锰结核）
12	07LTT2-55	55~50	④层：淡黄灰土	29	07LTT2-130	130~125	⑨层：黄青灰土
13	07LTT2-60	60~55	④层：淡黄灰土	30	07LTT2-135	135~130	⑨层：黄青灰土
14	07LTT2-65	65~60	④层：淡黄灰土	31	07LTT2-140	140~135	⑨层：黄青灰土
15	07LTT2-70	70-65	⑤层：青灰土	32	07LTT2-145	145-140	⑨层：黄青灰土
16	07LTT2-75	75~70	⑤层：青灰土	33	07LTT2-149	149~145	⑨层：黄青灰土
17	07LTT2-80	80~75	⑤层：青灰土				

2.2 微体古生物分析原理与前处理和实验

轮藻是生活在淡水或半咸水（较浅的水体）中的一种植物。现生轮藻大多生长在湖泊、溪渠、池塘和稻田等清静水域中。我国中生代和新生代的左旋轮藻大都是陆生的，但少数也可能适应于海、陆过渡的半咸水环境[8,9]。

有孔虫广泛分布于海洋,对环境反应灵敏,有着直接指示海洋环境的意义,一般来说有海水存在过的地方都会有有孔虫(化石)的存在。学术界[9~11]①对有孔虫和介形虫的现代生态分布研究也比较详细,因而,通过对地层样品中有孔虫和介形虫的鉴定是地学界区别海、陆相地层沉积环境重要依据。

结合以上微体古生物指示古环境的意义和原理,为了区分藤花落遗址消亡时期主要受陆相还是海相环境影响,作者在上海同济大学海洋地质国家重点实验室赵泉鸿教授指导下对采集的30个藤花落遗址样品做了有孔虫、介形虫和轮藻化石鉴定。

实验程序如下:

(1) 处理阶段:烘干—冲洗—烘干。本次实验样品重量为70~100g;冲洗时选用250孔、0.061mm的铜筛。

(2) 挑样:用100孔、0.154mm的铜筛将经过前处理的样品过滤,将半径<0.154mm的颗粒分离出来;然后用大铜筛将较大的颗粒物除去。

(3) 观测制片:处理好的样品放在显微镜下进行观察进一步选出标本制片。

(4) 扫描电镜观察及拍照:选出有代表性的标本进行扫描电镜观察及拍照,此工作在同济大学扫描电镜实验室完成。

2.3 微体古生物鉴定结果

表5是藤花落遗址样品微体古生物鉴定结果。从表5可知,在实验样品中一是没有发现任何有孔虫的存在;二是在07LTT1探方的第2层和第4层样品中发现轮藻化石共25颗;在07LTT1探方和07LTT2探方上层样品中,发现至少65粒圆球形红色真菌孢子;同时在相应的实验样品中还发现植物茎叶、炭化根孔、各类种子及种子壳,均呈现陆相沉积环境。

表5 江苏连云港藤花落遗址微体古生物鉴定报告表

实验序号	编号	深度(cm)	层位	有孔虫	轮藻	真菌孢子	植物茎叶根孔	新发现	铁锰结核	炭砂
1	07LTT2-30	30	2	0	0					
2	07LTT2-35	35	2	0	0	19粒圆形红色		种子		
3	07LTT2-40	40	3	0	0	13粒圆形红色				
4	07LTT2-45	45	3	0	0				90%	
5	07LTT2-50	50	3	0	0		较多	种子壳	50%	
6	07LTT2-60	60	4	0	0	6粒圆形红色	较多			

---

① 同济大学海洋地质系微古组南黄海西北部底质中有孔虫、介形虫分布规律及其地质意义,同济大学科技情报组编印,1978.

续表

实验序号	编号	深度（cm）	层位	有孔虫	轮藻	真菌孢子	植物茎叶根孔	新发现	铁锰结核	炭砂
7	07LTT2-65	65	4	0	0	5粒圆形红色				
8	07LTT2-70	70	5	0	0	真菌孢子	炭化根孔		较多	
9	07LTT2-75	75	5	0	0	真菌孢子	较多	种子		
10	07LTT2-85	85	6	0	0				较多	
11	07LTT2-89-93	89~93	6~7	0	0					
12	07LTT2-115	115	8	0	0					夹炭砂
13	07LTT2-105	105	7	0	0					
14	07LTT2-125	125	8	0	0					
15	07LTT2-130	130	9	0	0					
16	07LTT2-149	149	9	0	0			种子		炭砂
17	07LTT2-140	140	9	0	0					
18	07LTT1-155	155	8	0	0					
19	07LTT1-145	145	8	0	0					
20	07LTT1-130	130	7	0	0					大量粗砂颗粒
21	07LTT1-140	140	8	0	0					石英
22	07LTT1-135	135	8	0	0					石英
23	07LTT1-125	125	7	0	0					石英
24	07LTT1-115	115	7	0	0					大量粗砂
25	07LTT1-95	95	6	0	0					
26	07LTT1-90	90	5	0	0					
27	07LTT1-55	55	4	0	2颗			种子		
28	07LTT1-50	50	4	0	1颗	真菌孢子				
29	07LTT1-35	35	2	0	8颗	11粒圆形红色		3粒白色		
30	07LTT1-30	30	2	0	14颗	11粒圆形红色		1个半椭圆形种子壳		

注：空白处表示无重大发现。

2.3.1 轮藻

轮藻化石发现于 07LTT1-30（第2层）、07LTT1-35（第2层）、07LTT1-50、07LTT1-55（第4层）四个样品中，其种属基本一致。均属于左旋轮藻目（Charales）中的似轮藻属（Charites Horn et Rantzien，1959）。此属世界性分布的轮藻化石，时代属晚白垩世到第四纪；广温性；陆相水生环境。图5、图6的扫描电镜照片来源于 07LTT1-30（第2层）样品，在显微镜下看到的轮藻化石呈暗红褐色。

图5　左旋轮藻目似轮藻属1　　　　　　图6　左旋轮藻目似轮藻属2

轮藻植物是一类较奇特的绿色藻类植物,我国一般俗称水苘香或丝草。由于它具有辐射状轮生的"叶"(假叶),故名轮藻。轮藻最早出现于志留纪,泥盆纪、中生代和早第三纪是轮藻植物大发展的高潮时期。其中左旋轮藻目(Charales)是轮藻门中最大的一个类群,从中泥盆世到现今都有广泛分布。共分五科十二亚科。轮藻化石个体微小,一般为0.2~1.5mm,是中、新生代陆相地层划分与对比的重要化石门类之一。

轮藻化石发现于07LTT1-30(第2层)、07LTT1-35(第2层)、07LTT1-50、07LTT1-55(第4层)四个样品中,根据地层堆积可以看出,其存在于龙山文化层之上,这说明藤花落遗址在龙山文化时期之后出现过长期的水生环境,即藤花落遗址龙山文化时期其周围有河流或者淡水湖泊经过;现今藤花落遗址附近仍有排淡河、烧香河、新沭河以及未知名古河道遗迹的存在也证明了这一点。

2.3.2　有孔虫和介形虫

绝大多数有孔虫生活在正常盐度的海水中,属窄盐性海生动物,少数为广盐性类型,可生活在泻湖、河口、残留海等半咸水环境中,仅个别具假几丁质壳的属种可生活在淡水中,也属窄盐性类型[9,10]。前人研究表明[11~15],连云港等临海地区在一万年以前常受到海侵的影响。在地层2.5m及其以下的层位存在多属种的有孔虫、介形虫等;这些研究结果为弄清连云港地区海岸带的海侵、海啸等灾变事件历史提供了重要证据。

针对学术界[6,7]提出藤花落遗址可能系海侵影响导致消亡的问题,作者对藤花落遗址上述两处探方的30个样品做了细致的显微镜鉴定分析,最终未发现任何有孔虫的存在。这说明藤花落遗址在4500年以来可能并未受到海侵的影响。

2.3.3 真菌孢子

在07LTT2探方样品中通过显微镜和扫描电镜至少发现了65粒圆球形红色真菌孢子,有的仅剩下一层透明的外皮,有的有内部结构,有的在顶部还有一长条形尾(图7,a),类似于果实的蒂;如图(图7,b),是一粒正在脱皮的孢子,来源于30号样品,而通常孢子存在于陆相环境中。

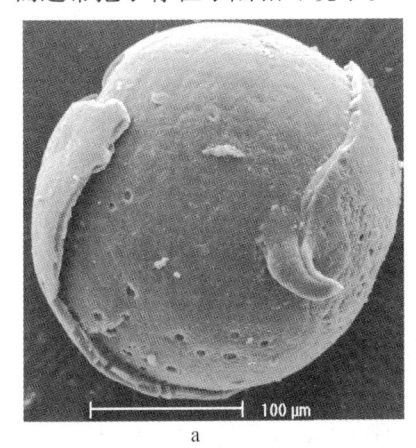

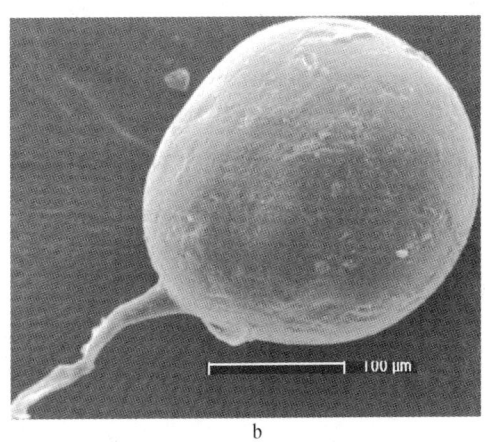

图7 07LTT2探方真菌孢子扫描电镜照片

2.3.4 种子壳

图8来源于07LTT1探方的30号样品,呈灰白色,在显微镜下为疑似植物种子壳。图9来源于07LTT1探方第29号样品,白色,疑似稻壳。图10和图11是来源于07LTT1探方第2层的浅棕色种子。图12是来自于07LTT1探方第2层29号样品浅黄色、菱形三面体状的似眼子菜类沉水植物。

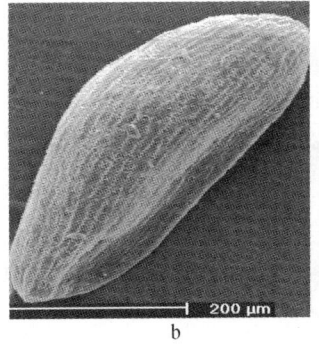

图8 07LTT1探方30号样品中的疑似植物种子壳照片
a. 正面　　b. 背面

图9 种子皮的扫描电镜照片

图 10　种子的扫描电镜照片 　　图 11　种子的扫描电镜照片 　　图 12　似眼子菜类沉水植物

2.3.5　植物根茎

在 07LTT2 探方中，发现了较多的植物叶茎、碳化根孔等。图 13 和图 14 的植物根茎照片来源于 07LTT2 探方第 5 层，这与该处古水稻田发掘得出的结果是一致的。

图 13　植物根茎 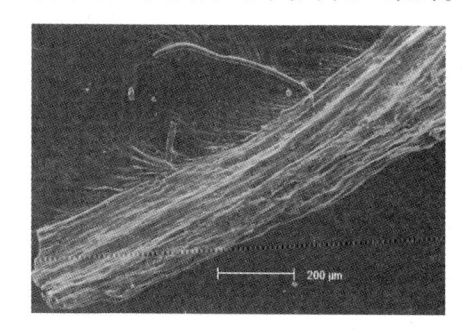　　　　　　　　图 14　植物根茎

微体古生物鉴定结果的重要性在于：①在藤花落遗址两处探方地层中未发现任何指示海相环境的有孔虫和介形虫的存在，表明藤花落遗址龙山晚期文化的消失与海侵事件无关。②藤花落遗址 07LTT1 探方地层中发现于龙山文化层之上的 25 颗淡水环境的轮藻化石，说明藤花落遗址在龙山文化时期之后出现过长期的水生环境，即藤花落遗址龙山文化时期其周围有河流或者淡水湖泊经过。③在藤花落遗址两处探方中还发现大量碳化根孔、植物种子、植物种子的外壳和植物根茎，它们分布的层位不仅能与考古发掘发现的古水稻田地层对应，而且在龙山晚期文化消失时的地层（两处探方的第 2 层）中依然能见到植物种子和种子壳的存在，从另一侧面证实藤花落遗址龙山文化后期呈现陆相湿润的水生环境。

2.4　粒度与沉积相分析

如前所述，弄清藤花落遗址消亡成因的关键除需要微体古生物证据外，沉积物沉积相环境分析也是重要一环。为此，本文重点对藤花落遗址两处探方龙山文化末期文化层及其之上的文化间歇层（即具有洪冲积物特征的灰白色土层）以及龙山文化末期文化层之下的含锈斑纯净黄灰色土层和疑似古水稻层，均做了粒度分析。方法是将采集的 12 个样品（采样层位见表 6、表 7），经英国 Malvern Mastersizer 2000 型激光粒度仪测定后得出表 6 和表 7 的粒度参数及图 15 的概率累积曲线。

表 6　藤花落遗址 07LTT1 探方粒度参数测定统计表

样品名称	距地表深度(cm)	层 位	平均粒径(φ)	分选系数 S_0	地层特征
07LTT1-30	30	1	6.569283	0.689385	耕土层
07LTT1-35	35	2	6.323722	0.644048	灰白色洪冲积土层
07LTT1-40	40		6.505262	0.654744	
07LTT1-45	45	3	6.547786	0.660069	灰黑土（文化层）
07LTT1-50	50	4	5.81259	0.584087	含锈斑纯净黄灰色土层
07LTT1-55	55		6.685942	0.673498	

表 7　藤花落遗址 07LTT2 探方粒度参数测定统计表

样品名称	距地表深度(cm)	层 位	平均粒径(φ)	分选系数 S_0	地层特征
07LTT2-25	25	1	5.801331	0.587117	耕土层
07LTT2-30	30	2	6.830333	0.691115	灰白色冲积土层
07LTT2-35	35		6.518012	0.676436	
07LTT2-65	65	4	6.586356	0.658422	纯净淡黄灰色土层（含较多帚状纹）
07LTT2-70	70	5	6.394539	0.642201	古水稻田层（犁底层 P）
07LTT2-75	75		6.16806	0.643414	

从表 6 和表 7 可见，该遗址两处探方主要层位的平均粒径在 5.8～6.8φ 之间，主要属于中粉砂至细粉砂沉积物；分选系数 S_0 多在 0.58～0.69 之间，属分选程度中等类型。从图 15 看，两处探方龙山文化末期文化层之上的灰白色洪冲积层（第 2 层）概率累积曲线均呈明显的河流相三段式曲线。而且 07LTT1 探方龙山末期文化消失之前的第 4 层含锈斑纯净黄灰色土层（图 15，c）概率累积曲线亦呈"S"状三段式曲线，这些均可进一步证明藤花落遗址的消亡与河流或者洪水有关，而与海侵或海面上升无关（因为前人研究已证明海岸带沉积物概率累积曲线的中间跃移质组分中常有一个截点[16]，而藤花落遗址上述曲线没有这一现象）。

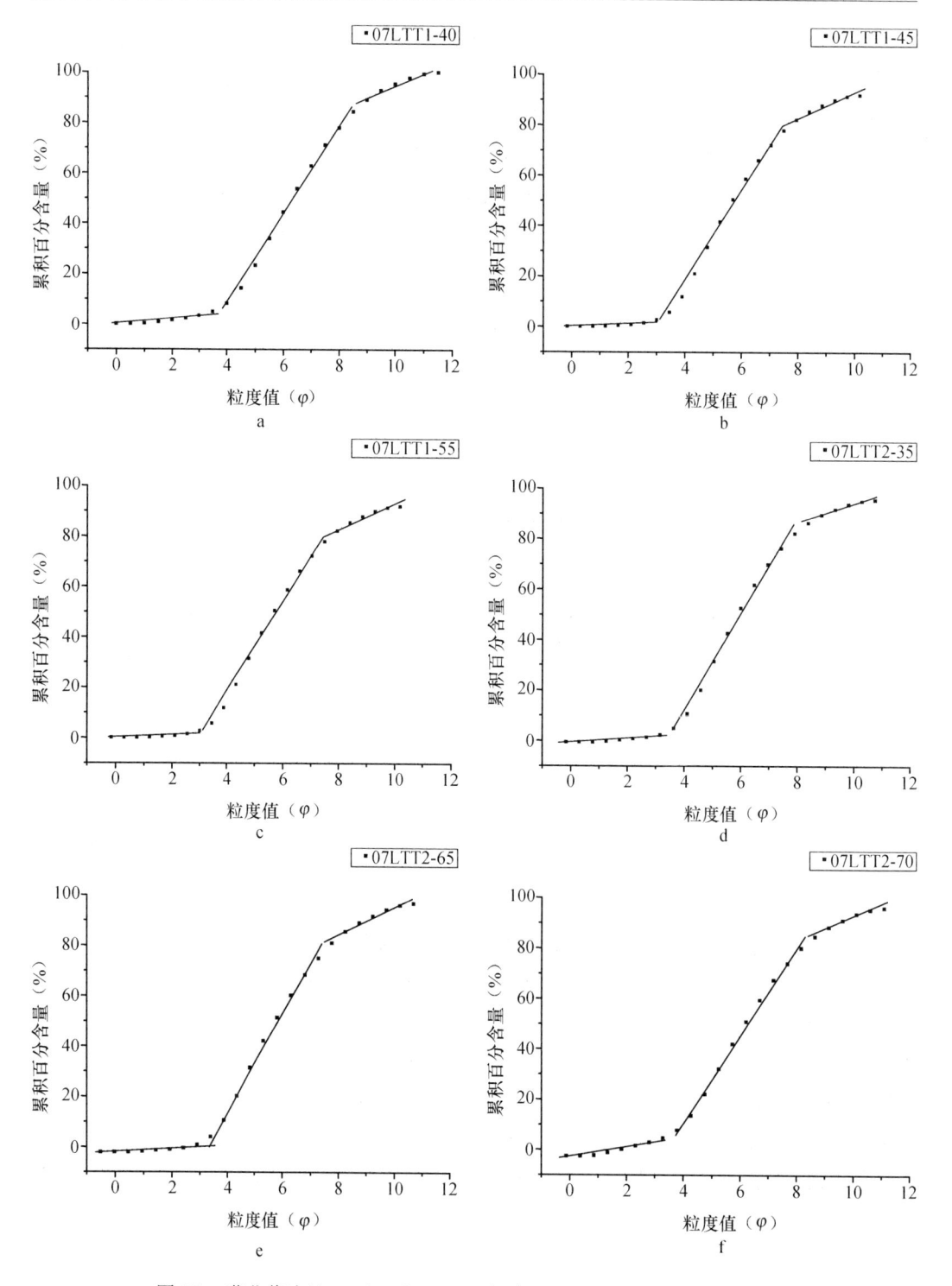

图 15　藤花落遗址 07LTT1 和 07LTT2 探方主要地层粒度概率累积曲线图

a. 藤花落遗址 07LTT1 探方第 2 层样品　b. 藤花落遗址 07LTT1 探方第 3 层样品　c. 藤花落遗址 07LTT1 探方第 4 层样品
d. 藤花落遗址 07LTT2 探方第 2 层样品　e. 藤花落遗址 07LTT2 探方第 4 层样品　f. 藤花落遗址 07LTT2 探方第 5 层样品

3 Rb/Sr 环境指示意义及实验数据分析

3.1 Rb/Sr 环境指示意义

铷（Rb）和锶（Sr）是在地球化学行为方面既有明显差别又有联系的微量元素，Rb 和 Sr 元素在表生环境下独特的地球化学性质已取得较多研究成果。Gallet 等[17]对洛川黄土剖面中的 Rb/Sr 值分布进行了初步研究，发现该比值可清晰地识别古土壤地层单元。陈骏教授等[18]通过对我国北方黄土剖面的研究发现，Rb/Sr 比的大小实际上指示了雨水的淋溶程度即降雨量的大小：在雨水淋溶过程中，由于 Rb 的离子半径大，具有很强的被吸附性能，极易被黏土矿物所吸附而保留在原地，而离子半径小的 Sr 则主要以游离 Sr 的形式被地表水或地下水带走。一般来说，湿热气候环境条件下，降水丰富，化学风化作用强烈，Sr 的淋溶丢失程度大，Rb/Sr 比值高，反之，气候干冷，Sr 的淋溶丢失程度小，Rb/Sr 比值低。近年来，朱诚等[19]对长江三峡库区中坝遗址地层的研究表明，Rb/Sr 比的高值与古洪水层是一一对应的，这已从另一方面证明，Rb/Sr 值的大小至少可以灵敏反映某一遗址剖面地层在不同时代古降水量多寡和湿润程度的变化。

有鉴于此，作者对藤花落遗址上述两处探方剖面采集的地层样品进行了 Rb、Sr 测定及 Rb/Sr 比值的分析。实验过程是选取 30 个样品各取约 5g 预先研磨成 200 目（粒径 0.08mm）并用油压机压制成圆片。Rb 和 Sr 含量分析在南京大学现代分析中心用日本岛津公司生产的 XP-320 型 X 射线荧光光谱仪进行测试。

3.2 实验数据分析

表 8 是藤花落遗址 07LTT1 探方 Rb、Sr 含量和 Rb/Sr 比值分析统计表，从表 8 可见以下特点：第 3、4、6、7 和第 5 层下半部分 Rb 值较低，而第 2、8 和第 5 层上半部分 Rb 值较高，而前者除第 4、7 层外均是出土器物较多的文化层，后者除第 5 层外均为自然层。由于 Rb 在降水较多的湿润环境容易富集，干旱环境则相反，由此可见，以上文化层所处的地层时代的环境比自然间歇层所处时代的环境相对要干燥些。而从藤花落遗址龙山文化末期之上第 2 层出现较高的 Rb 值（100.51998×10^{-6}）推测，藤花落遗址的消亡与较多的降水或过湿的环境有关。

表 9 是藤花落遗址 07LTT2 探方 Rb、Sr 含量和 Rb/Sr 比值分析统计表，从表 9 可见以下特点：第 5、6、7 层 Rb 值较低，而第 3、4、8、9 层 Rb 值较高，前已述及 5、6、7 层从考古发掘看属于古水稻田（出土有大量稻谷粒），而第 3、4、8、9 层应属于自然间歇层。古水稻生长虽然需要水分，但从其所含相对较低的 Rb 值看，该处古水稻地层经历的积水环境其湿润程度远不如第 3、4、8、9 自然间歇层。从这个角度来说，该处水稻种植环境的消失不是干旱造成的，而是过湿的环境造成了水稻种植环境的消亡。

这与07LTT1探方得出的研究结论是一致的。从表8和表9还可看出，藤花落遗址出现之前和消亡之时该处地层Rb/Sr值均较高，表明当时该区的降雨量偏大，环境均处于一种过湿的积水或湿地环境，不适合人类居住，也不适合水稻的生长。

表8 藤花落遗址07LTT1探方Rb、Sr含量和Rb/Sr比值分析统计

深度（cm）	编号	层位	Rb（10^{-6}）	Sr（10^{-6}）	Rb/Sr
35	07ltt1-35	2	100.51998	111.04351	0.9054
40	07ltt1-40	3	94.64536	112.41598	0.8416
50	07ltt1-50	4	92.09524	115.77025	0.7953
55	07ltt1-55	5	95.66139	122.51205	0.7812
60	07ltt1-60	5	103.10492	121.27065	0.8499
95	07ltt1-95	6	91.75788	117.73008	0.7799
115	07ltt1-115	7	66.56849	80.84374	0.8242
125	07ltt1-125	7	81.06810	52.70672	1.5389
130	07ltt1-130	7	95.50640	91.08579	1.0483
135	07ltt1-135	8	108.20617	121.99956	0.8869
140	07ltt1-140	8	106.50902	120.44732	0.8845
145	07ltt1-145	8	106.92221	120.75102	0.8849
150	07ltt1-150	8	109.09215	118.69411	0.9191
155	07ltt1-155	8	103.81775	116.63533	0.8902

表9 藤花落遗址07LTT2探方Rb、Sr含量和Rb/Sr比值分析统计

深度（cm）	编号	层位	Rb（10^{-6}）	Sb（10^{-6}）	Rb/Sr
40	07ltt2-40	3	112.35207	112.35695	1
45	07ltt2-45	3	113.34178	111.49139	1.0161
55	07ltt2-55	4	113.46351	110.27973	1.029
60	07ltt2-60	4	108.04837	113.69428	0.9499
65	07ltt2-65	4	95.17649	114.46664	0.8314
75	07ltt2-75	5	97.91452	111.11232	0.8812
80	07ltt2-80	6	96.95029	111.28035	0.8715
90	07ltt2-89~93	7	96.06426	100.17615	0.9591
95	07ltt2-95	7	99.34511	107.91955	0.9203
100	07ltt2-100	7	104.13298	108.38355	0.9603
112	07ltt2-112	8	115.21586	106.33914	1.0837
115	07ltt2-115	8	113.17244	115.63104	0.9792
125	07ltt2-125	8	102.83571	111.16908	0.9245
130	07ltt2-130	9	109.57071	110.50456	0.9918
145	07ltt2-145	9	104.90482	109.19153	0.9606
149	07ltt2-149	9	103.00569	113.31045	0.9091

4 讨论与结论

4.1 讨论

全新世大暖期[20]为人类文明的发展提供了良好的气候背景,特别是大暖期鼎盛期即气候最适宜的阶段,为新石器时代文明的出现奠定了自然环境的基础。虽然不能将文明的发生简单地归结为气候的适宜,文明的衰落源于气候的恶劣;然而,新石器时代人类生产力水平低下,抵御自然的能力有限,它受气候和沉积环境的影响显而易见。古文明的兴衰和古环境及古气候的变迁有着良好的对应关系。文明的嬗变即是这种对应机制的反应。

藤花落遗址存在的时间约为7ka～4kaBP,兴起于全新世气候转暖的时期,繁荣在大暖期的鼎盛时期,衰落于气候恶化时期。其后期的消亡与气候的突变以及自然环境良好机制的崩溃有着直接联系。新石器时代经济是一种原始农耕社会,人类主要活动在大小河流两岸的阶地,选择那些近水源,又不会被洪水淹没的地带作为生活地。气候的暖湿自然有利于农作物的生长和人类文明的发展;而气候的波动则可能给以原始农耕业为生的人类带来难以估量的灾害。

对藤花落遗址铷、锶的测试以及气候环境的分析表明,在新石器时代中晚期我国普遍处于暖湿气候,降雨量较多;藤花落遗址又位于海岸边缘区,对气候反映更加敏锐,受雨水影响更加明显。进一步证明藤花落遗址在龙山文化之后逐渐消失可能与出现长时间的陆相水生环境有关。

有孔虫、介形虫等微体古生物的有无、含量多少及其种属可以成为判断有无海侵及海侵程度及其年代的重要标志。在本项目实验中,未发现底栖有孔虫等与海相沉积环境有关的沉积物,这说明在龙山文化时期藤花落遗址可能并未受到海侵事件影响。

值得深思的是,该处龙山文化消失的时间与良渚文化有共同性(即都在4ka BP前后),而据同济大学翦知湣教授[21]对华东沿海海相微体古生物有孔虫等的研究结果,流经我国东部沿海的黑潮暖流在4kaBP前后出现过向东偏移100多公里的现象,这一现象与良渚文化及藤花落遗址的消亡有无联系?若有联系,那么究竟是黑潮暖流东偏造成了当时我国东部沿海地区气候变冷等异常现象,还是由于当时的气候变冷造成了黑潮暖流的东偏,其中的因果关系目前尚未弄清,亦值得深入研究。

4.2 结论

(1)藤花落遗址末期地层中未发现任何有孔虫等与海相环境有关的证据,这说明藤花落遗址的消亡与海侵无关。

(2)在藤花落遗址07LTT1探方第3层龙山文化晚期地层上下发现25颗反映淡水

环境的轮藻(其中,龙山晚期文化层之下的第4层有3颗轮藻;龙山文化晚期地层之上的第2层有22颗);这说明藤花落遗址在龙山文化时期之后出现过长期的水生环境,即藤花落遗址龙山文化时期其周围有河流或者淡水湖泊经过。在藤花落遗址两处探方中还发现大量植物种子、植物种子的外壳和植物的根茎,它们分布的层位不仅能与考古发掘发现的古水稻田地层对应,而且在龙山晚期文化消失时的地层(两处探方的第2层)中依然能见到植物种子和种子壳的存在,从另一侧面证实藤花落遗址龙山文化后期呈现陆相过湿的水域环境。

(3) 藤花落遗址末期地层和其上方的文化间歇层沉积物粒度概率累积曲线呈明显的河流沉积三段式曲线,可进一步证明藤花落遗址龙山文化后期出现了河流相水生环境。

(4) 根据藤花落遗址07LTT1探方龙山文化末期之上出现较高的Rb、Sr含量可以推测,在龙山文化晚期藤花落遗址地区出现过大规模的降水事件;藤花落遗址消亡之时该处两个探方地层Rb/Sr值均较高,表明当时该区的环境均处于一种过湿的积水或湿地环境,不适合人类居住,也不适合水稻的生长。由此可推测4.2kaBP左右龙山文化晚期藤花落遗址正是在经历长期灾变性的水生环境后才彻底被毁灭的。

(5) 根据以上轮藻、粒度和铷锶实验综合分析认为:藤花落遗址的消亡可能与河流泛滥有关,藤花落遗址先民居住的中心地区位于南云台山和北云台山的冲积平原上,有河流经过该平原地区,在全新世大暖期时适于水稻等农作物生长,后来该区可能因气候异常出现过灾难性大水,使藤花落遗址先民不得不放弃此家园。

参 考 文 献

[1] 张敏. 20世纪江苏考古工作的回顾与21世纪的展望. 东南文化,2005,(3):6~11.
[2] 朱诚,郑朝贵,顾维玮,等. 苏北地区新石器时代至商周时期人类遗址时空分布问题探讨. 地理学报,2006,(44):67~78.
[3] 邹厚本,吴建民主编. 江苏考古五十年. 南京:南京出版社,2000:106~108.
[4] 林留根. 江苏连云港藤花落遗址//国家文物局编. 2000中国重要考古发现. 北京:文物出版社,2001:1~7.
[5] 南京博物院,连云港市文物管理委员会,连云港市博物馆. 江苏连云港藤花落遗址考古发掘纪要. 东南文化,2001,(1):35~38.
[6] 连云港藤花落遗址考古新发现. 江苏地方志,2004,(3):32.
[7] 周润垦,李洪波,张浩林,等. 2003~2004年连云港藤花落遗址发掘收获. 东南文化,2005,(3):15~19.
[8] 刘志礼. 化石藻类学导论. 高等教育出版社,1990:137~156.
[9] 魏沐朝. 微体古生物学简明教程. 北京:地质出版社,1990:17~154.
[10] 尤坤元. 连云港沿岸浅海底质中有孔虫分布及对沉积环境的指示. 微体古生物学报,1997,14(3):273~279.

[11] 同济大学海洋地质教研室. 微体古生物学. 1975, 2-6-1 至 2-6-16.

[12] 郑连福. 连云港第四纪晚期的微体化石群与海进//汪品先等编. 海洋微体古生物论文集. 北京: 海洋出版社, 1980: 152~163.

[13] 郝冶纯, 裘松余, 等. 有孔虫. 北京: 科学出版社, 1980: 152~163.

[14] 赵泉鸿, 韩道华, 欧阳建德. 江苏省第四纪介形虫古生态分析及海侵地层. 地层学杂志, 1986, 10 (2): 79~87.

[15] 陈希祥, 等. 江苏省徐淮地区第四纪地质. 北京: 海洋出版社, 1988. 94~105.

[16] 任明达, 王乃梁. 现代沉积环境概论. 北京: 科学出版社, 1985: 8~36.

[17] Gallet S, Jahn B M, Torii M. Geochemical characterization of theLuochuan loess-paleosol sequence, China, and paleoclimatic implica-tions. *Chemical Geology*, 1996, 133 (1-4): 67-88.

[18] 陈骏, 安芷生, 汪永进, 等. 最近800ka 洛川黄土剖面中 Rb/Sr 分布和古季风变迁. 中国科学 (D 辑), 1998, 28 (6): 498~504.

[19] 朱诚, 郑朝贵, 马春梅, 等. 长江三峡库区中坝遗址地层古洪水沉积判别研究. 科学通报, 2005, 50 (20): 2240~2250.

[20] 施雅风, 孔昭宸, 王苏民, 等. 中国全新世大暖期的气候波动与重要事件. 中国科学 (B 辑), 1992, 12 (1): 300~1308.

[21] Zhimin Jian, Pinxian Wang, Yoshiki Saito, *et al*. Holocene variability of the Kuroshio Current in the Okinawa Trough, northwestern Pacific Ocean. *Earth and Planetery Science Letters*, 2000, 184: 305-319.

(原载于《科学通报》, 2008 年 53 卷增刊 1 期)

沉积物光释光测年在环境考古中的应用

张家富[1]　莫多闻[1]　夏正楷[1]　齐乌云[2]　王　辉[2]
王心源[3]　周力平[1]

(1. 北京大学城市与环境学院，北京，100871；　2. 中国社会科学院考古研究所，北京，100710；
3. 安徽师范大学国土资源与旅游学院，芜湖，241000)

摘要： 应用光释光测年技术测量了位于陕西、河南、湖北和安徽的9个剖面的49个沉积物样品，这些样品的光释光信号都是以快组分为主，等效剂量预热坪区和剂量复原实验结果也表明这些样品都适合应用单片再生剂量法测量其等效剂量。根据测量的光释光年龄数据和样品的埋深，建立了各剖面的年龄—深度曲线和函数，通过它们推算出了各剖面的长期堆积速率，并据此指出了可能的沉积环境变化。在取样的深度范围内，所测剖面的堆积速率从 0.02 m/ka 到 2.58 m/ka，一般风成黄土的堆积速率要比水成堆积物的堆积速率要慢。所测样品的年龄从 0.2 ± 0.01ka 到 53.8 ± 4.7ka。在9个剖面中，有2个自然剖面发生了长时期的沉积间断。在有文化层的剖面中，文化层下部地层的年代明显老于文化层和上部地层的年龄，文化层中沉积物的光释光年龄也可以用来指示文化层的堆积情况。另外，对两个剖面也进行了 ^{14}C 定年，结果显示沉积物全样的 ^{14}C 测年值得进一步研究。
关键词： 光释光测年　沉积剖面　年龄—深度模式　堆积速率　沉积环境

　　自1985年发现矿物的光释光现象并应用到沉积物的测年，光释光测年技术已经成为第四纪沉积物测年的一个主要方法[1,2]。相对 ^{14}C 测年方法，光释光测年方法就是最直接的测年方法了，因为它测量的物质是沉积物中的主要碎屑成分——石英或长石颗粒，测量的时间就是样品最后一次见光到现在的埋藏时间。沉积物光释光技术的另外一个优点就是样品的光释光性质还可以提供研究地区有关地表过程的一些信息，如判断沙漠砂的来源[3]、指示河流沉积物的搬运距离[4]和古高含沙水流堆积物的判断[5]，等等。根据剖面的高分辨率光释光样品的年龄数据，分析黄土堆积的连续性[6~8]，或者黄土剖面中不同地质或氧同位素阶段的分界线位置[9,10]。光释光技术现已成为第四纪研究的一个重要方法。

　　本文选择了各种沉积环境的9个剖面进行光释光测年研究，并根据所得样品年龄与深度的关系探讨了所测地区的古环境信息，以及文化层堆积的有关信息。这些剖面从北到南依次位于陕西省靖边县、山西省襄汾县、河南省孟津县和禹州市、安徽省含山县和湖北的京山县，这些剖面的选择主要与国家科技支撑计划项目"3500BC~1500BC

中国文明形成与早期发展阶段的环境研究"有关。

1 取样地点及样品的采取

研究的 9 个剖面分别是陕北的土桥梁剖面（TQL）（37°34′16.7″N，109°09′05.0″E）、山西的太子滩剖面（TZT，经纬度未测量）、河南的大阳河村西剖面（TYHCX）（34°48′39.2″N，112°24′31.5″E）和大阳河村剖面（TYHC）（34°48′35.7″N，112°24′41.0″E）以及瓦店剖面（WD）（34°11′17.2″N，113°24′17.7″E）、安徽的凌家滩剖面（LJT）（31°27′38.9″N，118°02′52.9″E）、湖北的屈家岭 07-A 剖面（QJL07-A）（30°49′59.2″N，112°54′09.3″E）和屈家岭 07-B 剖面（QJL07-B）（30°50′15.7″N，112°54′09.3″E）以及屈家岭蔡垱砖厂剖面（CDZC）（30°48′18.4″N，112°51′41.9″E）。这些剖面的分布示于图 1，地层示于图 2。

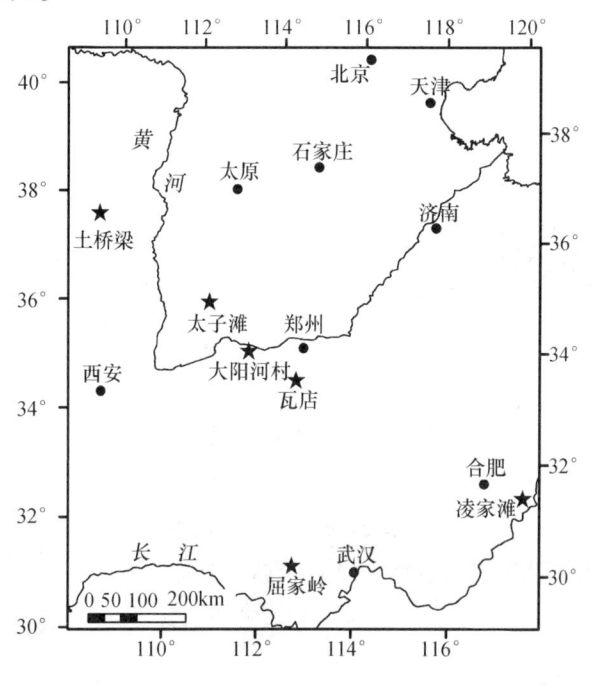

图 1 研究剖面的位置

图中五角星表示剖面的位置所在；其中大阳河村包括大阳河村西剖面和大阳河村剖面，屈家岭包括屈家岭 07-A，07-B 剖面以及屈家岭蔡垱砖厂剖面

土桥梁剖面位于陕北靖边县杨桥畔乡至高家沟乡的公路旁边，西距靖边县城约 30km。根据野外观察，上部 0~1.3m 为砂质黄土，其中有多条薄砂层；2.1~2.3m 和 3.05~3.6m 为风成砂；3.6~6.6m 为湖沼相的粉砂，在该层之下是河流相堆积的砂层（图 2）。在该剖面中采取了 5 个光释光样品。

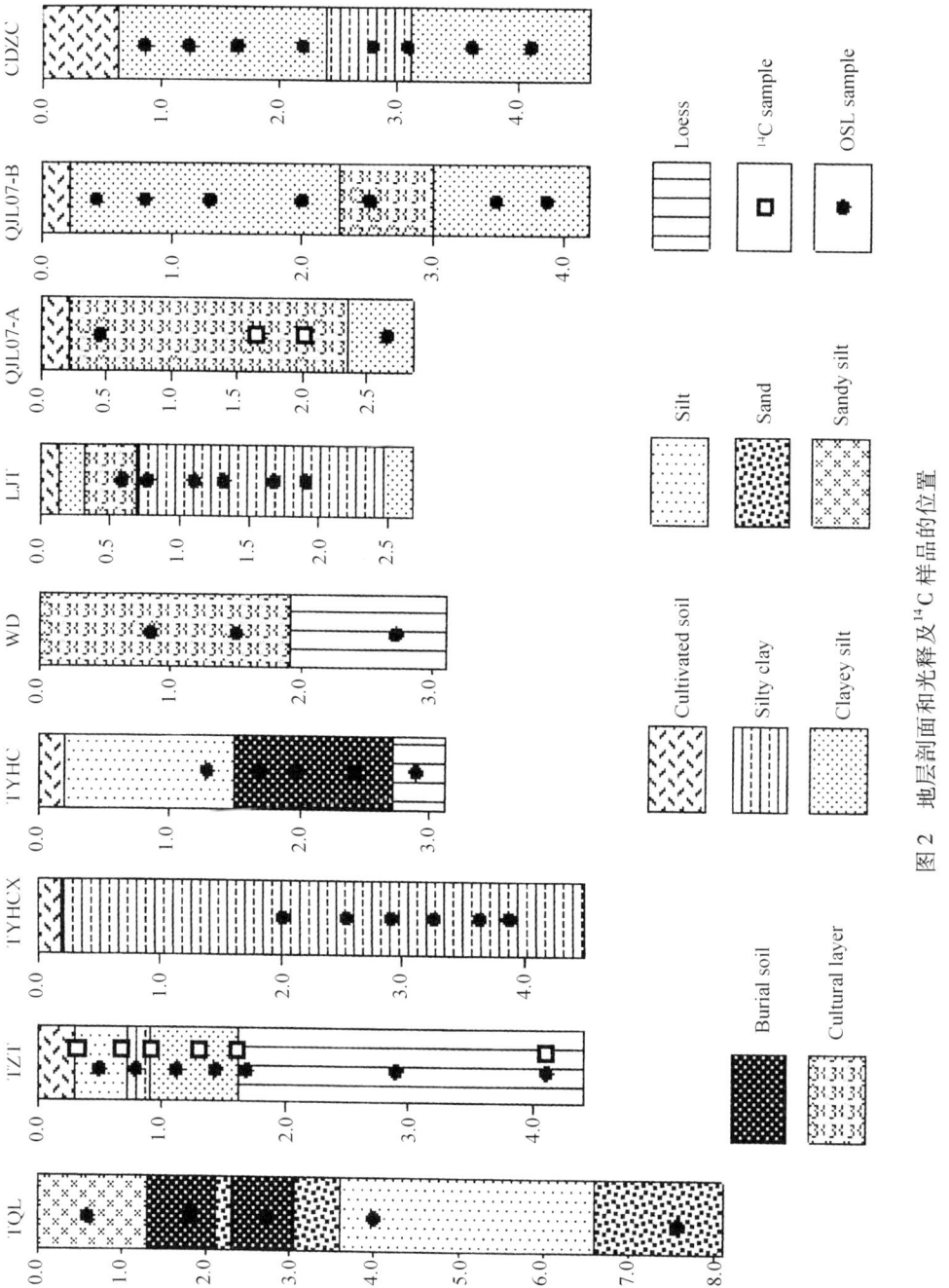

图 2 地层剖面和光释光 ^{14}C 样品的位置

TQL:土桥梁剖面　TZT:太子滩剖面　TYHCX:大阳河村西剖面　TYHC:大阳河剖面　WD:瓦店剖面　LJT:凌家滩剖面
QJL07-A:屈家岭 07-A 剖面　QJL07-B:屈家岭 07-B 剖面　CDZC:屈家岭蔡档砖厂剖面

太子滩剖面位于黄河中游山西襄汾县陶寺遗址南 25km、汾河东岸的黄土塬上，该剖面中 0.3~0.72m 的浅黄色粉砂为次生黄土，0.72~1.62m 为湖沼堆积物，1.62m 之下的浅黄色粉砂为马兰黄土（图2）。在该剖面上采取了 7 个光释光样品，6 个 ^{14}C 年代全样样品。

大阳河村和大阳河村西剖面位于河南孟津县城西南方的瀍河左岸的大阳河村村内和村西边，两者相距约 0.27 km。大阳河村剖面上部的黄色粉砂层中发现有历史时期的白瓷片，中部为古土壤层，其中发现有红烧土颗粒和小陶片，下部为黄土。大阳河村西剖面据野外观察主要为湖相沉积的粉砂质黏土，不同深度沉积层的颜色略有差别，但主要为褐色，在该剖面顶部发现了二里头文化时期的陶片（图2）。在这两个剖面上分别采取了 5 个和 6 个光释光样品。

瓦店剖面位于河南禹州瓦店遗址区，瓦店村东边的黄土台地上，剖面的上部是文化层，主要由粉砂组成，含大量陶片，该层中部颜色有点发红，有点似埋藏土壤层，剖面的下部为黄土的生土层（图2）。在文化层中取 2 个光释光样品，生土中取 1 个光释光样品。

凌家滩剖面位于安徽含山县凌家滩遗址第五次发掘 T0319 东壁剖面，该发掘点位于长岗岗地之上，太湖山南麓，地势平坦，岗地东西两侧为低洼地，周围有低丘起伏，地势北高南低，裕溪河流经南部。剖面中的文化层上部（0.31~0.49 m）为含瓷片的明清层，下部（0.49~0.69 m）为含陶片的汉代层（图2）。在该剖面中采取了 6 个光释光测年样品，其中最上部样品 G01 位于汉代层中。

屈家岭 07-A 和 B 剖面位于湖北京山县屈家岭遗址区内，蔡垱砖厂剖面位于遗址区以南约 1km 处。屈家岭 07-A 剖面的底部是自然堆积的黏土质粉砂，在其上堆积了大量的红烧土块，红烧土块往上减少，而黏土质粉砂增多。在 1.65 m 和 2 m 处采取了 2 个炭屑样品做年代测量，在 0.45m 和 2.65 m 处采取了 2 个光释光年代样品（图2）。屈家岭 07-B 剖面的文化层厚约 0.72m，主要由烧土块组成。在文化层的上下地层均为黏土质粉砂，它们在粒度上没有区别[11]，在该剖面上采取了 7 个光释光样品（图2）。屈家岭蔡垱砖厂剖面是一个自然剖面：上部 0.63~2.4m 为土黄色的粉砂层，其中有多条薄层细砂层，该层水平层理发育，该层为河湖相堆积；底部 3.11m 之下是浅黄色的黏土质粉砂，其中有灰白色斑块；在这两层之间（2.4~3.11m）的是一层青灰色的粉砂质黏土，该层与下一层的关系为逐渐过渡关系，但与上层有一个明显的分界面。在该剖面中采取了 8 个光释光样品。

光释光样品的采取主要是通过在地层剖面上打入金属管，拔出后用胶带密封，另一个方式是在剖面上采块状样品，然后用胶带包裹严实后带回实验室处理。所有样品的深度和编号列于表 1 和示于图 2。

表1 光释光测年结果

实验室编号	野外编号	埋深(m)	U(μg/g)	Th(μg/g)	K(%)	含水量(%)	有效年剂量(Gy/ka)	等效剂量(Gy)	光释光年龄(ka)
土桥梁剖面(TQL)*									
Pku-L1342	JB-OSL05	0.60	1.33±0.16	7.75±0.79	1.28±0.03		2.49±0.18	56.5±1.6	22.7±1.8
Pku-L1341	JB-OSL04	1.80	1.77±0.21	8.68±0.87	1.70±0.04		3.07±0.22	22.8±0.5	7.4±0.5
Pku-L1340	JB-OSL03	2.70	1.60±0.19	8.53±0.86	1.87±0.05		3.14±0.21	40.9±1.9	13.0±1.0
Pku-L1339	JB-OSL02	4.00	1.81±0.21	10.02±0.97	1.83±0.05		3.28±0.24	22.0±0.9	6.7±0.6
Pku-L1338	JB-OSL01	7.60	1.45±0.17	8.03±0.81	1.73±0.04		2.56±0.08	27.4±1.5	10.7±0.7
太子滩剖面(TZT)									
Pku-L207	OSL-7	0.50	2.87±0.15	13.20±0.28	1.98±0.09	13	3.97±0.29	1.7±0.1	0.4±0.03
Pku-L206	OSL-6	0.80	3.21±0.15	13.30±0.29	1.99±0.09	145	4.07±0.31	6.0±0.1	1.5±0.1
Pku-L205	OSL-5	1.10	3.05±0.13	11.20±0.26	1.52±0.08	12	3.46±0.28	9.8±0.1	2.8±0.2
Pku-L204	OSL-4	1.45	3.10±0.15	10.70±0.26	1.47±0.09	12	3.40±0.28	30.3±0.4	8.9±0.7
Pku-L203	OSL-3	1.65	2.91±0.13	10.40±0.25	1.41±0.09	11	3.28±0.27	46.5±0.5	14.2±1.2
Pku-L202	OSL-2	2.90	3.08±0.13	10.70±0.25	1.66±0.09	11	3.58±0.28	118.2±3.1	33.0±2.7
Pku-L201	OSL-1	4.15	3.19±0.16	11.30±0.27	1.55±0.09	11	3.52±0.29	189.4±5.0	53.8±4.7
大阳河村西剖面(TYHCX)*									
Pku-L1343	MJ-OSL01	2.00	1.75±0.21	12.46±1.15	2.17±0.05		3.82±0.23	22.9±0.3	6.0±0.4
Pku-L1344	MJ-OSL02	2.55	1.73±0.20	12.21±1.13	2.11±0.05		3.72±0.23	33.4±0.3	9.0±0.6
Pku-L1345	MJ-OSL03	2.88	1.85±0.22	12.16±1.13	2.08±0.05		3.72±0.23	41.0±0.5	11.0±0.7
Pku-L1346	MJ-OSL04	3.25	1.81±0.21	12.23±1.13	2.05±0.05		3.68±0.23	44.8±0.1	12.2±0.8
Pku-L1347	MJ-OSL05	3.61	1.62±0.19	11.04±1.05	1.97±0.05		3.44±0.21	42.7±0.7	12.4±0.8
Pku-L1348	MJ-OSL06	3.88	1.70±0.20	11.02±1.05	1.83±0.05		3.33±0.21	50.9±0.4	15.3±1.0

续表

实验室编号	野外编号	埋深(m)	元素含量 U(μg/g)	元素含量 Th(μg/g)	元素含量 K(%)	含水量(%)	有效年剂量(Gy/ka)	等效剂量(Gy)	光释光年龄(ka)
大阳河村剖面(TYHC)*									
Pku-L1349	MJ-OSL07	1.35	1.82±0.21	11.14±1.06	1.52±0.04		3.14±0.23	4.5±0.3	1.4±0.1
Pku-L1350	MJ-OSL08	1.77	1.80±0.21	10.74±1.03	1.59±0.04		3.16±0.21	6.4±0.2	2.0±0.1
Pku-L1351	MJ-OSL09	2.00	1.76±0.21	11.76±1.10	1.74±0.04		3.37±0.22	8.9±0.4	2.6±0.2
Pku-L1352	MJ-OSL10	2.41	1.75±0.21	10.63±1.02	1.64±0.04		3.16±0.22	60.9±1.4	19.3±1.4
Pku-L1353	MJ-OSL11	2.90	1.74±0.20	9.85±0.96	1.46±0.04		2.91±0.20	76.0±2.4	26.1±2.0
瓦店东黄土剖面(WD)									
Pku-L1212	DG-01	0.81	1.78±0.20	11.31±1.02	1.77±0.04	13	3.27±0.17	7.7±0.1	2.4±0.1
Pku-L1213	DG-02	1.55	1.89±0.21	11.07±1.00	1.82±0.05	17	3.20±0.17	17.7±0.2	5.5±0.3
Pku-L1214	DG-03	2.75	1.55±0.17	9.57±0.86	1.53±0.04	17	2.69±0.14	84.5±1.8	31.4±1.7
凌家滩剖面(LJT)									
Pku-L1101	G01	0.58	2.67±0.29	13.40±1.21	1.36±0.03	18	3.21±0.26	7.5±0.1	2.3±0.2
Pku-L1102	G02	0.74	2.72±0.30	14.60±1.31	1.73±0.04	18	3.67±0.27	42.6±1.5	11.6±1.0
Pku-L1103	G03	1.10	2.97±0.33	15.00±1.35	1.75±0.04	20	3.69±0.28	113.2±2.7	30.7±2.5
Pku-L1104	G04	1.35	2.97±0.33	14.60±1.31	1.73±0.04	22	3.56±0.28	146.0±2.6	41.0±3.2
Pku-L1105	G05	1.65	2.87±0.32	14.20±1.28	1.69±0.04	22	3.48±0.27	151.7±0.7	43.6±3.4
Pku-L1106	G06	1.90	2.77±0.30	14.00±1.26	1.70±0.04	22	3.43±0.26	165.8±2.2	48.3±3.7
屈家岭07-A剖面(QJL07-A)									
Pku-L1252	SD-OSL01	0.45	2.57±0.28	13.00±1.17	1.31±0.03	10	3.39±0.20	2.8±0.1	0.8±0.1
Pku-L1253	SD-OSL02	2.65	2.07±0.23	13.58±1.22	1.89±0.05	16	3.53±0.19	96.8±0.7	27.4±1.5

续表

实验室编号	野外编号	埋深(m)	元素含量 U(μg/g)	Th(μg/g)	K(%)	含水量(%)	有效年剂量(Gy/ka)	等效剂量(Gy)	光释光年龄(ka)
屈家岭 07-B 剖面（QJL07-B）[11]									
Pku-LL262	QJL-OSL01	0.42	2.72±0.30	12.30±1.11	1.38±0.03	19	3.14±0.12	2.2±0.03	0.7±0.04
Pku-LL263	QJL-OSL02	0.80	2.84±0.31	13.60±1.22	1.50±0.04	21	3.31±0.20	3.3±0.04	1.0±0.1
Pku-LL264	QJL-OSL03	1.35	2.70±0.30	12.10±1.09	1.27±0.03	23	2.90±0.18	7.0±0.1	2.4±0.2
Pku-LL265	QJL-OSL04	2.02	3.22±0.35	14.00±1.26	1.67±0.04	27	3.38±0.21	17.4±0.5	5.2±0.4
Pku-LL268	QJL-OSL07	2.55	2.42±0.27	13.18±1.19	1.52±0.04	27	2.95±0.18	15.8±0.1	5.4±0.3
Pku-LL266	QJL-OSL05	3.50	2.93±0.32	14.40±1.30	1.61±0.04	24	3.33±0.20	50.6±1.0	15.2±1.0
Pku-LL267	QJL-OSL06	3.90	2.85±0.31	14.00±1.26	1.63±0.04	24	3.28±0.20	57.4±1.7	17.5±1.2
蔡当砖厂剖面（CDZC）									
Pku-LL254	CDX-OSL01	0.85	2.70±0.30	15.67±1.41	2.46±0.06	23	4.14±0.22	0.8±0.01	0.2±0.01
Pku-LL255	CDX-OSL02	1.25	2.79±0.31	16.22±1.46	2.40±0.06	28	3.98±0.22	1.1±0.01	0.3±0.02
Pku-LL256	CDX-OSL03	1.65	2.46±0.27	14.81±1.33	2.49±0.06	30	3.76±0.20	1.7±0.03	0.5±0.03
Pku-LL257	CDX-OSL04	2.20	2.48±0.27	15.60±1.40	2.63±0.07	37	3.70±0.20	2.7±0.03	0.7±0.04
Pku-LL258	CDX-OSL05	2.80	2.95±0.32	14.87±1.34	1.95±0.05	32	3.41±0.20	0.9±0.01	0.3±0.02
Pku-LL259	CDX-OSL06	3.10	2.60±0.29	13.65±1.23	1.68±0.04	27	3.17±0.19	77.6±0.4	24.5±1.4
Pku-LL260	CDX-OSL07	3.60	2.62±0.29	13.81±1.24	1.63±0.04	25	3.18±0.19	151.3±10.9	47.5±4.4
Pku-LL261	CDX-OSL08	4.10	2.70±0.30	13.44±1.21	1.61±0.04	25	3.16±0.19	156.7±0.6	49.6±3.0

* 该剖面中的含水量指定为 10±10%，其中样品 JB-OSL01 指定为 5±10%。

2 测量方法和测量仪器

2.1 年剂量

样品的铀、钍和钾含量是在核工业北京地质研究院和中国地质科学研究院分析测试研究所用等离子体质谱（ICP-MS）测量的。含水量是通过对干燥前后的样品称重得到的，其中部分样品是指定的含水量（表1），含水量表示为水与干样品重量的百分比，这里不确定度取值10%。根据以上测量的数据，结合测量样品颗粒大小，石英的 α 效率系数取 0.04[12]，根据这些数据，用 Grün[13] 程序计算出样品的有效年剂量，程序中包括了宇宙射线对剂量率的贡献。

2.2 等效剂量测量

在实验室暗室中，对样品进行石英颗粒的分离和提纯处理。这些样品中只有土桥梁剖面中的 JB-OSL01 为粗颗粒样品，其他均为细颗粒样品。在本实验室的粗颗粒和细颗粒石英的提取程序参见文献[14,15]。用红外线激发，这些样品没有红外光释光信号，表明所提取的石英组分均为纯石英颗粒。

用单片再生剂量法[16,17]测量样品的等效剂量，单片再生剂量法的优点是在测量过程中光释光信号灵敏度的变化可以通过一个试验剂量产生的释光信号来校正。再生剂量包括一个零剂量和最后一个重复剂量，零剂量用来观察样品在测量过程中电子转移的情况，重复剂量用来检验灵敏度校正是否成功。经灵敏度校正后的再生光释光信号与再生剂量作图得到测量单片的生长曲线，将校正后的自然光释光信号强度投影到生长曲线上，用内插法得到测量单片的等效剂量，该剂量称为样品的单片等效剂量。测量时的预热温度由预热坪区实验和剂量复原实验确定。

所有光释光测量均在北京大学地表过程分析与模拟教育部重点实验室的和南京大学地理与海洋科学学院释光测年实验室中的热释光/光释光测量仪（丹麦 Risø 国家实验室生产）上进行，激发光源为绿光（470 ± 10nm），探测滤光片为 Hoya U-340，通过光的波长为 290～370nm 的紫外光，探测的光电倍增管为 EMI 9235QA. 测量仪器上附带放射性 ^{90}Sr/^{90}Y 源，所有人工放射性辐照都在该仪器上进行。

3 测年结果和讨论

3.1 样品的光释光性质

沉积物样品光释光测年结果的可靠性在很大程度上与测年样品的释光性质有关，

现在广泛应用的单片再生剂量法，一般要求样品中的光释光信号以快组分为主。图3样品来自湖北屈家岭07-B剖面不同层位，给出了这些样品光释光信号衰减曲线和线性调制光释光曲线的一个例子，表明这些样品中的光释光信号都是以快组分为主，中和慢组分很少，这些样品的光释光信号是很容易被阳光晒退的。其他样品也有类似的光释光性质，表明它们都适合应用单片再生剂量法进行等效剂量测量。

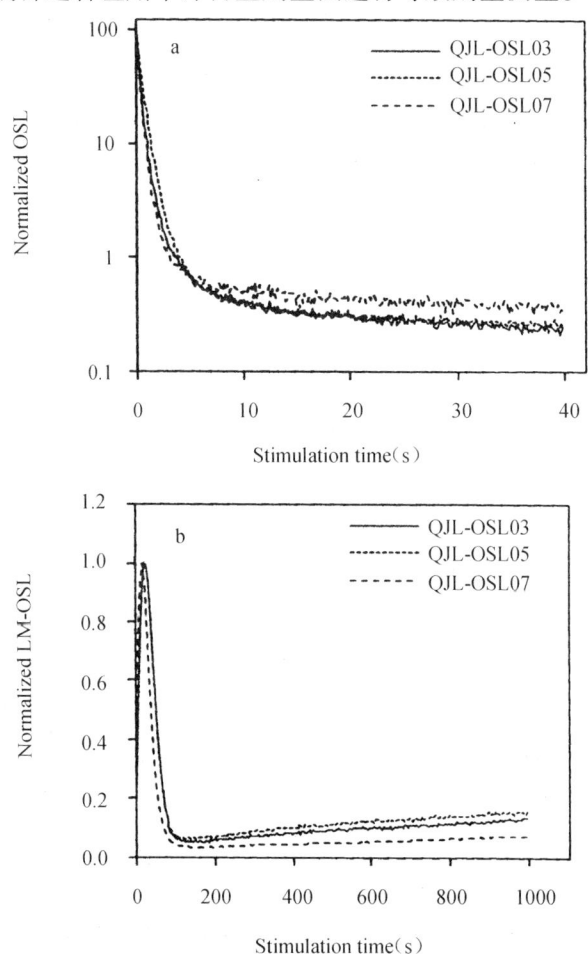

图3 样品的自然光释光衰减曲线（a），样品的自然线性调制光释光曲线（b）

为了比较，利用各曲线上最高点数据对该曲线进行了归一。光释光信号是样品在200°C下预热10s后进行测量的，测量时样品的温度为125°C，线性调制光释光测量时，光源强度由0到100%

在实验室测量样品的等效剂量，本质上就是将样品在埋藏期间积累的释光信号与实验室人工辐照产生的释光信号进行比较，得出样品的埋藏剂量。所以，在测量前一般要先对样品进行预热，即把要测量的样品加热到某个温度，在该温度下保持一定的时间，去除样品中一些不稳定的释光信号，让测量的信号只来自比较热稳定的电子陷阱，同时使测量的在实验室人工辐照产生的释光信号和样品在野外埋藏期间积累的信号来自相同的陷阱。所以，预热在等效剂量测量中是很重要的。预热的温度通常通过预热坪区实验来决定。预热坪区实验就是在不同的预热温度下测量样品的等效剂量，然后观察等效剂量值随预热温度的变化。这种观察通常通过对等效剂量对预热温度作图来实现，图 4 给出了预热坪区实验的一些实例，图中的样品来自陕西、湖北和河南，样品从老到新都有。图 4 显示每个样品都有等效剂量的坪区存在，说明在这些区间的预热温度都适合等效剂量测量。综合各样品的情况，在本文中的所有样品，等效剂量

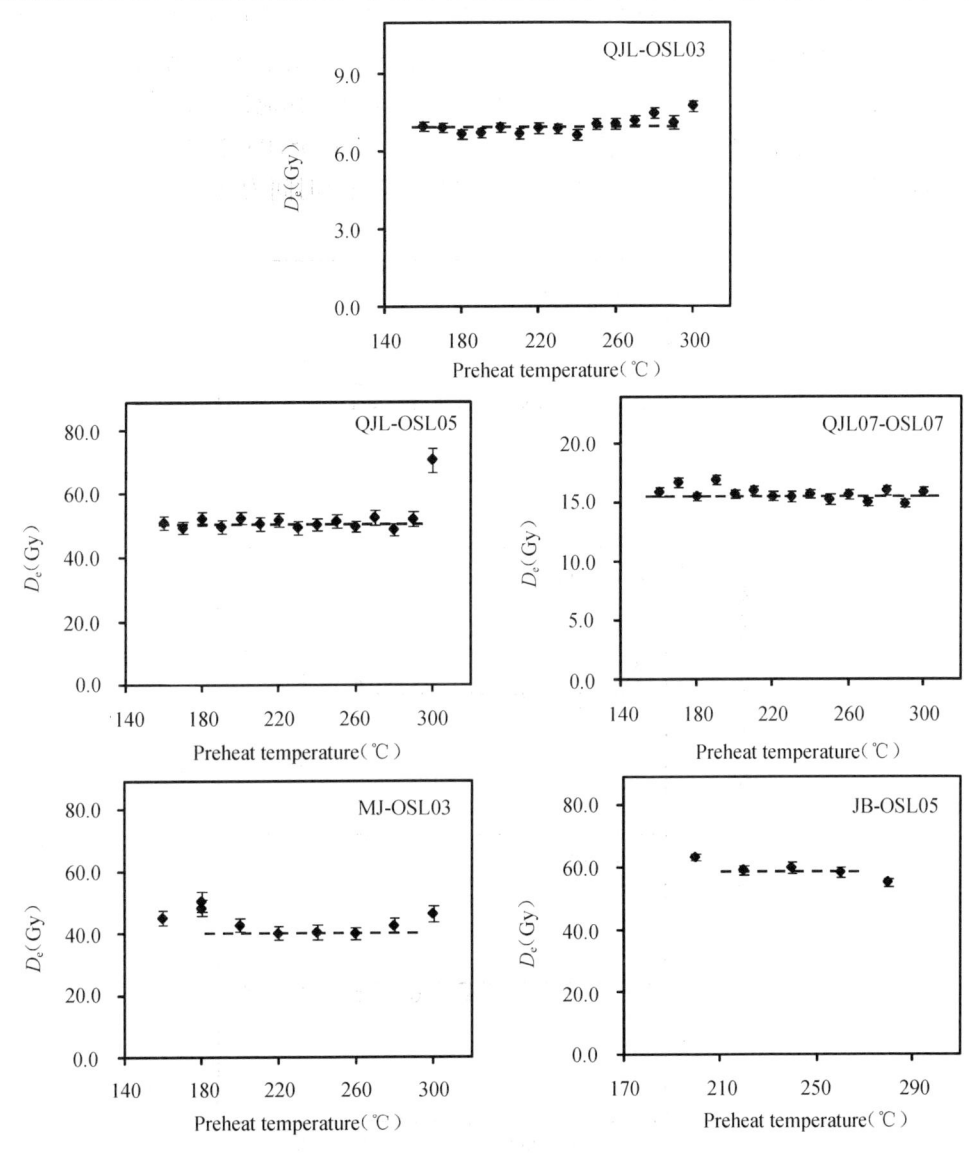

图 4 在不同温度下预热后测量的等效剂量

图中每个点代表一个单片的 D_e 值及其相应的误差

测量都采用200°C的预热温度和10s的预热时间。

　　一般要对样品等效剂量测量结果的可靠性进行验证，验证的方法一般采用剂量复原的方法。该方法就是在实验室中先用蓝光照射样品一定时间，使样品中的天然光释光信号完全释放回零。这一过程相当于样品在野外埋藏前的曝光过程，也就是光释光的测年事件。然后，对样品进行β辐照，辐照的剂量相当于样品的等效剂量大小。我们假设该剂量就是样品在埋藏过程中吸收的能量，我们不知道该剂量的大小，该剂量称为给定剂量（given dose），然后运用单片再生剂量法对其进行测量，得到的剂量称为测量剂量（measured dose）。如果测量剂量与给定剂量一致，说明剂量的复原好，在该测量条件下，样品的等效剂量测量应该是可靠的。图5给出了3个样品的复原实验结果，这些样品的复原结果都很好，除QJL-OSL03样品外，其他样品在测量预热温度范围内，样品的测量剂量和给定剂量是一致的。QJL-OSL03样品在预热温度为160~240°C内是一致的。总之，采用温度为200°C和预热时间为10s对这些样品都是合适的。

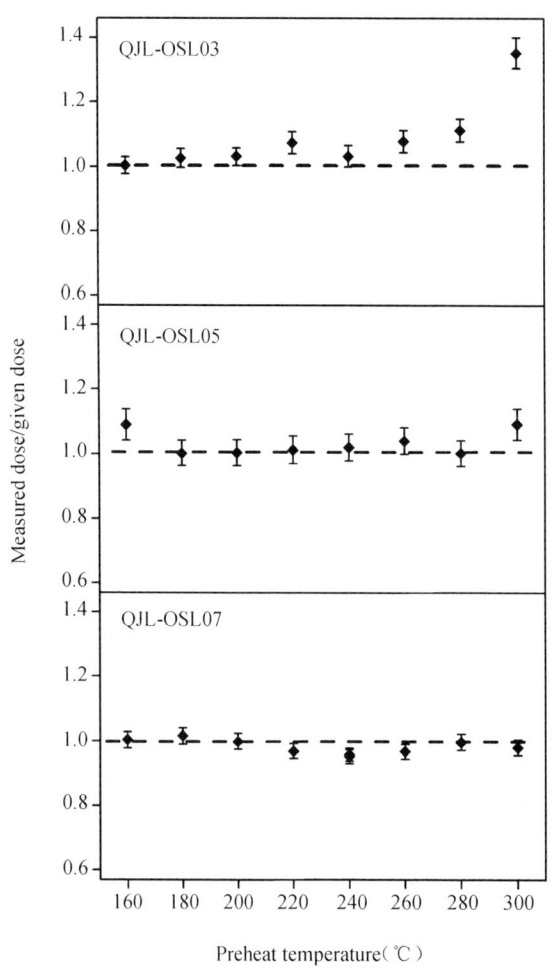

图5　样品的剂量复原实验结果

3.2 样品的光释光年龄

所测样品的铀、钍和钾含量，样品的含水量、有效剂量率和等效剂量等都列于表1。样品的等效剂量除以剂量率就是样品的光释光年龄。所得年龄数据对样品的埋深作图，得出样品的年龄—深度模式图（图6）。对图中各点回归分析，得出年龄—深度曲线和年龄—深度函数，这些剖面的年龄—深度函数列于图上，其中 x 表示年龄（ka），y 表示深度（m），R^2 表示相关系数。我们假设样品是连续沉积的，那么年龄—深度曲线

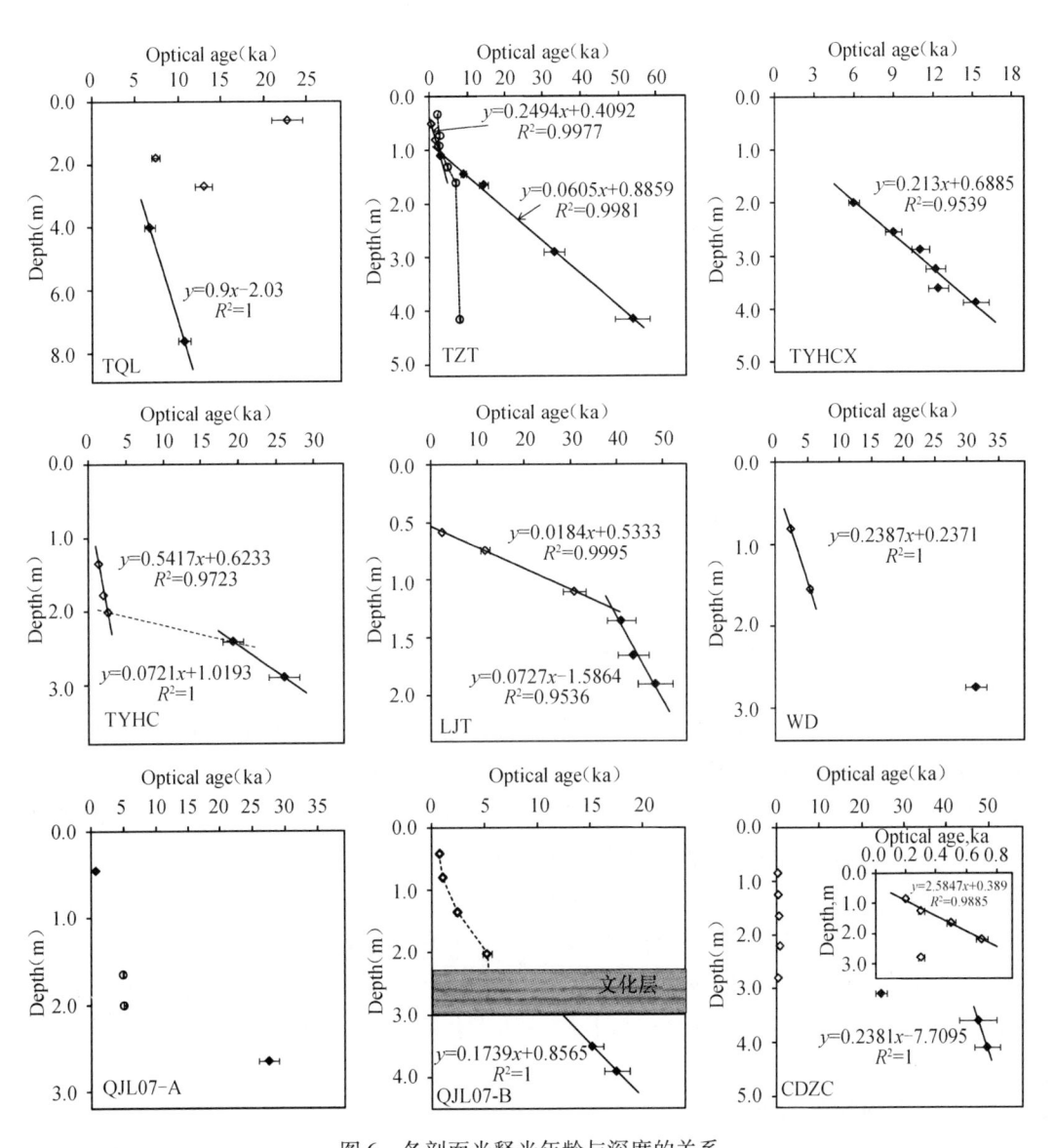

图6 各剖面光释光年龄与深度的关系

CDZC 图中的小插图表示剖面3.5m以上深度的测量结果；空圆圈表示已校正的 ^{14}C 年龄

的斜率就是沉积物的长期堆积速率（m/ka，或 mm/a），如果沉积物堆积的速率是恒定的，该曲线应为一直线，年龄与深度为线性关系。如果一个剖面在不同的深度区间有不同的堆积速率，则可以对相邻两条直线求解，得出它们的相交点，得到发生堆积速率发生变化的时间和位置。另外，根据该曲线也可以用内插法推测出不同深度样品的年龄，或者不同深度区间沉积物的年龄范围。

3.2.1 土桥梁剖面

该剖面中 5 个样品的光释光年龄值与地层层序不一致（图 6），最下部样品 JB-OSL01 的年龄为 10.7±0.7ka，明显小于最上部样品 JB-OSL05 的 22.7±1.8ka。样品 JB-OSL01 为砂样，其单片等效剂量值的分布示于图 7，等效剂量的这种分布模式，一般认为该样品在埋藏前的晒退不好，在表 1 中列出的是该样品所有测量单片的平均等效剂量值和其相应的年龄值，如果根据 Zhang 等[14] 的方法，得出其年龄为约 8ka。我们认为该砂样的年龄相对上部细颗粒的样品是较可靠的，因为没有理由认为该砂样的年龄被低估了。这样可以认为上部样品的光释光年龄被高估了，上部样品的年代应该是全新世的。高估的原因应该是样品中的光释光信号在埋藏前没有被完全晒退，残留信号导致样品的年龄值高估。另一方面，这些样品的光释光年龄说明该剖面上部地层不应该是风成堆积的，如果是风成的，它们的光释光信号在埋藏前一般都得到了充分的晒退，样品的光释光年龄应该与地层一致，所以该剖面上部也应该是水成快速堆积的。

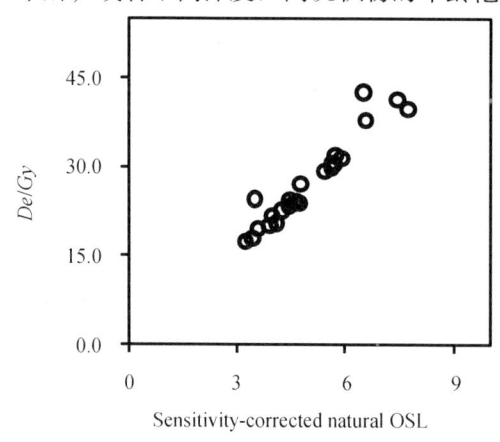

图 7 样品 JB-OSL01 的等效剂量分布图

3.2.2 太子滩剖面

图 6 表明该剖面 7 个样品的光释光年代数据没有倒转，从底部样品 OSL-1 的 53.8±4.7ka 到最上部样品 OSL-7 的 0.4±0.03ka。根据堆积速率，可将该剖面分为两个区间，在 4.15～1.1m 之间的堆积速率为 0.06 mm/a，在 1.1～0.5m 之间的堆积速率为 0.25mm/a。根据这两个区间的年龄—深度函数求解得出它们的交点在 1.03m 处，计算出 1.03m 处对应的年代为 2.5ka，说明在 2.5ka 后该地点的堆积速率明显变快，前后速率相差 4 倍，结合剖面的野外特征，我们推测下部年龄段的堆积物应该是风成堆积，堆积速率比较慢，而上部应该是水成堆积，堆积速率比较快。这里需要指出的是由堆积速率发映的变化，与野外观察的沉积物性质变化并不完全一致，这种不一致的原因值得进一步探讨。

3.2.3 大阳河村西剖面

该剖面上的 6 个光释光年代样品，从 3.88m 处样品 MJ-OSL06 的年龄 15.3±1ka，到 2m 处样品 MJ-OSL01 的 6±0.4ka，年代数据与地层层序一致。根据图 6 上的年龄—深度曲线，总体上，在这一深度内，该处的沉积长期看是比较恒定的，堆积速率为 0.21mm/a，期间没有长期的沉积间断。然而，样品 MJ-OSL05 和其上部样品 MJ-OSL04 的年龄基本一致，导致这种情况，有两种情况：①样品 MJ-OSL05 的年龄低估了；②样品 MJ-OSL06 到 MJ-OSL05 之间是以相对较慢的速度堆积，而 MJ-OSL05 到 MJ-OSL04 之间是相对较快的速度堆积。要证实是哪一种情况，还需要对平行剖面进行再次测量。

3.2.4 大阳河村剖面

根据测年数据，该剖面可分为两个年龄段，下段为马兰黄土，两个样品 MJ-OSL11 和 MJ-OSL10 的年龄分别为 26.1±2ka 和 19.3±1.4ka，由这两个样品计算出的堆积速率为 0.07mm/a。上段样品 MJ-OSL09，MJ-OSL08 和 MJ-OSL07 的年龄分别为 2.6±0.2ka，2±0.1ka 和 1.4±0.1ka，年龄数据与地层层序一致，计算出的堆积速率为 0.54mm/a，该速率明显大于下部黄土的堆积速率。值得指出的是，这种按沉积速率划分出的地层单元，与野外观察划分的地层单元并不一致。MJ-OSL10 样品取自埋藏土壤层中（参见图2），但其年龄与土壤层上部样品 MJ-OSL09 和 MJ-OSL08 的年龄完全不一样，而与下部黄土样品 MJ-OSL11 相似，这可能指示了人类的活动，将下部的黄土翻到上部，而沉积物的光释光信号晒退并不好。另外，该剖面两个年龄段相差近 20ka，这反映该位置有长期的沉积间断或者剥蚀。

大阳河村剖面与大阳河村西剖面相距仅 0.27km，但它们的地层（参见图2）和年龄—深度模式完全不同，这可能与这两个剖面当时的古沉积环境不同有关。大阳河村剖面现地面 GPS 测量的海拔高度是 285m，大阳河村西是 263m。表明大阳河村剖面所在位置在约 20ka 至约 2.6ka 之间是一个剥蚀区，而大阳河村西剖面所在位置是一个接受沉积的堆积区，根据野外观察，也认为大阳河村西剖面是湖相沉积地层[18]。另外，根据大阳河村底部两个样品推测的风成黄土的堆积速率为 0.07mm/a，而大阳河村西剖面为水成堆积，其堆积速率 0.21mm/a 明显较快。这与太子滩剖面所反映的风成堆积较慢，而水成堆积较快是相似的。大阳河村剖面上部 2.6ka 以来堆积速率达 0.54mm/a，可能与人类活动有关，因为其中发现了红烧土颗粒和小陶片。

3.2.5 瓦店剖面

瓦店剖面中的生土（黄土）样品的年龄为 31.4±1.7ka，上部文化层中两个样品的光释光年龄分别为 5.5±0.3ka 和 2.4±0.1ka，该两个样品之间的沉积物的平均堆积速率为 0.24mm/a.

3.2.6 凌家滩剖面

该剖面 6 个光释光样品的年龄与地层层序一致（图6），下部 3 个样品的年龄分别是 48.3±3.7ka，43.6±3.4ka 和 41±3.2ka，线性回归得出该段的堆积速率为 0.07mm/a；上部 3 个样品的年龄分别为 30.7±2.5ka，11.6±1ka 和 2.3±0.2ka，其线性回归得出该区间的堆积速率为 0.02mm/a。根据两个回归方程可得出他们的交叉点，年龄为 39ka，深度为 1.25m。也就是说，该地点在 39ka 后，沉积环境可能发生了改变，堆积速率变慢，只有以前的四分之一。另外，值得指出的是样品 G01 采自文化层中的汉代层，它的年龄与考古年龄是吻合的，说明这些样品的光释光年龄应该是可靠的。

3.2.7 屈家岭 07-A 剖面

文化层的下部地层样品 SD-OSL02 的光释光年龄为 27.4±1.5ka，表明该层是文化层的基底，与野外观察一致，文化层中上部样品 SD-OSL01 的光释光年龄为 0.8±0.1ka，该年龄值明显晚于屈家岭文化，说明该部位的烧土应该是后期堆积的。中间两个炭屑样品 SD-C01 和 SD-C02 的 ^{14}C 年龄为 4475±40aBP 和 4290±60aBP，经校正后的年龄分别为 5123±104cal aBP 和 4852±53cal aBP（1σ），在屈家岭文化的年龄范围内。

3.2.8 屈家岭 07-B 剖面

该剖面的 7 个样品的光释年龄没有倒置现象，最底部的两个样品 QJL-OSL06 和 QJL-OSL05 分别为 17.5±1.2ka 和 15.2±1ka，其堆积速率为 0.17mm/a，该层是文化层的基底，相当于古人的生活面，这与野外观察是一致的。文化层沉积物年龄为 5.4±0.3ka，与屈家岭文化的年代相符，而且对该文化层中的烧土也进行了热释光和光释光测年，结果与沉积物的年龄是吻合的[11]，说明这些沉积物在堆积时，其光释光信号应该完全晒退了，在一定意义上说，这些沉积物可能是风成的。文化层上部样品 QJL-OSL04，QJL-OSL03，QJL-OSL02 和 QJL-OSL01 分别是 5.2±0.4ka，2.4±0.2ka，1±0.1 和 0.7±0.04ka。由图 6 可见，从文化层中的烧土堆积开始，该处接受堆积，而且堆积的速度越来越快。与屈家岭 07-A 剖面相比，该剖面的文化层只有 0.72m，但它们应该是当时堆积的，而屈家岭 07-A 剖面上部中的烧土应该是后期堆积的。

3.2.9 屈家岭蔡垱砖厂剖面

该剖面 8 个样品的光释光年龄总体上可分为两部分，下部两个样品的年龄为 49.6±3ka 和 47.5±4.4ka，年龄与地层顺序一致，由他们回归计算出的堆积速率为 0.24mm/a。上部 4 个样品的年龄分别是 0.7±0.04ka，0.5±0.03ka，0.3±0.02ka 和 0.2±0.01ka，这些年龄数据也与地层顺序一致，由它们得出的堆积速率为 2.58mm/a，是下部地层的 12 倍。这可能是因为该剖面上部为河湖相堆积，所以堆积速率比较大。这里要指出的是中间两个样品 CDX-OSL06 和 CDX-OSL05，它们的年龄分别为 24.5±1.4ka 和 0.3±0.02ka，野外分析认为这两个年龄值是不能代表该层位的年龄。认为样品 CDX-OSL06 的年龄可能与该样品中混有下层老样品有关，但样品 CDX-OSL05 的年龄，目前无法解释，有待进一步研究。

3.3 光释光年龄与 ^{14}C 年龄的对比

通过某种测年方法得到的测量结果，其可靠性可以通过与其他测年方法得到的结果进行比较来检验，如果两个原理不一样的方法得出了相似的结果，说明测量结果应该是可靠的。本文中的 ^{14}C 年龄和日历校正年龄列于表 2，校正程序为 Fairbanks0107[19]。

图 6 比较了太子滩剖面的全样 ^{14}C 日历校正年龄和光释光年龄,根据堆积速率分析,我们认为光释光年龄应该相对可靠,而全样的 ^{14}C 年龄不能代表样品的真实年龄,这也说明,对全样的 ^{14}C 测年,必须要十分小心[20]。屈家岭剖面 07-A 中的炭屑 ^{14}C 日历校正年龄与该剖面文化层所代表的屈家岭文化的年代相符,而且与屈家岭剖面 07-B 中文化层的沉积物和烧土的光释光年龄也是一致的[11],说明这两个剖面中样品的光释光年龄与 ^{14}C 年龄都是可靠的。

表 2 ^{14}C 测年结果

实验室编号 *	野外编号	采样深度（m）	物质	^{14}C 年龄（aBP）	日历年龄（cal aBP）
CG-4650	TZT^{14}C⑥	0.33	全样	2205±65	2217±93
CG-4595	TZT^{14}C⑤	0.73	全样	2660±60	2766±42
CG-4654	TZT^{14}C④	0.91	全样	2470±65	2550±136
CG-4656	TZT^{14}C③	1.31	全样	4190±80	4746±118
CG-4596	TZT^{14}C②	1.61	全样	6100±80	6967±112
CG-4652	TZT^{14}C①	4.15	全样	6980±150	7809±143
BA071540	SD-C02	1.65	炭屑	4290±60	4852±53
BA071539	SD-C01	2.00	炭屑	4475±40	5123±104

* 样品 CG-4650 至 GG-4652 由中国地震局地质研究所 ^{14}C 实验室用液闪仪（Quantulus-1220（LKB））测量;样品 SD-C01 和 SD-C02 由北京大学 AMS 测量。

3.4 光释光测年对沉积环境和环境考古研究的指示意义

光释光技术除可以提供沉积剖面的年龄框架外,还可以根据测年样品的光释光性质,在一定程度上,推测样品的沉积环境和指示某些地貌过程。根据年龄—深度模式,计算出样品的长期堆积速率,沉积物的堆积速率可提供某些样品沉积环境的一些信息,如上述剖面中有以下特征:①沉积环境比较稳定的,表现为堆积速率没有变化,如太子滩剖面的 4.15~1.1m 之间地层;②沉积环境发生变化,表现为堆积速率发生变化,如凌家滩剖面在 1.25m 后堆积速率由快变慢,太子滩剖面在 1.03m 以后由慢变快;③沉积发生长时间间断或者有剥蚀作用,新的沉积物堆积在老的沉积物之上,如大阳河村剖面和屈家岭蔡垱砖厂剖面;④沉积物堆积速率是变化的,如屈家岭 07-B 剖面,文化层上部沉积物的堆积速率越来越快。

根据年龄—深度曲线回归函数,用内插法可推测剖面中任一点的时代,或者某一深度样品的沉积年龄。如太子滩剖面中,计算出对应 3500BC~1500BC 的地层深度在 1.21~1.11m,厚度约为 0.1m。另外,根据年龄—深度曲线也可判断研究剖面的沉积连续性,如大阳河村剖面和屈家岭蔡垱砖厂剖面就发生了长期的沉积间断。

光释光年龄数据和样品的光释光性质为地层的分层和划分提供了参考指标。如土桥梁剖面,野外观察认为上部地层应该是风成的,但样品的释光特性表示它们应该是水成的。上述剖面也说明,一个剖面中风成物的堆积速率要比水成堆积物的堆积速率要慢一些,如太子滩剖面,下部的黄土堆积明显要比上部的湖沼堆积要慢。屈家岭蔡垱砖厂剖面下部地层的堆积速率为 0.24 mm/a,沉积物没有层理,沉积特征与风成黄土非常相似,而且光释光性质与黄土也很类似,因而认为可能是风成成因[11]。

根据文化层中各物质的年龄,可推论文化层堆积物的来源,如屈家岭 07-B 剖面,烧土的光释光年代[11]与其中沉积物的年龄是吻合的,而且与其上部的年龄是相似的,且远小于文化层下部样品的年龄,说明文化层中的沉积物不是下部物质人为堆积上去的,而应该是自然堆积的。因为,如果这些物质是来自下部基底沉积物,由人工堆积上去的,那么,这些样品的光释光信号不可能回零这么彻底,其残留的光释光信号必然导致它的光释光年龄值偏大,但实际上没有。屈家岭 07-A 剖面中的文化层下部(2.15~2.35m)几乎全部由烧土组成,往上烧土减少,沉积物增多,其中沉积物样品 SD-OSL01 的光释光年龄为 0.8±0.1ka,明显晚于烧土或屈家岭文化层的年龄,说明这些文化层的上部物质包括烧土应该是后期堆积的。对文化层和其下部生土层的测年则有促于恢复当时人们生活的古环境研究。

4 总　　结

对不同地区 9 个沉积物剖面中的 49 个样品进行了光释光测年研究,这些样品的光释光性质都适合应用单片再生剂量法测量等效剂量。除土桥梁剖面外,所有剖面中样品的光释光年龄数据没有倒置现象,与地层层序一致,而且与文化层所代表的时代也是一致的,说明这些年龄数据应该是可靠的。光释光测年技术在给出测量剖面年龄框架的同时,还可以根据样品的光释光性质推测所测剖面的沉积环境变化和文化层堆积的一些信息。所测 9 个剖面的沉积物堆积速率从 0.02m/ka 到 2.58m/ka,风成黄土的堆积速率要远小于水成沉积物的堆积速率,大多剖面的堆积速率在一定深度内是恒定的。测量年代最年轻样品为 0.2±0.01ka,最老样品为 53.8±4.7ka。在测年深度内,大阳河村剖面,屈家岭蔡垱砖厂剖面有长时间的剥蚀/沉积间断。另外,全样的 ^{14}C 年代测量值得进一步研究。

致谢:本文中部分样品是在南京大学地理与海洋科学学院释光测年实验室完成的,胡刚和付晓完成了部分样品的测量,在此表示感谢。

参 考 文 献

[1] Wintle A G. Luminescence dating of Quaternary sediments-Introduction. *Boreas*, 2008, 37 (4): 469-470.

[2] Wintle A G. Luminescence dating: Where it has been and where it is going. *Boreas*, 2008, 37 (4): 471-482.

[3] Li S H, Chen Y Y, Li B, *et al*. OSL dating of sediments from deserts in Northern China. *Quaternary Geochronology*, 2007, 2 (1-4): 23-28.

[4] Pietsch T J, Olley J M, Nanson G C. Fluvial transport as a natural luminescence sensitiser of quartz. *Quaternary Geochronology*, 2008, 33 (4): 365-376.

[5] Zhang Jiafu, Qiu Weili, Wang Xiaoqing, *et al*. Optical dating of river terrace deposits and its implication for hyperconcentrated floods on the Yellow River in Hukou, Shaanxi, China. *Quaternary Geochronology*, in press.

[6] Lu H Y, Stevens, T, Yi S W, *et al*. An erosional hiatus in Chinese loess sequences revealed by closely spaced optical dating. *Chinese Science Bulletin*, 2006, 51: 2253-2259.

[7] Stevens T, Armitage S J, Lu H Y, *et al*. Sedimentation and diagenesis of Chinese loess: Implications for the preservation of continuous high-resolution climate records. *Geology*, 2006, 34: 849-852.

[8] 覃金堂, 周力平. 沙漠边缘厚层黄土上部光释光测年的初步研究. 第四纪研究, 2007, 27 (4): 546~552.

[9] Lai Z P, Wintle A G. Locating the boundary between the Pleistocene and the Holocene in Chinese loess using luminescence. *The Holocene*, 2006, 16: 893-899.

[10] 赖忠平. 基于光释光测年的中国黄土中氧同位素阶段2/1和3/2界限位置及年代的确定. 第四纪研究, 2008, 28 (5): 883-891.

[11] Fu Xiao, Zhang Jiafu, Mo Duowen, *et al*. MoLuminescence dating of baked earth and sediments from the Qujialing archaeological site, China. *Quaternary Geochronology*, in press.

[12] Rees-Jones J. Optical dating of young sediments using fine-grain quartz. *Ancient TL*, 1995, 13 (2): 9-14.

[13] Grün R. Age. exe, Computer program for the calculation of luminescence dates. Unpublished Computer Program. RSES, Canberra. 2003.

[14] Zhang J F, Zhou L P, Yue S Y. Dating fluvial sediments by optically stimulated luminescence: selection of equivalent doses for age calculation. *Quaternary Science Reviews*, 2003, 22 (10-13): 1123-1129.

[15] Zhang J F, Zhou L P. Optimization of the 'double SAR' procedure for polymineral fine grains, *Radiation Measurements*, 2007, 42 (9): 1475-1482.

[16] Murray A S, Wintle A G. Luminescence dating of quartz using an improved single-aliquot regenerative-dose protocol. *Radiation Measurements*, 2000, 32 (1): 57-73.

[17] Wintle A G, Murray A S. A review of quartz optically stimulated luminescence characteristics and their relevance in single-aliquot regeneration dating protocols. *Radiation Measurements*, 2006, 41 (4): 369-391.

[18] 孙雄伟, 夏正楷. 河南洛阳寺河南剖面中全新世以来的孢粉分析及环境变化. 北京大学学报 (自然科学版), 2005, 41 (2): 289~294.

[19] Fairbanks R G, Mortlock R A, Chiu T C, Cao L, kaplan A, Guilderson T P, Fairbanks T W, Bloom A L, 2005. Marine radiocarbon calibration curve spanning 10000 to 50000 years BP. based on paired 230Th/234U/238U and ^{14}C dates on Pristine corals. *Quaternary Science Reviews* 2005, 24, 1781-1796.
[20] 张家富,周力平,姚书春等. 湖泊沉积物的^{14}C和光释光测年——以固城湖为例. 第四纪研究, 2007, 27 (4): 522~528

(原文以"沉积物的光释光测年和对沉积过程的指示意义"为题,
原载于《第四纪研究》, 2009年29卷1期)

浙江田螺山遗址古盐度及其环境背景同河姆渡文化演化的关系

李明霖[1]　莫多闻[1]　孙国平[2]　周昆叔[3]　毛龙江[4]

(1. 北京大学城市与环境学院，北京，100871；2. 浙江省文物考古研究所，杭州，310014；3. 中国科学院地质与地球物理研究所，北京，100029；4. 南京信息工程大学大气科学学院，南京，210044)

摘要：通过对浙江田螺山遗址剖面进行野外采样，实验室测定黏土矿物的种类、含量，以及地球化学元素硼、锶、钡的含量，恢复沉积物的古盐度，探讨田螺山遗址的相对海平面变化，认为河姆渡文化层之前、之中、之后都存在相对海面较高的时期。综合多种环境要素并结合前人的相关研究成果，对田螺山地区的环境背景特点及其同古代人类活动、河姆渡文化发展的关系等问题进行初步讨论。

关键词：田螺山遗址　河姆渡文化　古盐度　环境背景　海平面

1 引　言

河姆渡文化以其独特的内涵，丰富的埋藏，久远的年代，宝贵的学术价值，成为20世纪70年代中国新石器时代考古史上的突破性重大发现之一[1,2]。河姆渡文化因河姆渡遗址而得名[3]，即使在遗址发掘过去三十多年后的今天，仍然以其大量的原始农业遗存、典型的木构建筑、丰富的器物和动植物遗存，成为最著名的新石器遗址之一。其中，栽培稻谷和骨耜等农耕用具数量繁多，显示出河姆渡先民以稻作农业为主的生业模式；带有榫卯结构的杆栏式木构建筑蔚为壮观，显示出河姆渡先民先进的木构建筑技术；石、木、陶、骨、牙、漆、玉、编织等器物做工精巧美观，象牙雕刻、漆器和木构水井均保持着新石器时代最早的年代纪录。河姆渡文化的发现使人们认识到长江流域同样孕育了灿烂的史前文化。

自20世纪70年代以来，河姆渡文化蜚声国内外，在稻作农业、聚落形态和文化源头等科学领域和研究方向取得了丰硕的研究成果，同时也留下了许多亟待解答的问题。在环境考古研究方面，前人通过孢粉资料恢复河姆渡时期古气候、古植被[4]，并出现河姆渡文化衰落的"海侵说"[5]、"水患说"[6,7]、"气候说"[8,9]等观点，试图从环境变化的角度讨论河姆渡文化从繁盛转而衰落并最终消失的文化现象。

在此后发掘的慈湖（1988年）[10]、名山后（1989、1991年）[11]、塔山（1990、1993年）[12]、小东门（1992年）[13]、鲞架山（1994年）[14]等遗址中，均没有出现河姆渡文化早期遗存，直到鲻山遗址（1996年）[15]才发现。2004年田螺山遗址的发掘，出土了杆栏式建筑、骨耜、碳化稻、木桨、编织物、龟甲等具有河姆渡早期文化特色的遗存[16]，^{14}C测年显示与河姆渡文化早期年代相当。田螺山遗址具有完好的地下遗存、丰富的内涵、与河姆渡遗址相近的聚落规模和相似的年代跨度，对田螺山遗址进行环境考古研究，给予解决河姆渡遗址遗留的诸多问题一个良好契机，对于恢复河姆渡早期文化环境背景，研究宁绍平原文化序列发展和环境演变的关系，具有非同寻常的意义。

河姆渡遗址由先后叠压的四个文化层组成，前人研究发现，遗址生土层及其上覆第四文化层（最底部的文化层）发现海相微体生物[17,18]，第三、二层文化层之间[18]以及第一文化层之上均发现淤泥层[17]，有可能受到相对海平面高度变化等水文过程影响。相对海平面高度是指海面与陆地地面的相对高差。本文对田螺山遗址剖面进行采样、实验，恢复河姆渡文化时期海面与地面相对高差以及区域水文环境，探讨文化发展与这种水文环境的关系，并结合其他资料综合讨论河姆渡文化兴衰演化环境背景。

2 研究区概况

田螺山遗址位于杭州湾南岸宁（波）—绍（兴）平原中东部，余姚江河谷盆地的北侧（30°01′N，121°22′E），西南7公里处就是河姆渡遗址（图1）。余姚江河谷盆地中部为平均海拔3m左右的平原，往东逐渐降低，其中还分布着几座低矮的小山丘。河谷盆地西接绍兴平原，东接宁波平原，东西约40km，南北约8km，呈北西西—南东东走向夹在南北两侧山地之间。南侧山地为四明山余脉，平均海拔300m，北侧为慈南山地，平均海拔约200m。余姚江由西北至东南方向流经盆地，后江是余姚江在盆地中的分岔河流，两侧山地均发源河流，呈梳状水系汇入余姚江和后江。

该河谷盆地形成于晚燕山地质构造时期[19]，盆地基底系侏罗、白垩纪时期形成，上覆第四纪海相亚黏土、亚砂土；南侧四明山余脉为侏罗系上统高坞组（J3g）中酸性—酸性火山碎屑岩，北侧慈南山为侏罗系上统茶湾组（J3c）和西山头组（J3x）凝灰质砂岩、砂砾岩夹中酸性火山岩。

田螺山遗址坐落在慈南山南麓一个坐北朝南的小盆地，南面余姚江河谷，面积三万多平方米，海拔2.3m，埋深2~3m，周围被三个低矮的小山丘所环抱。区域属亚热带季风海洋性气候区，年平均气温16.2℃，日照2061小时，无霜期227天，降水量1361mm，雨热同期，温暖湿润，自然条件优越。

前人对于河姆渡遗址和宁绍平原的孢粉、动植物遗存进行了大量研究[8,20~26]，一定程度上恢复了河姆渡文化时期该区域气候、植被和环境背景。河姆渡文化早期植被类型为亚热带常绿落叶阔叶林，主要建群树种为苎树、枫香、栎、栲、青冈、山毛榉

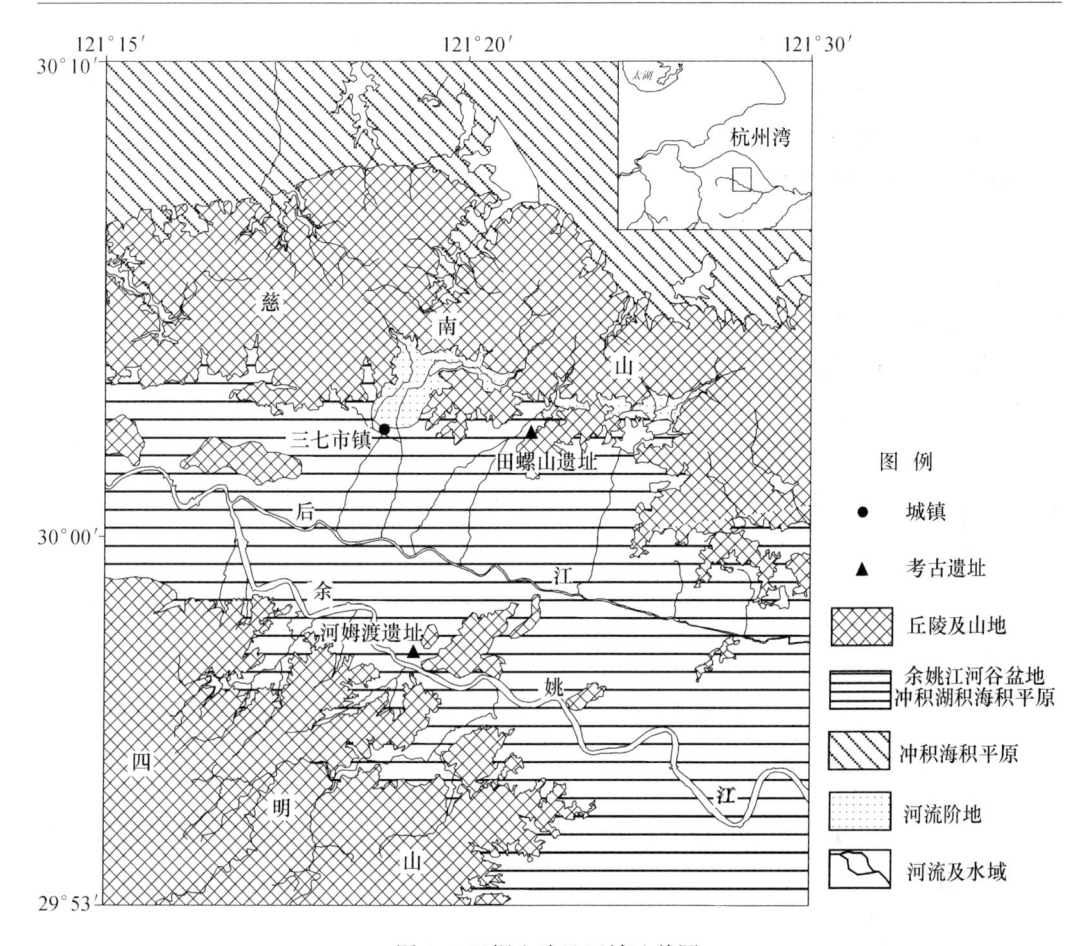

图1 田螺山遗址区域地貌图

等，蕨类植物繁盛，大量水生植物花粉表明遗址周边水域广阔，存在大量湖泊和沼泽。距今7ka～6ka前处于全新世大暖期的鼎盛期（Megathermal Maximum），气候暖热潮湿，平均气温比目前高2～3℃[21]，相当于气候带北移2～4个纬距，大致同现今亚热带南部、我国福州地区一带一致[23,25]。河姆渡文化后期植被为落叶阔叶、针叶混交林—草原，气候温和略干[21]。孙湘君等[4]、朱诚等[17]对遗址四个文化层和钻孔进行孢粉分析，认为存在指示不同气候和植被特征的四个孢粉带，分别对应温暖湿润、偏干、较冷湿和后期气温进一步下降四种气候特征。

3 田螺山遗址剖面特征、采样和年代

浙江考古所2004年对遗址进行发掘，地层堆积厚度220cm左右，依据考古发掘地层从上向下分为9个层次，其中文化层为③～⑧层[16]（图2柱状剖面图）：①表土层，上层①a带黄斑灰色粉砂，层厚10cm；下层①b颜色略浅，灰黄色粉砂，层厚6cm；

②淤泥层，分为 a、b 两层，上层②a 青灰色粉砂，质硬，潮湿，略含砂和烧土颗粒，层厚 20cm；下层②b 灰黑色砂质粉砂，层厚 5cm；③文化层，略发绿色的灰褐色砂质粉砂，夹杂大量锈斑，包含物以灰褐色泥质陶、红褐色夹砂陶类遗物为主，存在大量带有植物茎秆印痕的烧土块，层厚 45cm；④文化层，深灰褐色砂质粉砂，夹少量锈斑，遗存同第③层相近，层厚 18cm；⑤文化层，青灰褐色砂质粉砂，出土了大量骨、牙等动物遗存和生活器具的碎片，骨器、石器也大量出现，层厚 52cm；⑥文化层，深灰色粉砂，出土木、骨类有机质，此层下多找到柱坑开口，保存良好的早期木构建筑遗迹，层厚 25cm；⑦深灰色砂质粉砂层，斑杂状，除大量陶片外，还包含炭化稻谷、稻谷壳、木屑、橡子、菱角、酸枣等有机制遗存，层厚 10cm；⑧黑色粉砂层，陶器等遗存同⑦层相近，但保持更好，层厚 20cm；⑨青灰色黏土质粉砂层，未见底。采样点为遗址 2006YT T305 探方、2006YT T104 探方北壁和 2006YT T105 探方，共采集样品 47 个，采样间隔 5cm。

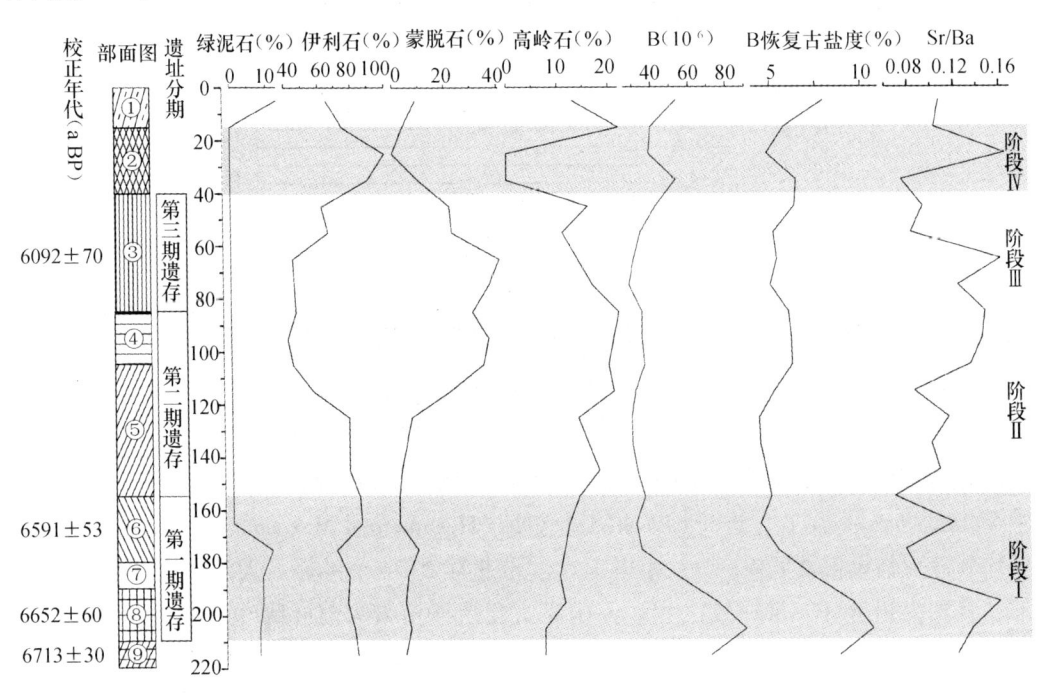

图 2 田螺山遗址剖面及黏土矿物、B 元素、古盐度、Sr/Ba 随深度变化曲线图

表 1 为 ^{14}C 年代数据，考虑到某些样品的 ^{14}C 年代结果和样品被埋藏的年代可能存在一定误差，所以本文主要采用文化层中较为可靠的一些植物遗存。据 ^{14}C 年代数据，文化层的年代为距今 7000~5500 年，与河姆渡遗址属于同时代。

表1 田螺山遗址 ^{14}C 年代测定表

地层	样本物质	^{14}C 年代 (aBP)	校正年代 (aBP)
第3层	橡子	5300±40	6092±70
第6层	稻	5790±40	6591±53
第8层	菱角	5840±40	6652±60
第9层	小树枝	5890±30	6713±30

注：半衰期5568年，BP为距1950年的年代。

4 研究方法

4.1 黏土矿物实验分析

首先在样品中加入30%的过氧化氢去除有机质，直到不发生气泡为止。加入蒸馏水搅拌后静置15~16个小时，样品均呈现良好的分散性。采用沉速分离法提取主要存在于粒径<2μm范围内黏土矿物，然后分别制成定向片、乙二醇处理片、600℃加热片，使用X′Pert Pro MPD仪器对其进行X衍射半定量分析，测定黏土矿物种类和含量百分比。

4.2 微量元素地球化学实验分析

盐度是指介质中所有可溶盐的质量分数，是区别海相和陆相环境的主要标志之一[27]。黏土矿物由于颗粒细小（<2μm），溶液中的微量元素一旦被其吸附后，无论呈吸附状态存在或是进入黏土矿物晶格，都不因后期水体中微量元素的下降而解析，因而黏土中微量元素的分析结果可作为最初沉积时的水体盐度的标志[28]。

大量研究表明，自然界水体中硼（B）的浓度是盐度的线性函数，黏土矿物从水体中吸收的硼含量与水体的盐度呈双对数关系[29]，这就是利用黏土矿物及其所吸附硼的含量计算古盐度的理论基础。主要用于计算盐度的公式是科奇校正公式[30]：

$$B^* = \frac{B_{样品}}{4x_i + 2x_m + x_k} \quad (1)$$

公式中：B^*指"校正硼"含量，x_i、x_m、x_k分别代表样品中实测伊利石、蒙脱石和高岭石的质量分数，系数代表各类黏土矿物对硼的吸收强度。科奇[30]提出校正硼含量和古盐度换算的公式为：

$$\lg S_p = \frac{(\lg B^* - 0.11)}{1.28} \quad (2)$$

公式中：S_p为古盐度（‰）。前人研究发现用科奇公式计算的结果较理想，更适合陆相地层[28,31]。需要说明的是根据黏土矿物组合和硼元素含量虽然可以定量计算古盐度，但其结果只有定性的参考意义。

分析黏土中锶钡含量的比值（Sr/Ba）也是常用的定性恢复古盐度的方法之一[32]。锶和钡的化学性质相似，但锶的迁移能力更强。当淡水与海水相混合时，淡水中的 Ba^{2+} 与海水中的 SO_4^{2-} 首先结合生成 $BaSO_4$ 沉淀，而 Sr^{2+} 可以继续迁移到远海，通过生物途径沉淀下来[33]。因此，Sr/Ba 和盐度成正比关系。

本文采用 1m 光栅发射光谱仪测定黏土矿物中微量元素硼、锶、钡的含量，运用公式进行计算，重建田螺山遗址沉积环境的古盐度特征。

5 实验结果分析和相对海面变化的初步讨论

5.1 实验结果分析

实验结果显示，田螺山遗址黏土矿物种类以伊利石、蒙脱石和高岭石的组合为主，绿泥石含量极少。样品测定的黏土矿物百分含量、B 元素含量、通过 B 恢复古盐度、Sr/Ba 随剖面深度变化如图 2 所示。环境背景演变的不同阶段与遗址文化层较好的对应起来。阶段 Ⅰ：⑥~⑧层，田螺山第一期遗存；阶段 Ⅱ：④、⑤层，田螺山第二期遗存；阶段 Ⅲ：③层，田螺山第三期遗存；阶段 Ⅳ：②层。

阶段 Ⅰ 下部⑦、⑧层以及下伏⑨层，Sr/Ba 和 B 恢复古盐度曲线均出现最高峰值。如前文剖面描述，野外考察发现遗址⑨层为青灰色细腻的黏土、粉砂质沉积，不同于一般的淡水沉积，说明⑨层沉积时可能受到海水的影响。⑦、⑧层为文化层，出土釜、罐、钵等器物以及骨耜、蝶形器、编织物等[16]，表明虽然田螺山先民已经定居于此，但当时相对海面仍然较高，沉积物受到过海水的影响，或者由于人类活动使得这两层沉积物与下伏地层的沉积物之间有一定的扰动性混合。前人研究发现河姆渡遗址第四文化层的微体古生物中有广盐性的有孔虫、介形虫、硅藻，如毕克卷转虫（Ammonia beccarii）、宽卵中华丽花介（Sinocytheridea latiovata）等[17,18]，与此可以相互印证。此外，河姆渡遗址发现大量栽培稻谷和农耕用具遗存，而田螺山遗址⑥层底部出土炭化米粒[16]，说明水稻可能在当时的农业社会经济中占有一定的地位。田螺山遗址⑥层 Sr/Ba 曲线和古盐度曲线显示沉积盐度明显下降，表明海水影响作用开始减弱。

阶段 Ⅱ Sr/Ba 和 B 恢复古盐度曲线均由较低值向较高值变化，但总体而言都在相对较低的值域范围内波动，表明阶段 Ⅱ 相对海面与阶段 Ⅰ 相比有所回落，海水对遗址影响减弱。孢粉资料显示[4]，此时正值全新世大暖期鼎盛阶段，气候暖热潮湿，环境适宜，人类活动空前活跃。田螺山遗址④、⑤层除出土墓葬、骨耜、陶器、石器等丰富遗存和器物，还出现了大量建筑柱坑开口。从柱坑的形态和垫板的加工来看，田螺山先民成熟地掌握了以挖坑、垫板、立柱作为木构建筑基础的建筑技术[16]。

阶段 Ⅲ Sr/Ba 曲线出现波峰，而浙江省考古文物研究所的考古学家在田螺山遗址附近调查水稻田遗迹的试掘剖面中还发现早晚期遗存之间有一层淤泥层，说明这一阶段相对海面可能较高。此阶段遗存相对较少且零散，人类活动的活跃程度较前期减弱。田螺山第三期遗物技术进步并不明显，但陶器器形以敛口釜为主，代表与第一、二期遗存紧密衔接的文化内涵，再次证明了河姆渡文化前期和后期为一脉相承的同一种文化[16]。

阶段Ⅳ对应的②层为遗址文化层之上覆盖的一层沉积物，Sr/Ba 曲线出现峰值，说明沉积时也受到海水的一定程度的影响，此时相对海面与文化层时期相比略高。

5.2 田螺山遗址相对海面变化的初步讨论

田螺山遗址文化层之下存在受海水影响的沉积层，与此对应，河姆渡遗址生土层发现海相微体生物[17、18]，表明当时两遗址的相对海面较高。田螺山遗址下部⑦、⑧文化层沉积表现较高盐度，与河姆渡第四文化层中存在海相微体生物相对应[17、18]，表明当时该地区仍受到海水的影响。田螺山遗址文化层之上覆盖盐度稍高的沉积层（②层），与河姆渡遗址第一文化层之上发现淤泥层对应[17、18]；同时，考古学家在田螺山遗址附近水稻田遗迹试掘剖面中发现的早晚期遗存之间的海相淤泥层，与河姆渡遗址中第三、二层文化层之间发现有淤泥层相对应[17]。田螺山遗址文化层之上和之中的这两层淤泥层，说明人类在此定居后，相对水位至少有两次升高。所以，本文认为田螺山遗址文化层之前、之中、之后均出现相对海面较高的时期。

6 环境背景同文化演化关系的讨论

本文在前人研究的基础上，从不同地理环境要素出发，综合分析讨论河姆渡文化兴衰演化的环境背景。

6.1 河姆渡文化的兴衰演化

距今 7ka~5ka 的新石器时代中期，各地的新石器文化均出现繁荣大发展[34]。与此同时，长江下游宁绍平原分布着河姆渡文化，环太湖流域先后存在马家浜文化和崧泽文化（表2）。

表2 长江下游考古文化序列及年代框架表

年代范围（aBP）	宁绍平原文化脉络	环太湖流域文化脉络	考古学分期
8000~7000	跨湖桥文化		新石器时代早期
7000~5800	河姆渡文化前期	马家浜文化	新石器时代中期
5700~5300	河姆渡文化后期	崧泽文化	
5300~4200	良渚文化	良渚文化	新石器时代晚期
3900~3100	马桥文化	马桥文化	青铜时代早期

前人关于宁绍地区早期遗址群的量化分析表明，河姆渡文化后期遗址数量和规模较前期有所增长[37]。在文化内涵上，河姆渡文化尤其是前期文化，技术水平与不同地域并驾齐驱的诸文化不相伯仲。器物精制美观，制作工艺娴熟，杆栏式建筑鳞次栉比，象牙雕刻、漆器和木构水井都是迄今发现年代最早的。而河姆渡后期文化技术进步不明显，甚至出现衰退迹象，由繁盛向衰退的转折可能在河姆渡第三和第二文化层之间[36]。距今5300年前后，河姆渡文化被南下的良渚文化取代。

良渚文化是长江下游新石器时代中晚期的著名考古学文化之一，其相对年代晚于河姆渡文化，核心分布区位于环太湖流域一带，由与河姆渡文化同期的马家浜、崧泽文化发展而来，同时吸收了长江下游地区其他新石器文化的因素（参见表2）。良渚文化强势崛起之后，很快统一了包括宁绍平原在内的整个长江下游地区。良渚文化的发展水平曾位于全国前列，成为该地区特色鲜明并具有初期文明特征的新石器文化。

6.2　综合自然条件对河姆渡文化的影响

人类社会的兴衰波动发展，不仅有其自身内在的机制，自然环境也是不可忽视的重要原因，自然环境的变化对文化发展的促进或制约作用表现为各个环境子要素综合性的影响。整体上而言，宁绍平原自然环境条件优越，气候适宜，水热条件充足，地貌景观多种多样，土地资源条件良好，野生动植物资源丰富，灿烂的河姆渡文化就是在这样优越的自然环境下孕育并繁荣发展。

宁绍平原以南是浙江中部和中西部山地丘陵，山地丘陵区的河流如浦阳江、曹娥江、奉化江等均向北流而与宁绍平原相连。这些流域已陆续有旧石器时期的古人类活动遗迹发现[18]，浦阳江河谷地区已经发现距今9000年以前的浦江上山新石器早期遗址，遗址中发现水稻利用或栽培的证据[39,40]，曹娥江上游谷地中也已发现距今9000年前后的小黄山新石器早期遗址[41]。虽然就目前有限的发现和研究结果，还不能说明浙江杭州湾以南地区从旧石器文化到新石器早期和早中期文化的联系，但已明确显示出古代人类从山地到山间河谷地区，再到平原的发展路线，以及由狩猎采集经济到农业萌芽，再到拥有较为发达的农业作为重要食物获取方式的发展轨迹。当田螺山、河姆渡一带的宁绍平原区适合人类生存时，已经逐步掌握水稻栽培技术的古代人类来这里定居发展是理所当然的。

全新世中期的田螺山、河姆渡一带不仅有余姚江谷地，谷地南北两侧还有大片的山地丘陵，平原中还有一些湖泊，多样的地貌和环境条件组合，加之温暖湿润的气候，使得栖生于不同生境的野生动植物数量繁多，类型丰富多样。一方面为古代人类的丰衣足食提供了保障，并为形成以较为发达的木制和骨制工具为特色的河姆渡文化提供了原料；而另一方面也在某种程度上降低了人们进一步发展农业的迫切性，因而可能对河姆渡文化趋于保守、农业技术发展进程相对缓慢产生了一定影响。

6.3 水文过程变化对河姆渡文化的影响

宁绍平原位于近海区域,水文过程变化对该区域有重要影响。长江下游这一构造大背景决定了宁绍平原长期处于构造沉降,整体地势低平。平原地面可以由于构造沉降、沉积地层的压实沉降或平原地面的淤积升高等因素引起地面的高程变化。平原地面的高程变化同海面波动的共同影响引起滨海区域平原地面同海面的相对高差变化,或许可以称之为"地区性相对海面变化"。这种地区性的相对海面变化将直接影响滨海平原的水文过程。相对海面升高引起的径流排水不畅,水域面积扩大,水患灾害频繁等区域水文环境变化直接关系人类的生产生活,是影响和制约文化发展的重要原因之一。田螺山遗址古盐度表明,河姆渡文化之前、之中、之后均出现相对海面较高时期(这种相对性的海面变化有多少是由于海面变化引起,多少是由于滨海平原地面变化引起则需要今后的进一步深入研究),对文化产生了一定的冲击和影响。尤其是文化层之中和之后的两次相对海面升高,导致了局部的文化间断,对河姆渡中期、后期文化产生不利影响。但是,河姆渡文化后期遗址数量有所增长[37],并且宁绍地区河姆渡文化前期至马桥文化各时期都有遗址分布这一事实表明[18,37],三次相对海面升高的幅度不大,历时也不太长。值得一提的是,根据前人研究结果,环太湖地区的良渚文化在兴起和繁盛之时,相对海面较低。良渚文化的衰落和消失也同文化后期相对海面较高有关,从一个侧面说明相对海面高度等水文过程的变化对长江下游地区具有广泛而重要的影响。

6.4 气候变化对河姆渡文化的影响

7ka~6kaBP 全新世温暖期的鼎盛期,是河姆渡文化繁荣发展的顶峰时期[21~25]。田螺山遗址黏土矿物曲线(参见图2)阶段Ⅱ后段和阶段Ⅲ伊利石含量相对减少,蒙脱石和高岭石含量相对增多,也表明距今6000年左右是气候最温暖潮湿的时候。5.9kaBP左右气候变冷变干,可能对文化的发展产生一定影响,河姆渡文化后期的发展势头有所减弱,可能同气候的这种演变趋势有一定关系。但值得注意的是该区气候对文化发展的影响是有限的,长江下游地区属于亚热带季风气候,全新世气候波动的幅度可能不足以从根本上改变生态和植被[42],也不足以从根本上对当地人类的生产生活、大范围的迁入迁出等造成决定性的影响,只是在河姆渡文化兴衰演化的过程中起到推波助澜的作用。

6.5 地理区位对河姆渡文化的影响

著名考古学家严文明先生认为中国文明起源是"多元一体"结构,将整个中国古代文明比喻为"重瓣花朵",中原地区是花心,周围各文化是花瓣[43]。这一理论强调文化所处的区位之于文化继承、发展、演变和融合的重要性。宁绍平原地区本身的区域发展空间与黄河流域、长江流域一些具有发达新石器文化的地区相比不算大，而且还处于相对较为封闭的地理环境之中。北与长三角地区隔杭州湾，往东为海洋，往南到福建都是以山地为主，往西也为山地或丘陵，只有西南方的金华盆地存在地形上较为开阔平缓的地区，这些地区已发现的新石器文化的数量和水平都很有限。与区域更为广阔且同长江中游和黄河流域存在广泛联系的环太湖和长三角地区相比，宁绍平原的区位处于劣势。当环太湖和长三角地区的良渚文化强盛之时，良渚文化扩张南下占据整个宁绍平原，取代了河姆渡文化，至此河姆渡文化消失。所以河姆渡文化的区位劣势也是影响其发展演化的重要原因之一。

致谢： ^{14}C 年代由北京大学考古文博学院科技考古与文物保护实验室测定；北京大学地球与空间科学学院王河锦老师对本文提取黏土矿物实验提供帮助，并测定黏土矿物百分含量；微量元素地球化学测定，由河北省地质调查院区调所完成。

参 考 文 献

[1] 石兴邦. 河姆渡文化——我国稻作农业的先驱和采集农业的拓殖者. 河姆渡文化研究. 杭州：杭州大学出版社, 1998: 1~17.

[2] 刘军. 河姆渡文化. 北京：文物出版社. 2006.

[3] 夏鼐. 碳-14 测定年代和中国史前考古学. 考古, 1977, (4): 217~229.

[4] 孙湘君, 杜乃秋, 陈明洪. "河姆渡" 先人生活时期的古植被、古气候. 植物学报. 1981, 23 (2): 146~151.

[5] 郎鸿儒. 浙江余姚河姆渡新石器时代遗址与全新世海面的变化. 浙江地质, 1987, 3 (1): 5~13.

[6] 吴维棠. 七千年来姚江平原的演变. 地理科学, 1985, 3 (3): 269~275.

[7] 邵九华. 五千年前宁绍平原的特大洪水. 浙江水利科技, 1999, 1 (1): 34.

[8] 江大勇, 王新平, 郝维城. 浙江中全新世古气候古环境变化与河姆渡古人类. 北京大学学报（自然科学版），1999, 35 (2): 248~253.

[9] 蔡保全. 杭州湾两岸新石器时代文化与环境. 厦门大学学报（哲学社会科学版），2001 (3): 126~133.

[10] 宁波市文物考古研究所, 宁波慈湖遗址发掘简报. 浙江省文物考古研究所学刊. 北京：科学出版社, 1993: 104~118.

[11] 名山后遗址考古队. 奉化名山后遗址第一期发掘的主要收获. 浙江省文物考古研究所学刊. 北京：科学出版社, 1993: 119~123.

[12] 浙江省文物考古研究所. 象山县塔山遗址第一、二期发掘. 浙江省文物考古研究所学刊. 北京：长征出版社, 1997.

[13] 王宁远. 宁波慈城小东门遗址发掘简报. 东南文化, 2002 (9): 17~30.

[14] 孙国平, 黄渭金. 余姚市鲞架山遗址发掘报告. 史前文化. 西安：三秦出版社, 2000: 385~427.

[15] 王海明, 蔡保全. 浙江余姚市鲻山遗址发掘简报. 考古, 2001 (10): 14~25.

[16] 浙江省文物考古研究所, 余姚市文物保护管理所, 河姆渡遗址博物馆. 浙江余姚田螺山新石器时代遗址 2004 年发掘简报. 文物, 2007. (11): 4~24 转 73.

[17] 朱诚, 郑朝贵, 马春梅, 等. 对长江三角洲和宁绍平原一万年来高海面问题的新认识. 科学通报, 2003, 48 (23): 2428~2438.

[18] 王海明. 浙江史前考古学文化之环境观. 环境考古研究 (第三辑). 北京: 北京大学出版社, 2006: 124~133.

[19] 浙江省地质矿产局. 中华人民共和国地质矿产部地质专报浙江省区域地质志. 北京: 地质出版社, 1989.

[20] 浙江省博物馆自然组. 河姆渡遗址动植物遗存的鉴定研究. 考古学报, 1978 (1): 95~107.

[21] 王开发, 张玉兰. 宁波平原晚第四纪沉积的孢粉、藻类组合及其古地理. 地理科学, 1985 (2): 145~151.

[22] 刘为纶, 夏越炯, 周子康, 吴维棠. 河姆渡古气候可作为预测长江中下游未来气候变暖的经验模式. 科技通报, 1994, 10 (6): 343~394.

[23] 周子康, 夏越炯, 刘为纶, 吴维棠. 全新世温暖期河姆渡地区古植被和古气候的重建研究. 地理科学, 1994, 14 (4): 363~370.

[24] 刘为纶, 周子康, 吴维棠. 未来气候变暖的经验模式——浙江河姆渡古气候. 河姆渡文化研究. 杭州: 杭州大学出版社, 1998: 248~257.

[25] 周子康, 刘为纶, 吴维棠. 河姆渡地区中全新世温暖期古植被和古气候的研究. 河姆渡文化研究. 杭州: 杭州大学出版社, 1998: 258~268.

[26] 覃军干. 宁绍平原及邻区晚更新世以来的孢粉学研究及古环境意义. 同济大学理学博士学位论文. 2006.

[27] 何起祥. 沉积岩和沉积矿床. 北京: 地质出版社, 1978: 319~327.

[28] 游海涛, 程日辉, 刘昌岭. 古盐度复原法综述. 世界地质, 2002, 21 (2): 111~117.

[29] 周仰康, 何锦文, 王子玉. 硼作为古盐度指标的应用. 沉积学和有机地球化学学术会议论文选集. 北京: 科学出版社. 1984: 55~57.

[30] Couch E L. Calculation of paleosalinities from boron and clay mineral data. *American Association of Petroleum Geologists Bulletin*, 1971, 55: 1829-1839.

[31] 郑荣才, 柳梅青. 鄂尔多斯盆地长 6 油层组古盐度研究. 石油与天然气地质, 1999, 20 (1): 20~25.

[32] 王敏芳, 黄传炎, 徐志诚, 等. 综述沉积环境中古盐度的恢复. 新疆石油天然气, 2006, 2 (1): 9~12.

[33] 史忠生, 陈开远, 史军, 等. 运用锶钡比判定沉积环境的可行性分析. 断块油气田, 2003, 10 (2): 12~16.

[34] 张忠培. 仰韶时代——史前社会的繁荣与向文明时代的转变. 故宫博物院院刊, 1996 (1): 1~44.

[35] 严文明. 中国史前文化的统一性与多样性. 史前考古论集. 北京: 科学出版社. 1998: 1~17.

[36] 刘军, 蒋乐平. 宁绍地区新石器时代文化若干问题探讨. 河姆渡文化研究. 杭州: 杭州大学

出版社, 1998: 84~99.

[37] 冯小妮, 高蒙河. 宁绍地区早期遗址群的量化分析. 东南文化, 2004 (6): 31~37.

[38] 严文明. 龙山文化与龙山时代. 文物, 1981 (6): 41~48.

[39] 盛丹平, 郑云飞, 蒋乐平. 浙江浦江县上山新石器时代早期遗址——长江下游万年前稻作遗存的最新发现. 农业考古, 2006 (1): 30~32.

[40] 蒋乐平, 盛丹平. 上山遗址与上山文化. 环境考古研究（第四辑）. 北京: 北京大学出版社, 2007: 25~42.

[41] 王心喜. 小黄山遗址新石器时代早期遗存的考古学观察. 绍兴文理学院学报, 2006, 26 (2): 6~10.

[42] 萧家仪, 郭平, 王丹, 等. 太湖平原全新世中晚期古植被、古环境与古文化——以苏州绰墩遗址为例. 南京师大学报（自然科学版）. 2004, 27 (2): 91~97.

[43] 严文明. 长江流域在中国文明起源中的地位和作用. 农业发生与文明起源. 北京: 科学出版社. 2000.

（原载于《地理学报》, 2009 年 64 卷 7 期）

后　　记

　　中华文明是世界最古老的四大原生文明之一，而且是世界上唯一连续发展至今、未曾间断的文明。中华文明历史悠久，覆盖地域广阔，内涵丰富。文明的特征、发展道路和模式，均具有自己鲜明的特点。中华文明起源研究对于我国乃至世界人类文明史研究的重要意义众所周知。中国学术界几代学者乃至国际上的一些有识之士对中华文明史的艰难探求已持续了近一个世纪。而承载着我国学术界热切期盼的"中华文明探源工程"，在中央领导和政府部门的高度重视下，以社会科学和自然科学多学科结合的模式，几乎应和着新世纪的步伐逐步展开。在"探源工程"实施已逾八年之际，科技部和国家文物局决定编辑出版《中华文明探源工程文集》，对于总结已有成果，进一步明确今后的努力方向和研究重点，其必要性是不言而喻的。

　　自然环境及其演变对人类社会及经济文化发展的影响具有重要作用，有时甚至具有决定性的作用。这一点被越来越多的研究所证明。因此，国内外对这方面的研究也越来越重视。任何古老文明的形成与发展历史，文明的特点与文化内涵，都与该文明孕育、诞生和发展的地区的自然环境密切相关。中华文明的特点、文化内涵、发展道路和模式、文明起源与发展的一些重大问题的研究，无一例外，都与自然环境存在非常密切的联系。所以，中华文明探源工程自开始以来，就将自然环境及其演变同文明起源与发展关系的研究列为重要内容。环境方面的研究，围绕项目整体目标，与项目其他课题紧密配合。在"探源工程"预研究（2001~2003，环境课题负责人：夏正楷、袁靖）和第一阶段（2004~2005，环境课题负责人：周力平、赵志军）的研究区域集中于以豫西晋南为重点的中原地区，第二阶段（2006~2008，环境课题负责人：莫多闻、赵志军）将研究区域扩大到了包括中原地区在内的整个黄河中下游流域、长江中下游流域和西辽河流域。《中华文明探源工程文集》（环境卷Ⅰ）收录了探源工程开展以来环境课题组成员在国内外发表的论文中的一部分，其中只有少数几篇是专为本书写作而首次发表，共计33篇。由于第二阶段的研究规模、参与人员和覆盖地域都远远超过了预研究和第一阶段，所以本卷收录的论文也以第二阶段的论文为多数。所有论文由莫多闻和赵志军负责收集。

　　这些论文的内容主要涉及全新世中晚期各地区自然环境特征及其演变的研究，主要包括气候、地貌、水文过程、沉积过程、植被演变历史等方面的研究。某些地区的动物遗存和微体古生物的研究也有所涉及。有些论文研究和探讨了黄河流域及长江中下游地区的一些洪水灾害事件，对一些地区的干旱和沙化事件及某些地点的古地震遗迹也有所研究。多数论文就自然环境特征及其演变对古代人类文化演化的影响做了较深入的探讨。某些论文探讨了古代地貌和水文过程或古代人类生产方式的变化对聚落分布的影响。对于自然环境演变同文明起源与发展的关系也有一些初步的讨论。

无论是古环境重建本身，还是对环境同文化与文明关系的分析探讨，都是十分复杂的问题。已经取得的结果和结论都有赖于进一步研究的证明。由于不同的研究小组分别承担了不同地区或不同方面的研究，不同论文中的某些结果或结论存在某些差异是必然的，有的可能是客观事实的反映，也有的可能由于方法的差异或局限性所引起，都只能在将来进一步深入研究的基础上获得更为准确真实的揭示与把握。如果有些结果或结论存在偏颇或错误，还祈望学界专家的批评指正。我们相信，不断地探求、发现、创新，不断地去伪存真是学术发展的永恒规律。

我们不会忘记是前辈几代学者的不懈努力，为我们的研究奠定了良好的基础。也不会忘记，"中华文明探源工程"的顺利立项与实施得益于许多学者以各种方式的积极推动。"探源工程"环境课题从预研究到第二阶段的各个实施阶段，得到了科技部和国家文物局相关领导的大力关心与支持，也得到了各阶段项目整体负责专家的大力支持与具体指导。各阶段课题负责人和参与研究的各单位学者，以高度的责任感，努力工作，密切配合，克服了各种困难，取得了可喜成绩，顺利完成了各阶段的研究目标。并且锻炼和培养了队伍，积累了课题实施的经验。这些都是将来进一步研究的重要基础。

国家文物局在"探源工程第二阶段"启动之时建立了"第三方评估咨询专家组"制度。环境课题第三方评估咨询专家组周昆叔、宋豫秦、曹兵武、巩文、国连杰、张茹颖诸位先生对课题的整体设计、实施方案和课题的管理等方面提供了许多宝贵意见，多次就一些学术问题同课题组成员进行深入探讨。多次主持了课题进展报告、检查和咨询会议，对每一阶段的实施给予了全程的检查、督促和指导。周昆叔、宋豫秦等先生还亲赴甘青地区、安徽和江苏等地区就野外工作、实验室工作及研究进展等进行检查指导。周昆叔先生还亲自参与了郑州及邻近地区和长江中下游流域的野外考察和研究工作。他们为课题的顺利实施做出了重要的贡献。

在本书出版之时，向所有关心、鼓励和支持中华文明探源研究以及文明探源的环境考古学研究的领导和专家表示衷心的感谢！并衷心感谢科学出版社给予的大力支持及各位编辑人员为本书出版所付出的辛劳！

莫多闻
2009 年 9 月 1 日

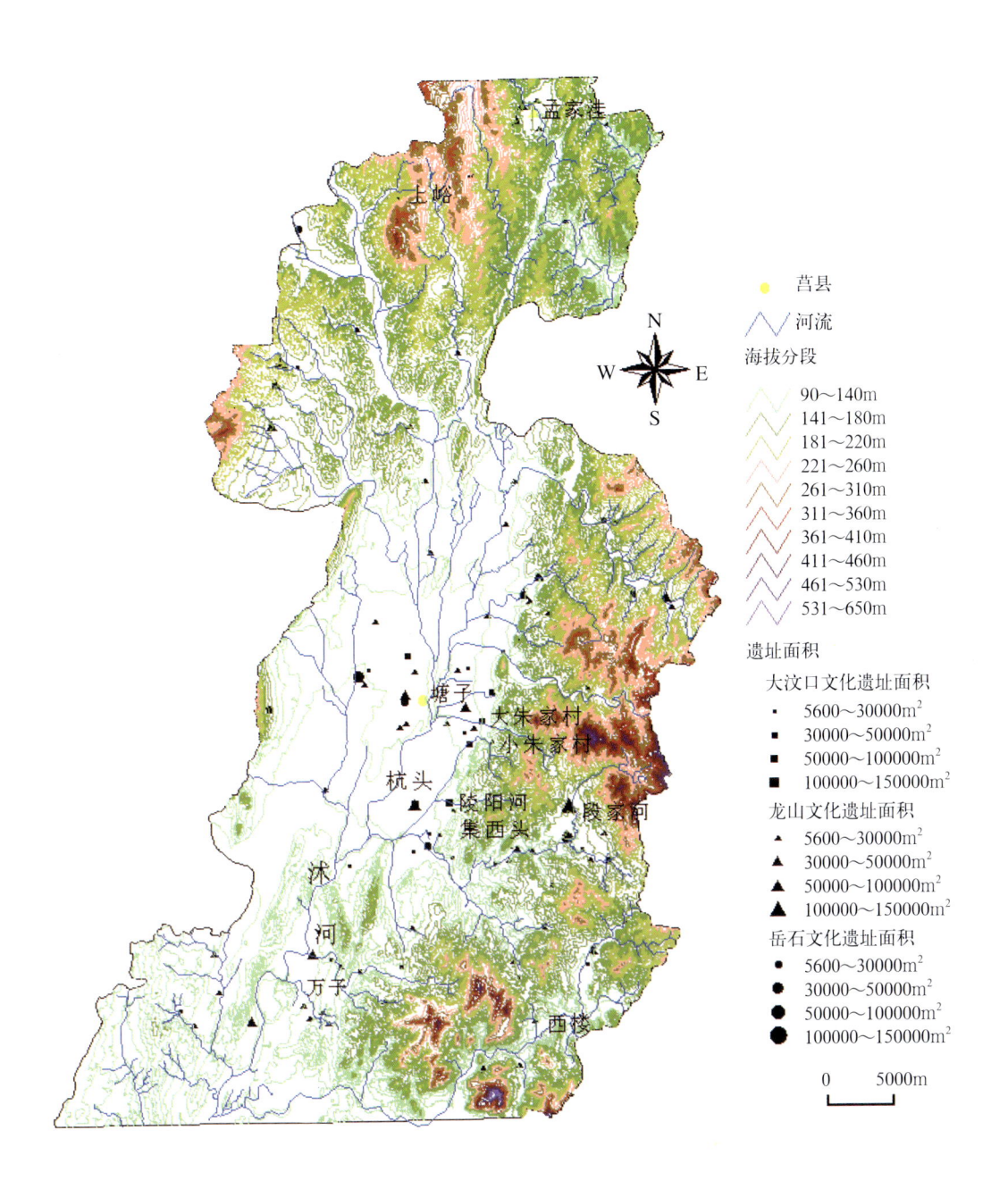

图版1　山东沭河上游史前遗址分布图

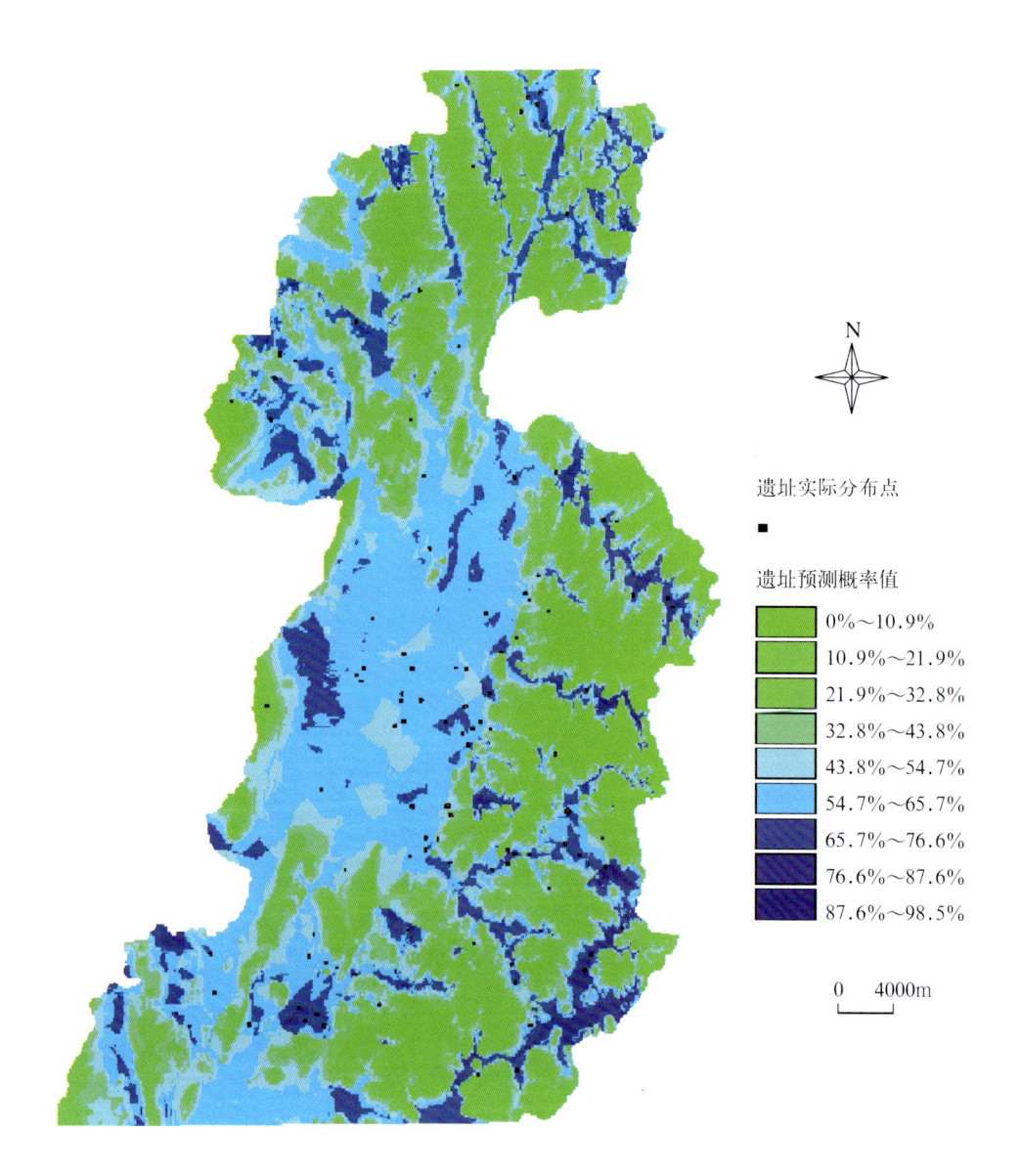

图版2　山东沭河上游遗址预测概率分布图与实际遗址分布图的叠加

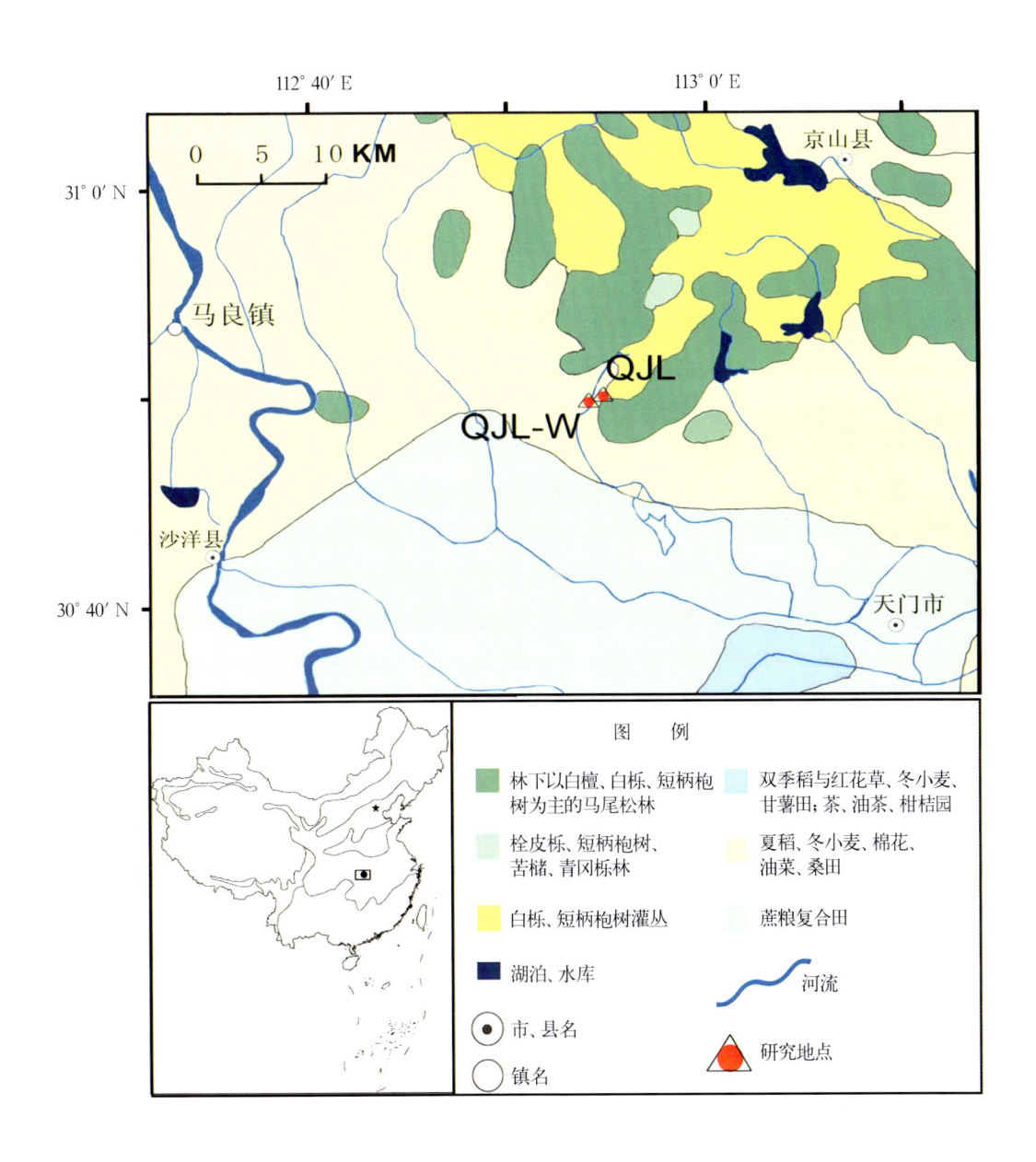

图版3　湖北屈家岭地区位置及植被分布

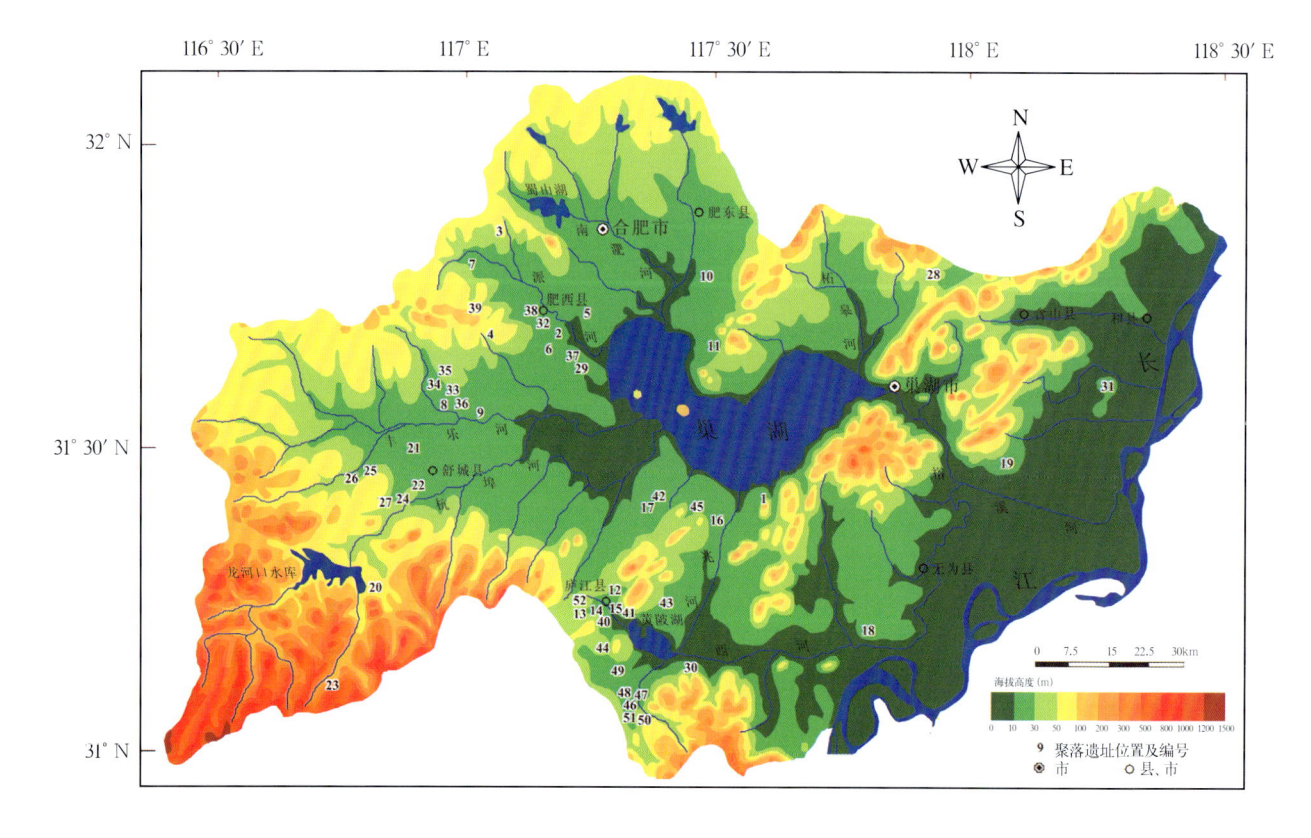

1. 槐林神墩（10～20）2. 古埂（10～20）3. 九狼墩（50～100）4. 唐中湾大墩（50～100）5. 三官庙墩（20～50）6. 老虎头（20～50）7. 戴大郢大墩（20～50）8. 张马墩（10～20）9. 袁小墩（20～50）10. 药刘（10～20）11. 小赵（20～50）12. 三板桥（20～50）13. 黄粟大墩（20～50）14. 孙家牌坊（10～20）15. 朱家神墩（10～20）16. 盛桥神墩（10～20）17. 朱井（20～50）18. 白鹤观（20～50）19. 凌家滩（10～20）20. 叶墩（50～100）21. 谢河大墩（10～20）22. 黑虎城（20～50）23. 弯腰树（>100）24. 摩旗墩（20～50）25. 东头大墩（20～50）26. 毛狗大墩（20～50）27. 周瑜城（20～50）28. 仙踪大城墩（20～50）29. 中派城墩（10～20）30. 毕家墩（10～20）31. 乔家庄（10～20）32. 艾大墩（20～50）33. 王大墩（20～50）34. 棉布岗（20～50）35. 黄花墩（20～50）36. 丁河湾（20～50）37. 朱大墩（10～20）38. 汪郢大墩孜（20～50）39. 张夹沟（50～100）40. 鲤鱼地（20～50）41. 藕墩（20～50）42. 米井（20～50）43. 城腰（20～50）44. 小汇墩（20～50）45. 高板桥（10～20）46. 侯洞（10～20）47. 鱼王庙墩（10～20）48. 侯大泊（20～50）49. 三官殿（10～20）50. 曹墩（20～50）51. 王院（10～20）52. 杨墩（20～50）

图版4 巢湖流域新石器中晚期聚落遗址分布及海拔高程（m）

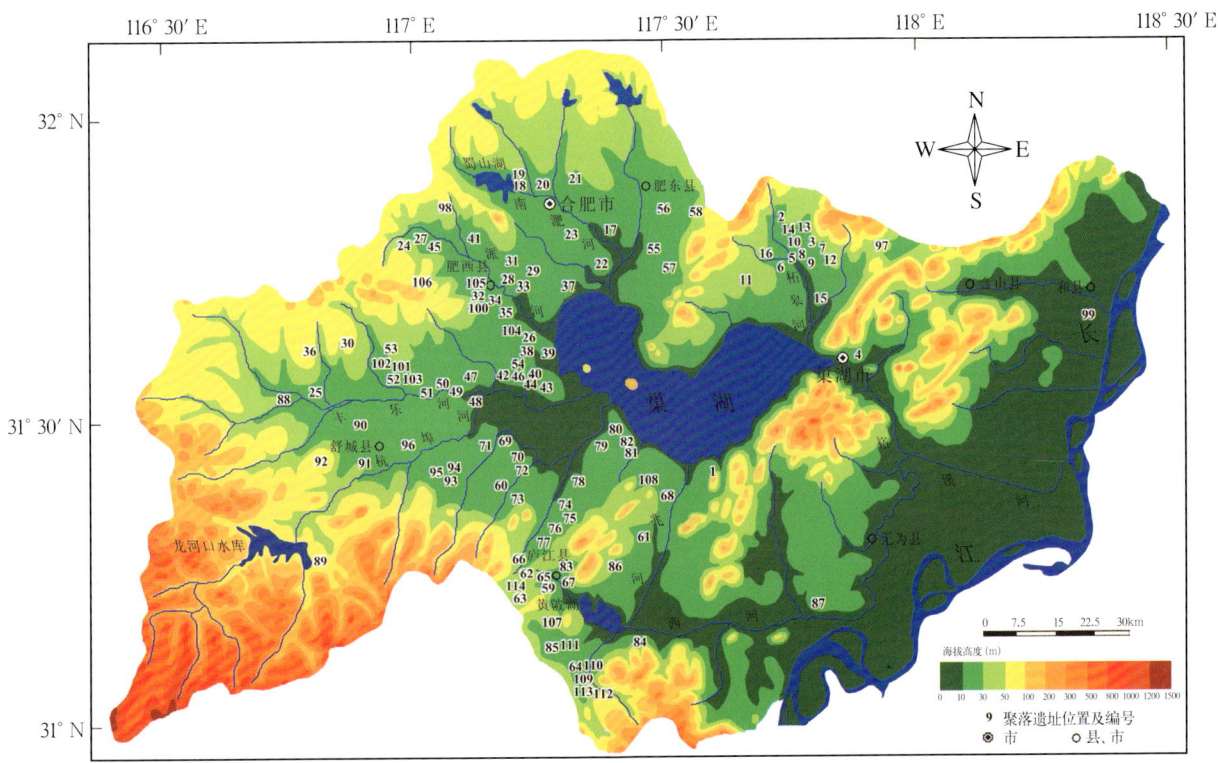

1. 槐林神墩（10～20）2. 分路大城墩（10～20）3. 泉城（10～20）4. 金湖大道（10～20）5. 杨河岗（10～20）6. 杨岗（10～20）7. 施家岗（20～50）8. 晒书墩（10～20）9. 月亮地（10～20）10. 大储（20～50）11. 瓦踏地（20～50）12. 城里岗（20～50）13. 河稍刘（20～50）14. 古老墩（10～20）15. 城子塘（10～20）16. 坝塍（10～20）17. 武大城（10～20）18. 大雁墩（10～20）19. 烟大古堆（10～20）20. 大古堆（10～20）21. 刘大墩（20～50）22. 晓星大古堆（10～20）23. 大兴刘大墩（10～20）24. 大墩子（20～50）25. 城河墩（20～50）26. 中派城墩（10～20）27. 戴大郢大墩（20～50）28. 王古城（10～20）29. 茅墩翟家城（10～20）30. 小河沿（50～100）31. 三官庙墩（20～50）32. 老虎头（20～50）33. 大墩头（20～50）34. 陈墩（10～20）35. 瓦屋郢刘大墩（20～50）36. 龙王庙墩（50～100）37. 麻姑墩（10～20）38. 宋墩（10～20）39. 殷桥（10～20）40. 郑大墩（10～20）41. 王郢（10～20）42. 三墩（10～20）43. 茶棚（10～20）44. 胡家岗（10～20）45. 方桥（20～50）46. 北大墩（10～20）47. 桥东郢（20～50）48. 牌坊郢（5～10）49. 丁大郢（10～20）50. 黄岗（10～20）51. 袁小墩（20～50）52. 张马墩（10～20）53. 黄岚墩（20～50）54. 方桥大墩（10～20）55. 药刘（10～20）56. 双桥（10～20）57. 小赵（10～20）58. 龙城（10～20）59. 黄栗大墩（20～50）60. 汇章（10～20）61. 岗头（10～20）62. 沈圩（20～50）63. 罗店（20～50）64. 于院（10～20）65. 董岗（10～20）66. 永桥（20～50）67. 朱家神墩（10～20）68. 盛桥神墩（10～20）69. 周墩（10～20）70. 张屋（10～20）71. 陈畈（10～20）72. 夏岗（10～20）73. 梁山（20～50）74. 陈庄（10～20）75. 施庄（10～20）76. 五大门（20～50）77. 小王庄（10～20）78. 板桥湾（10～20）79. 长冲（10～20）80. 陈洼（10～20）81. 藕塘（10～20）82. 章茨（10～20）83. 三板桥（20～50）84. 毕家墩（10～20）85. 三官殿（20～50）86. 嘉容城（20～50）87. 白鹤观（20～50）88. 海螺墩（10～20）89. 叶墩（50～100）90. 谢河大墩（10～20）91. 黑虎城（20～50）92. 花城（50～100）93. 南墓儿墩（20～50）94. 东墓儿墩（20～50）95. 大墓儿墩（20～50）96. 九里城（20～50）97. 仙踪大城墩（20～50）98. 九狼墩（50～100）99. 黄墩（5～10）100. 艾大墩（20～50）101. 王大墩（20～50）102. 棉布岗（20～50）103. 丁河湾（20～50）104. 朱大墩（10～20）105. 汪郢大墩孜（20～50）106. 张夹沟（50～100）107. 小汇墩（20～50）108. 高板桥（10～20）109. 侯洞（10～20）110. 鱼王庙墩（10～20）111. 三官殿（20～50）112. 曹墩（20～50）113. 王院（10～20）114. 杨墩（20～50）

图版5　巢湖流域商周时期聚落遗址分布及海拔高程（m）

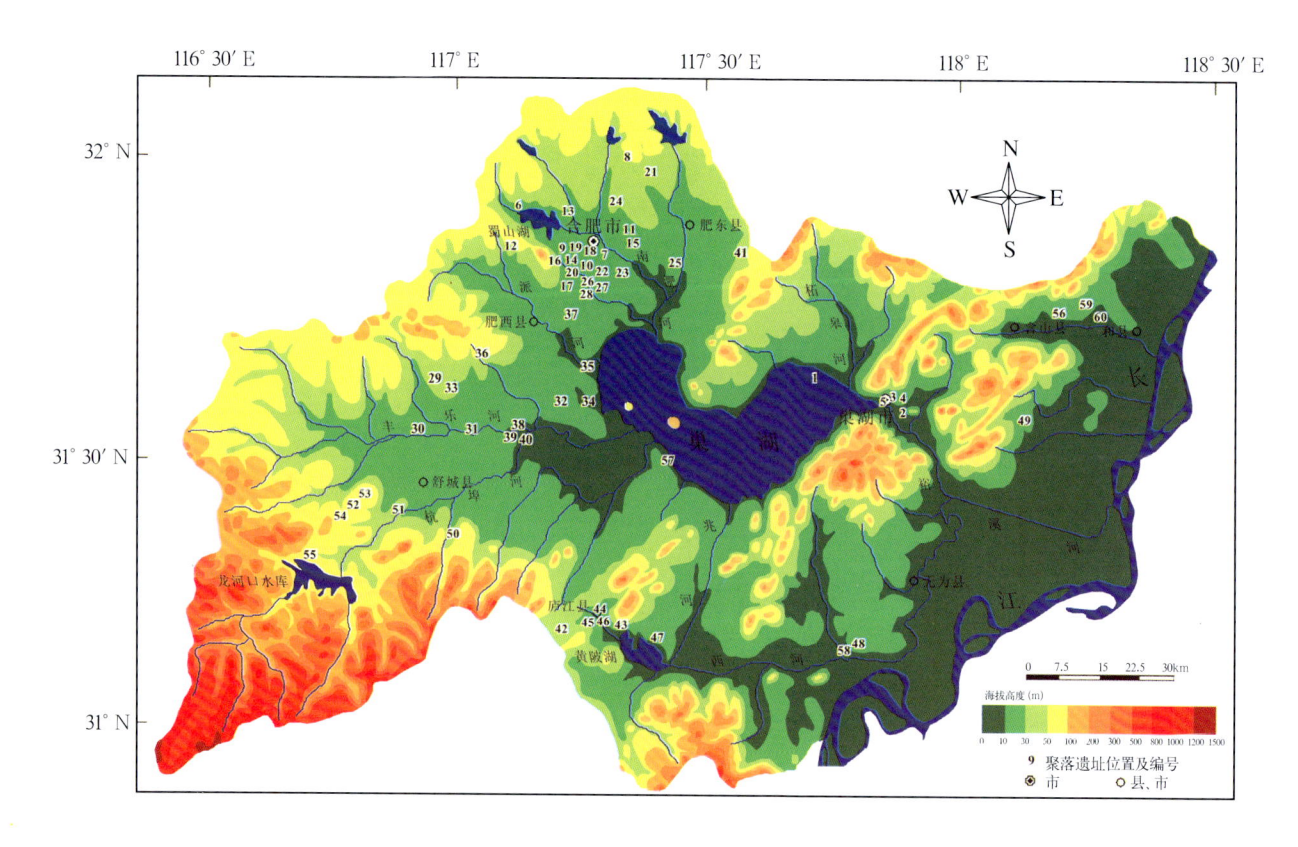

1. 唐家嘴（5~10） 2. 东炮营（5~10） 3. 北山头（10~20） 4. 放王岗（20~50） 5. 小王庄（5~10） 6. 新城（20~50） 7. 环城公园（5~10） 8. 钱小店（50~100） 9. 王小郢（20~50） 10. 当李（20~50） 11. 九坟岗（20~50） 12. 庙大墩（50~100） 13. 大杨（20~50） 14. 庙古堆（20~50） 15. 桃花店（20~50） 16. 老虎墩（20~50） 17. 墩衡（20~50） 18. 熊北队（10~20） 19. 虾蟆墩（10~20） 20. 三星赶月（20~50） 21. 林店（20~50） 22. 朱墩头（20~50） 23. 大兴古堆（10~20） 24. 张洼古堆（20~50） 25. 尚大墩（10~20） 26. 孔堂村（20~50） 27. 姚公大墩（20~50） 28. 魏大墩（20~50） 29. 黄花墩（20~50） 30. 张马墩（10~20） 31. 袁小墩（20~50） 32. 方桥大墩（10~20） 33. 舒王墩（20~50） 34. 郑大墩（5~10） 35. 宋墩（5~10） 36. 马鞍墩（50~100） 37. 乱墩子（20~50） 38. 乱墩（5~10） 39. 牌坊郢（5~10） 40. 西凉城（5~10） 41. 龙城（20~50） 42. 舒城（20~50） 43. 暖汤岗（20~50） 44. 丁家旗杆（10~20） 45. 夹山村（10~20） 46. 新塘村（10~20） 47. 裴岗村（10~20） 48. 白鹤观（20~50） 49. 狼窝山（10~20） 50. 北风岭（20~50） 51. 周瑜城（20~50） 52. 花城（50~100） 53. 佘家城（50~100） 54. 寒塘城（50~100） 55. 亚夫城（50~100） 56. 盛家口（10~20） 57. 同春（5~10） 58. 甘露村（5~10） 59. 西埠（10~20） 60. 十里（5~10）

图版6 巢湖流域汉代聚落遗址分布及海拔高程（m）

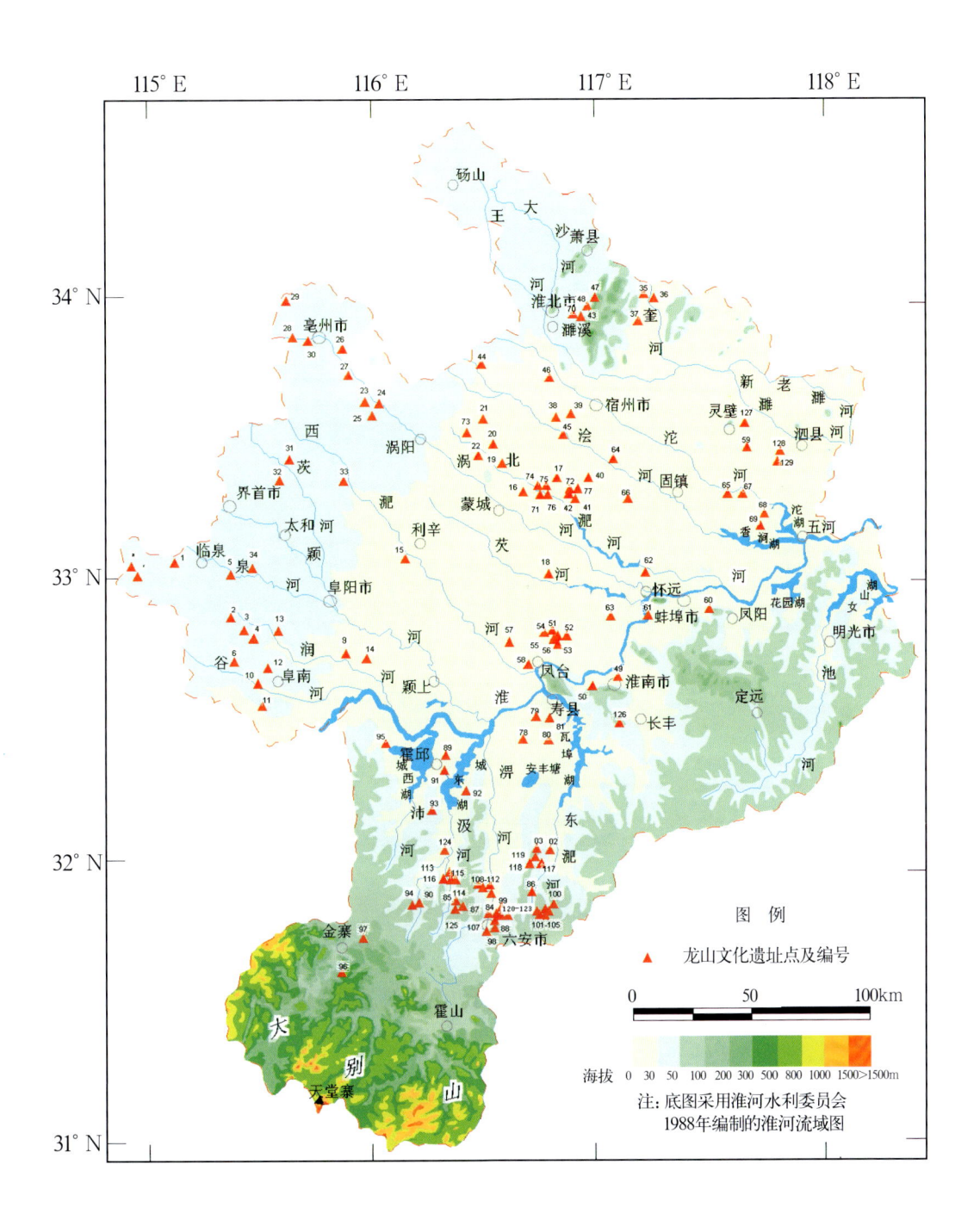

图版7 安徽淮河流域龙山文化遗址分布图，编号61为禹会村遗址（据黄润等，2005改绘）

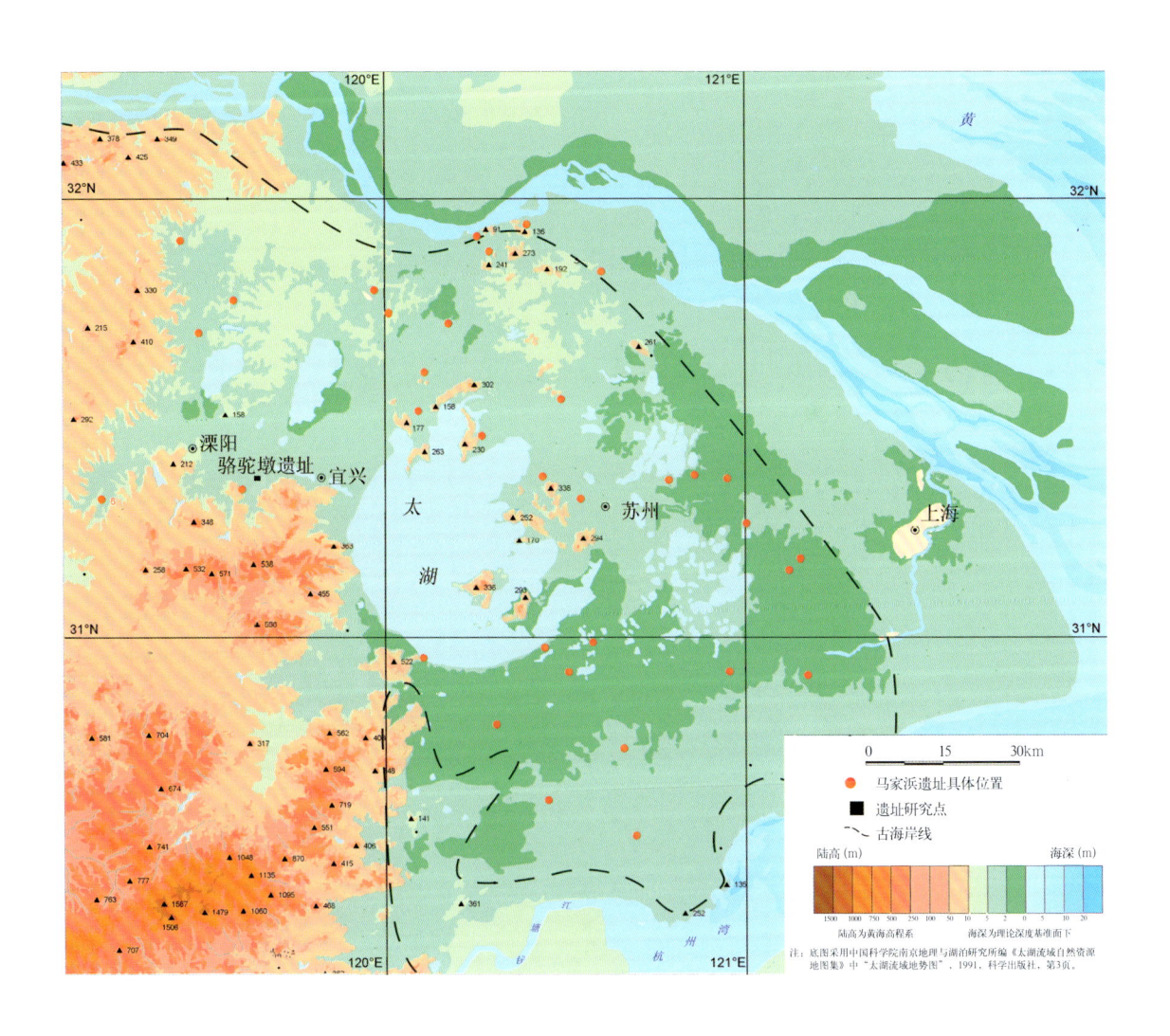

图版8　宜兴骆驼墩遗址位置图

(K-1336.0101)

ISBN 978-7-03-025621-8

定 价:138.00元